복 있는 사람

오직 여호와의 율법을 즐거워하여 그 율법을 주야로 묵상하는 자로다.
저는 시냇가에 심은 나무가 시절을 좇아 과실을 맺으며 그 잎사귀가 마르지 아니함 같으니
그 행사가 다 형통하리로다.(시편 1:2-3)

갈라디아서에서 바울은 복음을 선포하고 교회를 돌보는 자신의 사도적 땀흘림을 해산의 고통에 비유한다. 이 산통의 목표는 한마디로 갈라디아 공동체 속에 "그리스도의 형상을 이루는" 것이다(4:19). 즉, 바울의 관점에서 그리스도인으로 빚어진다는 것(Christian formation)은 신자들 가운데 그리스도께서 모습을 갖추신다는 말과 같다. 그런 점에서 '그리스도인의 형성을 위한 주석'(Commentaries for Christian Formation) 시리즈의 첫 주석이 갈라디아서라는 사실은 흥미롭다. 이 책의 저자 N. T. 라이트가 목회적 열정으로 가득한 사람이라는 사실도 마찬가지다. 물론 그는 충실하면서도 독창적인 성경 해설자다. 무엇보다 그는 갈라디아서가 궁극적으로 그리스도에 관한 이야기라는 사실을 잘 보여준다. 서로 어긋나는 다양한 학설의 숲에서 그가 안내하는 길은 독특하다. 전통적 관점의 추상적, 개인주의적 시선의 한계와 종종 구원론적 초점을 상실하곤 하는 새 관점의 두 극단을 피하려고 한다. 그리스도의 결정적 의미를 강조하는 묵시적 해석의 통찰을 수용하면서도 성경을 관통하는 창조 회복과 언약의 구속사적 흐름의 중요성을 놓치지 않는다. 마르키온적 극단을 피해야 하지만, 그렇다고 그리스도조차 상대화하는 반대 극단('유대적 메시아주의') 역시 답이 될 수 없음을 그는 잘 안다. 그의 설명은 학문적으로 탄탄하고, 고백적으로 선명하다. 그래서 오히려 독창적이다. 자기 나름의 바울 해설을 통해 그는 메시아/그리스도에 대한 올바른 이해가 당시 사회의 여러 도전들 앞에서 신자와 교회의 빚어짐에 어떤 실천적 함의를 갖는지 계속 묻는다. 특히 그는 당시 사회에서 바울이 선포한 그리스도론적 메시지가 교회의 하나됨과 거룩함이라는 요구와 맞닿아 있음을 잘 보여준다.

라이트의 기존 '벽돌' 책들을 통해 그의 큰 그림을 감상했던 독자는 이 주석에서 그가 그 큰 그림을 어떻게 바울의 국지적 논증과 연결하는지를 볼 수 있을 것이다. 반대로 이 주석이 라이트와의 첫 만남이라면 치밀한 본문 해설이 어떻게 하나의 큰 그림으로 완성되어 가는지를 맛볼 수 있을 것이다. 어떤 식으로든, 구체적이고 상황적인 갈라디아서의 언어와 바울 복음이라는 하나의 거대한 그림을 오가는 라이트의 민첩함은 신학적 내용뿐 아니라 성경을 읽어 가는 방식에서도 독자에게 좋은 공부가 될 것이다. 갈라디아서를 누구보다 잘 아는 탁월한 학자의 번역은 이 책을 더 신뢰할 만한 것으로 만들어 준다. 바울을 통해 선포된 복음 이해에 큰 도움이 되리라 생각한다.

권연경 숭실대학교 기독교학과 교수

"너희 속에 그리스도의 형상을 이루기까지 다시 너희를 위하여 해산하는 수고를 하노니"(갈 4:19). 바울은 갈라디아서를 쓰는 심정을 이렇게 말했다. D. L. 무디는 "성경은 정보가 아니라 변화를 위해 우리에게 주어졌다"고 말했다. '그리스도인의 형성을 위한 주석'이라는 이 주석 시리즈의 제목은 이러한 성경 본연의 목적을 잘 포착하고 있다. 물론 성경을 읽을 때 적절한 '정보'도 필요하다. 성경에 나오는 단어의 뜻과 역사적 맥락, 성경의 저자와 독자가 공유하고 있던 문화적 세계에 대한 지식 없이 우리는 성경을 제대로 읽을 수 없다. 신약의 세계에 대한 적절한 '정보'와 그리스도를 닮아 가는 '변화'에 대한 열정, 이 둘을 함께 갖춘 이라면 성경 읽기의 최선의 안내자일 것이다.

40년 동안 바울 서신을 붙들고 씨름해 온 주석가, 바울 신학을 기독교 신학 전통과 서구의 지적 유산 전체를 아우르는 시각에서 다룰 수 있는 신학자, 설교로 다양한 청중을 만나 온 목회자인 N. T. 라이트보다 이 자격을 잘 갖춘 이를 나는 알지 못한다. 라이트는 기존 해석의 풍부한 유산을 잘 소화하면서도, 번잡한 논의의 늪에 빠지지 않고 길을 찾아갈 수 있도록 독자를 안내한다. 이 책을 따라 차분히 공부한다면, 갈라디아서뿐 아니라 바울 신학 전체에 대한 새로운 시각을 얻게 될 것이다. 훌륭한 책을 탁월한 번역을 통해 만날 수 있다는 것도 큰 기쁨이다. 이 책을 번역한 김선용 박사는 바울 신학을 가장 잘 소개해 줄 수 있는 학자다. 그의 수고에 깊은 감사를 표한다. 독자들이 이 책을 통해 바울을 이해하고, 바울의 가르침을 따라 그리스도의 형상으로 빚어져 가는 은혜를 누리기를 기도한다.

박영호 포항제일교회 담임목사

이 책은 N. T. 라이트가 저술한 첫 번째 주요 주석서라는 점에서 기념비적 의미가 있다. 큰 그림을 보는 데 탁월함을 보여준 라이트가 이제 갈라디아서의 각 구절을, 단어 하나하나를 촘촘하게 살피면서 개별 '나무'들이 어떻게 유기적으로 연결되어 정교하고 웅장한 '숲'을 이루는지를 초고화질로 보여준다. 그가 제창한 '신선한 관점'이 이제 주석적으로 온전한 모습을 갖추게 되었다. 라이트의 해석에 동의하지 않는 이에게도 이 책은 흥미진진할 것이고, 라이트의 팬에게는 라이트가 새로운 연구 성과를 적극적으로 받아들이면서 자신이 이전에 취했던 입장을 수정하기도 하는 모습을 보며 여전히 진화하고 발전하는 그를 보는 좋은 경험을 선사할 것이다.

김선용 성서학 독립연구자

N. T. 라이트 **갈라디아서 주석**

Commentaries for Christian Formation
Galatians
N. T. Wright

N. T. 라이트 **갈라디아서 주석**

N. T. 라이트 지음 / 김선용 옮김

복 있는 사람

N. T. 라이트 갈라디아서 주석

2023년 8월 14일 초판 1쇄 인쇄
2023년 8월 28일 초판 1쇄 발행

지은이 N. T. 라이트
옮긴이 김선용
펴낸이 박종현

(주) 복 있는 사람
주소 서울특별시 마포구 연남동 246-21 (성미산로23길 26-6)
전화 02-723-7183(편집), 7734(영업·마케팅)
팩스 02-723-7184
이메일 hismessage@naver.com
등록 1998년 1월 19일 제1-2280호

ISBN 979-11-7083-010-8 03230

Galatians, Commentaries for Christian Formation Series
by N. T. Wright

Copyright © 2021 by N. T. Wright
Originally published in English under the title
Galatians by Wm. B. Eerdmans Publishing Company
4035 Park East Court SE, Grand Rapids, Michigan 49546, U.S.A.
All rights reserved.

This Korean translation edition © 2023 by The Blessed People Publishing Inc., Seoul,
Republic of Korea.
This Korean edition published by arrangement with Wm. B. Eerdmans Publishing Company
through rMaeng2, Seoul, Republic of Korea.

이 한국어판의 저작권은 알맹2를 통하여 Wm. B. Eerdmans Publishing Company와 독점 계약한 (주)
복 있는 사람에 있습니다. 신저작권법에 의하여 한국 내에서 보호받는 저작물이므로 무단 전재와 무단
복제를 금합니다.

차례

시리즈 서문 　　　　　　　　　　　　　011
머리말 　　　　　　　　　　　　　　013
약어표 　　　　　　　　　　　　　　021

서론 　　　　　　　　　　　　　　022

갈라디아 교회의 상황 　　　　　　　050
바울의 답변 　　　　　　　　　　　066
주석들과 그리스도인으로 빚어감 　　081

갈라디아서 주석 　　　　　　　　084

갈라디아서 1:1-17 　　　　　　　085
본문 사역 　　　　　　　　　　　　085
서론 　　　　　　　　　　　　　　　086
1:1-5　사도직과 복음 　　　　　　　097
1:6-9　다른 복음? 　　　　　　　　112
1:10-17　지금까지의 이야기 　　　　124
결론 　　　　　　　　　　　　　　　143

갈라디아서 1:18-2:10 　　　　　145
본문 사역 　　　　　　　　　　　　145
서론 　　　　　　　　　　　　　　　146
1:18-24　첫 번째 예루살렘 방문: 좋았던 관계 　152
2:1-10　두 번째 방문: 견고하게 서라 　158
결론 　　　　　　　　　　　　　　　179

갈라디아서 2:11-21 　　　　　　183
본문 사역 　　　　　　　　　　　　183
서론 　　　　　　　　　　　　　　　184
2:11-14　안디옥의 베드로 　　　　　185
2:15-21　위대한 변혁 　　　　　　　197
결론 　　　　　　　　　　　　　　　267

	갈라디아서 3:1-14	279
	본문 사역	279
	서론	280
3:1-5	영과 믿음	303
3:6-9	아브라함과 언약	312
3:10-14	율법의 저주	320
	결론	355
	갈라디아서 3:15-29	357
	본문 사역	357
	서론	358
3:15-18	깨뜨릴 수 없는 언약	364
3:19-22	그렇다면 율법은 왜 주어졌는가?	375
3:23-25	'파이다고고스'paidagōgos의 지배 아래서	386
3:26-29	단일한 아브라함의 가족	391
	결론	402
	갈라디아서 4:1-11	405
	본문 사역	405
	서론	406
4:1-7	새로운 출애굽	406
4:8-11	다시 노예가 되지 말라!	443
	결론	449
	갈라디아서 4:12-5:1	453
	본문 사역	453
	서론	455
4:12-20	진정한 친구와 거짓 친구	458
4:21-5:1	두 여인, 두 가족, 두 언약, 두 개의 산	471
	결론	497
	갈라디아서 5:2-26	500
	본문 사역	500
	서론	501
	경고와 도전	509
5:2-12	사랑과 영	529
5:13-26	결론	559

	갈라디아서 6:1-18	566
	본문 사역	566
	서론	567
6:1-10	끝맺는 권면	568
6:11-18	마지막 경고와 예시	581
	결론	608

참고 문헌	617
인명 색인	628
주제 색인	639
성구 및 고전 문헌 색인	643

일러두기

1 이 책에 인용된 성경은 저자의 사역(私譯)을 번역한 것이다. 필요에 따라 기존의 한국어 역본을 인용한 경우 별도 표시했다.

2 저자는 그리스어 '프뉴마'(*pneuma*)를 "the Spirit"(영)으로 번역했다. 이 책에서는 독자의 이해를 돕기 위해 "the Spirit"을 맥락에 따라 "영" 또는 "성령"으로 번역했다.

시리즈 서문

이 주석 시리즈 Commentaries for Christian Formation는 하나님의 백성을 향한 하나님 말씀의 핵심 목표인 믿음의 형성 faith formation에 기여하기 위해 집필되었다. 주해에 초점을 맞춘 주석 시리즈도 있고, 설교나 교육 또는 적용에 중점을 둔 주석 시리즈도 있다. 하지만 이 시리즈는 이 모든 목표를 통합하여 설교와 교회 교육을 뒷받침하고, 그 결과 믿음 안에서 신자들을 빚어내도록 교회를 섬기는 건전한 신학적 주석을 제공하고자 한다.

우리는 모든 신자에게 성경을 들고 읽으라고 권면하지만, 다른 사람들의 인도 없이도 말씀의 역사가 쉽게 일어날 것으로 생각하지는 않는다. 이러한 인도의 기초는 신자들을 모든 진리 가운데로 인도하시고 요 16:13 예수의 말씀과 행적을 생각나게 하시는 요 13:26 성령이다. 성령께서는 헌신적인 주석가들의 작업을 통하여 이 일을 성취하시기도 한다. 사도행전 8장에 나오는 에티오피아 내시처럼, 우리는 가르쳐 줄 사람 없이는 성경을 이해하기 어려울 때가 있음을 안다. 따라서 이 주석 시리즈는 사도행전의 빌립이 했던 역할을 한다. 즉, 잠정적 독자들에게 교회의 복음이 명확히 드러나도록 본문을 설명하는 것이다. 주석 각 권은 독자들이 교회의 정경적 유산, 특히 구약과 신약 그리고 에큐메니컬 신조들과 대화할 수 있도록 돕는 것을 목표로 한다. 더욱이 신학적 주석이라면 성경이 예배, 교리문답, 선교, 경건 생활에서 수행하는 다양한 역할을 고려하여 독자의 문화적 배경 내에서 그리고 독자의 문화적 배경을 위해 신학적 이해와 거룩한 삶을 함양해야 한다. 그리스도인들이 신실한 삶을 살아가고 하나님과 이웃에 대한 사랑을 심화시키는 데 도움이 되지 않는 주석은 올바른 신학적 주석이라고 할 수 없을 것이다.

이를 우리의 임무라고 생각하므로, 우리는 "신학적 주석"이라는 표현 속의 두 단어("신학"과 "주석")를 모두 진지하게 간주한다. 이 주석의 저자들은 성경이 신학을 형성하는 방식 및 신학이 성경을 형성하는 방식에 주의를 기울이면서, 넓은 의미에서 신학적 관심사와 교회의 실천을 해석 작업의 최전선에 두고자 노력한다. 최근 출간된 많은 주석은, 역사학적 연구에 기반한 주석 작업을 대부분의 주석 독자들의 상상력을 북돋우는 신학적, 도덕적, 목회적 관심사와 구분한다. 이러한 구분은 오늘날 신학교에서 발견되는 바, 성경 과목을 신학 과목들과 분리시켜 가르치는 전형적인 상황을 그대로 반영한 것이다. 우리는 주해와 신학적 성찰을 분리하는 현대적 경향에서 최대한 멀어지려고 한다. 신학은 주해의 결과물도 아니며, 다른 방법론에 의해 수행되는 주해로부터 분리될 수 있는 개별적 요소도 아니다. **주해는 그 자체로 신학을 수행하는 하나의 방법이다.**

이러한 관점은 신자들이 성경을 해석할 때 가질 수 있는 질문과 관심사를 제한하지 않는다. 우리는 이 시리즈의 저자들에게 특정한 해석 방법론을 요구하거나 기대하지 않는다. 이 시리즈에 통일성을 부여하는 것은 성경 해석이 그 자체로 목적은 아니라는 공통된 확신이다. 신실한 믿음, 기도, 실천, 그리고 하나님과 이웃을 향한 깊은 사랑, 이런 것들이 바로 그리스도인을 위한 성경 해석의 목적이다. 그리스도인의 형성을 위한 이 주석 시리즈는 독자들의 삶과 예배가 그리스도를 닮게 하고, 독자들에게 하나님에 대한 지식을 전하며, 그들로 하여금 깊은 소명 의식을 가지고 교회의 세계 선교에 참여할 힘을 얻을 수 있도록 성경을 해석한다.

머리말

이 주석의 목적과 "그리스도인으로 빚어감"에 기여하는 역할은 서론에서 다루었다. 어드만스^{Eerdmans} 출판사는 20여년 전에 나에게 이 책의 집필을 처음 제안했는데, 그동안 기다려 준 어드만스 직원들에게 고맙고, 어드만스의 새 주석 시리즈에 이 책이 포함되도록 해준 데에도 감사드린다.

보통 주석서에는 다른 학자들의 견해에 대한 논평이 담겨 있는데, 나 역시 이 책에서 다른 학자의 견해를 제한적으로 다룬다. 하지만 두 가지 이유로 이 작업을 상당히 간소화했다. 첫째, 최근 여러 주석서들, 특히 2019년도에 출간된 크레이그 키너$^{Craig Keener}$의 베이커^{Baker} 주석에는 각 본문에 대해 "어떤 학자가 뭐라고 말했는지"가 아주 꼼꼼하게 정리되어 있다. 키너의 철저한 정리가 있는데 굳이 다시 "다른 학자들의 견해"를 다루는 것은 의미가 없다. 둘째, 나는 이미 최근 바울 학계에서 진행되고 있는 여러 논의의 가닥을 풀고, 그 논의에 참여하고, 필요한 경우 논쟁을 벌이는 작업을 줄곧 해왔다.[1] 『바울과 그 해석자들』$^{Paul\ and\ His\ Recent\ Interpreters}$에서 나는 바울 학계 내 다양한 학파의 해석을 보여주기 위

1　Paul and His Recent Interpreters (London: SPCK; Minneapolis: Fortress)와 The Paul Debate (Waco, TX: Baylor University Press; London: SPCK)를 보라. 두 책 모두 2015년에 출간되었다. 또한 주5에서 나의 관련 연구물 목록을 보라.

한 예시로 갈라디아서를 활용했다. 그 책의 1부에서 나는 20세기 바울 연구의 배경, 특히 F. C. 바우어Baur의 연구와 그 영향을 설명했고, 다양한 부류의 바울에 관한 "새 관점"과 그것이 불러일으킨 반응을 분석했다. 이 모든 내용이 갈라디아서를 둘러싼 논쟁의 상당 부분을 결정한다. 그 책의 2부에서 나는 일부 북미 학자들 사이에서 유행하는 이른바 "묵시적 바울 해석"(J. 루이스 마틴J. L. Martyn의 갈라디아서 주석이 대표적 연구물이다)을 분석하고 비판했다. 마틴과 그의 동료 드 부어M. de Boer의 연구를 모두 거기서 자세히 논의했기 때문에 이 주석에서 반복하지는 않을 것이다. 『바울과 그 해석자들』의 3부에서는 "사회학적" 바울 연구의 주요 주장들을 검토했다.

『바울과 그 해석자들』 자체는 『바울과 하나님의 신실하심』Paul and the Faithfulness of God에서 했던 작업을 보충한다. 『바울과 하나님의 신실하심』에서 나는 바울의 세계관과 신학의 주요 개념들을 설명한 뒤, 바울과 로마 제국의 관계 및 로마 제국 제의와의 관계,12장 1세기의 "종교"와 철학 안에서 그의 위치,13장과 14장 바울이 속한 유대 세계와 바울 사이의 복잡한 관계15장를 다루고 최근 논의에 나의 주장을 더했다. 그런데 그 이후로 바울 시대의 유대 세계와 바울의 복잡한 관계를 둘러싼 논쟁이 새로운 양상으로, 특히 자칭 "급진적 새 관점" 또는 "유대교 내의 바울"이라는 주장으로 전개되었다. 이에 대해서는 내가 지금껏 제시한 것보다 혹은 이 주석에서 다룰 수 있는 한도보다 더 철저한 논의를 요하지만, 이 주석에서는 이와 관련되어 문제가 제기되는 몇 부분에서만 다루려고 한다.

이 모든 접근 방식은 갈라디아서를 읽는 데 영향을 주지만, 이 책과 같이 본문을 순차적으로 다루는 주석서(문단별로, 단락별로, 각 구절별로)는 위에서 언급한 접근 방식들을 비판적으로 분석하고 그에 응수하는 데 전혀 적합하지 않다(아주 광범위하게 보면 그런 접근 방식들을 다룬다고 할 수 있지만 말이다). 주석서의 각주는 성경 본문 해석에서 까다로운 지점을 설명하는 데 사용되어야지, 다른 논쟁 상대들(그들끼리도 서로 양립할 수 없는 경우가 종종 있다)과 각축을 벌이는 데 사용되어서는 안 된다. 일반 독자들은 그 학자들의 관심사가 와닿지도 않고 이해할 수도 없을 것이다. 갈라디아서는 빡빡하게 채워진 단락과 모호하고 난해한 문장으로 이루어진 매우 조밀한 글이며, 긴급 상황(바울은 그 상황의 세부적인 내용을 전제할 뿐, 결코 자세히 설명하지 않는다)에 대응하기 위해 급하게 그리고 열의를 담아 쓴 것으로 보인다. 그러므로 빡빡한 단락들 안으로 들어가서 어떤 식으로 논증이 이루어지고 전달되는지(혹은 적어도 바울이 의도한 바)를 보는 것이 주석가의 과제라고 할 수 있다. 바로 이러한 과제를 수행하는 것이 여타 학술서와 다른, 주석이라는 장르의 목적이다. 이를 위해서는 실제 사고의 흐름에 대해, 그리고 논증의 자연스럽고 수사적인 중심들에 대해, 이 문서 내부의 미묘한 상호 관계에 대해 지속적으로 관심을 기울여야 한다. 특정 주제에 집중하는 단행본 학술서적이나 소논문과는 이런 점에서 차이가 있다. 이를 위해서는 우리 시대 학자들 간의 논쟁을 끊임없이 언급하기보다는 바울의 역사적 배경과 바울이 쓴 다른 편지를 지속적으로 참조하는 것이 훨씬 도움이 된다(물론 각 바울 서신의 차이점을 존중하면서 말이다. 바울은 "조직신학" 후속편들을 시리즈로 쓰고 있었던 것이 아니다).[2]

이미 알아차린 독자가 있을 텐데, 앞서 한 모든 말은 내가 이 주석서를 요즘 대부분의 주석서처럼 엄청난 각주로 가득 채우지 않았다는 사실에 대한 일종의 변명(굳이 필요한지는 모르겠지만)으로 한 말이다. 나

---

[2] 바울과 "조직신학"이라는 주제에 대해서는 나의 저서 *Interpreting Paul: Essays on the Apostle and His Letters* (London: SPCK; Grand Rapids: Zondervan, 2020), 3장과 7장을 보라.

는 위에서 언급한 연구물들과 아직 계획 단계에 있는 여러 소논문에서 이미 수많은 각주를 달았다. 체스 선수가 모든 말이 어떻게 움직일지 몇 수 앞을 내다보는 것처럼, 노련한 성서학자는 바울 서신의 모든 단락과 모든 단어에서 온갖 주제에 관한 보이지 않는 각주의 구름이 짙게 드리워진 모습을 볼 수 있다. 그 주제는 본문비평 관련 쟁점, 사전학,lexicography 고대 문헌의 병행구에서 시작해 차후 세대에서 이루어진 방대한 종합, 그다음으로는 수많은 다양한 현대의 바울 해석 학파들과 백병전, 때로는 어둠 속에서의 밀림 전투까지 아우른다. 이 모든 주제에 대해 알고 싶은 독자는 무D. J. Moo와 드실바D. A. DeSilva 그리고 키너의 주석들³처럼 자세한 사항을 총망라한 최신 주석이나 바클레이J. M. G. Barclay의 책⁴ 같은 최근의 단행본 학술서의 갈라디아서 부분을 참조하면 쉽게 도움을 얻을 것이다.

갈라디아서에 대한 해석은 모두 어떤 가설을 제시한다. 그러한 가설은 암묵적으로 전제된 해석학적 순환hermeneutical spiral(해석학적 나선이라고도 번역되는 용어로, 해석이라는 것이 특정 본문으로부터 본문의 배경과 문맥으로, 본문의 뜻에서 본문의 중요성으로 나선형처럼 진행됨을 나타내는 표현이다—옮긴이) 가운데 주석가가 현재 어느 지점에 서 있는지를 한 번에 보여주는 사진과 같다. 나의 경우에는 40년이 넘도록 갈라디아서와 씨름하고 있다.⁵ 다시 말하면, 이 주석에서 나는 『바울과 하나님의

---

3   D. J. Moo, *Galatians*, Baker Exegetical Commentary on the New Testament (Grand Rapids: Baker Academic, 2013); D. A. deSilva, *The Letter to the Galatians* (Grand Rapids: Eerdmans, 2018); C. S. Keener, *Galatians: A Commentary* (Grand Rapids: Baker Academic, 2019).

4   J. M. G. Barclay, *Paul and the Gift* (Grand Rapids: Eerdmans, 2015).

5   이 주제에 대해 내가 쓴 저서들은 다음과 같다. *Paul for Everyone: Galatians and Thessalonians* (London: SPCK; Louisville: Westminster John Knox, 2002); *What St. Paul Really Said* (Oxford: Lion; Grand Rapids: Eerdmans, 1997); *Justification: God's Plan and Paul's*

『신실하심』 3장에서 상세히 설명한 여러 신학적 문제에 대한 나의 주장과 『바울과 하나님의 신실하심』 12장 및 『바울 평전』$^{Paul:\,A\,Biography}$ 5장과 6장에서 다룬 갈라디아서의 역사적, 정치적 배경 분석을 따르고 그것을 발전시키고 있다는 의미다.

따라서 이 책이 우선적으로 다루는 근본적인 질문은 역사적인 것이라면("바울이 의미한 바는 무엇이었는가?"), 그다음으로 다루는 질문은 갈라디아서를 이해하는 것이 오늘날의 "그리스도인으로 빚어감"이라는 과제에 어떻게 기여할 수 있는지다("바울의 말이 오늘날 우리에게는 무엇을 의미하는가?"). 갈라디아서와 같은 책을 백지 상태의 "중립적인" 마음으로 읽는 독자는 거의 없다. 나 역시도 갈라디아서를 읽을 때 마음속 어딘가에서 "이 본문이 나를 비롯한 오늘날의 독자들에게 어떻게 적용될 수 있을까?"라는 질문이 떠난 적이 없다. 그러나 먼저 "역사적 연구 수행"을 "중립적"인 듯한 방식으로 하고 난 다음에서야 "적용"에 대한 질문을 할 수 있다는 생각도 지나치게 단순화시킨 것이다. 역사 연구는 다른 시대와 다른 문화의 사람들의 생각을 이해하려는 역사가의 노력을 늘 수반한다. 이는 "연구 대상과 똑같이 생각하기"라는 의미라기보다는 "다른 사람의 관점을 이해하는 법을 배우기"라는 의미에서 공감적 상상$^{sympathetic\,imagination}$을 요하는 일이다.[6] 하지만 갈라디아서를 (어떤 의

Vision, 2nd ed. with new introduction (Downers Grove, IL: InterVarsity; London: SPCK, 2016; original 2009). 그리고 수많은 소논문이 있다. 그중 대다수는 다음의 저서들로 출간되었다. *The Climax of the Covenant: Christ and the Law in Pauline Theology* (Edinburgh: T&T Clark, 1991; Minneapolis: Fortress, 1992); *Pauline Perspectives* (London: SPCK; Minneapolis: Fortress, 2013); *Interpreting Paul*.

6   역사가의 과제에 대해서는 *History and Eschatology: Jesus and the Promise of Natural Theology*, Gifford Lectures, 2018 (Waco, TX: Baylor University Press; London: SPCK, 2019), 3장을 보라.

미로든) 권위 있는 "거룩한 경전"의 일부로 받아들이는 사람들은 특정한 난관에 부딪힌다. 우리에게는 "바울이 이렇게 말했을 것이다"라고 우리 스스로 바라는 바가 대략이라도 있기 때문에, 사소한 장식과 수정만 추가되었을 뿐 "바울은 정말로 이렇게 말했다"라고 쉽게 생각해 버릴 수 있다. 바로 이 지점에서 해석학은 엄밀한 역사학적 연구를 필요로 한다. 바울이 말한 내용이 우리가 생각하기에 오늘날 교회가 논의하고 선포해야 할 내용과 똑같다고 쉽게 생각해 버리는 태도에 대해 비판하고 도전하기 위해서 말이다. 이 주석서는 이러한 이중적 도전에 대한 응답으로 쓰였다. 이 주석서에서 나는 역사가로서 최선을 다해 바울의 세계에 공감하면서 한 단락 한 단락씩 살펴 가며 그의 조밀하고 난해한 문장의 뜻을 설명할 것이다. 그런 다음 본문을 구절별로 주석한 뒤 이것이 우리 시대의 "그리스도인으로 빚어감"에 어떤 의미를 지니는지에 대한 성찰로 마무리할 것이다.

오랫동안 나와 함께 갈라디아서에 대해 논의한 수십 명의 동료 학자들에게 고마움을 전한다. 특히 리처드 헤이스Richard Hays에게 감사한다. *New Interpreters Bible*에 포함된 그의 『갈라디아서』는 이 책을 쓸 때 길잡이가 되었다. 또한 성서학회Society of Biblical Literature와 세계 신약학회Society for New Testament Studies 및 기타 다른 기회를 통해 친구가 된 다른 여러 동료들에게 감사한다. 갈라디아서 연구 동향을 잘 아는 이들은 내가 다른 학자들의 선행 연구에 빚진 부분도, 그리고 내가 놓친 부분도 어디인지 분명히 볼 수 있을 것이다. 내가 옥스퍼드 대학교에 있을 때 갈라디아서를 연구한(박사 논문 주제로, 또는 박사 학위 이후의 연구 주제로) 나의 박사 과정 제자였던 토니 커민스Tony Cummins와 피터 오크스Peter Oakes를 비롯한 제자들에게 감사하며, 내가 세인트앤드루스 대학교에 있을 때 갈라디아서를 연구하는 박사 과정 학생이었던 존 던John Dunne 어니스트 클라크Ernest Clark 이소 맥컬리Esau McCaulley에게도 감사를 전한다. 나는 이 책에서 내가 원했던 만큼 그들의 연구를 충분히 다룰 수는 없었는데, 그들은 분명히 나중에 기회가 있을 때는 나에게 자신들의 연구 성과를 제대로 다루라고 채근할 것이다. 2012년 여름 세인트앤드루스 대학교에서 열린 "갈라디아서와 그리스도교 신학"에 관한 컨퍼런스는 특히 기억에 남는다.7 그 후 나는 『톰 라이트의 바울: 내러티브 관점에서 본 바울 신학』Paul: Fresh Perspectives 과 『바울과 그 해석자들』Paul and His Recent Interpreters The Paul Debate을 썼고, 이어서 속죄에 관한 책 『혁명이 시작된 날』 The Day the Revolution Began 과 『바울 평전』Paul biography을 쓰면서 갈라디아서에 다시 집중했다. 그리고 2018년 기포드 강연 『역사와 종말론』History and Eschatology 에서는 바울과 직접적인 관련은 없지만 바울이 잘못 이해되어 온 계몽주의 이후 배경을 다루었다.

2019년 봄, 세인트앤드루스 대학교의 세인트메리 칼리지의 동료들 및 학생들과 함께 갈라디아서에 대한 내 생각의 개요를 세미나 발표 논문의 형태로 나눌 수 있었던 것은 큰 기쁨이었다. 같은 해 여름 나는 밴쿠버의 리젠트 칼리지에서 이 주석서의 내용을 바탕으로 강연을 했고, 제프리 그린만Jeffrey Greenman 총장과 유쾌한 그의 동료들, 특히 엄청나게 활기찬 벤 넬슨Ben Nelson은 나를 기쁘게 맞이해 주었다.

나는 그들 모두에게 감사하며, 나의 호주인 친구 로버트 포사이스Robert Forsyth 주교와 그의 아내 마기Margie에게도 감사한다. 이 책을 로버트 포사이스 부부에게 헌정한다. 포사이스 부부(로버트 포사이스는 앞서 언급한 2012년 세인트앤드루스에서 열린 컨퍼런스에서 설교했다)는 오랫동

---

7   그 컨퍼런스에서 발표된 원고들은 M. W. Elliott et al., *Galatians and Christian Theology: Justification, the Gospel, and Ethics in Paul's Letter* (Grand Rapids: Baker Academic, 2019)로 출간되었다.

안 아내 매기Maggie와 나에게 큰 선물과 같은 사람들이다. 이 책을 두고 우리 사이에 계속 의견 차가 있겠지만, 이는 크리켓과 럭비뿐만 아니라 바울과 그의 복음, 바울이 교회와 이 시대에 어떤 의미인지에 관해 우리가 나눠 온 활발한 대화에 기쁨을 더하는 일이다. 우리 의견이 같다면 그것은 멋진 일이고, 의견이 달라도 그 역시 신나는 일이다. 앞으로도 계속 그러길 바란다.

N. T. 라이트
옥스퍼드 위클리프 홀
2020년 부활절에

약어표

BAGD	Bauer, Walter, William F. Arndt, F. Wilbur Gingrich, and Frederick W. Danker. *Greek-English Lexicon of the New Testament and Other Early Christian Literature*. 2nd ed. Chicago: University of Chicago Press, 1979
BDAG	Danker, Frederick W., Walter Bauer, William F. Arndt, and F. Wilbur Gingrich. *Greek-English Lexicon of the New Testament and Other Early Christian Literature*. 3rd ed. Chicago: University of Chicago Press, 2000
CEB	Common English Bible
GMT	*The Dead Sea Scrolls Study Edition*. Edited by F. García Martínez and E. J. C. Tigchelaar. 2 vols. Leiden: Brill, 1994
JB	Jerusalem Bible
King	*The New Testament: Freshly Translated by Nicholas King*. Stowmarket, UK: Kevin Mayhew, 2014
KJV	King James Version
LXX	Septuagint
MS(S)	manuscript(s)
MT	Masoretic Text
NEB	New English Bible
NETS	*A New English Translation of the Septuagint and the Other Greek Translations Traditionally Included under That Title*. Edited by A. Pietersma and B. C. Wright. Oxford: Oxford University Press, 2007
NTE/KNT	*The New Testament for Everyone* (in USA, *The Kingdom New Testament*), by N. T. Wright. London: SPCK; San Francisco: Harper-One, 2011
NJB	New Jerusalem Bible
PLond	*Greek Papyri in the British Museum*. Vols. 1 and 2 ed. F. G. Kenyon, vol. 3 ed. F. G. Kenyon and H. I. Bell, vols. 4 and 5 ed. H. I. Bell. London: British Museum, 1893
Pss. Sol.	Psalms of Solomon
REB	Revised English Bible
NIV	New International Version
NRSV	New Revised Standard Bible
RSV	Revised Standard Version

서론

"그리스도인으로 빚어감"^Christian formation 이란 무엇인가? 성경은 "그리스도인으로 빚어감"에 어떻게 기여하는가? 성경에서 갈라디아서와 같은 책은 어떤 부분에서 기여하는가? 이 주석서를 쓰면서 내가 직면한 도전은, 갈라디아서 주석서가 "그리스도인으로 빚어감"에 어떤 도움을 줄 수 있을 것인가 하는 문제다.

나는 "그리스도인으로 빚어감"의 의미를 공동체와 그 안에 있는 개개인을 빚어가되, 메시아 예수의 영이 그들 가운데 공동체적으로, 그리고 그들 안에 개인적으로 거하신다는 사실을 온전하고 충실하게 반영할 수 있도록 빚어가는 것이라고 본다. 그리스도인이 된다는 것은 교리에 대해 지적으로 동의하고 예수를 따르겠다고 개인적으로 헌신하는 것이라는 견해는 물론 여전히 중요하다. 하지만 이러한 견해를 뛰어넘어 "빚어감"이라는 측면을 강조하면, 믿음과 세례 안에 씨앗처럼 뿌려진 그리스도인의 특질^character을 묘목을 기르듯 양육할 필요가 있음을 인정하게 된다. 그리스도인으로 성장하고 성숙해 가면서 세상을 향한 하나님의 사랑(이 사랑은 예수의 모습으로 나타났다)을 드러내는 "열매"를 맺으려면 말이다.

오늘날 대부분의 그리스도인들은 성경이 이런 의미의 "그리스도인 빚어감"의 중심에 있다는 사실을 당연한 것으로 여긴다. 개인적 성경 읽기와 그룹 성경공부, 성경 강해설교, 성경적 상담을 비롯한 그 밖의 것들 모두가 "그리스도인으로 빚어감"에 기여한다고 생각한다. 성경은 하나님과 세상과 이스라엘에 관한 이야기를, 그리고 무엇보다 예수에 관한 이야기를 들려준다. 성경은 다양한 관점과 문학 장르를 통해 독자에게 이렇게 말한다. **이 이야기는 여러분의 이야기이며, 여러분의 집이다. 이 이야기 안에서 산다는 것이 무슨 의미인지 배우라.** 물론 기도, 성례, 교제, 가난한 이들을 섬김 등 (그리스도인으로) "빚어감에 중요한" 다른 요소들도 많다. 하지만 이 모든 것의 중심에는 성경이 있다.

갈라디아서 같은 편지는 예외라고 생각할 사람도 있을 것이다. 갈라디아서는 가장 이른 시기에 형성된 한 교회의 결정적 순간에 그 교회 공동체에 건네진 메시지로, 뜨거운 감정을 실어 작성된 매우 구체적인 메시지다. 하지만 갈라디아 교회들이 직면했던 어려움과 도전을 있는 그대로 경험할 수 있는 현대인은 아마 없을 것이다. 바울은 자신의 복음이 남에게서 전해 받은 것이고 혼란을 초래한다는 비난에 맞서 스스로를 방어하기 위해 편지를 쓴다. 바울은 아브라함이 (두 개의 가족이 아니라) 단일한 가족을 하나님께 약속받았다고 힘주어 주장한다. 그는 예수를 따르는 이방인 출신의 남성들에게 할례를 받지 말라고 권유한다. 분파로 나뉘어 격한 싸움을 벌이지 말라고도 경고한다. 이러한 바울의 메시지들은 현대 서구권 교회의 설교나 교육이나 토론에서는 전혀 다루어지지 않는 것 같다.

이것이 바로 여러 세대에 걸쳐 수많은 설교자와 교사, 평범한 그리스도인이 갈라디아서를 읽을 때, 거기서 역사적 맥락과 동떨어진 추상적 세계를 만들어 내고 그 추상적 세계 안에서 "일반적" 교훈만 이끌어 낸 이유다. 이러한 읽기에서 "할례"는 "일반적인 선행"을 뜻하거나 심지어 "일반적 종교 의례"를 의미하기도 한다. "아브라함"은 단순히 과거에 "믿음으로 의롭게 된" 사람의 "예"로만 간주된다. 예는 더 들 수 있다. 갈라디아인에게 "유대화할 것"[to Judaize]을 강요했던 바울의 적대자들은 그들의 실제 모습과는 다른, 훨씬 후대에 존재했던 무리들의 모습으로 그려졌다. 악명 높은 16세기의 예를 보자. 루터를 비롯한 많은 사람들은 갈라디아 교회의 바울 적대자들을, 최종적 구원을 얻을 가능성을 높이려고 자신들의 "행위"를 더하고자 노력했던 중세 후기 로마 가톨릭과 아주 유사한 집단으로 묘사했다. 마르틴 루터가 갈라디아서를 자기 부인의 이름을 따서 "카타리나 폰 보라"Katie von Bora로 부른 이후로, 개신교 학자들은 갈라디아서를 "율법의 행위들 없이 믿음으로 의롭다 여겨짐"justification by faith apart from works of the law이라는 바울 "복음"의 정수가 담긴 편지로 여겼다. "오직 믿음"은 루터의 위대한 구호slogan였다. 루터와 후대의 수많은 사람들은 갈라디아서를 믿음에 "행위"works를 덧붙이려는 사람들을 공격하는 편지로 읽었다. 우리 자신이 전적으로 가망 없는 존재이며 온전히 하나님의 은혜에 의존한다는 가르침은 우리를 (때론 지나칠 정도로) 겸허하게 한다. 위대한 개신교 전통은 그 겸손의 필요성을 아주 잘 강조해 왔다.

하나님 앞에서의 겸허함은 여전히 중요하지만 갈라디아서를 위와 같은 방식으로 읽는 것은 상당한 문제가 있다. 바울이 살던 세계, 특히 유대 배경 및 바울 서신 본문의 원뜻에 대한 역사학적 연구(즉, 바울이 사용한 단어와 논증이 1세기 맥락에서 어떤 뜻을 지녔는가에 대한 연구)의 발전 덕분에 우리는 갈라디아의 바울 적대자들이 루터가 저항했던 중세의 가톨릭과는 아주 다르다는 사실을 알게 되었다. 나는 이 사실에 대해 집중적으로 글을 써 왔으므로, 그간 제시한 모든 주장을 이 주석에서 되풀이하지는 않을 것이다.[1] 이 주석에서는 특정 해석 전통을 비판하기

---

[1] 나의 책 *Paul and His Recent Interpreters* (London: SPCK; Minneapolis: Fortress, 2015), 1부를 보라. 요한네스 크리소스토무스, 아우구스티누스, 아퀴나스, 루터, 칼뱅, 그리고 여타 역사적으로 중요한 주석들에 대한 놀라울 만큼 충실하고 유용한 요약은 다음 책에서 볼 수 있다. J. K. Riches, *Galatians through the Centuries* (Chichester: Wiley-Blackwell, 2013; original

만 하는 부정적 작업이 아니라 건설적 작업을 하려고 한다. 마르틴 루터와 16세기의 다른 종교개혁가들처럼, 나는 성경이 모든 기독교 전통을 판단하는 기준이라는 작업가설을 이 주석의 출발점으로 삼는다. 이 주석의 목표는 본문 자체가 실제로 말하는 바를 탐구하는 것이다. 끝없이 이어지는 학계의 논쟁을 자세히 다루지 않더라도 본문 자체에 대한 탐구만으로도 상당한 시간을 요한다.

현대의 가장 위대한 신학자 중 한 명인 칼 바르트의 후기 저작을 보면, 그는 루터가 로마 가톨릭과 벌였던 싸움을 1세기(바울의 시대)에 그대로 투사하여 사실을 왜곡할 위험이 있는 해석을 내놓았다는 점을 정확히 간파했다.[2] 이런 식의 신약성경 읽기(혹은 오독)는 많은 그리스도인들이 구약성경을 읽는 방식이기도 하다. 다시 말해, 이런 독해 방식은 성경을 "우의"allegories나 "비유적 표현"figures을 담은 책으로 대한다. 나는 우의나 유형론,types 복선, "비유" 등이 성경에 없다고 말하려는 것이 아니다. 그런 식의 독해가 항상 틀렸다는 말도 아니다. 하지만 중세 이론가들이 이미 알고 있었던 것처럼(루터와 그의 추종자들도 늘 이 점을 잊지 않았다!), 우리는 상상의 비약조차 문자 그대로의 의미에 기반을 두도록 늘 주의해야 한다. 그것이 역사학적 연구가 의미하는 바다. 역사라는 닻이 없으면, 비유적 해석은 이리저리 떠다니다 망망대해에서 길을 잃을 수 있다. 바다에서 둥둥 떠다니다 보면 자신이 뭍에서 얼마나 먼 곳까지 떠내려 왔는지 잊어버리기 쉽다.

역사적 배경으로부터 더 넓은 사안을 추출해 내고 일반화하는 작업 자체는 아무 문제가 없다. 나는 이 책의 상당 부분을 할애하여 그런 작

2008).

2 K. Barth, *Church Dogmatics* IV/1 (Edinburgh: T&T Clark, 1956), 622-23는 Wright, *Paul and His Recent Interpreters*, 86-87에서 인용했다.

업을 할 것이다. 예를 들어, 갈라디아서 1장과 2장에서는 바울이 자신의 복음은 진정한 사도적 메시지라고 주장한다고 말할 수 있다. 2-4장에서는 유대인과 이방인의 경계를 가로지르는 교회의 일치와 그 결과로 비롯된 "모든 족속을 아우르는"worldwide 메시아의 백성으로 구성된 단일한 가족을 강조한다고 말할 수 있다. 5장과 6장은 유대인이든 이방인이든 그 출신과 관계없는 거룩함에 대해 묘사한다고 말할 수 있다. 따라서 우리는 갈라디아서가 단 하나의 거룩하고 보편적인catholic 사도적 교회를 가르치고 있다고 주장할 수 있다.³ 바울도 동의할 것이다. 하지만 (후대의 신조에서 골라내어 만든) 이 체크리스트는 특정 상황 속에서 전개된 바울의 논증이 지닌 구체성을 결코 대체할 수 없다. 간략한 요약은 요긴하나 위험하기도 하다. 우리는 항상 (본문의) 역사적 상황으로 돌아가야만 한다. 무엇보다 예수 자신이 다른 어떤 것의 "예"example가 아니다. 예수를 하나의 "예"로 보는 것은, 모나리자를 단순히 하나의 특별한 화풍의 그림으로 보고 연구하는 것이나 다름없다. 모나리자는 모나리자다. 갈라디아 교회의 구체적 상황은 (그 어떤 것으로 환원할 수 없는) 갈라디아 교회의 실제 상황이다. 예수는 예수다. 그리고 **그리스도인들은 이스라엘의 메시아이신 예수 그분이 직접 그들의 삶을 빚어가시게 함으로써, 그리스도인으로 빚어지고 성숙해져 간다.**

바울은 갈라디아서 4:19에서 바로 이 이야기를 한다. 즉, 어머니가 다시 해산하는 것과 같이 자신이 "여러분 속에 메시아(그리스도)의 형상이 이루어지기까지" 산통을 겪는다고 말한다. 이것이 "그리스도인으로 빚어감"의 정확한 정의이다. 갈라디아서는 예수 추종자들의 공동체와 구성원 개개인을 "메시아의 백성"으로 "빚어감"을 위해 기록되었다. 다시

---

3   여기서 "보편적"catholic이라는 말은 "모든 족속을 아우르는"worldwide이라는 의미이다.

간단히 말하면, 예수 추종자들은 진정한 **사도적** 복음에 뿌리를 둔 **하나 됨**unity(특히 사회적 경계와 민족적 경계를 가로지르는 **온 세계를 아우르는** 하나 됨)과 **거룩함**의 모양으로, 그리고 그에 수반되는 고통과 기쁨이 기이하게 혼합된 모습으로 "빚어져야" 한다.

곧 보겠지만, 이러한 실체는 사실 바울이 "메시아"(그리스어 '크리스토스', Christos 곧 "기름부음 받은 사람"을 뜻함)라는 단어에 부여한 복잡한 의미 속에 이미 들어 있다. "메시아"는 분명 예수를 **가리키는**denote 단어인데, 오랫동안 (여러 이유 때문에) "그리스도"라는 단어가 예수 이름의 일부로 간주되는 바람에 바울의 생각을 이해하는 데 도움이 되지 않았다. 바울에게 **크리스토스**라는 단어는 메시아의 백성이라는 새롭고 독특한 실체를 **함축**connote한다. 이들은, 메시아에게 해당되는 일과 메시아에게 일어난 일이 그의 백성에게도 그대로 해당되고 일어난다는 의미에서, "메시아 안으로"into 편입된다. 고린도 교회의 분열에 직면한 바울은 메시아가 정말 조각조각 나뉘어졌는지 추궁하면서, 한 몸 안에 각기 다른 기능을 가진 많은 지체가 있듯이 "[메시아]도 그러하다"고 강조한다. 고전 1:13; 12:12 신자들은 예수의 영으로 "기름부음" 받았다. 다시 말해, 그들은 하나님의 메시아 프로젝트의 일부가 되었다. 바울이 갈라디아서 4:19에서 "여러분 안에 메시아가 온전히 형성될 때까지"라고 말할 때는, 신자 개개인 내면의 "영적" 혹은 도덕적 변화만을 언급한 것이 아니다. 그는 공동체 전체가 그 "기름부음 받은 분"의 생생한 구현이자 가시적 표지가 되는 방식을 생각하고 있었다. 갈라디아서 3:16, 29이 말하듯, 그분이 단일한 "씨"다.

그러므로 "그리스도인으로 빚어감"은 영적인 "팀빌딩"team-building이나 축구 교실과 같은 일 이상을 의미한다. 그것은 "메시아 백성", Messiah-people 곧 "기름부음 받은" 단일한 공동체가 된다는 것의 의미를, 때로는 고통스러운 연단 속에서 발견하는 작업이다. 그 공동체는 하나요 거룩하고 보편적이며 사도적이다. 하지만 그러한 추상적 특성은 생생하고 위험 천만한 혈과 육으로 채워져야 한다. 바울은 신학적이거나 영적인 관심사뿐만 아니라 정치적이라고 부를 만한 관심사 때문에도 갈라디아서를 썼다. 정치는 당신을 곤란하게 만든다. 실제로 신학이 정치적 측면political strings과 결부될 때 당신을 곤란하게 만드는 경우는, 특히 사람들이 정치적 차원이 아예 존재하지 않는 것처럼 행동할 때, 그리고 하나님, 대속, 칭의 같은 주제에 관해서만 "정말로" 이야기하는 척할 때다.

그러므로 이 주석서의 과제는 다음과 같다. 갈라디아서 본문을 읽는 개인과 설교자, 교사가 위에서 말한 모든 것이 구체적으로 어떻게 진행되는지 확인하고, 그것을 교회와 개인의 삶에 지혜롭고 창조적으로 적용할 수 있도록 돕는 것이다. 갈라디아서 본문에서 길어 올린 신학적 깊이와 섬세한 감각으로 그리스도인으로 빚어감이라는 과제를 다루는 것이 목표다. 신학과 실천을 사변적인(그리고 왜곡의 가능성이 높은) 판타지의 세계로 붕 뜨지 않도록 역사와 본문비평적 근거에 온전히 통합시키면서 말이다. 나는 갈라디아서의 모든 부분이 우리 시대의 "그리스도인으로 빚어감"이라는 목표에 기여할 수 있다고 믿으며, 실제 그렇다는 점을 보여주고 싶다. 그러나『거울나라의 앨리스』처럼 우리가 그동안의 관행과 정반대의 방향으로 향할 때, 곧 21세기의 그리스도인에게 (적절하게, 서두르지 않는 방식으로) 신선하게 들릴 만한 의미를 찾기 위해 1세기의 역사적 배경과 의미들에 집중할 때, 역설적으로 이러한 목표에 가장 근접할 수 있을 것이다.

"본문이 당시에 의미한 바"를 이성적으로 분석하고 해설하는 것이 늘 기본이 되어야 하지만 위에서 말한 작업은 그 이상을 요구한다. "본문이 당시에 의미한 바"에서 "본문이 현재 우리에게 의미하는 바"로 나아간다는 투박하고 낡은 모델 안에 갇히지 말아야 한다. 역사 작업 자체에 이미 "공감적 상상"sympathetic imagination이 포함되어 있다. 그보다는, 우리가 계속 진행되는 대화에 참여하게 되었다고 말하는 것이 좋겠다. 목회적으로 민감한 교회의 교사와 설교자들이 기도하는 마음으로 참여하는 그 대화 가운데서, 개인과 공동체의 구체적인 필요들이 본문의 원래 의미가 비추는 빛을 통해 새롭게 조명되는 것이다.

엄밀한 역사학적 방법론으로 이런 작업을 할 때 우리는 놀라운 것을 발견한다. 최소한 지난 사백 년 동안 서구 교회가 갈라디아서를 읽어 온 방식을 잘 아는 독자라면 누구라도 놀랄 만한 내용이다. **갈라디아서가 다루는 것은 천국에 가기 위해 죄에서 구원받는 방법에 관한 내용도 아니고, 그 절차 속에서 "믿음"과 "행위들"의 관계에 관한 내용도 아니다.** 실제로 "죄"라는 단어는 갈라디아서에 거의 언급되지 않으며 "구원"이라는 단어는 아예 나오지도 않는다. 죄와 구원이 서구 교회에서 무척 중요한 주제였으므로 바울과 갈라디아 교회들에서도 뜨거운 이슈였을 것이라고 추정해서는 안 된다. 이와 대조적으로 로마서의 상당 부분은 (서구 전통이 생각했던 것과는 꼭 같지는 않지만) 죄와 구원에 관한 것이다. 하지만 갈라디아서와 로마서 사이에 병행구절이 다수 존재한다고 해서 죄와 구원이 갈라디아서의 분명한 주제가 아니었다는 사실이 가려져서는 안 된다.[4]

---

4   동사 '소조'sōzō, 구원하다는 로마서에서 열 번 등장하지만 갈라디아서에는 나오지 않는다. 명사 '소테리아'sōtēria, 구원는 로마서에 다섯 번 나오지만 갈라디아서에는 나오지 않는다. 마찬가지로 '하마르티아'hamartia, 죄는 갈라디아서에서 1:4의 공식 문구를 포함해 세 번 나오는 데 비해 로마서에서는 마흔여덟 번 나온다. 동사 '하마르타노'hamartanō, 죄를 범하다는 갈라디아서에 나오지 않으나 로마서에는 일곱 번 나온다. 명사 '하마르톨로스'hamartōlos, 죄인는 갈라디아서에서는 두 번, 로마서에서는 네 번 나온다. 명사 '하마르테마'hamartēma, 죄는 갈라디아서에서는 나오지 않으나 로마서에서는 한 번 나온다. 결국 구원과 죄에 관련된 용어는 갈라

나는 요리사가 아니지만 조리 기구에 관한 이야기를 어깨너머 들어 본 적이 있다. 말하자면, 무쇠 프라이팬과 알루미늄 프라이팬의 장단점과 같은 이야기 말이다. 언젠가 알루미늄이 음식에 녹아 들어가 암 같은 질병을 초래할 가능성이 있다는 미심쩍은 루머가 돈 적도 있다. 가족끼리 식사 모임을 하는 장면을 떠올려 보자. 어떤 이는 안전을 생각해서 오랫동안 검증된 구식 조리 기구를 사용하고 싶어 하고, 또 어떤 이는 새로운 알루미늄 프라이팬을 사용하고 싶어 할 수 있다. 어쩌면 새로운 프라이팬을 사용하고 싶어 하는 사람들은 (알루미늄이 안전하다는 최근의) 증거를 검토한 뒤 거리낌 없이 새로운 프라이팬을 이미 사용해 왔으며, 그 프라이팬이 (건강에) 아무런 나쁜 영향을 끼치지 않을 뿐더러 다루기도 쉽고 효율적이라는 사실을 알게 되었을 수도 있다. 조리 기구를 둘러싼 가족 간의 논쟁이 금속학, 소화기내과학, 의학 연구, 기타 등등으로 확대될 수도 있다. 하지만 이러한 논쟁은 가족이 저녁 식사로 무엇을 먹을지에 관한 문제와는 상당한 거리가 있다.

물론 이 두 가지 질문은 서로 관련 있다. 어떤 프라이팬을 사용할 지 합의하지 못하면, 아무도 식사를 하지 못할 것이다. 특정 요리에는 특정 프라이팬으로 조리하는 것이 가장 좋다고 제안하는 사람도 있을 것이다. 하지만 무쇠와 알루미늄 둘 중 하나를 고르는 문제는 스테이크와

디아서에서 도합 다섯 번, 로마서에는 예순 번 나온다. 통계가 모든 것을 말해 준다고 할 수는 없으나 이러한 빈도의 차이는 주목할 만하다. 특히 죄와 관련된 용어가 가장 집중적으로 나오는 로마서의 구절들(5장에서 8장까지)과 평행을 이루는 갈라디아서의 구절들을 볼 때 그렇다. 드 부어(M. de Boer, *Galatians: A Commentary*, New Testament Library [Louisville: Westminster John Knox, 2011], 44, 61)는 그의 주석과 다른 몇몇 곳에서 "구원"을 "칭의"로 혼동하는 것 같다. 물론 바울의 커다란 사고 틀에서 구원과 칭의는 긴밀한 관련성을 가지고 있으나, 갈라디아서에서처럼 칭의가 명시적으로 논의되고 구원에 대한 논의가 전무할 때는 이 둘을 같은 것으로 간주하는 데 무리가 있다.

칩스, 볼로네제 파스타 중 하나를 선택하는 문제와는 다르다. 만일 옆방에 있는 누군가가 프라이팬에 관한 이러한 대화를 우연히 들으면서 그것을 저녁 메뉴에 관한 논의라고 (그릇되게) 상상한다면, 그 대화 내용은 그에게 무척 당혹스러울 것이다. 그는 자기가 들은 내용 전부를 잘못 해석할 수밖에 없다. 그렇다고 가족에게 식사를 제공하는 것이 무관한 일이 되었다는 뜻은 아니다. 그것은 여전히 가족 모임의 최종 목표다. 하지만 지금 당장 논의해야 하는 주제는 아니다.

어떠한 유비analogy도 완전하지는 않다. 위의 유비를 통해 내가 말하고자 하는 요점은 이것이다. 이 책에서 주장할 내용이기도 한데, 우리가 갈라디아서를 "하나님의 단일한 가족의 일원으로 '간주되는' 사람은 누구인가"에 관한 것이라고 주장한다고 해서, 궁극적 구원에 관한 문제가 더 이상 중요하지 않다고 말하는 것은 아니다. 본문 배후에 구원에 관한 문제가 깔려 있지 않다면, 본문에서 구체적으로 논의되는 주제는 우리와 별 상관 없는 것이 될 것이다. 저녁 식사 준비를 하지 않는다면, 애초에 조리 기구의 종류에 관한 논의는 필요하지 않다. 그러나 누군가 궁극적 구원에 관한 논의를 기대하고 갈라디아서를 읽는다면 그는 모든 지점에서 본문을 잘못 해석할 가능성이 높다.

그렇다면 바울은 갈라디아서에서 죄와 구원에 관해 말하고 있지 않은데도 왜 그렇게 생각하는 사람들이 있는 것일까?

이 질문에 대한 답은 중세, 특히 당시 발달된 연옥[5] 교리가 15세기 유럽 교회에 드리운 깊은 그림자 안에 놓여 있다. 오랫동안 서구 교회는 천국에 갈 사람과 지옥에 갈 사람이 나뉘어 있기는 해도, 완전하고 가

---

5   연옥에 대해서는 다음의 연구를 참고하라. J. Le Goff, *The Birth of Purgatory* (Chicago: University of Chicago Press, 1984; original 1981). 그리고 연옥에 관한 드라마틱한 설명은 S. Greenblatt, *Hamlet in Purgatory* (Princeton: Princeton University Press, 2001)를 보라.

장 거룩하게 된 "성인들"saints만 죽은 후에 곧바로 천국으로 갈 수 있다고 가르쳤다. 성인들을 제외한 모든 그리스도인은 아무리 최종적으로 천국행이 확정되었다 하더라도 처벌받고 정화되는 고통의 시간을 통과해야만 했다. 토마스 아퀴나스가 이러한 내용을 구체적으로 고안해 냈고, 이어서 단테가 생생한 운문을 통해 묘사했다. 다가올 천국을 고대하면 연옥의 고통은 참을 만하다고 신학자들이 아무리 설명한들, 하나님의 사랑 때문에 그 모든 것이 만들어졌다고 설명한들, 연옥의 시간은 여전히 두려운 것이었다. 그래서 할 수 있다면 연옥을 피하는, 또는 연옥에 머무르는 시간을 줄이는 전략을 구상하고 만들어 내는 산업(이 표현은 지나치지 않다)이 등장했다. 살아생전 높은 사회적 지위를 누린 사람들에게 걸맞은 사후 세상의 삶을 보장하기 위한 기도를 하는 공동체가 세워지고 예배당이 건립되었다. 이러한 시스템을 잘 돌아가게 하는 다른 방법들도 있었다. 연옥에서 받을 고문과 죄에 대한 처벌을 완전히 면제해 준다며 교황이 "면죄부"를 내놓은 것이다. 16세기 초까지 면죄부를 돈으로 살 수 있다고 생각한 사람들이 있었다. 이렇게 해서 벌어들인 돈이 교회의 주요 사업을 돕는 데 사용될 수 있을 것이라고 생각한 사람들도 있었다. 바로 그때, 학식과 신실함을 겸비한 독일 북동부의 한 젊은 아우구스티누스파 수도사는 더 이상 이 사태를 내버려 둘 수 없다고 판단했다. 그는 교회가 개혁되어야만 한다고 생각하여 면죄부 장사를 비판하는 내용을 포함한 95개조 "논제"theses를 비텐베르크 교회 문에 못으로 박아 두었다. 그는 진지한 토론을 요구한 것이다. 하지만 그의 행동의 여파는 신학교의 울타리를 훌쩍 넘어 버렸다.

마르틴 루터는 탄탄한 성경적 근거를 바탕으로 인간 사후에 일어날 일에 관한 교회의 모든 공식적 가르침을 반박했다. 루터와 그의 추종자들은 바울의 신학을 근거로 삼았다. 바울의 칼을 재빠르게 두 번 휘두르는 것으로 충분했다. 그렇다. 죽을 운명에 처한 그리스도인들은 여전히 죄 가운데 있다. 하지만 죽음 자체가 죄를 종결시켰다.^{롬 6:7} 그렇다. 죄는 처벌받아야 한다. 하지만 예수께서 그 처벌을 짊어지셨다.^{갈 3:13, 고후 5:21} 그러니 이제 연옥은 필요하지 않다. 그 어떤 것도 그리스도인들이 천국에 곧장 가는 것을 막을 수 없다.

교회가 받아들인 전통을 반대하는 데는 위험이 따랐다. 천사 박사(Angelic Doctor, 토마스 아퀴나스를 말한다—옮긴이)보다 성경의 가르침을 더 잘 안다고 주장하는 것은 교만한 일로 여겨졌다. 그러나 많은 이들이 자아가 비대해진 세속적 교황제를 지긋지긋하게 여기는 가운데 새롭게 발명된 인쇄기가 교황을 반대하는 논고와 일상어로 번역된 성경을 찍어 낼 수 있게 되자 루터의 메시지는 흡인력을 얻었다.

그런데 연옥이 배제되어 "천국 혹은 지옥"이라는 단 두 가지 선택지만 남는다면, 인간은 자신 앞에 "천국"이 기다리고 있다고 어떻게 확신할 수 있을까? 길거리에서 얼어 죽느니 차라리 감옥에서 하루를 보내려는 잡범과 같이, 천국에 가지 못한다면 영원한 지옥에 떨어질 수밖에 없는 가혹한 상황보다는 차라리 연옥에서 "징역살이"를 하는 편이 낫겠다고 생각하는 이들이 많았다. 그래서 연옥을 부인하는 것이 느닷없이 (구원에 대한) **확신**^{assurance} 문제를 불러일으켰다. 사람은 자신이 곧장 천국에 갈 것이라고 어떻게 확신할 수 있는가? 최소한 아우구스티누스와 안셀무스 이후로(이 이야기는 여기서 다 말하기에는 너무 복잡하다), 교회는 인간이 하나님께 받아들여지려면 "의로움"이 필요하다고 가르쳐 왔다.[6] 죽을 수밖에 없는 죄인이 어떻게 '유스티티아'^{iustitia, 의로움}를 얻

---

6 라틴어 '유스티티아'^{iustitia}는 정의라는 뜻을 가진 단어로, 바울이 사용한 그리스어 단어 '디카이오쉬네'^{dikaiosynē}의 통상적이고도 문제 많은 번역어였다. 칭의 교리의 역사에 대해서는 A. E. McGrath, *Iustitia Dei: A History of the Doctrine of Justification*, 4th ed. (Cambridge:

을 수 있는지에 관한 다양한 이론이 발전했다. 의로움은 주입되는가, 전가되는가, 아니면 다른 방법이 있는가? 만일 그렇다면 그 과정은 어떻게 이루어지는가? 바울은 로마서에서 하나님의 고유한 '디카이오쉬네'^{dikaiosynē}를 말한다. 루터는 바로 하나님의 '디카이오쉬네'에 답이 있다고 생각했다. 하나님은 자신의 '디카이오쉬네', 곧 자신의 '유스티티아'를 죄인인 인간들에게 수여하실^{credit} 수 있다. 그렇게 하시는 이유는 인간이 하나님의 도덕 규율을 지키려고 노력했기 때문이 아니라 단지 그들이 복음을 믿었다는 사실 때문이다. "의인은 믿음으로 살 것이다." 믿음이 있으면 확신은 따라온다. 연옥을 부정함으로 사후 세계에 대한 불안이 가중된 듯했으나, 오히려 이로써 이제 미래의 최종 운명에 대해 확신할 수 있게 되었다.

이러한 내력으로 (이 주제는 굉장히 복잡하지만 이 정도로 간략하게 말해도 여기에선 충분할 것이다), 그 유명한 개신교의 (바울적이라고 여겨진) "이신칭의" 교리가 탄생했다. 이 교리는 필자 자신을 포함해 엄청나게 많은 사람들에게 안도감을 주었다. 이 교리는 무가치한 통회자를 향한 하나님의 주권적 자비를 말한다. "빈손 들고 앞에 가 십자가를 붙드네."[7] 또한 죄 용서를 받았다는 절대적인 확신을 말한다. 죄 용서는 현재 주어진 것이며, 신자가 죽고 난 직후에 맞이할 미래에 대한 보장이다. 면죄부는 "헌금함에 동전이 짤랑하고 떨어지는 순간 영혼이 연옥에서 벗어난다"는 약속 아래 팔려 나갔다. 이에 대해 개신교도는 다음과 같이 응수했다. "최악의 죄인이라도 진실로 믿기만 하면 바로 그 순간 예수

Cambridge University Press, 2020; original 1986)를 보라.

7   토플라디A. M. Toplady의 "Rock of Ages, Cleft for Me"(만세 반석 열리니). 이 곡은 *Hymns Ancient and Modern New Standard* (London: Hymns A&M, Ltd., 1983), no. 135를 비롯한 여러 찬송집에 수록되었다.

로부터 용서를 받는다."⁸ 만약 선택지가 이 두 가지만 있다면(사실 16세기 초에는 여러 선택지가 있었다), 단 하나의 진짜 답이 있을 것이다. 바울이 분명히 인정할 만한 단 하나의 답 말이다.

이 답의 가장 큰 장점은 중세에 제기된 질문에 **성경적** 답을 준다는 것이다. 반면, 가장 큰 약점은 "중세에 제기된 질문"에 성경적 답을 준다는 것이다. 그 질문은 중세 시대에 너무나 중요해진 나머지 이내 유일하게 중요한 질문으로 간주되었다. **내가 어떻게 천국에 갈 수 있을까? 나는 그것을 어떻게 확신할 수 있는가? 내가 할 수 있는 만큼 최선을 다했다는 것을 나는 어떻게 알 수 있는가? 내가 지옥이나 연옥에 가지 않을 것이라는 사실을 어떻게 알 수 있는가?** 인생은 종종 짧고 험악하기에 질문은 절박했다. 오늘날에도 여전히 절박한 질문으로 보인다. **"천국 가기"가 궁극적 목표인 세상에서는** 심지어 장수하며 편안한 삶을 산 사람들에게도 절박한 질문이다. 이 질문에 대해서는 고전적으로 개신교도들이 제시한 답변 몇 가지가 좋은 출발점이 될 것이다.

하지만 신약성경이 말하듯이 예수의 죽음과 부활 그리고 승천으로 말미암아 천국의 통치(하나님 나라를 가리킨다—옮긴이)가 이미 땅 위에서 시작되었다면 이 모든 질문은 어떻게 되는 것인가? 궁극적 미래에 관한 신약성경의 비전이 "천국 가기"와 "지복직관"(beatific vision, 천상에서 하나님을 직접 보는 것—옮긴이)을 천국에서 누리는 것이 아니라 "새 하늘과 새 땅"에 관한 것이라면?⁹ 종교개혁 이후의 기독교에서 중요하

---

8   금고 속의 동전에 관해서는 면죄부를 팔았던 존 테츨John Tetzel이 말한 것으로 전해진다. 이에 응수하는 찬송가가 프랜시스 밴 알스틴Frances J. van Alstyne이 1870년 작사한 "To God Be the Glory"이다(*Anglican Hymn Book* [London: Church Book Room Press, 1965], no. 280). (프랜시스 밴 알스틴은 우리에게 패니 크로스비Fanny Crosby로 알려진 유명한 찬송 작사가이고 "To God be the Glory"는 새찬송가 615장 "그 큰 일을 행하신 하나님께"이다. 참고로 가사가 상당히 다르게 번역되었다—옮긴이).

게 다루어지지 않았던 공동체와 교회, 그리고 정치적 도전에 관한 질문들이 갑자기 날카롭게 다시 부상한다. 갈라디아서가 이러한 지점에서 우리를 이미 앞서간 문서라는 사실에 놀라서는 안 된다.

사실 종교개혁은 잘못된 질문에 대답하고 있었다. 중세의 질문은 개인에 집중되었고 "천국 가기"에 초점이 맞춰져 있었다. 전통주의자들은 교회에 순종적인 구성원이 되는 것이 천국에 가는 길이라고 주장했고, 종교개혁자들은 "오직 믿음"이라는 대답을 제시했다. 그렇게 하면서 종교개혁자들은 개인의 "믿음"에 새로운 스포트라이트를 비추었다. 이들은 그 믿음이 **그리스도 안에서 하나님의 사랑의 임재를** 개인적으로 **의식**하는 것을 포함한다고 주장했다. 루터의 동료였던 멜란히톤은 "그것으로는 충분하지 않다"라고 말하며, "그리스도가 구원자라는 사실을, 곧 **나를 위한** 구원자라는 사실을 믿어야만 한다"고 썼다. 이러한 주장은 19세기와 20세기에 이르러 경험을 중시하는 감리교 부흥 운동, 새로워진 이신론적 배경, 신新에피쿠로스주의, 무신론의 도움을 받아 "회심"과 "종교적 체험", "믿음에 이르는 것", coming to faith 그리고 "신앙"belief의 개념을 융합하여 "천국에 간다는 보장"이라는 의미로서의 "칭의"와 연결되었다.[10]

이것이 중세 교회가 "옳음"에 대한 감각을 잃게 된 이유다. 성경의 장대한 드라마는 기본적으로 "어떻게 우리가 '이 땅'을 떠나 하나님과 함께 거하는 '천국'에 갈 수 있는가"에 관한 것이 아니라, **어떻게 하나님이 우리에게 오셔서 우리와 함께 거하실 수 있는지**를 말한다. 성경에 나오는

---

9 나는 이 주제를 다음의 책에서 자세하게 다루었다. *Surprised by Hope: Rethinking Heaven, Resurrection, and the Mission of the Church* (London: SPCK; San Francisco: HarperOne, 2007).

10 이 맥락에 대해서는 다음의 책을 보라. *History and Eschatology: Jesus and the Promise of Natural Theology*, Gifford Lectures, 2018 (Waco, TX: Baylor University Press; London: SPCK, 2019), 1장과 2장.

마지막 장면은 (중세 신비극에서처럼) "구원받은 영혼들"이 "천국"에 올라가는 것이 아니라 새 예루살렘이 천국에서 지상으로 내려오는 것이다. 그 결과 "하나님의 거처는 사람들과 함께 있게" 된다.계 21:3 광야의 장막과 예루살렘 성전에 있던 하나님의 거처에서 볼 수 있었던 이러한 미래의 전조는 성경의 내러티브 안에서 "말씀이 육신이 되어 우리 안에 거하시는"(문자적으로는 '장막에 거하시는')요 1:14 순간으로 이어진다. 에베소서 1:10에 나오는 장엄한 바울의 비전에 따르면 하나님이 항상 메시아 안에서 "하늘과 땅 위의 만물", 곧 온 세상을 한데 모으실 계획을 마련하셨다고 한다. 내가 다른 곳에서 설명한 것처럼, 그 사건은 모든 것을 변화시킨다.[11]

고대의 성경적 비전 안에 우리 자신을 놓으면, 우리는 금세 1세기 유대인들의 소망을 생생하게 보게 된다. 세상의 창조자이신 이스라엘의 유일하신 하나님이 당신의 백성을 구하시기 위해, 그리고 사악한 이교도들이 다스리는 세상인 "현재의 악한 세대"를 끝내시고 평화와 정의와 자유로 가득 찬 "장차 올 세대"를 시작하시기 위해, 영광 중에 돌아오실 것이다.[12] 그때 바울과 동시대에 사는 대다수의 유대인이 믿음에 이르게 되고, 하나님은 죽은 자들 가운데서 당신의 백성을 일으켜서 이미 개시된 새 창조에 참여하게 하실 것이다. 이는 오늘날 [영적인 것이 아니라] "현세적"worldly 소망이라고 부르는 것과 상당히 흡사했다. 바울과 동시대를 살던 사람들, 특히 "열심 있는" 사람들은 우상을 섬기는 이방인들로부터 받는 고통에서 유대 민족이 자유롭게 되길 열망했다. 하

---

11 특히 *Surprised by Hope*를 보라.
12 지금부터의 논의를 자세히 다룬 글은 다음을 참고하라. *The Resurrection of the Son of God*(London: SPCK; Minneapolis: Fortress, 2003), 3장과 4장, 그리고 *Paul and the Faithfulness of God* (London: SPCK; Minneapolis: Fortress, 2013), 2장과 11장.

나님의 돌아오심과 승리는 유일하신 하나님의 "의로움"을 안셀무스나 루터가 생각했던 것과 크게 다른 방식으로, 행동을 통해 드러내 보일 것이다. 시편과 이사야서에 나온 것처럼, 여기서 "의로움"이란 이스라엘과 맺은 언약에 대한 하나님의 신실하심이나 이스라엘을 통해 드러나는 온 세상을 향한 하나님의 신실하심을 뜻하는 것이 분명하다. 아브라함에게 주신 약속에 신실하셔서 출애굽을 행하셨듯이, 하나님은 다시 일하실 것이며 수백 년간 지속된 "포로기/유배"exile로부터 당신의 백성을 단번에 해방시키실 것이다. 그분의 백성이 이교도의 억압 아래 살고 있는 한, 예언자들을 통해 하신 약속들은 아직 성취되지 않은 것이다. 그러므로 유배로부터의 해방은, 예언자들이 말했던 대규모의 "죄 용서"를 의미할 것이다.[13]

"천국 가기"를 가장 중요시한 일종의 플라톤적 관점을 가진 1세기 유대인들도 실제로 있었다.[14] 하지만 부활을 믿었던 다소의 사울 같은 사람들(의견의 차이가 있었음에도 불구하고, 당시 유대인 대다수는 이러한 바리새파의 관점을 가졌다)에게는 운명의 최종 단계에 단번에 이르는 의미로서의 "천국 가기"는 중요한 것이 아니었다. 하나님이 죽은 당신의 백성을 어떤 식으로든 돌보실 것이다. 그때 사람이 어떤 모습으로 있을지에 관해 통일된 견해는 없었다.[15] 하지만 종국에는 하나님이 세상을 새

13   예를 들어, 사 40:1-2, 렘 31:34, 애 4:22.
14   주목할 만한 예로는 필론을 꼽을 수 있다. 그와 유사한 (플라톤적인 것이 확실한) 병행구절은 플루타르코스의 "On Exile"(*Moralia* 7)에서 볼 수 있다.
15   관련 논의는 *Resurrection of the Son of God* 3장을 보라. 특히 "의로운 사람들의 영혼"이 "하나님의 손안에 있다"고 말하는 솔로몬의 지혜서 3:1-10을 보라. 이 본문은 의로운 자들의 최종 운명을 묘사하는 것이 아니라, 그들이 "빛을 내고 그루터기들만 남은 밭의 불꽃처럼 퍼져 나갈 것"(3:7)이며 하나님 나라에서 열방과 족속을 다스릴 때까지(3:8) 한시적으로 안전하게 보호받음을 묘사한다. 의인들을 죽이면서 스스로 옳은 일을 하고 있다고 생각한 "사악한 자들"은 경악할 것이다(4:20-5:23).

창조라는 위대한 행위를 통해 변화시키실 것이다. 그분의 백성 모두는 죽은 자들 가운데서 일으켜질 것이다. 다소의 사울과 그 밖의 바리새인들, 그리고 이들의 영향을 받은 사람들은 두 단계로 이루어진 "죽음 이후의 삶"을 믿었다. 첫째, 중간 단계에서 (어떤 형태이든) 육체가 없는 존재로 있다. 둘째, 최종적으로 하나님이 만드신 새 하늘과 새 땅의 생명에 참여하는, 몸을 가진 부활이다. 이러한 두 단계의 사후 상태는 성경적 진리이다. 중세 시대에 있던 두 단계의 "사후의 삶"에 관한 교리(연옥과 그 뒤의 "천국")는 이러한 성경적 진리를 잘못된 방식으로 패러디한 것이다.[16]

종말론이 바뀌면 그와 관련된 모든 견해가 바뀐다. 이사야가 말한 "새 하늘과 새 땅"이 최종 목표라면, 그리고 그 영광스러운 미래의 "유업"에 대한 약속이 주어진 대상이 아브라함의 가족이라면, "누가 진정한 하나님의 백성인가?"라는 질문이 가장 중요해진다. 이 질문은 여전히 "최종 구원"과 관련이 있다. 다소의 사울이 받아들였을 유대 종말론에서 하나님이 당신의 나라를 "하늘에서처럼 땅에서도" 이루시는 것이 "현재의 악한 세대"로부터의 온전한 "구출"이 될 것이다. 실제로 구출이 발생하기 위해서는(이 점에 관해서는 다양한 의견이 있다), 이상적으로 말해서, 하나님이 유대 민족 가운데 거하시기 위해 기쁜 마음으로 돌아오시도록 유대 민족이 정결하고 거룩하게 살아야 한다. 여기서 결정적 질

---

16   현대 로마 가톨릭 신학은 중세 신학에서 크게 돌아섰으나 "죽은 모든 이를 기억하는 위령의 날"All Souls Day 같은 몇몇 행습은 여전히 잔존한다. 다음의 책을 보라. *For All the Saints: Remembering the Christian Departed* (London: SPCK; Harrisburg, PA: Morehouse, 2003), 그리고 *Surprised by Hope*. 현대 가톨릭의 연옥 이해에 대해서는 P. J. Griffiths, "Purgatory," in *The Oxford Handbook of Eschatology*, ed. J. L. Walls (Oxford: Oxford University Press, 2008), 427-46을 보라. 그 책 443쪽 주20에는 내 견해가 트렌트 공의회의 것과 유사하다는 어이없는 주장이 실려 있다.

문은 이것이다. 제대로 된 "정결"과 "거룩"을 구성하는 것은 무엇인가? **장차 올 세대에 참 이스라엘인으로 인정받을 하나님의 백성이 누구인지 지금 어떻게 알 수 있을 것인가?** 아브라함에게 주신 약속들을 마침내 유산으로 받을 가족과 백성은 누구인가? 바울에게는 (그리고 흥미롭게도 쿰란 공동체의 일부 유대인에게도) 이 질문이 칭의에 관한 질문이었다.[17]

다소의 사울 및 그와 같은 많은 사람에게 이 질문에 대한 답변은 명확했다. 유일하신 하나님은 현재 토라를 준수하면서 구별되는 모습을 보이는 사람들을 옳다고 인정하실^{vindicate} 것이다. 그래서 진정한 토라 준수가 무엇인지 더욱 정확하게 규정하려는 조직적 운동이 바리새인 가운데 생겨났고, 이는 이백 년에 걸쳐 랍비 유대교로 변화했다. 이러한 사안은 이스라엘의 삶과 소망의 또 다른 위대한 상징인 성전에서 멀리 떨어져 있는 디아스포라에서 특히 중요했다. 주후 70년에 성전이 산산이 파괴된 이후에는 더욱 중요한 사안이 되었다. 바울이 알고 있었을 것이 분명한 문서에서는 "의로운 자들"$^{hoi\ dikaioi}$과 "죄인들"$^{hoi\ hamartōloi}$ 사이를 가르는 선이 더욱 날카로워졌다.[18] 이방인들은 자동적으로 죄인들^{hamartōloi}이었다. 우상을 섬겼고, 그 결과 죄를 지었기 때문이다. (이것이 바로 우상들이 인간에게 하는 짓이다. 우상들은 진정한 인간성을 왜곡해서 "과녁을 맞히지 못하게" 만든다.) 토라가 정의해 놓은 세계 바깥에 있는 이방인들은 정의상$^{by\ definition}$ "죄인들"이다. 하지만 (특히 신실한 바리새인이 볼 때) 이스라엘에 속한 많은 이들 역시 "죄인들"이다. 왜냐하면 그들은 토라를 소유했어도 제대로 지키지 않거나, 보다 엄격히 토라 백성의 기준에서 볼 때

---

17 쿰란 문헌에서 이를 구체적으로 말한 구절은 4QMMT column C를 보라. 그리고 *Pauline Perspectives* (London: SPCK; Minneapolis: Fortress, 2013) 21장에 수록된 내 소논문을 보라.

18 아래의 갈라디아서 1:10에 대한 내 주석을 보라.

미흡하기 때문이다. 성경의 시편은 이 점을 계속 지적한다.[19]

그러므로 그 시대의 유대인에게 "의롭다"는 말은 일차적으로 "미래에 하나님이 행동하실 때 옳다고 인정받을vindicated 하나님의 참된 백성에 속한다"는 의미다. 이 단어는 중세 시대 신학자가 '유스티티아'iustitia라고 부른 것을 소유하는 것과는 아무런 관계가 없다. 유대 세계에서 "칭의"justification라는 단어는 하나님이 이 공동체의 일원이 누구인지 암묵적으로 선언하시는 것을 가리켰다. 하나님의 그 판결은 "의로운 자들"이 보이는 실제 행위 안에서, 특히 식탁교제 안에서 확인 가능할 것이다.

이제 우리는 루터와 바울 사이의 중요한 차이점을 볼 수 있다. (나는 여기서 기독교 신앙을 특정한 방식[이른바 "루터파적으로"—옮긴이]으로 이해하는 대표적인 예로 루터를 사용하고 있다. 물론 "마르틴 루터가 정말로 무엇을 말했는가" 그리고 그의 후예들은 무엇을 말했는가를 두고 논쟁은 계속되고 있다.) 루터의 세계에서는 "누가 천국에 가는지, 그리고 그 사실을 당장 어떻게 알 수 있는지"가 중요한 질문이었다. 바울의 세계에서는 "누가 하늘에서와 같이 땅에도 임하는 하나님 나라를 상속할 것인가? 그리고 그것을 어떻게 현재에 알 수 있는가?"가 중요한 질문이었다. 이 두 개의 질문이 서로 그리 동떨어져 있지는 않다. 두 질문 모두 궁극의 미래에 관심을 둔다. 하지만 한 질문은 플라톤적이며 "천상적"heavenly이고, 다른 질문은 유대적이며 "세상적"이다. 즉, 약속된 미래의 원형을 표현했던 성전 안에서처럼 하늘과 땅이 합쳐지는 새로운 창조에 관심을 둔다.[20]

그러니 위대한 종교개혁자들이 바울은 최종적 구원을 믿었다고 생각

19　예를 들어 시편 1편은 의로운 자들hoi dikaioi의 현재 행실과 미래의 운명을 "불경건한 자들"hoi asebeis과 "죄인들"hoi hamartōloi의 행실 및 운명과 대조한다.

20　성전과 미래에 대한 기대는 나의 책 *History and Eschatology*, 5장을 보라.

한 것을 틀렸다고 할 수는 없다. 하지만 종교개혁자들이 최종적 미래를 이해한 방식은 틀렸다. 누가 진정한 하나님의 백성인지를 현재 어떻게 알 수 있는가 하는 질문을 핵심 이슈로 생각했다는 점에서 그들은 틀리지 않았다. 하지만 바울이 "율법"이라는 말로 이스라엘의 언약 문서인 토라가 아니라 일반적 의미의 도덕 규율을 가리켰다고 생각한 점에서 종교개혁자들은 틀렸다. 바울이 인간의 죄에 대해, 그리고 하나님이 죄를 다루는 방식에 대해 관심을 가졌다고 이해했다는 점에서 위대한 종교개혁자들은 틀리지 않았다. 하지만 그 질문의 **언약적** 차원과 **종말론적** 차원을 알아차리지 못했다는 점에서 그들은 틀렸다. 하나님은 아브라함과 언약을 맺으셨고, 그 언약을 명료하게 하셨으며, 다윗에게 주신 왕조에 관한 약속들을 통해 초점을 더욱 선명하게 맞추셨다. 바울 시대의 유대 민족은 기다려야 하는 시간을 사는 법을 알았다. 기다려야 하는 시간은 지속되는 포로기의 시간으로, 지금 현재에 이미 "의로운 사람들"을 "죄인들"과 구별하는, **공동체에 대한 정의**가 중요한 시기였다.

루터와 바울의 세계의 차이점들이 사소해 보일 수 있다. 하지만 그 차이점들은 결정적이다. 루터와 그의 후예들은, 그 모든 정당한 이유(교회 전통의 산물에 도전하는 성경, 외식적 율법주의를 대신하는 신실한 믿음, 맹목적 순종을 대체하는 하나님에 대한 인격적 사랑)에도 불구하고, 바울이 말하는 바에서 결정적으로 몇 발자국 멀어졌다.

나는 이 측면을 설명하기 위해 종종 음악을 예로 사용해 왔다. 피아노의 큰 울림 페달을 밟은 채 낮은 '도' 건반을 누르고 주의 깊게 들어 보면, 한 옥타브 높은 '도'가 들릴 것이고, 그다음 '솔', 이어서 그보다 높은 '도', 그리고 '미', 그다음에 '솔', 이어서 '시 플랫'(잘 조율된 피아노라면 아마도 이 음을 듣지 못할 수 있다), 그리고 또 다른 '도'가 들릴 것이다. 이러한 높은 음들은 '낮은 도'에 속한 배음의 일부다. 하지만 배음렬 가운데 '솔'을 먼저 누르면, 원래 '솔'이 '낮은 도'의 "의미"(여기서는 배음을 말한다—옮긴이) 중 하나임에도 불구하고, 전혀 다른 배음이 울릴 것이다. 또 다른 '솔', 그리고 '레', 그리고 '시', 그다음에는 '파 플랫', 그리고 또 다른 '솔'⋯⋯이러한 배음들의 일부는 '낮은 도'의 화성적 규칙과 정확히 겹치지만, 다른 배음들은 그렇지 않다. 이러한 "배음"을 만들어 내는 가장 낮은 음을 전문 용어로 "기본음"fundamental이라고 한다. 아이러니하게도 바울의 "기본음"fundamental을 거의 무시한 사람들이 "근본주의자"fundamentalists이다(영어 fundamental이 음악에서는 기본음이지만 신학에서는 '근본주의'를 뜻하는데 이러한 의미상의 아이러니를 저자가 언어유희하고 있다—옮긴이).

지난 오십 년 간 나는 한편으로는 바울과 씨름하고, 다른 한편으로는 서구 교회 전통과 씨름하면서, 루터와 그의 동료들(특히 틴들William Tyndale과 프리스John Frith 같은 영국의 초기 종교개혁의 영웅들)이 정말 결정적으로 중요한 바울의 배음을 들었다는 확신이 들었다. 당시 급박한 논쟁 때문에 그래야만 했을 것이다. 그런데 그들은, 내가 예시로 든 낮은 도에서 시작한 배음 가운데서 첫 '솔'을 눌렀다. 그것도 정말로 바울이 낸 음이었다. **하지만 그 음은 다른 배음렬을 만들어 냈다.** 새로운 배음의 일부는 바울이 의도한 화성과 잘 어울렸고, 다른 부분은 그렇지 않았다. 사람들이 알아듣기를 바울이 간절히 원했던 음들의 일부는 들리지 않았다.

이러한 현상은 갈라디아서 3장 본문을 해석하려고 시도할 때 빈번하게 나타난다. 즉, 사람들이 두 번째 배음렬을 듣고서 다음에 이어질 것으로 예상하는 바로 그 음을 바울이 누르지는 않는 것이다. 그래서 주석가들이 '바울이 여기서 **실제로** 말하고자 했던 바는 이것이다'라고 반복해서 말할 때마다 그 내용이 바울이 실제로 말한 것과는 약간 차이가 나게 된다. 이보다 더 나쁜 경우는, 해석자가 불편을 느끼는 구절이나 표현을 그냥 건너뛸 때다.

　이와 같은 문제에 대한 해결책은 역사에 있다. 역사 연구의 목적은 바울이 살던 세계, 1세기 유대 세계를 진지하고 끈질기게 탐구하는 것이다. 갈라디아서의 경우 역사학적 접근은, 1세기 디아스포라―많은 이들이 그리스 철학에 익숙했던 세계이자, 로마의 식민지들과 신전들이 새로운 종교-정치적 세계가 열렸음을 표시했던 세계―를 이해하기 위해 진지하고 끈질기게 노력한다. 역사라는 울림 페달을 꾹 밟고 십자가에서 처형되고 부활하신 메시아에 관한 메시지라는 기본음 '도' 건반을 눌러 어떤 배음 소리가 나는지 잘 들어 보라. 그리고 이러한 작업을 갈라디아서 이해에 적용해 보라. 이러한 작업이 이 주석의 전부를 이룬다.

　신학자들은 "역사"에 대해 좋지 않은 인상을 갖고 있다. 단지 계몽혁명 이후 자유주의 개신교의 역투사back projection만 있고 실제 역사적 사실은 부재한 곳에서 "역사, 역사"를 외치는 이들이 있었기 때문이다. 이러한 상황을 직시하며, 나는 많은 사람들이 종종 추측에 기반한 역사적 재구성이 내는 불협화음보다 루터의 화성harmonies을 더 좋아하는 이유를 알 수 있었다. 하지만 진정한 역사적 탐구는 중요하며, 우리는 원칙적으로 그 작업을 해낼 수 있다. 이 책에서 나는 이렇게 주장하고자 한다. 진정한 역사적 탐구를 하면, 우리는 현시대와 미래의 "그리스도인으로 빚어감"이라는 과제에 직접적으로 영향을 끼칠 모든 종류의 주제와 화음에 귀 기울이는 우리 자신을 발견할 것이다.[21]

　특히 "이신칭의"에 관한 16세기의 이해에 집중하다 보면 정작 바울에게 정말 중요했던 두 가지 사안을 놓친다. 두 사안은 오늘날 "그리스도

21　이러한 상황에서 역사학적 작업의 과제와 문제, 그리고 가능성이 무엇인지는 *History and Eschatology*, 3장을 보라.

인으로 빚어감"이라는 과제에도 매우 중요하다.

첫째, 바울의 사고에서 "율법"이 단지 모든 사람을 죄인으로 정죄하는 도덕법을 의미한다면, "유대인"은 진정한 거룩을 추구하는 사람이 아니라 외적인 면에 치중하는 "율법주의자"로 특징지어질 수밖에 없다. "유대인"은 하나님을 조종하려는 체계를 구축하는 종교적 인간^{homo} $_{religiosus}$의 전형으로 간주된다. 아우구스티누스의 펠라기우스 비판과 루터의 중세 가톨릭 비판(그리고 토마스 모어$^{Thomas\ More}$ 같은 르네상스 시대의 인문주의자에 대한 비판)이 합쳐져 "유대인" 전체를 왜곡 묘사한 캐리커처가 되었다. 많이들 알고 있듯이, 이러한 캐리커처는 오랫동안 유럽 사회에 존재했던 반유대주의를 새로운 형태로 응축시켜, 유대교에 대한 편견을 사회적 다윈주의$^{social\ Darwinism}$를 통해 "인종"에 대한 반감으로 만드는 데 크게 일조했고, 결국 끔찍한 비극을 만들어 냈다. 이러한 이유 때문에, 나사렛 예수를 따르는 현대인들이 예수의 동족인 유대 민족에 대해 분명하고 현명하게 말하기가 어려워졌다.[22] 바울도 로마서 9-11장을 쓸 때 어려움을 느꼈다. 21세기를 사는 우리에게는 더욱 버거운 과제다. 이 주제 전체가 위험천만하며, 비이성적 감정이 자극된다. 이는 간헐적으로 이어져 온 반유대주의$^{anti\text{-}Judaism}$와 그러한 정서의 흉측한 사촌인 반셈족주의$^{anti\text{-}Semitism}$ 때문이기도 하다. 또한 유대 민족에 관한 대중의 생각과 풍설이 종종 그들이 다른 이슈들을 보는 관점마저 대신하거나 대변하는 것으로 간주되기 때문이기도 하다. 하지만 "율법과 유대인"에 관한 질문은 피할 수 없고, 특히 갈라디아서를 읽을

---

[22] 또한 유대인이 예수에 관한 책을 쓰는 것도 어려운 일이다. 이러한 어려움을 생생하게 보여주는 예로는 아모스 오즈$^{Amos\ Oz}$의 *Judas* (London: Chatto & Windus, 2016)가 있다. 오즈의 책은 그의 삼촌인 조셉 클라우스너$^{Joseph\ Klausner}$가 지녔던 관심사를 반영하는데, 클라우스너가 쓴 예수에 관한 유명한 책은 당시 유대인 사회에 (신선한) 충격을 불러일으켰다.

때는 반드시 직면해야 할 질문이다.

둘째, 교회 안으로부터 개혁을 하고자 했던 루터의 바람과는 달리, 종교개혁자들이 "이신칭의" 교리를 로마와 완전히 결별하는 근거로 삼는 바람에 교회의 지속적인 분열을 향한 길이 열렸다. 중세 교회의 타락 때문에 이러한 분열이 일어났다고 보는 사람도 있을 것이다. 하지만 우리가 갈라디아서 2장을 읽을 때 분명해지겠지만, 여기서 아이러니는 바울에게 "이신칭의"는 민족적 배경이나 도덕적, 사회적, 종교적 배경과 상관없이 모든 예수 신자가 한 식탁에서 교제할 수 있다는 가르침이었다는 사실이다. 교회가 이신칭의 교리를 두고 분열된 모습이 바로 바울이 반대했던 그 사태다. 다른 곳에 있는 예수 추종자들과 관계 맺을 필요를 전혀 느끼지 않고 서로 아무 상관도 없는 상태로 "교회들"을 심고 세우고 발전시키고 성장시키고 있는 모습을 바울이 보았다면 경악하며 좌절했을 것이다.

물론 늘 개신교의 수사적 표현은 이러저러한 모양으로 새로 생겨 난 친교를 "참된 교회"라고 주장했다. 개신교의 "부모"가 더 이상 "교회이기를" 멈추었기 때문이다. 장 칼뱅이 당시의 로마 교회와 관련해 이런 내용을 명시적으로 주장했다. 수많은 개신교 분파들도 같은 길을 걸었다. 여러 공통점을 지닌 개신교도들끼리 분열할 때 특히 그러했다. 서로 나누어지는 자신들을 거의 예외 없이 "교파"^denomination라고 불렀음에도 불구하고 말이다. 하지만 오늘날 범세계적 현상을 살펴보면 이 사람들의 수사적 언설은 내용이 텅 비어 있음을 알 수 있다. 심지어 가장 최근에 세워진 가장 "순수하고" 빛나는 "교회"도 그 안에 모든 것을 파괴시킬 요소(사과 속의 벌레처럼)가 있음을 보게 될 것이다.

이 모든 요인의 기저에 종교개혁 이후 분열을 가속화시킨 또 다른 요소가 있다. 종교개혁 과정에서 반드시 필요한 일 중 하나는 일반인이 알아들 수 없는 라틴어 성경 대신, 일상적 언어로 번역된 성경을 만들어 공동 예배를 드리는 것이었다. 덕분에 국가적, 지역적, 민족적으로 다른 교회들이 생겨났고, 그 결과 오늘날에는 세계 각지의 여러 도시에 폴란드인의 교회, 그리스인의 교회, 중국인의 교회 등 최소한 수백 가지 종류의 교회가 존재한다. 개인 각자의 신앙에 대한 종교개혁의 적절하고도 강력한 촉구 때문에 같은 언어를 사용하는 사람들 사이에 생겨난 교제가 교회를 민족적 정체성으로 정의했던 잘못을 다시 반복하는 일임을 어느 누구도 알아채지 못했다. 다시 말해, 갈라디아서의 한 주제("이신칭의")를 강조하느라 다른 주제("유대인이나 헬라인이나 상관없이 여러분은 메시아 예수 안에서 하나입니다")를 거부하게 되었다는 사실을 아무도 깨닫지 못했으며, 바울에게 앞의 주제가 뒤의 주제의 기초였다는 사실은 더욱 깨닫지 못했다. 소위 바울에 관한 새 관점(사실 "새 관점"은 다양한 형태를 가지고 있다!)이 이러한 현실을 들추어냈으니, 새 관점에 대해 강력한 반발들이 있었다는 사실은 별로 놀랍지 않다. 바울이 "천국 가기"에 관해 말했다고 주장하는 사람들뿐만 아니라 오랫동안 민족적 다양성이 부재한 상태로 있던 교회들이 새 관점에 대해 강하게 반발했다.

여기가 바로 "새 관점"과 "옛 관점" 사이의 논쟁이 내가 명명한 "신선한 관점"fresh perspective으로 반드시 향하게 되는 지점이다. "신선한 관점"이란 바로 바울의 복음과 로마 황제의 제국 사이의 상호 작용에 대한 관점을 말한다.[23] 갈라디아인들이 마침내 올 하나님의 "나라" 안에서 그들의 궁극적 미래가 어떻게 될지에 대해서가 아니라 아브라함의 가족 구성원에 지금 속하는지 아닌지 간절히 알기 원했던 이유는, 그들이 로마 황제

---

23   내 책 *Paul: Fresh Perspectives* (London: SPCK; Minneapolis: Fortress, 2005) 12장과 *Pauline Perspectives*의 12, 16, 27장, 그리고 *Interpreting Paul: Essays on the Apostle and His Letters* (London: SPCK; Grand Rapids: Zondervan, 2020)의 3, 6장을 보라.

의 감시하에 살아가고 있었기 때문이다. 이러한 측면을 제대로 이해하기 위해서는 바울의 개종자들이 살던 사회 정치적 상황을 고려하고, 바울의 복음이 지닌 더 큰 신학적 전망을 이해해야 한다. 잠시 후 이 내용을 다룰 것이다.

먼저 커다란 오해를 풀고 넘어가도록 하자. 샌더스^{E. P. Sanders}가 1977년에 "바울에 관한 새 관점"을 개시한 이래로 열띤 토론이 이어지면서 몇 가지 오해가 생겨났다.[24] 샌더스와 (나를 포함한) 여러 학자들이 복음의 살아 있는 심장("하나님이 세상을 이처럼 사랑하사 독생자를 주셨으니", 개역개정)을 비교종교학("유대교"와 "기독교"를 나란히 놓고 비교)과 사회학(유대인과 이방인의 화합을 이루어 내려는 바울의 관심사를 강조)의 혼합체로 바꾸어 버렸다고 비판하는 사람들이 줄곧 있었다. 최근 역사적 탐구가 인기를 얻으면서 유대인의 삶과 사고에 관한 오래된 편견이 도전 받은 것은 사실이다. 이러한 경향은 앞으로도 중요할 것이다. 또한 갈라디아서가 유대인 신자와 이방인 신자를 단일한 메시아 가족으로 묶는 것에 가장 큰 관심을 쏟고 있다는 것도 사실이다. 이 모든 것은 창조주 하나님이 주신 풍성하지만 과분한 사랑을 말하는 위대한 복음 메시지 안에 이미 들어 있다.

이와 같은 메시지는 갈라디아서의 전체 구조 안에 잘 짜여 들어 있다. 첫 두 장의 절정은 2:20("하나님의 아들이 나를 사랑하셔서 나를 위하여 자기 자신을 내어 주셨습니다")에 있고, 이 주제는 1:4("그분은 우리 죄들을 위하여 자기 자신을 내어 주셨습니다")에 이미 등장했다. 편지 서두에서 바울이 "당신의 아들을 내 안에 드러내 나타내신"^{unveiling} 하나님의 행동을 말할 때,^{1:16} 바울의 삶과 고난과 설교, 그리고 성경 교육과 목회 사역 안

---

24   *Paul and His Recent Interpreters*, 3, 4, 5장을 보라.

에서 "나타나신[unveiled] 아들"은 어떤 추상적인 신학적 개념이 아니라 "나를 사랑하셔서 자기 자신을 나를 위하여 주신" 바로 그 "아들"이다. 위대한 절정 부분의 핵심인 4:1-7에서 이 점은 다시 강조된다. "아들을 보내심"[4:4]은 영의 부으심으로 이어지고, 그 영을 통해 신자들은 "아바 아버지!"라고 외친다. 영에 의해 추동되는 복음 안에서 힘주어 선포된 내용, 곧 아들의 죽음 안에서 흘러넘치게 주어진 하나님의 사랑은 출신 배경과는 상관없이 신자 모두에게서 사랑의 응답을 이끌어 낸다. 이는 역으로 4:12-20처럼 사도 바울과 신자들을 함께 가족이라는 끈으로 단단히 묶는 배경을 제공한다. 그리고 이 내용은 필요한 징계에 관한 복잡한 이슈를 다루는 4:21-5:1 이후에 교회의 가장 중요한 특징이어야 하는 "사랑"으로 귀착된다. 사랑은 "성령의 열매"[5:6, 14, 22] 중에서 첫 번째 것이고, 일상생활에서 실제로 구현되어야 하는 것이다.[6:1-10] 그러므로 바울의 문화적 배경을 역사학적으로 적절하게 설명하는 것과 교회 일치를 위한 그의 간절한 간청에 주의를 기울이는 것은, 하나님의 사랑이 죄인들에게 이르러 그 사랑을 닮도록 그들의 개인적, 공동체적 삶을 변화시킨다는 복음 메시지를 협소하게 만들지 않는다. 정반대로 복음의 메시지를 풍성하게 한다.

이 사랑, 곧 대가 없이 주어지고 감사하는 마음으로 보답되며 풍성하게 공유되는 이 사랑이 그리스도인으로 빚어감의 핵심이다.

갈라디아 교회의 상황

주석서에서 "편지 작성 시기"와 "편지 작성 장소"에 관한 질문을 다룰 때 중요하게 대두되는 주제가 갈라디아 교회의 상황이다. 첫 번째 선교 여행⁽행 13-14장⁾ 중에 바울이 방문했던 "남부 갈라디아" 지역에 갈라디아서를 수신한 교회들이 있었다는 견해가 역사가와 고고학자 사이에서 널리 받아들여지고 있다는 사실을 알지 못한 채, 여전히 일부 학자들 사이에서 낡은 논쟁이 계속되고 있다.[25] 남부 갈라디아설은 갈라디아서의 저작 연대를 이른 시기, 곧 제1차 선교 여행 후 "예루살렘 공의회"가 열리기 전에 작성되었다고 보는 견해의 신빙성을 높여 준다. 가설에서 도출한 일관성 있는 내러티브가 역사 연구에서 가장 좋은 논증이다. 그 내러티브는 나의 다른 책에서 자세하게 기술했다.[26]

(이제는 거의 받아들여지지 않는) 갈라디아서 저작 시기를 더 후대로 보는 제안은 흥미롭게도 바울의 사고가 시간에 따라 발전했다는 19세기 독일 학자들의 견해에서 비롯되었다. 이 견해는 "이신칭의"justification by faith 교리가 상대적으로 늦은 시기에 등장했다고 본다. 즉, 갈라디아서에서 처음 이신칭의 교리가 만들어졌고, 그다음 로마서에도 나왔다는 것이다. 바울의 신학적 사고가 발전했다고 보는 견해는 다음과 같은 관점으로 이어진다. 바울과 예루살렘 사도들, 특히 베드로와의 관계(갈라디아

---

25 미첼의 연구를 보라. S. Mitchell, *Anatolia: Land, Men, and Gods in Asia Minor* (Oxford: Oxford University Press, 1993). 또한 브라이텐바흐와 치머만의 연구 및 다른 이들의 연구를 보라. C. Breytenbach and C. Zimmerman, *Early Christianity in Lycaonia and Adjacent Areas: From Paul to Amphilochius of Iconium* (Leiden: Brill, 2018). 이러한 견해는, 예를 들어, 윌리엄스가 받아들였다. S. K. Williams, *Galatians*, Abingdon New Testament Commentaries (Nashville: Abingdon, 1997), 1921. 리처드 헤이스Richard Hays 마르띠니스 드 부어Martinus C. de Boer 그리고 다른 학자들은 남 갈라디아설을 강력히 지지해 주는 논증들(유대인들의 거주, 주후 70년대와 80년대까지 북쪽으로 향하는 도로가 없었던 것과 대조적으로 남부에는 좋은 도로가 정비되어 있었다는 사실, 바울이 로마 속주를 가리킬 때가 많았다는 사실)을 고려하지 않고 있다.

26 Wright, *Paul: A Biography* (San Francisco: HarperOne; London: SPCK, 2018). 물론 남부 갈라디아설을 주장하면서도 갈라디아서 저작 시기를 여전히 후대로 잡는 이들도 있다(예를 들어, 크레이그 키너Craig Keener). 나는 이러한 견해가 아주 가능성이 낮은 것이라 생각한다.

서 2:1-11은 사도행전 15장의 예루살렘 공의회를 바울 자신의 관점에서 기술한 것이다)와 "안디옥 논쟁"갈 2:12-14이 신학적으로 심각한 분열을 낳았고, 결국 (베드로계) "유대인 기독교"Jewish Christianity와 (바울계) "이방인 기독교"gentile Christianity로 나뉘어 발전하게 되었다는 시각이다. 헤겔의 변증법을 1세기의 역사 상황에 투사한 이 전형적인 19세기의 경향(누가-행전의 저자에 대한 강력한 편견 포함)은 지지를 얻지 못했으나,[27] 안타깝게도 학계는 논증보다 유행을 따를 때가 적지 않다. 철저히 검증되지 않은 오래된 독일 학계의 패러다임이 특히 북미권에서 지속되고 있다.

이것이 사소한 이슈로 보일 수 있다. 왜냐하면 최근까지도 많은 갈라디아서 해석이 갈라디아서라는 편지를 원原펠라기우스주의proto-Pegagian에 반대하는 바울의 구원론 강해라고 간주했기 때문이다. 이러한 해석이 지녔던 그런 의미(배음을 들어보면, 그중에는 우연히 바울 신학의 근본 요소와 조화를 이루는 것도 있었다)는 다양한 시간과 장소에 적합했을 수 있다. 하지만 남부 갈라디아의 정황과 그곳의 유대인 인구 및 로마의 주요 시설들을 다 고려하면 모든 것들이 입체적으로 떠오른다. 내가 다른 연구에서 주장한 갈라디아 교회의 역사적 맥락을 자세히 보면 사건의 진행 순서가 놀랍게 맞춰진다. "안디옥 사건"은 바울의 첫 번째 선교 여행이 끝난 지 얼마 되지 않아 일어났고, 곧장 갈라디아의 상황에 관한 소식이 들려 왔다. 그래서 바나바와 함께 예루살렘을 향해 남쪽으로 떠나기 전 바울은 서둘러 갈라디아서를 썼다.

이러한 논란들(남부 혹은 북부? 초기 혹은 후기?)이 실제 맥락 파악을 종종 어렵게 만들었는데, 이 작업 없이는 이 편지의 핵심 요소 몇 가지가 불분명한 상태로 남게 된다. 이 편지에 담긴 실제 삶의 정황은 통상

---

[27] 나의 책 *Paul and His Recent Interpreters*, 1, 2장을 보라.

적 해석—"은혜와 믿음"을 핵심으로 하는 바울의 신학은 "행위"를 더하려고 시도했던 일부 사람들에게 맞선 것이다—보다 훨씬 복잡했다. 우리는 사회문화 연구와 정치학에서 배운 대로 무척 흥미롭고 복잡다단한 실제 삶의 상황을 진지하게 고려해야 한다.[28]

개종자들이 직면했던 어려움을 먼저 살펴보자. 데살로니가전서 1:9에서 이방인들이 "우상들에게서 돌아서서 살아 계신 하나님을 섬긴다"고 바울이 말한 것처럼, 그리스-로마 세계에서 새로 예수를 믿게 된 신자들이 직면한 가장 큰 문제는 우상에게서 돌아서라는 피할 수 없는 명령이었다. 문제는 우상이 **어디에나** 있었다는 것이며, 우상을 숭배하는 것은 **강제적**이었다. 그 당시 상황은 현대 서구 세계의 사람들이 교회에 가는 것과는 아주 달랐다. 오늘날 그리스도인은 예배 참석 여부를 택할 수 있고, 아주 소수의 전통적 공동체들 외에는 예배 참석 여부가 다른 이들에게 관심의 대상이 되지 않는다. 하지만 바울이 살던 시대의 예수 추종자들은 숨을 곳이 없었다. 크기가 작아 휴대할 수 있는 "가정에서 섬기는 신들"에서부터 커다란 신전들까지, 특히 바울이 방문했던 여

---

28 다음의 연구를 보라. T. Witulski, *Die Adressaten des Galaterbriefes: Untersuchungen zur Gemeinde von Antiochia ad Pisidiam* (Göttingen: Vandenhoeck & Ruprecht, 2000); Witulski, *Kaiserkult in Kleinasien: Die Entwicklung der kultisch-religiösen Kaiserverehrung in den Römischen Provinz Asia von Augustin bis Antonius Pius* (Göttingen: Vandenhoek & Ruprecht, 2010; original 2007); B. W. Winter, "The Imperial Cult and Early Christians in Pisidian Antioch (Acts XIII 1350 and Gal VI 1118)," in *Actes du 1er Congrès International sur Antioche de Pisidie, Collection Archéologique et Histoire de l'Antiquité*, ed. T. Drew-Bear, M. Tashalan, and C. M. Thomas (Lyon: Université Lumière-Lyon, 2002), 6775; J. K. Hardin, *Galatians and the Imperial Cult* (Tübingen: Mohr Siebeck, 2008); B. Kahl, *Galatians Re-Imagined: Reading with the Eyes of the Vanquished* (Minneapolis: Fortress, 2010). 그리고 내가 저술한 *Paul and the Faithfulness of God*, 12장을 보라. 이 학자들의 주장들, 특히 칼B. Kahl의 놀라운 주장들을 자세히 살펴보는 것도 좋겠지만 이 주석에서 다룰 수는 없다.

러 도시에 있었던 황제나 로마를 숭배하는 신전들까지 신이 없는 곳이 없었다.[29] 신의 조각상들(그 안에 신이 깃들어 있다고 믿었다)에 매일 감사를 드리는 것은 물론, 매주, 매달, 혹은 매년 한 번씩 거행되는 제의 행렬, 축제, 희생제에 모두가 참여했으므로 이런 행사에 나타나지 않는 사람은 눈에 띌 수밖에 없었으며, 사람들의 입에 오르내리지 않을 수 없었다. 고대인은 신들이 화를 낼 때 도시에 기근이나 화재, 홍수, 전염병, 외세의 침략 등 나쁜 일이 발생한다고 믿었다. 특히 신들이 무시당했을 때 가장 심하게 화를 낸다고 생각했다. 이에 종교적 의무를 행하지 않는 사람과 정기적 축제에 참여하지 않는 사람은 도시와 공동체에 위협을 끼치는 존재로 여겨졌다. 치명적 전염병이 창궐할 때 신들을 무시하는 이는, 마치 현대 사회에서 건강과 안전 규정을 명백히 위반하는 사람처럼, 단지 무책임한 것이 아니라 사회적으로 위험한 골칫거리로 간주되었다.

실제 상황은 좀 더 복잡했다. 유대인들은 위에서 언급한 종교적 의무에서 면제되었다.[30] 로마 세계에서 유대 공동체들은 대부분의 도시에서 존재감 있는 집단이었다. 유대인은 "신들"을 예배하지 않아도 된다는 구체적 허가를 받았다. 로마가 유대인에게 이러한 면제를 허가한 것은 현실적 이유 때문이었다. 로마는 유대인들이 그들 민족의 신만을 유일한 신으로 믿고, 소위 "신들"로 불리는 대상들을 예배하느니 차라리 죽음을 택한다는 것을 잘 알고 있었으므로 유대인과 거래를 했다. 로마와 제국과 황제를 **위해** 유대인의 "유일신"**에게** 기도를 드리라는 제안이

---

29 내가 저술한 *Paul and the Faithfulness of God*, 4, 13장을 보라.
30 *Paul and the Faithfulness of God*, 277-78. 또한 다음의 책과 그곳에서 언급한 연구물을 참고하라. *The New Testament and the People of God* (London: SPCK; Minneapolis: Fortress, 1992), 154n19.

었다. 유대인이 아닌 사람들은 이러한 거래를 탐탁지 않게 여겼을 것이다. 그들은 좋지 않은 일이 발생할 때 줄곧 유대인을 비난하곤 했다. 이러한 상황을 사도행전에서 엿볼 수 있다.[16:20-21; 19:34] 그러나 이러한 거래는 상호 동의하에 성사되었고 유지되었다.

바울에 의해 개종한 이들이 평생 숭배했던 관습을 그만둔 이유 및 사회적이고 물리적인 압박하에서도 굳건히 서 있었던 이유를 이해하고 명확히 말하는 것이 결정적으로 중요한 이유가 바로 여기에 있다. 십자가 처형을 당하고 부활하신 예수를 따르는 것은 이전에 상상해 보지 못했던 "신종교"new religion에 속하는 것이 아니었다(예수 추종자들은 당시 사람들이 "종교"라고 하는 범주에 속하기도 했고, 그렇지 않기도 했다).[31] 예수를 따르는 것은 이스라엘 선조 아브라함의 진정한 상속자임을 주장하는 것이기도 했다. 즉, 이스라엘의 유일한 하나님이 자신을 새로운 방식으로 드러내셨고, 자신의 아들을 보내셨으며, 그 아들의 영을 보내셨다[갈 4:1-7]는 새로운 형태의 유대적 유일신론을 고백하는 것이었다. 예수 추종자가 된다는 것은 표준적인 유대인의 (이교 예배) 면제 사유를 받을 권리를 주장하는 것이기도 했다. 유대 공동체와 사회 전체, 특히 로마 사회에서 위험하고 지지받지 못할 주장임을 잘 알면서도 예수 추종자들은 그렇게 했다. 공동체들은 보통 강력한 동기가 없을 경우 위험을 감수하려 들지 않는다. 바울은 그런 강력한 동기가 있음을 주저 없이 말한다. "메시아의 사랑이 우리를 휘어잡습니다."[32] 바울의 메시지와 갈라디아서에 있는 그의 논증에서 "정치적" 차원을 찾는 작업은 가슴을 울리는 영성을 건조한 사회학으로 바꾸는 것이 아니다. 바울이 갈라디아서에서 주장하

---

31 *Paul and the Faithfulness of God*, 4, 13장을 보라.
32 고후 5:14. 갈 2:20을 보라. "그분은 나를 사랑하셔서 나를 위하여 자기 자신을 내어 주셨습니다."

듯이, 그것은 십자가를 지라는 예수 자신의 명령을 따르는 것이다. 오로지 사랑으로만 할 수 있는 일이다.³³

예수 추종자들이 유대인에게 허용된 면제 사유를 통해 보호받을 수 있었다는 주장은 남부 그리스 지역의 상황에 놀라울 정도로 잘 들어맞는다. 사도행전 18장을 보면, 해당 지역의 유대인 지도자들이 바울을 불법적 형태의 예배를 가르친다는 이유로 고발했다. 세네카의 형제이자 시인 루키아노스의 삼촌인 총독 갈리오는 위대한 법률가였는데, 그는 이렇게 판결을 내렸다. 이 사안은 유대인들 간의 다툼이다.^{행 18:14-16} 다시 말해, 갈리오가 보기에 예수 추종자들은 유대인들이 받았던 면제를 요구할 수 있다는 것이다.

하지만 남부 튀르키예의 상황에는 들어맞지 않는다. 바울과 그가 개종시킨 사람들은 오해와 분노와 적개심의 대상이 될 수밖에 없었다. 갈라디아의 여러 소도시와 도시는 로마적인 것에 대해 무조건적인 충성심을 보였다. 비시디아 안디옥은 자부심 넘치는 식민지로서 자칭 "새로운 로마"였다. 비시디아 안디옥만 그런 것이 아니었다. (빌립보처럼 비시디아 안디옥은 주전 1세기 내전들을 치르고 은퇴한 군인들에 의해 건립되었

---

33 내가 이 서론을 개정하는 동안 존 루카스John Lucas의 에세이를 다시 읽을 기회가 있었다. 2020년 4월에 돌아가신 위대한 철학자는 "은혜"에 관한 글에서 그는 그리스도인이 어떤 행동을 한 이유를 설명하라는 요구를 받게 되면 내놓을 수 있는 궁극적 대답은 "하나님을 사랑해서"라고 말했다. 그리고 그 바탕에는 하나님이……먼저 그분 마음의 넘치는 선하심으로……우리를 사랑하셨기 때문에 우리는 하나님을 사랑한다는 단순한 신앙이 있다고 말했다(J. R. Lucas, *Freedom and Grace* [London: SPCK, 1976], 22). 루카스의 삶의 이 핵심적 측면은 이상하게도 「런던 타임즈」의 공식 부고 기사에 언급되지 않았다. 바울과 마찬가지로 오늘날 세계는 신을 예배하는 사람들보다는 세속적인 것을 중요하게 여기는 사람들을 존중한다. 루카스가 다른 글에서 말했듯이(136) 나는 마르크스나 프로이트를 믿지 않는다. 돈과 섹스는 중요하지만 모든 것을 능가할 정도로 중요하지는 않다.

다).³⁴ 역사가 톰 홀랜드^(Tom Holland)가 당시 상황을 묘사한 것처럼, "[갈라디아] 남부 지역을 가로질러 퇴역 군인들로 채워진 식민지가 조성되어" 있었고, 오늘날의 다차선 고속도로와 같은 강력한 도로인 비아 세바스테^(Via Sebaste)가 "로마의 힘을 보증하는 상징" 역할을 하고 있었다.³⁵ 이 도로의 이름 자체가 그러한 의미를 담고 있다. 세바스토스^(Sebastos) 곧 라틴어 "아우구스투스"^(Augustus)에 해당하는 그리스어 단어를 담고 있기 때문이다. 그러므로 이 도로를 따라 "단순히 여행하는 것" 자체가 "디비 필리우스^(Divi Filius) 곧 힘과 지혜로 인류를 황금기로 진입시킨 **신의 아들**에게 경의를 표하는 것이었다."³⁶

그런데 바울이 갈라디아서에서 "묵시"^(apocalyptic)라고 종종 오해받기도 하는 부분을 강조하는 데에는 그 나름의 정치적 맥락이 있다. (이는 다니엘서와 요한계시록의 내용에도 불구하고, "묵시"라는 것을 권세를 지닌 인간들보다 초인간적인 어둠의 세력들에 관심을 두었던 세계관으로 보려는 학자들의 견해를 반대하는 것이다.)³⁷ 바울의 메시지에 따르면, 메시아가 "우리의 죄들을 위해 죽으신" 것은 "우리를 현재의 악한 세대에서 구출"하는 효력을 가져왔고, 고대하던 "올 세대"^(the age to come)를 현실에 미리 끌어들였다.¹:⁴ 그의 메시지는 아우구스투스 황제가 새로운 시대를 열었다는 제

---

34 새로운 로마로 자칭한 안디옥에 대해선 가즈다와 응의 놀라운 연구를 보라. E. K. Gazda and D. Y. Ng, *Building a New Rome: The Imperial Colony of Pisidian Antioch* (25 BC-AD 700) (Ann Arbor, MI: Kelsey Museum Publications, 2011).

35 T. Holland, *Dominion: The Making of the Western World* (London: Little, Brown, 2019), 63.

36 Holland, *Dominion*, 63.

37 예를 들어 바클레이의 연구를 보라. J. M. G. Barclay, *Pauline Churches and Diaspora Jews* (Tübingen: Mohr Siebeck, 2011), 19장. 나는 *Paul and the Faithfulness of God*, 12장에서 바클레이에 답했다.

국의 자랑과 대조를 이룬다.[38] "올 세대"에 관한 유대인들의 기대와 아우구스투스가 "황금기"를 열었다는 제국의 선전이 서로 독립적인 것이었다는 점을 감안하면, 이 사실은 더욱 주목할 만하다. 어느 쪽도 다른 쪽에서 파생된 것이 아니다. 하지만 진정한 "하나님의 아들"을 보내심으로 "그 시간이 온전히 도래했다"는 바울의 선언[4:4]은 유대인의 소망이 성취되었다는 주장인 동시에 제국의 으스댐에 정면으로 맞서는 주장이기도 하다. 단순히 예수 추종자들이 로마의 제의 중 하나인 지역 종교 행사에 참여해야 한다는 의무에서 면제받기를 소망했다는 말이 아니다. 바울 복음이 제시하는 구체적 내용은 바로 로마 황제는 거대하면서도 위험한 패러디에 불과하지만, 예수야말로 참된 실체라는 것이다. 이런 측면은 바울의 "묵시적" 복음이 "신선한 관점"fresh perspective에 꼭 들어맞음을 보여준다. "신선한 관점"은 "새 관점"이 탄탄한 역사적, 주석적 바탕에 서 있을 때 필연적으로 도출되는 것이다.

남부 갈라디아 지역의 주민이라면, 토착민이든 비교적 최근에 유입된 로마인이든 모두 신성한 보호자에게 경의를 표해야 할 의무가 있었다. 이들은 아우구스투스 황제가 거둔 성취를 여러 기념물에 자세히 묘사했다. "갈라디아 도시들을 방문하면 아우구스투스의 업적의 위대함을 끊임없이 떠올리게 되었다. 아우구스투스의 탄생은 만물의 질서를 새로운 길 위에 확립했다. 전쟁은 끝났다. 세상은 이제 하나가 되었다. 여러 명문inscription에 기록되었듯이, 이것이 바로 **유앙겔리온**,Euangelion 곧 '좋은 소식'이다." 또한 "수십 년에 걸쳐 갈라디아에서 아우구스투스와 그를 승계한 황제들을 숭배하는 행습은 더 깊이 뿌리를 내리고 시민의

---

38 *Paul and the Faithfulness of God*, 5, 12장을 보라. 그리고 복음서 내러티브들을 다룬 나의 연구를 보라. *Interpreting Jesus: Essays on the Gospels* (London: SPCK; Grand Rapids: Zondervan, 2020), 11장.

삶을 지탱하는 핵심적 역할을 했다. 황제에게 돌려진 명예는 월, 계절, 연도의 리듬에 성스러움을 더했다."³⁹ 지역 지도자들은 로마에 충성을 바치는 것이 무슨 의미인지(우리가 "종교적"이라고 부르는 충성을 포함해서), 그리고 그러한 충성심이 해이해질 때 어떠한 일이 발생할지 잘 알고 있었다. 그들은 유대 민족이 다른 측면에서는 훌륭한 시민임에도 불구하고 다른 시민들과 크게 다른 점이 있다는 사실을 익히 알고 있었을 것이다. 지역 지도자들은 유대 민족의 두드러진 행동(할례, 안식일 준수, 음식 규례, 예루살렘 성전에 대한 충심)을 따르지 않으면서도, 전혀 이해할 수 없는 이유를 들어 유대인이 누리는 종교적 특권(이교 제의 참여 면제) 및 동일한 시민으로서의 지위를 요구했던 이 새롭고도 다양한 그룹에게 느슨한 태도를 보일 수 없었다.

메시아 예수에 관한 바울의 메시지를 믿지 않은 지역 유대 공동체는 혼란이나 두려움을 겪지 않았을 것이지만 사실 이미 아슬아슬한 상황 가운데 있었다. 제국의 공식적인 인정을 받은 것과 국지적인 반감이 존재하는 것은 별개의 문제였다. 유대인이 아닌 이들로 구성된 그룹이 유대인의 특별한 지위를 공유하려는 시도를 반기는 사람은 없었다. 오히려 이방인 가운데서 유대인에 대한 반감을 불러일으킬 수도 있었다. 사도행전에서 이러한 상황을 엿볼 수 있다. 엄격하고 경건한 유대인들 사이에는 이를 갈 정도로 분노가 일었을 것인데, 하나님이 오래전에 주신 율법을 두고 타협하는 것은 그 자체로 재앙을 초래할 수 있기 때문이다. 다소 출신의 사울이 속했던 종파와 그 외 여러 유대 공동체는 하나님이 곧 세상을 뒤엎으시고, 이방 통치자들에게 종속된 유대인들을 구

39　Holland, *Dominion*, 64-65. 홀랜드는 하딘Hardin의 분석을 따르는 것으로 보인다. Hardin, *Galatians and the Imperial Cult*, 122-27. 하딘은 여러 학자를 인용하는데 특히 다음의 연구를 언급한다. Witulski, *Die Adressaten des Galaterbriefes*, 특히 156-68.

출하시며, 오랫동안 기도로 간구해 온 평화와 자유를 주시리라는 소망을 간직했다. 비유대인이 토라(안식일, 음식 규례, 그리고 특히 할례)를 지키지 않으면서 "유대인"인 척하는 것을 용인하는 행위는 이러한 소망의 실현을 지연시키거나 완전히 무산시킬 수도 있는 일이었다.

바울처럼 예수를 메시아로 **이미** 받아들인 태생적 유대인들은 이런 상황의 중간에 끼어 있었다. 그들은 메시아 예수를 통해 유대 민족의 소망이 실현되었다고 믿었다. 그러나 예수에 관한 기쁜 소식을 전한 바울 자신은 예수를 메시아로 믿는 이방인들은 예수를 믿는 유대인들과 더불어 새롭게 형성된 가족의 동등한 일원이라고 주장했다. 이방인이 (예수를 믿어) 얻게 된 새로운 지위 때문에 유대인 신자들이 겪은 혼란과 복잡한 문제 상황은 쉽게 짐작할 수 있다. 복잡한 정치적 어려움에 직면한 사회(최근의 예를 들면, 도널드 트럼프가 대통령으로 있는 미국, 브렉시트에 대해 걱정하는 영국)에 사는 사람들은 다층적인 사회적 압박은 물론 친구 및 이웃과 어색한 관계를 겪을 것이다. 성경에 대해서도 많은 질문과 논쟁이 있다. 예수가 진정한 이스라엘의 메시아라면 창세기를 어떻게 이해해야 하는가? 시편은? 이사야서는?

이해에 혼동을 초래하는 다른 범주들도 물론 존재했을 가능성이 있다. 그러한 범주의 역사적 근원을 추적하거나 그 범주를 주해에 활용하기는 무척 어렵긴 하지만 말이다. "하나님을 경외하는 사람들"God-fearers로 불린, 완전히 개종하지는 않은 채 회당에 참여한 이방인들이 있었다고 주장하는 학자들이 있다. 이 학자들은 이러한 이방인 중 일부가 바울의 메시지를 받아들였을 것이고, 일부는 받아들이지 않았을 것으로 추측한다. 바울의 논증에 이러한 가상의 캐릭터('하나님을 경외하는 사람'으로 불렸던 이방인들이 실제 존재했는지에 대해 라이트는 부정적 입장을 표한다—옮긴이)를 인위적으로 넣는 것은 "유대인들"을 향한 바울의 비난의 강도를 낮추는 것처럼 보이게 만든다(즉, 바울은 혼란스러워하는 이방인에게 무례하게 굴었던 것이라는 주장)는 점에서 바울 서신을 읽는 현대인에게 (피상적이지만) 매력적인 선택지일 수 있다. 이런 견해는 불필요할 뿐만 아니라, 신학적으로나 역사적으로 불필요한 혼동을 야기한다. 곧 살펴보겠지만, 바울은 "반유대주의자"가 아니었다. 그를 반유대주의자로 보는 시각은 시대착오적이다. 누군가를 메시아로 선포하고 죽은 이들의 부활이 시작되었다고 선포하는 것은, 성경 기반의 창조주 신앙을 포함한 언약적인 유일신론의 감춰진 깊이를 드러내기에, 1세기 초반의 사람들과 현대인에게 모두 무척 유대적인 내용으로 들렸을(들릴) 것이다.

바울과 갈라디아 신자들이 직면했던 다른 어려움을 살펴보면 위에서 말한 주장을 지지해 주는 증거를 더 찾을 수 있다. 예수의 친형제인 야고보가 이끄는 예루살렘의 신자들은 예수를 믿지 않는 대다수 유대 지역민의 압박을 받았다. 특히 네 복음서의 행간을 읽으면, 로마 제국과의 충돌 가능성이 급격히 높아진 로마에 포위된 지역에 사는 예수 추종자들이 일종의 "평화를 추구하는 집단"peace party을 형성했을 가능성이 높았음을 볼 수 있다. 하지만 예루살렘의 예수 추종자들은 "율법에 열심을 낸" 사람들이었다. 이들은 예수를 이스라엘의 진정한 메시아로 믿고 추종했음에도 불구하고, 참되고 충성스럽게 율법을 준수하고 있음을 주위 사람들에게 보여주려고 노력했다. 디아스포라에 이방인을 개종시키며 **이스라엘의 율법에 순종하지 말라고 가르치는** 어떤 예수 추종자들(아마도 야고보와 그의 동료들과 같은 운동에 속한 이들)이 있다는 소식을 들었다면, 예수를 믿지 않는 예루살렘 거주 유대인 대다수는 경악했을 것이다. 예수 추종자들의 이러한 행동은 최소한 스데반이 살던 시기 이후에 나사렛 예수가 이스라엘을 그릇된 길로 이끌고 성전 자체를 반대하는 음모를 꾸민 거짓 선지자라는 루머를 강화했을 수 있다. 행 6:13-14; 7:44-53

또한 예수 운동이 (예수를 믿지 않는 유대인들이 믿는 바) 이스라엘의 하나님이 그들에게 약속하신 바를 마침내 행하시고 이스라엘 백성을 구원하실 때를 위태롭게 만들고, 유대인들을 당혹스럽게 만든다는 의구심을 강화시켰을 것이다. 예루살렘의 유대인 공동체가 율법에 관해 더욱 "열심"을 낼수록, 하나님이 약속을 지키시고 언약에 대한 신실하심을 극적으로 보여주시리라는 기대는 더욱 강화되었다(이러한 상황은 당시의 유대 문헌에 잘 나와 있다). 그 기대는 하나님이 유다 지파의 사자인 메시아를 보내셔서 독수리로 상징되는 로마를 공격하고 멸망시키시며 당신의 언약에 대한 신실함을 보여주시리라는 것이었다. 그런데 하나님의 백성이 이교도의 사악함과 공모하고 있다면, 어떻게 이러한 일이 일어날 수 있겠는가? 어떻게 살아 계신 하나님이 오염된 성소와 불순종하는 백성들에게 영광 중에 다시 돌아오실 수 있겠는가?

"야고보에게서 온 어떤 이들"은 바로 이런 걱정거리를 가지고 안디옥으로 갔던 것이다.갈 2:12 곧 보겠지만, 바울은 갈라디아에 있는 새로운 교사들이 행사한 압박을 안디옥의 긴장감이 팽배했던 순간에 베드로와 바나바가 경험했던 압박과 동일시했던 것 같다. 가장 간단하면서도 좋은 가설은, 유대 회당 공동체와 관련된 이방인이 아니라 충직하고 열심 있는 유대인들이 이러한 종류의 압박이 자신들에게 가해졌다고 느꼈으리라고 추정하는 것이다.

규모도 작고 아직 성숙하지 않은 남부 튀르키예 지역의 예수 신자들에게 이 모든 것은 극악의 상황과 다름없었다. 예수 추종자들의 이웃 사람들은 새로운 집단을 형성하고 시민의 의무를 회피하는 이 비유대인 그룹을 의심의 눈길로 보고 경계심을 가졌을 것이다. 도시의 위정자들은 이 그룹들을 인정하지 않았을 것이며, 아마도 규칙을 제대로 지키라며 이 그룹들에게 위협을 가했을 것이다. 지역의 유대 공동체들은 자신들의 위태로운 지위가 더 약해질까 걱정했을 것이다. 그들 자신도 주변의 의심과 압박을 받고 있었던 예루살렘의 예수 신자들은 디아스포라의 동포들(이방 땅에 거주하며 예수를 믿는 유대인들)로 하여금 이방인 신자들을 유대화하도록to Judaize 압박하라고 부추기고 싶었을 것이다. 무엇보다도 그들은 바울이라는 이름의 미심쩍은 방랑 교사가 진정한 예수의 메시지를 왜곡시키고 대폭 생략해 전하고 있다는 경고를 전하고 싶었을 것이다. 이전에 이교도였던 이들이 유대 율법을 지켜야 한다는 점, 특히 남자는 할례를 받고 공동체는 독특한 유대 행습을 행해야 한다는 점을 생략한 메시지를 바울이 전하고 있다고 말이다. 이런 상황은 예루살렘의 유대인 및 여타 지역의 유대인에게 이 (예수) 운동이 진정으로 유대적이라는 점을 보여주었을 뿐 아니라, 당혹감과 의구심에 가득 찬 이교도 통치자들에게도 통상적인 종교적 의무를 면제받으려는 이들의 주장이 (예상치 못하고 반갑지 못해도) 진정한 것이라는 사실을 보여주었을 것이다.

바울이 이 모든 주장에 큰 목소리로 "아니다"라고 말한 이유를 탐구하기 전에, 이러한 역사적 상황에 대한 분석이 수백 년 동안 통상적으로 인정된 갈라디아서 해석들과 어떤 점에서 비교되는지 언급하는 것이 필요하겠다.

이 책에서 내가 제시하는 관점이 "신학적"(곧 하나님에 관한 것)이거나 "**구원론적**"(곧 구원에 관한 것)**이라기보다** "정치적"이거나 "사회학적"인 것으로 보이기 쉽겠으나 이는 심각한 오해다. 지금까지 내가 말한 모든 것은 "신학적"인 동시에 "구원론적"이다. 다시 말해, 하나님과 구원에 관한 것이다. 16세기는 사람의 "영혼"이 연옥을 거치지 않고 "천국"에 이르는 방법과 그 안에서 "믿음"과 "행위"의 상대적 역할이 무엇인지에 관심을 가졌다. 사람이 어떻게 "구원을 받는가"라는 16세기의 질문에 내가 주안점을 두지 않은 것은, 그 질문이 여러 세대에 걸쳐 서구 세계가 "종교"나 "믿음"(신앙)을 "실제 삶"이나 "정치"나 "사회"로부터 분리해 왔음을 보여주는 표시sign일 뿐이기 때문이다. 하지만 종교개혁자들이 주장했듯이, 교회는 줄곧 성경의 원래 문맥/배경과 의미를 새로운 시각으로 면밀하게 살펴보고, 그 조명 아래서 보다 최근의 전통들을 평가해야 한다.

이러한 작업은 "그리스도인으로 빚어감"에서 핵심이다. 따라서 이 주석과 CFC 시리즈의 목표를 지속적으로 추구하는 것이 매우 중요하다. 우리의 목표는 본문의 의미를 두고 씨름하면서 역사의 퍼즐 조각을 모두 탁자 위에 놓고 우리 시대에 도전을 줄 만한 것들이 무엇인지 주의 깊게 살펴보는 것이다. 이러한 작업을 할 때는 전체적인 그림을 파악하면서 서로 다른 요소들 사이에 적절한 균형을 맞추어야 한다. 맞추어야 할 역사의 퍼즐 조각들은 다음과 같다. 거대한 종말론적 지평(부활을 핵심 요소로 하는 "올 세대"), 교회론적 함의, 곧 바울이 "사랑으로 역사하는 믿음"이라고 지칭한 것으로 정의되는 단일한 아브라함의 가족, 그리고 남부 갈라디아와 같은 사회 안에서 새롭게 형성된 공동체가 경험한 사회적, 정치적 압박, 지역 내의 제의들, 그리고 로마에 대한 강력한 정치적, 종교적 충성 등이다. 이 작업을 할 때 핵심을 잊지 말아야 한다. 바울에게 가장 중요한 것은 사랑으로만 되갚을 수 있는 사랑의 빚이었다.

따라서 "그리스도인으로 빚어감"이 진정한 조항article이 되기 위해서는, 추상적 교리 교육이나 개인 윤리, 정치적 신념에 대한 도전, 또는 깊은 경건의 실천에 그쳐서는 안 된다. 이 모든 것은 더 큰 전체를 이루는 부분으로서 중요한 것이고, "빚어감"은 더 큰 전체를 목표로 삼아야 한다. 인간적 성숙은—그리스도인으로서의 성숙을 포함하여—전인적이고,whole-person 전존재적이며,whole-being 전사회적인whole-society 것이다. 이를 부인하는 것은 "세속" 세계 안에서 "믿음"을 보잘것없는 것으로 만드는 일에 공모하는 것이다. 사실, 현대 서구 세계에 잠재된 에피쿠로스 철학이 교회에 가하는 바로 이 압박은 초창기 교회가 통치자들에게 받았던 압박과 결과적으로 같은 것일 수 있다.[40] 초창기 그리스도인이 경험했던 압박을 풀어서 말하면 다음과 같다. "우리가 당신에게 준 깔끔하게 잘 포장된 작은 상자 안으로 들어가면(여기서 상자란 바울 시대에는 "제국의 승인을 받은 종교", 그리고 우리 시대에는 "사적私的 종교"라고 부르는 것), **당신**이 **우리**를 불편하게 만들지 않을 테니, **우리**도 **당신**을 불편하게 하지 않을 것이다. 하지만 상자 밖으로 나온다면, 그러니까 한분 하나님에 관한 위험한 이야기와 예수가 참된 주님^{kyrios}이라는 전복적 이야기를 들고 나와 때가 찼고 예수께서 온 세계의 모든 이에게 전적인 충성을 요구하신다고 주장한다면, 우리는 당신을 추격할 것이다." 지금 이 시대에도 그러하다. 서구 계몽주의에 의해 형성된 사회에서는 교회는 죽음 이후에 현실 세계로부터 벗어날 것을 염두에 두고 현재 세계의 중요성을 대체로 외면하는 가운데, 기도하면서 "천국에 가기" 위한 조건을 따지는 것만으로도 충분하다고 말한다. 이것이 암묵적으로 맺어진 거래다. 세속 사회(특히 미디어)와 한통속이 된 교회는 유대인과 "협정"을 맺은 로마와 유사하다. 하지만 기독교의 주장을 진지하게 받아들이기 시작한 사람들이 카이사르(황제)가 아니라 예수가 진정한 '퀴리오스'^{kyrios}라고 주장하면 어떤 일이 벌어질까?

---

40 *History and Eschatology*, 특히 1장과 2장을 보라.

바울의 답변

바울은 맞물려 있는 이슈들을 동시에 아우르는 답변을 제시해야 했다. 그래서 그의 머릿속에 마구 쏟아진 여러 생각들은 최초 수신자들을 설득하는 풍성한 수사적 효과를 만들어 낸 반면, 이천 년 후에 다른 이슈들에 대한 사도 바울의 견해가 무엇인지 알고 싶어 하는 우리를 큰 혼란에 빠뜨리기도 한다. 16세기 사람들이 골몰했던 사안들과 그와 유사한 현대의 이슈들에 대한 답변을 바울 서신에서 기어이 찾겠다는 노력을 그만두고 1세기 맥락에서 생각하려 애써 보면, 복잡한 문제들 자체가 사라지지는 않겠지만 이해할 만한 것은 될 것이다. 그리고 그 복잡한 문제들이 오늘날 "그리스도인으로 빚어감"과 깊은 연관성이 있음을 생생하게 느낄 것이다. 성경을 역사학의 방법론으로 공부할 때 늘 직면하게 되는 도전은 다음과 같다. 오래된 신학적 사고 패턴 안에서만 "적용할 점"을 손쉽게 찾으려는 유혹에 저항하는 것, 그리고 본문의 원래 의미를 탐구할 때, 이 본문이 우리 시대에 지닌 적실성과 "그리스도인으로 빚어감"에 끼칠 효과가 더욱 천천히 지속적으로 드러날 수 있도록 놓아두는 것이다.

오랫동안 많은 갈라디아서 해석자들은 바울이 두 개의 "종교" 그룹 간의 우열을 말하고 있다고 상정하는 심각한 실수를 저질렀다. 바울이 "기독교"(또는 "바울계 기독교")가 "유대교"(또는 "유대계 기독교")보다 우월하다고 보았다는 것이다. 이러한 관점은 "종교"의 의미를 축소시켜 종교가 현실 세계와 직접적인 관련이 **없다**는 견해를 낳은 18세기의 문화 혁명에서 유래한 근대적 산물이다.[41] 이 근대적 산물의 지지자들이 생

---

41   다음의 연구를 참고하라. B. Nongbri, *Before Religion: A History of a Modern*

겨난 결정적 이유가 두 가지 있다. 첫째는 로마 가톨릭에 반기를 든 개신교, 특히 계몽주의 이후의 "자유주의적 개신교"이다. 둘째는 중세 시대에도 존재했으나 루터파의 비난으로 더 악화된 "유대교"에 대한 반감이다. 칸트와 헤겔의 관념론도 유대교를 땅(이스라엘 옛 영토―옮긴이)과 민족주의, 특히 "율법의 행위들"에만 몰두한 "영적이지 않은 것"이라고 배격했다. 본문 해석에 부정적인 압박을 가하는 음험한 사고방식은 여전히 건재하다. 이러한 사고는 특히 "복음주의"가 다음과 같은 내용을 다시 가져다 쓰게 된 숨겨진 배경이기도 하다. 즉, 하나님은 사람이 "믿음" 곧 "신앙"을 가지기를 원하시며 사람의 "선한 행위"에 관심을 두지 않으시므로, "선한 행위"로는 하나님의 호의를 절대 얻을 수 없다는 생각 말이다.

바울은 "유대교"와 대조를 이루는 것으로 "기독교"를 제시하는 것이 아니다. (라이트가 여기서 유대교와 기독교라는 단어에 따옴표를 붙여 강조한 이유는 바울 당시에 이 두 '종교'가 뚜렷이 구분되지 않았기 때문이다―옮긴이). 그는 "내적 신앙"이 단지 "내적"이라는 이유로 "외적 행위"보다 우월하다고 제안하는 것도 아니다. (물론 그가 살았던 시대 전후의 많은 유대인들처럼 바울도 그런 점을 이해하고는 있었을 것이다.) 바울은 복음이 **개인과 공동체의 변화**를 이끌어 내는 **메시아적 종말론**을 선포한다고 역설하고 있다. 바울이 강조하고자 하는 요지는 그의 수사적 기술이 최고조에 이른 본문에 나타나므로 그 부분에 집중하여 갈라디아서를 읽으면 이제까지 보지 못했던 그림이 또렷하게 떠오른다.

나는 갈라디아서의 "수사학적 장르"를 먼저 파악해야만 바울이 말하

Concept (New Haven: Yale University Press, 2013). 그리고 Wright, *History and Eschatology*, 1, 2장.

려는 바를 알 수 있다는 주장에 동의하지 않는다.⁴² 그보다는 잘 짜인 도입부와 적절한 요약을 담은 결론부, 그리고 수사적 중심부와 클라이맥스가 어디인지 상정하는 작업가설의 필요성을 염두에 두는 것이 중요하다. 그러한 작업가설을 검증하는 기준은 다른 분야에서 가져온 틀(방법, 모델) 안에서의 짜임새가 아니라, 그 가설이 편지 전체를 일관되게 설명해 주는지 여부다. 나의 작업가설은 다음과 같다. 갈라디아서 1:3-5은 사려 깊고 잘 짜인 도입부이며, 6:14-16도 마찬가지로 사려 깊게 저술된 요약 결론이다. 4:1-7은 편지 전체의 중심이고, 2:19-20과 3:28-29 그리고 4:21-5:1에 자연스러운 수사적 절정부가 담겨 있다.

이러한 관점을 통해 다음과 같은 강조점들을 파악할 수 있다.

먼저 **이중 진리**ª double truth를 들 수 있다. 아브라함과 이삭과 야곱의 하나님이 **늘 약속하셨던 바**를 행하셨고, **새 창조**를 시작하셨다는 것이다. 바울은 하나님이 수많은 유대인이 고대했던 일을 행하시되 그들이 상상한 바와는 다른 방식으로 행하셨다고 믿었다. 하나님은 "현재의 악한 세대"에 결정타를 날리셨고, "장차 올 세대"의 문을 여셨다. 옛 시대의 극복도, 새 시대의 개시도, 사람들이 기대했던 모습과는 달랐다. 오래된 약속이 근본적인 새로움 속에서 성취되었다. 바울의 동시대인들이 이러한 사실에 당혹스러워했듯이, 신학자들은 지금도 이를 이해하는 데 어려움을 겪고 있다. 고대와 현대의 사상가들 모두 새로움과 성취 **둘 다**를 선택하지 않고 **둘 중 하나**만을 택하려고 하는 모습이 이러한 점을 잘 보여준다. 바울은 단호하게 둘 다 아우른다. 충격적이고 받아들이기 어

---

42 나는 벳츠의 주장에 반대한다. H.-D. Betz, *Galatians: A Commentary on Paul's Letter to the Churches in Galatia*, Hermeneia (Philadelphia: Fortress, 1979). 위더링턴은 수사학의 복잡 미묘한 측면을 잘 다루었다. B. Witherington III, *Grace in Galatia: A Commentary on St. Paul's Letter to the Galatians* (Edinburgh: T&T Clark, 1998).

려우며, 예상할 수 없던 전대미문의 사건이 메시아 예수 안에서 발생했다. 하지만 이 놀라운 사건이 지닌 깊은 의미를 파악하는 사람은 그것이 이스라엘이 이천 년 동안 고대한 오래된 약속의 핵심이라는 점을 깨달을 것이다. 하나님은 하시겠다고 늘 말씀하셨던 것을 이제 놀랍고 예상을 뛰어넘는 충격적 방식으로 행하셨다.[43]

이 두 가지 측면 모두 바울이 다루고 있는 상황에 결정적으로 중요하다. 새 창조가 지닌 근본적 새로움은, 예수께서 개시하시고 그의 영이 힘을 불어넣은 새로운 세계에 참여하는 삶이 낡은 형태의 삶을 약간 변형한 것이 아니라 이제껏 보지 못했고 상상하지 못했던 것의 부분이 된다는 것을 의미한다. 바울을 읽을 때 흔히 경험하듯이, 이것은 신학적 '시차 적응' 문제를 일으킨다. 바울 시대의 많은 유대인을 포함해 그 전후 수백 년의 기간 안에 살던 유대인들은 세계의 역사를 다음과 같이 두 시기로 나누었다. 바로 "현세대"(이스라엘의 긴 포로기를 초점으로, 악이 지속적으로 세상을 노예로 삼은 시기)와 "장차 올 세대"(악의 점령이 평화와 정의로 대체된 시기)이다. 그 시기의 일부 유대인 그룹, 특히 쿰란 공동체는 "개시된 종말론"inaugurated eschatology이라 부를 수 있는 관점을 발전시켰다. 이는 새 시대가 자신들의 공동체 구성원과 함께 비밀스럽게 개시되었다는 믿음이다. 바울은 이러한 관점의 급진적 형태를 개진했다. 그는 메시아 예수 안에서 하나님의 자기를 내어 주시는 행위를 통해 "장차 올 세대"가 시작되었다고 믿었다. "현세대"가 여전히 상존하므로 혼란스럽긴 해도 말이다. 주변 세상은 여전히 어둠 속에 있지만, 예수 추종자들로 구성된 작은 집단은 이제 낮의 사람들이었고, 낮과 함께 온전

---

43 이 예리한 표현은 내 친구이자 동료인 데이비스 박사에게 빚졌다. 그의 책을 참고하라. J. P. Davies, *Paul among the Apocalypses: An Evaluation of the "Apocalyptic Paul" in the Context of Jewish and Christian Apocalyptic Literature* (London: T&T Clark, 2016).

히 새로운 의미의 세상이 왔다.살전5:4-10 이전에는 상상조차 못했던 완전히 새로운 공동체다. 바울은 다른 편지의 중요한 단락에서 이렇게 말했다. "옛것은 지나갔습니다. 보십시오, 새것이 되었습니다!"고후 5:17 **그러므로 할례를 받는 것은 새로운 일이 발생했다는 사실, 곧 새 창조가 실제로 시작되었음을 부인하는 것과 같다.** 예수 안에서 일어난 사건을 단지 옛 세상에서 발생한 사건의 변주variation로만 보는 것은 새 창조에서 생명을 빼낸 것과 같다. 갈라디아서에 나타난 그리스도인으로 빚어감은, **구출하는 힘을 지니고 옛 세상에 불쑥 들어온 새 창조의 선포에 뿌리내리고 있다.**

그러나 이중 진리의 다른 한편도 마찬가지로 중요하다. 바울 공동체들이 세 부류의 사람들이 보내는, 곧 해당 지역의 유대인 공동체들과 메시아를 믿는 유대인들, 그리고 유대인의 특권인 시민의 의무 준수 면제를 느닷없이 주장하는 이 비유대인들을 의아하게 보는 지역 관리들이 보내는 의심스러운 눈초리와 적대감에 직면한 상황에서, 그들에게 중요한 일은 **자신들이 아브라함의 진정한 자녀임을 깨닫고 이해하는 것**이었다. 이 사실은 그들의 새로운 생명의 바탕이요, 그들의 새로운 삶의 방식의 바탕이었다. 유대인은 지역의 제의 행사에 참여하지 않으면서 이방인의 다신론과 절대 타협하지 않는 유일신 신앙을 견지했는데, 예수 추종자들도 이와 똑같이 행동했다. 디아스포라 유대 공동체들은 같은 지역에 사는 이방인들과는 다르게 살 권리를 주장할 수 있었는데, 메시아를 믿는 사람들 역시 이와 같이 했다. 예는 얼마든지 더 들 수 있다. 이방인 신자들은 아브라함 이야기의 의미와 자신들이 그 이야기에서 어떤 위치를 차지하는지 알아야 했다. 아브라함에게 주신 하나님의 약속과 아브라함이 보인 믿음에 관한 길고 상세한 해설이 골격을 이루는 갈라디아서 3장과 4장은 이러한 이해에 도달하는 데 필요한 결정적 단서를 준다. 메시아는 시편 기자들이 늘 말했던, 아브라함에게 주신 하나님의 약속의 성취다. 그러므로 메시아에게 속한 사람들은 아브라함에게도 속해 있다. 다른 노력 없이, 지금 그대로의 상태로 말이다. 이것이 갈라디아서 3장의 논증 마지막에서 도출하려는 결론이다. **갈라디아서에서 그리스도인으로 빚어짐을 추동하는 힘은 갈라디아인들이 아브라함 이야기를 이해하고 자신들이 그 이야기 속에서 어디에 자리 잡고 있는지 알아차리는 데 있다.** 타협할 수 없는 이 내러티브를 통해 정체성이 형성되고 강화된다.

바울의 "이방인 선교"는 이곳저곳에서 더 많은 개종자를 얻어 내려는 실리적 판단의 산물이 아니라, 하나님의 백성이 세상을 상속받을 것이라는 고대 유대인의 소망(창조주 신앙과 언약적 유일신론에 근거한 소망)에서 나온 것이다.[44] "유업"은 로마서와 갈라디아서에서 매우 중요한 주제로서 바울의 논증에 동일한 영향을 미친다. 아브라함에게 주신 하나님의 약속은 아브라함의 "씨(자손)"가 세상을 상속받으리라는 것이었다.롬 4:13 시편은 이 하나님의 약속에 보다 예리하게 초점을 맞춘다. 이 약속은 다윗에게 주어진 것으로서, 그가 여러 족속을 기업으로 받는 왕적인 "하나님의 아들"이 되리라는 것이었다. 바울에게 있어서 아브라함에게 주신 약속이 다윗 계열의 메시아에 의해 실현된다는 것은 출신 성분과 전혀 상관없이 형성된 메시아의 백성을 통해 한분 하나님이 세상의 통치를 시작하셨다는 의미다. 하나님이 주권적으로 세상을 다스리기 시작한 수단이 그 누구도 상상하지 못했던 메시아의 십자가 죽음인 것과 마찬가지로, 하나님의 주권적 "통치"가 다양한 민족적, 문화적, 사회적 배경을 가진 신자들이 복잡하게 연합한 형태로 실현된 것은 바울이나 그 어떤 이도 상상하지 못했던 일이다. 메시아의 신실하심이라는

---

44 예를 들어, 에스드라4서 6:55-59을 보라.

바탕과 공동체 안에서 일하시는 메시아의 영의 힘은 이것이 진실이라는 것을 바울에게 보여준 확실한 증표^{sign}였다.

메시아적 종말론과 하나님 나라의 도래에 관한 이중 진리가 첫 번째 요점이라면, **두 번째** 요점은 메시아에게 초점을 맞추며 핵심에 다가간다. 즉, **하나님의 메시아 예수는 죽음과 부활을 통해 이스라엘을 향한 하나님의 목적을 성취하셨고, 그럼으로써 새 출애굽, 곧 인간을 노예로 삼던 궁극적 관리자인 죄와 사망으로부터 위대한 구출 작전을 완수하셨다.** 예수는 "우리 죄들을 위해 자신을 내어 주셨다."갈 1:4a 하나님의 아들이 "나를 사랑하셔서 나를 위해서 자기 자신을 내어 주셨다."2:20 루터가 해석은 다르게 했지만 제대로 알아보았듯이, 메시아의 십자가가 편지 전체의 논증을 이끈다. 고린도전서 1:23에서 사용한 표현("유대인에게는 거리끼는 것이고 이방인에게는 어리석은 것")이 아직 만들어지기 전이지만(고린도전서는 갈라디아서보다 나중에 쓰였다―옮긴이), 이 표현의 알짬은 이미 갈라디아서 5:11b에서 명시적으로 그리고 여러 곳에서 암시적으로 나타난다.[45] 요점은, 이스라엘의 메시아는 이스라엘을 위한 하나님의 계획들을 자신 안에 요약한다는 것이다. 따라서 메시아에게 해당하는 내용은 그대로 이스라엘에게도 적용된다.

이러한 생각이 갈라디아서 2:19-20에 있는 바울의 충격적이고도 결정적인 선언의 바탕에 놓여 있다. "나는 율법에 대해서는 율법으로 말미암아 죽어 버렸습니다. 그것은 내가 하나님에 대해서 살려고 하는 것입니다. 나는 메시아와 함께 십자가에 못 박혔습니다. 이제 살고 있는 것은 내가 아닙니다. 메시아가 내 안에 살고 계십니다." 여기서 바울은 전형적인 극단적 열심을 내는 유대인이 이스라엘의 메시아가 십자가

---

[45] 특히 다음 구절을 보라. 2:21; 3:1; 6:12, 14-16.

처형을 당했다는 사실에 직면할 때의 모습을 구체화하여 사례로 제시하는데, 그의 부활은 그가 진정으로 이스라엘의 메시아였음을 역설하는 것과 더불어 그의 십자가 처형이 그 자체로 하나님의 계획의 성취라는 사실을 바울로 하여금 깨닫게 했다. 바울이 안디옥에서 베드로에게 도전했던 사건을 요약한 말은 갈라디아인들을 심란하게 만든 이들에게 맞서는 날카로운 도구이기도 했는데, 그 요지는 십자가 처형을 당하고 부활하신 예수가 이스라엘을 위한 하나님의 계획들의 성취라면 이스라엘 역시 그 성취를 **십자가와 부활을 통해서 발견해야 한다는 것이다**. 후속 세대들의 지속적인 오해가 잘 보여주듯이, 메시아가 유대인의 소망을 성취했다고 말하거나 그 소망들을 없앴다고 말하기는 얼마나 쉬웠겠는가! "십자가와 부활을 통한 성취"에 관해 말하는 것은 전적으로 새로운 일이었다. 기독교가 가져온 새로움이 늘 그랬듯이, 이스라엘의 역사에서 발견되는 커다란 패턴, 특히 포로기와 회복이라는 패턴을 보고 알아챌 수 있음에도 말이다. 모든 일은 이렇게 이루어져야만 했다. 예수께서 엠마오로 가는 이들에게 설명하셨던 대로 그렇게 말이다.

결국 핵심은 할례와 음식 규정과 안식일 준수와 (특히) 이방인과의 식탁교제 금지를 규정한 유대 토라가 **임무를 마쳤고 이제 옆으로 밀려나게 되었다는 것이다**. 바울은 토라가 나쁜 것인데 이제 다행히 폐기되었다는 말을 하는 것이 아니다. 토라는 하나님이 이스라엘에게 주신 좋은 선물이었고 지금도 좋은 선물이지만, 이 토라가 특정한 시대에 특정한 목적으로 주어졌고 그 유효 기간은 만료되었다는 말이다. 로마서 8:3-4에서 바울은 토라가 하려고 해도 실현하지 못한 목적을 하나님이 메시아와 영 안에서 이제 성취하셨다고 선언한다. 이 로마서 본문은 갈라디아서 2:21의 반향을 담은 갈라디아서 3:21과도 아주 유사하다. "생명을 줄 수 있는 율법이 주어졌다면, 율법으로 언약의 구성원이 되었겠지요."

그러므로 이방인 출신의 메시아 백성에게 토라 자체를 위해 토라를 지키라고 강요하는 시도와, 그들을 로마의 정치 지도자들과 근심하는 예루살렘 주민들과 심지어 하나님의 눈에 "훌륭한 유대인"으로 보이게 만들려는 시도에 단호히 맞서 저항해야 한다. 여기서 '노모스'^{nomos}라는 단어가 일반적인 도덕률이나 "정언 명령"이 아니라 바울 서신의 다른 곳에서처럼 모세 토라를 지칭한다는 점을 깨닫는다면, 주해를 할 때 생긴 퍼즐들은 제자리를 찾고 신학적 난제들에 대한 손쉬운 답을 얻게 된다. (오늘날 유대 율법에 관한 이 질문이 예수 이후 이천 년이 지난 이 시대의 비유대인에게 어떤 적실성을 가지는가 하는 해석학적 퍼즐은 차차 다뤄질 것이다.)

게다가 바울은 베드로에게 대답한 말의 간결한 기록(실제 대답은 더 길었을 수 있다. 갈 2:14-21)에서 이방인과의 식탁교제를 피함으로써 유대인 출신 예수 추종자가 "토라 준수"를 하려는 행동은 완전히 배제되어야 한다고 말한다. 바울은 "그렇습니다. 물론 당신은 모든 면에서 토라를 지켜야만 하지만 식탁교제에 관한 한 토라 규정은 무시하십시오"라고 말하는 것이 아니다. 바울은 실제로 이렇게 말한다. "율법을 통하여 나는 율법에 대해 죽었습니다. 내가 하나님에 대해 살기 위해서 말입니다." 토라는 유대인과 이방인 공동체 사이에 토라라는 담을 다시 세우려고 토라에 호소하는 사람들을 율법을 어긴 자로 정죄한다.$^{2:18}$ 토라 자체는 역설적이게도 유대인과 이방인 사이에 담을 세우려는 사람을 "아나테마"(저주를 받은 자—옮긴이)로 여기고 공동체에서 쫓아내라고 명령할 것이다.$^{1:8-9;\ 4:30}$ 첫 번째 요점으로 돌아가자. 새 창조가 이미 시작되었고, 토라는 "현재의 악한 세대" 동안 그의 백성을 위해 하나님이 주신 규정이었으므로 지금은 받아들여서는 안 된다. 하나님이 만드신 새로운 세상에서 토라는 규제하는 주체가 될 수 없다. 그것은 애당초 토라가 주어진 목적이 아니었기 때문이다. 토라는 하나님의 궁극적인 계획 실현을 준비하기 위한 목적의 일부였던 것으로 보인다. 준비를 하는 시간은 정해져 있다. 악기 조율기는 공연을 준비하는 데 도움을 준다. 하지만 악기 조율기를 가지고 연주를 할 수는 없다.

십자가에서 죽으시고 부활하신 예수가 이스라엘의 참된 메시아라는 바로 그 사실 덕분에 이 모든 말의 의미가 통하게 되었다. 나중에 생긴 구분, 곧 "유대적 메시아"와 "기독교적 메시아"를 구분하는 것은 바울이 생각조차 않았던 일이다.[46] 예수는 기름부음 받은 이스라엘의 왕이었고 지금도 왕이시다. 바울이 살던 당시 모든 유대인 앞에는 제각기 자신에게 충성을 바치라고 경쟁하는 인물들이 있었다. 하스모니아 가문은 헤롯 가문에게 그 자리를 내주었다. 대중의 관심을 얻은 몇몇 "메시아적" 혹은 "예언자적" 운동이 생겼다가 없어지곤 했는데, 각 운동은 새로운 후보를 하나님이 정한 시간에 등장한 하나님의 사람으로 내세웠다. 모든 유대인(메시아적 예언들이 별 설득력 없이 그저 흥분에서 나온 제스처인지 아닌지 확신 있게 판단하지 못한 많은 사람을 포함)은 만일 그러한 후보 중에 한 사람이 정말 메시아라면, 그것은 이스라엘의 하나님이 원래의 목적을 재정의하고 자신의 백성을 그 메시아를 중심으로 새롭게 정의하셨다는 의미임을 알고 있었다. 하나님이 기름부으신 분을 거부하는 것은 신성모독과 다름없다. 예수의 공생애 이후 한 세기가 지나 랍비 아키바가 시므온 벤 코시바를 "별의 아들"(바르 코크바)이라고 찬양할 때도, 아키바나 그의 적대자들 모두 이런 행동이 어떤 위험을 감수해야 할지 알고 있었다. 아키바가 맞는다면 그것은 하나님이 당신의 오랜 약속들을 어떻게 성취하시는지를 보여주는 것이자 아키바의 견해를

46　M. Novenson, *The Grammar of Messianism: An Ancient Jewish Political Idiom and Its Uses* (New York: Oxford University Press, 2017), 6장을 보라.

받아들이지 않는 사람들이 도래하는 왕국에서 제외된다는 것을 뜻했다. 항쟁의 실패는 아키바가 그의 경건과 학식과 순교에도 불구하고 틀렸음을 증명해 주었다. "나는 아무개가 메시아라고 생각한다"고 말하면서 동시에 "당신이 동의하지 않아도 괜찮습니다. 내 개인적인 종교 선호일 뿐이니까요"라고 할 수는 없다. 메시아라고 주장하는 것은 넘어서는 안 되는 한계를 정하는 것과 같다. "메시아적 종말론"은 이런 식으로 작동한다. 따라서 두 "종교"를 비교하거나 경쟁하도록 하는 문제가 아니다. 메시아적 종말론은 자신의 메시아를 보내셔서 약속하신 것들을 전혀 예상하지 못한 방식으로 마침내 성취하신 하나님에 관한 것이다.

바울이 갈라디아서에서 명확하게 표명한 목표이며 이 주석서와 이 주석 시리즈가 전념하는 대상인 "그리스도인으로 빚어감"은 메시아에 관한 이러한 이해와 어떤 관련이 있을까? 대답하자면, "모든 면에서 관련이 있다." 그리스도인으로 빚어감은 "천상"의 존재에 대한 추상적이거나 "영적인" 헌신과는 관련이 없다. 그리스도인으로 빚어감은 오직 부활 승천하신 예수, 곧 예배와 사랑과 충성을 드릴 초점이자 하나님 나라를 이 땅에 임하게 하시고 적대자인 어둠의 권세들을 극복하기 위해 죽으신 바로 그 나사렛 사람 예수를 향한 헌신에 관한 것이다. 다른 예수는 없다. 그리스도인으로 빚어감은 그 예수께 충성을 바치는 것을 뜻한다. '피스티스'라고 불리는 이 충성은 예수께서 자기를 내어 주신 사랑에 감사한 마음으로 응답하는 사랑에서 흘러나온다. 그리스도인으로 빚어감은 예수의 죽음과 부활로 공동체와 그 안의 개인이 빚어지는 것을 의미한다. 이는 추상적인 신학적 논박이 아니라 개인적인 응답을 요구하는 개인의 행동으로 드러난다.

세 번째 요지는 앞의 두 가지 요지에 종종 가려져 흐려질 때가 있지만, 바울에게는 정말 중요하다. **하나님이 그 자신의 영을 새로운 백성에게**

변화를 일으키는 힘으로 주셨고, 이는 약속된 상속을 미리 앞당겨 받는 선물이라는 것이다. 다소 복잡한 내용이지만 앞으로 이 주석에서 명료하게 설명될 것이다. 그러나 당장은 이렇게 말할 수 있다. 바울은 로마서에서는 아브라함 이야기와 성령의 은사를 분명하게 연관 짓지 않는 반면, 갈라디아서에서는 둘 사이를 단단히 연결한다. 즉, 하나님이 메시아 안에서 특별하게 성취하신 일을, 다음으로 복음과 성령을 통해 모든 메시아의 백성에게도 적용하셨고, 이러한 과정을 통해 메시아의 백성은 아브라함의 진정한 가족이 된다.^{3:27-29} 여기서 마침내 "이신칭의"라는 유명한 주제가 전면에 등장한다. 메시아의 백성은 복음을 믿는 사람들이고, 복음 자체가 성령의 능력을 통해 "역사한다." 메시아에 대한 믿음과 하나님의 약속된 백성의 일원이 되는 것은 늘 연결되어 있다. 성령이 그 백성 가운데 일하셨다. 유대인은 이방인이 우상숭배자이므로 정결하지 않기 때문에 거리를 두었다. 이방인이 메시아 백성의 일원이 되었다는 것은 **메시아의 복음이 이방인을 노예로 부린 어둠의 권세들을** 정복하셨음을 뜻한다. 그러한 의미에서, 세례받은 신자인 메시아 백성은 출신 민족이나 이전 삶의 방식과는 관계없이 더 이상 이방인이 아니다. 그들은 더 이상 부정하지 않다.⁴⁷ 하나님은 자신의 영을 그들에게 주셔서 그들로 하여금 압바 아버지라고 외칠 수 있게 하셨다. 이러한 각도에서 볼 때, 이방인 출신 신자는 하나님이 **새로 창조하신 백성의 온전한**

---

47   예를 들어, 고전 12:2을 보라. "여러분이 이방인일 때."*hote ethnē ēte* 이 구절은 프레드릭슨의 주장을 허문다. 프레드릭슨은 비유대인이라는 점이 이방인 신자들의 변함없는 정체성을 이루는 본질적 요소임을 바울이 강조했다고 주장한다. P. Fredriksen, *Paul: The Pagan's Apostle* (New Haven: Yale University Press, 2017), 164. 물론 바울이 이방인 신자들을 스스로를 "이방인"이라고 여길 때(예, 롬 11:13) 그들을 "이방인"이라고 부를 수 있었다. 그러나 고린도전서 12:2과 같은(또한 고전 10:32) 일상적 언급은 바울이 그들의 정체성을 어떻게 생각했는지 잘 보여준다.

구성원이 되기 위해 할례를 받을 필요가 없다.

앞서 언급한 세 가지 요점("장차 올 시대"의 급작스러운 도래와 왕국의 개시, 메시아적 종말론, 믿음에 근거한 아브라함의 가족을 만들어 내는 영의 사역)은 갈라디아서의 주요 요지에 상응한다. 세 요점을 떠받치는 또 하나의 요점은 갈라디아서 1-2장에서 길게 설명되고 편지의 뒷부분에도 계속 암시적으로 언급된다. 바울은 편지의 도입부에서 자신의 소명과 자신이 전하는 복음을 메시아가 직접 주신 진정한 복음이라고 말한다. 그러면서 바울의 복음이 다른 이로부터 전해 받은 것이어서 중요한 요소들이 빠져 있다는 비방을 일축한다. 그는 신중한 자세로 자신의 소명과 복음이 비범하며 급진적 성격을 띠었음을 강조하고, 이스라엘의 예언서를 넌지시 언급하며 스스로를 이사야서의 "종"과 예레미야와 엘리야와 동일선상에 있다고 주장한다. 어떤 이들은 바울이 유대인의 세계를 제대로 알지 못했다고 말할 수도 있을 것이다(이미 이렇게 말한 사람들이 있다). 바울이 아브라함 전통을 이교도적으로 만들었다고 주장하는 사람도 있고, 바울을 배교자이며 이스라엘로 하여금 선조들이 물려준 전통을 버리고 생명이 없는 이교도의 세계와 타협하도록 오도한 인물이라고 주장하는 사람들도 있다. 이러한 주장들에 맞서 바울은 명시적 논증을 통해, 그리고 미묘하면서도 위력적인 성경 인유를 통해 "그렇지 않다"고 응답한다. 선조에게 주신 약속들의 충격적이며 놀라운 성취가 복음을 통해 바울에게도 일어났다. 바울 자신은 성경 속 약속의 성취 안에서 복음에 의해 형성되었다. 그 결과 바울의 생애 전체와 그의 편지를 통해 하나님은 단일하고 거룩하며 보편적이고 사도적인 메시아의 백성을 빚으실 것이다. 바울은 자신의 사도직의 **진정성**을 주장하는 동시에 자신의 사도적 **권위**를 주장한다. 바울은 예수께 직접 임무를 수여받아 복음의 일꾼이 되었다. 갈라디아서 집필도 그러한 임무의 일부이다. ("그리스도인으로 빚어감"에 결정적으로 중요한) "성경의 권위" 교리에 대한 현대의 모든 설명과 표현은 바울의 소명 의식에 바탕을 두어야 한다. 이것이 공격받는 자신의 소명과 권위를 방어하는 내용인 갈라디아서 1장과 2장이 굉장히 중요한 이유이다.

죄와 죽음의 권세에서 해방되어 온전한 하나님의 백성이 된 모든 사람은 **한 식탁에서 교제할 수 있다**는 것이 이 모든 논증의 즉각적이고 형성적인formative 결과이다. 이것이 그리스도인으로 빚어감의 핵심이다. 하나님 백성 모두가 함께 식탁교제를 할 때 정체성이 형성되고 강화된다.

반복하자면, 이 모든 것에는 "궁극적"인 지시 대상이 있다. "성령의 열매"를 내는 성령의 사역은, "육신의 행위"들과 반대되는 것으로서, "온전하고 최종적인 "하나님 나라"의 예기豫期이다.5:21 그런 면에서 "이신칭의"는 개신교 종교개혁자들이 날카롭게 강조했던 진리를 강조하는 것이기도 하다. 즉, 복음을 믿는 모든 사람(바울은 이 믿음이 성령으로 충만한 복음의 능력에서 비롯된 것이라고 한다)은 최종적 "유산"을 받기로 보장받았다. 이 유산은 구약과 신약 모두에서 플라톤적 의미의 "천국"을 의미하는 것이 아니라 갱신된 창조와 "새 하늘과 새 땅"을 의미하며, 죽음으로부터의 "구출", 곧 새 세상에서 누릴 부활을 가리킨다. "칭의"는 믿음을 보고 현시점에 내려지는 "의롭다"는 판결이며, 최종 구원이 확실히 있을 것임을 뜻한다. 그러나 이는 이 극적인 편지에서 바울이 말하고 있는 것도 아니고 강조하는 바도 아니다. 바울은 메시아를 믿는 모든 이가 새롭게 창조된 백성임을 강조한다. 이 백성 안에서 아브라함에게 주신 약속들이 성취되었고, 따라서 이들은 식탁교제를 나누는 단일한 가족으로 살아야 하며, 겁먹은 채 이스라엘의 토라가 여전히 장악하고 있는 "현세대"로 뒷걸음쳐서는 안 된다.

주변의 유대인들은 이 예수 추종자들을 이해할 수 없었을 것이다. 유대인 출신 **예수 신자들**도 마찬가지로 이 (바울 복음을 받아들인) 예수 추종자들을 이해하지 못했을 것이다. 분명 예루살렘 교회도 이들을 이해하지 못했을 것이다. 갈라디아 교회들을 (바울의 시각에서 볼 때) "교란시키는" 사람(들)도 마찬가지였을 것이다. 지역을 다스리는 이교도 관리들의 눈에도 몹시 수상쩍은 사람들로 보였을 것이다. 하지만 갈라디아 교회는 아주 중요한 상징인 음식 나눔과 이야기에 의해, 또한 성령의 사역을 통한 윤리 형성에 의해 세워져 갔다. 이 모든 것이 중요한 요소였다. 만일 그 "세워감"formation이 다른 내용을 가르치려 고집한 이들을 쫓아낸다는 징계를 포함하는 것이었다면, 바울도 지체 없이 그러자고 했을 것이다. 바울이 말했듯이 적은 누룩이 반죽 전체를 부풀게 한다.5:9 고린도전서 5:6에서도 이 경구가 비슷한 치리의 맥락에서 사용되었다. 초기 예수 추종자들 모두는 자신들이 "유월절 민족"임을 알았다. 유월절에는 누룩을 내버려 둘 수 없다. 누룩은 제거되어야 한다.

그 외에도 여러 측면이 갈라디아서에 있고, 바울이 우리가 뒤늦게야 (물론 바울의 인도를 따르는 것이지만) "그리스도인으로 빚어감"이라고 부르는 것을 말하려는 방식에도 여전히 다양한 측면이 있다. 그러나 이 모든 것 속에서 우리는 바울 신학의 위대한 주제들이 구체적 논증 뒤에서 드러나는 것을 본다. 하나님은 아브라함에게 주신 약속들에 대한 언약적 신실함을 드러내셨다. 온 세상을 뜻하는 "유업"은 이제 메시아와 메시아의 백성에게 속하게 되었다. 이러한 "속함"은, 메시아의 "왕국"이 철저히 변경된 형태의 통치권인 것처럼, 일반적인 의미의 소유를 뜻하지 않는다. 하지만 미래는 보장되었다. 하나님이 메시아의 백성을 세우셨고, 그 백성 안에서 아브라함에게 주어진 약속들이 성취되었으며, 또한 마지막에 성취될 것이다. 아브라함과 이삭과 야곱의 하나님이 이제 새로운 창조에 착수하셨다. 하나님의 메시아 백성이 이방 종교와 절대 타협하지 말아야 하는 이유(유대인들은 예수 추종자들이 이교와 타협하고 있다고 생각했고, 지역의 이교도 위정자들은 예수 추종자들이 이교와 타협하기를 원했다)는 그들이 실제로 진정한 유일신론자들이기 때문이다. 그들은 이방인이 섬기는 신들이 우상임을 알았다. 그들은 유일하신 하나님, 아브라함의 하나님, 자신의 아들을 보내셨고 이제 그 아들의 영을 보내신 하나님을 믿게 되었다. 갈라디아서 4:1-7은 새롭게 계시된 철저한 유일신론의 비전을 스케치한다.

그러므로 이 하나님을 받아들이든지 아니면 이방 종교로 퇴행하든지4:7-11 피할 수 없는 선택을 해야 한다. 바울은 자신의 입장이 로마가 유대인들에게 시민 종교에 참여하지 않아도 되는 권리를 주면서 마지못해 인정한 것이나, 메시아를 받아들이지 않은 바울 시대의 유대인들이 여전히 자신들의 것이라고 믿었던 입장보다 더욱 뛰어남을 주장한다. 그리스도인으로 빚어진다는 것은 궁극적으로 참 하나님을 알아 가는 법을 배우는 것이다. 또는 바울이 말하듯, 이 참 하나님이 자신을 알고 계신다는 사실을 깨닫는 것이다. 나머지는 별로 중요하지 않은 세부 사항이다.

주석들과 그리스도인으로 빚어감

따라서 주석가의 임무는 명확하다. 어떤 면에서는 조각가와 유사하다. 미켈란젤로가 맡은 일은 대리석 덩어리에서 다윗이 아닌 것은 모조리 깎아 없애는 것이다(미켈란젤로의 유명한 작품 다비드상을 말한다—옮긴이). 주석가가 맡은 임무는 바울이 1세기 당시의 복잡한 세계 안에서 그 세계를 향해 실제로 말한 내용을 오늘날의 독자들이 명료하게 이해하는 데 방해가 될 만한 오해의 층들을 모조리 깎아 없애서 보여주는 것이다. 우리 역시 (바울처럼) 복잡하고 힘든 세상에 산다. 바울을 르네상스 이후 혹은 계몽주의 이후에 쪼그라든 "종교적" 범주에 억지로 맞추려고 단순화시키는 것은 우리 자신에게 도움이 되지 않는다. 그렇게 하면 은유가 가진 힘을 훼손할 수 있기 때문이다. 우리가 마주하고 있는 것은 어쩌면 **이미 지나치게 많이 깎아 놓은** 대리석 덩어리일 수도 있다. 우리는 (저자가) 의도했던 원작을 복원re-create하기 위해 깨진 조각들을 다시 모아야 한다. 역사는 종종 이러한 작업을 필요로 한다.

다른 형태의 예술로 비유하자면, 주석가가 겪는 어려움은 바울이 이미 작곡한 위대한 멜로디를 다른 악기들로 연주할 수 있도록 가르치는 것과 같다. "**이** 음표를 강조해야 해. **이** 테마를 더욱 또렷하게 표현해야 해. 다른 악절로 성급하게 가지 않으면서 **이** 클라이막스 순간을 오롯이 드러내야 해." 성경을 주석한다는 것은 무엇보다 역사학적인 작업이다. 그러나 역사는 곡조뿐만 아니라 리듬과 하모니를 배우는 일이기도 하다. 모든 역사학적 작업이 그렇듯이, 역사가가 원저자와 원청자原聽者의 사고 안으로 들어가는 데 필요한 "공감적 상상"sympathetic imagination은, 역사가 자신이 처한 시대적 상황을 숙고하는 데 필요한 공감적 상상력과의 끊임없는 대화 가운데 있다.[48] 그러한 수고가 가져 올 그리스도인으로 빚어감은 모든 하나님의 백성의 지성과 마음과 교육과 배움 안에서 역사하실 하나님의 영이 하시는 일이다.

---

[48] *History and Eschatology*, 3장을 보라.

갈라디아서 주석

갈라디아서 1:1-17

본문 사역

¹ 사도인 나 바울은……(내 사도직은 인간의 기원에서 비롯된 것이 아닙니다! 사람을 통하여 온 것도 아닙니다. 그것은 메시아 예수와 그분을 죽은 사람들 가운데서 일으키신 하나님 아버지를 통하여 온 것입니다) ² 내 곁에 있는 가족과 함께 갈라디아의 교회들에게 [편지를 보냅니다]. ³ 하나님 우리 아버지와 우리 주님이신 메시아 예수에게서 오는 은혜와 평화가 여러분에게 있기를! ⁴ 메시아 예수는 우리 아버지 하나님의 뜻에 따라 우리를 현재의 악한 세대로부터 구출하시려고 우리 죄들을 위해 자기 자신을 내어 주신 분입니다. ⁵ 하나님께 영원무궁토록 영광이 있기를! 아멘.

⁶ 은혜로 여러분을 부르신 분을 여러분이 그토록 빨리 떠나 다른 복음을 따르고 있다는 사실에 나는 무척 놀랐습니다. ⁷ 그것이 또 다른 복음이라는 말은 아니고, 단지 여러분에게 문제[혼란]를 일으키고 메시아의 복음을 변질시키려는 사람들이 있다는 것입니다. ⁸ 그러나 우리들이나, 또는 하늘에서 온 천사라도 우리가 여러분에게 선포한 것과 다른 복음을 전한다면, 그런 이는 저주받기를! ⁹ 이전에도 말했고 지금 다시 말합니다. 누구라도 여러분이 받은 것과 다른 복음을 제시한다면, 그 사람은 저주받기를!

¹⁰ 음……이런 말이 내가 여러분에게 아첨하는 것으로 들립니까? 하나님께도 아첨하는 것처럼 들립니까? 아니면, 내가 비위를 맞추려는 것으로 들립니까? 내가 여전히 사람을 기쁘게 하고 있다면, 나는 메시아의 노예가 아닐 것입니다. ¹¹ 형제자매 여러

분, 나는 여러분에게 이 점을 분명히 해두고 싶습니다. 내가 전한 복음은 그저 사람이 지어낸 것이 아닙니다. [12] 이것은 내가 사람에게서 받거나 배운 것이 아니라 메시아 예수의 계시를 통하여 받은 것입니다. [13] 여러분은 내가 "유대교"에 있던 옛 시절 어떻게 행동했는지 분명 들었겠지요. 나는 하나님의 교회를 폭력적으로 핍박했고 파괴했습니다. [14] 나는 내 동족과 또래의 많은 이들보다 유대교에 앞섰고, 선조들의 전통에 대한 엄청난 열성이 있었습니다. [15] 그러나 나를 내 어머니의 태에서 구별하시고 은혜로 부르신 하나님이, 그분의 아들에 대한 기쁜 소식을 이방인에게 선포하도록 [16] 그를 내 안에 계시하시길 기뻐하셨을 때, 나는 즉시 혈육[곧 사람]과 의논하지 않았고, [17] 나보다 먼저 사도 된 사람들을 만나러 예루살렘에 올라가지도 않았습니다. 정말입니다! 나는 아라비아로 갔고, 그 이후 다메섹으로 돌아왔습니다.

서론

갈라디아서의 가장 첫 구절부터 우리는 잘 알려진 "거울 읽기"(mirror reading, 갈라디아서 본문에서 갈라디아 교회들의 상황을 추측할 수 있는 직간접적 정보를 바탕으로 갈라디아 교회들의 정황을 재구성한 뒤, 역으로 그 재구성을 토대로 갈라디아서 본문을 해석하는 작업—옮긴이)라는 문제에 직면한다. 갈라디아서를 읽어 가면서 우리는 이 편지 속에서 온갖 이슈들—이러한 이슈들에 대해 갈라디아서라는 편지 외에 별다른 정보가 없다—을 만나게 된다. 예를 들어, 바울은 왜 편지의 맨 첫 구절에서 두 개의 그리스어 단어(파울로스, 아포스톨로스 $^{Paulos,\ apostolos}$, "바울, 사도")에 바로 이어 자신의 사도직이 "인간의 기원에서 비롯"되었거나 "사람을 통해" 받은 것이 아니라고 하는가? 분명, 누군가 이 사안에 의구심을 제기했을 경우에만 이렇게 응답할 것이다. 시각적 이미지를 청각적 이미지로 바꿔 보자면, 우리는 두 사람 사이의 전화 통화에서 오로지 한쪽 말만 듣는 것과 유사한 상황에 있다. 이미 격앙된 사람이 자기 방어를 하려는 목소리가 들린다. 우리는 통화 상대자(곧 갈라디아서의 수신자와 바울의 적대자들—옮긴이)가 무슨 말을 했는지 정확하게 파악하거나, 혹은 최소한 그 내용을 유추라도 하려고 노력한다.

우리가 분명히 말할 수 있는 것은, 바울이 갈라디아서 1장과 2장에 걸쳐 이른바 "자기변호"apologetic를 하고 있다는 점이다. 여기서 "자기변호"apologetic란 사과하는 것apologizing이 아니다. 그는 "미안하다"라고 말하지 않는다. 바울은 실제 사실에 대해 설명하고 있다. 바울이 이렇게 주장한다. 자신의 사도 직분은 참되다. 자신이 전하는 복음도 참되다. 갈라디아 교회들에게 선포한 메시지는 내용 일부가 누락되었거나 왜곡되지 않은, 온전한 복음이다. 여기서 바울에게는 공격이 최상의 방어였다. 비난을 당하면 그는 가장 강력한 방식으로 그 비난을 되돌려줄 것이다. 그렇다면 그는 어떤 비난을 받았던 것일까?

비난의 내용: 사람들의 비위를 맞춤

바울의 적대자들이 바울에 대해 무슨 말을 했을지 좀 더 자세히 살펴보면, 그동안 주목받지 못했지만 숨길 수 없이 뚜렷한 단서를 10절에서 찾을 수 있다. 10절에서 바울은 세 차례에 걸쳐 아주 유사한 표현을 사용하여 사안의 핵심으로 들어간다. 그는 이렇게 묻는다. "이런 말이 내가 여러분에게 아첨하는 것으로 들립니까? 하나님께도 아첨하는 것처럼 들립니까? 아니면, 내가 비위를 맞추려는 것으로 들립니까? 내가 여전히 사람들의 마음을 기쁘게 하고 있다면, 나는 메시아의 노예가 아닐 것입니다." "사람들에게 알랑거림", "비위 맞춤", "사람들의 마음에 들려고 함"이 비난의 핵심이다. 이 세 가지 표현 중 두 번째와 세 번째는 거의 같은 그리스어 어구 anthrōpois areskein를 번역한 것이다. ('안트로포스'anthrōpos는 '인간'이라는 뜻의 단어이고, '아레스케인'areskein은 '기쁘게 하다, 만족시키다'라는 뜻의 단어다.) 이 표현을 단순히 다음과 같이 일반적 용어로 해석할 수 있다. 즉, 누군가가 바울이 사람들의 마음에 드는 메시지를 지어내 사람들이 듣고 싶어 하는 말만 하면서 지지자를 얻으려 한다고 비난하고 있다.[1] 하지만 바울이 살던 시대에 작성된 한 유명한 문서는 이 표현을 보다 명확하게 이해하는 데 도움을 준다.

이 문서는 히브리어 성경에는 없으나 칠십인역에는 들어 있는 외경 Pseudepigrapha 가운데 하나이다. 바울이 이 문서를 "경전"(Scripture, 바울이 살던 때에는 아직 성경이 확립되지 않았으므로 경전, 혹은 유대인들이 권위 있다고 여긴 문헌집으로 이해하는 것이 좋다—옮긴이)으로 여겼는지 여부는 확실히 알 수 없다. 이 문서는 예수 시대 바로 이전의 역사적 상황을 뚜렷이 반영하고 있는데, 바울도 아마 이 사실을 알았을 것이다. 소위 솔로몬의 시편 Psalms of Solomon으로 알려진 이 문서는 바울처럼 엄격한 바리새인 계열의 유대인이 집필했고, 그런 유대인들이 소중하게 간직했을 공산이 크다.[2] 솔로몬의 시편 전문이 바울의 생각을 이해하기 위한 무척 흥미로운 배경을 제공하지만, 갈라디아서의 이 표현을 해석하기

---

[1] 고대 세계에서 '아레스케인'areskein이라는 단어가 지닌 부정적인 의미("아첨꾼" 등)에 대해서는 H.-D. Betz, Galatians: *A Commentary on Paul's Letter to the Churches in Galatia*, Hermeneia (Philadelphia: Fortress, 1979), 55을 보라. 또한 C. S. Keener, *Galatians: A Commentary* (Grand Rapids: Baker Academic, 2019), 59을 보라.

[2] 예전에 많은 학자들이 주장했던 표준적인 추정은 여러 학자들로부터 비판을 받았다. E. Bons and P. Pouchelle, eds., *The Psalms of Solomon: Language, History, Theology* (Atlanta: SBL Press, 2015)을 보라. 나는 여전히 이러한 주장이 가장 그럴 듯한 답이라고 생각한다. 내가 보기에 솔로몬의 시편과 갈라디아서 사이의 놀라운 유사성은 이러한 주장의 신빙성을 지지한다.

위해 우리는 그중 한 편의 시편만 집중적으로 살펴보려 한다. 바로 솔로몬의 시편 4편이다. 이 시편은 "사람을 기쁘게 하는 이들"anthrōpareskoi에 관한 시다. 이 단어는 고대 그리스 문헌이나 신약성경 외의 코이네 그리스어 문헌 어디에도 없는 것으로 보아 유대인들의 신조어 같다. 그리스도교 발흥 전에 쓰인 그리스 문헌 중에는 칠십인역 시편 52:6(히브리어 성경에서는 시편 53편)에서만 발견되는데, 이 구절은 "신을 섬기지 않는"ungodly이라는 일반적인 뜻으로 번역되었다는 것 외에 특별한 단서를 제공하지 않는다.³ 바울 자신도 이 단어를 다른 곳에서 사용했으나 우리가 지금 해석하려고 하는 구절을 이해하는 데 별다른 실마리를 주지는 않는다.⁴

그렇다면 (바리새파의 문서일 가능성이 높은) 솔로몬의 시편에 나오는 "사람을 기쁘게 하는 이들"은 누구였는가? 그들은 위선자들이었다. 그들은 이방인들의 호의를 얻기 위해서라면 하나님의 율법에 순종하지 않을 수 있는 사람들이었다. 그들은 이방인의 집에 가서 기꺼이 함께

---

3   NRSV가 왜 "ungodly"로 번역했는지 잘 모르겠다. 마소라 텍스트(MT)가 호나크chonak, "너에게 맞서 진을 친 사람"이라는 단어를 사용했기 때문이다. 해당 그리스어 단어를 보면 번역자가 하네프chaneph, 불경한, 배교자라는 히브리어 단어를 번역한 것 같다. 이러한 번역 전통은 RSV/NRSV ungodly와 예루살렘 성경(JB)apostate으로 이어졌다. (하지만 NJB[New Jerusalem Bible]는 "너를 포위한 사람"이라는 옛 해석으로 돌아갔다. 참고로 CEB는 "너를 공격한 자들"이라고 번역했다.) (불가타 번역본은 두 종류의 시편 판본을 담고 있다. 하나는 MT를 따르고, 다른 하나는 다른 종류의 칠십인역을 따른다.) 시편 53편은 14편과 상당히 유사하지만 바로 이 부분에서 차이가 난다. 아마도 시편 53편을 그리스어로 번역한 칠십인역 번역자가 솔로몬의 시편을 저술한 이와 같은 목표 의식을 갖고 있었기 때문인 것 같다. 칠십인역 번역자는 번역작업을 통해 "타협하는 자들"을 비난하려 했던 것으로 보인다.

4   바울은 오로지 주인들을 "기쁘게 하는 것"에 관심을 쏟은 노예들에게 경고했다(엡 6:6, 골 3:22). 데살로니가전서 2:4에서 바울은 합성 어구인 *anthrōpois areskontes*(사람들을 기쁘게 함)를 사용하여 마음을 시험하시는 하나님의 현존 앞에서 행동하려는 자기 자신의 바람을 사람의 환심을 사려는 천박한 태도와 대조한다.

식사를 할 정도로 주위의 이방인들과 친하게 지냈던 것 같다. 열성적인 유대인이 보기에 이방인과의 친밀한 교제는 문제가 있었다. 좀 더 정확히 말하면, 이방인의 우상숭배가 문제였다. 세상은 우상들로 가득 차 있었다. 심지어 유대 지역과 갈릴리 일부 지역에 살았던 유대인들조차 이방인과의 친교 자리를 피하기 어려웠다. 이방인의 일상생활은 모든 면에서 다양한 신/여신과 관련되었다. 유대인은 신명기와 예언서, 그리고 시편을 공부하면서 우상이 아주 나쁜 것임을 알았다. 우상들은 사람을 오염시키고 부패하게 만들어 결국 죽음에 이르게 한다.[5] 참된 인간이 되는 길은 이스라엘의 하나님을 예배하는 것이다. 이스라엘의 하나님은 참된 유일신이자 아브라함과 이삭과 야곱의 하나님인 여호와시다. 하지만 많은 유대인, 특히 디아스포라 유대인에게 이렇게 엄격한 유대 신앙은 실천하기 어려운 것이었다. 이방인과의 계약과 상업적 거래, 그리고 우정은 불가피했다. 이는 엄격한 유대인의 눈에 타협하는 것으로 보였을 것이다. 강경한 노선에 있는 유대인에게 타협은 불순종, 곧 하나님의 백성의 부패한 마음과 같은 것이었다.

솔로몬의 시편 저자가 특히 유대 지도자들에게 분노하고 있음을 알려 주는 표지들이 있다. 바리새파는 대중에 영합하는 압력 단체로서, 예루살렘의 엘리트 사두개인들을 심각한 타협주의자들로 여겼다. 솔로몬의 시편 4편의 수사적 표현은 바리새인의 견해와 유사하다. 저자는 주님으로부터 마음이 멀리 떨어져 있으면서도 "성회holy assembly에 앉아 있는"4:1 사람들을 비판한다.[6] 그들은 다른 사람을 정죄하는 일에는 재빠르지만, 정작 스스로는 온갖 사악한 짓을 저지른다.4:2-7 "사람을 기쁘게

---

5   이러한 인식은 시편 115:3-8과 이사야 44:9-20에서 명확히 나타난다.
6   랄프스Rahlfs의 칠십인역에서 이 구절의 장절 표시는 The Lexham English Septuagint 및 NETS와 약간 다르다.

하는 이들"이 "기만적으로 율법을 말하는"[4:8] 죄인이라는 사실은 멸시와 함께 폭로되어야 한다.[4:7] "사람을 기쁘게 하는 자들의 육신이 맹수들에 의하여 흩어지고 율법을 범한 자들의 뼈들이 수치 가운데 태양 앞에 (놓이기를!)"[4:19]이라는 저주(이 저주는 시편 53:6의 반향이 아닐까?)와 함께 다른 저주들도 그들 위에 쌓였다. 그들은 속이는 자들이다. 하지만 주님께서는 율법을 지키지 않는 사람들의 "모든 걸림돌"로부터[apo pantos skandalou paranomou] 그분의 백성을 구원하실 것이다.[4:23] 의로우신 재판관인 하나님이 그들을 제거하실 것이다.[4:24]

익숙한 비판이다. 솔로몬의 시편 4편의 내용을 고려하지 않더라도, 주전 63년 이후 엄격한 바리새인들이 이 시편 모음집 전체를 집필하고 사용했을 것이라고 추정할 만한 충분한 근거가 있다. 주전 63년은 로마의 장군 폼페이우스가 예루살렘을 함락시킨 뒤 호기심에 이끌려 성전의 지성소에 곧장 걸어 들어갔던 해다. 독실한 유대인들은 당연히 경악했고, 그들의 이런 반응은 당시에 중요했던 문제가 단순히 토라의 정확한 의미(곧, 율법에 순종하는 유대인은 어떻게 살아야 하는가?)를 따지는 정도가 아니라, 꼭두각시에 불과한 지역 통치자들과 하스모니아 가문, 헤롯 가문, 그리고 제사장 계열의 귀족들 모두가 심각한 수준으로 타협한 가운데, 로마 치하에서 충성스러운 유대인이 된다는 것의 의미를 추구하는 더 거대한 투쟁이었다는 사실을 보여준다.

그러므로 문제는 단순히 오늘날 우리가 "율법주의"라고 부를 수 있는 것이 아니었다. 바리새인들이 상황에 따라 (특히, 이방인들과 함께 있을 때) 기꺼이 율법 규정을 완화할 각오가 되어 있는 다른 유대인에 반대하여 엄격한 토라 준수를 강조한 것은 사실이다. 하지만 바리새인들은 죽어서 천국에 가기 위한 보장을 받기 위해 충분한 "선행"을 쌓으려고 한 것이 아니다. 보다 정확한 이유는, 바리새인들이 성경의 증언과 일치하는 사실, 곧 하나님이 이스라엘을 당신의 거룩하고 특별한 백성으로 부르셨다는 사실, 그리고 자신들의 거룩함이 하나님이 약속으로 주신 위대한 구속과 직접 관련되어 있다는 사실을 알고 있었기 때문이다. 후대의 어느 랍비는 이렇게 말했다. 단 하루라도 모든 이스라엘이 토라를 준수한다면, 메시아가 오실 것이다. 주후 1세기 초의 바리새인이 이 같은 말을 알았는지 여부는 우리가 알 수 없으나, 다음과 같은 (위의 랍비의 말을 부정의 형태로 표현한 명제) 내용을 믿었을 것이라고 확신할 수 있다. 즉, 이스라엘이 토라 준수에 실패하고 신명기의 경고대로 우상을 숭배하는 세상과 타협한다면 메시아는 오지 않으실 것이고, 하나님이 권능과 영광으로 왕국을 세우기 위해 돌아오지 않으실 것이며, 사악한 자들과 결탁한 이교도들이 500여 년 전 바벨론이 했던 짓을 다시 할 것이다. 솔로몬의 시편으로 기도를 올리던 열성적인 바리새인이 보기에 "사람을 기쁘게 하는 자들"은 "개인 구원"을 추구하는 자들보다 훨씬 큰 위험 요소였다. 이스라엘 전체의 미래, 아니 세계 전체의 미래가 위험에 처해 있다.

이러한 이유에서 솔로몬의 시편 4편뿐 아니라 그 안의 모든 시편이 하나님의 백성이 누구인가라는 문제에 깊은 관심을 쏟았다. 누가 "의인들"dikaioi이고, 누가 "죄인들"hamartōloi인가? 이 물음은 플라톤적 의미의 구원이 아니라 유대적 구원 개념과 관련이 있다. 즉, "천국에 가기"가 아니라 하나님이 그분의 나라를 어떻게 **하늘에서와 같이 땅에서도** 이루실 것인지와, 그때 누가 그 나라를 유업으로 받을 것인지에 관한 질문이다. 솔로몬의 시편이 기록될 당시와 같은 위기의 순간에는 누구를 신뢰할 수 있는지, 누가 나의 편인지 아는 것이 매우 중요했다. 주전 1세기에서 주후 1세기까지는 신학적 압박과 얽혀 있는 사회 정치적 위기가 연이어 이어지던 시기였다. 솔로몬의 시편 1, 2, 5편 및 다른 시편들에도 분명히 나와 있듯이, 폼페이우스가 성전을 침범하고 모독한 행위는 유대인들에게 첨예한 관심사였다. "사람을 기쁘게 하는 이들", 곧 타협하는 이들은 분명 그들 편에 있었다.

다소의 사울이라는 이름을 가진 열심 있는 젊은 바리새인은 이 같은 관점에 동의했을 가능성이 높다.

하지만 갈라디아서 1:10의 "거울 읽기"를 통해 우리가 분명히 알 수 있듯이, 지금은 바울 자신이 위와 같은 바리새인들의 비난의 표적이 되었다. 바울이 갈라디아 교회를 세우고 떠난 후에 갈라디아에 온 바울과 경쟁 관계에 있던 교사들rival teachers은, 바울이 그가 전도한 사람들에게 많은 부분이 누락된 메시지를 전했다며 그를 비난했을 것이 분명하다. 그들은 다음과 같이 말했다. 바울이 갈라디아인들에게 예수에 관해서는 말을 했으나 유대 율법을 준수해야 한다는 말은 하지 않았다고. 그러나 바울의 경쟁자들이 보기에 이는 그저 바울이 전한 메시지의 표면적 결함이었다. 바울을 향한 진짜 비난은 바로 그가 "사람을 기쁘게 하는 이", 곧 타협자라는 것이었다. 바울 자신이 우상을 숭배하는 이방인들과 기꺼이 (타협해) 가깝게 지내는 유대인이 되어, 온갖 악wickedness이 들어올 수 있는 길을 열어 주었다는 것이다. (솔로몬의 시편 8편은 근친상간, 간음, 성전을 오염시키는 행위를 하는 사악한 이들을 정죄한다.) 그런데 왜 사람들은 바울을 향해 이러한 비난을 퍼부었던 것일까?

이 질문에 답하기는 어렵지 않다. 바울은 누구라도 십자가에서 죽으신 예수를 이스라엘의 메시아이자 부활하신 주님으로 믿을 때, 바로 그 믿음이, 출신 민족이나 도덕성과 관계없이, 이미 하나님의 참된 백성이 되었다는 표시라고 설교했다. 사실 이 내용이 갈라디아서의 전부라고 할 수 있다. 이방인 중에서 새로 신자가 된 사람들은 **할례를 받을 필요 없이** 이미 하나님 백성의 온전한 구성원이 되었다고 바울은 가르쳤다.

이방인 신자는 안식일 준수나 음식 규례 같이 유대인의 정체성을 나타내는 다른 행위들을 준행할 필요가 없었다. 안식일 준수와 음식 규례는 이방인들과 유대인을 구분하는 표시였다. 음식 규례는 먹을 수 있는 음식과 먹지 말아야 하는 것을 규정했을 뿐만 아니라 누구와 같이 식사를 해서는 안 되는지도 규정했다.[7] 하지만 바울의 복음 이해에 따르면 신자들의 공동체는 그런 식으로 정의될 수 없었다. 바울은 예전에 이러한 일들에 관해 가장 엄격한 입장을 가졌던 사람이었기 때문에, 이 같은 이슈를 심각하게 다루지 않고 유대 세계와 이교도의 세계를 명확히 나누는 경계를 흐리게 하는 것이야말로 "사람을 기쁘게 하는 이"*anthrōpareskos* 곧 반역자가 되는 것임을 잘 알았다.

불과 몇 년 전, 다소의 사울은 그러한 사람들의 견해에 대해 분노하며 강하게 반대했었다. 그러나 현재는 바울과 경쟁 관계에 있던 교사들rival teachers이 바울에 대해 이와 똑같은 비난을 하고 있다. 바울은 그들이 갈라디아 교회들 가운데서 이런 행동을 하고 있다는 사실을 아주 잘 알았고, 할 수 있는 한 가장 강하게 그들을 대적했다. 바울의 이처럼 아이러니한 이력이 부분적으로나마 갈라디아서의 모든 단락에서 배어 나오는 뜨거움을 이해할 수 있게 해준다.

오늘날 갈라디아서를 읽는 일부 독자들은 바울이 당면한 상황을 위와 같이 역사적으로 재구성한 것이 바울을 더욱 낯선 인물로 만든다고 느낄 것이다. 대부분의 현대 독자들은 유대인이 아니다. 독자들 대부분은 유대인 회당 공동체와 관계없이 살 것이다. 오늘날 유대인과 비유대인 사이에 존재하는 예민함은 제2성전기에 발생한 사건들 때문이 아니라,

---

7   이것은 사도행전 10장과 11장에서 베드로가 직면한 문제였다. 아래 2:11-14의 주석을 보라.

20세기에 유대인에게 일어난 끔찍한 사건들로 인해 형성되었다. 오늘날 그리스도인 가운데 할례를 받거나 유대 율법 규율을 지키라고 권유받는 사람은 거의 없다. 고대와 현대 사이의 이러한 간격은 성서해석학이 직면한 전형적인 어려움 중에 하나다. 우리는 본문을 있는 그대로 두어야 하며, 우리의 상황이나 신학적 분석에 들어맞게 하려고 성급하게 "적용"하거나 "변형"translation하려고 돌진해서는 안 된다.

특히 16세기 이후 현대적 의미에서 "믿음과 행위"에 관해 바울이 "실제로" 무엇을 말했는지 추정하는 일은 반드시 피해야 한다. 그러한 추정은 우리 자신의 의도들을 정립할 만한 평평한 콘크리트를 깔기 위해 사실상 바울이 가꾼 정원의 섬세한 윤곽과 그 안의 우아한 식물들을 도로공사용 기계로 밀어 버린다. 바울의 세계는 솔로몬의 시편과 마찬가지로 공동체가 전부였다. 약속된 미래를 간절히 기다리는 하나님의 공동체 말이다. 약속된 미래를 기다리는 그 위태로운 순간에, 누가 "의인"이고 누가 "악인"이자 "타협하는 자"이며 "사람을 기쁘게 하는 자"인지 어떻게 알 수 있는가? 그리고 하나님이 당신의 메시아를 보내셔서 마침내 의인들을 구출하실 순간을 더 앞당기기 위해서 하나님의 백성은 무슨 일을 해야 하는가?[8] 해석학은 인내를 요한다. 이 맥락에서 인내란 사랑의 모습을 띤다. 다른 사람이 우리 자신과 다르다는 사실을 받아들이고, 우리의 기대에 맞도록 본문이나 저자에게 강요하지 않는 모습을 말한다. 바울이 갈라디아서 6:9에서 말했듯이, 낙심하지 않으면 우리는 적절한 때에 보상을 얻을 것이다(그리고 그 보상은 많을 것이다). 어떤 상황에나 적용될 수 있는 말이지만, 성경 읽기에도 그대로 적용되는 말이다.

내가 지금까지 "사람을 기쁘게 하는 이들"이라는 표현을 담고 있는

---

8   솔로몬의 시편 17편은 메시아에 대한 예언을 담고 있는 위대한 시편 중 하나다.

갈라디아서 1:10을 집중적으로 다룬 데에는 두 가지 이유가 있다. 첫째, 이 구절은 바울이 직면한 더 큰 상황을 알려 주는 분명하고도 결정적인 단서를 제공한다. 바울은 과거에 열성적인 바리새인으로서 많은 이들을 비난했던 바로 그 이유로 지금 비난을 받고 있다. 둘째, 이 구절은 편지의 도입부에서 지렛대 역할을 한다. 갈라디아서 1장의 처음 아홉 절은 편지의 도입부이며 두 단락으로 나누어진다(1-5절은 좀 더 편지 형식에 부합하는 서두이며, 6-9절은 편지 주제를 날카롭게 들여오는 부분이다). 이 구절들의 날카로움을 통해 바울은 10절에서 "사람을 기쁘게 한다"는 비난을 맞받아칠 수 있었고, 이는 11-17절에서 자전적 이야기를 할 수 있는 길을 열어 주었다. 이러한 흐름 속에서 바울은 1장과 2장의 더 큰 내러티브 속으로 들어간다. 이 내러티브는 우여곡절 있는 바울의 과거 회상이 갈라디아 교회의 현 상황과 어떤 관련이 있는지, 그리고 어떤 영향을 주는지 보여주며 "지금까지의 이야기"를 매듭짓는다. 바울이 이런 이야기를 하는 이유는 그가 다른 사람에게 복음을 배웠다거나 그의 복음 이해가 예루살렘 지도자들의 복음 이해와 상당히 다르다는 일각의 주장을 일축하기 위해서다.

바울이 진정한 "일급" 사도인지, 그리고 그가 전한 복음이 온전한 진짜배기인지 아니면 희석되고 불완전한 것인지에 관한 질문은 갈라디아서의 나머지 부분을 점하고 있는 질문들과는 다른, 그저 예비적인 질문으로 보일 수 있다. 물론 바울이 사기꾼이고 사람들의 입맛에 맞게 자신의 메시지를 바꿨다면 그가 한 모든 말이 의심스럽게 보일 수 있으므로 이와 같은 질문이 중요하기는 하다. 하지만 바울의 사도직과 복음의 진정성에 관한 질문의 중요성을 그 수준에서만 이해한다면, 자전적 이야기를 통한 바울의 변호가 편지의 중요한 질문들과 유기적으로 연결되지 않을 것이다.

그러나 사실 이 자기변호apologia는 생각보다 편지의 나머지 부분과 훨씬 잘 들어맞는다. 2:19-21의 수사적 절정 부분이 이 점을 분명히 보여 줄 것이다. 열성적 바리새인이었던 바울은 이방인의 사도로 부름을 받았다. 그는 자신의 소명이 지닌 아이러니한 면과 예증例證적인 성격을 알고 있었다. 세상을 거꾸로 뒤집는 복음은 바울이라는 인물도 뒤집어 놓았다. 어쩌면 성경 지식이 탁월한 바리새인만이 메시아가 당한 십자가 처형의 의미를 즉각 분명하게 알아챌 수 있었을 것이다. 어쩌면 하나님 백성의 제의적 정결함에 뜨거운 관심을 갖고 있던 사람만이, 메시아가 우상숭배적 세상의 지배자인 어둠의 권세들을 정복하신 것이 이방인에게 어떤 의미를 지니는지 또렷하게 이해할 수 있었을 것이다.

이 모든 것은 권위의 문제와 결부되어 있다. 최종적으로 권위는 누군가의 주장이 말이 되는지 안 되는지의 문제가 아니다. 심지어 누군가가 하나님으로부터 진정한 사명을 받았는지 아닌지의 문제도 아니다. 과거에도 중요했고 지금도 여전히 중요한 것은 복음 그 자체, 곧 십자가에서 죽으신 예수가 죽은 자 가운데서 일으켜지셨고, 그의 부활이 예수가 이스라엘의 메시아이자 진정한 세상의 주님이심을 드러내었다는 선언이다. 바울의 논증은 바로 여기서 시작한다. 이러한 복음의 내용이 모든 그리스도인으로 빚어감의 기반이다.

1:1-5 사도직과 복음

우리는 10절을 자세히 다루면서 이 편지의 처음 다섯 구절을 이해하는 데 필요한 중요한 통찰을 얻었다. 첫 구절부터 뜨겁고 강한 수사적 표현이 등장하는 이유를 알게 되었다. 바울의 적대자들은 바울의 복음이

다른 사람으로부터 전해 받은 것이며, 이방인이 쉽게 개종할 수 있도록 원 내용을 축소시켜 혼동을 초래하는 메시지라고 비난했다. 하나님의 백성이 된다는 것이 의미하는 핵심 내용을 사람 입맛에 맞게 절충한 나머지 위태롭게 만들었다는 것이다. 바울의 첫 번째 대답은 이러한 비난을 배격하고, 복음으로 인해 일어난 사건들 속에 자신의 정체성과 모든 사역의 기반을 두려는 목적으로 제시되었다.

1:1 갈라디아서 1장 후반부에 바울이 설명하듯이, 그의 "사도직"은 부활하신 예수와의 만남이 낳은 결과이자 유일하신 하나님이 당신의 증인이 되라고 임무를 부여하신 결과이기도 하다. 그러므로 그의 직분은 "사람으로부터 받은 것이 아니다." 또한 바울은 다른 사람에게서 메시지의 기본적인 내용을 배운 것도 아니다. 곧 설명하겠지만, 그의 사도직은 "사람을 통해 받은 것"이 아니다. 로마서 1:3-4에서와 마찬가지로, 바울은 자기 자신과 사역을 복음 자체와 관련지어 정의한다. 그는 "메시아 예수와 그분을 죽은 사람들 가운데서 일으키신 하나님 아버지를 통해" 임무를 부여받았다. 예수의 부활이라는 주제는 갈라디아서의 논증에서 별다른 역할을 하지 않는다. 하지만 잘 지어진 집의 견고한 기초와 마찬가지로, 부활은 거의 보이지 않을 정도로 희미하게 나올 때조차 바울의 논증에서 중요하다(예를 들어, 2:19-20과 가장 중요한 "새로운 창조"의 약속이 담긴 6:15을 보라). 하나님이 십자가에서 처형당한 예수를 일으키신 사건은 바울이 믿고 가르치고 살아 낸 모든 것의 근간이었다. 부활이 없었다면 예수는 이스라엘을 오도한 "거짓 메시아"로 여겨졌을 것이다.

1:2 바울과 안디옥에서 그와 함께 있는 가족(예수 추종자들은 처음부터 자신들을 사회학자들이 "비혈연 친족관계 그룹"fictive kinship group이라고 지칭하는 확장된 의미의 가족이라고 불렀다)이 인사말을 전한다. 바나바가 언급되

지 않고 있는 점이 주목할 만하다. 갈라디아에서 복음을 전할 때 바나바는 바울과 함께 있었다. 하지만 안디옥 사건에서 바나바는 베드로의 입장을 지지했다.[2:11-14] 바울이 갈라디아서를 안디옥 사건 발생 직후에 썼다면(나는 그랬을 가능성이 높다고 본다), 바울은 바나바를 믿을 만하다고 확신할 수 없었기 때문에 갈라디아인들에게 인사할 때 바나바를 언급하지 않았을 것이다.[9]

그러고 나서 바울은 "갈라디아의 교회들"에 인사한다. "갈라디아의 교회들"은 서쪽으로는 비시디아 안디옥에서 동쪽으로 더베에 이르는 지역의 여러 마을과 도시에 살던 예수를 믿는 신자들의 공동체들을 지칭한다. 갈라디아 교회들이 위치한 지역은 바울의 고향 도시인 다소에서 (토로스 산맥으로 나뉘어 있긴 했지만) 그리 멀리 떨어지지 않은 곳이었다. 다양한 문화를 가진 지역이었는데, 바울 시대에는 로마 제국의 권세를 나타내는 표현물로 가득한 곳이 되었다.

1:3 바울과 바울의 친구들이 전한 인사는 전형적인 초기 기독교 축복 기원의 형태를 띠었다. "은혜와 평화." 성경의 오랜 주제인 "은혜와 평화"는 예수 사건을 통해 이제 입체적인 실체가 되는 동시에 일련의 신학적 과정(하나님의 은혜가 임하여 평화를 만든다)을 표현한다. 주님이신 예수를 통해 창조주 하나님이 특유特有한 의미를 지닌 "아버지"라는 호칭으로 세상에 알려지셨다. 성경에도 나오는 "아버지" 하나님이라는 호칭이 예상치 못하게 빠른 속도로 초기 기독교에서 새로운 중요성을 얻었다. 이러한 현상에 대한 가장 자연스럽고 명쾌한 설명은 다음과 같

9　이런 견해를 가진 학자로는 위더링턴을 들 수 있다. B. Witherington III, *Grace in Galatia: A Commentary on St. Paul's Letter to the Galatians* (Edinburgh: T&T Clark, 1998), 74. 그는 보컴의 결론을 따른다. R. Bauckham, "Barnabas in Galatians," *Journal for the Study of the New Testament* 2 (1979): 61-72.

다. 예수 자신이 하나님을 "아버지"라고 부르셨고, 제자들에게도 하나님을 아버지로 부르라고 독려하셨을 뿐 아니라, 나중의 "예수 추종자들"도 내주하시는 성령의 일하심을 경험하는 가운데 하나님을 "아버지"라고 외쳐 부르는 것이 (단지 그들이 "배운" 내용이 아니라) 자연스러운 일이라는 사실을 알게 되었다.⁴:⁶⁻⁷을 보라

1:4-5 다음과 같은 사중적fourfold 복음 진술을 통해 하나님의 은혜가 베일을 벗고 드러난 사실과 더불어, 평화를 말할 수 있는 근거와 배경을 알 수 있다. 복음을 표현한 네 가지 진술은 1:1 하반절에서 이미 요약된 내용을 확장시킨 것이다. (a) 예수께서 "우리 죄들을 위해 자기 자신을 내어 주셨다." (b) "우리를 현재의 악한 세대에서 구출하시려고." (c) "우리 아버지 하나님의 뜻에 따라." (d) "하나님께 영원무궁토록 영광이 있기를! 아멘."

첫 번째 진술은 핵심 사건을 제시하는데, 자기 자신을 내어 주신 사랑의 행위로 이해된 예수의 십자가 처형이다.[10] 두 번째 진술은 목적을 이야기하는데, 어둠의 권세들이 패망하고 그들의 지배 아래 있던 이들이 구조되는 "새로운 출애굽"이다. 세 번째 진술은 근본적인 원인으로서 만사를 아우르는 하나님의 뜻을 말한다. 네 번째 진술은 궁극적인 결과인데, 하나님께 영원한 영광과 찬양을 드리는 것이다. 이 네 진술은 각각 중요하며 또한 각 진술 간의 관계에도 중요하다. 바울은 이 짧은 편지에서 말한 것들을 포함해 예수의 죽음에 관해 많은 이야기를 할 수 있는데, 그런 다양한 진술들을 서로 충돌하거나 경쟁하는 것으로 여기며 특정 진술의 중요성을 강조해서는 안 된다(이런 경우들이 많았다). 여

---

10 바울은 여기서 예수의 죽음을 "희생제"로 표현하지 않는다. D. J. Moo, *Galatians*, Baker Exegetical Commentary on the New Testament (Grand Rapids: Baker Academic, 2013), 71에서 "희생제"라는 용어의 느슨한 용례를 여기서 볼 수 있다고 주장하지만 말이다.

기서 주의를 기울이면 그 이유를 알 수 있을 것이다.

갈라디아서 전체를 한 눈에 조망하면 이 편지를 여는 신학 진술이 어떻게 편지를 닫는 인상적인 문장6:14과 짝을 이루는지 금세 알 수 있다. "나는 우리 주 예수 그리스도의 십자가 밖에는 결코 아무것도 자랑하지 않겠습니다. 메시아를 통해서 세상은 나에 대하여 십자가 처형을 당했고, 나는 세상에 대하여 십자가 처형을 당했습니다." 세상 전체에 영향을 끼친 십자가의 진리는 편지 전체를 담아 내는 틀로 기능하여 편지의 의미를 부연설명이 필요 없을 정도로 명료하게 만든다. 1:4-6:14 사이에 이러한 틀이 단지 형식에 불과한 것이 아니라 실질적으로 중요한 것임을 보여주는 언급이 여러 번 나온다. "나를 사랑하셔서 나를 위해서 자기 자신을 내어 주신 하나님의 아들의 신실하심 안에서 내가 살아가는 것입니다."2:20 "메시아는……우리를 율법의 저주에서 구속하셨습니다."3:13 "하지만 때가 찬 시점이 도래했을 때, 하나님이 자기 아들을 보내셔서……율법 아래에 있는 사람들을 구속하시기 위해서였습니다."4:4-5 "메시아는 우리가 자유를 누리도록 우리를 자유케 하셨습니다."5:1 "메시아 예수에게 속한 사람들은 자신들의 육신을 육신의 정욕과 욕망과 함께 십자가에 처형했습니다."5:24 이러한 언급은 우연히 나온 부수적인 진술이 아니라 바울의 논증 전개에 핵심적인 말이었다. 편지 서두에 나온 요약은 마치 오페라의 서곡처럼 편지 본문에 나올 내용을 추측할 수 있도록 분명한 실마리를 제공한다.

그렇다면 십자가의 진리란 정확히 무엇을 뜻하는가? 이 밀도 높은 요약에서 바울은 무엇을 말하고 있는가? 이 질문에 대한 올바른 대답을 얻으면 갈라디아서의 심장에 다다르는 길이 열린다.

둘째 구절에서 시작하는 것이 좋을 것 같다. "우리를 현재의 악한 세대에서 구출하시려고." 여기서 "구출"이라는 단어는 하나님이 이스라엘을 이집트에서 구출하신 사건의 반향을 담고 있다. 이는 별로 놀랄 일이 아니다. 대다수의 초기 기독교인들은 예수의 죽음을 새로운 유월절로 이해했는데, 예수께서 사역의 결정적 순간으로 직접 유월절을 고르셨기 때문에 충분히 그럴 만하다. 십자가를 향해 나아가시려는 예수의 결심을 형성한 것도 유월절이었고, 나중에 초기 교회가 그 십자가 사건을 이해하는 틀을 형성한 것도 유월절이었다. 이는 온 세상이, 그리고 특히 (예수와 바울 시대의) 이스라엘이, 과거 이스라엘 민족의 이집트 종살이에 견줄 만큼 일종의 "노예" 같은 삶을 살고 있었음을 알려 준다. 노예 같은 삶이 계속되고 있다고 보는 견해는 분파와 상관없이 제2성전기 유대교에서 표준적인 주제였다. 다만 사두개인들은 소수의 예외로 볼 수 있겠다. (그들은 귀족층이었고 자신들의 현 상황에 만족했다. 그 외 모든 유대인은 선지자들이 약속한 빛나는 미래를 고대했다. 미래가 어떤 모습일지, 그리고 어떻게 도래할지 다른 견해들이 있었지만 말이다.)

이 오랜 희망을 품고 있는 사람들은 시간을 현세대와 장차 올 세대로 나누어 생각했다.[11] 현세대는 비탄과 슬픔과 죽음의 시간이다. 하지만 이스라엘의 하나님은 만물을 창조하신 분으로서 종말에 모든 것을 바로잡겠다고 약속하셨으므로 "장차 올 세대"는 반드시 온다. 그 세대에는 더 이상 죽음이 없고, 비탄과 슬픔이 없어지며, 정의와 아름다움이 영원히 약동할 것이다. 바울의 사고 흐름 전체가 바로 이 지점에 달려 있다. 우리가 보았듯이, 갈라디아서는 1:1에서 툭 던진 언급을 제외하면 예수의 부활을 거의 언급하지 않는다. 하지만 바울이 하나님이 예수

---

[11] 시간을 이렇게 두 종류로 나눠 생각하는 좋은 예는 다음에 열거한 본문에서 볼 수 있다. CD 4:12-13; 1QM 14:4-7, 10-15; 에녹1서 46:5-6; 바룩2서 15:8; 에스라4서 4:27. *Paul and the Faithfulness of God*, vol. 4 of Christian Origins and the Question of God (London: SPCK; Minneapolis: Fortress, 2013), 1059n71을 보라.

를 죽은 자 가운데서 일으키신 사건을 "장차 올 세대"의 개시로 보았음은 분명하다. 이제 "장차 올 세대"와 "현세대"는 불편한 긴장관계를 이루며 공존을 계속한다. 이러한 공존으로 인해 예수 추종자들은 혼란스럽고 어려운 상황에 직면해야 했다.[12]

어떤 이들은 "두 세대"에 대한 바울의 믿음을 "묵시적"apocalyptic이라는 단어로 표현했으나, 내가 다른 곳에서도 주장했듯이 "묵시적"이라는 단어는 "두 세대"two ages를 설명하기에는 너무 모호하다.[13] 일부 학자들이 노력하긴 했으나 "묵시적"이라는 용어는 바울이 가진 생각의 다양한 결들을 구분하기 위한 용도로는 적합하지 않다. 사실 지금 다루는 구절은 그러한 제안에 대한 최초의 응답을 담고 있다. 시간이 둘로 나뉜다는 사고는 고대 유대교의 특정 흐름에만 특이했던 것이 아니라, 커다란 파멸을 초래한 것으로 판명난 "묵시" 주제와 의제가 오랫동안 폐기된 후대 랍비 시대에도 강하게 이어졌다.[14]

바울은 하나님이 "우리"를 "현재의 악한 세대"에서 구출하셨다고 선언하며 자신이 전개할 논증의 터를 놓는다. 여기서 "우리"가 누구를 가

---

12 슈라이너T. R. Schreiner는 *Galatians*, Zondervan Exegetical Commentary on the New Testament (Grand Rapids: Zondervan, 2010), 76-77에서 십자가 사건 자체를 "새로운 세대"가 현세대로 침입해 들어온 사건으로 본다. 하지만 슈라이너가 예수께서 "신자들을 현세대의 악에서 구출하시기 위해" 죽으셨고, "예수의 통치가 장차 올 세대에 정점에 이르게 될 것"이라고 말하는 동시에 "예수께서 현재의 악한 세대 안에서도 통치하신다"고 말하는 것을 보면, "장차 올 세대"가 이미 개시되었는지 여부에 대한 그의 입장은 모호해 보인다. 물론 바울의 종말론에 "아직"not yet이라는 요소가 강하게 있지만, 슈라이너는 "이미"already라는 측면을 무시하는 것 같다. "이미"라는 측면은 갈라디아서에서 전개되는 바울의 논증 전체를 떠받치고 있다.
13 이것을 더글라스 무가 "구속사 안에서의 새로운 단계"로 표현한 것을 이해할 수는 있지만, "묵시"apocalyptic와 "구속사"salvation history를 대립하는 것으로 보는 통념을 고려하면 무의 표현은 혼동을 초래할 가능성도 있다(아래의 논의를 보라).
14 나는 *Paul and His Recent Interpreters* (London: SPCK; Minneapolis: Fortress, 2015), 2장에서 마틴J. L. Martyn과 그를 따르는 학자들의 견해를 비판했으니 참고하라.

리키는지 바울이 말하지는 않지만, 그가 예수를 믿는 사람들에게 관심을 집중하고 있음은 분명하다. 또한 바울은 [하나님이 우리를 현재의 악한 세대에서 구출하신] 결과로 "우리"가 이제 "장차 올 세대"에 살고 있다고 말하지 않으나, 여러 병행구절들로 미루어 보건대 바울이 그렇게 생각했음은 분명하다.[15] 우리는 과거와 미래 사이 어중간한 지점에 있는 중간지대limbo에 남겨지지 않는다. 복음의 메시지는 예수 안에서 **이미 일어난 것**에 관한 내용으로, 그 결과 세상은 전과는 다른 곳이 되었다. 예수 추종자들은 자신들이 바뀐 세상에서 지금 살고 있음을, 그리고 바뀐 세상에 걸맞은 삶을 살아야 함을 깨닫도록 부르심 받았다. 바로 이것—최근의 "묵시적" 해석이 지닌 장점—이 갈라디아서 전체의 근간이다.

이러한 하나님의 구출은 어떻게 일어났는가? 지금의 이 악한 세대의 정복은 어떤 식으로 이루어졌는가? 죄와 죽음이 이토록 위력을 떨치는 시간에 정의와 아름다움과 사랑이 가득한 새로운 세상이 열린다는 것이 어떻게 가능할 수 있는가? 이에 대한 답변은 4절 상반절에서 찾을 수 있다. 예수는 "우리 죄들을 위해 자신을 내어 주신 분입니다." 이 구절의 의미("우리를 위해 자신을 주심")가 "두 세대"에 관한 "묵시적" 관점보다 우월하다는 점을 주장하기 위해 이 둘을 반대되는 것으로 묘사하려고 한 학자들이 있다. 그들은 바울이 "묵시적" 이해를 선호했음에도 불구하고, "예수께서 자기 자신을 내어 주셨다"는 표현과 전승이 당시에 널리 알려졌고 아마도 그의 적대자들이 선호한 표현이었기 때문에 어쩔 수 없

---

15 예를 들어, 롬 12:2. 갈라디아서에는 그간 학자들의 주목을 제대로 받지 못한 2:20의 '조 데'zō de, "그러나 나는 살아 있다/살아간다"라는 중요한 표현이 있다. 이에 대해서는 해당 구절 주석에서 다룰 것이다. 예수의 가족이 지닌 현재의 지위에 대한 자세한 언급은 4:5("우리가 아들들로 입양되기 위해서")과 5장에 나오는 "자유"라는 주제, 그리고 6:15의 "새로운 창조" 등이 있다. 또한 고후 5:17을 보라.

이 인용했다고 주장한다.[16] 이러한 주장은 주해적으로나 신학적으로 설득력이 없다. 주해적으로 문제가 있는 이유는 바울이 수사학적으로 절정에 이르는 지점인 2:20에서 이 주제를 다시 말하고 있기 때문이다("하나님의 아들이……나를 사랑하셔서 나를 위해서 자기 자신을 내어 주셨습니다"). 여기서 바울이 적대자들에게 양보한 것이 아니다. 신학적으로 문제가 있는 이유는, 4절 상반부의 두 구절이 서로를 설명해 주기 때문이다. a는 b가 성취되는 수단이고, b는 a가 추구했던 목표이다(이 구절에서 원문과 번역문의 어순이 반대인데, a는 4절 상반부의 첫 구절 "우리 죄들을 위해 자신을 내어 주신 분입니다"를 말하고, b는 4절 상반부의 둘째 구절인 "우리를 현재의 악한 세대에서 구출하시기 위해서"를 가리킨다―옮긴이).

다시 말해, 예수께서 "우리 죄들을 위해" 죽으신 목적―이것은 고린도전서 15:3에서 분명히 볼 수 있듯이 다양한 초기 전승에 공통적으로 들어 있는 복음의 핵심 주제다―은 아주 후대의 기독교 전통이 주장한 것처럼 사람들이 "천국에 가는 것"이 아니라 세상을 노예로 삼은 어두운 권세로부터 사람들이 구출되는 것이었다. 서론에서 이미 보았듯이, 여기서 우리는 서구 신학 전반에 존재하는 지속적인 문제의 징후를 만나게 된다. '예수께서 왜 우리의 죄들을 위해 돌아가셨는가'라는 질문을 받는다면, 대부분의 서양 기독교인들은 "우리가 천국에 갈 수 있기 위해서"라고 답할 것이다. 하지만 어떤 이에게는 충격적으로 들릴 수 있겠으나, 이것은 신약성경이 제시하는 답이 아니다. 죽은 뒤에 "영혼"이 "천국에 가기"를 소망하는 것은 바울이나 여타 1세기 그리스도인들이 아니라 플루타르코스와 같은 1세기 플라톤주의자의 사고의 특징이

---

16 예를 들어, J. L. Martyn, *Galatians: A New Translation with Introduction and Commentary* (New York: Doubleday, 1997), 88-91, 96-97. 나의 책 *Paul and His Recent Interpreters*, 173-77을 보라.

다.¹⁷ 사람의 영혼이 "천국에 가는 것"은 신약성서에서 하나님의 구속 사역의 목적으로 나온 적이 없다. 하나님의 의도는 창조질서 전체의 구속이지, 사람들을 "세상"에서 끄집어 낸 뒤 "세상"을 내버려 두는 것이 아니기 때문이다. 물론 "현재의 악한 세대"를 지배하는 어두운 권세에는 죽음 자체도 포함되므로, 죽음으로부터 구출된다는 의미의 궁극적 "구원"도 하나님의 목표에 들어 있다. 그리고 이는 하나님이 이룩하신 새로운 세상에 참여하기 위한 몸의 부활을 의미한다. 바울은 이 주제를 고린도전서 15장과 로마서 8장에서 상세히 설명한다. 예수의 죽음이 이룬 성취를 언급하는 초기 기독교 문서의 구절을 추려서 읽으면 깜짝 놀랄 것이다. 예수께서 [우리를] 죽음에서 구조하신 목적은 신자들이 현재의 악한 세대에서 구출되어 하나님의 새로운 세대^{the New Age}에 속한 백성이 되게 하는 것이다. 갈라디아서 3:14에 따르면, 이는 "아브라함의 복이 모든 민족에게 흘러가게 하고 또 우리가 믿음을 통해 성령의 약속을 받게 하시려는 것"이다. 요한계시록 5:9-10은 구출된 사람들이 "하나님 앞에서 나라와 제사장"이 되어 장차 땅을 다스리는 것이 예수 안에서 성취된 하나님의 구속 사역의 목적이라고 말한다. 이런 구절은 더 있다. 내가 다른 책에서 논증했듯이, 우리의 종말론은 틀렸고, 그 결과 잘못된 속죄신학을 가지게 되었다.¹⁸ 종말론은 "천국 가기"에 관한 것이 아니다. 하나님이 "현재의 악한 세대" 한 가운데서 바로 지금 이곳에 "장차 올 세대"를 개시하셨다는 사실에 관한 것이다. 1980년대에는 스스로를 "뉴에이지"라고 부른 운동이 있었는데 현재는 조용히 사라진 듯하다. 하지만 바울이 보기에는, "새로운 세대"는 행성들과 별자리들

17　플루타르코스의 "On Exile", *Moralia* 7, 607C-F을 보라.

18　*The Day the Revolution Began: Reconsidering the Meaning of Jesus' Crucifixion* (San Francisco: HarperOne; London: SPCK, 2016)을 보라.

의 기괴한 배열과 함께 시작된 것이 아니라, 나사렛 예수가 첫 번째 부활절 아침에 무덤에서 나오셨을 때 시작되었다.

그러면 첫째 구절(그분은 "우리 죄들을 위해 자기 자신을 내어 주셨습니다")은 둘째 구절("우리를 현재의 악한 세대로부터 구출하시려고")을 어떻게 설명하는가? 내가 보기에 이 질문의 답을 찾는 것은 모든 신학에서 가장 중요한 일이다. 현재 세대의 어두운 권세가 어떤 식으로 우리를 지배하며, 어떻게 흠 많은 인간인 우리를 통해 세상을 지배하는가? 그리고 이 속박은 어떻게 깨질 수 있을까? 답은 이러하다. 어두운 권세들은 우리의 우상숭배를 통해, 그리고 우상숭배의 필연적 결말인 죄를 통해 세상을 지배한다. 인간은 우상을 숭배하고, 그 결과 하나님의 형상을 가진 존재로서 세상에서 행사해야 할 권리를 어두운 권세들에게 넘겨준다.

그리고 "권세들"—선하게 창조된 세계에 속한 요소이지만, 죄와 죽음의 힘이 인간을 우상숭배로 유혹하는 데 이를 이용함—은 우리에게 넘겨받은 권리로 우리와 우리가 사는 세상을 지배한다. 우리는 그 권리를 간단히 되찾을 수 없다. 그저 "장차 올 세대"가 시작되길 바란다고 해서 그대로 되는 것은 아니다. 우상숭배의 결과로 우리가 짓는 죄는 인간과 선한 창조세계(원래 인간은 창조세계를 위한 현명한 청지기로 부르심 받았다)를 더욱 강하게 속박한다. 이스라엘은 오랜 시간 겪은 슬픔과 고통을 통해 이 사실을 배웠어야만 했다.

이스라엘의 오랜 목표가 성취되고, (이사야 53장처럼) 신비로운 준-메시아적 종quasi-messianic servant인 이스라엘의 대표자가 죄들을 대신해서 자신의 목숨을 내어 줄 때, 우상의 속박은 깨진다. 이사야 40-55장은 온통 이 이야기를 하고 있다. 그 종이 사람들의 죄를 대신해 죽임을 당하고 바벨론의 권세가 무너져서 사람들은 "새로운 출애굽"을 향한 자유를 얻어 고국으로 돌아갈 수 있게 되었다. 여기서 "고국"이 "천국"을 의미하지 않는다는 점을 제외하면(천국이라는 용어는 갈라디아서에 나오지 않는다), 갈라디아서의 이미지와 정확히 겹친다. "고국"은, 바울이 에베소서 1:10에서 언급한, 하나님이 여신 새로운 세대의 새 세상을 말한다. 요한계시록은 이러한 새 세상을 새 하늘과 새 땅이라고 부른다. 바울은 로마서 8장에서 새로운 세상의 탄생에 대해 말한다.

갈라디아서 1장에 따르면, 예수의 죽음과 부활이라는 복음적 메시지의 요점을 이렇게 말할 수 있다. 앞서 열거한 사건들을 통해 악한 옛 세대의 권세가 파괴되고 새 세대의 생명이 이미 시작되었다. 이것이 바울이 사도인 이유이고, 그의 사도직이 의미하는 바다. 마치 예수의 부활이 단지 **옛** 세상 안에서 일어난 매우 기이하기만 한 사건이 아니라 하나님의 **새로운** 세상이 시작되었음을 알린 사건인 것과 같이, 바울의 사도적 임무는 단지 옛 세상 안에서 낯선 메시지(이 세상을 뒤로 하고 다른 곳으로 가는 방법에 관한 메시지)를 선포하는 일만이 아니라 새로운 세상의 시작을 선언하고 그 힘을 구현하는 것이었다. 우상들이 인간을 속박하고 창조세계 전체를 지배할 수 있도록 했던 죄들은 처리되었다. 예수께 속한 사람들은 눈 깜짝할 새 장차 올 세대의 생명에 이미 참여하게 되었다. 하지만 두 세대가 겹쳐진 곳은 (자신이 어디에 있는지 알기 어렵다는 점에서) 위험한 곳이다. 그런데 갈라디아서는 그러한 위험이나 그렇게 세대가 겹쳐진 곳에서 살아가는 사람들에게 닥칠 고난에 대해 침묵하지 않는다.

우리는 이제야 비로소 바울이 **이** 편지의 서두에서 **이** 메시지를 말해야 했던 이유를 알게 되었다. 앞서 언급한 것처럼, 1세기에 살았던 신실한 유대인이 보기에 이방인의 근본적 문제는 그들이 우상숭배자라는 사실이었다. 참된 하나님은 오직 한분이시고, 이스라엘의 하나님이시며, 세상의 창조주이시다. 다른 모든 "신들"은 사실 신이라는 범주에 들수 없었다. 이들은 세상을 구성하는 요소들로, 그것들이 지닌 어떤 힘을 통해 사람들로 하여금 그들을 숭배하도록 유도해서 창조에 반하는 삶을 살게 한다. 종종 유대인들이 이방인의 삶의 모습을 정확히 본 대로, 많은 이방인들은 누가 보더라도 우상숭배자로 행동했고, 그들의 집은 그들의 죄로 부정했다. 그렇기 때문에 열심을 내는 유대인은 이방인과 함께 식사하는 것은 고사하고 그들과 일절 가까이하지도 않았다. 이방인이 유대인 공동체의 일원이 되고 싶을 경우(이방종교와 날카로운 대조를 이루는 유대적 유일신론과 윤리에 매력을 느낀 극히 소수의 이방인들이 있었다), 남자는 할례를 받아야만 했고 이 할례는 그들이 이방세계에 거리를 두고 사는 아브라함의 가족이 되었음을 표시했다. 하지만 바울이 전한 복음은 **예수께서** 십자가를 통해 **인간을 사로잡고 있던 죄들을 처리**하셔서 **악한 권세에 이미 승리하셨음**을 핵심 내용으로 한다. 이방인 선교를 해야 하는 이유도, 세례받은 이방인 신자들이 아브라함의 단일한 가족의 일원으로 환영받아야 하는 이유도 여기에 있다.

이 점은 바울의 논증 전체에서 매우 중요하므로 좀 더 설명이 필요하다. 첫째, 하나님이 우상의 권세를 물리치셨으므로, 이방인들은 자유롭게 이스라엘의 하나님을 믿을 수 있으며 메시아의 가족 구성원이 될 수 있다. 이집트의 노예 상태에서 해방되어 구름기둥과 불기둥 가운데 계신 하나님을 마침내 섬기게 된 이스라엘과 유사하다. 여기서 바울의 신학적 사고는 요한복음 12:31-32과 크게 다르지 않다. 이 요한복음 구절에서 예수께서 곧 "이 세상의 지배자"에게 승리를 거두신다는 것은 예수는 "모든 사람을 그분 자신에게 끌어오실" 수 있다는 의미다.

둘째, 하나님이 메시아의 죽음 안에서 죄를 처리하셨으므로, (바울이 곧 설명하겠지만, 믿음과 세례를 통해) 메시아에게 속하게 된 사람은 더 이상 "죄인"이 아니다. 메시아의 죽음과 부활에 참여한 사람은 이제 우상을 숭배하는 "죄인"이 아니라 메시아의 가족을 구성하는 일원이 된다. 사실 우상들은 인간을 속여서 새로운 형태로 노예 삼을 수도 있다. 광야를 헤매던 이스라엘처럼, 이제 인간은 최종적인 주인의 지배에서는 해방되었으나 그들을 다른 형태로 노예 삼으려는 공격에서 자유로워진 것은 아니다. 하지만 악한 권세는 그들에게 권위를 행사할 수 없다. 바울이 4절에서 밀도 높은 문장으로 말한 바는 그의 이방인 선교와 이신칭의 교리의 기초다. 이 점은 앞으로 논의를 진행하면서 보다 분명해질 것이다.

복음을 네 절로 요약한 단락의 마지막 두 목적절은 복잡하지 않다. 첫째 구절[1:4c]은 우리 아버지 하나님의 뜻에 따라 이 사건이 일어났다고 한다. 예수 사건은 외부에서 [이 세계 안으로] "침투"된 낯선 것이 아니다. 예수 사건은 "우리 아버지"로 불리는 창조주 하나님이 세우신 목적으로서, 하나님이 오래전에 약속하고 의도하신 것이다. 다른 해석자들과는 달리 바울은 균형을 잃지 않는다. 복음이 지닌 철저한 새로움과 영향력은 오래전 주어진 약속에 뿌리를 두고 있다. 바울은 이 사실을 나중에야 깨달았다. 그러므로 둘째 목적절[1:5]은 이 모든 일이 하나님의 영원한 영광을 위해 일어났다고 말한다. 바울이 전하는 은혜와 평화의 복음은 하나님 중심적이다. 이 복음은 하나님의 새 백성이 드리는 찬양과 예배 가운데 그 기원으로 돌아간다. [로마서에서 바울의 논증이] 위대한 정점에 이르는 로마서 15:7-13에서와 마찬가지로, 바울은 여기서 사건들 자체뿐만 아니라 속량 받은 공동체가 한마음으로 드리는 찬송을 통해 하나님이 영광―곧, 인간은 기쁜 마음으로 바른 예배를 드리며 하나님을 경외하는 모습으로 하나님의 위대한 능력과 사랑이 나타난다―을 받으신다고 말한다.

바울이 세운 갈라디아 교회들은 이제 막 모습을 갖추기 시작했다. 바울이 직면했던 많은 급박한 질문들에 이 편지 서두의 내용을 적용하기 위해서는 훨씬 자세한 논증이 필요하다. 하지만 바울은 특유의 빽빽한 편지 서두에서 말한 바를 편지의 모든 곳에서 풀어내고 적용한다. 이러한 측면에서 보면, 현대의 해석자가 맡은 과제는 바울의 요지를 여러 다양한 방식으로 확장시키는 것이라고 할 수 있다. 아마도 현대 서구 교회와 서구 사회가 종종 무시해 왔거나 잊어버린 측면을 재진술하는 것이 가장 중요한 과제일 것이다. 즉, 예수에 관한 "복음"은 "종교적 인간이 되는 새로운 방식"이나 "천국에 가는 새로운 길"이 아니라, 실제 역사 속의 시공간에서 **발생한** 사건과 **그 결과로 세상이 변하게 되었다**는 메시지다. 서구 계몽주의의 수사학은 이러한 내용을 대체하기 위해 오랫동안 온갖 노력을 기울였다. 18세기 후반부에 세계 역사가 결정적으로 정점에 다다랐고, 이렇게 정점에 이른 역사는 자유와 평등과 평화로 특징지어진 새로운 세상을 낳는다고 주장했다(1세기 로마가 주창했던 제국주의적 선전과 정확히 같다). 이 세계관에서는 "기독교"가 여러 다른 "종교들"과 마찬가지로 "하나의 종교" 정도로 격하되는데, 어느 종교도 이런 대접은 달갑지 않다. 많은 서양인들이 교회 출석을 개인적 취미 정도로 생각하게 된 이유이며, 기도가 "영적"인 자기계발에 열광하는 사람들에게 여러 자원 중 하나로 여겨지게 된 이유가 이 때문이다. 바울의 복음은 우리의 관심이 구출을 행하시는 아버지 하나님으로 향하게 할 뿐만 아니라 구출이라는 사건 자체에도 관심을 갖게 한다. 따라서 우리가 직면한 도전은 예수와 관련된 사건들을 통해 유일하신 하나님이 옛 창조 속에서 새로운 창조를 개시하신 사건^{갈 6:15}의 의미를 아는 것이다. 예수를 따른다는 것은 단지 "지금 이 악한 세대"에서 고를 수 있는 하나의 "종교적" 선택지가 아니다. 그렇게 여긴다면 예수를 따른다는 것이 주는 도전에 재갈을 물려 감당할 수 있는 수준으로 낮추는 것이다(바울의 대적자들이 바울을 비난했던 바로 그 행동이다). 예수를 따른다는 것은 이미 개시된 "장차 올 세대"를 향해 성령의 능력 안에서 걸어가며, 우리 앞에 새롭게 열린 "인간이 되는 길"을 발견하는 것이다.

1:6-9 다른 복음?

바울의 편지는 대부분 따뜻한 인사로 시작하며, 편지 수신자들과 관련해 하나님께 감사드리는 말을 담고 있다. 하지만 갈라디아서는 그렇지 않다. 갈라디아서 3장 서두에서 바울이 인정하듯이, 갈라디아 교회에서도 좋은 일들이 일어나긴 했었다. 하지만 이제 그는 무척 다른 사안을 두고 갈라디아인들과 긴박하게 맞서야만 한다.

1:6 바울은 개종한 갈라디아인들이 "다른 복음"의 유혹을 받고 있다고 말한다. 그는 "경악했다." 이 표현은 바울의 편지들 중에 오직 이곳에만 나온다. 갈라디아인들은 바울이 전혀 예상하지 못했던 길로 향하고 있다. 흥미롭게도 필론이 묘사한 모세의 상황과 유사하다. 유일하신 하나님을 향한 이스라엘인들의 충성에서 그들이 금송아지를 만들기까지의 변화 과정이 너무 빨라 모세는 경악했다.[19] 바울이 필론의 저작들을 알고 있었다고 추정할 특별한 이유는 없으나, 갈라디아서 1장 후반부에서 자기 자신을 엘리야와 이사야서의 "종", 그리고 예레미야와 동일 선상에 두는 것을 보면(이는 바울의 복음을 타협의 산물이라고 비난한 사람들에 맞

---

19 필론, 모세의 생애, 2.161-73에서 특히 167. 이 본문은 애런 화이트Aaron White가 내게 알려 준 것이다. 여기서 필론의 글은 출애굽기 32:8의 내용으로 가득하다. 이스라엘이 "빠르게 길을 벗어났다"는 생각은 사사기 2:17에서 다시 나온다.

서 바울 자신이 이스라엘 전통에서도 우위에 있음을 주장하는 방식이다), 갈라디아인들의 변화에 경악했다는 바울의 언급이 [의도적으로] 이스라엘의 배도에 대한 모세의 반응을 본떠서 한 말이라고 보는 것도 일리가 있다.

갈라디아인들이 그토록 짧은 시간에 변절했다는 사실에 바울은 큰 충격을 받았다. 다음의 역사적 가설이 갈라디아인들이 금세 변절하게 된 상황을 잘 설명해 주는 것 같다. "야고보에게서 온 어떤 이들"이 안디옥에 올 때와 거의 같은 시기에 바울이 (바나바와 함께한 첫 번째 선교 여행을 마치고 안디옥으로 돌아온 지 얼마 안 되어) 갈라디아 교회의 위기 상황에 관한 소식을 들었다. 바울이 여기서 사용한 그리스어 단어 '메타티데스테'*metatitesthe*는 이방인이 유대인의 율법에 대한 신실함을 핍박하는 이야기를 담은 마카비2서에서 매우 구체적으로 유대인들이 선조들의 관습을 "등지는 행위"를 가리킬 때 사용되었다.[20] 마카비2서 7장에서 이방인 출신인 시리아 왕은 "조상들의 삶의 방식에 등을 돌리도록"*metathemenon apo tōn patriōn* 순교자 가족의 막내를 회유했다. 바울은 갈라디아인들을 심란하게 만들고 메시아의 복음을 변질시키려는 자들이 있다고 말한다. 바울 자신이 이스라엘 전통에 충심을 보이지 않았다고 비판을 받았는데, 이제 바울은 자신을 비판한 이들에게 같은 내용의 비판을 강도를 높여 되돌려보낸다.

물론 갈라디아서의 수신자는 유대인이 아니었다. 바울은 [이방인인] 갈라디아인들이 유대 전통을 따른 삶에서 떠났다고 말하는 것이 아니다. 오히려 강도를 몇 단계 더 높여, 갈라디아인들이 그들 자신을 "부르신 분", 곧 하나님으로부터 떠났다고 비판한다. "부르심"은 바울이 자주

20　마카비2서 7:24. 오크스P. Oakes는 고대 철학 학파들이 창시자의 가르침을 저버린 모습을 "떠남"이라는 개념으로 표현했다는 사실에 주목한다.

사용하는 용어로 복음이 강력하게 전해지는 방식을 가리키며, 그 복음은 비록 어리석거나 빈축을 살만한 것처럼 보이더라도 듣는 사람들을 변화시켜 믿음에 이르게 한다.

다른 길을 제시하는 복음은 "사람이 어떻게 구원받는가"에 대해 그저 약간 다른 이론을 제시하는 것이 아니다. 바울은 갈라디아인들에게 이렇게 말한다. "갈라디아인 여러분은 '은혜로 여러분을 부르신 분'을 떠나고 있습니다." 그들이 유일하고 참되신 하나님으로부터, 그리고 급진적인 은혜로부터 떠나고 있다는 말이다. 이 은혜는 하나님이 복음 안에서 역동적으로 작동하게 하신 것이다. 살아 계시고 참되신 한분 하나님이 메시아 예수 안에서 일하셔서 권세들을 패배시키시고 새로운 창조를 여셨으므로, 그러한 새 창조에서 조금이라도 벗어나는 것은 참된 하나님으로부터 떠나는 것과 같다. "참된 하나님에게서 떠났다"는 말은 유대인이 상상할 수 있는 한계 내에서 가장 심한 비난이다. 이는 신명기가 경고한 행위이기도 하다. 바울과 경쟁하는 교사들의 "다른" 메시지가 하나님의 "은혜"를 거부하는 것이라는 이런 의미는 계속 이어지다가 2:21에서 정점에 이르는데, 거기서 바울은 (1:4과 마찬가지로) 자신이 "하나님의 은혜를 무시"하지 않았다고 선언한다. 여기서 "하나님의 은혜"는 분명히 메시아 예수의 죽음과 부활 안에서 역사하신 하나님의 행동을 의미한다.[21]

하나님의 부르심은 순전한 은혜, "메시아의 은혜" 또는 "메시아적 은혜"라고도 할 수 있는 선물로 임한다. 여기서 바울이 사용한 '엔 카리티 크리스투' *en chariti Christou* 라는 표현은 너무 특이해서 일부 필사가들은 '크리스투' *Christou* 를 생략했다. 하지만 나는 '엔 카리티 크리스투'를 바울

---

21 1:15; 2:9; 5:4도 보라.

이 쓴 원문으로 보려 한다. 왜냐하면, 이 표현이 단지 "어려운 독법"hard reading(따라서 필사가들이 수정했을 가능성이 더욱 높은)일뿐만 아니라, 유대인의 시각에서 볼 때 아주 심한 비난을 일게 하기 때문이다. 마카비2서에서 형제 중 막내는 "조상들의 전통"(갈 1:14을 보면 바울은 "조상들의 전통"을 잘 알고 있었다)을 등지라는 강권을 받는다. 하지만 바울은 이렇게 말한다. 이스라엘의 하나님이 마침내 그분의 메시아를 순전한 은혜의 선물로 보내셨는데 여러분은 **그분**을 등지려 한다는 말입니까?

바울은 갈라디아인들이 "다른 복음"으로 돌아섰다고 말한다. 일반적으로 개신교 전통에서는 "복음"을 "구원받는 방법에 대한 메시지"를 의미하는 것으로 보았으므로, "다른 복음"이라는 표현은 종종 "구원받는 방법에 관한 또 다른 메시지"를 뜻하는 것으로 여겨졌다. "다른 복음"은 오직 믿음으로 시작했으나 "선한 행위"로 보완되어야 한다는 메시지를 담은 것으로 이해되었다. 하지만 "복음"은 무엇보다도 이사야서(바울의 말 속에는 이사야서 내용이 반향처럼 담겨 있다)에 나오는 의미에서 "좋은 소식"을 가리킨다. "복음"은 **이스라엘의 하나님이 마침내 이교도의 세계를 심판하고 자기 백성을 구출하기 위해 직접 돌아오셨다**는 메시지다.[22] 이러한 이사야적 메시지는 먼저 예수 자신과 초기 예수 추종자들에 의해 이사야서의 동일 구절 가운데 하나에 담긴 하나님이 왕이 되실 때가 지금 이때라는 선포로 초점이 맞춰졌다.[23] 바울이 잘 알고 있듯이 그 이사야서 구절들은 오늘날 네 번째이자 마지막 '종의 노래'라고 부르는 단락사 52:13-53:12으로 발전되어 가는 부분을 형성하며, 그 다음 54장과 55장에 담긴 화해와 새 창조의 메시지를 만들어 낸다. 이 주제들은 갈라디아

---

22 40:9; 52:7을 보라.

23 사 52:7b.

서는 물론 바울의 다른 여러 편지에도 등장한다. 어떻게 되든 이스라엘의 하나님이 다시 오셔서 통치하시고 구출하신다는 의미를 고스란히 간직한 채 예수께 스포트라이트가 비춰진다. 바울이 말하는 "복음"이란 이 모든 의미를 다 품고 있다. "복음"은 하나님이 구출하시기 위해 돌아오신다는 선언을 담은, 왕이신 예수에 관한 공적 선포였다.

그러면, 이 "다른 복음"은 무엇이었을까?[24] 이 질문은 다시금 "거울 읽기"를 하게 만든다. 그리고 무슨 일이 벌어지고 있었는지에 대해 알 가능성을 조금이라도 높이려면 이 단락뿐만 아니라 편지 전체에 대해 이해할 필요가 있다. 이 "다른 복음"은 예수가 아닌 다른 이에 대한 메시지일 수 없다. 바울은 "나는 여러분에게 예수에 대해 말했으나 여러분은 지금 다른 이를 추종하고 있소"라고 말하고 있지 않다. (바울 복음과) 경쟁관계에 있는 메시지는 (바울이 생각하는 것과는) **다른 내러티브의 성취로서의** 예수를 말하는 것으로 보인다. 하나님이 현재의 악한 세대에서 자기 백성을 구출하시기 위해 어둠의 권세들을 패배시키시는 새로운 출애굽 이야기가 아니라, 이미 존재하는 유대 공동체의 삶에 "예수"를 단지 덧붙이기만 한 다른 종류의 유대 이야기 말이다. 예루살렘에서 가한 압박은, 군사적 열심으로 이교도에 맞서자는 어떤 유대인들의 입장, 곧 유대인 대다수가 가졌던 희망을 예수도 지지했다는 (잘못된―옮긴이) 이해와 연관될 가능성이 있다. 갈라디아서 후반부에서 바울은 그의 경쟁자들의 의도를 경멸하고 조롱한다. 바울은 말한다. 그들은 갈라디아인들이 토라를 제대로 준수하는 것에 관심이 없고, 오로지 갈라디아인들이 겉으로만 좋게 보이도록 하는 것에만 신경을 쓴다고 말이다.[25]

---

[24] 바울은 고린도후서 11:4에서도 똑같은 표현을 사용하는데, 갈라디아서의 표현보다 더 모호하고 수사적 비난의 의미가 더 강하다.

[25] 갈 6:12-13.

달리 말하면, 바울은 이렇게 비난하는 셈이다. 그의 경쟁자들은 갈라디아인 개종자들이 유대인이 아님에도 사실상 "유대화"하고 있으며, 자발적으로 유대인의 생활양식을 따르고 있기 때문에 종교 행사 참여를 면제받을 자격을 갖추었다고 당국을 설득하려 한다는 것이다.

사실 우리는 바울과 경쟁 관계에 있는 교사들이 그들의 메시지를 "복음"이라고 말했는지 정확하게 알 수는 없다. 단지 바울이 쟁점을 선명하게 만들어서 그렇게 보이는 것일 수 있다. 그들이 초기 예수 운동에서 이미 사용되고 있던 "복음"이라는 단어를, 바울과 다른 이들 또는 예수 자신이 실제 의도했던 단어의 깊이는 깨닫지 못한 채 사용했을 가능성도 있다. 어느 경우든, 이사야서의 핵심 본문을 마음에 깊이 새긴 바울(이 점은 아래에서 살펴볼 것이다)은 이제 자기 자신이 그 군사적 열심이라는 강령agenda에서 구출되었다는 사실갈 1:13-17을 알게 되었다. 바울에게는 십자가 처형을 당한 메시아에 관한 메시지가 참된 복음이었다. 그래서 자신이 이전에 옹호했던 군사적 의미의 "토라에 대한 열심"이라는 길에 (문제를 불러일으킬 만한) '진입 금지' 표지판을 크게 세워 두었다.

그뿐 아니라 바울이 1세기 튀르키예에서 "좋은 소식"으로 선포되었던 다른 "복음"을 염두에 두고 있을 가능성도 아주 높다.[26] 카이사르의 "좋은 소식"이 바로 그것이다. 1세기에 '유앙겔리온'euangelion이라는 단어는 황제의 즉위나 탄생을 공표할 때 사용되었다. 서론에서 보았듯이, 튀르키예 남부 지방에서 황제는 절대적인 존재였다. 즉, 황제의 이름을 딴 주요 도로가 지역을 가로지르고 있었고, 도시들에는 새로운 신전들이 번쩍이고 있었다. 개종자들이 실제로 황제에게 예배를 드려야 할 위기 상황에 놓였는지에 대해서는 아무런 암시도 없다. 하지만 바울은 그

---

26 이 점에 대해서는 *Paul and the Faithfulness of God*, 5, 12장을 보라.

럴 위험이 있음을 알아차렸던 것으로 보인다. 그들은 (유대인을 제외한) 다른 모든 주변 사람과는 달리 지역 종교들에 참여하지 않는다는 이유로 반사회적 혹은 반로마적이라고 낙인찍히지 않기를 바랐다. 유대교로 개종하려는 주요 이유 중 하나는 (로마의 보호까지는 아니어도) 로마의 공식 승인 아래 살아가는 것이었다. 이러한 동기는 두 가지 측면에서 역설적이었을 것이다. 갈라디아의 교사들은 로마에 대항하는 민족적 열정을 강화하려는 예루살렘(교회)의 강령^{agenda}에 동조하면서도, 디아스포라 지역에서는 제국의 지배에 사회적으로 순응하라고 (갈라디아인들을) 독려했을 것이다. 지역의 유대 공동체에 개종자 몇 명이 더해진다고 해서, 진정한 예수의 모습으로 빚어진 공동체처럼 황제의 헤게모니에 위협이 되는 일은 없을 것이다. 이 점은 나중에 다시 다룰 것이다.

1:7 그렇다면 바울이 "또 다른 복음"은 없다고 말하며, "어떤 사람들이 여러분에게 혼란을 야기하고 메시아의 복음을 왜곡시키려 한다"고 비난을 퍼붓게 된 이유는 무엇인가? 이 책 서론에서 나는 이 상황이 사람들이 생각한 것보다 분명 훨씬 복잡한 상황이었을 것이라고 주장했다. 외부인의 관점에서 보면, 바울은 지역의 유대 공동체와 거대한 그리스-로마 사회, 곧 튀르키예 남부 지역 고을의 사회적, 시민적 조직들이 도저히 받아들일 수 없는 일을 했다. 유대인에게 바울은, 메시아 예수께 속한 사람은 누구든지 아브라함 가족의 일원이며, 창세기와 이사야서와 시편에 기록된 열방을 향한 약속을 받게 될 상속자라고 선언하고 있었다. 한편, 지역의 이교도 공동체들에게 바울은 허락도 없이 한 공동체 네트워크를 만든 사람이었는데, 이 공동체 구성원들은 지역의 신들을 예배하지 않으면서, 그들이 아브라함의 가족이며 (따라서) 유대 공동체들에 수여된 특권을 누릴 자격이 있다는 기이한 변명을 늘어 놓았다. 이렇게 주장함으로써 지역의 유대 공동체들을 두려움에 떨게 했다.

실제 민족적으로 유대인이 아닌데도 (이교 제의 참여 면제라는) 유대인의 특권을 이 새로운 무리가 주장하고 나서면 혹시라도 이교도 통치자들이 유대 공동체들을 탄압하고 (심지어) 공격을 가하지는 않을까? 바울은 부서지기 쉬운 데다 가끔은 팽팽한 긴장감마저 느껴지는 사회적 균형을 깨뜨리고 있었다.

물론 바울은 그러한 일을 행하신 분은 바로 옛 세상 가운데 새 창조를 시작하신 하나님 자신이라고 말했을 것이다. 바울은 예수의 죽음과 부활 안에서 이미 일어난 사건을 그저 완결 짓고 있을 뿐이다. 메시아가 도래하면 모든 것이 달라지리라는 것쯤은 교육을 잘 받은 유대인이라면 누구나 알고 있었다. 그럼에도 메시아가 (모든 이의 예상을 벗어나) 십자가 처형을 당하고 죽은 사람들 가운데 일으켜지신다면, 그 변화는 아무도 상상하지 못했던 완전히 다른 방식으로 일어날 것이다.

기독교의 흔적이 적게나마 남아 있는 국가에서 자란 사람은 바울의 활동이 당대 세계에 끼친 충격이 어느 정도였는지 상상하기 어려울 것이다. 대다수의 사람들이 서양의 민주주의와 경제 체제를 당연한 것으로 받아들이는 이 세계에서는 바울과 그 공동체들이 직면했던 복잡다단한 상황이 매우 낯설게 보인다. 하지만 오늘날 예수를 따르는 많은 이들은 바울이 여기서 말하고 있는 내용을 보다 잘 이해할 수 있을 것이다.

"여러분에게 문제[혼란]를 일으키는……사람들"*hoi tarassontes hymas*—바울은 이 구절에서 이들에 대해 말한 뒤 한동안 언급하지 않다가 6장에 가서야 다시 이들을 언급한다—은 예수를 믿지 않는 유대인들에게 강한 압박을 받는 유대인 출신 그리스도인이었을 것임이 거의 확실하다. 앞에서 말했듯이, 이들은 최소한 예루살렘 교회에서 왔거나 "야고보에게서 왔다"고 주장하는 사람들^{갈 2:12처럼}에게서 지지를 받았을 가능성이 있다. 이들은 바울보다 우월하게 보이는 권위에 호소하며, 바울을 능가하는 권위가 자신들에게 있다고 주장했을 것이다. (유사한 병행구절이 사도행전 15:23-29에 있는 "사도 규례"Apostolic Decree에 나온다. "우리 가운데 몇몇 사람[그러나 우리가 보내지 않은 사람들]이 여러 가지 말로 여러분을 혼란에 빠뜨리고,etaraxan hymas 여러분의 마음을 어지럽게 하였다는 소식을 들었습니다."15:24) (바울과 맞서는 사람들이) 예루살렘(교회)에 은근히 호소하는 모습은 때로는 2장에서 베드로와의 충돌처럼 명시적으로, 때로는 4장에서 예루살렘에 대한 언급처럼 암시적으로 등장하면서 중요해질 것이다. 이 점은 해당 본문들을 다룰 때 짚기로 하고 지금은 넘어가고자 한다. 이 구절의 논점은 바로 이것이다. 예수를 이스라엘의 메시아로 믿게 된 갈라디아의 유대인 중에는 이방인이 믿음을 제외한 다른 아무 조건 없이 그들과 하나가 될 수 있으리라 생각한 이가 아무도 없었던 것이다. 갈라디아의 유대인 출신 그리스도인들은 이러한 사회적, 문화적 난제가 발생하리라는 것을 예견할 수 없었다. 예루살렘에서 온 사람들이 "저 정신 나간 바울이 토라를 파괴하고 있소! 바울은 이스라엘을 죄짓게 하고 있소! 그는 사람을 기쁘게 하는 자요! 그는 신명기 13장이 경고했던 거짓 교사란 말이오!"라고 말할 때, 그 지역의 유대인 출신 그리스도인들은 그들의 이방인 친구들(이방인 출신 신자를 가리킨다—옮긴이)에게 할례를 받으라고 설득하는 것이 최선의 길이라 생각했을 것이다. 그렇게만 되면 주변 사람들이 모두 편해질 것이다. 도시 권력자들의 의심스런 눈초리를 거두고, 예루살렘에서 온 사람들을 기쁘게 할 것이다. 하지만 바울은 단호하게 말한다. 그것은 복음이 아니다. 진정한 "좋은 소식"과 아무런 관계가 없다.

1:8 바울에게는 이런 상황을 가리키는 단어 '아나테마'anathema, 저주, 금지가 있었다. 그것은 거짓 복음이다. 바울은, 하나님의 백성을 오도하는 이는 자신이 아니라 자신과 경쟁하는 교사들이라고 주장하며 논쟁을 뒤집는

다. 그 교사들은 복음을, 하나님에 관한 메시지를 제시하고 있었지만, 그들이 제시하는 메시지는 진정한 복음과는 완전히 달랐다. 참된 복음은 예수 안에서 단번에 행하신 하나님의 행동이 죄를 도말했고 새로운 세대, 새로운 세상, 새로운 창조를 열었다고 선포한다. 최근 갈라디아에 온 교사들이 선포한, 바울 복음과 경쟁하는 복음은 전혀 좋은 소식이 아니다. (음악 용어로 말하자면) 주제의 변주도 아니다. 완전히 다른 주제다. 새로운 세대가 시작되었다는 선포도 아니다. 단지 옛 세대에서 살아남는 방법에 대한 메시지일 뿐이다. 이러한 메시지를 마치 예수에 관한 참된 메시지인 양 선포하는 이는 모두 "저주" 아래 있어야 한다고 바울은 말한다. 바울은 갈라디아인들에게 그 교사들을 피해야 한다고 말한다. "그러나 우리들이나, 또는 하늘에서 온 천사라도 우리가 여러분에게 선포한 것과 다른 복음을 전한다면, 그런 이는 저주받기를!"

여기서 천사를 언급한 것을 두고 바울과 경쟁하는 교사들이 그들의 메시지를 "천사와 관련된"(갈 3:19의 내용처럼, 토라의 수여에 천사도 개입했기 때문에) 것으로 제시했을 가능성이 있다고 보는 것은 내가 보기에 좀 지나치다. 바울은 과장법을 사용했을 뿐이다. 마찬가지로, 갈라디아인들이 처음 바울을 보았을 때 그를 천사와 같이 영접했다는 사실^{갈4:14}도 이 과장된 표현과는 별 관련이 없는 것 같다.

바울은 '아나테마'를 선언하면서 자신의 두 가지 의도를 명확히 한다. 첫째, 이스라엘의 전통에 충성을 다하지 않았다고 바울을 비난하는 이들에게, 바울은 그러한 비난의 화살을 되돌리며 성경에 있는 유명한 심판을 선언한다.[27] 바울은 이교도들과 교제함으로써 이스라엘의 전통을

---

27 예를 들어, 신 7:26; 13:15, 17[칠십인역]; 20:17, 수 6:16-17[칠십인역]; 7:1, 11, 13을 보라.

위태롭게 만들었다는 비난을 받았다. 이러한 비난에 맞서 바울은 저 교사들이야말로 정말로 (이스라엘 전통을) 위태롭게 만든 자compromiser들이며 그에 상응하는 대가를 치러야 한다고 응수한다. 바울이 사역의 후기에 접어들었을 때, 그는 서로 완전히 다른 배경을 가진 사람들끼리 하나의 확장된 가족으로 함께 살아가기 위해 노력하는 과정에서 불거진 까다로운 목회적 문제들에 직면했다. 그때는 서로 상대방의 양심을 존중함으로써 타협의 여지가 생겼다.[28] 하지만 바울은 그전에 이미 중요한 것과 중요하지 않은 것 사이의 차이를 알고 있었다. 메시아의 십자가를 통해 하나님이 그의 백성을 현재의 악한 세대에서 구출하셨다는 선포에 있어서는 차이가 들어설 여지가 없다. 참이거나 거짓이거나 둘 중 하나다. 바울과 경쟁하는 교사들이 열정적으로 이방인 개종자들에게 할례받으라고 하는 것은 그들(과 그들의 메시지)가 거짓임을 강력하게 시사한다.

바울이 '아나테마'라는 오래된 성서적 개념을 사용하는 이유가 거기에 있다. 후대에 '아나테마'라는 용어는, 교회 안에서 일어난 논쟁 중에 상대방에게 "아나테마를 퍼붓다"라는 불미스러운 의미를 가지게 되었다. 하지만 바울이 속한 유대인 세계에서 '아나테마'는 일종의 공적인 위생 경고문과 같은 것이었다. 위험한 병균이 창궐할 때 타인에게 손을 씻으라고 말하는 것은 오만한 일도 아니고 위세를 떠는 일도 아니다. 바울이 갈라디아서를 "저주"로 시작하고 축복의 말로 마친다는 사실에 주목할 필요가 있다.[29] 이 본문 외에 그가 '아나테마'를 말하는 경우가 딱 하나 있는데, 거기서 '아나테마'를 언도하는 기준은 "누구든지 주님

---

28   고전 8-10장, 롬 14:1-15:13을 보라.
29   갈 6:16. C. S. Keener, *Galatians*, New Cambridge Bible Commentary (Cambridge: Cambridge University Press, 2018), 43을 보라.

을 사랑하지 않는 사람"이다.[30] 갈라디아서가 논쟁적인 편지인 것은 분명하지만, 근본적인 주제는 2:20과 같은 구절들에서 드러난다. 바울은 하나님의 아들이 "나를 사랑하셔서 나를 위해 자기 자신을 내어 주셨다"는 사실에 끊임없이 압도되었다. 그를 가장 슬프게 하는 것은 어떤 이가 (특히, 교회에서 가르치거나 지도적 위치에 있다고 주장하는 사람이) 메시아의 백성 모두에게 동일하게 전해진 그 사랑에 사랑으로 응답하지 않고, 예수의 사랑을 사실상 걷어차는 것이다.

둘째, 바울은 아나테마를 선언하면서 갈라디아서 논증의 진정한 절정(climax, 내가 뒤에서 주장할 논점이다)에 해당하는 부분을 앞당겨 말한다. 갈라디아서 4:21-5:1에서 바울은 창세기 21장을 놀라운 솜씨로 다루면서, 문제를 일으키는 교사(들)을 교회에서 추방하라는 분명한 명령[4:30]으로 끝을 맺는다. 이는 바울이 논증을 시작하기 전에 이미 언도한 "아나테마" 곧 "저주"가 실행되는 것이다.[31] 그가 추방을 기독교적인 처리로 생각했는지 아니면 (일부 학자가 주장하듯이) 자신의 적대자들을 종말론적 처벌에 맡기는 것으로 생각했는지는 명확히 알 수 없다. 나는 바울이 갈라디아의 문제적 교사들을 불신자로 여기지는 않았고, 위험할 정도로 혼란에 빠진 신자로 보았을 가능성이 높다고 생각한다. 무엇이 맞든, 이 편지에서 바울은 최종 구원의 문제를 다루지 않는다(5:21에서 언뜻 언급하는 경우를 제외하면).[32]

---

30 고전 16:22.
31 이러한 해석의 예로는 S. K. Williams, *Galatians*, Abingdon New Testament Commentaries (Nashville: Abingdon, 1997), 40-41을 보라. 위더링턴은 *Grace in Galatia*, 83-84에서 골칫거리인 교사들을 하나님이 직접 다루시길 바울이 청하는 것이라고 주장한다.
32 예를 들어 슈라이너가 *Galatians*, 87-88에서 주장하는 것과는 반대로. Keener, *Galatians*, 42의 주장이 더 낫다(키너는 바울과 경쟁 관계에 있는 교사들이 예수의 죽음과 부활을 부인하지는 않았다고 한다. "그들은 신학적 함의를 깨닫지 못하고 있었다").

1:9 바울은 비난과 "아나테마"를 반복한다. "이전에도 말했다"라는 표현은 갈라디아서의 앞에 있는 구절을 가리킨다기보다는 이전의 일을 가리키는 것으로 보인다. 바울과 경쟁하는 교사들이 신실한 유대인을 잘못된 길로 인도하는 반역자이자 "사람을 기쁘게 하는 자"로 바울을 보아야 한다고 주장할 때, 바울은 그들과 그들이 전하는 "복음"에 저주로 격렬하게 응답했다. 이 구절은 우리로 하여금 10절을 되돌아보게 하는 동시에 앞으로 이어질 내용으로 인도한다.

1:10-17 지금까지의 이야기

1:10-12 나는 사람을 기쁘게 하는 자가 아니라 메시아의 노예다

바울은 시작점으로 되돌아온다. 그의 진정성과 동기와 소명, 그리고 그의 복음이 모두 의심받았다. 바울은 "사람을 기쁘게 하는 자"로 불렸다. 그의 마음을 찌르는 표현이었다. 과거의 자신이 엄격한 바리새적 원칙들을 받아들이지 않은 유대인에게 말했을 법한 표현이었기 때문이다. 하지만, **정말로 "사람을 기쁘게 하는 자"는 바울과 경쟁 관계에 있는 교사들이다.** 바울은 이 점을 6:12-13에서야 말하지만, 갈라디아서 이곳저곳에 어른거리는 주장이기도 하다. 그 교사들은 제자도에 뒤따르는 희생을 치르지 않고 피하려는 사람들이다.

1:10 그와 반대로, 바울은 자신을 노예, 곧 메시아의 노예로 여긴다.[1:10] 모든 것은 메시아에 의해 결정된다. 예수께서 직접 최소 한 번 이상은 말씀하셨듯이, 예수에 대한 충성은 모든 인간관계에 우선하며, 적대적인 무리의 마음에 들게 행동하라는 그 어떤 압박보다 우선한다. 바울은 "여전히"라는 뜻의 짧은 단어 '에티'[eti]를 사용해서 그 안에 들어 있는 희

미한 반어적 뉘앙스를 담아 자기가 이전에 살았던 삶을 반추할 수 있었다. "내가 여전히 사람을 기쁘게 하고 있다면." 뒤늦게 깨달았지만, 과거의 바울도 "사람을 기쁘게 하는 자"였다. 일반적 의미와는 다르지만 말이다.[33]

10절은 6-9절의 **설명**이다(11절 및 그 이후의 본문도 6-9절에 대한 추가 설명이다). 10절의 둘째 단어 '가르'gar, 왜냐하면가 설명을 나타내는 기능을 하기 때문이다. 논리는 다음과 같다. 나는 여러분에게 다른 "복음들"을 받아들이지 말라고 경고했다. **왜냐하면** 나는 "사람을 기쁘게 하는 자"가 아니고,[1:10] 곧 설명하겠지만, 내 복음은 직접 받은 것이며 여전히 그렇기 **때문이다.**[1:11] [34]

바울은 (그의 적대자들의 주장처럼) 정말 자기가 (우리가 위에서 살펴본 뜻에서) "사람을 기쁘게 하는 자"인지 묻는 수사적 질문을 던지기에 앞서, 자기가 사람들 또는 하나님께 "알랑대고 아첨하려" 애쓰는 사람인지 아닌지에 대해 질문한다. 내가 "알랑대다/아첨하다"make up to로 번역한 그리스 단어는 '페이토'peithō이다. 이 단어는 보통 "설득하다"는 뜻으로 사용된다. 하지만 여기서 바울은 이 단어를 분명히 부정적 의미로 사용한다. 그는 NEB 번역처럼 "사람들의 지지를 구하"고 있는 것인가? 아니면, CEB 번역처럼 사람들을 "자기편으로 끌어들이고" 있는 것인

33　리처드 헤이스R. Hays의 *The Letter to the Galatians: Introduction, Commentary, and Reflections*, in New Interpreter's Bible, ed. L. E. Keck et al. (Nashville: Abingdon, 2000), 11:207을 보라.

34　드 부어de Boer의 주장과는 반대다. 드 부어는 여기서 '가르'gar를 "추론"을 표시하는 단어라고 본다(M. C. de Boer, *Galatians: A Commentary*, The New Testament Library [Louisville: Westminster John Knox, 2011], 61-62, 190). BDAG는(190) '가르'gar에 추론의 의미가 없다고 하는데도 그렇게 주장하는 것은 특이한 일이다. 정말 추론의 의미로 쓰였다면, 나는 본문 안에 더 명료한 신호들이 있어야 한다고 생각한다.

가? 내가 보기에는 바울이 의도적으로 이 동사의 모호한 뉘앙스를 이용하는 것 같다. 6-9절에서 먼저 공격을 날린 후 이 구절의 하반절("사람을 기쁘게 함")에서 실질적으로 동일한 수사학적 질문을 던진 것이라면 (그렇게 보인다), 바울은 지금 이렇게 말하고 있는 것이다. "자, 그러면 나와 경쟁하는 저 교사들이 옳고 나는 그간 여러분의 편의에 부합하는 메시지를 전한 것으로 보인단 말입니까? 내가 늘 하나님을 기쁘시게 하는 일에 진력해 왔다는 게 더 맞는 말 아닌가요?"

10절에서 첫 번째 "설명"("내가 이런 말들을 하는 이유는 내가 사람을 기쁘게 하는 자가 아니기 **때문입니다**")이 제시된 뒤, 이 수수께끼 같은 구절 자체에 관한 추가 설명이 필요했다. 그래서 바울은 우선 자기가 사도가 된 자세한 이야기를 풀어 놓는다. 그가 이전의 삶의 방식에서 돌아서게 된 것은 물론 예수로 인해서였다. 자신의 정직성을 문제 삼은 질문에 그가 할 수 있는 유일한 응답은 이야기를 들려주는 것이었다. 좀 다르긴 해도 어느 정도 갈라디아서와 연관된 상황 가운데 그가 사도행전 22장이나 26장에서 말한 것처럼 말이다. 버릇처럼 바울은 먼저 요약 진술을 제시한 다음,[11, 12절] 그것을 13-17절의 내러티브 안에서 풀어 말한다. 이 점을 살펴보기 전에 바울의 자서전적 진술에 대해 짧게 한마디 하고 싶다.

바울이 자신의 신상에 관해 자세히 말한 경우는 거의 없다. 고린도전서 9장처럼 복음을 위해 자신의 권리를 내려놓는 구체적 사안을 말할 때 바울이 자신에 대해 말을 하기는 한다. 마찬가지로 특권을 내려놓는 주제에 대해 자신의 "이전과 이후"의 이야기를 말하는 빌립보서 3:2-14에서도 자신에 관한 말을 한다. 이 본문들은 바울 사고의 흐름이 절정에 달하는 갈라디아서 2:14-21과 병행본문을 이룬다. 바울은 상당히 개인적이며 격정에 찬 논점으로 갈라디아서 2:14-21의 끝을 맺는다. "나는 메시아와 함께 십자가 처형을 당했고" 그 결과 "내가 율법을 통해 율법에 대해 죽었"는데, 이는 "하나님의 아들이 나를 사랑하셨고 나를 위해 자기를 주셨"기 때문이다. 바울은 마치 자신이 겪은 놀라운 경험을 말함으로써 다른 사람들의 동경과 찬탄을 얻고 싶은 양 이기적인 목적으로 대중의 주목을 끌려고 이런 말을 한 것이 아니다. 그가 이렇게 긴 이야기를 한 데에는 두 가지 이유가 있다. 첫째, 언행이 일치하지 않고 사고가 일관성 없이 우왕좌왕하며 "사람을 기쁘게 하는 자"라는 비난에 맞서 자신을 변호하기 위해서다. 둘째, (갈라디아서 2장에서) 메시아의 죽음이 육신에 따른 동족(유대인)에게 어떤 의미가 있는가라는 복잡한 논점을 논증하는 데 자신의 지위를 사용하기 위해서다.

1:11-12 그럼에도 변호를 해야 하긴 했다. 그래서 자신과 자신의 경쟁자들 사이에 어떤 차이점이 있는지 11절과 12절에서 강조하며 말한다. 자신의 복음은 인간에게서 비롯된 것이 아니다. 11절은 '그노리조 휘민'*gnōrizō hymin* ("여러분에게 이 점을 분명히 해두고 싶습니다." 직역하면 "나는 여러분에게 알게 하고자 합니다")[35]라는 엄숙한 표현으로 시작하며, 1절의 내용을 거의 반복한다. 하지만 1절에서 "사람을 **통하여** 받은 것이 아닌"*oude di' anthrōpou* 것은 바울의 **사도직**인데, 11절에서 '카타 안트로폰'*kata anthrōpon*이 아닌 것, 곧 "사람(들)을 **따른 것**"이 아닌 것은 바울의 복음이다. 다른 말로 하면, 자기 자신을 위해 지어낸 것, 곧 "한낱 사람이 꾸며낸 이야기"가 아니라는 말이다. 바울은 그가 모을 수 있는 모든 근거에 바탕을 두고, 다른 사람을 통해 복음을 간접적으로 전해 받은('파라 안트로푸 파렐라본', *para anthrōpou parelabon* 고전 11:23과 15:3에서처럼 전승의 전달을 가리키는 전문 용어다) 것이 아니라고 말한다. 물론 바울은 주류에 속한

---

35   또한 고전 12:3; 15:1, 고후 8:1을 보라.

전승을 알았고 직접 그것을 가르쳤다. 하지만 여기서 바울의 요점은, 자신은 그런 방식으로 "복음"을 배운 다른 많은 사람들과는 다르다는 것이다. 바울의 복음은 다른 사람의 손을 거치지 않고 직접 받은 것이다.[36] 다른 사람에게서 배우지 않았다는 말은, 자신이 복음을 사람에게서 간접적으로 전해 듣고 사도가 된, 말하자면 이류 사도가 아니라는 뜻이다. 바울에게 가해진 비난은 어쩌면 다음과 같은 함의를 내포했을 수 있다. 즉, 바울은 바울보다 먼저 믿은 사람들이 가르치려 애썼던 (복음의) 기본 내용조차 제대로 이해하지 못했던 사람이라는 것이다.

바울은 말한다. 전혀 그렇지 않다! 그의 복음은 "메시아 예수의 계시^{unveiling}를 통하여"$^{di'\ apokalypseōs\ Iēsou\ Christou}$ 그에게 온 것이다. "계시"라는 단어는 그리스어 '아포칼립시스'^{apokalypsis}(영단어 apocalypse$^{묵시, 계시}$는 이 그리스어 단어에서 온 것이다)의 번역어다. "메시아 예수의"라는 문구는 그리스어 속격을 번역한 것으로, 계시의 내용을 가리킨다. 이 1세기 그리스어 단어 '아포칼립시스'가 19세기 후반과 20세기 초반에 제시된 "아포칼립틱"^{apocalyptic}으로 불린 상상 속 유대 운동에 대한 이론들과 자연스럽게 연결된다고 여기면서, "아포칼립스"^{apocalypse}라는 단어를 두고 공중누각을 세우는 것 같은 작업이 계속 이어져 왔다.[37] 하지만 그것이 요점은 아니다. 바울이 살던 세계에서 "아포칼립스"는 이전에 보이지 않던 것이 느닷없이 보이게 될 때, 스크린 뒤에 감추어져 있던 것이 갑자기 드러나게 될 때 발생하는 사건을 뜻했다. 장차 올 세대가 현세대와

---

36   더글라스 무Moo의 신중한 논평을 보라. Moo, *Galatians*, 94.
37   예를 들어, 드 부어M. de Boer의 소논문 Paul, "Theologian of God's Apocalypse," *Interpretation* 56.1 (2002): 23n8과 특히 그의 주석, 77-79을 보라. 또한 가벤타B. R. Gaventa의 *Our Mother Saint Paul* (Louisville: Westminster John Knox, 2007), 81도 보라. 나의 책 *Paul and His Recent Interpreters*, 170-71을 보라.

지금 중첩되어 있는 것처럼(그래서 그 사이에 낀 예수 추종자들이 어려움을 겪는다), 하늘과 땅(하나님의 공간과 인간의 공간)도 중첩되어 있다. 현대의 범주에서 "아포칼립틱"에 속하는 고대 유대 문서들은 형식과 내용 모두에서 땅에서는 보통 볼 수 없는 천상적 실체들과 현재에서는 보통 볼 수 없는 시간적 실체들(계속 존재해 왔고 앞으로도 존재할 실체)을 "드러내 보여준다." 바울의 이야기는 하늘의 왕좌에 이미 오른 예수가 지상에 있던 바울 자신의 눈에 갑자기 보인 순간, 하나님의 미래가 현재에 도래한 순간에 초점을 맞춘다. 이 사건들은 바울의 관점에서 모든 것을 바꿔 놓은 과거의 사건이다.[38] 내가 보기에 바울은 자신의 청중이 이 사실을 이미 알고 있다고 생각한 것 같다. 하지만 이어지는 다섯 절에서 그는 무슨 일이 일어났는지 자세히 풀어 설명하며 이 사건에 깊고 풍성한 의미를 부여한다.

1:13-14 이전의 삶

1:13-14 13절과 14절을 읽을 때 우리가 저지르는 가장 큰 실수는 여기에 나오는 단어 "유대교"Judaism를 특정 "종교"(오늘날 "종교"라고 부르는 것의 하나)를 가리키는 명칭으로 간주하는 것이다. 오늘날 우리가 보통 "종교"라고 말하는 것이 1세기에는 존재하지 않았다.[39] 거의 대부분의 사람들이 인간의 일상생활 모든 면에 하나님이나 여타 신들이 관련되어 있다고 믿었다. 바울은 오늘날 우리가 "유대교"와 "기독교"라고 부

---

38   칠십인역 이사야 52:10에서 "여호와께서 그 거룩한 팔을 '드러낼' 것이다"apokalypsei kyrios ton brachiona autou ton hagion라는 표현을 볼 수 있다. 이 구절은 왕국에 관한 예언의 결정적 순간에 나오며 네 번째 '종의 노래'로 이어진다.

39   *Paul and the Faithfulness of God*, 4, 13장을 보라. 또한 농브리B. Nongbri의 중요한 저서인 *Before Religion: A History of a Modern Concept* (New Haven: Yale University Press, 2013)을 보라.

르는 것들을 서로 대비하고 있는 것이 아니다. 바울 시대의 그 어떤 이도 그런 식으로 생각하지 않았다. 절대로! 그리스어 단어 '유다이스모스'*Ioudaïsmos*는 현대인이 생각하는 "유대교"와 미묘하게 다른 뜻을 지녔다.[40] 이 단어는 능동적 의미를 담은 단어로서 유대적 삶의 방식을 장려하고, 옹호하며, 율법에 관한 한 느슨하게 사는 유대인을 압박하고, 이교적 영향이 유대적 생활 방식에 침투하지 못하게 지켜 내는 행동을 뜻한다. 따라서 바울이 "유대교 안에서" 살았었다는 표현은, 14절에서 말하듯이, "조상이 물려준 전통"에 "열심"을 내며 모든 관심을 쏟은 열성적 바리새인 무리의 일원이었다는 의미다. 바울은 "내가 전에 '유대교' 안에 있을 때에 한 행위"에 대해 그들이 이미 들었다고 전제한다. 다른 말

---

[40] 이에 대해서는 노벤슨M. Novenson의 "Paul's Former Occupation in Ioudaismos," in *Galatians and Christian Theology: Justification, the Gospel, and Ethics in Paul's Letter*, ed. M. W. Elliott et al. (Grand Rapids: Baker Academic, 2014), 24-39을 보라. 노벤슨은 메이슨S. Mason의 "Jews, Judaeans, Judaizing, Judaism: Problems of Categorization in Ancient History," *Journal for the Study of Judaism* 38 (2007): 457-512의 주장을 따르고 있다. 무Moo는 *Galatians*, 100 (Witherington, *Grace in Galatia*, 98과 많은 다른 학자들이 주장하는 일반적 견해를 따르면서)에서 이러한 주장에 반대하지만, 내가 볼 때 무Moo의 견해에 반대되는 증거가 많이 있다. 그럼에도 토머스M. J. Thomas의 신중한 연구인 *Paul's "Works of the Law" in the Perspective of Second Century Reception* (Tübingen: Mohr Siebeck, 2018), 95-97을 참조하라. BDAG는 이 단어를 "the Judean way of belief and life"(유대적 신앙 및 생활 방식)라고 정의하는데, 이는 마카비서에서 분명하게 나오는 '유다이스모스'*Ioudaïsmos*의 "적극적" 의미를 무시하는 것이다. 마카비2서 2:21; 8:1; 14:38, 마카비4서 4:26 「이그나시오스의 편지」에서는 이 단어가 밋밋한 의미로 사용되는데(「마그네시아인들에게 보낸 편지」 10.3, 무Moo는 이 점을 그의 *Galatians*에서 지적했다; 또한 8.1과 「필라델피아인들에게 보낸 편지」 6.1), 이는 기껏해야 이 단어가 "예수 운동이 유다이즘에서 분리되던 시기" 동안 의미의 변화를 겪었다는 것을 보여줄 뿐이다. 바울이 여기서 말하는 "열심을 냈던" 행동의 구체적 배경은, 그가 사용하는 '유다이스모스'*Ioudaïsmos*라는 단어가 마카비서에 나오는 의미와 밀접하게 관련이 있음을 보여준다. 이러한 증거는 14절 하반절이 단지 14절 상반절과 "느슨하게 연결되어 있다"는 무Moo의 주장(101)을 약하게 만든다. 사실 14절 하반절은 14절 상반절의 의미를 설명한다.

로 하면, 이교의 영향으로부터 유대 민족을 정화시키고 율법을 지키는 데 태만한 이들과 타협적으로 사는 이들이 율법을 제대로 지키도록 강경한 태도로 대했던, 열성적이고 적극적인 움직임에 그가 속해 있었다는 말이다.

우리는 바울 시대에 있던 조상들의 전통에 대한 유대인들의 "열심"zeal에 대해 상당히 많은 지식을 갖고 있으며, 바울이 이 구절에서 말하는 내용이 이러한 "열심"에 꼭 들어맞는다는 점도 안다.[41] 이에 대해서는 마카비1서의 앞부분(1장과 2장)이 아마도 가장 간결하고 좋은 설명서라고 할 수 있다. 마카비1서의 앞부분은 맛다디아와 그 아들들이 시리아 왕 안티오코스 에피파네스의 행동(예루살렘 성전에서 이교 제단 등을 설치하고 이교 제의를 행하게 함) 및 그와 결탁한 유대인 변절자들에 맞서 일으킨 항쟁을 서술한다. 이교도와 결탁해 유대 조상들의 전통을 더럽힌 유대인들의 사악함에 맞서 폭력을 포함한 모든 수단을 동원해 싸워야 한다는 것이 이 이야기가 말하는 "열심"의 핵심 내용이다. 특히 맛다디아의 유언 마카비1서 2:49-68에는 앞으로 해야 할 행동의 배경과 목표가 상세하게 담겨 있다. 비느하스와 엘리야 같은 인물과 더불어, 아브라함에서 지금까지 이어져 온, 언약에 충성한 영웅들에 관한 긴 역사의 계승이 바로 그것이다.

이러한 전통들을 랍비가 되짚어 본다면 거기서 두 명의 영웅을 손에 꼽을 것이다. 바로 민수기 25:6-15에 나오는 비느하스와 열왕기상 18

---

41 특히 헹엘M. Hengel의 *The Zealots: Investigations into the Jewish Freedom Movements in the Period from Herod until 70 A.D.* (Edinburgh: T&T Clark, 1989; original 1961)을 보라. 조상들의 전통에 대한 유대인의 열심과 바울이 이전에 그러한 열심을 가지고 있었다는 점이 갖는 중요성을 깎아내리거나 다른 식으로 설명하려는 프레드릭슨P. Fredriksen의 시도는 실패할 수밖에 없다. Fredriksen, *Paul: The Pagan's Apostle* (New Haven: Yale University Press, 2017), 217n47.

장에 나오는 엘리야다. 비느하스는 부도덕한 이스라엘 남자와 그 파트너인 모압 여인을 한 번에 자신의 창으로 찔렀다. 엘리야는 바알의 선지자들과 그들을 추종하는 이들을 도륙했다. 두 경우 모두 이스라엘 안에 있는 이교적 행동에 맞서 싸우거나, 가능하다면 그러한 행동을 모조리 근절시키는 것을 가장 시급한 일로 여겼다. 예수의 공생애 약 200년 전에 마카비 가문은 이러한 전통에 호소했을 뿐만 아니라 자신들이 이 전통의 일부가 되었다. 이러한 배경을 염두에 두면 바울이 "내 조상들의 전통에 대해 극단적으로 열성적"갈1:14이었다고 한 말의 의미를 분명히 알 수 있다. "열심"이란 불경스러운 악(사울은 십자가 처형을 당한 메시아라는 헛소리를 불경스러운 악이라고 여겼다)을 유대 사회에서 씻어 내기 위해서라면, 진지한 기도는 물론 필요에 따라 과격한 폭력도 서슴지 않는 극단적 입장을 뜻했다.[42] 나중에 사도 바울은 십자가 처형을 당한 메시아에 관한 메시지가 "유대인들에게 걸림돌"이었다고 말하는데, 과거의 자신에게도 분명 걸림돌이었을 것이다. 걸림돌 같은 메시지 때문에 그는 "하나님의 교회를 폭력적으로 핍박했고 파괴했다"(13절, "파괴하다"*portheō*라는 동사는 바울 서신 중에서 이 구절과 23절에만 나온다).[43] 엄밀히 말해 바울이 "열심당"이라고 불린 운동에 속했다고 말할 수는 없다. "열

---

[42] 비느하스의 "열심"은 그의 가문이 제사장 직분의 언약을 하나님과 맺게 된 이유가 되었다(민 25:11, 13). 비느하스의 "열심"과 그에 따른 보상에 관한 주제는 다음 문헌에서 다시 등장한다. 집회서 45:23; 마카비1서; 마카비4서 18:12; 필론, *On the Life of Moses* 1.301-4; *On the Special Laws* 1.54-57(이 본문에서 필론은 비느하스의 "열심"을 가리킬 때 '스푸데' *spoudē*라는 단어를 사용한다); *Confusion* 57 (여기서는 '젤로스' *zēlos*라는 단어를 사용). 마카비적 의미의 "열심"에 대해서는, 예를 들어 요세푸스, 『유대 고대사』 12,271을 보라.

[43] 마카비1서 2:42-48과 3:5에 있는 "열성적인" 행동에 관한 묘사를 보라. 안티오코스가 유대인을 "파괴"한 행동을 동사 '포르테오' *portheō*를 사용해 표현한 마카비4서 4:23과 11:4을 보라.

심당"이라는 이름은 (바울이 활동한 시기보다) 후대에 붙여진 것이기 때문이다.[44]

여기서 예수 추종자들을 "하나님의 교회"라고 부른 것은 두 가지 기능을 한다. 먼저 다소의 사울이 이전에 행했던 일이 매우 심각한 일이었음을 강조하며, 또한 메시아 신자들의 자그마한 모임에 "하나님의 총회"$^{God's\ assembly}$라는 거창한 명칭을 붙임으로써 그 심각성을 더욱 부각시킨다. 고린도전서 10:32에서 바울은 "하나님의 총회"라는 표현을 "유대인" 및 "헬라인"과 대조되는 의미로 사용한다. '에클레시아 투 테우'$^{ekklēsia\ tou\ theou}$는 "이스라엘 총회",예를 들어, 신 31:30 "여호와의 총회",예를 들어, 신 23:2-4 (이 구절과 마찬가지로) "하나님의 총회"느 13:1=칠십인역 에스드라2서 23:1 라는 표현의 칠십인역 번역의 영향을 반영하고 있다. 이는 각기 다른 "지역 교회들" 전체가 단일한 기독 공동체의 일부분을 이룬다는 바울의 사고를 나타낸다.[45] '에클레시아 투 테우'$^{ekklēsia\ tou\ theou}$는 갈라디아서 6:16의 "하나님의 이스라엘"이라는 표현만큼이나 단어의 신학적 의미가 크게 변화했음을 나타낸다.

그러므로 바울은 자신의 이전 삶에 대한 이야기를 통해 갈라디아인들에게 특히 다음과 같은 점을 강조한다. 그 누구보다 바울 자신이 "조상들의 전통" 곧 이스라엘의 토라와 그에 대한 후대의 해석들이 무엇을 요구하는지 잘 알고 있었다. 그는 조상들의 전통에 관한 한 모든 면에서 앞서 있던 사람이었다. 그는 유대 관습과 전통을 적당히 지키는

---

44   이 점에 대해서는 N. T. Wright, *The New Testament and the People of God*, Christian Origins and the Question of God (London: SPCK; Minneapolis: Fortress, 1992), 1:170-81을 보라. 또한 Keener, *Galatians*, New Cambridge Bible Commentary, 52-53과 Keener, *Galatians: A Commentary*, 85을 보라.

45   Oakes, *Galatians*, 54은 이 점에 대해 옳게 말한다.

디아스포라 유대인이 아니었다. 그는 "내 동족 가운데서, 나와 같은 연배에 있는 많은 사람을 뛰어넘어 앞서 있었다"고 말한다. 책을 읽고 배우는 데서가 아니라(그는 물론 이 방면에서도 출중했다) 외적으로 보여주는 행동에 있어서 앞서 있었다. 다메섹으로 돌진해 그곳에 있는 교회를 공격할 수 있도록 공식 문서를 먼저 요청한 것도 바울이었던 것으로 보인다.[46]

그리고 그때 그의 모든 삶이 변하게 되었다.

1:15-17 다메섹으로 가는 길

이 단락에는 매우 신중하게 다뤄야 하는 주제가 나온다. 우리 중 대다수는 바울이 다메섹 도상에서 "회심했다"converted는 말을 들으며 자랐다. 현대인이 말하는 "회심"conversion은 바울이 이 단락에서 이야기하는 내용과는 꽤 다르다. 현대인들은 무신론자나 불가지론자가 기독교 신앙을 갖거나, 다른 종교를 신봉하던 사람이 기독교를 믿을 때 "회심"했다고 말한다. 하지만 바울은 "종교"를 바꾼 것이 아니다(앞에서 말했듯이 "종교"라는 개념은 현대의 산물이다).[47] 사도행전에서 바울이 주장하듯이, 그는 언제나 아브라함과 이삭과 야곱의 하나님께 신실했다. 율법과 약속들, 시편과 예언서를 늘 소중히 여겨 왔고, 그러한 태도를 견지했다. 깊게 생각하지 않는 그리스도인(아마도 13절과 14절의 쉽게 오해할 수 있는 '유다이스모스'Ioudaïsmos라는 단어 때문에)은 바울이 "유대교"를 버리고 "기독교"를 받아들였다고 생각하기 쉬운데, 이는 정말 심각한 문제다. 안타깝게도 많은 유대인들이 바울을 이런 식으로 이해했는데, 특히 (교회를

---

46 행 9:1; 22:4-5.
47 이 점에 대한 논쟁은 *Paul and the Faithfulness of God*, 1417-26을 보라.

세울 의도도 없었고 사람들이 자신을 "신"으로 생각했으면 하는 바람 따위는 전혀 없었던) 선량한 1세기 유대인으로서 예수를 되찾고 싶었던, 그래서 "기독교"라는 새로운 운동을 일으킨 책임을 지고 비난받을 인물(예수가 아닌)을 찾으려 했던 사람들이 그렇게 이해했다.

하지만 당대의 수많은 신실한 유대인들처럼(솔로몬의 시편 17편을 다시 떠올려 보라) 다소의 사울은 하나님의 메시아가 나타나 사악한 이교도를 무찌르고 그분의 백성을 구출하시길 열망하며 기도했던 사람이라는 사실이 중요하다. 사울은 별안간 나사렛 예수가 이스라엘의 메시아이며 세상의 참된 주님이심을 믿게 되었는데, 이 믿음은 철저하게 **유대적** 신앙이었다. 이 믿음의 내용은 오로지 성경에 바탕을 둔 세계관 안에서만 이해가 되는 것이었다. 바울이 갈라디아서에서 내내 강조하듯이, 이것은 성경의 약속들이 버려지지 않고 성취된 것이었다. 사울이 이스라엘의 메시아가 오시길 간절히 염원했다고 추정할 만한 근거는 얼마든지 있다. 단지 그가 예측하지 못했던 것은 메시아가 십자가 처형을 당한 예수라는 점이었다.

1:15 바울은 이 이야기를 조상들의 신앙과 그가 새로 얻은 예수에 대한 믿음 사이의 연속성을 강조하는 방식으로 신중을 기해 말한다. 그 중심에는 역시 "아포칼립스"(apocalypse, "하나님이 [감추어져 있던] 그분의 아들을 내 안에 **드러내 보이길**unveil 기뻐하셨을 때")가 있다. 즉, **동일한 하나님이 하신 일이다**. "나를 내 어머니의 태에서 따로 구별하신" 바로 그 하나님이시다. 하나님이 바울에게 그리고 바울을 위해 하신 일은 하나님 자신의 **기쁨**이 되었다. 이는 심리학이나 의학적으로 설명 가능한 단순한 우발적 경험이 아니다(줄곧 제기된, 바울이 간질 발작을 했다는 가설은 필사적인 환원주의[모든 것을 물리학, 화학, 생물학으로 설명할 수 있다는 입장]의 냄새가 난다). 예기치 못한 상황에서 느닷없이 벌어진 일이지만, 반

추해 보면 온전히 뜻이 통하는 하나님의 은혜의 행동이었다.

바울은 자신의 이야기를 이런 방식으로 풀어내면서 이어지는 구절들의 바탕에 깔린 논점을 강조하기 시작한다. **자기 자신의** 이야기를 들려주기 위해 그는 의도적으로 고대 이스라엘 예언자들의 이야기가 메아리처럼 되울리게 한다. 여기서 바울은 가장 위대한 이스라엘 예언자 두 명을 넌지시 암시한다. 예레미야[1:5]는 모태에서 지어지기도 전에 하나님의 부름을 받았다.[48] 때로는 이스라엘을, 때로는 나머지 이스라엘 백성과 반대되는 인물을 가리키는 것으로 보이는 이사야서의 "종"servant은 태어나기 전에[49:1, 5] 하나님에 의해 "모태에서 지어졌고"[44:2, 24] "부름을 받았으며", "이름을 부여받았다"(곧, 소명을 받았다).[49] "종"이라는 인물에 더욱 또렷하게 초점이 맞춰지면서, 여호와께서 "야곱을 주님께로 돌아오게 하는 종으로 삼으시려고 나를 모태에서 지으셨다"는 말이 나온다.[49:5] 바울이 이 단락을 무척 소중히 여긴 것이 분명하다. 그는 바로 앞 절[49:4]이 여러 곳에서 메아리처럼 되울리게 한다. 그는 갈라디아서 1:24에서 이사야 49:3을 되울리며, 이사야 49:6의 "이방의 빛"으로 삼으리라는 약속을 자기 소명의 핵심으로 삼는다.[50] 많은 독자들은 바울이 이

---

48 헤이스Hays는 *The Letter to the Galatians*, 215n46에서 NIV와 NRSV가 이 구절을 "태어나면서"from birth라고 번역하여 "모태에서 지어짐"이라는 표현을 밋밋하게 만들었다고 제대로 비판한다.

49 "내가 너를 지었다"는 표현은 또한 이사야 43:1; 44:21을 보라. 그리고 시편 22:9 칠십인역 21:10과 71:6 칠십인역 70:6을 보라. 여러 연구 중에서는, 예를 들어, R. E. Ciampa, *The Presence and Function of Scripture in Galatians 1 and 2* (Tübingen: Mohr, 1998), 111-18과 M. S. Harmon, *She Must and Shall Go Free: Paul's Isaianic Gospel in Galatians* (Berlin: de Gruyter, 2010), 76-85을 보라.

50 또한 고린도후서 6:2에 나오는 이사야 49:8을 보라. 또한 M. S. Gignilliat, *Paul and Isaiah's Servants: Paul's Theological Reading of Isaiah 40-66 in 2 Corinthians 5:14-6:10* (London: T&T Clark, 2007)을 보라.

사야서의 "종"에 관한 본문을 바울 자신 및 그의 사역과 연관시키는 것을 보고 처음에는 놀랄 수 있다. 바울은 예수를 "고난받는 종"으로 생각하지 않았던가? 이 문제에 대한 답변은 다음과 같다. (a) 현대인들은 이사야서에서 말하는 "종"을 단일한 인물로 보며, 그 결과 예수를 이사야 53장의 인물과 동일인으로 여기고, "종"이 다른 의미를 가질 수 있는 여지를 없애 버렸다. 바울의 생각은 이러한 생각과 거리가 멀다. (b) 이사야서에서 보통 "종의 노래"로 간주되는 본문과 이사야 44장과 같은 본문 모두 문학적 차원과 신학적 차원에서 "종"에 대해 유동적으로 묘사하고 있다. 따라서 "메시아에 속한 사람"ᵃ Messiah-man을 자신의 정체성으로 삼는 이가 더 큰 정체성에 편입되는 것은 어려운 일이 아니다.

두 경우 모두에서 바울이 예레미야서와 이사야서의 종에 관한 반향을 사용한 것은, 자신의 "소명" 이야기를 성경적 요소들로 치장하려는 것이 아니라 보다 더 중요한 의미를 지닌다(6절에서 갈라디아인들이 "은혜로 부름을 받았다"고 언급한 것처럼, 바울은 여기서 예수와 만난 순간을 하나님이 "그분의 은혜로 불러 주신" 사건이라고 말한다). 그와 경쟁하는 교사들이 지금 그의 소명을 문제삼고 있는데, 이에 대해 바울은 자신이 받은 구체적 소명이 강력한 성경적 근거에 기초했음을 주장하는 것이다. 자신은 (예레미야와 이사야처럼) 열방이 이스라엘의 하나님께 나아와 예배를 드리게 하는 사역을 하도록 하나님께 부름 받은 사람이라는 것이다. 이 구절이 되울리고 있는 예레미야 본문[1:5]은 "내가 너를 뭇 열방에게 보낼 예언자로 세웠다"는 말씀으로 이어진다. 이사야 49:6에서 하나님은 "내가 또 너를 이방의 빛으로 삼아 나의 구원을 베풀어서 땅 끝까지 이르게 하리라"(개역개정)고 말씀하신다. 달리 표현하면, 바울은 다음과 같은 내용을 말하기 위해 이 구약 본문들이 자신의 이야기에서 메아리처럼 되울리게 하고 있다. (a) 다메섹 도상에서 내게 일어난 일은 이스라엘의 하나님과 내 조상들이 전해 준 유산의 핵심을 이루는 성서적 전통을 향한 나의 깊은 충성심에 아무런 영향을 주지 않았다. (b) 내 "소명"call은 성경 예언서에 나오는 예언자들의 소명과도 같은 것이다. (c) 특히, 16절에서 직접 언급하듯이, 이방인의 사도로서의 소명vocation은 바로 그 예언자적 전통 위에 서 있다. 바울은 이스라엘 전통을 느슨하게 만들어 전파하는 절충주의자라는 비난에서 자기를 방어할 뿐만 아니라, 자신이 (성경적 전통에 관한 한) 우위에 있음을 주장함으로써 상대방의 비방을 뒤집어 버린다. 바울을 반대하는 사람은 하나님이 권위를 부여하고 세우신 선지자를 반대하는 것이다. 바울은 (a) 예수와의 만남과 (b) 이방인에게 하나님의 빛을 전달하라는 특별한 소명을, (그를 비판하는 이들이 소리 높여 주장하듯) 이스라엘의 전통에 대한 불충이 아니라, 이전에는 상상할 수 없는 방식으로 이루어진 이스라엘 전통의 성취로 이해한다.

1:16 바울은 하나님이 "그분의 아들을 **내 안에**in me 드러내시길"unveil 기뻐하셨다고 말한다. 하나님의 아들을 "나에게"to me 드러내 보이셨다고 말하고 싶었다면, 바울은 그냥 편하게 "나에게"라는 표현을 사용했을 것이다(몇몇 번역 성경은 이렇게 번역했다). 하지만 놀랍게도 많은 사람의 생각과 달리, '엔 에모이'en emoi라는 표현은 (예수와의 만남이) "개인적"이고 "주관적일 뿐인", 또는 "순전히 영적"인 체험이었음을 가리키는 것이 아니다. 바울은 다른 편지에서 이 사건을 언급할 때, 다른 사도들과 마찬가지로 자신도 눈으로 직접 예수를 보았다는 사실을 분명히 한다.[51]

---

51 고전 9:1, 15:8을 보라. 그리고 *The Resurrection of the Son of God* (London: SPCK; Minneapolis: Fortress, 2003), 8장에 있는 논의를 보라. 제임스 던J. D. G. Dunn은 *A Commentary on the Epistle to the Galatians* (London: Black, 1993), 64에서 바울이 그 실체(예수의 나타남—옮긴이)가 아무리 "객관적"으로 보였더라도, 그러한 비전(vision, 보는 체험)의 주관성을 인식하고 있었다고 주장하면서, 이 문제에 관하여 몸을 사리는 것처럼 보인다.

그가 예수를 시각적으로 본 것은 하늘과 땅이 서로 투명해진 순간이었던 것으로 보인다. 천상(초월적 세계)과 현실 세계가 나누어져 있다고 보는 현대적 에피쿠로스주의보다는 1세기 유대인들의 창조에 대한 관점(두 가지 차원의 창조)에서 더 잘 이해할 수 있다. '엔 에모이'en emoi, in me에서 "안에"in라는 전치사의 의미는 바울이 자기 자신을 "이방인 가운데" 복음을 전하는 사역자일 뿐만 아니라 복음의 실례paradigm로 이해했음을 보여준다. 복음의 진리는 바울이 **전한 메시지**만이 아니라 **바울이라는 사람됨**으로도 표현되었다. 이 점이 바울의 자서전적 이야기의 요지 중 하나이며, 2:19-21에서 가장 명징하게 표현될 것이다. 그 단락에서 바울은 예수를 다시 하나님의 "아들"로 부르는데, 이 풍성하고 다채로운 표현에 대한 논의는 해당 본문을 다룰 때까지 미루어 두겠다.

예수를 만난 충격적인 경험을 한 바울은 길거리로 뛰쳐나가서 아무나 붙들고 이야기를 하지는 않았다. "나는 곧바로 피와 살(을 가진 인간)과 의논하지 않았습니다." "피와 살"이라는 표현은 보통의 인간을 가리키는 데 자주 사용되었다. 마태복음 16:17에서 예수가 베드로에게 하셨던 말씀처럼, 인간과 하나님을 넌지시 대조하는 표현이다. 이 쟁점에서 가장 중요한 논지는 이것이다. 바울의 복음이 다른 사람에게서 건네받아서 배운 것이 아니라 부활하신 예수의 계시unveiling를 통해 하나님에게서 받은 것이라는 점(그와 경쟁 관계에 있는 교사들의 비난을 계속 반박하고 있다).

바울이 갈라디아서에서는 구체적으로 논증에 활용하지 않지만, 그가 받은 복음이 십자가 처형을 당하고 **살아나신** 메시아에 관한 소식이라는 사실을 우리는 놓치지 말아야 한다. 부활은 십자가 처형의 의미(예수가 진정한 메시아이고, 그의 죽음은 실제로 죄들을 처리했다)를 설명한다. 하지만 부활이라는 단어를 그런 의미만 가진 제한적인 것으로 이해해서는 안 된다. 마치 "그분이 사흘째에 일어나셨다"라는 진술이, 더 깊은 뜻은 생략된 채 그저 "그분께서 우리의 죄들을 위해 죽으셨다"는 말을 대체하는 표현인 양 이상하게 사용되는 것처럼 말이다. 정말 중요한 것은 "새 창조"6:15이고, 메시아의 부활은 그 새로운 실체("새 창조")의 시작이자 새 창조를 만들어 내는 궁극적인 힘이다.

1:17 특히 바울은 "나보다 먼저 사도 된 사람들을 만나러 예루살렘으로 올라가지" 않았다(여기서 "사도들"이라는 단어는, 바울이 다른 곳에서도 말했듯이, 죽으신 후에 다시 살아나신 예수를 목격하여 자격을 인정받은, 정해진 수의 사람들을 가리킨다). 그러고는 "피와 살"과 "하나님" 사이의 대조가 넌지시 등장한다. 바울은 "아라비아"로 갔다. 그는 사람이 아니라 하나님과 이야기해야 했다.

많은 이들이 바울의 아라비아 여행이 복음 전도를 위한 초기 시도라고 생각했으나 사실은 그렇지 않다. 학계는 물론 대중서에서도 이런 해석이 당연한 것처럼 되었으나, 이를 뒷받침할 증거는 없다. 가장 높은 가능성은, 하나님을 대면하기 위해 그가 아라비아로 갔다는 것이다.[52]

무엇보다 "아라비아"는 (바울이 사용하는 지리적 용어로는) 하나님과

---

[52] 내가 1996년에 발표한 소논문을 보라. 그 소논문은 *Pauline Perspectives* (London: SPCK; Minneapolis: Fortress, 2013), 10장에 재수록되었다. 이러한 역사적 재구성은 대표적으로 라이트푸트Lightfoot가 제안한 것으로, 여러 학자들이 받아들였다. 예를 들어 Hays, *The Letter to the Galatians*, 216을 보라. 바울의 "아라비아"에서의 복음 선포와 나바테아 왕국의 왕이 그를 공격했던 것을 연결시키려는 시도(예를 들어, Witherington, *Grace in Galatia*, 101-2, 117-18; Schreiner, *Galatians*, 102-3)는 빈약한 논증이다. 나바테아 왕의 위협은 바로 바울이 다메섹에 머무를 때 있었던 일이고, 그 지역에서 광범위적인 복음 선포가 있었다는 가정은 불필요하다(예를 들어, Keener, *Galatians*, New Cambridge Bible Commentary, 56-57에도 불구하고). 다메섹에서 시내 산까지 장거리를 여행한 것이 문제였다는 주장도 설득력이 없다(샌더스를 인용하는 Keener, 56-57을 보라). 우리가 아는 초기 예수 추종자들 중에서 바울이 가장 많이 이동한 사람이다.

이스라엘 사이의 언약이 처음 맺어진 시내 산이 있는 곳이다. (이 구절을 제외하면 바울은 갈라디아서 4:25에서만 "아라비아"를 언급한다). 이 단락에서 이사야서의 종과 예레미야서 본문의 반향만 되울리는 것이 아니다. 10-17절에서 가장 강력하게 공명하는 본문은 열왕기상 19장이다. "열심"을 가졌던 바울은 과거에 "열심"을 행동으로 표현했던 영웅들을 자신의 모범으로 삼았다. 우리가 앞에서 보았듯이, 그 영웅들 가운데 비느하스(이 인물을 뒤에서 다시 다루겠다)와 엘리야가 가장 중요한 인물이었다.

열왕기상 19장에 따르면, 엘리야는 바알 선지자들을 도륙한 후 아합과 이세벨로부터 위협을 받아 도망쳤다. 엘리야는 하나님과 이스라엘 백성이 언약 관계를 맺은 시내 산(혹은 "호렙 산")으로 갔다. 그곳으로 가면서 그는 지치고 우울해진 나머지 다 그만두고 싶어졌다. 그는 자신에게 맡겨진 일을 했을 뿐이다. 최선을 다했는데 모든 일이 끔찍하게 틀어지게 된 이유를 알 수 없었다. 그는 이렇게 불평했다. "나는 만군의 여호와께 열심이 유별났습니다."[19:10, 14] 그리스어 '젤론 에젤로카'*zēlōn ezēlōka*의 기저에는 히브리어적 표현('칸노 킨네티')*qanno qinneti*, "열심을 가지고 나는 열심을 내었다"이 반영되어 있다. 바울은 히브리어적 표현을 쓰진 않았지만 동일한 것을 말하고 있다. "나는 엄청나게 열심을 내는 사람이었습니다."*perissoterōs zēlōtēs hyparchōn* 열왕기상 19:15에서 하나님은 이렇게 응답하신다. "너는 돌이켜 광야길로 해서 다메섹으로 가라." 거기에는 새로운 임무가 있을 것이다. 엘리야는 새로운 왕에게 기름을 부을 것이다. 그리고 새로운 예언자를 세울 것이다.[53]

---

53 라이트푸트J. B. Lightfoot는 *St. Paul's Epistle to the Galatians: A Revised Text with Introduction, Notes, and Dissertations* (London: Macmillan, 1884), 88-90에서 "다메섹으로 돌아감"이라는 주제가 연결고리임을 보고, 바울이 시내 산에 가려한 이유는 "옛날 엘리야를

"열심"에 사로잡힌 다소의 사울은 다메섹으로 가는 길에서 부활하신 예수를 만났고, (엘리야처럼) 아라비아의 시내 산으로 갔다. 그는 "엄청난 열심을 가진" 사람이었다. 그의 길은 가로막혔다. 그리고 한분 하나님, 아브라함의 하나님과 대면하기 위해 길을 떠났다. 그러고는 새롭게 기름부음 받은 왕인 메시아 예수를 선포하도록 다메섹으로 돌려보내졌다. 이것이 바로 바울이 성경을 사용한 방식이다. 아니 그보다는, 바울 안에서, 바울을 통해 새로운 성취가 실현되도록 성경이 그를 사용한 방식에 대해 바울이 직접 말한 방식이라고 하는 편이 낫겠다.

겉으로 드러난 요지는 분명하다. 그를 폄하하는 사람들의 주장과는 달리, 바울은 예수를 만난 후 원래의 사도들이나 주님의 형제 야고보에게 모든 사항을 정확히 알아보겠다며 예루살렘으로 가지 않았다. 그는 하나님과 대면하기 위해 길을 떠났고, 하나님을 **위하여** 일하기 위해 돌아왔다. 그의 일은 십자가 처형을 당하고 살아나신 메시아가 온 세상의 주님이심을 선포하는 것이었다. 예언서의 메아리는 하나님이 이스라엘에 주신 약속들의 지도 위에 바울을 세워 놓는다. 예언서에서 끌어온 여러 겹의 공명(엘리야, 예레미야, 이사야)은 바울의 우선적인 수사적rhetorical 목적을 성취하는 데 도움을 준다. 즉, 이스라엘의 하나님과 하나님의 언약적 목표에 충성하지 않은 쪽은 분명 바울이 아니라 하나님의 부름인 "은혜"를 떠난 사람들이다. 그러므로 바울은 이스라엘 전통의 반역자가 아니라, 그 이스라엘 전통을 자신이 완전히 새로운 방식으

동일한 곳으로 가게 한 것과 유사한 충성심"이었다고 주장한다. 하지만 라이트푸트는 "열심" 및 그와 관련된 중요한 의미를 알아보지 못했다. 또한 Ciampa, *Presence and Function*, 121-23도 보라. 무Moo도 "열심"에 관한 요지를 깨닫지 못한 채 이것이 바울의 전도 사역의 출발점이었다는 통상적 이해로 돌아간다(*Galatians*, 106-7). 김세윤S. Kim은 바울이 이사야 42:11의 복잡한 지리적 힌트를 따라 움직였다고 주장하는데, 엘리야 이야기의 반향이 아주 강하지 않다고 한다면 이러한 견해는 설득력이 무척 낮을 것이다.

로 구현했다고 주장한다. 하지만 그 방식은 하나님이 그동안 줄곧 준비해 오신 것이었다고 바울은 말한다.

결론

강경한 편지 도입부와 자기변호는 바울의 근본적인 목표, 곧 갈라디아 교회들이 복음에 의해 빚어져야 하며 메시아가 그들 안에 "온전히 빚어지게" 해야 한다는 그의 목표갈 4:19를 이루는 데 어떻게 도움을 주는가? 이를 알려 주는 세 가지 신호가 있다.

첫째, "평범한" 때든 위기 상황이든 교회의 삶 모든 순간에 복음—십자가 처형을 당하고 죽은 자들 가운데서 일으켜지신 예수가 세상의 참된 왕이라는 메시지—을 더욱 분명히 다시 말하고, 복음 안에 다시 깃들어 사는 것이 그 무엇보다 중요하다. 죄를 위해 죽으신 그분의 죽음은 승리를 거두었고 "장차 올 세대"를 여셨으므로, 교회의 모든 삶과 사역은 바로 이 종말론적 틀 안에서 이해되어야 한다. 그것이 상당한 기도를 요하는 정신적 노력을 필요로 하더라도 말이다. 바울이 매우 힘주어 강조하는 "사도적 권위"의 문제는 자신의 가치나 특권 의식에 관한 것이 아니다. 경찰관이 자신의 권한을 사용하여 쾌적하고 안전해 보이지만 (그의 정보로는) 불발탄이 있는 거리에서 사람들을 돌려보낼 때, 그는 권력이나 명예를 추구하는 것이 아니라 자신의 의무를 수행하고 있을 뿐이다.

둘째, 바울은 자신의 삶과 사역을 그 위대한 성경적 내러티브(바울이 받은 유산이다) 안에서 이해했고, 그 내러티브가 자신의 삶과 사역에서 낱낱이 성취되고 있다고 생각했다. 복음은 "체험"을 중시한다고 성경을 무시하게(이렇게 생각하는 사람들이 종종 있었다) 하는 것이 아니라, 오히려 이스라엘의 성경을 새로운 관점으로 읽게 만든다. 체험(정확하게 정의하기 까다로운 단어이자 개념이다)은 중요하겠지만, 메시아의 십자가 처형과 부활이라는 터무니없어 보이는 메시지와 성령이 이끄시는 사도적 사명 가운데 새로운 성취를 발견한 성경적 내러티브의 더 큰 지도 위에서 이해되어야 한다.

셋째, 바울이 사안에 접근하는 모습에는 정직함과 긴급함이 있다. 오늘날 많은 현대인들이 이런 바울의 모습을 "정도가 지나치다"고 말한다. 우리는 우회적이고 모호한 방식으로 문제에 접근하는 모습을 선호하고, 우리가 잘못된 방향으로 가고 있다고 단도직입적으로 우리에게 말하는 사람을 싫어한다. 하지만 우리가 정말 잘못된 방향으로 가고 있는 것이라면?

갈라디아서 1:18-2:10

본문 사역

[18] 그러고는 삼 년 후에 나는 게바와 이야기를 나누려고 예루살렘으로 올라갔습니다. 나는 두 주 동안 그와 함께 지냈습니다. [19] 주의 형제 야고보를 제외하면, 나는 사도들 가운데 그 어떤 이도 보지 못했습니다. [20] (보세요, 나는 거짓말을 하고 있는 게 아닙니다. 내가 여러분에게 쓰고 있는 것들은 하나님의 현존 앞에서 기록되었습니다.) [21] 그러고는 나는 시리아와 길리기아 지역으로 갔습니다. [22] 유대 지역에 있는 메시아에게 속한 회중들에게는 내 얼굴이 알려지지 않았습니다. [23] 그들은 단지 그들을 박해하던 그 사람이, 지금은 그가 전에 없애버리려고 하던 그 믿음에 관한 기쁜 소식을 전한다 하는 소문만 들을 뿐이었습니다. [24] 그리고 그들은 나를 두고 하나님께 영광을 돌렸습니다.

[2:1] 그러고는 십사 년이 지나서 나는 다시 예루살렘으로 올라갔습니다. 그때 바나바와 디도를 데리고 갔습니다. [2] 나는 계시 때문에 올라갔습니다. 나는 이방인 가운데 전하는 복음을 그들에게 제시했습니다(유력 인사에게는 따로 이 일을 했습니다). 행여나 내가 달리고 있는 일이나 지금까지 달린 일이 헛되지 않게 하려고 한 것입니다. [3] 하지만 나와 함께 있던 헬라인인 디도조차도 할례를 강요받지 않았습니다. [4] 하지만 우리를 노예로 만들려고, 메시아 예수 안에서 우리가 누리는 자유를 몰래 엿보려고 슬그머니 들어온, 가족의 일원이라고 사칭하는 사람들이 있었지만 [5] 나는 그들에게 굴복하지 않았습니다. 결코, 단 한순간도요. 복음의 진리가 여러분과 내내 머물러 있게 하기 위해서

말입니다.

⁶ 소위 유력하다는 사람들—그들이 한때 어떤 "사람들"이었든, 나에게는 전혀 중요하지 않습니다. 하나님은 차별을 두지 않으십니다—곧 존경받는 그 사람들이 나에게 어떤 새로운 제언을 한 일은 없습니다. ⁷ 정반대로, 그들은 베드로가 할례받은 자를 위한 복음을 맡은 것처럼 내가 할례받지 않은 자를 위한 복음을 맡은 것을 알아보았습니다. ⁸ (베드로에게 할례받은 자의 사도가 되라고 힘을 주신 분이 나에게는 이방인들에게 가라고 힘을 주셨기 때문입니다). 게다가, 그들은 나에게 주어진 은혜를 알아보았습니다. ⁹ "기둥들"이라고 존경받는 야고보와 게바와 요한은 바나바와 나에게 친교의 오른손을 내밀어 악수했고, 우리는 이방인들에게 가고 그들은 할례받은 자에게 가기로 했습니다. ¹⁰ 다만 그들이 우리에게 요구한 것은 가난한 사람들을 계속 기억해 달라는 것이었는데, 그것은 바로 내가 전부터 열심히 해오던 일이었습니다.

서론

첫 열일곱 절의 흥미진진함은 다메섹 도상 체험과 그 여파에 대한 짤막한 서술에서 최고조에 달한다. 그 뒤에 이어지는 열일곱 절 남짓한 이 단락은 다소 맥이 빠진 것처럼 보일 수 있다. 이 단락 뒤에 어떤 내용이 나오는지(이신칭의, 십자가의 의미, 아브라함에게 주어진 약속들, 육과 영의 충돌) 이미 아는 독자라면 참지 못하고 이러한 주제로 곧장 뛰어들고 싶을지 모른다. 바울이 남긴 글 가운데 가장 유명한 문장이라 할 수 있는 2장의 마지막 구절들을 빨리 읽고 싶다는 생각에 이 단락을 건너뛰고 싶은 마음이 간절할 것이다. 하지만 이 단락을 신중을 기해 차근차근 읽어야 하는 충분한 이유가 있다.

그 이유 중 하나는 성경 본문에 충실하는 것이 기본이기 때문이다.

본문을 충실하게 읽는 것은 결국 역사의 중요성을 확언하는 방식이기도 하다. 증거가 어떤 결론으로 이끄는지 알 것 같을 때에도, 증거가 가리키는 것보다 우리가 더 잘 안다고 주장하지 말고 증거가 이끄는 대로 따라가야 한다. 아리스토텔레스나 톨스토이와 같이 존경스러운 위인의 글을 읽을 때처럼, 성경을 읽을 때에도 첫눈에 재미없어 보이는 부분은 건너뛰고 흥미로운 부분만 찾아 읽으려 해서는 안 된다. 성경을 읽을 때, "자, 세부적인 사항에는 신경 쓰지 맙시다. 바울이 **진정** 말하고자 한 것은……입니다"라고 말할 위험이 늘 있다. 이미 바울부터 조급히 말하고 있다지만, 그는 어떤 경우에도 셰익스피어처럼 무엇 하나 허투루 말하지 않는다. 바울이 1:18부터 2:10까지의 내용을 자신이 그 뒤에 말하려는 요지를 준비하는 데 필요한 단계라고 판단했다면, 우리는 우리의 판단이 더 낫다는 생각을 버리고 그의 사고의 흐름을 따라야 할 것이다. 주석의 목표는 언제나 지금 우리가 다음과 같이 말하는 지점에 도달하는 것이다. "우리가 **이 지점**에 서서 우리의 시선이 아닌 **그의** 시선으로 그 사안을 본다면, 우리는 그가 말한 것이 정확히 무엇인지 알아차릴 수 있을 것이다."

예수의 죽음과 율법으로부터의 자유와 이신칭의를 논하는 2장의 마지막 일곱 구절처럼 멋진 단락을 문맥에서 떼어 내 아주 다른 맥락, 곧 16세기에 제기되어 그 이후 되풀이된 은혜와 행위, 믿음과 율법에 관한 논쟁 가운데 두기 쉽다. 그 논쟁들은 중요하다. 우리가 공유하는 기독교 역사의 일부이다. 하지만 성경에 충실하려면 우리는 항상 다른 방식으로 바라보고 사고해야 한다. 서론에서 강조했던 내용을 다시 말하자면, 루터나 칼뱅, 틴들Tyndale과 크랜머Cranmer 같은 위대한 종교개혁자들은 당대의 문제에 성경적 답변을 주려고 최선을 다했던 사람들이다. 하지만 그들은 그런 노력을 하면서 거듭해서 성경 저자들이 씨름했던 문제와 자신들이 당면한 문제가 서로 같다고 치부하고, 실제 1세기에 제기되었던 문제를 무시했다. 우리에게 성경을 주신 하나님께 신실함으로 응답하고, 참되고 지속적인 그리스도인 되어감 Christian formation 을 추구하는 우리의 과제는, 1세기에 불거진 문제들이 무엇이었고, 1세기의 성경 저자들이 제시한 답변이 무엇이었는지 최선을 다해 찾아내는 것, 그리고 그러한 역사학적 탐구의 도전을 받아들여 오늘날 우리가 사안에 접근하는 방식을 재편하는 것이다.

결국 이 말은, 바울 서신에서 가장 중요한 단락이자 논쟁을 일으킨 본문인 2:15-21을 제대로 온전히 이해하려면 바울이 1:18-2:10에서 차곡차곡 쌓아 올리는 내용에 촉각을 기울여야 하며, 이 본문과 2:15-21을 이어 주는 2:11-14도 주의 깊게 살펴야 한다는 것이다. 달리 말하면, 바울이 큰 걱정과 불안 가운데 절박한 심정으로 긴급하게 글을 써 내려가면서, 말하려는 바도 없는데 스무 절가량을 두서없이 회상에 허비하지 않았으리라는 것이다. 바울에게는 이 모두가 전하려는 요지의 **일부**이다. 우리가 주의를 기울이지 않는다면, 바울이 말하려는 그 요지 자체를 오해할 수 있다.

바울이 정말 중요한 내용만 짚어서 긴급하게 글을 쓰고 있음을 알려 주는 표시는 (당혹스럽게도) 그가 많은 설명을 생략한 채로 두어 우리로 하여금 그 간격을 메우게 한다는 것이다. 바울의 글과 사고 안에 남겨진 간격을 메우는 일은 늘 쉽지 않다. 바울은 이 단락 안에 갈라디아의 위기 상황을 직접적으로 가리키는 표시를 남겨 둔다. 그의 주요 관심사 중 하나는 자신의 사도로서 독립적인 권위를 주장하는 것이다. 바울은 그의 복음을 예루살렘의 그리스도인들로부터 전해 받았는가? 만일 그렇다면, 갈라디아인들이 바울에게 "더 온전한" 복음을 요구했을 가능성은 없는가? (그의 경쟁자들이 내세우는 "더 온전한" 복음은 할례를 포함한 것으로써, 바울이 "사람을 기쁘게" 하기 위해 생략한 요소라고 그들은 주장했던 것 같다). 바울은, "그렇지 않다!"라고 하며, 자신은 개인적으로 예루살렘 사도들을 알지 못했고, 예루살렘 사도들도 그에 대해 거의 아는 바가 없었다고 말한다. 예루살렘 사도들과 바울이 만났을 때,[2:1-10] "타인에게 할례를 강요하는" 문제—갈라디아에서 불거진 바로 그 문제—에는 지금 바울이 제시하고 있는 것과 똑같은 답변이 주어졌다. 따라서 (바울의 말에 따르면) 다른 노선을 취하는 사람들은 사실상 모두 연극을 하는 것처럼 위선적이며, 서로 반대되는 두 가지 관점을 동시에 수용하려 한다. 정말 중요한 것은 "복음의 진리", 특히 모든 메시아의 백성이 소유한 "자유"다.

바울은 바로 여기서 그 쟁점들을 다루고 있는데, 그 쟁점들은 갈라디아의 상황과 직접적인 관련이 있음이 명백하다. 따라서 1:18부터 2:10에 이르는 단락과 베드로와의 논쟁이 담긴 2:11-14을 단순히 "역사적 배경"이라고만 할 수는 없다. 2:15-21을 16세기 이후 칭의 교리의 관점에서 읽어 왔기 때문에 그렇게 보인다고 하면, 이 단락들을 매우 잘못된 시각으로 읽는 것이다. 우리는 이 구절들을 이해해야 비로소 2장 후반부의 유명한 구절들뿐만 아니라 갈라디아서 편지 전체에서 바울이 말하고자 한 바를 정확하게 이해할 수 있을 것이다.

지리적 문제와 연대적 문제 때문에 이 단락을 이해하기가 더 어렵다. 이 문제들을 자세히 다룰 필요는 없으나, 바울이 첫 번째 만남과 이후의 만남 사이에 몇 년이 흘렀는지 구체적으로 말하고 있으므로 우리는 이에 관한 시간과 공간적 틀을 염두에 두고 있어야 한다. 바울이 다메섹 도상에서 예수를 만난 사건이 대략 주후 33년경 일어났다고 한다면, 이후 일어난 사건의 시간대는 아주 쉽게 알아낼 수 있다. 첫 번째 예루살렘 방문[1:18-24]은 36년경에 있었던 일이다. 바나바와 디도를 동반한 두 번째 방문2:1-10은 첫 번째 방문 14년 후에 있었던 일이 아니라 **바울이 다메섹 도상에서 예수를 만나고** 14년 후의 일이다. 그러므로 대략 46/47년경의 일이라고 추정할 수 있다. 이 방문은 사도행전 11:27-30(12:25도 포함)의 "기근에 도움의 손길"을 전하기 위한 방문에 해당한다. 이 방문에 이어 바울의 첫 번째 선교 여행이 47/48년에 있었다. 이 선교 여행에서 바울은 로마의 속주 "갈라디아", 곧 남부 튀르키예의 도시들에서 복음을 전했다. 그 후 바울과 바나바가 안디옥으로 돌아왔을 때, 예루살렘에서 온 사람들이 안디옥(갈 2:12)과 갈라디아 **두 곳 모두**에 와서 이방인 예수 추종자들이 할례를 받아야 한다고 주장했다. 그때 바울은 베드로와 대면해 논쟁했다(2:11-14, 그리고 아마도 15-21절까지. 아래 해당 본문에 관한 주석을 보라). 바울은 그때 자신과 바나바가 이른바 예루살렘 사도 공의회행 15장에 가기 전에 몹시 서둘러 갈라디아서를 썼다. 예루살렘 사도 공의회는 대략 48/49년경, 곧 바울이 갈라디아서를 쓴 것을 포함해 모든 사건이 일어난 후에 열렸다. 그 후에 ─ 그리고 바울과 바나바가 결별한 후에행 15:36-41 ─ 그는 두 번째 선교 여행을 떠났다.

따라서 아래와 같은 연대표로 정리할 수 있다.

33년	다메섹 도상에서 예수와 만남
36년	첫 번째 예루살렘 방문
46/47년	두 번째 예루살렘 방문(기근에 도움을 주기 위한 방문). 바나바와 디도 동행
47/48년	제1차 선교 여행
48년	안디옥으로 돌아옴. 예루살렘에서 온 남자들이 안디옥에, 바울과 경쟁 관계에 있는 교사들이 갈라디아에 옴
48년	바울이 갈라디아서를 씀. 바나바와 함께 예루살렘으로 감

| 48/49년 | 예루살렘 공의회 |
| 49년 | 제2차 선교 여행 시작 |

이러한 설명의 가장 두드러진 문제점은 적어도 독일과 북미의 많은 학자들이 갈라디아서 2:1-10을 바울 입장에서 사도행전 15장의 예루살렘 공의회를 이야기하고 있다고 간주해 왔다는 것이다. 내가 서론에서 말했듯이, 이러한 이론은 바울의 "이방인 그리스도교"와 베드로의 "유대인 기독교"로 초기 교회가 나뉘어 있었다는 바우어[F. C. Baur]의 견해를 받아들인 후대의 학자들에게 결정적인 영향을 끼쳤다. 바우어의 다른 주장들을 반대하는 학자들조차도 그의 초기 교회에 관한 견해만큼은 계속 견지하고 있다. 하지만 사도행전 15장과 갈라디아서 2장 사이에는 내용상 공통점이 거의 없다. 그렇기 때문에 이 이론은 사도행전을 상당히 편향적이며 역사적으로 신뢰할 수 없는 대단히 후대의 작품으로 본다(이 역시 바우어의 영향을 받은 학계의 견해와 궤를 같이한다). 또한 이 이론은 지리적 언급을 다르게 해석할 수밖에 없다. "갈라디아"를 아나톨리아 중앙 지역에 군집해 살던 민족적 집단으로 이해하기 때문이다. 하지만 나는, 점차 수를 더해가는 학자들의 견해(이 중에는 고대 역사가와 고고학자도 포함됨)와 마찬가지로, 바울이 비시디아 안디옥을 주 도시로 삼고 이고니움과 루스드라와 더베는 위성 도시였던 로마 속주의 명칭을 사용하고 있다고 본다.

내가 제시한 연대표를 분명하게 뒷받침하는 논증으로는 다음과 같은 것들을 들 수 있다. 두 번째 (예루살렘) 여행이 "계시에 따른" 것이며,[2:2] 예루살렘 지도자들이 바울과의 회합을 마치고 바울 일행에게 "가난한 자들을 계속 기억해야 한다"고 요청했다는 것이다.[2:10] 전자는 사도행전 11:28에서 아가보가 앞으로 일어날 기근에 대해 예언한 이야기와 쉽게 연결된다. 후자는 기근이라는 방문의 목적을 자연스럽게 가리킨다. 고대 튀르키예 연구를 선도하는 학자도 이에 동의한다.[1]

자, 이제 본문을 자세히 살펴보자.

1:18-24 첫 번째 예루살렘 방문: 좋았던 관계

바울이 1:18-24에서 강조하는 핵심은, 자신이 받은 복음 전파의 사명과 복음에 대한 이해가 예수께로부터 왔고 예루살렘 사도들과는 아무 관련이 없다는 것이다. 그는 분명 자신과 경쟁 관계에 있는 교사들이 문제삼은 것들에 대해 자기 방어를 하고 있다. 이미 살펴본 대로, 우리는 바울이 갈라디아를 처음 방문한 후에 갈라디아에 온 사람들과, 이전에 안디옥에 왔던 "야고보에게서 온 어떤 이들"갈2:12을 비슷한 사람들이라고 추정해야 한다. 이들은 신생 교회에 바울이 예루살렘 교회의 권위 아래 있으나 예루살렘 교회에서 배운 것과 어긋난 내용을 설파한다고 주장했다.

1:18-19 바울은 그렇지 않다고 응수한다. 그는 부활하신 예수를 만나고 삼 년 후에 예루살렘에 처음으로 가서 베드로와 두 주 간을 함께 보냈고 야고보를 만났다. 그것이 전부이다. 그는 베드로(바울은 아람어 이름 "게바"로 부른다)를 만난 이유를 '히스토레사이'*historēsai*라는 단어로 설명하는데, 이 단어는 "진술"account 또는 "사적 이야기"를 뜻하는 '히스토리아'*historia*라는 단어와 동일한 어근에서 나온 동사다. 바울이 살던 시기에는 "누군가에게 질문하다"라는 '히스토레사이'*historēsai*의 본래 의미

---

[1] S. Mitchell, *Anatolia: Land, Men, and Gods in Asia Minor* (Oxford: Oxford University Press, 1993). C. Breytenbach and C. Zimmerman, *Early Christianity in Lycaonia and Adjacent Areas: From Paul to Amphilochius of Iconium* (Leiden: Brill, 2018).

가 밋밋해져서 단순히 "누군가를 방문하다"라는 의미로 사용되었다. 하지만 이 동사는 여전히 "서로의 이야기를 듣다, 서로를 알게 되다"라는 함의를 지니고 있었다. 여기서는 이러한 뉘앙스가 어느 정도 깔려 있는 것으로 보인다.[2] 바울이 베드로에게 "복음을 배우지" **않았다**는 점을 강조하기 위해 애쓰는 모습으로 미루어 볼 때, 동사 '히스토레사이'는 바울과 베드로가 단순히 서로 최신 정보를 교환했고, 특히 예수와 그의 공생애에 대한 직접적인 이야기를 베드로에게 들었음을 가리키는 것 같다. 바울이 베드로와 안면을 트고 그와 "유익한 시간"을 보내며, 베드로가 정말 어떤 인물이며 어떤 생각을 지녔는지 알고 싶어 했던 것은 분명하다. 하지만 최소한 바울의 시각에서 그 만남은 동등한 지위를 지닌 이들의 관계였다. 자신이 베드로보다 아래에 있는 사람으로서 만난 것이 아니다. 주님의 형제 야고보와의 관계도 마찬가지다. 주의 형제 야고보는 아주 빠르게 초대 교회의 중심 인물이 되었고, 다른 사도들이 여러 장소로 떠나 사역할 때도 예루살렘에 계속 머무르다가 주후 62년에 극렬 반대자에 의해 살해되었다.

1:20 바울이 예루살렘 사도 중에서 베드로와 야고보만 만났다고 강조하는 데에는 분명 매우 중요한 이유가 있다. 바울은 자신이 진실을 말하고 있다는 엄숙한 맹세를 한다. 그가 엄숙히 맹세한 예는 매우 역설적인 구절인 고린도후서 11:31을 제외하면 여기가 유일하다.[3] 사도행전 9:26-30은 동일한 예루살렘 방문을 보도하는데, 그 방문에서 좀 더 많은 일들이 있었음을 암시한다. 이 사도행전 본문에 따르면 바울은 갈라

---

2   D. A. deSilva, *The Letter to the Galatians* (Grand Rapids: Eerdmans, 2018), 160n83을 포함해 도처에 있는 언급을 보라.

3   바울은 다른 본문에서도 진실을 말하고 있다고 주장하지만 맹세를 하며 주장하지는 않는다. 로마서 9:1과 디모데전서 2:7을 보라.

디아서 1:22에서 말한 것보다는 예수 신자들에게 더 잘 알려져 있던 인물로 보인다. 사도행전 8:3의 교회 핍박에 관한 이야기에서도 비슷한 인상을 받는다. 바울은 집집마다 들어가서 예수 운동에 동참하는 사람들을 체포하려는 열성을 보였다. 사도행전 9장에서는 바울이 예수를 믿지 않는 유대 지역 주민들과 논쟁하다가 다툼에 휘말려서, 교회가 그를 길리기아 다소로 돌려보내기로 결정했다. 갈라디아서에서 바울이 말한 내용과 사도행전 9장의 차이점을 조화롭게 이해하기 위해서는, 바울이 예루살렘에서 다른 신자들을 만나기는 했지만 그중에서 유일한 지도자이자 진정한 사도는 베드로와 야고보 밖에 없었다고 간주하면 된다. 어쨌든 바울이 말하려는 요지는 다음과 같다. 그가 받은 사명과 그의 복음은 예루살렘 교회로부터 받은 것이 아니라 독립적인 것이다.

1:21-22 "그러고는 나는 시리아와 길리기아 지역으로 갔습니다"라고 바울은 말한다. 당시 시리아와 길리기아는 단일한 로마 속주에 속해 있었다가 주후 72년에야 분리되었다. 우리는 바울이 시리아와 길리기아 지역에 가서 (대략 36-46년 사이에) 어떤 삶을 살았는지 모른다. 그 이후의 삶에서 미루어 보건대, 그는 성경 읽기와 기도에 매진했고 메시아 사건의 의미에 대하여 숙고했을 것이다.[4] 그 시기에 바울은 "유대 지방의 메시아에게 속한 회중들에게는 얼굴이 알려지지 않았다." "메시아에게 속한 회중들"messianic assemblies이라는 표현은 초창기 예수 추종자들이 스스로를 어떻게 불러야 할지, 그리고 자신들의 모임을 어떻게 명명해야 할지 고민하던 시기가 있었음을 반영한다. '에클레시아'ekklēsia는 단순히 사람들의 모임, 곧 "집회"assembly를 뜻한다. 입법 기관이나 법과 관련된 회의 또는 비공식적 모임, 그리고 특히 고대 이스라엘 총회를 가리키는

---

4 *Paul: A Biography* (San Francisco: HarperOne; London: SPCK, 2018), 3장을 보라.

단어로 사용되었다. '에클레시아'라는 용어는 "주로 그리스어를 사용하는 그리스도인들 사이에서 두 가지 이유로 널리 사용되었다. 이는 히브리어 성경의 그리스어 번역본에서 사용된 단어로서 이스라엘과의 연속성을 확증하기 위해서, 그리고 정치적으로 불온한 모임이라는 느낌을 주지 않기 위해서다."[5] 당시 유대 지방의 에클레시아는 지역 시민의 민회나 회당(당시 유대인들에게는 민회와 회당이 유사한 뜻이었다) 같은 것이었다. 유대 지방에 있는 "메시아 안의" 에클레시아는 예루살렘 주변 지역에서 생겨나고 있던 작은 예수 공동체들을 가리켰다. 바로 이 그룹들이 바울을 몰랐다는 것이다. 바울은 예루살렘의 예수 신자들만 만났고, 사도 중에서는 베드로와 야고보만 만났다. 제기된 문제에 응답하면서 바울은 계속해서 자신이 예루살렘 교회 지도자들에게 종속되어 있지 않음을 힘주어 말하고 있다.

1:23-24 유대의 시골 지역에 있는 예수 추종자들과 [베드로와 야고보를 제외한] 다른 사도들이 바울에 관해 알고 있는 것은 바로 그들을 핍박했던 이가 이제는 "이전에 파괴하려고 했던 그 믿음에 관한 좋은 소식을 선포하고 있다"는 사실이었다. 우리는 여기서 다시 한번 초창기 예수 추종자들이 나중에 전문 용어가 된 것들을 신중을 기울여 찾으려 했던 모습을 보게 된다. 여기서 "좋은 소식을 선포하다"로 번역한 단어는 이사야서에 나오는 '유앙겔리제타이',*euangelizetai* 곧 "좋은 소식으로 전함"gospelling이다.[6] 이 구절에서 "그 믿음"은, 사도행전의 "그 길"the Way처럼[7] 예수 운동 전체를 '시네크도키'(제유법 synecdoche, 부분으로 전체를 뜻하는 수사적 기술)라는 방식으로 나타낸 것이다. 바울은 앞일을 염두에 두고 일부러 예수

---

5 BAGD 303.

6 사 40:9; 52:7; 61:1.

7 예를 들어, 행 9:2; 13:10; 16:17; 19:23; 22:4; 24:14, 22.

운동을 '피스티스'[pistis]로 부른다. 이 표현(직역하면, "그가 그 믿음을 좋은 소식으로 전하고 있다")은 독특하다. '피스티스'[pistis]가 동사 '유앙겔리조마이'[euangelizomai]의 목적어로 나오는 경우는 이 구절을 제외하면 데살로니가전서 3:6이 유일하다. 그 구절[살전 3:6]에서는 디모데가 바울에게 데살로니가인들의 지속적인 믿음과 사랑에 관한 "좋은 소식"을 가져왔다고 한다. 갈라디아서의 이 구절에서 바울은 앞으로 논증할 내용을 미리 귀띔하고 있다. 즉, 모든 메시아 백성, 곧 유대의 언덕 지역에 사는 신자들로부터 갈라디아의 이방인 도시에 사는 신자들에 이르기까지 모두가 공통으로 가지고 있는 한 가지는 "그 믿음"이다.

분명 여기서 "그 믿음"[the faith]은 믿음의 내용, 곧 예수를 십자가에서 죽으시고 부활하신 메시아로 믿는 것을 가리킨다. 하지만 바울은 단순히 "사상"[idea]만 핍박했던 것이 아니다. "그 믿음"은 예수를 믿는 사람들, 그들이 믿은 메시지, 그리고 결과적으로 그들이 받아들인 삶의 방식을 나타내는 단어다. 바울은 그 메시지와 새로운 "길"을 없애버리기 위해 사람들을 공격했었다. 하지만 이제 그는 그 사람들을 '피스티스'[pistis]라는 방식으로 성장시키기 위해 메시지를 선포한다.[8]

이 모든 일은 찬양을 이끌어 냈다. "그들은 나를 두고 하나님께 영광

---

8 오크스[Oakes]는 *Galatians*, 61에서, 사람들이 이미 하나님을 신뢰했으므로 여기서 '피스티스'[pistis]가 단지 "신뢰"[trust]를 뜻할 수는 없다고 말한다. 맞는 말이다. 하지만 그런 이유로 '피스티스'가 여기서 예수와 관련된 사건들을 가리킬 수 없다는 오크스의 주장은 틀렸다. 과거에 일어난 사건들이기는 하다. 하지만 바울은 십자가 처형을 당한 예수가 부활—부활 없는 예수의 죽음이 '피스티스'[pistis]의 행동이 될 수 없었을 것이다—했다는 메시지를 "파괴"하려고 했었다. 모건은 바울이 "하나님과 그리스도와 그리스도 추종자들 사이에" 존재하는 "신뢰로 형성된 관계"[the relationship of trust 또는 "신뢰를 통한 유대"[the bond of trust를 파괴하려 했던 것이라고 말한다. T. Morgan, *Roman Faith and Christian Faith: Pistis and Fides in the Early Roman Empire and Early Churches* (Oxford: Oxford University Press, 2015), 266. 맞는 말일 수 있겠으나, "관계성"이라는 용어로 바울이 말한 바를 전부 파악할 수 있을지는 잘 모르겠다.

을 돌렸습니다." 여기서 "나를 두고"를 직역하면 "내 안에"$^{\text{in me}}$이다. 16절처럼 이 구절은 다시 한번 이사야 49장, 정확히는 49:3의 반향을 담고 있다. "너는 나의 종 이스라엘이다. **네 안에서** 나는 영광 받을 것이다." 바울은 15절에서 17절까지 예언서를 넌지시 암시하면서 자신이 이스라엘의 전통과 유산 안에 확고히 자리 잡고 있음을 보여준다. 이스라엘 전통에 불순종하는 사람도 아니고, 사람을 기쁘게 하는 사람도 아니며, 이스라엘 전통을 느슨하게 지키거나 만드는 사람도 아니라는 말이다. 열방을 향한 종의 사역에 대한 예언이 자신의 사역을 통해 성취되었다고 주장하며, 자신을 이 전통 한가운데 서 있는 사람이라고 말한다.

이사야 53장의 "종"을 예수라고 생각하는 데 익숙해진 사람들은 바울이 소위 이사야서의 "종의 노래" 및 관련 구절 대부분을 자신의 사역과 소명에 대해 말할 때 언급하고 있다는 [불편한] 사실에 다시금 직면하게 된다. 이는 다음과 같은 사실을 상기시켜 준다. 바울은 자신의 소명과 임무와 사역을 메시아의 종이자 전령이라는 관점에서 이해했다. 그로 인해 예수의 종 사역이 공인된 사도의 종 사역으로 자연스럽게 이어질 수 있었다. 바울에게 이것은 둘 중의 선택의 문제가 아니었다(즉, 이사야의 "종"이 예수인가 **아니면** 사도인가). 그는 예수 자신의 영으로서의 성령에 대한 확고한 신학을 가지고 있었다. 바울은 살아 계신 예수께서 자신의 주님으로서 바울이 행하도록 부름 받은 모든 일을 관리하는 분이며, 예수께서 바울 자신의 사역 가운데 예수의 영으로 현존하시고 일하신다고 믿었다.

갈라디아인들이 큰 혼란에 빠지게 된 데에는 납득할 만한 이유가 있다. 우선 바울과 지낸 시간이 길지 않았고, 게다가 예루살렘에서 온 사람들이 바울에 대해 다른 이야기를 했기 때문이다. 그래서 바울은 최대한 강조하여 말한다. 갈라디아에 있는 (바울과) 경쟁하는 교사들은 유대 지방의 교회들의 권위를 등에 업고 있는데, 그 유대 지방에 있는 교회들이 바울에게 복음을 건네준 적도 없을 뿐만 아니라 바울을 두고 하나님을 찬양한다고 말이다. 유대 지역의 교회들은 바울의 사역을 오래된 약속들의 성취로 보았다. 바울의 사역은 예수가 오랫동안 고대한 메시아이자 주님이라는 또 다른 증거이기도 했다. 이는 바울에 대한 가장 높은 평가다. 사도행전 11:23은 바나바가 안디옥에 가서 유대인과 이방인으로 구성된 메시아 공동체의 위대한 광경을 보고 난 뒤의 반응을 그린 것으로 보인다. "바나바가 [거기에] 가서, 하나님의 은혜가 내린 것을 보고 기뻐하였고." 바울은 이 단락을 통해 자신에게 위협이 될 수 있었던 질문("유대 지역의 메시아 신자들은 당신을 어떻게 생각합니까?")을 긍정적인 인정으로 바꾸는데,[9] 이것은 '피스티스'의 공동체가 세워져 간다는 표지였고, 바울은 갈라디아에서도 그런 반응이 이어지기를 간절히 원했다.

이로써 조금 더 복잡한 상황이 되었다. 우리는 이렇게 두 번째 예루살렘 방문을 기술한 갈라디아서 2:1-10에 이르렀다.

2:1-10 두 번째 방문: 견고하게 서라

이 단락이 바울의 두 번째 예루살렘 방문을 기술하고 있다는 점에는 모두 동의한다. 하지만 방문한 시기나 방문한 실제 동기나 (방문 시기 및 동기와 맞물린 문제인) 이 단락과 사도행전 15장의 예루살렘 공의회와의 관련성에 대해서는 어떠한 학문적 합의도 이루어지지 않았다. 서론에서 이미 주장했듯이, 사도행전 15장에 기록된 예루살렘 공의회가 열리

---

[9] 헤이스Hays도 *The Letter to the Galatians*, 217에서 같은 견해를 보인다.

기 전에 바울이 갈라디아서를 썼고, 사도행전 11장의 기록과 상응하는 사건을 이 단락에 썼다고 보는 것이 역사적으로나 주해적으로나 훨씬 개연성이 있다. 이러한 관점을 바탕으로 주석해 나가려고 한다.

2:1-5 "강요받지 않았다"

앞서 말한 이유로, 갈라디아서에 언급된 제2차 예루살렘 방문은 사도행전 11:27-30에 기록된 사건으로 보인다.[10] 예언자 아가보가 안디옥에 와서 전 세계적으로 기근을 겪을 것이라고 예언했다. 이 기근은 글라우디오 황제 치하에 일어났다. 그 시기는 꽤 정확하게 주후 40년대 중반으로 추정할 수 있다.[11] 이러한 기근은 상대적으로 빈번했고, 여러 가지 여파를 끼쳤다. 50년대 초반에도 또 다른 기근이 있었는데, 바울이 고린도전서 7장에서 언급한 위기(7:26의 "임박한 환난"—옮긴이)가 이를 가리키는 것으로 보인다.[12] 안디옥 교회의 반응은 신속하고 실제적이며 놀라웠다. 일찍이 자원을 모았지만 고립된 소수 집단인 예루살렘 교회가 장차 곤경에 빠질 것이다.

이것은 초기 예수 추종자들이 **경제적으로** 실험적인 삶을 살았다는 사실을 다시금 알려 준다. 그들이 자신들의 운동 전체—"그 믿음" 혹은 "그

---

10   갈라디아서 2:1-10을 사도행전 15장과 조화시키려는 시도(예를 들어 Hays, *The Letter to the Galatians*, 221)는 어려움에 봉착하게 된다. 헤이스 자신이 다음과 같이 질문한 것처럼 말이다. 공적인 회의인가 개인적 협의인가(223n64)? 바울은 왜 "사도들의 규례"apostolic decree를 언급하지 않는가(232n85)? 내가 여기서 제시하는 분석은 이러한 난제들과 씨름할 필요가 없다.

11   키너C. S. Keener는 *Acts: An Exegetical Commentary*, 4 vols. (Grand Rapids: Baker Academic, 2013), 1856-57에서 이 시기에 있었던 기근에 대한 방대한 증거를 제시한다. 그 중에서 두드러진 것으로는 45-46년에 이집트에서 있었던 기근과 46-48년에 있었던 유대 지역의 기근을 들 수 있다.

12   B. W. Winter, *After Paul Left Corinth: The Influence of Secular Ethics and Social Change* (Grand Rapids: Eerdmans, 2001), 216-25.

길"the Way 혹은 다른 어떤 명칭으로 불렀든—를 이해하는 방식에서 비롯된 직접적인 결과물이었다. 그들은 하나의 **가족**이었으며, 가족끼리는 이렇게 살았다. 다른 도시에 사는 사촌이 어려움을 겪으면 남은 가족이 모여 그를 도왔다. 유대 공동체들은 대체로 이런 방식으로 살려고 애썼다. 한 지역의 유대 공동체가 곤경에 처하면 다른 지역의 유대 공동체들이 도움의 손길을 주곤 했다. 노예와 자유민, 여성과 남성, 그리고 다양한 민족으로 뒤죽박죽 섞인 공동체임에도 불구하고, 초대 교회가 그렇게 살려고 노력했다는 사실이 얼마나 놀라운 것인지 우리는 자주 잊는다. 그들은 단일한 가족**으로 살기로** 결단했고, 이전에는 상상할 수 없던 사회적 실험을 했다. 이론이자 실천으로서 공동체의 자기이해(자의식)는 갈라디아서의 논증과도 직접적인 관련이 있다. 앞으로 보겠지만, 바울은 메시아가 둘이 아닌 단일한 가족을 가졌다고 믿었다. 사회문화적인 평지풍파를 일으키는 것에 반대하고 기존 질서 유지를 선호하는 거대한 사회적, 문화적, 신학적 압박이 있음에도 말이다.

이 단락이 끝날 때까지도 바울은 이 예루살렘 방문에 재정 후원의 목적이 있다는 것을 언급하지 않는다. 나중에야 그는 예루살렘 사도들이 요청한 한 가지 당부, 곧 "우리가 가난한 자를 계속 기억해야 한다"는 것에 대해 말한다. 이 당부에 사용된 동사의 시제(현재 시제로서 사건이 지속되고 있음을 표현한다—옮긴이)는 "가난한 자를 기억하는 것"이 바로 그들(가족 가운데 안디옥 교회 구성원들)이 해오던 일이며 기꺼이 계속해 나갈 일임을 나타내 준다. 우리는 2절("나는 계시 때문에 올라갔습니다")과 아가보의 예언을 차례차례 떠올리게 된다.

바울은 이제 두 번째 예루살렘 방문 당시 불거졌던 문제에 집중한다. 바울은 친구 바나바와 함께 갔는데, 그는 안디옥에서 함께 사역하기 위해 다소에 있던 바울을 찾아가 데리고 왔다. 행 11:25-26 바울과 바나바는 예루살렘에 디도도 데리고 갔다. 그것이 문제를 불러일으켰다. (바울 서신에서 두드러지게 언급되는 디도가 사도행전에서는 전혀 언급되지 않는다는 사실은 사도행전 독자에게는 수수께끼다.) 어떤 이들은 바울이 도발적인 의도를 가지고 디도를 데리고 갔다고 주장한다.[13]

갈라디아서에 언급된 두 번의 예루살렘 방문 1:18-24; 2:1-10 사이에 차이가 생긴 이유 가운데 하나는, 첫 번째 방문 때와는 달리 바울이 아주 다양한 구성원으로 이루어진 안디옥 공동체에서 한동안 사역했었다는 사실에서 찾을 수 있다. 바울은 안디옥에서 "복음의 진리"를 전하고 가르치며 행동으로 옮겼다. "복음의 진리"는 메시아의 죽음과 부활을 통해 성취된 새로운 실체 new reality를 가리킨다. 새로운 실체란 어둠의 권세가 극복되고 새 창조가 개시되었으므로, 그리고 메시아의 영이라는 선물이 주어졌으므로 모든 신자가 출신 배경에 상관없이 공동체 안에서 동등한 지위를 누리게 된 것을 뜻한다. 바울은 민족과 계급과 성별의 구분을 뛰어넘어 하나가 된 교회의 신학과 실천을 부차적 사안으로 여기지 않았다. 오히려 그것을 핵심으로 여겼다. 이 사실을 부인하는 것은 인간을 분열시키고 타락하게 만든 어둠의 권세를 메시아가 (자신의 죽음을 통해) 완전히 패배시키지 못했다고 말하는 것과 사실상 다르지 않다.

따라서 이렇게 더 큰 그림 안에서는 이방인을 받아들이는 것 역시 중심적 위치를 차지한다. 어떤 이들은 이것을 "구원"이라는 중대한 주제에 비하면 "식사예절"에 불과한 단순한 사안이라고 주장했는데, 그렇지 않다. 베드로가 고넬료의 집에서 목격했듯이, 성령이 복음을 통해 역사하셔서 이방인들이 예수를 믿게 하시는 경우는, 언제나 그들의 마음의

---

[13]   P. F. Esler, *Galatians* (London: Routledge, 1998), 130-32; Hays, *The Letter to the Galatians*, 222.

변화를 통해서만 가능했다. 따라서 이방인 신자들은 메시아의 백성이며, 메시아의 죽음이 그들의 죄를 해결했으므로, 더 이상 "죄인"으로 간주될 수 없다. 살아 계신 하나님의 성령이 그들 가운데 거하시므로 (유대인들이 일반적으로 이방인들을 간주한 것처럼) 그들을 "부정"하다고 할 수 없다. 바울이 말하는 "복음의 진리"는 이 모든 것과 연관되어 있다. 예수의 죽음과 부활이라는 핵심 사건을 중심으로 결합되어 있는 이 모든 것이 참이 아니면 거짓일 것이다. 참이라면, 이방인 신자가 꼭 무엇을 더 하지 않아도, 특히 유대인이라는 가족의 일원임을 드러내는 표시를 받아들이지 않아도, 하나님 백성의 온전한 일원이라는 것도 참이다.

2:1-2a 바울이 기근 구호를 위해 모금한 자금을 가지고 예루살렘에 올라갔을 때, 그는 예루살렘 교회 지도자들에게 자신이 그동안 가르치고 설교한 것을 설명하고 싶은 마음이 간절했을 것이다. 그가 단지 자신이 전한 내용 가운데 예루살렘 지도자들의 가르침에서 어긋난 것이 있는지 확인받거나, 만약 차이점이 있다면 자기의 사고방식을 따르도록 예루살렘 지도자들을 설득하고 싶어 했다는 말이 아니다(물론 바울을 잘 아는 사람이라면, 그가 이런 생각을 했을 가능성이 아주 높았을 것이라 여길 것이다). 그는 이 거대한 가족이 하나로 일치되길 간절히 바랐다. 이러한 일치가 좋은 소식의 핵심이라고 생각했기 때문이다.

2:2b 바울은 예루살렘 교회 지도자들에게는 따로 만나 설명했다.[14] "행여나 내가 달리고 있는 일이나 지금까지 달린 일이 헛되지 않게 하려고" 사안을 분명하게 설명했다. 이 구절은 이사야 49:4을 간접적으로 언급한다. 갈라디아서 1:24에서 인용한 구절 바로 다음에 나오는 구절

---

14 따라서 이 모임은 드실바deSilva가 *The Letter to the Galatians*, 172에서 주장한 것과 같은 **일반적인 회의**가 아니었다.

이다. 실패한 것처럼 보이는 상황에서 종은 이렇게 말한다. "내가 한 것이 모두 헛수고 같았고, 쓸모없고 허무한 일에 내 힘을 허비한 것 같았다. 그러나 참으로 주님께서 나를 올바로 심판하여 주셨으며, 내 하나님이 나를 정당하게 보상하여 주셨다."[15] 이 말을 하고 나서 종은 즉각 이방의 빛이 되라는 사명을 부여받는다.[6절] 바울은 이사야 49장을 아주 좋아했다. 모든 그리스도교 사역자들이 때때로 에너지를 낭비하고 있는 건 아닌지, 잘못된 길로 달려가고 있는 건 아닌지 고민하는 것과 마찬가지로, 바울도 고민에 빠질 때마다 이 본문을 떠올렸던 것 같다.

그렇다면, 바울은 정말 자신의 복음 이해에 결함이 있을 수도 있을 것이라고 염려했을까? 아니다. 바울이 말한 것은 그런 뜻이 아니다. 예루살렘을 두 번째 방문하기까지 그는 복음에 대해 철저히 고찰했고, 그 복음이 사람의 마음과 삶에서 실제로 역사하는 광경을 보았다. 그는 예수의 죽음과 부활의 의미나 "좋은 소식"이 어떻게 예수의 백성으로 구성된 공동체를 만들어 내고 빚어내는가라는 기초적인 사안에 다시 천착하지 않았다. 하지만 이 단락에서 기술한 대로, 바울 자신이 설교하고 가르친 것과 예루살렘 교회가 확고히 가르친 것 사이에 차이가 있게 되면, 자신과 예루살렘 교회가 이 깨지기 쉬운 신생 운동을 분열시키는 것이나 다름없다는 사실을 깨달았다. 그것이야말로 자신의 사역이 헛것이 되었다는 뜻일 것이다. 바울은 반복해서 말한다. 인간 사이를 구분지어 놓은 모든 경계선을 가로지르고 다 함께 하나님의 새 창조를 기뻐하는 단일한 메시아적 가족의 존재야말로 하나님이 정말 하나님이시고, 예수가 주님이시며, 새 창조가 시작되었고, 그 어떤 인간의 권세나 세상의 제국도 감히 건드릴 수 없다는 사실을 세상의 권세에 보여주는

---

15   사 65:23도 보라.

징표다. 나는 이것이 2절에서 가장 중요한 문제라고 생각한다.

2:3-5 그런데 이 모든 사안을 선명한 하나의 초점으로 모으는 문제가 발생한다. 너무나 선명한 나머지 바울은 3절 마지막에서 갑자기 문장을 멈춘다. "하지만 나와 함께 있던 헬라인인 디도도 할례를 강요받지 않았습니다." 그러고는 유달리 4절 마지막도 이렇게 쓴다. "하지만 우리를 노예로 만들려고, 메시아 예수 안에서 우리가 누리는 자유를 몰래 엿보려고 슬그머니 들어온, 가족의 일원이라고 사칭하는 사람들이 있었지만." 5절은 바울이 상황을 잘 조절하고 있음을 있는 그대로 표현한다. "나는 그들에게 굴복하지 않았습니다. 결코, 단 한순간도요. 복음의 진리가 여러분과 내내 머물러 있게 하기 위해서 말입니다."[16]

일반적으로 학계에서는 중간에 끊어진 문장들이 예루살렘 방문 당시 혼란스러운 갈등 상황을 반영한다고 본다. "가족의 일원이라고 사칭하는 사람들"pseudo-family members은 열심을 내는 유대인이었는데, 바울은 예수에 대한 이들의 헌신에 문제가 있다고 보았다(보통 "거짓 형제들"로 번역되는데, 다소 밋밋한 번역어다). 이들은 바울이 할례받지 않은 헬라인 디도를 교제에 참여시키는 것을 보고서는, 모임이 이교도에 의해 오염되지 않도록 디도에게 할례를 강요하려 했다. "우상숭배자는 출입을 삼가 주시면 감사하겠습니다!" 바울은 디도에게 할례받으라고 압력을 가하는 이들의 시도를 이렇게 이해했다. 그들은 안디옥 교회처럼 유대 공동체의 일원이 되기 위해 필요한 절차에 얽매이지 않고 자유를 누리는 교회들이 있음을 알고 있었고, 그러한 문제 상황을 "정상화"시키려고 했다. 다른 말로 하면, 그들은 새로운 출애굽갈 1:4이 실제로 일어났다는 사

---

16 여기서 "나"로 번역한 그리스어 단어는 원래 "우리"라는 복수형이다. "우리"라는 표현에 바나바는 포함될 수도 있지만 아마도 디도는 포함되지 않을 것이다. 하지만 바울이 주로 자신의 입장을 가리키면서 강조를 위해 복수를 사용했을 가능성이 높다.

실을 받아들이지 않았다는 것이다. 바울이 보기에 그들은 예수 운동을 "애굽으로 되돌려보내려" 갖은 애를 쓰고 있었다. 디도가 할례를 강요받지는 않았다는 3절의 진술은 강요하려는 사람들이 있었음을 넌지시 암시한다. 4절은 내포된 더 큰 맥락을 암시하면서, 그러한 시도를 한 이들의 정체를 보여주며, 만약 그들의 시도가 성공했더라면 그 일의 의미가 무엇인지에 바울의 신학적 분석을 제시한다. 5절은 바울이 굴복하지 않았다고 말하면서, 바울의 이러한 결단으로 미루어 볼 때 갈라디아인들에게도 동일한 메시지를 설파할 수 있는 능력이 그에게 있음을 나타낸다("복음의 진리가 여러분과 내내 머물러 있게 하기 위해서." 다른 말로 하면, 예수의 죽음과 부활에 대한 이 총체적 해석이 계속 뻗어 나가 여러분에게까지 닿도록).

4절에 함축된 내용은 "가족의 일원이라고 사칭하는 사람들", 곧 가짜 예수 추종자들이 스스로의 의지가 아니라 다른 이에 의해 슬그머니 들어왔을 가능성이 있다는 것이다.[17] 우리는 바울이 의미한 바를 짐작할 수는 있으나 좀 더 분명하게 파악할 수는 없다. 예루살렘 교회에는 모든 측면에 대해서는 곰곰이 생각해 본 적 없는 "진정한" 신자들 및 더 강경한 입장에 서서 "열심을 내는" 동료들(바울은 이들을 "가짜 가족 구성원" 혹은 "거짓 형제"로 여겼을 것이다)을 포함해 다양한 층의 구성원이 있었다. 바울은 후자가 "(다른 입구로) 몰래 들어왔다"고 말한다. 이미 사람으로 꽉 찬 방 뒤편에 문이 열려 있고, 그 문으로 새로운 사람들이 들어오는 광경을 상상해 보라. 어쩌면 바울은 그 문을 통해 새로 들어온 이들을 젊었을 때부터 알고 있었을 것이다. 바울은 그들을 움직인 동기가 복음에 기반한 환대하는 사랑이 아니라 바리새인들의 수상쩍은 열심이

---

17 벧후 2:1과 유 4을 보라.

라고 추정했던 것 같다.

그들은 바울보다 우월한 권위를 지닌 이들이 아니었고, 바울은 그들에게 굴복하기를, 곧 그들 앞에서 "권위를 포기하기를" 거부했다.[2:5] 행여 어떤 의심이 있을까 봐 하는 말인데, 이는 갈라디아서 1장과 2장에 숨어 있는 매우 중요한 사안, 곧 "누가 이렇다 저렇다 말할 권위를 가지고 있는가?"라는 문제와 관련이 있다. 좋든 싫든 모든 교회가 이러한 문제를 가지고 있다. 현대 서구에 사는 우리는 이러한 문제를 잘 다루지 못한다. "권위"는 사람들이 기피하는 용어가 되었다. 하지만 권위라는 단어를 싫어하는 사람 본인이 대단히 권위적인 경우가 많다. 누구의 말에 힘이 실리는가라는 문제는 여전히 상존한다. 논쟁적인 사안이 발생할 때 특히 그러하다. 이 문제는 종종 개성이 충돌하면서 더 복잡해진다.

바울은 자신의 권위가 두 가지 근거에 바탕을 두었다고 생각했다. 첫째, 부활하신 예수를 직접 보았고 그분에게서 사명을 부여받았다(또는 1:1과 1:15-16에서 말하듯이 예수를 통해 하나님께 사명을 부여받았다). 둘째, 지도적 위치에 있는 다른 사도들과 바울 자신이 합의에 이르지 못했더라도, 바울은 경전의 조명 아래 메시아 사건의 의미를 숙고하고 고찰했으며 자신의 생각을 두고 어떤 이와도 토론할 수 있었다. 그의 다른 편지(특히 고린도 서신)에서 볼 수 있듯이, 아마도 치유 같은 "놀라운 행위들"이 그의 사도적 권위와 가르치는 권위를 뒷받침했다. 하지만 갈라디아서와 그 안에 기록된 예루살렘에서의 충돌에서 가장 중요했던 것은 "복음의 진리"에 대한 설명과 앞으로 신앙을 가질 모든 이방인을 위해 복음의 진리를 수호하겠다는 바울의 결단이었다.

이 편지의 바로 이 지점에서 디도와 그의 할례 문제를 둘러싼 논쟁을 이야기하는 것이 바울에게 그토록 중요했던 이유를 파악할 수 있다. 디도가 "할례를 강요받았다"(혹은 강요받지 않았다)는 보도의 요지는 갈라디아서 2:14와 6:12과 연결된다.[18] 특히 6:12이 중요하다. 바울이 편지 전체의 논지를 가장 명시적인 경고와 연결시키기 때문이다(또한 5:23의 날카로운 경고를 다시 떠올리게 한다). 바울은 이 구절 모두에서 "강제하다, 강요하다"는 뜻을 지닌 '아낭카제인'anagkazein과 같은 어근을 가진 단어를 사용한다.

2:3 디도도……할례를 강요받지 않았습니다
'우데 티토스 에낭카스테 페리트메테나이'oude Titos ēnagkasthē peritmēthēnai

2:14 그런데 어떻게 이방인에게 유대인이 되라고 강요할 수 있단 말입니까?
'포스 타 에트네 아낭카제이스 유다이제인'Pōs ta ethnē anagkazeis ioudaizein

6:12 그들은 여러분에게 할례받기를 강요하려 합니다
'후토이 아낭카주신 휘마스 페리템네스타이'houtoi anagkazousin hymas peritemnesthai

(2:14의 동사 '유다이제인'ioudaizein은 "스스로 유대인의 관습을 떠맡다" 또는 "유대인을 모방하다"라는 뜻이다.[19] 옛 학자들은 영단어 "Judaize"를 이방인을

---

18   요세푸스는 「자서전」The Life, 113에서 자기가 판결을 내려야만 했던 흥미로운 사건을 기록한다. 로마에 저항하는 항쟁이 시작될 무렵 두 명의 도망자가 갈릴리의 유대인들 가운데 들어가 안전하게 숨으려 했다. 갈릴리의 유대인 중 일부는 자기들 가운데 머무는 조건으로 이 두 명의 도망자에게 "할례를 받아야 한다고 강요"하려 했다. 요세푸스는 놀라울 정도로 현대적으로 들리는 판단을 한다(하지만 그는 아마도 로마의 기준에 부합하는 판단을 했던 것으로 보인다). 그는 모든 이가 각자의 선택 혹은 목적에 따라 하나님을 예배해야 한다고 주장하면서 그러한 강압을 하지 않도록 했다. 로엡 고전 총서Loeb Classical Library는 "그 자신의 양심의 명령에 따라"라고 번역했는데, 지나치게 "현대적"인 느낌이 든다.

19   에스더 8:17(칠십인역에서 유일하게 이 동사가 나오는 구절)을 보라. 보복을 두려워한 많은 지역민들이 "유다이제인"ioudaizein 곧, "유대인이라고 공언"to profess to be Jews, NRSV 한

유대교로 개종시키려는 유대인을 가리킬 때 사용했다. 바울의 적대자들을 빈번하게 [하지만 부정확하게] "Judaizer"로 부르는 용례는 이러한 기원을 가지고 있다.)

이 세 구절에서 '아낭카제인'anagkazein의 동족어가 사용된 용례를 한데 모아 보자. 디도는 할례를 받으라고 강요받지 않았다(예루살렘의 누군가가 강요하려 했던 것은 분명하지만). 바울은 베드로가 이방인에게 유대인이 되라고 은근하게 강요하는 것을 용납하지 않았다(할례를 강요하는 것과 다를 바 없다). 갈라디아에 있는 경쟁 교사들이 갈라디아 신자들에게 할례받으라고 강요하는 행위는 용납되어서는 안 된다. 예루살렘의 익명의 인물이건, (최소한 잠시나마) 안디옥에 있던 베드로건, 갈라디아의 경쟁 교사들이건, 이들은 하나같이 바울이 "복음의 진리"라고 명명한 것을 제대로 이해하지 못했다. 복음의 진리란, 예수의 죽음과 부활 그리고 성령이라는 선물을 통해 이방인 신자가 이제는 더 이상 부정한 상태로 우상을 섬기는 이교도가 아니라 메시아 공동체를 이루는 동료의 일원이 되었다는 사실을 가리킨다.

이것은 바울이 에베소서 2:11-22에서 말한 내용과 정확히 일치한다. 고린도전서 12:2 같은 구절들도 주목할 필요가 있다. 바울은 고린도전서 12:2에서 이전에 이교도였던 회중에게 이렇게 말한다. "여러분은 알고 있습니다. **여러분이 이교도였을 때를.**" 다른 말로 하면, **이들은 더 이상 이교도가 아니다.** 사실이 이러하므로, 가장 열심을 내는 유대인을 포함

다. 칠십인역 본문이 '미트야하딤'mityahadim을 '페리에테몬토 카이 유다이존'perietemonto kai ioudaizon으로 번역했음을 감안하더라도, 흠정역KJV의 "유대인이 되었다"는 번역은 너무 과하다. 하지만 갈라디아서 2:14의 동사는 베드로가 이방인이 식탁교제에서 "내부자" 집단에 속하기 위해서는 할례를 받아야 한다고 강요한 것이 바울의 비판한 지점임을 분명히 한다. 아래의 논의를 보라.

해 어느 누구도 이들이 메시아 가족의 정당한 일원full membership임을 부정할 수 없다.

따라서 이는 단순히 복음이 지닌 "함의들" 중 하나도 아니고, 더 "핵심적인" 메시지에서 끌어낸 "윤리적" 혹은 "사회학적" 추론도 아니며, 차후 한가한 시간에나 도출할 만한 부차적 결론도 아니고, 끝없이 의견의 차이를 보일 주제도 아니다. 복음의 정수 그 자체다. 예수의 부활과 죽음 그리고 성령이라는 선물이 옛 세대의 권세를 물리쳐서, 그 권세에서 사람들을 구조하였고, 구조된 사람들을 내면에서부터 변화시켰다는 주장은 사실이거나 거짓, 둘 중 하나다. 사실이라면, "구조된" 사람들은 단일한 그룹을 형성하게 된다. 한 가족을 말이다. 이를 부정하는 것은 복음의 핵심 메시지를 부인하는 것이다. 이것이 바울이 갈라디아서에서 주장한 핵심이었다. 이론의 여지없이, 지금도 공동체를 형성하는 핵심이다.

여기서 바울은 편지 후반부에서 대대적으로 논의될 종살이와 자유라는 주제를 처음으로 제시한다. 바울은, 당시의 대다수 유대인과 마찬가지로, 하나님의 백성이 여전히 지속되는 종살이의 상태, 곧 끝나지 않은 "포로기" 상황에 있다고 보았다. 물론 엄밀하게 말해 지리적 의미가 아니라 정치적, 신학적 의미의 "포로기"를 말한다. 이교도들이 하나님의 백성을 통치하는 한, 바벨론 유수(그리고 그것이 다른 모습들로 지속되는 것)는 여전히 진행중인 것이다.[20] 자신들이 원래 살던 "땅"에서 추방되어 외세의 지배 아래 있는 노예들에게는 출애굽이 필요하다. 이것이 바로 바울의 복음이 가져온 것이다. 즉, "새로운 출애굽 사건"이 일어났다

20　이를 자세히 다룬 *Paul and the Faithfulness of God*, 139-63과 J. M. Scott, ed., *Exile: A Conversation with N. T. Wright* (Downers Grove, IL: IVP Academic, 2017)를 보라. 그러므로 바울은 단지 "율법 및 그와 유사한 '권세들'로부터의" 자유(Moo, *Galatians*, 129)뿐만 아니라, 갈라디아서 1:4에서 말했듯이 활짝 열린 새로운 세상 전체를 언급하고 있다.

는 것이다(갈라디아서 4장에서 이 점을 자세히 다룰 것이다).

하지만 갈라디아의 경쟁 교사들과 유사한 역할을 한 것으로 보이는 "가족의 일원이라고 사칭하는 사람들"(예전에 널리 사용된 용어로는, "거짓 형제들")은 이 점을 제대로 이해하지 못했다. 바울은 저들이 표리부동하다고 말한다. "가족의 일원"이자 신실한 동료인 예수 추종자처럼 보이지만, 예수에 대한 가장 기초적인 사실, 곧 그의 죽음이 권력의 전복과 죄인의 해방을 가져왔다는 사실을 이해하지 못한 사람들이다. 바울에 따르면, 저들의 목적은 "우리를 노예로 만드는 것"이다. 표현을 달리 하면, 공동체 전체를 포로 상태로 되돌리는 것이다.[21]

"가족의 일원이라고 사칭하는 사람들"은 물론 자신들이 그러한 행동을 하고 있다고 생각하지는 않았을 것이다. 예수 운동이 토라를 다시 받아들이도록 하는 것이 자신들의 목적이라고 말했을 것이다. 바울의 눈에는, 그들의 행동이 가라앉는 타이타닉호의 갑판에서 의자를 정리하는 것과 다름없어 보였다. 하나님이 신명기 27-29장에서 경고하셨듯이, 그리고 선지자들이 예언했듯이, 토라 아래에서 이스라엘은 포로가 되었다. 갈라디아서 2장 마지막 부분에서 바울이 유대인의 대표로서 "토라에 대하여 죽었다"고 말한 이유가 바로 이것이다. (토라에 대한 죽음은 기묘하게도 "토라를 통해서" 이루어졌다.) 하나님의 광대한 목적 안에서 토라가 맡은 역할을 새롭게 보는 관점은 복음을 통해 주어졌다. 이는 특히 갈라디아서 3장에서 다루어지는 주제다.

바울은 디도를 할례받게 하려는 시도에 단 한 순간도 응하지 않았다. 편지의 문맥으로 볼 때, 바울은 여전히 경쟁 교사들의 비난, 곧 그의 복

---

21 따라서 (Hays, *The Letter to the Galatians*, 225의 주장과는 달리) 할례를 강요받아서 "노예가 되는" 사람은 이방인 그리스도인만이 아니다. 토라를 여전히 절대적인 기준으로 여기는 면을 볼 때, 유대인 신자를 포함한 모든 메시아 백성을 가리킨다.

음은 예루살렘 지도자들에게서 받은 것이며, 그들에게서 받은 복음을 변질시켰거나 난감한 부분들을 삭제했다는 비난에 응수하고 있는 중이다. 바울은 "복음의 진리가 여러분과 내내 머물러 있게 하기 위해서" 한 순간도 굴복하지 않았다고 힘주어 말한다. 다시 말해, 바울은 예루살렘에 있었을 때도 현재와 미래의 이방인 신자들에 관해 생각하고 있었다. 이방 출신이라도 그들은 신자로서 이미 진정한 메시아의 백성이 되었다는 사실을 알아야 했다. 그들을 노예로 삼았던 우상들은 정복되었다. 그들이 이전에 지었던 죄들은 말끔히 없어졌다. 지성소에 들어가는 대제사장처럼 그들은 하나님 보시기에 정결했다. 복음의 진리를 강조하기 위해 바울은 이에 대하여 다시 한번 놀라울 정도로 상세하게 말한다. 갈라디아인들이 긴급하게 깨달아야 할 내용이기 때문이다.

2:6-10 "아무것도 더하지 않았다"

2:6-10은 예루살렘 회의의 결과를 서술한다. 다시 한번 말하지만 요점은 두 가지다. 첫째, 예루살렘 사도들은 바울이 이전에 몰랐던 내용을 바울에게 가르친 적이 없다. 둘째, 예루살렘 사도들은 바울의 사역에 만족을 표했다. 다시 말해, 바울의 복음과 지위의 정당성에 관한 우려를 갈라디아 교회에 퍼뜨린 경쟁 선교사들은 전적으로 틀렸다.

2:6 바울과 예루살렘 교회 지도자들의 미묘한 관계가 이 단락에서 특히 두드러지게 나타난다. 바울은 그들을 "소위 유력하다는 사람들"Something로 명명하며 살짝 반어법을 사용한다. 게다가 "하나님은 차별을 두지 않으시므로" 과거나 현재의 명망은 그에게 아무 의미도 없다고 덧붙인다.[22] 하지만 갈라디아인들은, 예수와 가장 가까웠던 친구이자

---

22   바울이 여기서 [하나님은 편파적이지 않고 겉모습을 취하지 않으신다는] 잘 알려진 신

지도적 위치에 있는 사도들을 포함하여 공동체 안에서 공식적으로 인정된 지위에 있는 이들이 "나에게 새로운 제언을 한 일은 없다"는 사실을 알아야 한다. 다시 말해, 바울이 전한 복음에는 어떤 새로운 요소도 없고, 그때까지 바울이 깨닫지 못한 관점도 없으며, 그가 지금까지 말하고 행동한 것 이외에 더 추가될 것이 전혀 없다는 말이다.

2:7 오히려 정반대되는 상황이었다고 바울은 말한다. 그들은 하나님이 [바울 안에서] 이미 일하고 계신다는 사실을 분명히 알았다. 하나님이 베드로에게 유대인을 향한 메시지를 맡기신 것처럼, 바울에게는 이방인에게 메시지를 전하라는 임무를 맡기셨다. 자신의 주장을 분명히 하기 위해 바울은 이방인과 유대인을 지나칠 정도로 반복하여 언급한다. 7절에서는 "비할례자"와 "할례자"라는 단어를 사용하고, 8절에서 재차 말할 때는 "비할례자"를 "이방인"이라는 단어로 바꾸어 사용한다. 바울이 강조하는 바는, 로마서 3:30과 마찬가지로, "할례"와 "비할례"라는 사안은 이제 핵심을 벗어난 문제라는 것이다. 핵심은 동일한 복음이라는 사실에 있다(본 단락의 요지). 동일한 믿음이라는 것이다(로마서의 요지).

2:8 7절에서는 하나님이 자신과 베드로에게 동일한 복음을 각기 다른 두 대상에게 전하는 임무를 **맡기셨다**는 점을 강조하는 반면, 8절에서는

념을 급진적으로 적용하는 것(예를 들어 롬 2:11에서도 그러하다)을 강조할 필요가 있고, 긴 설명이 필요하다. 기존의 어떤 번역본도 그리스어 본문에 있는 '포테'*pote*라는 단어의 의미를 잘 드러내지 못했다. "그들이 한때 무엇이었든"(예를 들어, 그들이 한때 왕이었든)이라는 의미다. 바울은 아마도 예수와 가장 가까이 지냈던 베드로와 요한의 지위, 그리고 예수의 형제인 야고보의 지위를 가리키는 것으로 보인다. (던Dunn은 *A Commentary on the Epistle to the Galatians*, 102에서 그렇게 주장한다. 하지만 바울이 여기서 그가 이전에 가졌던 그들에 대한 존경심과 현재 그들의 권위를 무시하는 입장을 대조하고 있다는 던의 주장을 바클레이J. M. G. Barclay는 제대로 비판한다. *Paul and the Gift* [Grand Rapids: Eerdmans, 2015], 365n36). 무Moo는 *Galatians*, 132에서 이 문제를 둘러싼 여러 견해에 대해 논평하고, 다른 바울 서신에서 '포테'*pote*가 어떤 의미로 쓰였는지 고찰한다.

하나님의 **힘**power이 자신과 베드로의 사역 둘 다에 역사하고 있음을 강조한다. "베드로에게 할례받은 자의 사도가 되라고 힘을 주신 분이 나에게는 이방인들에게 가라고 **힘**을 주셨습니다." 여기에 사용된 그리스어 단어는 '에네르게오'*energeō*이다. 영단어 "energy"가 여기서 온 말이다. 바울이 임무를 수행하는 데 필요한 육체적 에너지라기보다는, 베드로와 바울 모두에게 역사하시는 하나님의 힘을 가리킨다(물론 분명 육체적 힘도 포함되어 있겠지만).[23] 늘 그랬듯이, 바울은 복음이 자신이 소유했다가 [타인에게] 나눌 수 있는 것이라고 보지 않았다. 복음은 그에게 맡겨진 것이었다. 선포된 복음이 삶을 변화시키는 모습을 본 바울은 그것은 자신이 한 일이 아니라 하나님이 하신 일이라는 것을 늘 강조하고 싶어 했다.[24]

바울은 이 구절들에서 균형을 놓치지 않으려 한다. 예루살렘 교회 지도자들은 바울의 사역을 어떤 추가나 수정도 요구하지 않고 그대로 승인했다. 하지만, 사실 바울에게는 예루살렘 지도자들의 승인이라는 보증이 꼭 **필요**했던 것은 아니다. 바울의 목적은, 자신의 사역—유대인과 이방인으로 구성된 단일한 교회를 세우고 유지하는 사역—이 그와 다른 생각을 지닌 이들의 공격을 받지 않고 계속 진행되는 데 있었다. 그리고 게바와 야고보와 요한과의 대화에서도 그의 목적은 예수 추종자들 사이의 교제가 이 모든 것으로 인해 깨지지 않도록 하는 데 있었다.

2:9 이 구절은 초창기 예수 추종자들의 교회 이해를 보여준다. 야고보와 게바와 요한이 "'기둥들'이라는 평판을 받"는다는 바울의 말에서 "기둥"은 별 이유 없이 사용한 은유적 표현이 아니다. "기둥"이라는 표현은

---

23   참조. 고전 15:10, 골 1:29. 고전 12:6과 빌 2:13을 보라.
24   예를 들어, 고전 1:18; 2:5; 15:10, 고후 4:7; 6:1, 빌 4:13, 골 1:29을 보라.

교회가 건물 같은 것, 특히 일종의 성전임을 나타낸다. 에베소서 2:19-22 또는 고린도전서 3:16 말씀처럼, 사실상 새로운 성전이다. 바울도 이러한 견해를 가지고 있었다. 그는 교회가 새로운 성전임을 믿는 것 자체를 문제삼지 않았다. 단지 바울은 저 세 명의 지도자들(바울 자신도 깊이 존경하는 이들)이 빠르게 범세계적worldwide 가족으로 변화하는 그 공동체의 "기둥"이라고 할 수 있는지 회의적 시각을 내비쳤던 것인데, 그 공동체의 거점에 대해서 그들은 아는 바가 거의 없었기 때문이다.

여하튼 이 세 "기둥들"은 바울과 바나바와 (어쩌면 디도에게도?) 악수를 청하며 7절과 8절에서 말한 대로 사역을 나누어 진행하기로 했다. 하지만 우리는 그들이 정확히 어떻게 사역을 구분했는지 명확히 알 수 없다. "할례자"the circumcision라는 표현이 주민의 대다수가 유대인이었던 "유대 지역과 갈릴리"를 가리킨다고 보기에는 너무 무리가 있다(중동의 거의 모든 도시와 지역에는 유대인들이 살았다). "할례자" 대다수는 "유대 지역과 갈릴리"나 그 근방이 아니라 세계 도처에 흩어져 살고 있었다. 그렇다고 사역을 나누어 진행하기로 했다는 말이 바울이 회당들과 거리를 두고 살았다는 뜻도 아니다. 그것이 정말 "기둥들"이 의도한 바라면, 최소한 사도행전의 바울은 "기둥들"의 뜻을 무시한 것으로 보인다. 사도행전의 바울은 각 지역에 들를 때마다 그곳의 회당이나 기도 처소에서 사역을 시작했고, 억지로 끌려 나가지 않는 한 그곳을 떠나지 않았다. (어떤 이들은 사도행전의 진술이 틀렸으며, 바울이 회당을 멀리했다고 생각한다. 하지만 바울이 고린도후서 11:24에서 말한 대로 회당의 치리를 받은 것이 확실하기 때문에 이들의 주장은 틀렸다. 바울이 로마서 1:16에서 그의 복음이 "먼저는 유대인을 위한 것이고, 또한 마찬가지로 헬라인을 위한 것"이라고 말한 것은 신학적 원칙이자 실천적 강령이었던 것으로 보인다.)

결국 그 결정은 아마도 바울에게 "유대 지방을 곧장 떠나길 바랍니다. 이곳의 상황은 이미 매우 어렵습니다"라고 말하기 위해 고안된 지리적 구분이었던 것 같다. 예루살렘 사도들은 끈질기고 명료하며 열정에 넘치는 바울의 방식이 예수가 메시아라고 주변의 유대인들을 설복하려는 자신들의 노력을 더욱 어렵게 만들 수 있기에 염려한 것으로 보인다. 이것이 바울의 첫 번째 예루살렘 방문을 기술한 사도행전 9:26-30의 함의다. 예루살렘 교회 지도자들은 똑같은 일이 되풀이될까 봐 걱정했을 것이다. 유대인들, 특히 유대 지방과 갈릴리의 유대인에게는 아주 긴박한 시간이었다. 그곳의 많은 유대인들은 아주 당연하게 이방인, 특히 로마를 새로운 형태의 바벨론 제국의 귀환으로 보았고, 따라서 모든 것을 감수하더라도 저항해야 할 대상이라고 생각했다. 이교 세계와의 그 어떤 타협(바울은 이미 그러한 타협을 한 사람으로 의심받았다)도 궁극적으로는 이스라엘의 하나님과 토라에 불순종하는 것으로 여겼다. 그러므로 나는 예루살렘 지도자들의 결정이 대체로 구체적 상황에 바탕을 두었으며, 민족적이라기보다는 지리적 구분이었다고 생각한다. 무엇보다도 바울이 사역했던 안디옥에는 수많은 유대인이 있었다. 바울이 유대인과 이방인을 "할례"와 "무할례"로 명명한 것 역시 기저에 깔린 그의 논지를 강조한다. 할례를 강요하는 것이 문제라면, 할례나 무할례나 다 중요하지 않다는 점을 기억할 필요가 있다. 정말 중요한 것은 새로운 창조^{갈 6:15}이고, 그 새로운 창조 안에서 "사랑을 통해 역사하는 믿음"^{5:6}이다.

어쨌든 교회의 합의라는 것이 으레 그러하듯, 가장 중요한 것은 모든 당사자가 흡족해하며 돌아가 원래 하던 일을 계속하는 것이다. 예루살렘에서 이루어 낸 합의도 그러했다. 이 합의는 적어도, 8절에 나온 대로, 견실한 신학적 바탕에 기반을 두었다. 즉, 하나님이 **일하셨다**는 것이다. 바울은 어떻게 복음이 효력을 나타내는지에 대해 늘 이렇게(즉, 하나님이 일하셨다—옮긴이) 말했다. 복음은 "모든 믿는 자에게 구원을 주시는 하나님의 능력"이다.[25] 하나님은 그분의 종들messengers을 부르셔서 그 구원의 능력이 드러나게 하신다. "기둥들"은 바울에게서 이러한 일이 일어나고 있다는 것을 알 수 있었다. 그들은 "[그]에게 주어진 은혜"갈 2:8를 알아보았다. 이는 바울이 다른 서신에서 이방인의 사도라는 자신의 특별한 소명을 말할 때 사용하는 표현이다.[26]

6절부터 10절까지의 내용에 대해 하나 더 할 말이 있다. 바나바와 바울은 안디옥에서부터 예루살렘으로 연보(돈)를 운반했다. 초기 수백 년 동안의 교회에 대해 우리가 알고 있는 것 중 하나는, 가난한 자들에 대한 관심이 처음부터 교회의 DNA에 박혀 있었다는 것이다. 결국 이러한 특징은 시편 72편의 메시아적 사명 같은 구절들에 바탕을 두었던 예수 자신의 사역 및 가르침과 일치한다. 시편 72편의 후반부에서 말하길, 하나님의 영광이 온 세상을 가득 채우는 이유는 왕이 가난한 자들과 억압받는 자들을 위해 정의를 행했기 때문이다. 하나님의 영광이 거하도록 왕이 성전을 지어야 하듯이, 이상적인 왕은 하나님의 영광이 온 땅 위에 거하도록 가난하고 곤궁한 자들을 위해 정의와 자비를 행할 것이다. 이 두 가지 요소가 복음 안에 함께 들어 있다. 예수는 새로운 성전을 세우셨고(그분의 친구 중 일부는 [새 성전의] "기둥"으로 인정받는다!), 하나님 자신의 성령은 이 모임을 영광으로 채우신다. 하지만 이러한 사건들은 다른 목적을 가지고 있다. 시편 72편 및 그와 관련된 구절들의 내용이 이 사건들을 통해 실현되는 것이다. 성전에서 하나님이 영광스럽게 자신을 드러내시는 것은 온 세상을 당신의 영광으로 채우시겠다는

---

25 롬 1:16.
26 롬 1:5; 12:3; 15:15, 고전 3:10, 엡 3:2, 7-8, 골 1:25.

하나님의 의지를 나타내는 표시다. 그리고 더 넓은 세상을 향해 나아가는 예수 추종자들의 사역을 통해 갈 6:10처럼 하나님의 의도가 실제로 구현될 것이다. 이러한 왕적 DNA, 곧 메시아적 요소는 초기 교회의 삶 속에서 뚜렷하게 구현되었다. 그들은 예수 추종자였고, 그 말은 곧 가난한 자들을 돌보는 이들이라는 뜻이었다.

2:10 물론 이 단락의 마지막 절은 예루살렘 교회 사도들이 가난하고 고립된 예루살렘 교회를 위해 추가적 재정 지원을 요청한 일을 염두에 두고 있을 수 있다. 확실히 10절의 동사 '므네모뉴오멘'*mnēmoneuōmen*은 "우리가 가난한 사람들을 **계속 기억**해야 한다"는 사실을 가리킨다. 다시 말해, 예루살렘 가족보다는 형편이 나은 안디옥 교회가 직전에 했던 사역(예루살렘 교회에 재정 후원한 것)을 지속해서 해야 한다는 말이다. 하지만 많은 사람들이 이 원칙은 더 큰 함의를 지닌다고 주장했다.[27]

예루살렘 사도들의 요청에서 한 가지 주목해야 할 점이 있다. 안디옥 교회가 다양한 민족으로 구성되었다는 사실은 모두 알고 있었다. 하지만 바울과 바나바와 디도가 안디옥에서부터 기금을 가지고 예루살렘에 왔을 때, 그 기금이 유대인 메시아 신자들이 낸 돈인지 이방인 메시아 신자들이 낸 돈인지에 대해서는 아무 언급이 없었다. 당연하다! 예루살렘 사도들은 이 선물을 예루살렘 교회와 다민족으로 구성된 안디옥 교회가 한 "가족"임을 나타내는 증표로 기쁘게 받았다. 그들은 "친족"인 셈이다. 그들은 동일한 새 창조에 속해 있다. 예루살렘 교회 지도자들은 그러한 후원이 지속되길 바랐다. 단지 도움이 필요해서만이 아니라(물론 그것도 사실이긴 하지만), 안디옥의 다민족 공동체를 참된 가족의 일원

---

27 B. W. Longenecker, ed., *Remember the Poor: Paul, Poverty, and the Greco-Roman World* (Grand Rapids: Eerdmans, 2010).

으로 보았기 때문이다. 실제 친족이 아님에도 친족으로 여기는 의식^{fictive} ^{kinship}은 외적으로는 재정적 후원으로 표현되었고, 여러 해 뒤에 (대부분 이방인으로 구성된) 교회들로부터 연보를 모아 예루살렘에 건네는 바울의 야심찬 기획의 시발점이 되었다. 주는 자와 받는 자 모두에게 바울의 연보 프로젝트는 그들이 모두 한 백성, 곧 단일한 메시아적 가족에 속했다는 사실을 알려 주었다.

사도행전 11장의 맥락에도, 갈라디아서 본문의 맥락에도, 이 모든 관찰이 아주 잘 들어맞는다. 이는 갈라디아서의 논증과도 아주 밀접한 관련이 있다. 예루살렘 사도들은 하나님이 바울을 부르셨고 열방에 복음을 전하는 사명을 맡기셨다는 사실을 인정했지만, 바울에게 복음을 가르쳐 주지도, 바울의 복음 이해를 수정해 주지도 않았던 것이다. 10절 마지막에서 바울은 경쟁 교사들의 주장, 곧 바울이 예루살렘에서 배워 온 메시지를 뒤죽박죽으로 만들었다는 주장의 토대를 완전히 허물어 버렸다.

하지만 바울은 그 뒤에 어떤 일이 자기를 기다리고 있는지 몰랐다.

바울과 바나바는 안디옥으로 돌아갔다. 그들은 거기서 제1차 선교 여행을 떠났고, 그 선교 여행 중에 남부 갈라디아에 교회들을 세웠다. 하지만 그들이 안디옥에 돌아왔을 때 돌발 변수가 생겼다. 베드로가 안디옥에 도착한 것이다. 처음에는 상황이 괜찮았다. 고넬료를 방문했을 때처럼, 베드로는 기꺼이 이방인들과 함께 식사했다. 하지만 그러고 나서 베드로는 한 발 뒤로 물러섰다. 바울이 보기에 베드로는 예루살렘에서 합의했던 사항을 제대로 지키지 않았다. 갈라디아에 있는 경쟁 교사들이 안디옥 사건 소식을 듣고 나서, 갈라디아인들에게 바울이 아니라 베드로의 견해가 옳다고 말했을 가능성이 대단히 높다. 그래서 바울은 이 문제를 자세히 다루어야 했고, 그러는 중에 바울 서신에서 신학적으로 가장 빼어난 문구를 쓰게 되었다. 갈라디아서 2:11-18은 그가 쓴 글 가운데 가장 복잡하면서도 가장 중요한 단락이다.

결론

예루살렘 사도들과의 만남을 간략하게 기술하면서 바울은 어느 지점에 도달했는가? 이 간결한 보도는 갈라디아 교회들을 메시아를 드러내는 공동체로 "세워 가려는"forming 그의 계획에 어떤 도움을 주는가? 바울은 첫 방문 때 예루살렘 교회 지도자들과 심도 있는 만남을 갖지는 못했다고 강조한다. 예루살렘 지도자들은 호의적이었으며 바울이 전하는 메시지가 참되다고 인정했다. 예루살렘에서의 회합은 동등한 지위를 가진 사람들의 모임이었다. 바울은 예루살렘 교회의 인정에 의존하는 종속적인subsidiary 사도가 아니었다. 갈라디아 교회들은 이 문제에 대해 안심할 필요가 있었다. 단지 갈라디아인들이 이미 바울과 따뜻하고 호의적인 관계(그러나 현재 그 관계는 깨질 수 있는 상황에 놓여 있다)에 있었기 때문만은 아니다. 그보다는 온전한 복음, 곧 하나님이 메시아의 십자가에서 죄를 처리하셔서 모든 메시아 백성이 이제 온전한 가족의 일원이 되었다는 메시지가 중요했기 때문이다. 이 모든 내용을 관통하는 핵심은 1세기나 21세기나 마찬가지로 기독교 형성에 매우 중요한 내용인데, 바로 바울에게는 이방인 신자의 지위가 복음의 전체적인 진리를 판별하는 기준이었다는 것이다. **복음이라는 사건이 죄를 처리했거나 못했거나, 둘 중 하나만이 진실이다.** 복음이 죄를 처리하지 못했다면, 그리고 예수가 단지 위대한 유대 지도자에 불과했다면, 예수의 추종자들은 여전히 토라가 지배하는 영역 안에 있는 것이며, 토라에 맞는 삶을 살아야 한다. 바울 시대에도 그렇게 주장하는 이들이 있었고, 오늘날에도 그렇게 주장하는 이들이 있다. 하지만 복음이라는 사건이 바울의 믿음대로 효력을 발휘했다면, 예수께서 참으로 죄를 처리하셨고 새로운 세대, 곧 갈라디아서 1:4에서 기록된 대로 새로운 창조를 개시하셨다면, 모든 것이 변할 수밖에 없다. 이 변화는, 이어지는 단락에서 볼 수 있듯이, 이방인과 유대인으로 구성된 교회의 공동식사에서 시작된다.

결정적으로 중요한 논점이 하나 더 있는데, 이를 바울의 방문들, 논쟁들, 토의들의 소용돌이 속에서 쉽게 놓치곤 한다. 갈라디아인들을 향한 그의 논증의 일부에는 부활하신 예수께서 직접 소명을 주셨기 때문에 자신이 진정한 사도라는 주장이 포함되어 있다는 것이다. 하지만 이런 "사도들"은 1세기에 모두 죽었다. 그렇다면 사도적 권위에 관한 바울의 신학은 우리를 포함한 후대의 교회들에게 어떻게 적용될 수 있을까? 자신의 사도직에 관한 바울의 생각은 오늘날의 그리스도인의 형성이라는 과제에 어떤 도움을 줄 수 있는가?

고전적인 답변은 다음과 같다. 사도들이 다른 이들에게 자신들의 뒤를 잇는 권위를 부여했고, 그러한 권위 부여, 곧 "안수"ordination는 후속 교회들에서 끊이지 않고 이어졌다. 종교개혁가들 및 그들의 더욱 과격한 후계자들은 그와 같은 생각을 쉽게 조롱했다. "사도권 계승"이라는 이론이 정말 옳은 것이었다면, 후대 교회들의 부패와 질적 저하는 일어나지 않았을 것이다. 하지만, 실제로 "사도권 계승" 이론에 대한 믿음은 그릇된 안정감을 심어 주면서 문제를 더 악화했다.

바울 서신 곳곳에 나오듯이, 바울의 사도적 권위는 **십자가에서 죽으신 예수의 부활**에서 비롯된 결과물이다. 갈라디아서 1:1과 1:15-17 및 다른 편지들 곳곳에서 바울은 그렇게 말했다.[28] "권위"는 어떤 개인이나 이론이 아니라 사건에서 기인한다. 사도적 "권위"는 십자가에서 죽으신 예수의 부활 사건이 시대와 장소를 불문하고 모든 것을 아우르는 장대한 실체라는 사실에서 흘러나온다. 이것이 골로새서에서 바울이 하늘 아래 모든 창조물에게 복음이 선포되었고, 자신은 그 복음을 섬기는 종이 되었다고 한 말의 의미다.[29] 부활이 바울의 논지 전체 및 참된 그리스도교 신학 전체의 핵심적인 출발점임에도 불구하고, 이 "권위"는 단순히 지적인 방식으로만 작용하지는 않는다. 예수를 죽은 자들 가운데서 일으키신 힘은 사도들을 통해 사람의 마음과 삶, 그리고 공동체를 변화시키고 요새를 허무는 힘이다.[30] 언젠가 이 기묘한 이야기들을 애써 믿는 이들에게 예수의 부활이 있어도 되고 없어도 되는 부가적 요소로 치부될 날이 올 것이라는 생각, 그리고 그러한 배교를 용인하는 교단들이 치리적 "권위"의 형식을 빌려 부활과 부활의 의미를 고수하는 개별 교회들을 힐난하고 추방할 날이 올 것이라는 생각에 대해, 바울은 갈라디아서 앞부분의 저주보다 더욱 강력한 저주^{anathema}를 퍼부을 것이라고 생각한다.

덧붙이는 말 하나. 앞서 우리는 솔로몬의 시편이라는, 바리새인(들)의 작품일 가능성이 농후한 찬송집을 살펴보았다. 이 "시편들"은 모두 이방인과의 타협에 따른 위험을 말하고 있다. 이 "시편들"은 하나님이 "의인"과 "죄인" 사이를, 아브라함의 가족과 이교 세계 사이를 날카롭게 구분하신다는 사실에 기반을 두고 있다. 솔로몬의 시편은 어떤 유대인들이 그러한 구분을 어물쩍 넘어서 "사람을 기쁘게 하는 자"$^{people\text{-}pleasers}$가 되었다고 경고한다. 이러한 비판이 직접 자신을 향해 제기되는 모습을 본 바울은 거기에 응수하는 방법을 알고 있었다. 상황이 예전과는 정

---

28   예를 들어, 고전 9:1.
29   골 1:23.
30   고후 10:3-6.

반대로 바뀌었음을 보여주면 된다. 솔로몬의 시편 17편은 하나님이 어서 메시아를 보내셔서 모든 것을 바로 잡으시길 바라는 기도다. 바리새인의 전형적 신념을 지녔던 사람이 메시아를 참칭(僭稱)하다 십자가 처형을 당한 이의 부활을 목격하고 변화되는 모습을 바울은 그대로 보여준다. "누가 의인인가"라는 질문에 이제 새롭고 최종적인 답이 주어졌다. 심판은 이미 내려졌다. 십자가에서 죽으시고 부활하신 예수가 "의인"을 판가름하는 잣대다. 예수의 백성이 아브라함의 진정한 가족이다. 바울은 예수의 이름을 부르면서도 이러한 결정을 따르지 않는 이들이야말로 "사람을 기쁘게 하는 자"라고 보았다. 이러한 내용은 2장의 남은 부분뿐 아니라 이 편지의 위대한 중심부인 3장과 4장에서 다룰 현안을 설정한다. 이는 우리 시대든 다른 어떤 시대든 교회의 형성에, 특히 교회의 특성과 선교의 측면에서 교회의 형성에 관심을 기울이는 모든 이에게 충격적인 도전을 던진다.

갈라디아서 2:11-21

본문 사역

¹¹ 하지만 게바가 안디옥에 왔을 때, 나는 그에게 정면으로 맞섰습니다. 그는 잘못을 저질렀습니다. ¹² 야고보로부터 어떤 사람들이 오기 전까지 베드로는 이방인들과 함께 식사하고 있었습니다. 하지만 그들이 오자 그는 물러나서 자신을 구분 지었습니다. 할례받은 쪽 사람들을 두려워했기 때문입니다. ¹³ 나머지 유대인들도 베드로의 위선과 똑같이 행동했습니다. 바나바조차 그들의 위선에 이끌려 행동했습니다. ¹⁴ 하지만 나는 그들이 복음의 진리를 따라 올곧게 걷지 않는 것을 보고 모든 이들 면전에서 게바에게 말했습니다. "보십시오, 당신은 유대인인데도 이방인처럼 살아왔습니다. 그런데 어떻게 이방인에게 유대인이 되라고 강요할 수 있다는 말입니까?" ¹⁵ 우리는 날 때부터 유대인이고 "이방인 죄인들"이 아닙니다. ¹⁶ 그러나 우리는 사람이 유대 율법의 행위들에 의해서가 아니라 메시아 예수의 신실하심을 통해 "의롭다"고 공표된다는 사실을 압니다. 이것이 우리 역시 메시아이신 예수를 믿는 이유입니다. 유대 율법의 행위들이 아니라 메시아의 신실하심을 근거로 "의롭다"고 공표되기 위해서지요. 유대 율법의 행위들이라는 근거로는 어떤 피조물도 "의롭다"고 공표될 수 없습니다. ¹⁷ 자, 그렇다면 말입니다. 메시아 안에서 "의롭다"고 공표되기 위해 애쓰는 우리가 "죄인"으로 밝혀진다면, 메시아가 "죄"를 짓게 하는 분이란 말입니까? 절대 아닙니다! ¹⁸ 내가 허물었던 것들을 다시 세운다면, 내가 율법을 어기는 사람임을 드러내는 것입니다.

¹⁹ 이 점을 나는 다음과 같이 설명하겠습니다. 율법을 통하여 나는 율법에 대하여 죽었습니다. 내가 하나님에 대하여 살기 위해서입니다. 나는 메시아와 함께 십자가 처형을 당했습니다. ²⁰ 그러나 나는 살아 있습니다. 하지만 그것은 더 이상 내가 아니라 내 안에 사시는 메시아입니다. 그리고 내가 지금 육신 안에서 살아가는 이 삶은, 나를 사랑하셔서 나를 위해서 자기 자신을 내어 주신 하나님의 아들의 신실하심 안에서 내가 살아가는 것입니다. ²¹ 나는 하나님의 은혜를 무시하지 않습니다. 만일 "의로움"이 율법을 통해 온다면, 그리스도는 헛되게 죽으신 겁니다.

서론

갈라디아서 2:11-21은 두 가지 이유로 무척 생동감 있게 느껴진다. 첫째, 앞에서 우리가 제시한 사건 개요 순서가 맞다면, 바울은 베드로와 맞섰던 일을 마치 최근에 겪은 것처럼 생생하게 기억하고 있었을 것이다. 갈라디아 교회들이 안디옥 사건을 전혀 다른 시각으로 해석한 소문을 접했을 가능성이 매우 컸으므로, 바울은 그들에게 실제 어떤 일이 일어났는지를 말해야 할 긴급한 필요가 있었을 것이다. (현대의 냉소적인 독자들은 웃어넘길 수 있는 일이지만, 바울에게는 피할 수 없는 일이었다.)

둘째, 이 본문은 갈라디아서에서 첫 번째 수사적 절정부에 이르는 곳이다. 바울의 복잡다단한 자전적 이야기1:11-2:10로 지연되었기에 수사적 효과는 더욱 커졌다. 이전에 있었던 베드로 및 다른 사람들과의 만남은 바로 이 충돌, 이 결전에 이르는 길을 마련했다. 한편, 이 충돌은 갈라디아 교회들의 문제와 뚜렷한 병행구절을 제시한다. 2:3-5에서 "슬그머니 들어온 사람들(개역개정에서 "가만히 들어온 거짓 형제들"로 번역된 사람들을 가리킴—옮긴이)"이 디도에게 할례받으라고 강요한 것과 마찬가지로, 그리고 "요동하게 하는 자들"이 "갈라디아인들을 할례받으라고 강요"하려고 했던 것과 마찬가지로,6:12 베드로는 이방인들에게 유대화하라고to Judaize 강요한다.2:14 베드로는 솔로몬의 시편과 유사한 강령agenda을 따르면서 유대인과 비유대인을 구분하는 전통적인 경계선을 고수하며 "의인"과 "죄인"을 구분 짓는 것이 가능하고 또한 매우 중요한 일이라고 생각했다. 하지만 바울은 십자가 처형을 당하시고 부활하신 메시아 예수만이 유일하게 중요한 경계선이라고 믿었다. 예수께서는 "죄"를 처리하셨고 "의로움"을 재정의하셨다. 새로운 날이 밝았다. 유대인 출신 예수 추종자와 이방인 출신 예수 추종자를 계속 따로 식사하도록 했던 시도, 다시 말해 유대인과 이방인을 구분하는 전통적인 경계선을 다시 그으려는 노력은 예수의 부활과 성령의 선물을 통해 개시된 "(장차) 올 세대"에서 담대하게 사는 것 대신 "현재의 악한 세대"로 시간을 돌리는 것을 의미했다. 메시아의 십자가가 죄를 처리했다. 따라서 "메시아의 백성"은 유대인이든 이방인이든 관계없이 더 이상 "죄인"이 아니다.

2:11-14 안디옥의 베드로

이 단락을 여는 네 개의 절은 편지 전체의 논증은 물론 특히 중요한 2:15-21의 의미를 이해하는 데 결정적으로 중요하다. 여기서 바울은 베드로가 안디옥에 온 이야기와 그곳에서 무슨 일이 있었났는지를 자신의 관점에서 진술한다.

높은 확률로 우리는 사건의 발단을 다음과 같이 추정한다. 갈라디아에 있는 바울의 경쟁 교사들이 이 사건에 대해 [왜곡된] 말을 퍼뜨려 베드로를 유대 조상들의 전통에 충직한 영웅으로 만들었고, 그 반대로 바울을 타협하는, 곧 "사람을 기쁘게 하는" 악역으로 그렸다. 물론 바울은 사건을 그런 식으로 보지 않았다. 그의 관점에서 게바(바울은 8절에서 "베드로"라고 그를 부르지만, 여기서는 다시 그의 아람어 이름을 부른다)는 선을 한참 넘었다.

2:11 "게바가 안디옥에 왔을 때, 나는 그에게 정면으로 맞섰습니다. 그는 잘못을 저질렀습니다." 사실 이 문장의 번역이 암시하는 것보다 여기서 사용된 동사 *kategnōsmenos ēn*는 더 강한 의미를 가지고 있다. 원래 의미는 "그가 정죄 받았습니다"이다. 단순히 잘못만 저지른 것이 아니다. 재판을 받고 유죄로 판명되었다.[1]

바울은 어떻게 그렇게 말할 수 있었을까? 그가 볼 때 베드로는 두 가지 잘못을 저질렀다. 베드로의 행동은 복음의 진리에서 벗어난 것이었고, 그 행동은 또한 예전에 취했던 입장으로 되돌아간 것이었다. 틀리기도 했고 우유부단하기도 했다. 베드로는 안디옥에 와서 이방인 그리스도인과 식탁교제를 나누며 음식을 함께 먹었다. 사도행전 10-11장에서 그가 고넬료의 집에서 했던 대로 말이다.[2] 이 사안이 단지 "식사예절"의 문제가 아니라 그보다 훨씬 중요한 문제라는 사실을 이해하려면 전통적인 유대교가 이방인과의 식탁교제를 못마땅하게 여긴 이유를 알아야 하며, 초기 그리스도인에게 그러한 식탁교제가 선택이 아니라 필수가 된 이유를 알아야 한다. 유대인들은 이방인과 어울리는 것을 금지했다.

---

1   요세푸스는 『유대 전쟁사』 2.135에서 "하나님께 호소함 없이(즉, 하나님을 두고 맹세하지 않고는—옮긴이)는 신뢰를 얻지 못한 사람은 이미 정죄 받았기(*ēdē kategnōsthai*)" 때문에, 에세네파는 맹세를 피했다고 말한다.

2   사도행전에는 베드로가 고넬료와 식사를 하는 장면은 나오지 않는다. 하지만 10:48에 고넬료의 가족이 베드로에게 더 머물러 달라고 청하는 내용이 있고, 11:3에는 예루살렘에서 율법을 엄격하게 준수해야 한다고 주장하는 사람들이 베드로에게 이방인과 식사한 것에 대해 설명을 요구하는 장면이 있다.

이방인이 우상을 섬겼기 때문이다.[3] 바울의 생각에 따르면, 예수의 죽음이 우상의 권세를 파괴했으므로 이방인과 유대인은 함께 식사를 할 수 있었고, 해야만 했다. 원래 유대인들은 우상숭배가 삶을 부정하게 만든다고 믿어서 이방인과의 식탁교제를 금지했다. 하지만 예수 사건에 기반을 둔 식탁교제는 정결함과 삶의 변화를 만들어 내는 성령의 힘을 기리는 자리였다. 이방인과의 공동식사에 대한 유대교의 규제는 이스라엘의 토라가 여전히 유효하며 율법 준수가 조금이라도 느슨해지는 것을 명백한 불순종으로 간주하는 믿음에 바탕을 두었다. 바울은 오래 전 약속된 새로운 시대가 이미 동텄고, 이 새로운 시대에는 일시적으로 유효했던 토라의 규제를 무시해야 한다고 주장했다.

이와 같은 바울의 입장은 "배타적"인 관점을 조롱하고 "포용적" 관점을 환영하는 현대 혹은 포스트모던 시대의 윤리와 아무런 관계가 없다. 유대인이 보수적이거나 배타적이거나 인종주의적(이런 시선은 제발 사라지면 좋겠다!)이라는 말도 아니다. 초기 그리스도인들이 사회적 규제를 어리석고 구시대적이라고 무시하며 자신들의 관대한 "포용성"을 뽐내는 사회자유주의자들social liberals 같은 신념을 고수했다는 말도 아니다. 이러한 시선은 계몽주의 이후 만연하게 된 전형적인 사실 왜곡으로, 예수께 충성하는 대가는 치르지 않으면서 그리스도교 세계관의 일부 특징(상호 책임을 지며 상호 존중하는 범세계적 가족)을 얻어 가려는 시도다. "배타성"을 정말 우려하는 사람이라면 바울은 절대 추종해서는 안 될 사람이다. 이는 갈라디아서 5장을 잠깐만 보아도 알 수 있을 것이다.

또한 바울은 우상이 실제로 위협적 존재라는 사실을 절대 부정하지

---

[3] 전통적 유대교의 규율인 *amixia*—(비유대인과) "어울리지 않기"—에 대해서는 *The New Testament and the People of God*, 231-41과 *Paul and the Faithfulness of God*, 93-94를 보라.

않는다. 고린도전서는 물론 다른 서신에서도 바울은 이교 세계의 부정이 심각한 문제라고 한다. 2020년 코로나 바이러스 팬데믹 상황을 염두에 두고 이러한 면을 고찰해 보면 흥미로운 유사점이 보인다. 치명적 병균이 어디 숨어 있는지 아무도 모르므로 사회적 접촉을 피하라는 권고를 받는다. 신실한 유대인들은 이방인들의 끔찍한 생활 방식을 목도하고, 특히 신명기와 다른 문서들이 이 문제를 명확하게 말했기 때문에 (그리고 고대 이스라엘 민족이 신명기의 경고를 무시한 결과 포로기를 겪었기 때문에) 오염의 위협이 모든 곳에 도사리고 있음을 보았다. 그러므로 바울과 다른 초기 그리스도인들이 우상숭배, 죄, 부패, 악독이 전혀 문젯거리가 아니라고 생각했으리라는 추정은 옳지 않다. 다시 말하지만, 이는 근대인들이 속죄와 용서에 대한 그리스도교의 신앙을 기이한 형태로 왜곡한 것이다. 초기 그리스도인들은 십자가의 승리가 죄의 문제를 처리했고 우상의 권세를 빼앗았으며 성령이 주신 생명력이 도덕적 흠결을 씻어 주었다고 믿었다. 복음의 메시지는 단지 종교인이 되기 위한 새로운 길을 제공하거나 "천국에 가는" 새로운 길을 제공하는 것이 아니었다. 복음의 메시지는 어떤 사건이 발생해서 세상이 이제 전혀 다른 곳이 되었음을 선포했다. 새 창조가 시작되었다. 출신배경이나 문화와 상관없이 모든 사람이 새 **창조의 일부가** 될 수 있다. 새 창조의 일원이 된 사람은 새로운 가족을 형성한다. 새로운 **종류**의 "가족", 궁극적인 "아브라함의 자손", 메시아의 백성 말이다.

2:12 사건은 이렇게 시작되었다. 안디옥 교회를 방문했을 때 "베드로는 이방인들과 함께 식사하고 있었다." 여기까지는 별 문제가 없었다. 하지만 "야고보로부터 어떤 사람들이 왔을 때" 베드로는 몸을 사리며 안전한 길을 택했다. "그는 물러나서 자신을 구분 지었다." (바울은 야고보가 그 사람들을 보냈다고 말하지 않으나 그 사람들은 야고보의 권위를 내세

우며 위태로울 정도로 타협한 안디옥 그리스도인들의 문제를 해결하려 했던 것이 분명하다). 바울은 베드로가 두려움 때문에 이런 행동을 했다고 보았다. "그는……할례받은 쪽 사람들을 두려워했기 때문입니다." "할례받은 쪽 사람들"*tous ek peritomēs*이라는 표현은 안디옥의 유대인이 아니라(왜 베드로가 안디옥의 유대인을 두려워했겠는가!) "야고보에게서 온 사람들"을 가리키는 것으로 보인다. 사도행전 11:2에서 고넬료를 방문한 베드로를 문제삼은 사람들을 묘사한 부분과 일치한다. 사도행전 본문은 이 사람들을 '호이 에크 페리토메스'*hoi ek peritomēs*라고 부른다. 직역하면 "할례에 기인한 사람들"이다. 하지만 모든 유대인 남자가 할례를 받았으므로 이 표현은 "할례를 강조하기 원하는 사람들"을 미묘한 방식으로 표현한 것이 분명하다. 여기서 바울의 표현은 "할례파", 곧 할례를 가장 중요한 이슈로 여겨 할례받지 않은 사람들과 식사하는 것을 여전히 금기시한 사람들을 축약한 표현임이 분명하다. 사도행전 11장에서 베드로는 이런 이들의 압박에 맞선 것으로 나오지만, 갈라디아서 2장에서는 중심을 잡지 못하고 물러났다. 베드로에 대한 다른 이야기를 아는 사람들은 유사한 양상을 떠올릴 것이다.[4]

2:13 상황은 더욱 나빠졌다. 안디옥의 유대인 예수 추종자들은 베드로가 이방인 신자들과 식사 교제에서 물러나는 모습을 보고 베드로의 행동을 본떠 따르기로 결정했다(베드로가 안디옥의 유대인 예수 추종자를 두려워한 것이 아니라 예루살렘에서 새로 온 사람들을 두려워했음을 보여주는 또 다른 예이다). "나머지 유대인들도 똑같이 행동했다." 바울은 이와 같은 행동을 "위선"*playacting*이라는 단어를 사용해 묘사한다. 이 단어는 내적인 실체를 숨기고 청중이 외적인 모습만 볼 수 있게 가면을 쓰는

---

4   예를 들어, 막 14:29-31; 15:66-72을 보라.

것을 말한다. 그리스어로는 '휘포크리시스'^{hypokrisis}이고, 이 그리스어 단어가 영어에 그대로 들어왔는데(영단어 hypocrisy를 말한다―옮긴이), 연극을 가리키는 은유적 의미가 바울 시대에 이미 그 뉘앙스를 잃었고 오늘날에는 거의 사라졌다. 하지만 바울의 비난은 2:14은 물론 2:15-21에서 길게 말하는 부분에서도 볼 수 있듯이 상당히 구체적이었다. 메시아-사람("Messiah-person", '그리스도-인'을 뜻하며 '그리스도와 연합한 사람'을 가리키는 라이트의 독특한 표현이다―옮긴이)은 메시아의 죽음과 부활을 공유하는 사람이며 메시아 안에서 새로운 창조에 속한 사람이다. 그것이 참된 정체성이다. 메시아가 오셨다고 믿는 사람은 모든 것이 변하리라는 기대를 가질 수 있다. 그와 반대로, 전혀 변한 것이 없는 것처럼 믿고 행동하는 사람은 메시아가 오셨음을 부정하는 것이다. "게바 당신과 마찬가지로 이방인 신자들도 믿음을 지닌, 세례받은 메시아-백성인데, 당신이 공연장에 올라가 가면을 쓰고 '나는 유대인이니 이방인과 함께 음식을 먹으면서 나를 부정하게 할 수 없습니다'라고 말한다면, 당신은 당신의 메시아적 실존, 성령의 이끄심을 받는 실존을 부인하는 것입니다"라고 바울은 말하고 있다. [게바의 행동은] 예수에 관한 메시지가 이사야 40장과 52장의 "기쁜 소식"이 아니라고 말하는 것과 다를 바 없다. 결국 구원을 세상 끝까지 확장하기 위해 당신의 백성을 방문하겠다는 하나님의 오랜 약속이 실현되지 않았다고 말하는 것이다.

특히 비극적인 부분은 "바나바조차 그들의 위선에 이끌려 행동했다"는 점이다. "바나바조차"라는 표현에서 바울의 고통을 엿볼 수 있다. 바나바는 다양한 민족으로 구성된 안디옥 신자들의 공동체에서 "하나님의 은혜"가 역사하고 있음을 처음 알아챈 사람이었다.$^{행 11:22-24}$ 안디옥 신자들에게 지혜로운 가르침이 필요하다는 점을 깨닫고 다소로 가서 사울을 찾아 안디옥으로 데려온 사람이 바나바다.^{행 11:25-26} 그는 바울의 키프로스와 갈라디아 선교 여행에 동행했다. 그는 복음이 삶을 바꾸고 출신 민족을 따지지 않는 공동체를 만들어 내는 힘이 있음을 보았던 사람이다. 바나바는 바울과 함께 사역하고 함께 기도하며 함께 고통을 받았던 사람이다. 그는 성난 군중을 상대할 때도, 열광적인 새 신자들의 모임을 대할 때도, 바울 곁에 서 있었다. 그는 어느 모로 보나 섬세하고 따뜻한 마음을 가진 사람이었다. 안디옥에서 그가 취한 행동은 "야고보에게서 온 어떤 사람들"이 충격 받은 모습을 보고 그들을 진정시키려는 의도에서 나온 것으로 보인다. 바나바의 마음을 확실하게 알 수는 없지만, 바울이 바나바의 행동을 가식으로, 위선으로, "복음의 진리"를 은폐하는 것으로 본 것은 분명하다. 베드로와 바나바와 그 밖의 사람들은 십자가 처형을 당한 메시아의 백성임에도 토라를 정체성으로 삼은 백성인 듯이 행동했다. 십자가에서 죽으신 메시아를 유대적 정체성의 부가물인 것처럼 여겼다. 십자가 처형을 당한 메시아가 유대적 정체성을 근본적으로 변화시켰음에도 불구하고 말이다. 진리가 위험에 처하게 되었다.

2:14 그래서 바울은 곧장 사안의 핵심으로 들어간다. "그들은 복음의 진리를 따라 올곧게 걷지 않았다." 바울에게 "올곧게 걷다"(그리스어 동사 '오르토포데오'*orthopodeō*에서 영단어 "orthopedic"이 유래했다)라는 표현은 생생한 비유였던 것으로 보인다. 즉, 여기 일직선이 있으니 이 선을 따라 걸어야 한다는 것이다. "복음 진리" 또는 "복음의 진리"가 바로 이 일직선이다. "복음"이 예수를 십자가에서 죽으시고 부활하신 메시아요 주님으로 선포하기 때문이다. 길에 일직선이 그려져 있다면 그 선에서 벗어난 것에 대해 변명할 여지가 없다.

그래서 바울은 베드로에게 공개적으로 맞섰다. 바울의 책망은 앞에서 말한 디도에 관한 이야기(디도가 어떤 이들의 시도에도 불구하고 할례를 강요받지 않았다)를 되울리며, 갈라디아인들이 바울의 메시지(바울과 경쟁하는 교사들이 갈라디아인들에게 할례를 강요하려는 노력을 하고 있지만 갈라디아인들은 그것에 저항해야 한다)를 받아들일 수 있도록 길을 터놓는다. 바울은 말한다. "보세요, 당신은 유대인이지만 이방인처럼 살아왔습니다." 베드로가 우상숭배를 했거나 이교 세계의 비도덕적 생활방식을 받아들였다는 의미가 아니다. 베드로가 이방인들과 지속적으로 식탁교제를 나누었다는 의미다. (베드로와 이방인들과의 식탁교제에 어떤 음식이 놓여 있었는지에 대해 언급하지 않는다. 이방인과 지속적으로 어울리는 것이 문제였다. 하지만 안디옥교회가 주로 이방인 신자로 구성되어 있었다면 공동식사에 코셔 음식[유대 율법이 허용하는 음식]만 제공되었을 가능성은 높지 않다.)[5] 베드로는 가이사랴에서 고넬료를 방문하면서부터 이방인들과 함께 식사했고, 이를 두둔했다.[6] "그런데 [그랬던 당신이 지금] **어떻게 이방인에게 유대인이 되라고 강요할 수 있단 말입니까?**"

"유대화하다"*ioudaizein, "to Judaize"*라는 표현이 정확히 어떤 의미인지 주목할 필요가 있다. 학자들과 설교자들은 바울과 경쟁 관계에 있던 교사들을 통상적으로 "유대화하려는 사람들"*the Judaizers*로 불렀다. 하지만 이러한 해석은 완전히 틀렸다. 그리스인이 아닌 사람이 그리스적("헬라적") 관습에 따라 살기 시작한 것을 "헬라화하다"*to hellenize*라고 표현하듯이, 이방인이 할례를 받고 모세 율법 준수(특히 안식일과 음식 규례 준수)를 배워서 살아가는 것을 "유대화하다"*to Judaize, 유대인의 삶의 방식에 따라 살다*라고 말한다. 바울과 경쟁 관계에 있던 교사들이, "(자신이) 유대화하려는 사람

---

[5] 예를 들어, 고전 10:25-27을 보라.
[6] 행 10:1-11:18.

들"Judaizers이 아니라, 다른 사람에게 유대화를 권하는 사람들이라는 사실을 알면 혼란에 빠지게 된다. 그렇다면 그들은 과연 누구였단 말인가? "선동가?"agitators "분쟁을 야기하는 사람?"troublemakers "선생?" "선교사?" "압력을 행사한 사람?" 나는 안전하게 그들을 "바울과 경쟁 관계에 있던 교사들"이라고 부르기로 했다. 바울에게도 그들 자신의 생각에도 이들은 분명 "경쟁 관계에 있는 교사들"이었다.

바울은 베드로에 맞서서 말했다. 당신이 이방인 신자들과의 교제에서 이탈한 행동은 사실상 이방인 신자들에게 완전히 유대인이 되어야 한다고 말하는 것과 다름없다. 유대 규율을 버리고 모든 신자와 함께 일치를 이루는 새로운 선물을 기뻐했던 당신이 어떻게 이런 행동을 할 수 있는가?

베드로는, 이방인들에게 유대인처럼 살라고 강요하고 있다는 바울의 비난에 대해 자신은 전혀 그럴 의도가 없었다고 대응할 수도 있었을 것이다. 이방인 예수 추종자는 이방인으로 살 수 있고, 유대인 예수 추종자는 유대 전통을 계속 행할 수 있다고 말이다. 하지만 바울은 이런 견해를 용납하지 않았다. 사람이 "메시아 안에"en Christō 있으면 그는 실제로 "메시아 안에서" 살아가고, 이것이 근본적으로 그 사람의 정체를 이룬다. 따라서 "메시아 안에" 있는 사람들이 단일한 가족을 형성한다는 것이다. 바울은 이 주장을 다음 장에서 길게 펼칠 것이다. 유대인 신자가 이방인 신자를 멀리하고 함께 식사하지 않는 것은 이방인 신자에게 다음과 같이 말하는 것과 다름없다. 이방인 신자는 유대인과는 다른 그룹에 속한 사람들이다. 예루살렘 성전에 있는 이방인의 뜰에 속한 사람들이다. 이방인 신자는 유대인처럼 살아야만 진짜배기가 될 수 있다. 이방인 남자는 할례를 받아야 한다. 안디옥에서 베드로가 취한 행동은 바로 이런 의미를 시사했다.

여기까지가 14절 마지막까지의 내용이다. 이 내용의 핵심을 파악하는 것이 매우 중요하다. 이것이 바로 후대에 수백 년 동안 계속된 신학 논쟁에 둘러싸인 15-21절의 **원래 의미를 파악할 수 있도록 하는 배경 맥락**이다. 바울이 웅장한 규모의 신학적 진리를 말하고 있는 것은 분명하다. 하지만 안디옥에서 베드로에게 했던 말을 여기서 계속 이어서 하고 있다는 사실도 부인할 수 없다. 그러므로 갈라디아서 2:15-21을 이해하기 위한 자연스러운 전제는, 바울이 (안디옥에서 베드로에게 말한 것을 요약해서 갈라디아인들에게 전하면서) 이방인 신자와 식사를 그만두고 이방인 신자에게 유대인의 관습을 따르라고 강요하는 것을 "복음의 진리"에 정면으로 반하는 행동이라고 설명하고 있다는 것이다. 바울이 2:15-21에서 편지 전체에 걸쳐 주의 깊게 쌓아 온 주제를 갑자기 바꾸거나 완전히 다른 내용을 말하기 시작한 것이 아니라면, 다음과 같은 결론에 이를 수밖에 없다. 즉 바울은 15절에 이르러서야 갑자기 주제를 바꾸어 안셀무스와 심지어 아우구스티누스, 그리고 이후 루터와 칼뱅이 제기한 서구 교회의 신학 문제들—"의로움", "칭의", "믿음", "행위들"—을 논의하기 시작한 것이 아니라는 것이다. 그렇다면 바울이 안디옥에서 쟁점이 되었던 문제 배후의 신학적 측면을 다루고 있다는 것을 전제해야 하며, 그것은 디도가 바울과 바나바와 함께 예루살렘에 갔을 때 미해결 상태였고 이제 갈라디아 교인들이 직면하게 된 그 문제다. 즉, "누가 하나님의 백성인가? 하나님의 백성은 민족의 관점에서 정의되는가, 아니면 메시아의 관점에서 정의되는가?"이다.

서론에서 말했듯이, 갈라디아의 예수 신자들에게 이 문제가 강요된 것은 그들이 지역의 제의들, 특히 다양한 지역적 형태의 황제 제의에 갑자기 불참하기 시작했기 때문일 가능성이 아주 높다. 갈라디아의 예수 신자들은 "유대인들이 받았던 이방 제의 참여 면제 혜택"을 자신들도 받을 자격이 있다고 주장했을 것이고(아무리 설득력이 약해도 말이다), 그 지역의 유대 공동체는 당혹감과 분노를 표출했을 것이다. 예수의 복음을 받아들인 유대인들도 혼란을 겪었을 것이다. 바울과 경쟁 관계에 있는 교사들이 와서 바울이 전한 메시지와 바울이라는 인물의 진실성에 의구심을 표했을 때 이러한 혼란은 더욱 가중되었을 것이다. 이방인 신자들은 그들이 할례만 받으면 상황이 깔끔하게 정리되고 모든 게 쉽게 이해될 것이라는 말을 사방에서 들었을 것이다. 모두가 행복해질 것이라고. 혹시 행복하지 않더라도(당혹감이 완전히 해소되기 어렵고, 성인 남자가 할례를 받는 것 자체가 쉬운 일이 아니었기 때문에), 새로운 삶의 방식에 만족은 할 것이다.

이것이 안디옥과 갈라디아에서 발생한 위기가 신학, 특히 구원과 관련된 것이 아니라 정말 "사회학"이나 "정치학", "문화"와 관련된 문제였음을 의미하는가? 갈라디아서 2:15-21은 "칭의"에 대한 바울의 대표적인 선언으로 간주되어 왔다. 이에 따르면 칭의는 "율법의 행위들에 의한" 것이 아니라 "믿음에 의한" 것이다. 서구의 신학은 대체로 "칭의"와 "구원"을 자주 혼동하기도 했고 더러 구분하지도 않았다. 그런 점에서 이 구절에서 "유대인과 이방인"의 측면을 걷어 내고, "구원받는 것은 도덕규칙을 지키는 데 달린 것이 아니라 전적으로 믿음에 달려 있다"라고 이 구절을 이해하게 된 것은 어쩌면 당연한 일이었다. 갈라디아서 2:15-21을 늘 이런 방식으로 해석해 온 사람들은, 이 본문을 갈라디아서 1장과 2장에 기술된 바울의 논증이나, 안디옥에서 바울이 베드로와 맞섰던 역사적 맥락을 바탕으로 읽는 것에 반대했다. 이 때문에 지난 세대 바울학계는 (문제가 있는 명칭인) 이른바 "새 관점"과 "옛 관점"으로 나뉘었다. 나는 이와 관련된 내용을 다른 곳에서도 다룬 적이 있고 이 책 서론에서도 다뤘다.[7]

우선 분명히 해둘 것이 있다. "새 관점"의 다양한 스펙트럼 안에서 내 입장은 늘 한결같았다. (내 입장을 왜곡한 사람들이 있었지만 말이다. "경쟁 관계에 있던 교사들"이 상대방에 대한 잘못된 정보를 퍼뜨리는 것을 바울만 본 것이 아니었다!) 갈라디아서에서 단일한 가족이 강조된다는 것과 죄와 구원의 문제는 별개의 문제가 아니다. 안디옥에서 베드로가 이방인 신자들과의 교제에서 이탈한 행동은 다음과 같은 내용을 함의한다. 이방인 신자들은 어떤 면에서는 **여전히 구원이 필요한 죄인이다.** 그들은 아직도 "외부인"이므로 ("내부인"이 되기 위해서는) 더 과감한 행동을 취해야 하며, "구원"(곤경에서 구출됨)뿐 아니라 하나님의 상속자(아브라함과 더불어 "세상을 상속받음"이라는 표현의 긍정적 측면)가 된다는 약속을 누릴 자격을 주장하려면 유대인이 되어야 한다.[8] 하지만 "복음의 진리"는 모든 메시아-백성, 곧 "메시아 안에"*en Christō* 있는 모든 사람은 더 이상 "죄인"이 아니라고 말한다. 그들이 현재 하나님 백성으로 구성된 단일한 가족에 온전히 소속되어 있다는 사실은, 그들이 "죄인이 아닌" 새로운 지위를 획득했다는 것에 대한 외적이고 실제적인 표시이자 보증이다. 즉, 그들은 이제 죄인들*hamartōloi*이 아니라 의인들*dikaioi*인 것이다. "옛 관점"의 강조점은 역사에 근거를 둔 "새 관점" 안에 포함되어 있으며 실제로는 더욱 강화된다고 할 수 있다. 바울이 갈라디아서에서 강조하듯, 교회론은 구원론과 양자택일해야 하는 사항이 아니다. 교회론은 구원론을 공적으로 표현한 것이다. 이 점을 파악하는 것은 1세기에 교회가 형

---

7   Paul and His Recent Interpreters, 3, 4, 5장을 보라. 또한, The Climax of the Covenant: Christ and the Law in Pauline Theology (Edinburgh: T&T Clark, 1991; Minneapolis: Fortress, 1992)에 있는 다양한 논점과 Pauline Perspectives에 있는 여러 글을 참고하라. 그리고 What St. Paul Really Said (Oxford: Lion; Grand Rapids: Eerdmans, 1997)과 Justification에서 해당 주제를 다룬 부분을 보라.

8   예를 들어, 롬 4:13을 보라.

성되는 데 매우 중요하게 작용했으며 이는 오늘날에도 여전히 중요하다. 사실 여러 세대에 걸쳐 신약성경을 읽어 온 방식은 이러한 다양한 차원을 지닌 역사적 맥락을 고려하지 못했다. 오늘날 교회가 그러한 혼란에 빠지게 된 이유 중 하나도 그 때문이다.

따라서 우리는 다음과 같이 확신에 찬 기대를 가지고 2:15-21에 접근하려 한다. 끝없는 오해가 있었지만 2:15-21은 바울이 갈라디아서에서 지금까지 이야기해 온 쟁점들에 대한 답변이며, 또한 3장과 그 다음 장들에서도 계속해서 그 쟁점들을 다룬다는 것이다. 또한 3장과 그 다음 장들에서도 바울이 그 문제들을 동일한 방식으로 다루고 있음이 분명해질 것이다. 2:15-21은 예루살렘과 안디옥과 갈라디아에서 불거진 문제와 관계없이 오로지 "어떻게 구원받을 수 있는가"라는 주제만 다룬 본문은 아닌 것이다.

2:15-21 위대한 변혁

서론

갈라디아서 2:15-21은 금세 우리를 두 종류의 문제에 직면하게 한다.

첫째, 촘촘한 논증이다. 갑자기 바울은 많은 전문 용어를 사용한다. 각 전문용어는 학계에서 수많은 논쟁을 일으킨 주제가 되었다. 우리의 과제는 조각그림 맞추기(퍼즐)와 유사하다. 우리는 바울이 다양한 용어로 뜻했던 바를 어떻게 확실히 알 수 있을까? "이방인 죄인들", "의로운", "유대 율법의 행위들", "메시아 믿음"(Messiah faith; "메시아**에 대한** 믿음"faith in the Messiah 으로 해석되거나 "메시아**의** 믿음/신실하심" the faith/faithfulness of the Messiah 으로 해석되기도 한다)이라는 표현들의 의미는 무엇인가? 그리고 이러한 용어들의 정점에 있는 "하나님의 아들"은 무슨 의미인가?

바울이 종종 긴 진술을 짧은 문구로 요약한다는 점에서 이 문제에 대한 단서를 찾을 수 있다. 예를 들면, 2:17 상반절의 "메시아 안에서 '의롭다'는 선언을 받기 위해 애쓴다"는 말은 2:16의 길고 산만해 보이는 내용의 요약이다. 마찬가지로 21절에서 "하나님의 은혜"를 말할 때, 바울은 앞의 구절에 있는 내용, 곧 하나님의 아들이 "나를 사랑하셨고 나를 위해 자신을 주셨다"라는 진술을 요약하고 있다.[9] 단순히 나무만 보지 말고 숲을 보아야 한다.

둘째 문제는 역사적 해석의 층들이 야기하는 왜곡이다. 여러 학자는 물론 나도 이 문제를 다룬 책을 썼으므로(이 책의 서론을 포함해서 말이다) 여기서는 요약만 하겠다.[10] 사람들이 "믿음을 가지게 되었다"라고, 그리고 "믿음으로 의롭게 되었다"라고 말할 때는, 대중적으로는 무신론에서 돌이킨 것, 혹은 힌두교 또는 불교 등 다른 종교에서 개종한 것을 말한다. 이렇게 말할 때 "믿음"은 보통 새로운 종교 체험(하나님의 임재와 사랑을 느낌)을 가리키는데, 이 체험은 하나님의 실재에 대한 인지적 인식 및/또는 예수의 죽음이 지닌 구원의 효력에 대한 확신과 결합되어 있다. 이런 체험을 한 사람은 종종 충격을 받아서 선한 행동에 상을 주고 나쁜 행동에 벌을 주는 신에 대한 대중적 믿음을 버린다. 그러고는 하나님이 선한 행동이 아니라 단순히 믿음(보통, 전도자가 따라하라고 하는 기도에 표현된 "믿음")만을 바라신다고 배운다. 사람들은 이러한

---

9 고린도후서 8:9a에서 "우리 주 예수 메시아의 은혜"라는 표현이 8:9b인 "그는 부요하나, 여러분 때문에 가난해지셨습니다. 그의 가난으로 여러분이 부요해지도록 말입니다"라는 내용을 요약하고 있음을 주목하라.

10 *Justification*과 *Paul and the Faithfulness of God*, 10장을 보라. 그리고 이 책의 서론 9-21쪽을 보라.

"믿음"을 고백하는 것이 바울이 말한 "율법의 행위들이 아니라 믿음으로 말미암은 칭의"와 같은 것으로 여긴다. 하지만 바울은 그렇게 말하지 않았다.

유럽의 역사를 되짚어 보면, (16세기와 그 이후에 있었던 일부 대담한 회의론자를 제외하곤) 대다수의 사람이 하나님과 예수를 믿었다. 여기서 믿음이란 하나님과 예수의 존재를 믿고, 개인적으로 신뢰함을 의미했다. 하지만 개신교 종교개혁가들은 갈라디아의 바울 대적자들을 순전한 믿음에 "행위들"(가톨릭에서 말하는 공로, 사제술,priestcraft 의무성사 등등)을 덧붙였던, 로마 교회의 전조precursor로 보았다. 그들은 갈라디아서를 이런 문제를 다루는 문서로 이해했다.

언제나 "칭의"justification는 천상의 법정에서 일어나는 사건이라고 여겨졌다. 심판자인 하나님이 소송을 요약하고 "의로움"righteousness에 근거하여 천국에 갈 사람과 가지 못하는 사람을 결정하신다. 죄인은 당연히 "의로움"을 소유하지 못했으므로 다른 곳에서 "의로움"을 획득해야 한다. 바울의 칭의 교리는 이 곤경에 대한 해답으로 간주되었다. 하나님이 아브라함과 같은 믿음을 가진 사람을 "의롭다"고 여기신다는 것이다. 한편 율법을 어긴 자를 향한 하나님의 저주가 죄인이 아닌 예수께 내려짐으로써 죄 문제가 해결되었다.갈 3:13 갈라디아서는 오랫동안 이런 식으로(끝없이 다양한 변형이 있었기 때문에 "대략 이런 식"이라고 해야 할 것 같다) 해석되었다. 이러한 갈라디아서 읽기는 "로마서에 따른 구원의 길"the Roman road이라는 이름으로 알려진 유명한 로마서 1-4장 해석과 긴밀한 관계가 있다.

이러한 본문 해석이 혼란에 빠진 현대인에게 예수의 죽음을 참된 하나님이 인간 개인의 죄 문제를 처리하신 수단이자 사랑과 은혜의 행동이라고 이해하는 데 도움을 주는 것까지는 큰 문제가 없다. 진짜 문제는 이러한 해석이 로마서와 갈라디아서의 핵심 메시지가 아니라는 점이다. 잘못된 질문에 대한 답을 본문에서 추출하려 하기 때문에, 그리고 본문에서 정말 중요하게 다루어지는 사안과 그에 수반된 올바른 질문이 무시되기 때문에 추가적인 혼란이 발생한다. 이러한 (오)독이 의도적으로 전파되는 것은 아닌지 종종 의심스럽다. 바울 서신의 올바른 해석은 오늘날 그리스도교 신앙에 날카로운 도전을 제기하는 데, 바울 서신 독자들이 이러한 도전에 직면하는 것을 막으려는 것은 아닌가?

내가 다른 곳에서 주장했듯, 수백 년 동안 상당한 인기를 끈 플라톤화된 종말론(Platonized eschatology, 내 영혼은 어떻게 천국에 갈 수 있을까?)은 도덕화된 인간론(moralized anthropology, 내 죄를 [해결하기 위해서는] 어떻게 해야 하는가?)의 모체가 되어, 이방 종교와 유사한 구원론(하나님이 나를 벌하는 대신 예수를 죽이셨다)을 만들어 냈다.[11] 오랫동안 사람들은 바울 서신이 이와 같은 내용을 말하고 있다고 생각했다. 더 구체적으로 말하면, 이러한 해석에서 "믿음"은 죄 용서를 받고 천국에 가게 되었음을 확신하는 것이었다. 이들은 바울이 말하는 "칭의"가 바로 이러한 의미라고 생각했다. 이 같은 이해의 대중적 표현은, 설교 또는 호교론적 논증에 감명받은 젊은이가 헌신 기도를 하고 나서 이제 "믿음으로 의롭게 되었"고 천국에 갈 것이며, 칭의의 바탕이 된 순전한 "믿음"에 도덕적 노력이나 종교적 행위를 덧붙이지 말라고 가르침을 받는 모습에서 볼 수 있다. 이러한 묘사가 그저 희화나 풍자면 좋겠지만, 유감스럽게도 사실에 부합하는 것 같다.

이렇게 뒤죽박죽인 상황에서 우리는 무엇을 해야 할까?

---

11 *The Day the Revolution Began*을 보라.

역사적 주해

늘 그렇듯, 신학적 혼란의 해결책은 **역사에 바탕을 둔 주해**historical exegesis이다. (신심이 깊은 신학자와 설교자는 "역사비평 방법"이 복음에 대한 확신을 저해하는 것을 보고 역사적 주해에 거부감을 표시해 왔다. 하지만 이러한 거부는 제대로 된 역사적 해석이 제기하는 도전과 전망을 회피하려는 구실이 되기도 했다.)[12] 본문에 뛰어들기 전에 중요한 요소 세 가지를 언급하겠다. 첫째, 갈라디아서라는 편지 자체의 더 큰 맥락, 둘째, 1세기 바리새인들의 사고방식이라는 맥락, 셋째, 그리스-로마 사고방식 안에서 바울의 핵심 용어들 이해하기다. 갈라디아서의 전통적 해석에 익숙한 사람들에게는 이 세 가지가 생경한 이국땅에 발을 디디는 것과 같을 것이다. 하지만 이는 바울이 실제 의도한 바대로 본문을 읽기 위한 준비과정이다.

첫째, 위에서 보았듯 갈라디아서 1:1-2:14은 결코 "구원받는 법"이나 "천국 가는 방법"에 대한 본문이 아니다. 구원은 분명 로마서의 중심을 차지한다. 하지만 갈라디아서에서 가장 급박한 문제는 16세기적 의미에서 "사람이 하나님 앞에서 의롭다는 평판/지위를 얻을 수 있는가"에 대한 것이 아니다. 현 시점에서 누가 하나님 백성의 일원으로 인정될 것인가라는 문제다. 1세기 갈라디아에 있었던 위험하고 뜨거운 논박의 상황을 떠올려 보라. 단지 신자가 개인적으로 구원의 "확신"을 경험하는 문제가 아니라, 이교도의 신 숭배를 거부하면서 그런 외견상 반사회적인 자신들의 행동의 근거로 "유대인들이 받았던 면제"를 주장하는 새로운 공동체의 수립에 관한 문제였다.

그러므로 갈라디아인들이 직면한 문제는 디도와 관련해 예루살렘에

---

[12] *History and Eschatology: Jesus and the Promise of Natural Theology*, Gifford Lectures 2018 (Waco, TX: Baylor University Press; London: SPCK, 2019)을 보라. 특히 3장을 보라.

서 발생했던 문제, 그리고 베드로와 바나바 및 그들을 따른 사람들과 관련해 안디옥에서 일어났던 문제와 대동소이했다. 이방인에서 메시아 신자가 된 사람들은 하나님의 백성에 속하기 위해 할례를 받아야만 하는가? 대답이 "아니다"라면, 왜 안디옥 사건의 베드로를 포함한 일부 유대인 출신 메시아 신자는 이방인 출신 메시아 신자와 함께 식사를 하지 않는가? 이 질문이 바울 자신의 지위—예루살렘 사도들에게 인정받았고 그들에게 충성할 필요가 없는 일급 사도—에 관한 문제와 함께 갈라디아서 2:14까지 다루어진 주제이다.

갈라디아서 2:15-21를 건너뛰고 이어지는 장을 보아도 동일한 초점이 유지되고 있음을 알 수 있다. 단지 이스라엘의 궁극적 조상인 아브라함과 더 자세하게 연결시킨다는 점만 차이가 있을 뿐이다. 결정적 질문은 바로 이것이다. 누가 아브라함의 진정한 자손인가? 답변은, 할례받은 사람들이 아니라 '피스티스' *pistis* 곧 믿음/신실함(아래의 논의를 보라)을 공유한 모든 사람이 아브라함의 진정한 자손이라는 것이다. 이 점이 바울이 2:14까지 다룬 문제이고 3:1이하에서 그가 다시 이 문제를 다룬다면, 2:15-21에서도 동일한 문제를 다룬다고 보는 게 자연스럽다.

종교개혁 이후의 해석과 그 해석을 저급하게 계승한 사람들이 문맥을 고려하지 않고 2:15-21을 구원론에 관한 독립적인 진술로 간주한 데서 문제가 생긴 것으로 보인다. 곧 보겠지만, 그러한 관점은 이 단락 자체를 읽는 것만으로도 반박될 수 있다. 바울이 이 구절들에서 주제를 바꾸지 않은 채 다음 장들에서도 주제를 이어갔을 가능성이 매우 높다. 따라서 "의로움", "칭의", "믿음" 등 바울이 사용한 용어는 먼저 하나님의 메시아적 백성의 구성원이 누구인가라는 문제를 깊이 있게 신학적으로 분석한 것으로 보아야 한다. 이 단락은 이 문제에서 벗어난 본문이 아니다. 이 단락은 문제의 핵심이다.

역사에 바탕을 둔 주해를 위해 언급해야 할 두 번째 특징은, 중요한 바리새 문서인 솔로몬의 시편(갈라디아서 1:10의 "사람을 기쁘게 함"이라는 표현과 관련해 이미 살펴본 적이 있다)이 바울에게 원래 익숙했던 사고방식을 상당히 분명하게 보여주는 놀라운 방식에 주목하는 것이다. 바울은 예수에 관한 메시아적 사건으로 인해 그 사고방식을 완전히 뒤집었다.[13] 갈라디아서 2:15에서 바울은 "우리는 날 때부터 유대인이고 '이방인 죄인들'이 아닙니다"라고 말한 다음 곧바로 독특한 방식으로 "의롭다고"^{righteous} 선언되는 것을 말하는데, 이것은 끊임없이 반복해서 자신들(유대인—옮긴이)을 "의로운 사람들"^{dikaioi}라고 하고 (이방인이나 변절한 유대인) 적대자들을 "죄인들"^{hamartōloi}이라고 부르는 솔로몬의 시편의 저자를 직접 겨냥해 말하는 것처럼 보인다. 조금 더 자세하게 살펴보는 게 이러한 관점들 기저에서 작동하는 세계관을 이해하는 데 도움이 될 것이다.

솔로몬의 시편의 첫 번째 시는 죄인들^{hamartōloi}의 공격을 받은 의로운 사람들^{dikaioi}이 하나님께 불평하는 내용으로 시작한다.$^{1:1-3}$ 이 시는 솔로몬의 시편에 들어 있는 다른 시들과 마찬가지로 주전 63년 로마의 유대 지역 침략을 배경으로 쓰인 것으로 보인다. 두 번째 시도 동일한 불평을 담고 있다. "죄인"(이 단수 명사는 폼페이우스를 지칭하는 것일까?)이 예루살렘을 공격했다. 이는 하나님이 용인하신 일이다. 예루살렘 주민들

---

13 솔로몬의 시편의 기원에 대해서는 다음의 연구들을 보라. S. Brock, "The Psalms of Solomon," in *The Apocryphal Old Testament*, ed. H. F. D. Sparks (Oxford: Clarendon, 1984), 649-82; R. B. Wright, "Psalms of Solomon: A New Translation and Introduction," in *The Old Testament Pseudepigrapha*, ed. J. H. Charlesworth, 2 vols. (Garden City, NY: Doubleday, 1985), 2:639-70; K. Atkinson, "Psalms of Solomon," in *The Eerdmans Dictionary of Early Judaism*, ed. J. J. Collins and D. Harlow (Grand Rapids: Eerdmans, 2010), 1138-40. 그리고 Bons and Pouchelle, *The Psalms of Solomon*에 들어 있는 다양한 주장들을 보라.

이 성소를 더럽혔기 때문이다. 이 주제는 여덟 번째 시편에서 길게 다루어진다. 하지만 죄인들*hamartōloi*은 그들이 한 행위와 죄에 따라 응당한 대가를 치를 것이다.^{2:16} 솔로몬의 시편의 저자는 폼페이우스가 이집트에서 살해당한 사건을 이와 같은 소망이 실현된 것으로 보고 기뻐했다 (주전 48년. 솔로몬의 시편 2:26-29을 보라). 구약성경의 두 번째 시편과 마찬가지로 솔로몬의 시편 저자는 다음과 같이 결론을 내린다. "이 땅의 고귀한 자들이여, 이제 주님의 심판을 보라.…… 주님의 자비가 주님을 두려워하는 사람들 위에 심판과 함께 임하여, 의인과 죄인을 구별하시고, 죄인에게는 그들의 행위대로 영원히 갚으시며, 의인은 불쌍히 여기셔서 죄인의 굴욕에서 [그를 건져내시고], 죄인이 의인에게 행한 일을 그에게 되갚으신다."^{2:32-35} 14

솔로몬의 시편의 두 번째 시가 구약성경 시편의 두 번째 시를 반향하고 있다면, 세 번째 시는 구약성경 시편의 첫 번째 시를 확장하는 기능을 한다고 할 수 있다. 이 시의 전반부^{3:1-8}는 의인*dikaios*의 겸손한 경건함을 기술하고, 후반부^{3:9-12}는 많은 죄와 죄인*hamartōlos*의 궁극적 파멸에 관해 말한다. 이미 갈라디아서 1:10과 관련해 살펴본 바 있는 솔로몬의 시편의 네 번째 시는 죄인을 비난하고 유대 전통에 충실하지 않은 채 사람들의 비위를 맞추려 노력하는, "사람을 기쁘게 하는 자"*people-pleasers*를 비판한다.

아홉 번째 시는 오래된 언약 약속에 호소하는 유대인의 전통적 신심을 보여준다. 이 시도 갈라디아서와 공명하는 지점들이 있다.

---

14 "그를 구출하시며"라는 구절은 브록Brock 같은 학자들에 의해 첨가된 것이다. Brock, "The Psalms of Solomon," 658 (R. B. Wright, "Psalms of Solomon," 654과 비교하라. 그 대신 "그를 지키시며"*keeping him*라는 표현을 첨가했다)을 보라. 이 구절을 제외하고 남은 문장은 *NETS*의 번역을 따랐다.

그리고 이제 당신은 우리의 하나님이시고, 우리는 당신께서 사랑하신 백성
입니다.
이스라엘의 하나님, 보소서, 그리고 불쌍히 여기소서. 우리는 당신의 것이기
때문입니다.
그들이 우리를 공격하지 않도록, 당신의 자비를 우리에게서 거두지 마소서.
그리고 당신은 모든 이방인들보다 아브라함의 씨를 택하셨습니다.
주님, 당신은 우리 위에 당신의 이름을 두셨습니다,
당신은 영원히 우리를 거부하지 않으실 것입니다.
당신은 우리를 위해 우리 조상들과 언약을 맺으셨고,
우리는 당신을 향해 우리 영혼을 돌이키면서 소망을 가질 것입니다.
주의 자비가 이스라엘의 집에 영원 영원히. 9:8-11

솔로몬의 시편 12:6은 죄인들이 주님 앞에서 파멸되고 거룩한 자들 hosioi이 "주님의 약속들을 상속받기" klēronomēsaisan epangelias kyriou를 기도한다. 의로운 자들/거룩한 자들과 죄인들 사이의 뚜렷한 대조가 13:5-12와 14:3-10에서 이어진다. 불타는 분노가 죄인들을 향해 선포되는 반면, 15:4-5, 8-13 의로운 자들은 구원을 받는 것이 확정된다. 15:6, 13

솔로몬의 시편의 마지막 시인 17편과 18편에서는 분위기가 변한다. "죄인들"(그들이 아니라면 누구겠는가?)이 이끄는 비 다윗계열 non-Davidic 왕조가 성립되었다가 이방인들에 의해 몰락되면서 정치적 상황은 더 나빠졌다. 17:4-15 이는 하스모니아 왕조와 그들을 이은 헤롯 가문에 저항하는 전통주의자들의 반응을 말하고 있을 가능성이 높다. 이 시들의 저자는 하나님이 구약의 시편 2편과 72편에 나와 있는 대로 진정한 다윗의 아들을 보내셔서 그가 죄인들을 "유업" inheritance에서 쫓아내고 그들의 오만함을 토기장이의 질그릇처럼 깨뜨리실 것이라고 희망한다. 솔로몬의 시편

17:23 진정한 다윗의 아들은 "거룩한 백성을 모아 의로움으로 이끌 것이며",*hou aphēgēsetai en dikaiosynē* 불의함과 행악자들을 몰아낼 것이다. "그는 그들 모두가 그들의 하나님의 아들들임을 알게 될 것이기 때문이다."*hoti pantes huioi theou eisin autōn* 17:27 15 "그는 백성들과 민족들을 그의 의로움의 지혜로 심판할 것이다."17:29 그 결과, "민족들은 그의 영광을 보러 땅 끝에서 올 것이며……그는 하나님의 가르침을 받아 그들을 (다스리는) 의로운 왕이 될 것이다."17:31-32 그는 "통치자들을 꾸짖고 죄인들을 제거"할 것이다. "하나님이 그를 거룩한 영으로 강하게 만드셨고, 힘과 의로움과 함께 이해력의 조언으로 지혜롭게 만드셨기 때문이다."17:37 마지막 시는 하나님이 "하나님의 기름부음 받은 이를 일으키셔서" 그의 지배 가운데 아브라함의 씨, 곧 이스라엘 자손에 대한 하나님의 변하지 않는 사랑이 실현될 것이라고 한다.18:3, 5 메시아는 "영과 의로움과 힘의 지혜로, 하나님을 경외하는 가운데 의로운 행위를 하도록 사람을 인도하며" 자신의 통치를 수립할 것이다.18:7-8

이 구절들에서 갈라디아서의 메아리가 중첩되어 들리는 것이 주목할 만하다. 솔로몬의 시편이 바리새인 계열의 작품이라는 점을 보여주는 다른 증거가 없지만, 갈라디아서와 공명하는 메아리가 너무나 놀라워서 바울이 솔로몬의 시편에 표현된 세계—"의로운 자", "죄인", "사람을 기쁘게 하는 자"로 나누어진 세상—에 아주 익숙했음을 이러한 병행구절만으로도 추정할 수 있다. 사울은 아브라함에게 주신 약속들을 성취하시기 위해 하나님이 진정한 기름부음 받은 왕을 보내셔서 이방 족속들이 참된 하나님을 경배하고 예루살렘에서 불법과 사악함을 없애 버

---

15 R. B. Wright, "Psalms of Solomon," 667에 따르면 시리아어 판본에는 "그들의"라는 단어가 빠져 있다.

리시리라 고대해 왔다. 사울은 메시아가 오시면 모든 문제가 해결될 것이라고 믿었다.

하지만 다소의 사울은 메시아가 오셔서 십자가 처형을 당하고 죽은 자들 가운데서 일으켜지실 것이라고는 상상도 못했다. 하지만 메시아의 죽음과 부활은 모든 것을 바꾸어 놓았다. 메시아의 죽음과 부활이 일으킨 변화는 갈라디아서 2:15-21과 직접적인 관련이 있다.

갈라디아서 2:15-21을 다루기 전에 살펴보아야 할 **세 번째** 항목은 **바울이 살던 시대의 문화** 속에서 '피스티스'*pistis*, "faith"와 '디카이오쉬네'*dikaiosynē*, "righteousness"라는 단어가 어떤 의미로 사용되었는지 살펴보는 것이다. 옥스퍼드 대학교 서양고전학과 교수인 테레사 모건Teresa Morgan이 최근 펴낸 책은 이러한 주제를 자세히 탐구하고 그 연구 결과를 바울 서신에 적용한다.[16] 모건은 '피스티스'*pistis*와 라틴어에서 피스티스의 동의어에 해당하는 '피데스'*fides*의 용례를 바울 서신 주해에서 보통 다루는 것보다 더욱 폭넓게 분석한다. 그리스-로마 시대에서는 "믿음"faith의 "그리스도교적" 의미는 그 단어가 지니는 다양한 의미 중 하나였을 뿐이다. "신뢰",trust "충성",loyalty "신뢰할 만함"reliability과 그 외 여러 단어도 '피스티스'*pistis*의 의미론적 영역에 속했다. 마찬가지로, '디카이오쉬네'*dikaiosynē*와 '유스티티아'*iustitia*도 바울 해석에서 통상적으로 번역되는 "의로움"righteousness보다 더욱 다양한 의미를 지녔다. 이 단어들은 이상적인 사회에 존재하는 공공의 정의와 질서 있는 상태를 가리킨다.

이러한 관찰은 바울 서신을 신선하게 해석할 수 있는 여러 가능성을 열어 준다. 나는 이 용어들이 그리스어와 라틴어에서 모두 어떻게 기능

---

[16] Morgan, *Roman Faith and Christian Faith*. 이 책은 이 주석에서 다루는 것보다 더욱 꼼꼼하게 읽고 논의되어야 할 만한 가치가 있다.

했는지에 대한 모건의 분석이 옳다고 생각한다. 게다가 나는 모건이 자신의 연구 결과를 갈라디아서 해석에 적용한 것보다 더 깊은 수준에서 적용할 수 있다고 생각한다.

모건의 요지는 아래처럼 몇 개의 인용문으로 요약될 수 있다. 모건은 '피스티스'pistis가 그리스-로마 시대의 일차자료에서 다음과 같은 의미로 사용되었다고 말한다.[17]

> 무엇보다도 [피스티스]는 믿는 내용을 모아 놓은 것body of beliefs도 아니고 마음이나 지성의 기능도 아니다. 피스티스는 공동체를 형성하는 관계성relationship이다.……[피스티스pistis와 피데스fides는] 공동체를 유지하며……사회적 행동과 제도에 내재되어 있다(14-15).

> 신뢰는 공동체 안에서 작용하는 힘만이 아니다. 공동체의 형성과 발전에도 매우 중요하다(22).

> [피스티스는] (한 가문이 번창하는 것처럼) 공동의 목표에 참여하도록 관련자 모두를 묶어 주거나, 서로를 보완하도록 조직하는 특징이 있다. 퍼즐 조각들을 한데 어우러지게 맞추는 것처럼 말이다(52, 85쪽에서도 반복).

> 피스티스로 빚어진 [그리스도교] 공동체는 함축적인 방식으로 출애굽 공동체를 강력하게 연상시킨다.……바울의 주된 관심사는 관계를 형성하고 힘을 매개하는 '피스티스'이다(260-61).

---

[17] 아래의 인용문은 Morgan, *Roman Faith and Christian Faith*에서 가져온 것이다. 해당 지면은 괄호 안에 표기했다.

인간과 신 사이의 '피스티스'의 관계성은 현재적 관계든 종말론적 관계든 상관없이 수많은 방식으로, 하지만 겹치는 방식으로 상상되었다. 새로운 창조, 새로운 생명, 영원한 생명 등으로 말이다. 이 관계성은 새로운 가족이나 새로운 정치적 조직체를 만들어 내고, 새로운 도시를 번창하게 만들며, 신실한 자들이 하나님 또는 그리스도의 나라에 들어갈 수 있게 해준다(475).

모건은 믿음/신실함 pistis/fides과 정의 dikaiosynē/iustitia의 관계에 대해 언급한 두 명의 고전 시기 저술가(할리카르나수스의 디오니시오스 Dionysius of Halicarnassus와 키케로)를 다루었는데, 나는 그의 글 중에서 한 단락을 읽고 크게 놀랐다. 바울의 논의에 익숙한 독자라면 이 단락을 보고 놀라지 않을 수 없을 것이다.

> '디카이오쉬네' dikaiosynē와 '피스티스' pistis는 사람 사이의 연합을 가능하게 만드는 특징 중 가장 중요한 것이다.……키케로를 비롯한 여러 저술가들은 '피스티스/피데스' pistis/fides와 '디카이오쉬네' dikaiosynē 모두 모든 국가의 바탕을 이룬다고 말했다. 어떤 경우에는 정의가 신뢰의 바탕이라고 하기도 하고, 어떤 경우에는 신뢰가 정의의 바탕이라고 말한다.……'피스티스/피데스' Pistis/fides와 '디카이오쉬네/유스티티아' dikaiosynē/iustitia가 그리스어나 라틴어 문헌에 함께 나올 때 각각의 힘, 곧 사회적 관계를 구축하고 정치적 조직체를 만들어 내며 사회-정치적 상황을 변화시키는 힘은 몇 배 강화된다(118).

이 증거만으로도 다음과 같은 결론을 내리는 데 어려움이 없을 것이다. 즉 바울이 '피스티스' pistis와 '디카이오쉬네' dikaiosynē 그리고 그와 동일한 어근을 가진 단어들을 사용해 논증을 구성한 것을 볼 때, 그는 천국에 가기 위해 하나님 앞에서 공로를 쌓아 적법한 지위를 얻는 것에 대해 말하고 있는 것이 아니라, 완전히 새로운 사회적 관계의 구축을 통해 사회정치적 상황을 변화시키는 공동체의 형성과 유지에 대해 말하려 한다고 **생각할 수밖에 없다.**

모건의 책에서 다루는 또 다른 중요한 주제도 이러한 논의에 꼭 들어맞고, 갈라디아서 2장을 신학적으로 해석하는 것**뿐만 아니라** 사회학적으로 해석할 수 있게 이끌어 준다. 모건은 '피스티스'*pistis*와 '피데스'*fides* 모두 적어도 쌍방 관계a two-way relationship를 표현하며, 어쩌면 그보다 더욱 복잡한 관계를 포함하고 있을 수 있다고 주장한다. 신이나 황제나 군대 지휘관은 **신의가 있다.**faithful 그들은 자신들을 추종하는 이들—숭배자들과 국민들과 명령에 따르는 군인들—에게 신실하고trustworthy 헌신적이다.loyal 그러므로 신을 경배하는 자들, 황제의 지배를 받는 자들, 지휘관의 권위 아래 있는 군인들 역시 신실함과 충직함과 믿음직스러움과 헌신을 보여야 한다. 바울이 믿기에, 하나님의 신실하심은 그에게 복음 전파 및 복음 들은 자들 가운데 "믿음"과 충성을 불러일으키라고 분부하시며 그 임무에 "신실"할 것을 명령하셨다.고전 4:2 이러한 결과는 그리스도인 공동체의 영향을 받은 외부인들에게도 퍼져 나갔다. 그러므로 신실함은 양방향으로 향하며 한 공동체 전체를 단지 동지들끼리의 개인적 모임이 아닌 진정한 공동체로 만든다. 양방향의 "신실함"을 특징으로 형성된 공동체는 스스로를 사회정치적 실체로 인식할 뿐 아니라 외부인들도 그 공동체를 사회정치적 실체로 인식하게 된다. 혈연으로 맺어진 가족도 아니고, 지리적 위치와 역사와 정치체제로 연합된 폴리스도 아니다. 민족을 초월하는 가족a transethnic family이자 지역을 초월하는 폴리스a translocal polis이다.

앞에서 보았듯, 갈라디아서 1:1-2:14의 주요 요지는 예수 추종자들의 공동체가 이방인을 받아들이는 문제를 두고 생겨난 긴장 및 갈등과 관련 있다. 바울이 안디옥에서 베드로에게 했던 말이 2:15-21에서도 계속 이어지고 있는가라는 문제와 상관없이, 이제까지 차곡차곡 쌓인 내용은 이 본문이 **공동체가 세워지고 결속되는 방법**에 대한 명료한 진술을 할 것이라는 기대를 하게 만든다. 모건이 옳다면—그의 주장은 탄탄한 근거를 가지고 있다—헬레니즘 시대나 초기 제정 시대에 이러한 사안에 말하고 싶은 사람이 있다면 누구라도 '피스티스'와 '디카이오쉬네'를 사용했으리라는 추정을 할 수 있고, 이 용어들을 사용할 때는 새로운 종교 경험이나 최종 구원에 이르는 첫걸음에 대해 말하려는 것이 아니라, **새롭게 구성된 공동체의 바람직한 구성**에 대해 말하려 했다고 생각할 수 있다. 내가 볼 때, 바로 이것이 정확히 이 단락에서 바울이 하고 있는 작업이다. '피스티스'와 '디카이오쉬네'라는 단어군은 1:1부터 2:14까지 거의 나오지 않는다.[18] 2:16 이후 갑자스러운 이 단어군의 등장이 나타내는 것은 주제의 변화가 아니라, 바울이 여기까지 줄곧 논의해 왔고 앞으로도 계속 다룰 주제의 신학적 차원이다.

이러한 세 요소—갈라디아서를 둘러싼 배경. 바울의 사고에 영향을 끼쳤을 가능성이 높은 중요한 문서 중 하나인 솔로몬의 시편, 그리고 '피스티스'와 '디카이오쉬네'가 그리스-로마 시대에 매우 중요한 전문 용어로 사용된 점—를 모두 고려하면 가장 복잡하고 어려운 이 단락을, 역사적 정확성과 신학적 유익과 현대의 당면 문제에 관련된 통찰을 다 얻을 수 있다는 희망을 가지고 접근할 수 있다.

---

18   1:23에서 바울이 예전에 핍박한 "그 믿음"을 '피스티스'라고 부른 것과 그에게 복음이 "맡겨졌다"entrusted고 말하는 데서 '페피스튜마이'*pepisteumai*가 사용된 것은 예외다.

2:15-18 신실함과 공동체

이미 보았듯, 14절 하반절은 바울이 베드로에게 했던 말의 요약이다. 베드로는 유대인인데도 구별하지 않고 모든 신자와 식탁교제를 하며 "이방인 같이"*ethnikōs, "gentile-ly"* 살았다. 그런데 베드로는 왜 갑자기 이방인이 유대인처럼 살아야 한다는 의미를 드러내는 행동을 했을까? 15절 이하를 이해하는 자연스러운 방식은 바울이 어떤 상황에 대해 새로운 언급을 하거나 주제를 완전히 바꾼 것이 아니라 그가 안디옥에서 베드로에게 했던 말의 요약을 이어가고 있다고 보는 것이다. 15절과 16절의 "우리"라는 단어를 다음과 같이 읽으면 분명 매끄럽게 이해된다. "우리 유대인"(바울과 베드로),[2:15] "우리 유대인 예수 추종자들."[2:16, 17]

하지만 이러한 시도는 두 번째 문제를 야기한다. 그렇다면 왜 바울은 18절에서 주어를 "우리"에서 "나"로 바꾸고, 21절까지 계속 1인칭 단수형을 사용하는가? 가장 좋은 대답은, 바울이 여기서 매우 민감한 사안에 접근하고 있다고 보는 것이다. 로마서 7장의 유명한 "나"에 관한 단락과 마찬가지로, 바울은 여기서 자신을 다른 유대인들과 구별하는 인상을 줄까 봐 "그들"이라는 단어를 사용하고 싶어 하지 않았다. 지금 이 순간 바울은 오로지 "이것이 메시아에 의해 이제 (새롭게) 정의된 신실한 유대인인 나에게 적용되는 내용이다"라고 말한다. 물론 바울의 이 말은 베드로와 모든 유대인 예수 신자에게도 동일하게 적용되는 주장이다. 하지만 이러한 내용을 1인칭 단수를 써서 말을 함으로써 바울은 20절에서 강렬하고 뜻깊은 선언을 할 수 있게 되었다(하나님의 아들이 "나를 사랑하셔서 나를 위해 자신을 내어 주셨다"). 친밀한 개인적 고백의 느낌을 주면서도 "그리고 이 고백은 우리 모두에게 적용된다"고 넌지시 말하는 것이다.

바울이 베드로와 맞섰던 일을 요약해서 말하는 이유는 단지 그가 예루살렘 사도들에게 복음을 배웠다는 (갈라디아의 경쟁 관계에 있는 교사들의) 주장을 반박하는 작업을 완결짓는 데 있지 않다. 물론 1:11부터 시작된 사고의 흐름을 마무리하는 효과가 분명히 있다. 하지만 그보다 훨씬 더 많은 기능을 한다. 첫째, 갈라디아인들이 직면한 근본적 문제를 계속해서 다룬다. "여러분은 하나님의 백성이 되기 위해 할례를 받아야만 합니까?" 할례가 이 단락에서 언급되지 않지만(사실 3장과 4장에도 언급이 없다), 5:2-3과 6:12-13에서 볼 수 있듯이 할례는 논증이 궁극적으로 귀결되는 지점이다.

15절에 깔려 있는 문제는 솔로몬의 시편이나 실제로 쿰란 분파가 직면했던 문제와 동일하다. 제국이 계속 흥망성쇠하고 이교도들이 하나님의 백성을 지배하는 현 상황에서 누가 정확히 "의인", 곧 '디카이오이',*dikaioi* '차디킴'*tsaddikim*인가? 누가 진정한 아브라함의 상속자인가? 누가 "유업"을 받을 것인가? 이방 민족들은 토라를 가지고 있지 않으므로 정의상으로도 '하마르톨로이',*hamartōloi* 곧 죄인이고, 행동으로도 죄인이며, 많은 유대인들은 "죄인들"과 어울리며 타협하고 "사람을 기쁘게 하는 자"로 사는 현실에서, 지금 메시아가 오신다면 어떤 일이 벌어질 것인가? 메시아가 단지 '디카이오이'와 '하마르톨로이'를 구분하는 이전의 범주를 (솔로몬의 시편이 그랬던 것처럼) 무비판적으로 승인하셨는가? 솔로몬의 시편 17편이 기대하는 것처럼 메시아의 통치는 '디카이오이'와 '하마르톨로이'를 기존의 내용 그대로 확증하는가?

안디옥에서 이 질문은 베드로와 바울 모두에게 결정적으로 중요했다. 왜냐하면 교회 전체가 공동식사로 상징되는 단일한 공동체로 기능할 수 있는지를 결정짓기 때문이다. 이방인들이 여전히 '하마르톨로이'라면, 정의상으로나 실제적으로나 그들은 분명 '디카이오이'가 되기 위해 유대인이 될 필요가 있을 것이다. 그렇지 않으면 그들은 하나님의 참된 백성의 일부가 될 수 없다. 그렇다면 핵심 질문은 이것이다. 어떻게 ('디카이오이'를) 구별할 것인가? 어떤 이가 이제 '디카이오스'^{dikaios}로 여겨진다는 표지와 증표는 무엇인가?

바울은 갈라디아서에서 이렇게 답한다. 의인들은 믿음으로 구별된다. 믿음이라는 용어는 하나님의 백성으로 구성된 공동체와 늘 함께 등장한다. 그들은 더 이상 죄인이 아니다. 그러므로 그들 모두는 같은 식탁에 모인다. 이것—이것을 기대하는 것!—이 "믿음으로 현재 의롭다고 여겨짐"이 뜻하는 바다. 갈라디아서 2장 이 부분에서 처음 천명된 이 유명한 교리는 애초부터 **하나님의 다민족 백성의 가시적 정의**에 관한 것이다. 물론 이것은 바울이 로마서에서 보여주듯 구원론(사람이 어떻게 구원을 받는가)과 관련이 있다. 하지만 이 교리의 초점은, 그리고 그 필연적인, 종종 논쟁적인 핵심은 교회론에 있다.

이에 대해 더 많은 말을 할 수 있다. "칭의"를 구원론의 일부로 다루면서 가장 중요한 교회론적 의미를 잃어버리면, 이 책의 서론에서 지적한 문제들에 직면할 것이다. 아니, 사실 이미 직면했다고 확실히 말할 수 있다. 율법에 대한 바울의 언급을 반유대적으로 해석하는 문제점 및 바울과 달리 교회의 일치에 소홀하게 된 문제점 말이다.

다시 한번 말하지만, "의롭게 됨"$^{being\ justified}$을 (주로 중세적 의미로) 천상 법정이라는 배경에서 이해해야 한다는 생각에서 벗어나는 것이 핵심이다. 모든 인간이 유죄 판결을 받고 "의로움"이라는 표지 아래 은덕을 획득할 필요가 있다는 도덕주의적 인간 이해가 천상 법정이라는 배경에서 생겨나기 때문이다. 이미 앞에서 강조한 것처럼, 바울은 궁극적인 하나님 나라를 누가 최종적으로 유산으로 받을 것인가라는 질문의 중요성을 잊지 않았다.$^{5:21}$ 하지만 그것은 **갈라디아서 2장 내용의 핵심이 아니다.** 여기서 핵심 쟁점은 **현재 시점에서 공동체를 정의하는 것이다.**

이 이슈가 안디옥과 갈라디아에서 중요했다. 바울이 이 문제를 동시대 사람들에게 자연스럽게 들리는 언어를 사용해 말하려 했다면, 그는 분명 '의'*dikaiosynē*와 '믿음'*pistis*이라는 용어를 사용해야 했을 것이다. 그리고 바로 이것이 이 단락에서 바울이 실제 하고 있는 작업이다.

특히 1세기 유대교 맥락에서 바울은 하나님이 그분의 메시아를 보내시면 모든 것이 변하리라 기대했을 것이다. 이 점이 정말 중요하다. 갈라디아서 1:4 이후로 "메시아 예수"라는 표현은 거의 나오지 않았다. 1:12(메시아 예수의 계시), 1:22(유대 지방에 있는 메시아의 교회들), 그리고 2:4(우리가 메시아 예수 안에서 가지고 있는 자유)에 부수적으로만 언급된다. 그런데 갑자기 16절에서 두 번, 17절에서 두 번, 그리고 19, 20, 21절에 각각 한 번씩 등장한다. 특히 20절에 "하나님의 아들이……나를 사랑하셔서 나를 위해 자신을 내어 주셨다"라는 결정적 표현이 나온다. '피스티스'*pistis*와 '디카이오쉬네'*dikaiosynē*와 함께 '크리스토스'*Christos*라는 단어도 갑자기 두드러지게 등장한다. 그리고 1세기 유대인들의 기대처럼 메시아가 모든 것을 바꾸신다.

메시아가 만드신 변화는 이 구절들에서 간결하고 밀도 높은 문장으로 표현되었고, 갈라디아서라는 편지가 진행되면서 더욱 온전하게 기술된다. 아마도 이 단락에서 가장 두드러지는 점은—이 단락은 안디옥에서 바울이 베드로에게 한 말을 계속 요약하며, 갈라디아인들이 결정적으로 중요한 이 대화를 "엿듣게" 한다—이 단락의 강조점이 "메시아 안에" 있게 된 이방인들의 신분 재정의에 있는 것이 아니라, 십자가에 처형당하고 부활하신 예수를 오랫동안 고대한 다윗계 왕으로 받아들이는 **유대인들의 신분 재정의**에 있다는 사실이다. 그래서 이 단락은 "우리"는 '하마르톨로이'*hamartōloi*가 아니라 유대인이다라는 선언으로 시작한다. 이어지는 내용은 계속해서 "우리"에게 일어난 일16절과, "우리"에게 닥칠 여러 잠재적 어려움에 대해,[17, 18절] 그리고 바울 자신이 생생한 예가 되었듯 "율법 아래" 있는 사람이 "메시아 안에" 있게 된다는 선언의 온전한 의미에 대해 말한다.[19-21절] 이러한 논증이 이방인에게 발생한 일에 대해서는 아무것도 말하지 않은 채 유대인에게 발생한 일에 대해서만 말하고 있다는 사실은, 이 단락에서 바울이 안디옥에서 베드로에게 한 말의 요약이 계속되고 있음을 확증한다.

놀랍게 들리겠지만, 여기서 이방인들이 더 이상 '하마르톨로이'^{hamartōloi}가 아니라는 주장은 (아직까지는) 바울의 주된 논증이 아니다. (곧 보겠지만, 2:16a에 들어 있는 분명한 함의이기는 하나 바울은 여기서 이러한 주장을 끌어오지는 않는다.) 그보다는 바울과 베드로가 십자가에서 처형당하고 부활하신 메시아에 속함으로써 신분의 근본적 변화를 얻게 되었다는 점이 바울의 주된 논지다. 그들은 더 이상 "토라 아래" 있지 않다. 따라서 이방인 신자들이 아브라함 가족의 온전한 구성원이라고 논증(3, 4장)하기 전에 바울은 메시아를 믿는 유대인들 자신이 더 이상 토라에 의해 규정되지 않는다는 점을 논증해야만 했다. 단지 유대인들이 이미 누리는 신분(유대인 신자는 단지 이 신분에 들어가게 인준을 받았다)에 이방인 신자가 추가로 받아들여졌다는 말이 아니다. 유대인 신자들도 신분이 변하게 되었다는 말이다. 유대인으로써 메시아적 백성에 속하게 되는 것은 물론 많은 유대인들이 기대가 성취된 것이긴 하지만 말이다. 바울은 이러한 역설적 상황을 빌립보서 3:2-11에서 논의한다. 본 단락에서 바울은 그와 베드로 자신이 메시아적 실체$^{Messiah\text{-}reality}$ 안으로 들어갔음을 강조하는데, 그 새로운 세상 안으로 이방인 신자들도 동등한 조건으로 들어온 것이다. **이것이 한때 바울에게 걸림돌이었고, 오늘날 우리에게도 걸림돌인, 진정한 "십자가의 걸림돌"이 갖는 의미다.**[19]

2:15 바울은 이 구절을 "우리는 날 때부터 유대인이고 '이방인 죄인들'

이 아닙니다"라는 말로 시작한다. 이는 주로 사회학적 범주로서, 민족 집단을 가리킨다. 물론 도덕적 의미를 강하게 띠고 있긴 하지만, 솔로몬의 시편처럼 사회적이고 정치적인 정의definition가 범주의 핵심을 이룬다. 이 문장은 유대 민족을 이방인들과 대조하면서 시작하며, 유대 민족이 문장 전체의 주제다. 그들은 문자 그대로 "본성상"physei 유대인이다. 여기와 다른 곳에서 이 표현은 "자연적 상태"로서의 민족을 가리키며, "태생상"으로도 번역할 수 있다.[20]

2:16 그러고는 모건이 바르게 주장했듯 언약을 맺은 그룹의 구성과 정의를 떠올리게 하는 언어의 급작스러운 질풍이 몰아친다. 이 구절은 길기 때문에 세 부분으로 나누어 다루는 것이 좋겠다. (a) "그러나 우리는 사람이 유대 율법의 행위들로 '의롭다'고 선언되는 것이 아니라 메시아 예수의 신실하심을 통해 선언된다는 것을 안다." (b) "그것이 우리도 역시 메시아 예수를 믿는 이유다. 우리가 유대 율법의 행위들에 기반을 두지 않고 메시아의 신실하심을 기반으로 '의롭다'는 선언을 받기 위해서다." (c) "알다시피 유대 율법의 행위들이라는 기반 위에서는 어떤 피조물도 '의롭다'고 선언되지 않을 것이다."

이 길고 난해한 구절의 요점을 말하기 전 **분명히 해두어야 할 점 네 가지**가 있다. 여기서 우리는 느닷없이 몇몇 전문 용어를 마주하게 된다. 이 용어들은 모두 바울에게 결정적으로 중요한데 종종 오해되었다.

첫째, 그리스도Christos와 "메시아"라는 용어를 보자. 바울이 그리스도

---

19 Oakes, *Galatians*, 42은 이 점을 바르게 주장했다.
20 로마서 2:14에 나오는 '퓌세이'*physei*를 둘러싼 논쟁에 대해서는 내가 쓴 *Romans*, in New Interpreter's Bible (Nashville: Abingdon, 2002), 10:441-42과 *Paul and the Faithfulness of God*, 1380, 그리고 *Interpreting Paul: Essays on the Apostle and His Letters* (London: SPCK; Grand Rapids: Zondervan, 2020), 2장을 보라.

에 대해 말할 때는 이스라엘의 메시아로서의 예수를 가리킨다.[21] 스스로 메시아 행세를 했다고 알려진 예수는 로마서 1:4에서처럼 자신의 부활로 하나님에 의해 메시아임이 입증되었다. 많은 학자들의 반대 의견에도 불구하고 바울은 그리스도를 단순히 고유명사로 사용하지 않았다. 엄밀히 말해 그리스도는 "존경을 나타내는 호칭", 곧 경칭이며 중요한 의미를 담고 있다. 바울이라는 인물의 배경과 유대적 맥락에서 보면, 그리스도는 예수가 이스라엘을 향한 하나님의 계획을 성취해서 이스라엘과 온 세상을 재정리하도록 보냄 받은, 오랜 시간 기다려온 다윗계 메시아라는 의미를 가지고 있다.[22] 대개 서양 그리스도교는 예수를 다윗계 메시아로 본 초기 기독교인의 이해에 대해 숙고하기는커녕 알려고 하지도 않았다. 서구 그리스도교의 눈에는 이러한 메시아의 의미는 너무 "정치적"이고 "유대적"으로 보였다. 하지만 이러한 이해 없이는 바울의 사고를 명료하게 알 수 없다 여기서 파생되는 한 가지 즉각적인 결론은, (구약)성경이 왕과 백성 사이를 유동적으로 묘사한다는 것을 바울이 하나님이 예수를 일으키셨을 때 그것은 예수를 한 인물 안에 집약된 이스라엘Israel-in-person로, **연합된**incorporative 메시아로 선언한 것이라고 이해했다는 것이다.

둘째, 바울이 여기서 '**피스티스 크리스투**'*pistis Christou*, "메시아의 신실하심"에 대해 말할 때 그 초점은 메시아의 사역이 은혜의 체현으로서 자기를 내

---

21   *Interpreting Paul*, 1장과 *Paul and the Faithfulness of God*, 817-36을 보라.
22   *Paul and the Faithfulness of God*, 836-51을 보라. 메시아 신앙 전반에 대해서는 M. Novenson, *Christ among the Messiahs: Christ Language in Paul and Messiah Language in Ancient Judaism* (New York: Oxford University Press, 2012)과 M. Novenson, *The Grammar of Messianism: An Ancient Jewish Political Idiom and Its Uses* (New York: Oxford University Press, 2017), 그리고 K. E. Pomykala, "Messianism," in Collins and Harlow, *The Eerdmans Dictionary of Early Judaism*, 938-42과 관련된 참고문헌도 보라.

어 준 사랑의 행위이며, 궁극적으로는 신실한 행위였다는 데 있다.[23] 문법적으로 이 표현은 "메시아를 믿음"faith in Christ을 뜻할 수도 있다. 바울이 이 단락 중간 부분에서 말하듯이 이 표현을 "메시아를 믿음"이라는 의미로 쓸 수도 있었기 때문에, 대부분의 영어 성경 번역이 아직까지도 그런 것처럼, 이 표현은 물론 이와 비슷한 문구도 처음부터 끝까지, 그리고 오로지 "메시아를 믿음"을 가리킨다고 생각하기 쉽다. 하지만 내가 다른 연구물에서 주장했듯, 바울이 이 표현으로 뜻한 바는 로마서 3장에서 분명하게 볼 수 있다. 바울은 하나님이 이스라엘에게 임무를 주셨는데 이스라엘이 그 임무에 신실하지 못했다고 말한다. 그들에게 "하나님의 말씀이 맡겨졌는데"[3:2] 그들 중 어떤 이들은 "그들의 임무에 불신실했다."[3:3] 하지만 하나님은 계속 신실하셨고, faithful, 3:3 참되시며,[3:4] 의로우시고,[3:5] 하나님의 의로우심(즉, 하나님의 언약에 대한 신실하심 또는 성실하심)은 예수에 관한 복음 메시지 안에서 이제 밝히 드러났다.[3:21] 왜냐하면 이스라엘은 신실하지 못했지만, 예수는 이스라엘의 대표인 메시아로서 신실하셨기 때문이다.[3:22-26] 로마서의 이 단락은 우리가 지금 다루는 갈라디아서 본문만큼이나 전방위적인 논쟁을 불러일으켰지만, 내가 보기에 바울이 갈라디아서 2:16에서 말하는 바를 보충하고 이

---

23 이 주제에 대한 논의 전체가 리처드 헤이스R. B. Hays에 의해 혁신적으로 변화되었다. R. B. Hays, *The Faith of Jesus Christ: The Narrative Substructure of Galatians 3:1-4:11*, 2nd ed. (Grand Rapids: Eerdmans, 2002; original 1983). 헤이스의 영향은 여전히 지속되고 있다. 이 주제에 대한 논의의 개관은 다음 책을 보라. M. F. Bird and P. M. Sprinkle, eds., *The Faith of Jesus Christ: Exegetical, Biblical, and Theological Studies* (Milton Keynes, UK: Paternoster, 2009). 나는 대체로 헤이스의 견해를 따른다. 하지만 헤이스를 비판하는 사람들에게 내가 분명히 말하고자 애쓰는 바는 이것이다. 바울에게 있어서 예수 추종자들은 "신자들"이기도 하다. "신자들"은 예수의 '피스티스'에 '피스티스'로 응답한다. 내가 보기에 모건Morgan의 최근 저서는 헤이스의 주장을 더욱 견실한 기반에 놓는다. 로마서에도 이러한 작업이 전반적으로 필요하지만 말이다.

해하도록 도와주는 더욱 충실한 진술을 담고 있다. 요점은 이것이다. 시편 2편과 72편 그리고 그 외 여러 곳에서 볼 수 있고 바울과 가까운 시대의 바리새적 사고를 담고 있는 솔로몬의 시편 17편에 표현된 메시아에 대한 기대가 예수에 의해 극적이고 충격적으로 성취되었다는 것이다. 다소의 사울은 십자가에서 처형된 메시아 행세를 하던 이를 하나님이 죽은 자들 가운데서 일으키셨다는 사실이 지닌 온전한 의미를 숙고하면서 예수의 죽음을 **신실하심**이라는 유일무이하고 위대한 행동으로 보게 되었다. 그렇다면 메시아의 백성은 이제부터 메시아가 보이신 신실하심을 통해 알아볼 수 있고, 정체성이 규정되며, 구별된다. '피스티스'*pisits* 와 동족 단어가 지닌 다양한 의미는 정확히 테레사 모건이 제시한 의미로 수렴한다. '디카이오이'*dikaioi* 로 특징지어지는 공동체는 '피스티스'를 가장 중요한 특성으로 갖는다. 이 경우에 '피스티스'는 메시아의 신실하심과 그의 백성이 응답하는 믿음/신실함을 가리킨다. 이 두 가지는 분리될 수 없으며 어느 하나가 다른 하나의 중요성을 감소시키지 않는다.[24]

이 점은 바울이 이 본문 전체에서 줄곧 "연합/합체"incorporative를 뜻하는 용어를 사용하는 이유를 설명해 준다. 특히 바울이 16절을 길고 복잡하게 쓰고 17절 상반절에서 그것을 간결하고 날카로운 표현으로 요약한 이유를 이해하는 데 도움이 된다. "만일 메시아 안에서 '의롭다'는 선언을 받기를 추구한다면." 적어도 바로 이것이 바울이 16절에서 말하고자 한 내용이라고 확신할 수 있다! "칭의" 용어와 "참여"incorporation 용어가 서로 다른 구원론을 표현한다는 19세기의 오래된 주장은 알베

---

24 **피스티스 크리스투***pistis Christou* 논쟁에서 이같이 잘못된 견해는 종종 있었다. Bird and Sprinkle, *The Faith of Jesus Christ*에 수록된 논쟁을 보라.

르트 슈바이처$^{Albert\ Schweitzer}$가 열정적으로 받아들였는데, 루터파는 "칭의"를 선호하고 칼뱅주의자들은 슈바이처와 마찬가지로 "참여" 구원론을 선호했다. 우리는 이러한 사고를 지금도 본다. 하지만 이러한 견해는 틀렸다! 칭의와 참여는 분리될 수 없다. 이 단락에서 그리고 다른 곳에서도 바울은 "메시아 안에서 의롭다고 인정받음"에 대해 말한다.[25] 바울은 말한다. **그러므로** 우리는 메시아 예수 **안으로**$^{eis\ Christon\ Iēsou}$ **(들어가서)** ^{into} 믿는다. 이것은 우리가 "**메시아 안에서 '의롭다'는 선언을 받는 것**"을 추구한다는 의미다. 메시아는 죽기까지 신실하셨고, 부활을 통해 '옳다'$^{in\ the\ right}$고 선언되셨다. 바울에 따르면, 우리는 그분에 관한 복음을 믿었으므로 동일한 선언, 동일한 신분을 지녔다는 선포를 받을 것이라고 확신할 수 있다. 왜냐하면 우리는 "그분 안에" 있기 때문이다. 이는 마지막 날 최종 판결에 있을 "의의 소망"을 미리 가리킨다.$^{5:5}$ 다시 말해, 갈라디아서 후반부까지 이 주제가 이어진다. 하지만 현재 본문의 요점, 즉 안디옥에서 베드로가 깨달을 필요가 있던 내용, 그리고 갈라디아인들이 지금 깨달을 필요가 있는 내용은 공동체에 관한 정의^{definition}이다. 신자가 "칭의 교리"에서 얻는 "확실한 안도감"은 실제 가족이 모인 모임에서 구체적으로 "환영"받고 동등한 구성원으로 인정받는 데서, 특히 공동 식사에서 주어진다.[26] 이것이 20절에서 바울이 지금은 "하나님의 아들의 신실하심 안에서" 살고 있다고 말한 이유이다. 메시아로서의 예수는 하나님께 충성,^{loyalty} 곧 '피스티스'를 바쳤다. 이 '피스티스'는 세계

---

[25] 빌립보서 3:9이 신자의 '디카이오쉬네'^{dikaiosynē}가 "그분 안에", 곧 "메시아 안에" 있다고 말하고 있음을 보라. 로마서 3:24은 칭의가 "메시아 예수 안에 있는 구속을 통해" 일어난다고 좀 더 복잡하게 말한다.

[26] 특히, 롬 14:1, 3; 15:7을 보라. 이 점에 대해 사려 깊은 연구를 한 내 아들 올리버에게 고마움을 전한다.

를 이스라엘을 통해 구원하려는 하나님의 계획에 대한 신실한 순종이다. 신실한 자들로 구성된 공동체에서 볼 수 있듯, 바울은 그러한 신실함 안에서 살았다.

셋째, 나는 세 번 연속해서 나오는 동사 '디카이오오'^{dikaioō}의 수동태를 "**의롭다고 공표되다**"$^{to\ be\ 'declared\ righteous'}$로 번역하는 것이 낫다고 생각한다. 하지만 여기서 "의롭다"는 단어가 도덕적, 종말론적, 구원론적 의미를 지니고 있지만 일차적으로는 사회적 상태(신분)를 가리킨다는 사실을 잊지 말아야 한다. '디카이오이'$^{the\ dikaioi}$는 쿰란 문서나 솔로몬의 시편에서 나오는 것처럼 하나님의 참된 백성을 말한다! 언약 내에서 신분이나 지위를 말하고 있는 것이다. 누가 하나님 백성에 속하는가? 누가 적절한 식탁교제 대상자인가? 식사 동료로 적합한 사람이 누구인지 어떻게 알 수 있는가? 2:16 상반절을 2:15과 대조를 이루도록 신중한 의도로 기록된 구절로 보면 이러한 초점이 명확해진다. "우리는……유대인이고 이방인 죄인들^{hamartōloi}이 아닙니다. 그러나 [사람은 유대] 율법의 행위들로 '의롭다'고 공표되는 것이 아닙니다." 당연한 것으로 전제된 "유대인[들]"과 '디카이오이'^{dikaioi}의 연결이 새로운 메시아적 실체에 의해 도전받는다. 그렇다면 여기서 '의롭다'고 공표되는 것"은 "하나님의 백성으로서 우리의 지위를 보증하거나 확고하게 해주는" 힘을 가져야만 한다.

이러한 의미에서 "의로운"이라는 단어가 제2성전기에 지닌 함의를 고려하면, 일부 학자들이 주장하는 "바로잡힌"^{rectified}과 "바로잡음"^{rectification}이라는 번역어보다 "의롭다고 공표되다"라고 번역하는 것이 낫다.[27] "바로잡음"은 구조를 하고 변화를 일으키는 하나님의 힘을 가리

---

27   마틴^{Martyn}과 그의 의견을 따르는 학자들. 나는 *Paul and His Recent Interpreters*,

킨다. 바르지 않은 사람들이 이제 바르게 **되었다**. 요즘 많은 사람들이 법정적 의미의 "칭의"라는 관점에서 "개종(회심)"이라고 부르는 "바로잡음"은 그러한 사건이 발생한 시간 및 그 사건을 성취한 하나님의 행동과 관련이 있다. 바울은 분명 하나님이 "바로잡음"이라는 행동을 성취하셨다고 믿었다. 하지만 이는 이 구절 자체가 말하는 바도 아니고, '디카이오쉬네'와 '피스티스'라는 단어에서 기대할 수 있는 내용도 아니다. 죄인이었던 사람이 '디카이오이'^{dikaioi}가 되는 과정이나 체계가 아니라, 누가 '디카이오이'인지 어떻게 알 수 있느냐는 것이 질문의 관건이다. 그리고 이 질문에 대한 답은 피스티스 크리스투^{pistis Christou}적 백성, 곧 메시아의 신실함을 지닌 백성^{the Messiah-faith people} 이 '디카이오이'라는 것이다.

넷째, "유대 율법의 행위들"^{works of the Jewish law}에 대해 알아보자. '에르가 노무'^{erga nomou}라는 표현은 물론 도덕적 뉘앙스를 가지고 있지만 그것이 주된 문제는 아니다. 갈라디아서에서 커다란 이슈는 할례이지만 안디옥 사건에서 직접 문제가 된 것은 유대인이 이방인과의 식탁교제에서 물러난 일이다. 이 주제는 현대 바울 해석의 전선^{戰線}이 놓인 곳 중 아주 악명 높은 것이다. 여전히 어떤 이들은 고대 유대인들을 선한 행위를 통해 하나님 앞에 자신을 도덕적으로 선한 존재로 만들려고 노력하는 "율법주의자"로 보고, 서구 전통의 커다란 편견과 오해를 되살리려고 한다. 하지만, 나를 비롯한 여러 다른 학자들은 "율법의 행위들"이라는 표현을 이방인에게서 유대인을 구분 짓는 고유한 행습이라고 본다.[28] 토라의 행위

177-78에서 이러한 의견에 대해 논평했다.
28 나는 *What St. Paul Really Said*과 이후에 출간된 여러 저작에서 이를 다루었다. 중요한 연구서인 M. J. Thomas, *Paul's "Works of the Law" in the Perspective of Second Century Reception*을 보라.

들은 사회문화적 정체성을 나타내는 표지이지 도덕적 "성취"를 가리키는 것이 아니다. 물론 이러한 표지는 종종 도덕적 우월성을 나타내는 것으로 이해되었다. 이를 의심하는 이는 아무도 없을 것이다. 하지만 바울의 요지는 "율법의 행위들"이 이제는 '디카이오이'*dikaioi*를 알려 주는 경계선 표시일 수 없고, 민족적인 유대 공동체 주변에 경계선을 긋는 요소일 뿐이라는 것이다.[29]

앞서 언급했듯, 15절과 16절 도입부를 대조하면 이러한 점이 잘 보인다. 날 때부터 유대인인 사람들은 유대 토라의 구체적인 규율, 곧 안식일, 음식 규정, 그리고 할례에 대한 지침을 소유하고 있다는 사실과 그에 순종하는 모습을 보임으로써 하나님의 언약 백성이라는 자신들의 지위가 현재 확증될 것이라고 기대한 것 같다. 여기서 16절이 "그러나"라는 단어로 시작하고 있다는 점이 중요하다. '데'*de*라는 짧은 그리스어 단어는 몇몇 사본에서처럼 사실 생략될 수 있긴 하지만, 그 단어가 지닌 역접의 의미는 분명하다. 15절의 "날 때부터 유대인"이라는 문구는 16절의 "율법의 행위들"이라는 문구와 자연스럽게 어울리는 듯이 보일 것이다. 하지만 바울은 바로 이 두 문구 사이의 연관성을 부정한다.[30] 적어

---

29 바울 서신에 있는 '에르가 노무'*erga nomou*라는 표현과 가장 유사한 문구는 쿰란 문서 4QMMT에 있는 '마아쎄 하토라'*ma'aseh ha-torah*라는 표현이다. *Pauline Perspectives*, 21장에서 이를 다루었다.

30 일부 학자는 헬라어 '데'*de*가 생략되어 있는 사본들을 근거로 (15절과 16절의) 관계를 (역접이 아니라) 순접으로 보아야 한다고 주장한다. "우리는 유대인이다.……그러므로 (시편 143편을 통해?) 우리는 사람이 토라의 행위들로 의롭게 될 수 없음을 안다"(이러한 제안은 Hays, *The Letter to the Galatians*, 241에도 암시되어 있다). 하지만 이러한 견해는 바울의 긴 문장 전체와 충돌한다. "우리는 압니다. 사람이 유대 율법의 행위들로 '의롭다'고 공표되는 것이 아니라 예수 메시아의 신실하심을 통해 (공표된다는 것을)." 이 문장 전체를 보면, 15절의 "유대인"이 16절의 내용을 자연스럽게 알고 있다고 보기 어렵다. 16절의 마지막 부분은 15절에 기술된 일반적인 유대인과 이방인의 구분을 허무는 것으로 보인다.

도 바울에 관해 아는 독자라면, 날 때부터 유대인인 사람(솔로몬의 시편을 떠올려 보라!)은 인간이 실제로 "토라의 행위들"을 준수함으로써 "하나님의 백성에 속했다고 공표"되는 것으로 "알고 있었을" 것이라고 추정할 수 있다. 그러므로 여기서 "우리는 유대인입니다"라는 바울의 표현은 이런 식으로 생각하는 유대인을 가리킨다고 볼 수 있다. "그러나 우리는 새로운 사건이 발생했음을 압니다. 그 결과 '디카이오이'^{dikaioi}라는 지위—신실한 유대인들이 자신들의 지위라고 여겼고, 그들이 토라 아래에서 '가족'으로 살아가야 한다는 것, 그리고 자신들의 집단에 그 어떤 '하마르톨로이'^{hamartōloi}도 받아들여서는 안 된다는 것을 의미하는 그 지위—는 더 이상 유효하지 않습니다." 따라서 "사람은 '유대' 율법의 행위들에 의해 '의롭다'고 공표되지 않습니다." 내가 이 구절을 번역하면서 '유대'라는 단어를 덧붙인 이유는 바울이 언약 관계를 정의하는 토라에 대해 말하고 있다는 사실을 지금까지 오랫동안 무시한 채, 광범위하게 적용할 수 있는 도덕률이나 칸트의 정언명법 같은 것을 가리키는 것으로 보는 오래된 관행 때문이다.

바울이 급작스럽게 전문 용어를 빽빽하게 사용하기 때문에, 그리고 각각의 용어에 대한 지속된 오해 때문에 지금까지 네 가지 점을 명료하게 하는 작업이 필요했다. 이제 바울이 베드로의 행동에 맞서며 말했던 주장의 틀을 이루는 2:15-16을 읽을 준비가 되었다. 이 단락을 풀어서 번역하면 다음과 같다.

2:15 우리(베드로, 바울, 바나바, 그리고 그 외 유대인들)는 날 때부터 유대인입니다. 그러므로 우리가 소유한 조상들이 물려준 토라와, 토라와 연관된 전통들을 지키면 당연히 우리가 '의롭다'는 지위를 받는다고 생각합니다. **2:16a** 그러나 메시아 예수 사건에 대해 우리가 모든 것을 알기 때문에, 이제 우리

는 이것이 더 이상 사실이 아님을 압니다. "토라의 행위들"은 우리를 (또는 그 누구라도) '디카이오이'*dikaioi*라는 지위(이방인 '하마르톨로이'*hamartōloi*와는 정반대의 지위)로 정의하는 요소가 될 수 없습니다. 메시아가 언약을 성취하신 신실하심—우리의 신실한 응답을 불러일으키고 그 응답을 받으시는 메시아의 신실하심—이 이제 하나님의 백성, 곧 진정한 '디카이오이'*dikaioi*라고 현재 불릴 수 있는 사람들을 정의하는 유일한 표지입니다. 2:16b 그래서 우리도 메시아 예수를 믿습니다. 우리, 곧 유대인인 베드로, 바나바, 나 자신, 그리고 다른 유대인들 말입니다. 이제 우리의 지위는 진정한 '디카이오이'*dikaioi*입니다. 하지만 '디카이오쉬네'*dikaiosynē*는 토라의 행위들이 아니라 전적으로 메시아의 신실하심에 달려 있습니다. 2:16c 결국, 성경이 말하듯, 어느 육체도 토라의 행위들이라는 근거로는 '디카이오스'*dikaios*라고 공표될 수 없습니다.

2:16a "사람은 토라의 행위들로 의롭게 여겨지지 않는다"라는 명제와 "메시아 예수의 믿음을 통해"라는 문구는 **'에안 메'***ean mē*라는 표현으로 연결된다. **'에안 메'***ean mē*는 "…이 아니면"*if not*이나 "…을 제외하면"*unless*을 뜻할 수 있다. 이 표현의 통상적 의미는 디모데후서 2:5 같은 곳에서 볼 수 있다. "규칙에 따라 경기를 겨루지 않으면 월계관을 받지 못한다."*ou stephanoutai ean mē nomimōs athlēsē* 이는 경기 규칙에 따라 겨루면 월계관을 정당하게 얻을 수 있다는 의미다(물론, 규칙에 맞게 경기를 치른다고 승리를 보장받는 것은 아니지만 말이다). 그래서 일부 학자는 갈라디아서의 '에안 메'를 이러한 뜻으로 해석해야 한다고 제안했다. 즉, "메시아의 신실하심"이라는 수정된 의미에서 율법의 행위들을 실제로 행할 수 있으므로, 바울이 토라의 행위들로 사람이 의롭다고 여겨진다는 것을 직접적으로 부정하는 게 아니라고 말이다. 이러한 견해를 바탕으로 이 구절을 풀어 번역하면 다음과 같이 된다. "율법의 행위들이 메시아의 신실하심을 뜻

하는 것이 아니라면, 사람은 율법의 행위들로 의롭다고 여겨지지 않는다." 이는 메시아를 믿는 것이 일종의 율법 행위라는 뜻이 될 수도 있다. 혹은 메시아 자신의 신실하심이 (어떤 의미에서) 메시아의 율법 성취를 가리킨다는 의미일 수도 있다. 이는 예수께서 율법을 성취함으로써 "의로움"을 얻으셨고 이를 그의 백성에게 전가하셨다는 일종의 개혁주의 신학을 지지하는 견해가 될 수도 있다. 어떤 이들은 이 구절을 구체적으로 로마서 10:1-11과 공명하는 것으로 본다. 하지만 내가 보기에 이러한 견해는 16절 상반절 시작 부분에 나타난 사고를 그대로 반복하는 갈라디아서 2:16 하반절의 내용으로 반박된다. 21절 역시 16절 상반절에 위와 같은 견해를 허용하지 않는 것으로 보인다. 의로움(언약의 진정한 구성원으로서의 지위)은 토라를 통해 얻어지는 것이 아니다. 이 점에 대해 논쟁이 끝없이 이어지는 것 자체가 바울이 제시한 받아들이기 어렵고 논란을 일으켰던 주장이 지금도 여전히 받아들이기 어렵고 논란을 일으키는 것임을 보여준다.

따라서 '에안 메'*ean mē*라는 어구는 부사적 어구가 아니라 동사를 수식한다고 보아야 한다. 다시 말해, '엑스 에르곤 노무'*ex ergōn nomou*를 수식하지 않고 '우 디카이우타이'*ou dikaioutai*를 수식한다. 바울은 "율법 행위들이 메시아의 신실하심을 의미하는 것이 아니라면, 인간은 율법 행위들로 의롭게 되지 않는다"라고 말하는 것이 아니다. 그는 "사람이 율법 행위들로 의롭게 되는 것이 아니다. 사람은 오직 메시아의 신실하심을 통해 의롭게 된다"고 말한다. 이 구문의 형태와 유사한 흥미로운 병행구절이 몇 있다. 마가복음 13:32에서 예수는 "아무도 날과 시간을 모른다. 하늘의 천사들도, 아들도 모른다, 아버지 외에는."*ei mē* 여기서 '에이 메'*ei mē*는 중간에 들어 있는 내용이 아니라 앞에 나온 동사를 가리킨다. 따라서 "아무도 모른다.……아버지 외에는"이라는 의미가 된다. 요한계시록

21:27은 어린양의 생명책에 기록된 이들 외에는*ei mē* 부정한 것이나 가증한 일을 행하는 이나 거짓말하는 이는 거룩한 도성에 들어가지 못한다고 강조해서 말한다. 이는 어쩌다 생명책에 이름이 오르게 된 일부 행악자들이 (거룩한 도성에) 몰래 들어갈 수도 있다고 말하는 것이 아니다. 여기서 "…외에는"if not이라는 어구가 동사를 수식하고 있음은 분명하다. 생명책에 있는 사람 외에는 그 누구도 들어갈 수 없다.[31] 따라서 갈라디아서의 이 구절도 이렇게 해석되어야 한다. 메시아의 신실하심을 통하지 않고서는 누구도 의롭다고 공표될 수 없다.

2:16b 이런 해석은 "믿음"이라는 단어가 보다 일반적 의미를 띠는 문맥을 형성해 준다. "이것이 우리 역시 메시아이신 예수를 믿는 이유입니다. 유대 율법의 행위들이 아니라 메시아의 신실하심을 근거로 '의롭다'고 공표되기 위해서지요." 여기서도 바울은 베드로에게 했던 말을 요약하고 있다. 그는 그들 자신의 복음에 대한 믿음gospel-faith을 중요한 이름표로 내세우는데, 이 이름표는 그들이 '디카이오이'dikaioi임을 표시해 준다. "메시아-피스티스"Messiah-pistis라는 문구를 예수 자신의 신실하심으로 해석하는 것이, 믿음과 신뢰로 응답하는 인간의 반응의 중요성을 무시하거나 불필요하다고 보는 것은 아니다(이러한 오해가 종종 있지만 말이다). 이 둘은 늘 함께 간다. 메시아 자신의 피스티스가 새로운 상황을 창조해서, 메시아의 피스티스에 응답하는 인간의 피스티스가 (멋대로 기능하지 않고) 언약의 일원이라는 지위를 가리키는 적합한 증표로 제대로 기능할 수 있게 하기 때문이다.

2:16c 16절에서 제기되는 다른 중요한 질문은, 시편 143:2칠십인역 142:2을 가리키는 것으로 보이는 마지막 문구에 대한 것이다. "어떤 피조물

---

31 칠십인역 제4왕국기 6:22의 특이한 구절은 우리의 관심사에서 너무 벗어나 있다.

도 의롭다고 공표될 수 없을 것이다." 이 문구에서 시편에 대한 암시는 희미한 편이다. (a) 정확히 겹치는 단어는 단지 '우 디카이오테세타이', ^{ou} ^{dikaiōthēsetai} 곧 "의롭게 되지 않을 것이다" 밖에 없다. (b) 시편에는 '파스 존', $^{pas\ zōn}$ 곧 "모든 생명"이라고 되어있으나 바울은 '파사 사륵스', $^{pasa\ sarx}$ 곧 "모든 육신"이라고 썼다. (c) 시편에는 "당신이 보시기에" $^{enōpion\ sou}$ 라고 기록되어 있으나 바울은 "토라의 행위들에 의해" $^{ex\ ergōn\ nomou}$ 라고 썼다. 로마서 3:20에서도 바울은 이와 똑같이 썼지만, 거기에는 "그분이 보시기에" $^{enōpion\ autou}$ 라는 표현을 덧붙여서 시편에 대한 암시를 더욱 분명하게 하고, 시편 143편(칠십인역 142편)의 주제인 하나님의 "의로우심"의 드러남에 대해 말하며 시편과의 메타렙시스적 연결고리 $^{meteleptic\ link}$ 를 만든다(신약에서, 아니 더 좁게 말하면 바울 서신에서 학자들이 메타렙시스 ^{metalepsis} 라고 부르는 것은, 바울이 이스라엘의 경전 중 단어 일부나 구절 등을 인용하거나 암시할 때 그 단어나 구절이 들어 있는 문맥이나 메시지도 같이 가리키는 것을 말한다. 예를 들어, 바울이 예레미야서에서 어떤 단어나 구절을 끌어와 인용 또는 암시할 때 해당 단어나 구절을 둘러싼 문맥이나 예레미야서 전체의 메시지를 같이 끌고 와 독자에게 제시하는 것을 말한다─옮긴이).[32]

이 작지만 복잡한 상호텍스트적 퍼즐에서 두 가지 내용이 포착된다.

첫째, 일반적으로 받아들여질 수 있는 주장은, 바울이 "모든 생물"이라는 표현을 "모든 육신"(그는 20절에서 "생명"이라는 주제를 다시 다룬다)으로 바꾼 것은 갈라디아서 뒷부분에서 (그리고 강조점이 조금 덜하지만 로마서에서도) 다룰 "육신"이라는 주제를 의도적으로 예고하는 역할을 한다는 점이다. 편지의 뒷부분에서 바울은, 유대인들이 "육신", 곧 할례

---

[32] R. B. Hays, *Echoes of Scripture in the Letters of Paul* (New Haven: Yale University Press, 1989), 51-53을 보라.

받은 육신을 "육신에 따른" 아브라함의 가족을 구별하는 표시로 강조한다는 사실과 "육신의 행위들"이 우상숭배와 인간 부패의 결과를 보여준다는 사실을 모두 염두에 둘 것이다. 바울은 말한다. "아니다! '육신'은 '디카이오이'the dikaioi를 나타내는 표지가 될 수 없다. 이제 새로운 이름표가 생겼다."

둘째, 바울은 "토라의 행위들"이 "칭의"의 근거를 제공할 수 없다는 주장이 새로운 것도 아니고, 유대인의 경전에 반하는 주장도 아니라는 점을 보여주는 데 역점을 둔다. [바울에 따르면] 이는 유대인의 경전 자체에 이미 나타나 있다. 그가 보기에, 시편의 보편적 선언("당신 앞에서 어떤 생명도 의롭다고 할 수 없습니다")은 그 안에 이미 토라의 행위들로는 어떤 인간도 의롭다고 공표될 수 없다는 구체적이고 명시적인 내용을 담고 있다.

2:17-18 위에서 이미 말한 것처럼, 이 단락은 17절의 "우리"라는 주어가 18절부터 그 이후에 계속 사용되는, "나"라는 주어로 바뀌는 곳이다. 여기서 바울의 사고를 (종종 그러하듯) 전통적인 "칭의"의 개념으로 해석하고 바울과 베드로가 실제 나눈 대화를 염두에 두지 않으면, 그의 생각이 모호한 듯 보일 수밖에 없다.[33] 각 절을 차례로 살펴보자.

2:17a 첫째, 우리는 "메시아 안에서 '의롭다'고 공표되기 위해 애쓴다." 이 문장은 앞의 복잡한 구절(16절—옮긴이)을 바울 자신이 요약한 것이므로 생각보다 훨씬 도움을 준다. 하나님은 예수를 죽은 자들 가운데서 일으키심으로써 예수를 메시아라고 공표하셨다(로마서 1:3-4의 신앙고백에서 볼 수 있듯 말이다). 그러므로 "메시아 안에" 있는 사람들 모두는

---

33 예를 들어, 팀 켈러T. Keller는 *Galatians for You* (Epsom, UK: Good Book Co., 2013), 60에서 이 구절들이 "무척 모호하다"고 말한다.

이와 같이 의롭다고 입증 받는다. 메시아는 의롭다고 인정받으셨다.^in the right 따라서 그의 백성("그분 안에" 있는 사람들)도 "의롭다고 인정받는다."

갈라디아서에서 바울은 여기서 처음으로 연합^incorporative을 나타내는 표현인 "엔 크리스토"^en Christō를 사용한다. 이 어구에 대해 논쟁이 불거진 이유는, 이미 보았듯이 오로지 로마서 1-4장에 바탕을 둔 일부 대중적인 "칭의" 해석이 연합을 나타내는 표현을 무시했고, 결국 "칭의"와 "연합"을 서로 다른 사고의 틀에 속한 것이라는 인상을 남겼기 때문이다. 하지만 이 구절은 이러한 시도가 잘못되었다고 분명하게 말한다. 그렇다면 ('엔 크리스토'라는 연합에 관한 표현은) 어떤 의미인가?

이 질문에 대해서는 현재의 문맥 및 그 문맥이 확장된 3:23-29에 기반을 둔 가장 간결한 답변이 가장 최선의 답변이다. 바울은 예수의 메시아로서의 사역이 세례받은 신자들이 메시아 "안으로" 들어가서^3:27 "그분 안에" 있다고 여겨지는,^3:26, 28 혹은 더 간단하게 말해 그분께 속했다^3:29는 의미에서 "연합적"이라고 본다. 바울은 이러한 현상을 익숙한 것으로 받아들인 것 같다. 미래에 오실 메시아적 인물과 연합되어 결합된 결속을 이룬다는 생각은 (아브라함과 다윗에 대해 이스라엘의 경전이 언급하는 내용 중에서 선례가 있다고 할 수도 있으나) 제2성전기 유대교의 사상에서는 찾아볼 수 없으므로 처음에는 놀라운 사상으로 보일 것이다. 다른 곳에서 나는 바울이 예수의 부활에서 이러한 사고를 도출해 냈을 것이라고 제안했다. 그의 신학적 사고의 많은 부분이 그렇듯 말이다. 신실한 유대인들은 부활을 이스라엘의 하나님이 마지막 때에 그분의 백성을 위해 행하실 일이라고 믿었다. 그러나 하나님은 먼 미래가 아니라 현재에 예수를 부활시키셔서 예수가 메시아이고 진정한 이스라엘인이라고 시간을 앞당겨 공표하셨다. 이를 통해 하나님의 언약 백성의 정체성은 이제 메시아 안에 푹 잠겨서 메시아에 의해 새롭게 빚어졌으며,

그분을 통해 그분 안에서 정의되었다. 이렇게 해석하면 이 구절과 갈라디아서의 뒷부분(일단 지금으로서는 다른 구절을 더 찾아볼 필요가 없다)이 논리정연하게 이해되므로 이러한 전제를 가지고 계속 주석을 이어 나가겠다.

바울이 "메시아 안에서 '의롭다'고 공표되기 위해 애쓴다"라고 말할 때, 우리는 다시금 쿰란 문서와 솔로몬의 시편, 그리고 이 두 문헌이 각기 다른 방식으로 속해 있던 세계 안에서 "의롭다"라는 단어를 이해해야 한다. 즉, 바울은 여전히 "의인"과 "죄인", '디카이오이'^{dikaioi}와 '하마르톨로이'^{hamartōloi} 하나님의 진정한 백성과 그렇지 않은 자들을 구분하는 틀 안에서 사고하고 있다. 하지만 '디카이오이'^{dikaioi}는 이제 메시아를 중심으로, 메시아 안에서 규정된다. 하나님은 메시아를 의롭다고 인정하셨으므로 메시아의 백성도 메시아와 더불어 의롭다고 인정받는다. 다음 절에서 더 명료해지겠지만, 이것은 천상 법정에서 하나님이 메시아의 "의롭다고 인정된" 지위를 신자들에게 부여하신다는 것을 믿느냐의 문제가 아니다. 그보다 훨씬 일상사에 가까운 문제이다. 즉, **메시아의 백성이 모두 함께 식탁교제를 나눈다**는 의미이다. 이런 모습이 실제로 안디옥에서 나타났지만, 이제 위협을 받고 있다. 따라서 "메시아 안에서 '의롭다'고 공표되기 위해 애쓴다"는 것은 일차적으로 보통 서구 그리스도교에서 해석하듯 "하나님이 보시기에 의로운 지위(상태)"를 얻기 위해 노력한다는 의미가 아니다. 신학적으로나 정치적으로나 새로운 집단, 예수의 백성으로 구성된 일치된 공동체, "유업으로 받을" 궁극의 "왕국"을 확신을 가지고 기다리는 사람들을 경축하는 사회적, 문화적 실체에 관한 것이다.$^{3:29;\ 4:7}$

이 새로운 "의롭다고 여김"을 받을 공동체가 유대인과 이방인을 함께 아우르기 때문에, 그 공동체 안의 유대인들이 '하마르톨로이'^{hamartōloi}와 함께한다는 인상을 줄 수도 있다는 면에서 충격적이라고 할 수 있다. 바울은 이제 이 문제를 다룬다.

2:17b 그러므로 "우리 자신도 '죄인'으로 밝혀졌습니다." 엄격한 유대인의 견해에 따르면 "이방 죄인들"과 함께 식사하지 말아야 하며 그렇지 않으면 이방인과의 접촉으로 인해 "죄인"이 되므로—"야고보에게서 온 어떤 사람들"이 이러한 견해를 견지했다—유대인과 이방인을 아우르는 새로운 메시아적 가족은 '하마르톨로이'^{hamartōloi}로 보일 수 있을 것이다. 새로운 메시아적 가족은 일반적인 방식에서 율법 준수자가 아니었다. 사도행전 10장과 11장에서 베드로가 고넬료와 그 가정에 머물 때 율법 준수자가 아니었던 것처럼 말이다. 이전과 마찬가지로, 이슈가 된 문제는 어떤 음식이 제공되었는가, 누구와 함께 식사를 했는가와 같은 문제였을 것으로 추정할 수 있다.

2:17c 그렇다면 다음과 같이 질문이 제기된다. "그러면 메시아가 '죄'를 짓게 하는 분이란 말입니까? 절대 아닙니다!" 여기서 "죄"의 의미를 "토라 규정에 거스르는 것"으로 보면 대답은 "그렇습니다"가 될 것이다. 이 메시아적 가족은 당시 토라 해석에 기반을 둔 삶의 양상에서 실제로 벗어나고 있었다. 여기서 요점은 날카롭고 급진적이다. "죄"조차 재정의되어서 이방인들과의 식탁교제는 **더 이상 죄가 아니다.** 어떻게 이렇게 될 수 있는가? 바울은 적절한 곳에서 이러한 질문에 설명을 할 것이지만 이 단락에서는 아직 설명을 제시하지 않는다.

이 문제는 21세기 서구 교회가 당면한 긴급한 관심 사안이다. 때때로 사람들은 바울이 토라의 도덕 계명을 고의적으로 느슨하게 만들었다고 생각했다. 이러한 생각은 토라를 하나님의 백성을 정의하는 경계선을 표시하는 것으로 보지 않고 일반적 도덕률의 초기 유대적 형식의 하나로 토라를 이해한 결과다. 그렇다고 바울은 우상숭배를 피하고 우상숭배와 관련된 행동을 멀리해야 하는 하나님의 백성이 지닌 의무를 완화해야 한다고 주장하지 않았다. 이방인이 메시아 신앙이라는 정체성— 복음을 믿고 세례를 받아 메시아의 백성 안으로 들어감—을 가지게 되었을 때 그 이방인은 더 이상 "죄인"이 아니라는 점을 말하고 있다. 바울이 다음에 이어질 장들에서 설명하겠지만, 이러한 이방인들은 이전에 그들을 노예로 삼았던 우상들에게서 구출되었다(1:4에서 볼 수 있듯). 성령은 그들 내면의 오염을 씻어 내셨으며, 메시아에 부합하는 행동을 하도록 힘을 북돋우셨다. (자주 주목을 받지 못했지만) 바울에 관한 "새 관점"의 일부 입장이 제공하는 가장 큰 이점은 종교개혁 이후(특히 계몽주의 이후 다양한 형태로 나타난)의 신학적 사고가 종종 도덕적 상대주의의 덫에 걸리는 것을 막아 준다는 데 있다.

지금 이 단락에서 바울은 예수를 믿는 유대인이 예수를 믿는 이방인과 식사하는 행동을 옳다고 주장한다. 나중에 바울은 고린도전서에서 신자와 불신자의 공동 식사에 관한 더 광범위한 문제에 직면한다. 고린도전서에서 그는 확신 있게 "강한 자"의 입장을 취한다. 하나님은 한 분이시고, 우리의 자유가 동료 신자들의 양심을 위태롭게 만들지 않는 한도에서 그분의 백성인 우리는 자유롭다. 하지만 이것은 갈라디아서의 이 단락과는 전혀 다른 이야기다.[34]

어쨌든, 2:17에서 바울은 계속해서 예수를 믿는 유대인의 처지를 다루고 있다. 그는 여전히 베드로에게 말하고 있다. 자신과 베드로, 그리고 그들과 같은 처지에 있는 유대인들이 지금 어떤 상황에 있는지 깨달아야 한다고 말한다. 여기서 바울은 총체적인 "칭의" 이론을 제시하고 있지 않다. 물론 신중을 기한다면 바울이 여기서 말하고 있는 바에서

---

34 고전 8-10장을 보라.

그러한 일반적 이론을 유추할 수도 있겠지만 말이다. 17절의 요점은 베드로와 (그를 따라 행동한—옮긴이) 다른 유대인들을 향하고 있다. 하나님이 메시아와 그의 백성을 옳다고 인정하셨다는 것을 믿어 메시아-사람이 되고 싶다면, 모든 메시아-백성과 함께 식사해야만 한다. 이방인 신자와의 교제가 당신을 '하마르톨로스'^{hamartōlos}로 만들고, 심지어 메시아를 '하마르톨로스'^{hamartōlos}로 만든다고 주장하고 싶다면—"야고보에게서 온 어떤 사람들"은 분명 그렇게 말했을 것이다!—다시 생각하라. 바울이 즉각 부정("절대 그럴 수 없다")한 이유는 2장의 나머지 부분에서 설명될 것이다.

2:18 위에서 보았듯, 2:18에서 바울은 주어를 1인칭 단수로 바꾸며 다른 선택지를 설명한다. "내가 허물었던 것들을 다시 세운다면"이라는 바울의 말은 가정된 상황을 표현한다. 바울 자신은 실제로는 그런 일을 하지 않았다는 말이다. 그는 이 표현으로 베드로와 다른 유대인들이 했던 행동을 가리킨다. 그들은 유대인(심지어 예수를 믿는 유대인도)과 이방인 사이(심지어 예수를 믿는 이방인도)를 나누는 벽을 "다시 세웠다." 더 범위를 넓혀 말하면, 베드로 및 그와 같이 행동한 다른 유대인들은 당시 일종의 벽으로 기능한 토라와 토라의 "행위들"이라는 체계 전체를 다시 확고하게 받아들였다. 어쩌면 바울은 예루살렘 성전에서 성소 안과 이방인의 뜰을 구분하는 벽을 암시했을 수 있다.[35] (벽을 다시 세우는) 행동은 어떤 결과를 낳는가? 만일 "내가" 그러한 일을 한다고 치면(이 말은 베드로 당신이 실제 그런 행동을 하고 있다는 뜻이다) "나는 내가 율법을 어기는 사람이라는 사실을 드러낸다."

율법을 어기는 사람!^{lawbreaker} 이 단어는 그리스어로 '파라바테스'^{parabatēs}

---

35 엡 2:14-15도 보라.

인데 '하마르톨로스'hamartōlos와 흥미로운 차이점이 있다. 이 단어는 보다 구체적이다. "죄인"은 율법 밖에 있는 사람을 가리키는데, 율법 밖에 있는 세상에서 살기 때문에 죄를 지을 수밖에 없다. 이방인들이 자동적으로 "죄인"이 되는 이유다. 물론 이방인들은 우상숭배와 그에 결부된 행동을 하며 자신들이 죄인임을 보인다. 하지만 "율법을 어기는 사람"은 "경계를 벗어난 사람"transgressor이다. '파라바테스'parabatēs는 어떤 것의 "옆에 서다"라는 뜻의 동사 '파라바이노'parabainō에서 파생되었다. 이 동사는 뜻이 확장되어 마땅히 해야 할 어떤 특정 의무에서 "(길의 중심에서) 벗어난 곳에 서다"라는 의미를 지니기도 한다. 따라서 의무를 어기고 명령을 지키지 않는 것을 가리킨다. '파라바테스'parabatēs는 반드시 따라야 할 옳은 길이 있음을 알면서도 고의적으로 다른 방향으로 움직이는 사람을 말한다.

그러면 바울은 이처럼 아리송한 표현으로 무엇을 말하려 했을까? 최선의 대답은 다음과 같다. 당신이 유대인과 이방인 사이에 벽을 "다시 세우기" 위해 토라에 호소한다면, 토라는 당신이 율법을 어겼음을 냉정하게 가리킬 것이다.[36] 2:16에서 시편 143:2을 인유allusion하면서 더 구체적인 비판의 운을 띄우긴 했지만, 아직까지 바울은 아무도 토라를 제대로 지키지 않는다고 말하지는 않았다. 이 점에 관한 더 온전한 설명은, 로마서 4:15("율법이 하나님의 진노를 불러일으킵니다." 이것이 바로 "율법이 없는 곳에는 율법을 어기는 일parabasis도 없습니다"라고 말하는 이유이다)과 로마서 5:20("율법이 끼어들어 온 것은 범죄가 끝까지 채워지기 위함입니다." 여

---

36 헤이스Hays는 *The Letter to the Galatians*, 242에서 다음과 같이 두 가지 설명을 제시한다. 첫째, 유대인과 이방인 사이에 장벽을 다시 만드는 일 자체가 하나님의 뜻을 거역한다. 둘째, 그러한 행동은 바울의 이방인 선교를 헛되게 한다. 헤이스는 후자가 바울의 청중이 이해했던 바였을 것이라 제안한다. 나는 다시 한번 헤이스와는 다른 견해를 제시한다.

기서 "범죄"trespass는 '파라바시스'parabasis가 아니라 '파라프토마'paraptōma이다) 같이 모호한 구절 뒤에 나오는 로마서 7장에 나온다. 바울이 좀 더 구체적으로 할 수 있는 말을 암시적으로 던진 것일 수도 있다. 유대인 신자들이 베드로가 한 행동, 곧 이방인들과 식사하다가 그 식사 자리를 떠나는 행동을 토라를 들먹이면서 행한다면, 토라는 너무나 당연하게도 그들에게 왜 애초에 이방인들과 식사를 했는지 물을 것이다. 토라는 그 작은 실수로도 그들을 율법을 어긴 사람으로 선언할 것이다. 이 구절이 이러한 구체적 의미를 담았을 것이라는 제안은 일리가 있다. 하지만 나는 바울이 이보다 더 광범위한 의미를 염두에 두었을 가능성이 더 높다고 생각한다. 이는 "경전"이 모든 것을 죄 아래 가두었다는 갈라디아서 3:22과도 일맥상통한다. 어떤 이가 '디카이오스'dikaios라는 지위를 공고히 하기 위해 토라에 호소하는 것은 살인자가 살해한 사람들의 시체를 경찰서장에게 매장해 달라고 도움을 청하는 것과 같다.

2:19-21 메시아와 함께 죽고 함께 살아남

갈라디아서 2:19-21은 이 단락의 핵심이자 지금까지의 갈라디아서 본문의 핵심이기도 하다. 그리고 바울의 전 생애와 그의 사고의 핵심이라고까지도 말할 수 있다. 바울은 지금까지의 내용을 요약하는 한편, 앞으로 펼칠 논증을 가리키면서 그리스어 단어 '가르'gar를 사용해 17절과 18절에서 방금 말한 내용뿐 아니라 특별히 16절에 대한 설명도 시작한다. 이는 갈라디아 교회들에게 주는 그의 충고 기저에 놓인 주제를 설명하는 것이기도 하다.

위에서 보았듯이, 바울은 1인칭을 사용하는데, 자신의 "경험"이 특별하거나 유난히 극적이어서가 아니라 정확히 그 반대였기 때문이다. 즉, 바울은 자신의 경험이 표준적이며 전형적이라고 본다. 여기서 그는 "칭의"나 "구원"에 관한 교리 전체를 자세히 설명한다기보다 자기 자신을 가장 좋은 예로 삼아 **신실한 유대인들에게** 메시아 사건이 어떤 의미를 지니는지를 명료하게 설명하고 있다. 안디옥에서 베드로의 행동은, 신실한 유대인은 이방인과의 식탁교제에서 물러나야 한다고 베드로가 생각했다거나 다른 이들이 그렇게 생각하기를 원했다고 보아야만 설명이 가능하다. 하지만 바울은 물론 당대 사람이라면 누구나 토라를 준수하는 신실한 유대인이 된다는 것이 무슨 의미인지 알고 있었다. 그리고 그는 근본적인 요점, 곧 예수의 십자가와 부활이라는 메시아 사건은 바로 이 이슈(신실한 유대인이 된다는 것)에 혁명을 가져온 것이라는 점을 파악했다. 그는 다음 장에서 어떻게 이방인이 아브라함의 가족 안으로 들어오게 되었는지 설명할 것이다. 하지만 여기서 바울은 여전히, 보다 근본적인 부분을 설명하고 있다. 메시아 사건이 자신처럼 가장 신실한 유대인들을 포함한 유대인 전체의 지위와 정체성에 변화를 가져왔다는 점 말이다. 어떤 유대인이 나사렛 예수가 죽은 자 가운데서 일으켜지셔서 메시아로 정당하게 인정받으셨음을 믿으면, 그 유대인의 '피스티스'^{pistis}는 예수의 죽음 자체가 언약을 성취하는 '피스티스'를 가장 잘 드러낸 행동임을 확신하는 것도 포함한다. 따라서 신자의 '피스티스'는 그 사람이 '디카이오스'^{dikaios}임을 나타내는 증표가 된다.

바울은 예수에 관한 사건이 하나님에 의해서 궁극적인 "은혜"의 행위로 입증되었다고 생각했다. 이것이 21절의 요점이다. 하나님이 십자가 처형을 당한 예수를 죽은 자 가운데서 일으키셨다면, 예수의 부활은 비록 그의 죽음이 전혀 예측할 수도 없고 처음에는 모든 메시아 주장에 큰 걸림돌이 되었다고 하더라도 하나님의 오랜 계획을 성취하는 데 반드시 필요했음이 분명했다. 바울이 로마서 1:3-4에서 인용한 문구도 이 점을 다루고 있다. 그래서 바울은 이렇게 말한다. 만일 "의로움"—'하마르톨로스'hamartōlos와 정반대인 '디카이오스'dikaios라는 지위—이 토라에서 온다면, 메시아가 십자가에서 죽으실 필요가 없었을 것이다.

그렇다면 메시아는 왜 십자가 처형을 당해야 했는가? 바울은 메시아의 십자가 죽음이 이스라엘을 포함한 모든 인류가 생각보다 더욱 심각하고 어두운 곤경에 처해 있음을 의미한다고 생각했다. 의사가 내린 처방이 환자 자신이 두려워했던 상황보다 훨씬 나쁜 상태에 있다고 진단했음을 말해 준 것과 같다. 이 세 구절에 들어 있는 밀도 높지만 정확한 표현이 이러한 내용의 바탕을 이룬다. 이와 같은 내용은 갈라디아서의 긴 도입부를 수사학적으로 극적인 최고조에 이르게 한다.

이야기를 계속 이어가기 전에 두 가지 중요한 사항을 짚고 가야겠다. 첫째, 여기서나 갈라디아서의 다른 부분에서나 바울은 이런 이야기가 이스라엘을 위한 하나님의 신비스러운 목표의 폐기가 아니라 **성취**를 의미한다는 점을 분명히 한다. 하나님이 마침내 메시아를 보내신 그때 오래 전부터 하나님의 백성이었던 이들이 재편되고 그 하나님 백성을 구분 짓는 경계선이 다시 그려진다. 이는 당시 신실한 유대인이라면 누구나 받아들였을 만한 내용이다. 주후 60년대 중반의 시몬 바르 기오라Simon bar Giora나 130년대 시므온 벤 코시바Simeon ben Kosiba를 메시아라고 믿었던 사람이 그들의 활동에 가담하지 않겠다고 한다면 어불성설이었을 것이다. 그들은 메시아이거나 메시아가 아니거나 둘 중 하나다. 하나님이 오래 전 주셨던 약속이 이 인물들 안에서 성취되거나 아니면 이 인물들이 위험천만한 신성모독을 하고 있거나, 둘 중 하나다. 메시아라는 주장이 맞는다면, 하나님은 바로 지금 여기서 이스라엘의 구원과 갱신의 깃발을 일으키고 계시는 것이다. 하나님의 백성은 언제나 이 시간, 이 인물과의 관련성 속에서 정의될 것이다. 역사적으로 말하자면, 바로 이것이 유대인의 메시아 대망 사상을 구성하는 논리다.

둘째, 바울이 지금 말하는 내용은 결코 토라 자체에 대한 비판이 아니며 토라의 가르침을 느슨하게 하려는 것도 아니다(마치 토라가 지나치게 엄격한 요구를 하는 것으로 보아, 토라 자체에 어떤 "오류"가 있다는 식으로 말이다). 바울은 한때 바리새인 중의 바리새인이었다.[37] 그가 메시아의 죽음과 부활에 관한 이해를 바탕으로 지금 말하는 내용은, 토라가 지나치게 엄격하다는 의미도 아니고, 인간의 자유를 제한하거나 자율성을 억압하는 도덕 규칙을 벗어나는 것이 인간에게 유익하므로 더욱 "느슨해진" 윤리로 나아가자는 의미도 아니다. 종교개혁 이후 루터와 그의 추종자들이 제시한 "율법과 은혜" 사이의 극단적 대조는 실존주의자들이 말하는 "타율"과 "진정한 실존" 사이의 대립으로 변질될 위험이 늘 있었다. 이러한 관점에서 바울은 독특한 현대적 의미의 "자유"를 옹호하는 영웅으로 묘사되었다.[38] 이러한 이해는 그 자체로 틀렸을 뿐만 아니라 아주 어두운 측면을 지니고 있다. "법률 혹은 규율"만이 아닌 더 구체적으로 토라에 대한 편견, 그리고 유대 율법만이 아닌 유대인 자체를 향한 뿌리 깊은 편견 말이다. 이른바 바울에 관한 새 관점—새 관점에는 다양한 형태가 있다!—이 지닌 큰 장점은, 이러한 위험을 뚜렷하게 직시하고 어떤 대가를 치러서도 그러한 편견에서 벗어나게 했다는 점이다.

바울이 여기서 말하는 내용—자기 자신에게, 베드로와 바나바에게, 그리고 혼란에 빠진 갈라디아 교회에 말하는 내용—이 토라는 물론 토라와 관련된 모든 것을 강하게 부정하는 것으로 들릴 가능성이 높기 때문에 이러한 점을 분명하게 인식하는 것이 무척 중요하다.

2:19 "율법을 통하여 나는 율법에 대하여 죽었습니다. 이는 내가 하나

---

37 갈 1:13-14과 빌 3:4-6을 보라.

38 내가 저술한 *Virtue Reborn* (London: SPCK; San Francisco: HarperOne, 2009)을 보라. 이 책이 미국에서는 *After You Believe*라는 제목으로 출간되었다.

님에 대하여 살기 위해서입니다." 이어지는 내용은 17절과 18절은 물론 지금까지의 편지 내용 전체를 설명한다. (이러한 측면을 부각시키기 위해, 나는 이 구절의 그리스어 첫 단어인 '가르'^{gar}를 "이 점을 나는 다음과 같이 설명하겠습니다"라고 풀어서 번역했다.) 이제 바울은 **메시아의 죽음과 부활 이야기를 자신의 이야기로** 표현하며 설명한다. 이는 그가 "메시아 안에" 있다는 것을 의미하기도 한다. 메시아에게 일어난 일은 그에게도 일어난 것이다. 중요한 논지이므로 다시 반복해서 말하자면, 이것은 바울에게만 해당되는 것이 아니다. 그는 "개인의 영적 경험"을 서술하고 있는 것이 아니다. 여기서 "나"는 대표자를 나타내는 표현으로서, 신실한 유대인이 된다는 것의 의미가 무엇인지를 나타낸다. 신실한 유대인이란 십자가에서 처형된 예수가 죽은 자들 가운데서 일으켜졌음을 믿고 세례를 받아 메시아의 가족에 속하게 된 사람이다.

바울의 설명은 네 단계로 구성되어 있다. 첫째, 바울은 하나님에 대하여 살기 위해 율법에 대하여 죽었다고 말한다.$^{2:19a}$ 그러고는 자신이 메시아와 함께 십자가 처형을 당했지만 그럼에도 여전히 자신 안에 있는 메시아의 생명으로 살아간다고 말한다.$^{2:19b-20a}$ 그리고 그는 2:16에 버금갈 정도로 중요한, 전체 논증의 핵심 요지를 이야기한다. 이 새로운 생명과 정체성은 메시아–믿음,$^{Messiah-faith}$ 곧 예수의 신실하심과 그에 응답하는 신자들의 신실함으로 특징지어진 생명이자 정체성이다.$^{2:20b}$ 이 주장은 갈라디아서 도입부에 있는 복음에 대한 진술$^{2:20c}$에도 바탕을 두고 있다. 하나님의 아들이 "나를 사랑하셔서 나를 위해 자신을 내어 주셨습니다." 2:21은 이 극적인 선언을 마무리하며 바울의 일련의 사고의 근본적 바탕이 무엇인지 보여준다. 십자가 처형을 당한 예수가 죽은 자들 가운데서 일으켜졌으므로 그는 분명 메시아다. 메시아의 십자가 처형은 하나님의 목표와 상관없이 발생한 우발적 사고가 아니다. 따라서 메시아가 십자가에서 처형당한 사건은 은혜가 표현된 최고의 예라고 할 수 있다. 그렇다면, 유대인, 특히 가장 신실한 유대인이 이전의 '디카이오스'dikaios라는 지위를 부여잡은 채 오염(부정)을 피하려는 행동은 하나님이 주신 궁극적인 은혜의 선물을 보고서도 거부하는 것이나 다름없다고 할 수 있다.

2:19a "율법을 통하여 나는 율법에 대하여 죽었습니다. 하나님에 대하여 살기 위해서입니다." 세 부분으로 구성된 이 문장은 바울이 필수적 내용으로 간주하는 것들을 미묘하게 균형을 이루어 표현한다. 단순화해서 말하자면, "내가 율법에 대하여 죽었다"는 말이 토라가 이제 "메시아 안에" 있는 사람들에게는 불필요하다는 의미였다면, 마르키온주의에 보다 가까운 진술이 되었을 것이다. 마르키온Marcion은 히브리 성경의 "하나님"이 예수 안에서 계시된 하나님일 수 없다고 주장했으나, 바울은 "(내가 율법에 대하여 죽은 이유는) 내가 하나님에 대하여 살기 위해서다"라고 말하며 마르키온 같은 주장을 일축한다. 하나님이 약속하신 "생명"이 토라 준수에 있다는 것이 토라의 핵심 주장이므로, 바울의 말은 대단히 역설적으로 들린다.[39] 하지만 "율법에 대하여 죽었다"는 표현이 이스라엘의 유일하신 하나님, 무엇보다도 토라를 주신 하나님께 평생 충성했던 삶을 포기하거나 이전보다 엄격하지 않게 살아가겠다는 의미는 결코 아니다.

이 구절 맨 앞에 있는 "율법을 통해"dia nomou라는 표현도 동일한 요점을 담고 있다. 바울이 말한 "율법에 대하여 죽음"은 토라가 (사람들을 정죄하므로) 나쁜 것이어서 이제 기꺼이 버린다는 뜻도 아니고, (보잘 것 없는 규율들로) 사람의 행복에 손상을 주는 어리석은 것이거나, (약속한 "생

---

39 예를 들어, 신 30:15-20을 보라.

명"을 주지 못한다는 점에서) 아무런 효력이 없는 것이라는 주장과 거리가 멀다. 토라에 아무런 효력이나 능력이 없다는 주장이 3:21-22에 나오기는 하지만, 그 단락에도 토라 자체가 잘못된 것이 아니라 토라를 제대로 준수하지 못하는 죄인에게 책임이 있다는 점을 분명히 한다. 로마서 7:1-8:4의 내용과 마찬가지로, 토라는 "육신 때문에 연약해져서" 약속한 생명을 줄 수 없다.[40] 바울의 요지는 그저 율법의 무능함을 깨닫는 것에 머무르지 않고 그보다 훨씬 강한 주장을 담고 있다. 즉, **토라는 결국 그 자체로 불필요해질 것을 말했다**는 것이다. "율법에 대하여 죽음"은 사실 토라의 내용 자체를 볼 때 항상 일어날 것으로 예상할 수 있는 일이다. 3장에서 바울이 설명하겠지만, 토라는 언제나 메시아의 도래 전까지만 유효한 일시적인 조치였으며, 그 안에 메시아의 도래라는 궁극적 목표를 가리키는 표시를 가지고 있었다. 이런 관점에서 보면, 갈라디아서의 나머지 부분 전체가 위에서 말한 모든 내용이 정확히 무엇을 뜻하는지 설명하고 있다고 할 수 있다.

2:19-20에 압축된 바울의 논증은 히브리서의 사고방식과 유사하다. 히브리서는 성경 구절 하나를 인용한 뒤 주해를 제시하는 패턴을 반복하면서, 이스라엘의 성경 자체가 그 본문의 내용을 넘어선 실체를 가리킨다고 주장한다. 역설적이게도 요즘은 이런 식의 해석을 하는 사람을 "대체주의자"supersessionist라고 비난하지만, 사실은 정반대이다. 나는 이 점에 대해 이미 논의한 적이 있다.[41] 현대 학문의 큰 분과인 비교종교학의 "종교 패턴"의 관점에서 볼 때만 "대체주의자"("그리스도교"가 "유대교"를 "대체"superseded 했다는 의미에서)라고 부를 수 있다. 하지만 바울은 비교종

---

40 롬 7:10; 8:3-4, 11도 보라.
41 *Paul and the Faithfulness of God*, 15장을 보라.

교학이 아니라 **메시아적 종말론**에 대해 생각하고 있다. 그는 내러티브 안에 살고 있다. (바울 자신이 깨달은 것처럼) 이 내러티브의 앞부분(구약을 말한다—옮긴이)은 늘 뒤에 있을 장대한 성취를 가리켰고, 메시아의 도래로 인해 성취에 이르렀다. 바울 자신(그리고 베드로와 예수를 믿는 다른 유대인)이 현재의 지위(신분)를 얻게 된 것이 (a) 이스라엘의 메시아 덕분에, (b) "율법을 통하여" 이루어졌으며, (c) 그로 인해 "하나님에 대하여" 살 수 있게 되었다고 말하는 것은, 이스라엘과 조상들의 전통이 좋은 것이며 하나님이 주신 것이라는 사실을 확언하고 기쁘게 받아들이는 것이지 그것들을 부정하는 말이 아니다.

여기서 결정적으로 중요한 내용은 두 가지 확언("율법을 통하여"와 "하나님에 대하여 산다") 사이에 놓여 있다. 바로 "나는 율법에 대하여 죽었다"라는 것인데, 이는 바울이 지금까지 갈라디아서에서 차곡차곡 세운 커다란 맥락 안에서 이해되어야 한다. 마르키온주의자나 대체주의자의 주장과는 다르다. 역설적으로 들릴 수밖에 없지만, 바울의 견해로는 이 말은 십자가에서 처형된 메시아라는 역설과 정확히 일치한다. 바로 이것이 핵심이다. 십자가에서 처형된 메시아는 아브라함까지 포함한 이스라엘의 뿌리 깊은 전통 안에서만 이해될 수 있다.

따라서 베드로 및 다른 유대인 신자들을 향해 날카롭게 제기되었던, 그리고 지금 갈라디아인들 앞에 제시한 바울의 핵심 주장은 이것이다. **신실한 유대인에게조차, 이제 하나님의 백성에 속하는 유일한 길은 토라의 지배에서 벗어나는 것이다.** 오늘날 일부 학자들은 그리스도교가 이방인에게는 중요하지만 유대인은 유대인으로 살아야 한다고 바울이 생각했다고 주장하지만, 바울은 이러한 생각이 들어설 여지를 남기지 않았다. 그는 메시아를 믿는 유대인들이 계속 토라 아래 살아야 한다는 생각도 한 적이 없다. 로마서 7장에서 볼 수 있듯, 토라는 하나님이 부여하신

한시적 임무를 마쳤다. 메시아의 죽음과 부활로 이제 토라는 하나님의 백성을 구별 짓는 표지가 아니다. 이제 "하나님에 대하여 사는" 새로운 백성이 생겼다. 어떤 사람이나 대상을 향해서, 혹은 어떤 사람이나 대상과의 **관계 속에서** 산다는 개념은 사람의 본질적 경향을 가리키며, 사고와 신뢰와 희망과 의지가 갖는 주된 방향성을 뜻한다. (이러한 내용을 확장시켜, 이 갈라디아서 본문에서 말하는 유대인 출신 그리스도인을 넘어서 세례받은 사람 모두에 대해 말하는) 로마서 6:10은 예수 자신이 "하나님에 대하여 살기" 위해 "죄에 대하여 죽으셨다"고 말한다. 그 결과 세례받은 사람은 자신이 "죄에 대하여 죽었고" 이제 "하나님에 대하여" 살며, 하나님의 통치 영역 안에서 살고, 사랑과 예배와 순종의 관계 안에서 살고 있다고 "여겨야" 한다. 롬 6:11 바울은 로마서에서도 "메시아 안에" 있는 사람들은 "율법이 아닌 은혜 아래" 있다고 주장한다. 6:14

2:19b 바울은 이 문장을 시작할 때 접속사를 생략하여 강조하려는 의도를 드러내고, 그 안에 중추적 내용을 담았다. '크리스토 쉰에스타우로마이', Christō synestaurōmai 곧 "나는 메시아와 함께 십자가 처형을 당했습니다."[42] 이 문장에서 완료 시제는 일반적 용법으로 사용되어 현재에도 지속적으로 결과를 미치는 과거의 사건을 표현한다. 바울이 (지금까지도) 십자가 처형을 당한 상태로 있다는 의미다. 이 동사는 바울이 새로운 상황을 표현하기 위해 고른 것이다. 로마서 6:6(그리고 골로새서 2:12에 나오는 "함께 매장된"이라는 뜻의 '쉰타펜테스' syntaphentes)에서 이 동사는 세

---

42 초기 기독교 문헌 이전의 자료에는 이 합성동사가 나오지 않는다. 이 동사는 예수와 함께 십자가 처형을 당한 강도들을 가리킬 때 문자적으로 사용되었다. 예를 들어, 마 27:44(다른 동사가 나오는 사본[어떤 사본에는 "함께 십자가 처형을 당하다"라는 동사가 아니라 그냥 "십자가 처형을 당하다"라는 동사가 쓰여 있다—옮긴이]을 보면 이 합성동사가 잘 알려지지 않은 것이었음을 짐작할 수 있다), 막 15:32, 요 19:32. 바울은 로마서 6:6에서 현재 시제를 사용하며, "옮겨감"이라는 의미로 사용한다.

례와 연관되어 나오는데, 갈라디아서 3:27에 비추어 보면 바울이 이 구절에서 동일한 뜻으로 쓴 것이 분명하다. 물속에 잠기는 상징적 "매장"과 물에서 일으켜지는 상징적 "부활"은 바울의 생각을 이해하는 데 도움을 준다. (이미 요한의 세례 안에 예표되었던) 예수의 죽음과 부활이라는 메시아 사건은 유월절과 출애굽 사건을 재현하고 그 궁극적 의미를 드러내는데, 예수 자신도 예루살렘에서 그의 최종적 하나님 나라 행동을 위한 상징적인 시간 배경으로 유월절과 출애굽을 선택했었다.[43]

이 모든 것이 배경에 깔려 있다. 하지만 바울은 여기서 어떤 사람이 가족에 속하게 되는 **사건** 자체에 초점을 맞추고 있지 않다. 동사가 완료 시제임에 주목하라. 바울은 과거의 사건이 현재에도 지속적인 중요성을 미치고 있다는 사실을 강조하고 있다. 그는 여전히 **예수를 믿게 된 유대인의 지위와 정체성**에 대해 말하고 있다. 이것이 이 단락 전반에 걸쳐 베드로에게 강조했던 논지이며, 갈라디아인들도 귀 기울이기를 바랐던 요지다. 메시아 백성의 일원이 됨으로써 자신은 죽었다는 것이 바울의 말하려는 내용이다. 그는 더 이상 예전의 자신이 아니다. 이 논증은 메시아의 죽음이 이스라엘 역사의 절정이라는 내용이 구약 곳곳에 나오는데도 유대인들에게는 "십자가의 걸림돌"이 된 이유를 마침내 설명해 준다.[44] 메시아의 십자가 죽음으로, 사람은 더 이상 "유대인으로 태어났다고"[2:15] 해서 자동적으로 하나님 가족의 구성원, 곧 '디카이오이'^{dikaioi}가 되지 않는다. 세례 요한은 바울보다 이미 20여 년 전에 비슷한 말을 했다. 육신적으로 아브라함의 자손이라는 사실은 이제 무의미하다.[45] 이러한 역설이 로마서 9-11장 전체의 논증을 이끈다.

---

43 마가복음 10:38-39 및 다른 곳에서 예수 자신이 "세례"라는 단어를 사용한 것을 보라.
44 갈 5:11, 고전 1:23을 보라.
45 막 3:9-10, 눅 3:8.

바울은 "함께 십자가에 처형됨"cocrucifixion이 단지 자신이 겪었던 특별한 영적 체험이라고 말하는 것이 **아니다**. 마음만 먹으면 자신의 특별한 경험들을 말했을 수도 있었지만, 여기서 바울이 말하고자 하는 요지는 그것이 아니다. 이 단락 전체는 "개인적" 체험을 표현하는 생생한 단어들을 사용하여 예수 추종자가 된 모든 유대인에게 실제 벌어진 일을 설명하고 있다. 베드로는 이 점을 깨달아야 했다. 갈라디아인들도 베드로가 이 점을 깨달을 필요가 있었다는 사실을 알아야 한다. 갈라디아에서 바울과 경쟁 관계에 있는 유대인 교사들은 자신들이 특별한 신분에 있으며, 갈라디아의 이방인들이 할례를 받으면 자신들과 같은 특별한 신분에 이를 것이고, 베드로도 이러한 견해를 승인했을 것이라는 주장을 넌지시 비쳤다. 바울은 갈라디아에 있는 유대인 교사들이 특별한 신분을 가지지 않았다고 말하며, 베드로가 갈라디아의 유대인 교사들이 주장하는 견해와 유사한 견해를 받아들이는 행동을 했을 때 그를 교정해 주었다고 주장한다. 바울이 "율법을 통하여 율법에 대하여 죽었으므로", 베드로는 물론 다른 유대인 출신 예수 추종자들도 모두 "율법을 통하여 율법에 대하여 죽었다." 그들 자신이 이 사실을 알든 모르든 말이다.

그렇다면 메시아와 함께 십자가 처형을 당한 결과로 바울에게 어떤 일이 발생하는가? 메시아와 함께 십자가 처형을 당한 사람, 곧 바울 자신과 베드로, 바나바, 그리고 다른 모든 유대인 예수 추종자들은 어떤 지위(신분)를 가지게 되는가?

2:20 바울은 말한다. "그러나 나는 살아 있습니다. 하지만 그것은 더 이상 내가 아니라 내 안에 사시는 메시아입니다." 바울이 여기서 "…라는 말을 해야만 했을 것"이라는 잘못된 견해에 바탕을 둔 많은 번역본들은 그리스어 문장에 분명히 드러나는 강조점을 놓쳤다. 오래된 고전 번역인 KJV과 RSV를 비교해 보자. 내 판단에 KJV는 바울이 의도한

바를 잘 표현했고 RSV는 바울의 의도에서 벗어났다.

KJV: "나는 그리스도와 함께 십자가 처형을 당했습니다. **그럼에도 불구하고 나는 살아 있습니다.** 하지만 내가 아니라 그리스도가 내 안에 살아 계십니다."
I am crucified with Christ: *nevertheless I live*; yet not I, but Christ liveth in me.

RSV: "나는 그리스도와 함께 십자가 처형을 당했습니다. **살아 있는 자는 더 이상 내가 아니라,** 내 안에 살아 계신 그리스도입니다."
I have been crucified with Christ; *it is no longer I who live*, but Christ who lives in me.

NRSV는 RSV의 번역을 따르되 "그것은 더 이상 내가 아니라"라는 문장 앞에 "그리고"라는 단어만 덧붙였다.[46]

많은 주석가들이 RSV 번역 전통을 받아들이는 것 같다. 하지만 이러한 번역은 그리스어 문장과 거의 맞지 않다. '크리스토 쉰네스타우로마이

---

46 나의 *The Kingdom New Testament: A Contemporary Translation*은 KJV에 가깝다. "나는 그리스도와 함께 십자가 처형을 당했습니다. 그러나 지금 나는 살아 있습니다 [그리고 그것은] 더 이상 내가 아니라, 그리스도께서 내 안에 살아 계십니다"(I have been crucified along with Christ. But now I live [and it is] no longer I, but Christ lives in me). (REB를 따르는) NEB는 중간쯤에 있으나 RSV에 더 가깝다고 할 수 있다. "나는 그리스도와 함께 십자가 처형을 당했습니다. 이제 내가 사는 삶은 나의 삶이 아니라 내 안에 사시는 그리스도의 삶입니다"(I have been crucified with Christ: the life I now live is not my life, but the life which Christ lives in me). NIV도 RSV와 유사하다. "나는 그리스도와 함께 십자가 처형을 당했습니다. 그리고 나는 더 이상 살아 있지 않습니다"(I am crucified with Christ and I no longer live).

조 데 우케티 에고, 제 데 엔 에모이 크리스토스.'*Christō synestaurōmai zō de ouketi egō, zē de en emoi Christos* 내 주장의 요지는 다음과 같다. 여기서 '조 데'$zō\ de$는 강조하는 표현으로써 '크리스토 쉰네스타우로마이'*Christō synestaurōmai*와 뚜렷한 대조를 이루는 것이 틀림없다. 그리고 '조 데'$zō\ de$가 갑자기 문장을 끊는다. 따라서 다음과 같은 의미가 된다. "나는 함께 십자가 처형을 당했습니다." **그럼에도 불구하고 나는 살아 있습니다.**[47] 여기서 "나"는 동사 '조'$zō$에 내포되어 있고, RSV 전통과는 달리 이어지는 문장에 나오는 '에고'$egō$와는 다르다. 또 이어지는 표현 '우케티······크리스토스'*ouketi······Christos*는 바울의 지금 "살아 있다"는 말이 무슨 의미인지 설명해 준다. 바울은 자기 안에 거하시는 메시아의 생명이라는 모습으로 자신의 생명을 되찾았다. "더 이상 내가 아니다"라는 구절에서 '에고'$egō$는 십자가 처형을 함께 당하고 죽어서 못 박힌 채로 있는 "나"를 가리킨다. 반면, 동사 '조'$zō$에 내포된 "나"는 살아 있으며, 메시아가 거주하시는 부활한 "나" 안에 있다.$zē\ de\ en\ emoi\ Christos$ 다시 말해, '우케티'*ouketi*(no longer, 더 이상 ···이 아닌)는 NIV가 번역한 것처럼("나는 더 이상 살아 있지 않다") '조 데'$zō\ de$를 수식하는 것이 아니라, KJV처럼("하지만 내가 아니라") '에고'$egō$를 수식한다. 바꾸어 말하면, "살아 있는 것은 내가 아니다"라는 번역이나 "나는 더 이상 살아 있지 않다"는 번역은 그리스어 원문을 제대로 표현하지 못한다. 그리스어 원문의 뉘앙스를 살려 자연스러운 문장

---

47 Lightfoot, *St. Paul's Epistle to the Galatians*, 119을 보라. "이제부터 나는 새로운 삶(생명)을 삽니다—그러나 내가 아니라 내 안에 있는 그리스도께서 사십니다"(Henceforth I live a new life—yet not I, but Christ liveth it in me). E. de W. Burton, *A Critical and Exegetical Commentary on the Epistle to the Galatians* (Edinburgh: T&T Clark, 1921), 137과 대조해 보라. Burton은 KJV의 번역이 "완전히 부적절하다"면서, 이 문장의 '데'*de*를 "역접사"가 아니라 "계속적 용법(계속사)"(그는 '데'*de*를 "그리고"라고 번역한다)으로 보아야 하며, '조 데'$zō\ de$가 "동일한 사건의 다른 측면"을 표현한다고 말한다.

으로 번역하면 다음과 같다. "나는 살아 있지만, 그것은 더 이상 내가 아니다."[48]

이러한 번역의 차이는 어떤 결과를 가져오는가? RSV, NIV, 그리고 많은 번역가들과 주석가들이 받아들인 번역 전통은 '우케티'^{ouketi}에 들어 있는 '우'^{ou}가 '에고'^{egō}만 아니라 동사 '조'^{zō} 안에 내포된 '에고'^{egō}도 부정한다고 보는 것 같다. 이런 견해는 '조 데 우크 에고'$^{zō\ de\ ouk\ egō}$라는 문장이 단순히 "나는 십자가 처형을 당했다"라는 말을 풀어 쓰고 강조하는 것에 가깝다고 보며, 그럴 경우 사실상 "나는 메시아와 함께 십자가 처형을 당했다. (그러므로) 나는 더 이상 살아 있지 않다"라는 뜻이 된다.[49] 하지만 바울은 '운'$^{oun,\ 그러므로}$이 아니라 '데'^{de}라는 단어를 썼다. 그는 예수의 죽음과 부활이라는 틀을 따라 말하고 있으므로, "함께 십자가 처형을 당함" 뒤에 "함께 부활함"을 말하는 것이 자연스럽다.골 2:20-3:4처럼 '조 데'에 대한 내 이해가 옳다면, '우케티'는 뒤에 나오는 '에고'만 수식한다고 볼 수 있다. 사울/바울은 더 이상 예전의 그가 아니다. 따라서 '조 데'라는 표현이 선언하는 삶은, 말하자면, 여러 부속품들로 구성되어 있다. 첫째, "나"는 더 이상 이전의 "나"가 아니다. "나"는 부활한 "나"이다. "나"는 메시아에 의해 새로운 정체성을 가지게 된 "나"이다. 바울은 다른 곳에서 이를 성령의 내주라고 표현했고 이 구절에서는 메시아 자신의 내주로 표현한다. 둘째, 바울은 여전히 "육신"을 가지고 산다. 그는 증발해 버린 것도 아니고, 실제로 죽고 일으켜지지 않은, 여전히 살아 있는 인간이며 유대인이다. 하지만 이제 그의 삶은 **신실하게 자신을**

---

48 바울은 빈번하게 '우케티'^{ouketi}라는 단어를 '이전에는 사실이었으나 이제는 더 이상 그렇지 않은 것'이라는 종말론적 대조와 관련되는 경우에 사용한다. 예를 들어, 롬 6:9, 고후 5:16, 갈 3:18, 25; 4:7, 엡 2:19.

49 예를 들어, Oakes, *Galatians*, 93에서 이런 견해를 보인다.

내어 주신 메시아 안에 있는 삶으로 정의된다. 이 점은 곧 다시 논의할 것이다. 이렇게 주체가 바뀌는 것은 로마서 7:1-6과 매우 유사하다.

이는 또한 로마서 8:9-11과 정확히 일치한다. 로마서 8:9-11에서 사람 안에 내주하시는 신적 현존은 하나님의 영, 메시아의 영, 메시아, 영, "예수를 죽은 자들에서 일으키신 분의 영" 그리고 "내주하시는 영"으로 불린다. 바울이 이 다양한 표현을 사용하여 동일한 실체를 가리키고 있다는 점은 너무나 분명하다.

바울이 안디옥에서 베드로에게 했던 말과 지금 갈라디아인들에게 베드로와의 예전 대화를 매개로 건네고 있는 말에서, 그에게 새로운 정체성을 주신 분이 메시아라는 사실이 결정적으로 중요하다. 이 이 모든 논쟁의 핵심 쟁점은 예수의 백성이라는 정체성이 오로지 메시아라는 기준으로 정의된다는 바울의 신념이다. 이러한 바울의 신념을 지지해 주는 두 가지 사실이 있다. 첫째, 갈라디아서 2:17에서 말하듯, 세례 받은 신자는 "메시아 안에" 있으며, 하나님은 믿는 사람이 "메시아 안에" 있기 때문에 "메시아 안에서" 그를 '디카이오스'*dikaios*, 반대말은 *hamartōlos*라고 선언하신다. 세례받은 신자가 "메시아 안에" 있기 때문에 하나님이 그 신자를 '디카이오스'라고 공표하신다. 이것이 갈라디아서 3장에서 전개되는 논증의 핵심을 이룬다. 둘째, 메시아 자신의 생명은 (아직은 언급되지 않은) 영의 현존을 통해 드러난 '숨겨진' 실체이자 새로운 동기와 더불어 무엇보다도 사랑을 불러일으키는 근거다. 우리는 20절에서 메시아의 사랑에 대한 감사함이 흘러넘치는 것을 느낄 수 있다. 바울이 "육신 안에서" 살아가는 삶은 "나를 사랑하셔서 나를 위하여 자기 자신을 내어 주신 하나님의 아들의 신실하심 안에서" 사는 삶이다. 따라서 2:19b-2:20a 안에서 단계적으로 이어지는 내용은 날카로운 대조와 더불어 죽음과 삶, 십자가 처형과 부활을 서술하는, 균형이 잘 잡힌 문구들을 담고 있다.

율법을 통하여 나는 율법에 대하여 죽었습니다.
　이는 내가 하나님에 대하여 살기 위해서입니다.
나는 메시아와 함께 십자가 처형을 당했습니다.
　그러나 나는 살아 있습니다.
그것은 더 이상 내가 아니라
　내 안에 사시는 메시아입니다.

이 모든 내용은 20절 앞부분에 있는 '조 데'$^{zō\ de}$의 의미에 충분한 관심을 기울여야 할 필요성을 분명하게 보여준다. 이는 적어도 바울의 사고에서 '메시아와 함께 십자가 처형을 당하는 것'과 '메시아와 함께 일으켜짐' 사이에 아무런 중간 지점이 없다는 점에서 중요하다. 바울이 "율법에 대하여 죽은" 이유를 "하나님에 대하여 살기" 위해서라고 방금 말했고, 20절에서 두 번이나 더 "산다/살아 있다"고 말하고 있는 것을 볼 때 (첫 번째는 "육신 안에"라는 문구를 수식하고, 두 번째는 "믿음 안에"라는 문구를 수식함), '우케티 에고'$^{ouketi\ egō}$가 "하지만 더 이상 내가 아니라 메시아다"는 의미로 '조 데'$^{zō\ de}$를 수식하므로 '조 데'를 "그럼에도 불구하고 나는 살아 있다"로 번역하는 것이 옳다.

로마서 6:4-14과 마찬가지로, 에베소서 2:6, 그리고 골로새서 2:12과 3:1은 메시아 백성의 현재 신분(지위)이 부활이라는 근거 위에 서 있다고 말한다. 에베소서와 골로새서를 제2바울 서신(deuteron-Pauline letters, 바울이 쓰지 않은 위명 편지—옮긴이)으로 간주하는 오랜 편견은 이 구절들을 제2바울 서신 특유의 승리주의^{triumphalism}의 산물로 보며 로마서 6장과의 연결성을 부정한다. 하지만 이러한 에베소서와 골로새서의 구절 없이는 로마서 6:1-14의 내용을 제대로 이해할 수 없다.[50] 죽임 당한 예수가 이제 "하나님에 대하여 살아 계신다."[6:10] 따라서 세례받은 신자도 (죽었다가) 이제 하나님에 대하여 산다.[6:11] "하나님에 대하여 산다"라는 표현은 (이미 앞에서 보았듯) 이 로마서 단락이 이 갈라디아서 구절과 긴밀하게 연결되어 있음을 보여준다.[51] 바울은 예수를 믿는 모든 유대인에게 일어난 사건을 계속 강조하면서, 한편으로는 그들이 토라의 지배에서 빠져나왔다고, 다른 한편으로는 그렇다고 해서 그들이 하나님에게서 단절된 것은 아니라고 주장한다. 하나님에게서 끊어지기는커녕, 그들은 "하나님에 대하여 살아 있다."

물론 바울이 이방인 신자들에 대해서도 동일한 주장을 할 것이다. 이방인 신자들도 "하나님에 대하여 살아 있다." 하지만 그들은 이전에 "토라 아래" 있지 않았다. 이 단락 전체는 바울이 안디옥에서 베드로에게 말했던 내용을 요약하는 방식으로 메시아의 신실하심이라는 정체성을 지니게 된 신실한 유대인은 이제 "토라 아래" 있지 않다는 사실을 보여준다. 이러한 주장은 갈라디아서의 남은 부분에서 "하물며 …의 경우는 더더구나 그렇지 않겠는가"라는 논증방식 ^{a} $fortiori$ 을 전개하고자 하는 장기적 의도를 가지고 있다. 바울과 베드로, 그리고 다른 유대인 신자들 역시 "토라 아래" 있지 않으므로, 이방인 신자가 "토라 아래"에서 살려고 하는 것은 더더군다나 말이 안 된다. 바울이 유대인 신자들의 새로운 신분을 강조하는 데에는 두 가지 이유가 있다. (a) **유대인 신자들이 이방인 신자들을 멀리해야 한다(혹은 자신들을 이방인 신자들과 분리시켜야 한다)는 생각이 전혀 들어설 자리가 없도록.** (b) 이방인 신자와 유대인 신자의

---

50   내 주석 *Romans*, 538을 보라.

51   예수와 사두개인들이 "하나님께(는) 살아 있다"는 주제를 두고 논쟁한 것에 대하여는 *The Resurrection of the Son of God*, 425-26을 보라.

분리를 주장하며 오도하는 이들을 따르기 위해 토라의 규율을 짊어지려는 이방인 신자가 절대 생기지 않도록.

바울은 갈라디아에서 그와 경쟁하는 교사들은 물론 예루살렘이나 그 외 다른 곳에서 이 교사들의 입장을 지지하는 이들의 견해를 공격하고 있다. 단순히 이방인 신자들은 할례받을 필요가 없다는 주장이 아니다. 유대인 신자의 정체성도 더 이상 민족적 정체성이나 전통적인 행습으로 결정되지 않으므로, 이방인 신자들에게 할례를 받으라고 강요하는 행동은 핵심을 크게 벗어난 것이다. 이방인 신자가 강요에 의해 할례받는다면, 그것은 이미 정체성이 사라져버린 집단으로 다시 들어가는 꼴이라고 할 수 있다. 메시아만이 새로운 사회적, 신학적 실체를 규정하는 유일한 준거다. 이스라엘의 역사와 소명의 완성점인 메시아가 십자가 처형을 당한 뒤 일으켜지셨다는 사실은, 그의 백성 모두가 메시아의 죽음과 부활을 공유한다는 것을 의미한다. 바로 이것이 메시아의 백성이 지닌 궁극적인 정체성이다.

그 백성의 새로운 정체성이 메시아 자신이므로, **바울은 그 백성을 이스라엘의 오랜 소망의 성취이자 유대인들의 깊은 열망의 성취로 이해했다.** 이 사실은 최대한 강조되어야 한다. 이 결정적 사실을 이해한다면, 우리를 반反유대주의자라고 오해하는 이들이 생기지 않을 것이다(다른 사람들이 나를 그런 식으로 오해하더라도 나는 놀라지 않을 테지만 말이다). 빌립보서 3장에서 바울이 **메시아를 얻기 위해서** 자신의 다양한 민족적 특권을 '스퀴발라', *skybala* 곧 "쓰레기"로 여긴 것처럼, 이 말은 전적으로 다른 어떤 것을 위해 "유대교"를 버리자는 뜻이 아니다. 다시 말하면, 바울은 "그리스도교의 메시아"가 "유대교의 메시아"와 반대된다고 보지 않는다. 메시아는 다윗의 조상 유다의 최종 자손이며, 그 사실은 변하지 않을 것이다. 메시아의 오심은 이스라엘의 소망이 최종적으로 성취된 것이다. 바울은 이 사실을 알고 찬양하며 세상에 알린다. 이러한 이유로 바울은 "참된" 혹은 "진짜"라는 수식어 없이 '유다이오스'Ioudaios라는 단어를 사용해 "문자가 아닌 영으로" 할례받은 사람들을 지시할 수 있었다.롬 2:29 이 사람들은 메시아의 백성이며 유다의 후손이다. 예수께서 이미 말씀하셨듯이, 이 값비싼 진주를 얻으려면 값이 덜 나가는 다른 진주를 버려야 한다. 이것이 빌립보서 3:2-11에 나와 있는 논리이며, 갈라디아서 2장 기저에 놓인 논리이기도 하다. 물론 바울은 여전히 유대인이다. 그는 로마서 11장에서처럼 때때로 자신이 유대인이라는 사실을 논증에 효과적으로 사용하기도 한다. 하지만 "육신에 따른" 삶은 더 이상 바울의 진정한 정체성을 규정하지 않는다.

앞서 보았듯, 아주 빽빽한 내용이 담겨 있는 이 단락에서 우리는 "내 안의 그리스도"와 "그리스도 안의 나"라는 표현이 나란히 등장하는 것을 본다(처음에는 당황스럽게 보일 수도 있다). 바울은 "메시아 안에서 의롭다고 여김을 받았고"17절 이제는 "메시아가 내 안에 사신다"고 말한다.20절 다른 바울 서신, 특히 로마서 6-8장에서 이와 유사한 구절들을 찾을 수 있다. 일부 학자들(알베르트 슈바이처의 견해를 따르는 사람들)은 이 두 개의 표현을 기능적으로 동일한 것으로, 곧 "그리스도 신비주의"를 나타낸 것으로 본다. 하지만 바울은 이러한 학자들보다 더욱 정교하게 생각했다. 우리는 이 두 개념을 분리시켜 이해해야 한다. 그렇게 이해를 하고 나서 이 두 개념이 어떻게 함께 기능하는지 살펴보아야 한다.

먼저, "메시아 안에"in Messiah라는 표현을 살펴보자. 바울은 이 표현을 "내 안에 계신 메시아"Messiah in me라는 표현보다 훨씬 자주 사용한다. 바울 자신이 직면한 상황에 따라 표현을 달리 한 것일 수도 있지만 말이다. 갈라디아서 3:26-29처럼, 사람은 메시아 안에서into 세례를 받고, 마치 옷을 입는 것 같이 "그분을 입는다." 메시아를 "입은" 사람들은 "그분 안에서" 단일한 집단을 이룬다. 그리고 "그분에게 속한다." 이는 동일한 현상을 가리키는, 서로 연결된 표현들로 보인다. "메시아"는 예수 신자들의 정체성이 놓인 "장소"*locus*이다. 그분을 "메시아"라고 부르는 것은, 그분이 이스라엘을 위한 하나님의 계획의 성취이자 그분의 백성이 살아 움직이고 존재하는 기반이며 장소라는 의미를 지닌다. 그분은 이들의 정체성을 형성한다. 이들은 "메시아의 백성"이며, 고린도전서 1:13이나 12:12처럼(그리고 우리가 앞으로 보겠지만 갈라디아서 3:16에서도) 집합적 의미에서 심지어 그리스도*Christos*라고 불릴 수도 있다. 이것이 갈라디아서 2:15-21의 요지다. 우리는 **메시아 안에서** "의롭다"고 공표되길 추구한다.^{2:17} 이는 로마서나 빌립보서 3:9 같은 단락에서 바울이 동일한 주제를 두고 해설하는 것과 일치한다.

하지만 새로운 정체성은 옛 정체성의 중요성을 격하시키는 일을 수반한다. 이를테면 "버림"abandonment으로 표현할 수도 있겠다. 은유적 표현이긴 하지만 "옛 사람"(이 또한 로마서 6장에 나온다)의 "죽음"과 관련이 있기 때문이다. 하지만 "버림"이라는 단어는 바울이 여전히 자신을 유대인이라고 생각하고 있다는 사실을 간과할 위험이 있다. 바울은 "노예나 자유인이나, 남성이나 여성"이(라는 구분이) 없다고 선언하면서도,^{갈 3:28} 노예를 노예로, 자유인을 자유인으로 간주하고(예를 들어, 빌레몬서를 보라. 그리고 에베소서와 골로새서의 "가훈표"household codes를 보라), 남성과 여성도 남성과 여성 그대로 대하며 말한다(고린도전서 곳곳에서, 그리고 에베소서와 갈라디아서의 "가훈표"에서). "육신적"fleshly 삶(즉, 현재도 썩어가고 있으며 죄를 짓는 경향을 지닌 몸으로 사는 일상적 삶)이 끝나게 되었다는 말이 아니다. 요점은, "육신적" 삶이 더 이상 정체성을 규정하지 않는다는 점이다. 이것이 바로 베드로가 깨우쳐야 했던 교훈이다. "정체성"에 대해 많은 논의가 진행되는 오늘날의 사회 역시 이 점을 배워야 한다.

하지만 (예수 신자에게) "육신적" 존재 자체가 그저 껍데기에 불과한 것만은 아니다. 그 안에 새로운 생명과 에너지의 원천이 자리 잡았는데, 바울은 그것을 메시아 자신의 생명과 동일시한다. 그렇기에 그는 "내 안에 계신 메시아"라고 말할 수 있었다. "내 안에 계신 메시아"는 "메시아 안의 나"와 정확히 같은 의미는 아니지만 서로 긴밀하게 연관되어 있다. 바울은 종종 영 또는 메시아의 영이 자신 안에 사신다고 말한다. 로마서 7:4-6과 8:9-11이 이 의미를 탐구하는 데 도움을 준다. 영의 사역—혹은 바울의 표현으로 "메시아의 영으로 내 안에 사시는 메시아"the Messiah-living-in-me-by-his-Spirit—은 갈라디아서 4장과 5장에 더욱 두드러지게 나올 것이다.

이 내용을 우리는 다음과 같이 표현할 수 있겠다. "메시아 안에" 있는 사람은 또한 메시아, 곧 하나님 아들의 생생한 현존에 의해 **내면으로부터 탈바꿈된다**(이것은 적어도 이론적으로는 신분 문제와 분리해서 생각할 수 있는 주제다). 갈라디아서 4:6-7에서 보겠지만, 이것이 바울적 의미에서 진정한 '테오시스'(theōsis, "신처럼 됨, 신성화" 등으로 번역할 수 있다―옮긴이)의 시작이다. '테오시스'라는 주제를 다루려면 지금 논의하고 있는 내용보다 더 깊이 들어가야 한다. 이 구절에서 바울의 논점은 우리가 통상 "그리스도인의 체험"이라고 부르는 것이 아니지만, 그의 신학적 사고의 흐름이 생생하고도 충격적인 의미에서 살아 계신 메시아의 내적 현존을 전제하고 있다는 점을 주목해야 한다. 바울의 신학적 사고는 메시아가 인간 안에 현존하셔서 이끌고 인도하고 꾸짖고 촉구하신다는 사실을 전제하고 있다.

2:20b 20절 하반절은 "메시아 안의 나"와 "내 안의 메시아"라는 개념을 함께 묶는다. "메시아 안에"라는 개념이 여전히 지배적이긴 하지만 말

이다. "그리고 여전히 내가 육신 안에서 살아가는 이 삶은, 나를 사랑하시고 나를 위해서 자기 자신을 주신 하나님의 아들의 신실하심 안에서 내가 살아가는 것입니다." 둘째 절(우리말 번역으로는 첫째 절이다—옮긴이; 그분이 "나를 사랑하셨고 나를 위해 자신을 주셨다")는 첫째 절(우리말 번역으로는 둘째 절, "나는 하나님의 아들의 신실하심 안에서 산다")의 의미를 설명한다. 이 구절에서 예수가 "나를 위해서 자기 자신을 내어 주셨다"는 개념은 1:4a와 하나의 원을 이루면서, 바울이 갈라디아서 1장과 2장을 통해 이 최고조의 순간을 향해 차곡차곡 논증을 쌓아가고 있었음을 보여준다. 갈라디아서 도입부의 이의 제기에 이어진 자서전적 이야기, 그리고 베드로와 맞섰던 일까지, 이 모든 내용을 하나로 묶는 것은 "메시아의 사랑이 우리를 휘어잡는다"고후 5:14는 그 사실이다.

자기를 주신 메시아의 사랑에 관한 선언은 (청자에게) 감사에서 우러나는 사랑을 촉구하며 수사적 효과를 크게 더한다. 21절에서 볼 수 있듯, "현재의 악한 세대"가 요구했던 경계선을 유지하기 위해 메시아가 쏟으신 사랑을 무시하며 그분이 행하신 일을 업신여기는 것은, 메시아 사건을 통해 주어진 하나님의 은혜를 거절하는 것과 같다. 또한 바울이 사용한 복잡다단하게 압축된 표현과 암시적 표현을 이해하는 과정에서, 그것이 메마르고 딱딱한 논리가 아니라 사랑에 관한 사안임을 잊지 않는 것이 매우 중요하다. 이 사랑은 신명기가 말하고 이사야서가 찬양하는, 풍성하게 퍼부어진 사랑이자 이스라엘을 부르셨던 언약적 사랑이다. 이 언약적 사랑은 이제 오신 "하나님의 아들" 곧 자신 안에 이스라엘을 집약시킨 분, 이스라엘의 왕, 그 자신이 이스라엘의 하나님인 분이 이스라엘의 소명을 완수하기 위해 보이신 사랑이다. 갈라디아서 2장에는 가장 예리한 지성도 흥분시킬 순전한 논쟁이 존재한다. 하지만 그 속에 가장 완고한 마음도 녹여 낼 사랑 역시 존재한다는 사실을 보지 못한다면, 바울은 우리가 요점을 제대로 파악하지 못한 것이라고 말할 것이다.

바울이 예수를 "하나님의 아들"로 지칭하면서 이미 최고조에 달한 논증이 더욱 강화된다. 바울 서신에는 "하나님의 아들"이라는 표현이 드물게 나오지만, 나올 때마다 결정적으로 중요한 역할을 한다.[52] 구약에서 "하나님의 아들"이라는 표현은 종종 천사를 가리키거나 "천상 법정"heavenly court을 가리키고, 때로는 이스라엘(특히 출애굽기에서)을, 때로는 왕을 가리킨다(신약성경은 이러한 구절들을 빈번하게 인용한다). 특히 시편 2:7과 사무엘하 7:14을 떠올리게 되지만, 다윗의 아들을 하나님의 맏아들이라고 표현한 시편 89:26-27도 있다. 쿰란 문헌과 제2성전기의 다른 유대 문서들의 메시아 본문에서도 "하나님의 아들"이라는 표현이 반향되는 것을 알 수 있다. 이러한 예들로 인해 바울이 여기서 예수를 이스라엘의 메시아로 생각하며, 예수의 죽음을 이사야 40-55장에 기록된 종의 사역과 유사하게 이스라엘의 소명에 왕다운 신실함royal faithfulness을 보인 사건으로 생각했을 가능성이 높다. 이스라엘이 해내지 못했던 소명을 예수께서 이스라엘을 대표해 이루어 내셨다. 한편, 바울은 이 본문 및 다른 본문에서도 이스라엘의 하나님이 예수의 죽음과 함께 자기 자신을 내어 주셨음을 나타내기 위해 "하나님의 아들"이라는 표현을 쓰기도 한다.

로마서 5-8장에 "하나님의 아들"이 계속 나오는 것을 주의 깊게 보면 이 점을 입증할 수 있다. 바울 사고의 윤곽을 보여주는 단락의 절정 부분인 로마서 5:10에서 바울은 하나님의 아들의 죽음으로 인간이 하나

---

52   내 저서 *Interpreting Jesus: Essays on the Gospels* (London: SPCK; Grand Rapids: Zondervan, 2020), 261-78에 있는 소논문 "Son of God and Christian Origins"와 *Paul and the Faithfulness of God*, 690-701을 보라.

님과 화해를 이루게 되었다고 말하면서, 이것이 하나님이 죄인이었던 우리를 얼마나 사랑하셨는지 보여주는 증거라고 말한다. (물론 이 같은 주장은 "하나님의 아들"이라는 표현이 "하나님"과 예수를 완전히 동일시한다고 볼 때만 뜻이 통한다. "나는 너를 무척 사랑하기 때문에 너를 위해 죽을 [나와 다른] 누군가를 보낸다"는 말은 이해하기 어렵다.) 십자가에 대한 바울의 언급 중에 아마도 가장 중요하다고 볼 수 있는 구절이 이 점을 더 분명하게 보여준다. "하나님은 자기 아들을 죄된 육신과 같은 모습으로, 속죄제물로 보내셨고, 바로 그 육신에 죄를 정죄하셨습니다."롬 8:3 로마서 5-8장의 "종결부"coda에 이 내용이 다시 나온다. "하나님은 무엇보다도 자기 아들을 아끼지 않으셨습니다. 하나님은 우리 모두를 위하여 그분을 내어 주셨습니다!"8:32 갈라디아서에도 논증의 결정적인 지점에서 바울은 예수를 "하나님의 아들"로 언급한다. "하지만 때가 찬 시점이 왔을 때, 하나님이 자기 아들을 보내셔서 여자에게서 나게 하시고 율법 아래에 나게 하신 것은 율법 아래에 있는 사람들을 구속하시기 위해서, 우리가 아들들로 입양되기 위해서였습니다."갈 4:4-5

이 구절들을 관찰하면, 바울이 우리 눈에는 서로 다르게 보이는 생각의 가닥들이 그의 눈에는 하나로 합쳐진다는 점을 강조하기 위해 그가 "하나님의 아들"이라는 표현을 사용한 것으로 보인다. "하나님의 아들"은 이스라엘의 메시아, 곧 궁극의 적을 쳐부수고 성전을 회복하며 하나님이 창조하신 세상에 정의를 가져다줄 왕을 의미한다. 동시에, 바울이 예수를 "하나님의 아들"로 부른 것은 유일하신 이스라엘의 하나님이 예수 안에서 자신의 약속들을 성취하셨고, **예수라는 인물로** 직접 다시 오셨음을 뜻하며, 자기 백성을 위해 자기 자신을 내어 주심으로써 사랑과 은혜를 구체적으로 드러내셨음을 의미한다. 내가 아는 한 "하나님의 아들"이라는 표현을 통해 이러한 두 가지 역할과 두 가지 의미를 합친 예는 기독교 이전 문헌에서는 찾을 수 없다. 하지만 예수의 죽음 이후 20년이 지나기 전에 이미 두 개념의 결합이 그리스도인들에게 자연스럽게 받아들여진 것으로 보인다.

이 모든 내용이 "하나님의 아들의 신실하심"이라는 표현에 살을 붙여 주며, 결국은 "나를 사랑하셔서 나를 위해 자신을 내어 주신 분"으로 더 자세히 설명된다. 바울은 예수 안에서, 이스라엘의 유일하신 하나님의, 사람으로서의 자기 계시인 그분 안에서, 신명기와 시편, 이사야서에 약속된 신실한 언약적 사랑이 실현되는 것을 보았다. (바울은 자신의 논증을 전개할 때 신명기, 시편, 이사야서의 내용을 끌어올 것이다.)

그러므로 20절의 주요 논제는 바울이 있는 **장소**location라고 할 수 있다. 바울은 메시아 예수 "안으로 믿어", believed into, 갈 2:16 이제 메시아의 신실하심 **안**에 거한다. 이것이 그의 정체성이다. 여기서 그가 말하는 요지는 이를 강조한다. 메시아를 믿는 사람 모두, 특히 (이 단락에서는 구체적으로) 유대인 예수 추종자는 바울과 베드로와 같은 정체성을 가지고 있다. 유대인 예수 신자들은 오직 메시아 안에서만 진정한 이스라엘로서의 그들의 정체성을 찾을 수 있음을 알아야 한다. 예수를 믿는 메시아 백성을 다른 이들과 구별 짓는 것은 바로 그들의 '피스티스'pistis이고, 이제 그 이유가 제시되었다. 아주 후대에 발전한 "이신칭의"justification by faith 해석에 따르면 "믿음"이 중요한 이유는 믿음이 "행위가 아니다"라는 점, 곧 믿음이 "선한 도덕적 행동을 하는 것"과 다르다는 점에 있다. 다시 말해, 믿음은 사람이 자기 자신을 위해 어떤 것을 얻고자 노력하는 것이 아니라 하나님을 신뢰하는 것을 뜻한다. 때로 "믿음"은 "외적"outward인 것이 아니라 "내적"inward인 것이기 때문에 중요하다고 여겨졌다. 이러한 생각은 내적인 것이 "진짜"이고, 외적인 의례나 율법 준수는 불필요하거나 무의미하다는 플라톤적 전제를 바탕으로 한다. 반복하여 말하자면, 마음의 정결과 내적 진실함을 담은 예배가 아무리 중요하다 하더라도, 그것이 바울이 이 본문에서 말하는 논지는 아니다. 절대로! '피스티스'가 출신 민족과 상관없이 예수 추종자들로 새롭게 구성된 가공의 친족,fictive kinship 곧 교회의 일원임을 나타내는 **적절한** 이름표badge인 이유는, '피스티스'가 메시아 자신을 정의하는 특징이기 때문이다. 예수 추종자임을 나타내는 이름표는 '피스티스', 믿음, 신실함, 충성, 신뢰할 만함이다. 다음 장에서 바울은 진정한 아브라함의 가족을 규정하는 기준이 '피스티스'라는 점을 논증할 것이다.

하지만 이 '피스티스'는 예전의 그 어떤 피스티스와도 명백히 다르다. 로마 황제도 '피스티스'를 요구했다. 충성은 군대나 무역상들의 조합이나 마을 의회를 각각 하나로 묶는 접착제였다. 바울이 볼 때 가장 중요한 것은, 구체적이고 정확히 말해서 '피스티스 크리스투',pistis Christou 곧 메시아-믿음Messiah faith이었다. 다른 편지에서 바울은 "피스티스 크리스투"를 "예수를 일으키신 하나님을 믿음" 혹은 "예수를 주님으로 고백하고 하나님이 그분을 죽은 자들 가운데서 일으키셨음을 믿는 것"으로 설명한다.[53] 메시아는 이스라엘의 하나님이 언약적 신실하심, 곧 자비로운 사랑으로 이스라엘과 세상에 손 내미신 일을 대리 수행하는 대리자이기도 하다. 한편, 앞서 보았듯 우리에게 알려진 초기 유대 문헌 그 어디에도 메시아 대망이 구원을 위해 직접 돌아오실 야웨YHWH를 기다리는 소망과 결합된 모습은 나오지 않는다. 바울은 이 두 가지 소망이 문자 그대로 서로 완벽하게 맞아떨어진다고 보았다. 따라서 우리는 다음과 같은 결론을 내릴 수 있다. 바울은 "메시아 안에" 있다는 사람들을 하나님의 진정한 백성, 곧 확대되고 확장된 이스라엘로 여긴다. 또한 메시

---

53   롬 4:24-25; 10:9-10.

아가 "그들(하나님의 진정한 백성) 안에" 계신다는 바울의 사고는, 이스라엘의 하나님이 그분의 백성과 함께 거하시기 위해 예수로 육화하셔서 오셨고 이제 예루살렘 성전에 거한 하나님의 영광처럼 그들 안에 그의 영으로 거하신다는 것을 의미한다. 갈라디아서에서는 이 주제가 깊이 논의되지 않지만, 고린도전후서만 보아도 이 주제가 바울 사고의 핵심이었음을 알 수 있다.

그렇다면 이 단락 및 갈라디아서 편지 전체의 논증에서 19절과 20절은 어떤 역할을 하는가? **바울은 여기서 자신의 정체성을, 그리고 암시적으로 모든 유대인 메시아 신자들의 정체성을 하나님의 아들-사람**Son of God person**이자 메시아-사람**Messiah-person**으로 규정한다. 바울의 "믿음"**(예수가 주님이며 하나님이 예수를 죽은 자들 가운데서 일으키셨다)**은 그가 메시아 자신의 신실하심 "안에" 있음을 보여주는 이름표다.** 이 증표는 그가 예전에 소유했던 모든 "이름표들", 특히 할례를 상대화시킨다. 여기서 바울은 자신을 논증의 예시로 든다. 그의 자전적 이야기는 한편으로는 베드로와 바나바에게, 다른 한편으로는 갈라디아인들에게 메시지를 전할 수 있는 가장 예리한 방편이다. 즉, 이러한 일이 극단적 열심을 가졌던 유대인인 바울 자신에게도 일어났으므로 유대인 출신 신자들 모두에게도 해당된다는 주장이다. 이것이 유대인이 예수를 메시아로 믿을 때 일어나는 일이라면, 이방인이 토라를 준수하는 남성의 육신에 새겨진, 이제는 구식이 된 유대적 정체성을 가지려고 애쓸 필요가 없다. 최근 서양 학계에서는 포스트모던적 "정체성의 정치"에 발맞추어 "정체성"이라는 개념이 과하게 사용된다. 바울이 볼 때 정말로 중요한 정체성은 단 하나, 메시아로 구성되고 메시아에 속한 인간이다. 이미 강조했듯이, 이들이야말로 진정한 이스라엘인이자 진정한 '유다이오스'Ioudaios이다. 자기가 아닌 정체성에 이르려면 자신이 되기를 그만 멈추어야 한다. '크리스토 쉰에스타우로마이'(Christō synestaurōmai, 나는 그리스도와 함께 십자가 처형을 당했습니다).

이 논지는 2:15-21과 갈라디아서 1-2장을 바울이 의도한 (논의의) 절정으로 이끈다. 그들 자신이 메시아를 믿는 유대인인 바울과 베드로는 그들의 개인적, 사회문화적, 정치적, 신학적 신분이 '디카이오이'*dikaioi*라는 사실을 육신적 혈통에서 혹은 "토라의 행위들"을 지키는 데서 찾은 것이 아니라, 메시아와 그분의 신실하심 안에서 찾았으며, 그 신실하심에 그들 자신의 신실함으로 응답했다. 바꾸어 말하자면, 하나님의 백성은 메시아에 의해, 메시아를 중심으로, 메시아의 모습으로 철저하게 재정의되었다. 바울과 베드로는 "그분 안에" 있는 한, '디카이오이'*dikaioi*이다. 이러한 상황이, "현재의 악한 세대"의 관점에서는, 그리고 그 세대에 적합한 토라의 관점에서는, 이방인과 교제했다는 이유로 그들을 '하마르톨로이'*hamartōloi*처럼 보이게 만들더라도 말이다. 유대인 출신 그리스도교 지도자인 베드로와 바울의 대화를 들은 이방인들은 자신들 나름의 결론을 내려야만 했다. 바울은 갈라디아서의 나머지 부분에서 이방인 신자가 결론을 내리도록 도울 것이다.

2:21 2장의 마지막 구절이자 편지 전체의 논증을 여는 이 구절은 앞에서 다룬 복잡하고 정교한 요지들을 한데 모아 가장 간명한 표현으로 정리한다. 모든 내용이 다 신적 은혜에 관한 것이다. 바울의 생각 전체의 논리적 출발점, 특히 하나님의 백성을 어떻게 분간할 것인가라는 질문에 관한 그의 생각의 논리적 출발점은 언제나 예수 안에 나타난 하나님의 행동이다. 예수 안에 나타난 하나님의 행동은 특히 부활의 빛을 통해 해석된 예수의 죽음을 가리킨다. 1세기 무렵에 자신을 메시아라고 주장한 이들과 선지자라고 주장한 이들이 많았고, 이들의 활동은 대개 로마인 또는 경쟁 관계에 있는 유대인 그룹들에게 저지당했다. 하지

만 예수의 활동 이후에 생긴 일은 예수와 이들 사이에 큰 차이가 있음을 보여준다. 하나님은 예수를 죽은 자들 가운데서 일으키셔서 **예수의 죽음이 단지 끔찍하고 무의미한 죽임 당함이 아니라 자신을 내어 주신 놀라운 사랑임을 보이셨다.** 따라서 예수의 죽음 가운데 하나님이 일하셨다는 사실을 중심으로 모든 것을 다시 생각해야 한다. 그럼에도 베드로나 바나바나 어떤 유대인이든 토라와 유대 민족을 정의하는 "행위들"을 통해 '디카이오이'^{dikaioi}가 될 수 있다고 주장한다면, 그들은 은혜 자체를 업신여기는 잘못을 범하고 있다고 비난받아야 한다. **나는 하나님의 은혜를 무시하지 않는다. 만일 "의로움"이 율법을 통해 온다면, 그리스도는 헛되게 죽으신 것이다.** 누군가 토라를 준수하는 유대인이 됨으로써 '디카이오스'^{dikaios}가 될 수 있다면 십자가에서 처형당하신 메시아가 필요할 이유가 없다. 하지만 하나님이 십자가 처형을 당한 메시아를 주셨으므로 모든 것은 근본적으로 철저히 재정의되어야 한다. 여기서 '디카이오쉬네'^{dikaiosynē}는 하나님의 백성이라는 신분, 곧 "언약 구성원 자격/신분"^{covenant membership}을 의미한다. 바울은 3장과 4장에서 이 점을 보다 자세히 설명할 것이다. 그는 모든 메시아의 백성이 '디카이오이'^{dikaioi}로 간주되어야 하는 이유를 곧 설명할 것이다. 하지만 이 단락 전체에서 바울이 말하고자 하는 요지는 이것이다. 즉, 유대 민족은 물론 유대인 출신 예수 신자도 조상 대대로 전해진 전통 관습과 율법으로는 하나님의 백성이라고 정의될 수 없다.

이 장에서 바울은 갈라디아인들이 직면한 문제를 직접 다루지 않았다. 그는 베드로에 맞섰던 짧은 이야기를 통해 메시아의 신실한 죽음이 유일한 출발점이자 하나님 백성의 일원이 되는 유일한 버팀목이라는 사실을 설명했다. 하지만 갈라디아인들은 바울이 베드로에게 했던 말을 들으면서 바울이 말하고자 하는 요지를 알아챘을 것이다. 갈라디아인들에게 할례를 받아야 한다고 말한 (바울과 경쟁 관계에 있던) 교사들은 안디옥에서 베드로 및 다른 유대인 신자들이 이방인 신자들과 스스로를 분리하면서 견지했던 견해와 같은 입장을 가지고 있었다. 여기서 바울은 그들이 취했던, 한때 너무나 견고하고 탄탄하게 보였던 견해의 근거가 무너졌음을 보여준다. 그들의 견해는 빈껍데기일 뿐이며, 안전하게 서 있을 장소가 아니다. 이제 바울은 갈라디아인들을 향해 직접 말하면서 이 주장의 긍정적 표현을 제시한다. 갈라디아인들은 세례와 믿음/신실함faith(fulness)으로 이미 메시아의 백성이 되었으므로 이미 '디카이오이'dikaioi이며 하나님의 백성에 속한 온전한 구성원이다.

바울은 베드로와의 논쟁에서 이겼는가? 바울이 논쟁에서 졌다는 견해를 토대로 (19세기 바우어F. C. Baur를 주축으로 한) 일군의 학파가 생겨났다. 이 견해에 따르면, 바울은 후대에 **"이방 그리스도교"**로 불린 것의 창설자로, 베드로는 **"유대 그리스도교"**의 대표 인물이 되었다.[54] 우리가 이런 헤겔식 허구를 거부할 때도(마땅히 거부해야겠지만), 만약 [안디옥에서] 베드로와 다른 유대인 신자들이 바울의 주장을 즉각 받아들였다면, 여기서 바울이 갈라디아서 2:9과 같은 이야기를 하면서 베드로가 복음의 진리에 관한 바울 자신의 해석에 지금은 동의한다고 확인해 주었을 것이라고 볼 수 있다.[55] 바울은 혼란에 빠진 갈라디아인들에게 최근 안디옥에서 발생했던 충돌에 대해 이야기하면서 복음이 일으킨 사건의 내적 논리가 사람들이 그 결과를 받아들이든 아니든, 시대를 막론하고 그 자체로 옳다고 굳게 믿었다.

---

54   내 책 *Paul and His Recent Interpreters*, 1장을 보라.
55   드실바deSilva는 *The Letter to the Galatians*, 209에서 (안디옥 사건) 이후에야, 특히 예루살렘 공의회에서야 관계가 회복되었다고 주장한다.

결론

이 모든 것은 편지의 나머지 부분을 통해 이해될 것이다. 하지만 1세기 갈라디아 및 21세기의 교회와 세상에서 "그리스도인으로 빚어감"이라는 방대한 문제를 염두에 두고, 이 장의 결론으로 간략하게 다섯 가지 요지를 말하고자 한다.

첫째, 갈라디아서 1장과 2장 전체에서 2:15-21이 차지하는 위치에 관한 내용이다. 갈라디아서 2:15-21은 편지 도입부인 1:1-5과 괄목할 만한 인클루시오(inclusio, 일종의 수미상관—옮긴이)를 이룬다. 내가 보기에 이 특징은 대체로 주목받지 못했다. 각 단락의 주요 주제는 **은혜**다. 은혜는 하나님이 메시아 안에서 행하신 일이며, 하나님이 행하신 이 일은 세상 전체와 하나님의 백성을 재정의했다. "자신을 내어 주신 하나님의 아들"이라는 2:20의 표현은 1:4의 "예수께서 자신을 주신" 행동과 꼭 들어맞으며, 둘 다 하나님의 목적을 수행한 일이다. 말하자면, 단지 다른 누군가를 위한 하나님의 목적뿐만 아니라 하나님의 두 번째 자아를 위한 하나님의 목적을 위해 수행된 일이다. 이러한 수미상관 구조 안에서 2:15-21은 [하나님의 백성 가운데] "이방인 신자를 포함시키는" 것뿐만 아니라(물론 이 주제도 암시적으로 포함되어 있다. 특히 17절에서) **메시아를 통한 재정의**에 대해 말하고 있다. 즉, 예수의 십자가와 부활은 누가 진정한 하나님의 백성인지를 다시 정의했다. 그리고 이 재정의는 바울이 "복음의 진리"라고 부른 것의 밑바탕이 되었으니, 곧 새로운 집합적인 인간적, 사회적, 준정치적 정체성이 창조되었고, 그 정체성 내부에는 새로운 유형의 인간적 삶, 순전한 감사에 기반을 둔 삶이 창조되었는데, 그 삶 속에는 새로운 존재와 새로운 능력, 새로운 인격이 집을 짓는다. "그러나 나는 살아 있습니다. 하지만 (그것은) 더 이상 내가 아니라 내 안에 사시는 메시아입니다." 오랫동안 영성운동과 경건주의 운동에서 이 구절이 그토록 중요했던 데에는 그럴 만한 이유가 있다. 또한 바울이 그랬듯이, 이 점을 제대로 강조하는 것이 새로운 공동체에 관한 선언 및 새 공동체에 수반되는 위험과 의무라는 틀 안에서 표현된 데에도 마찬가지로 타당한 이유가 있다. 메시아의 죽음은 토라가 열심을 지닌 유대인에게 조차, 아니 정확히 말하면 열심을 가진 유대인에게 더 이상 [이방인과 유대인을 나누는] 경계의 표지가 될 수 없음을 보여준다. 메시아의 부활은 "메시아 안에" 있는 모든 사람이 메시아의 믿음/신실하심을 공유함으로써 보여주고 그로써 다른 이들도 알아보게 된, 새로운 생명, 메시아적 생명을 소유하고 있음을 뜻한다. 이러한 맥락에서 "칭의"는 (믿음이 극적으로 표현되고 명료하게 고백되는 사건인) 세례식에서 선포된 내용, 곧 하나님이 메시아의 믿음과 신실하심으로 생겨난 백성을 '디카이오이'^{dikaioi}라고 공표(선언)하심을 뜻한다. 그러므로 누군가가 다시금 경계를 긋는 "토라의 행위들"로 '디카이오스'^{dikaios}라는 신분을 얻으려 한다면, 그 사람은 '아디코스'^{adikos}, 더 구체적으로 말하면 '파라바테스'^{parabatēs}가 된다. 갈라디아서 2:15-21은 바울이 지금까지 말한 내용 중에서 예리하지만 충분히 설명이 제공되지 않은 모든 것의 깊은 구조적 차원의 신학적 이유를 마침내 밝힌다. "복음의 진리"는 십자가 처형을 당하고 살아나신 메시아에 대한 진리이며, "메시아 안에" 있는 하나님의 백성 및 그 가족 구성원에 대한 완전히 새로운 재정의다.

둘째, 테레사 모건$^{Teresa\ Morgan}$이 상세히 보여주었듯, 이 모든 논지는 그리스-로마 시대를 배경으로 할 때 아주 잘 들어맞는다. 이 점을 양방향으로 표현할 수 있다. (a) 1세기 헬레니즘의 영향을 받은 문서 중에서 '디카이오쉬네'^{dikaiosynē}와 '피스티스'^{pistis}를 동시에 언급하는 본문은 십중팔구 사회정치적 집단이나 사회의 근간, 유지, 정의^{definition}를 다루고 있을 것이라고 예상할 수 있다. (b) 역으로, 어떤 공동체의 사회문화적, 정치적 토대와 발생과 유지를 다루는 것으로 보이는 고대 문서에는 '피스티스'pistis 와 '디카이오쉬네'dikaiosynē라는 용어가 나올 것임을 기대할 수 있다. (우리가 갈라디아서 1:1-2:14을 읽을 때도 이와 같은 기대와 예상을 해야 한다!) 실제로도 그렇다. 다시 말해, 지금까지 살펴본 갈라디아서 본문은 "사람이 어떻게 구원을 받는가"라는 주제를 다루는 것이 아니다. 구원이라는 주제는 바울에게 매우 중요하지만, 갈라디아서의 주제는 아니다. 바울은 여기서 "내적" 믿음을 "외적" 행위와 대조시켜 말하지 않는다. 바울은 사람이 믿음으로 의롭다 여겨진 뒤에도 어떤 행위나 종교적 의례를 덧붙일 필요가 있다는 주장에 맞서서 경고를 하는 것이 아니다. 그런 시각은 시대착오적인 왜곡에 불과하다. 바울의 사고는 제2성전기 유대교에 뿌리를 둔다. 제2성전기 유대교에서 중요한 주제는 지금 현재 누가 '디카이오이'dikaioi이고 누가 '하마르톨로이'hamartōloi인지, 그리고 누가 타협하는 자, 곧 "사람을 기쁘게 하는 자"people-pleasers인지를 규정하는 것이었다. 이제 이러한 내용들을 정합적으로 이해할 수 있다. 이 내용은 오늘날 예수를 따르는 공동체의 소명을 이해하는 데에도 매우 중요하다.

셋째, 우리 시대 교회는 유대인과의 관계에 대해 지나칠 정도로 고민해 왔다. 홀로코스트에 대한 끝없는 죄책감으로 인해—홀로코스트의 책임이 어느 정도는 분명 유대교에 대한 교회의 반감에 있었음을 인정하더라도, 그보다는 서양 사회 전체에 퍼진 새로운 이교적 세력neo-pagan forces에 훨씬 큰 책임이 있었다는 점을 아무리 받아들인다고 한들—갈라디아서 전체, 특히 2:11-21에 대해 주석적, 신학적으로 해야 할 말을 하는 데 더 큰 어려움을 느끼게 되었다. 나는 이 단락이 1세기 유대인의 사고와 문화 안에서 예수가 메시아라는 의미가 무엇인지를 다루고 있다는 점을 강조하고 또 강조한다. 예수가 이스라엘의 메시아였거나(따라서 지금도 여전히 메시아이거나), 이스라엘의 메시아가 아니었거나/아니거나, 이 둘 중 하나만이 진실이다. 앞서 보았듯, 그리스도교 전통을 플라톤적으로 만드는 경향이 강해지면서 마치 유대인의 메시아와 그리스도인의 메시아라는 두 명의 "메시아들"이 있는 것처럼 생각하는 경향이 커졌지만, 실제 두 명의 메시아들이 존재하는 것은 아니다.[56] 예수가 메시아였고 지금도 여전히 메시아라면, 이스라엘과 온 세상을 위한 하나님의 목표는 예수와 함께 정점에 도달했으며, 세상 안에 있는, 세상을 위한 하나님의 백성은 예수를 중심으로 구성된다. 이는 하나님이 정말 아브라함을 부르셨고 이스라엘 백성에게 소명을 주셨다는 사실을 **확언**하며, 히브리 성경과 그 안에 포함된 약속들이 하나님이 주신 권위 있는 것임을 **확언**하는 것이다. 즉, 마르키온주의와 반대다. 유대 민족이 고대하는 "자유"를 다소의 사울이 갈망했던 것보다 더 깊고 새로운 차원에서 **확언**하는 것이다.[57] 이는 예수를 따르는 공동체의 정체성이 토라와 예언서와 성문서에 나온 약속들에 뿌리박고 있음을 **확언**한다. 이는 교회의 정체성이 이스라엘을 정체성을 대체하는 것이 아님을 **확언**한다. 예수의 공생애 전후 이백 년 또는 삼백 년 간 일어났던 다양한 유대 운동들이 모두 어떤 식으로든 자기 집단을 규정하는 경계선을 새롭게 세웠다는 것과 같은 의미만 제외하면 말이다. 이러한 의미에서는 쿰란 공동체도 분명히 "대체주의자들"supersessionist의 운동이었다. 바르 코크바 Bar Kokhba 봉기도 하나님이 시므온 벤 코시바 Simeon ben Kosiba를 메시아로 높이셨다고 주장하며 모든 유대인에게 자신들과 함께하지 않으면 진정한 유대인

---

56 Novenson, *The Grammar of Messianism*, 5장.
57 Keener, *Galatians*, New Cambridge Bible Commentary, 71에서 이 점에 대해 바르게 말했다.

집단에서 제외된다고 말했으므로 대체주의적 운동이라고 할 수 있다. 미쉬나를 한데 엮은 것 또한 대체주의적 행동이었는데, 왜냐하면 특정한 공동체를 중심으로, 그리고 힐렐과 샴마이와 그 후계자들의 전통을 잇는다고 주장하는 특정 경전 해석 방식을 중심으로 경계선을 긋고는, 이스라엘을 파멸을 초래하는 "묵시적"인 "하나님 나라"에 대한 사변과 운동으로 오도했던 사람들을 배제했기 때문이다(이들 중 일부는 스스로를 당대에 샴마이를 따르는 바리새인으로 여겼을 가능성이 있지만 말이다).[58] 미쉬나 편찬은 또한 다른 유대인 그룹, 특히 사두개인도 배제했는데, 미쉬나 편찬 당시 사두개인들이 더 이상 존재하지 않기 때문만은 아니다. 이러한 의미에서, 그리고 오직 이 의미에서만 처음 예수를 따랐던 이들이 "대체주의적" 운동을 구성했다고 말할 수 있으니, 그들은 그들이 주장하는 바로 그 방식으로 이스라엘의 하나님이 자신의 약속들을 성취하셨다고 선언했다.[59] 그런데 그들은 일관되게 자신들의 견해가 우월하다고 주장했다. 즉 하나님께서 유대인의 온전한 기대의 성취로 자신의 메시아를 보내셨고, 그를 죽은 자 가운데서 일으키심으로써 모든 이스라엘을 위해 하시겠다고 약속하신 것을 한 사람 안에서 실현하셨으니, 그럼으로써 하나님은 이스라엘 선지자들의 예언을 성취하신 것이며, 특히 (바울이 갈라디아서 3장과 4장에서 설명하듯이) 아브라함에게 주신 약속을 이행하신 것이다. 하나님은 심지어 토라를 준수할 수 있는 새로운 길을 보여주셨다(바울은 이 내용을 갈라디아서 5장에서 다룬다). 바울이 아무리 유대 전통의 범주들을 재고했다rethought 하더라도, 그 범주

58　내 책 *The New Testament and the People of God*, 190-94을 보라.

59　J. D. Levenson, *The Death and Resurrection of the Beloved Son : The Transformation of Child Sacrifice in Judaism and Christianity* (New Haven: Yale University Press, 1993), x. 내 저서 *Paul and the Faithfulness of God*, 1415을 보라.

들은 여전히 유대적이었다. 유대인들의 신앙과 삶에 대한 전통적 범주들을 통해 사고한 것이다. 사람들이 보통 "대체주의"에 대해 말할 때는, "유대교"에서 분리되어 유대교의 자리를 대체한 어떤 운동을 가리킨다(이방인으로만 구성된 운동 또는 반유대교 운동 같은 것 말이다). 하지만 바울은 전혀 그런 의도를 가지지 않았다. 그는 이러한 의미의 대체주의를 받아들이려는 사람들을 보았을 때 지체 없이 엄중한 질책을 했다.[60]

넷째, 우리 시대에 교회와 개인의 빚어감formation에 이 모든 내용이 결정적으로 중요한 이유가 하나 더 있다. 출신 배경이나 조상이나 지역 문화와 상관없이 모든 예수 추종자가 **일치**를 이루어야 한다는 긴 논증을 담고 있다는 점에서, 갈라디아서는 그 무엇보다 **에큐메니컬**(교회일치적) 문서다. 바울은 교회가 유대인 출신 신자들끼리의 교제와 이방인 신자들끼리의 교제, 곧 각 민족에 따라 나누어질 위험에 처해 있다는 사실을 이미 알고 있었다. 그는 자신이 쓴 모든 편지에서 이러한 생각을 강력히 거부했다. 현대 서구 세계에서 살고 있는 우리가 교회의 분열을 대수롭지 않게 여기거나, 유일하게 참된 교회임을 자처하는 것들을 세운다고 하면서도 문제가 여전하다는 사실은 우리가 바울의 목소리를 경청하는 데 완전히 실패했음을 보여준다. 바울 신학을 바라보는 관점은 자주 역사적 맥락에서 벗어났다. "천국 가기"만을 추구하고 실제 역사 속의 삶에 대해 걱정하지 않으면서, 플라톤적 체계를 지닌 구원론을 끌어왔다. 16세기에 만들어진 범주들을 1세기에 투영할 수 있다고 믿은 나머지, 바울이 직면했던 실제 상황을 역사학적으로 재구성하는 작업을 하지 않았다. 이렇게 현대적이고 탈역사화된 의미에서 "믿음으로 의롭다 여김"을 받으려는 우리의 열망—그리고 "확신"을 얻고자 하는 열

---

60 롬 11:11-32.

망 가운데, "행위들"로 오염시켜서는 안 되는 최초의 "믿음"을 "영접 기도" 등을 통해 표현했으므로 도덕적 행위는 중요한 사안이 아니라는 생각— 때문에, "이신칭의"가 전통적 교단들이 모두 동의에 이를 수 있는 "교리"가 아니라, **예수를 믿는 사람이라면** 출신 민족이나 문화나 도덕적 배경과 상관없이 **누구나 한자리에서 식사를 나눌 수 있음**을 선언한 교리라는 점에 주목하지 못했다. 교회 일치를 위한 다양한 운동이 20세기에 세계 곳곳에서 큰 발전을 이루었다. 그러나 이 운동들은 교회의 기본 헌장인 신약성경 안에 가장 강력한 에큐메니컬 논지를 담고 있는 편지인 갈라디아서(현존하는 최초의 그리스도교 문서임이 거의 확실한)가 있다는 사실을 깨닫지 못한 채, 대개 활동적인 측면에 노력을 기울였다. 메시아의 죽음과 부활, 그리고 모든 신자가 메시아 안으로 연합된다는 사실만큼 확실한 것이 없다. 바울이 다음 장에서 말하는 것처럼, "여러분은 모두 메시아 예수 안에서 하나입니다."

이제 다섯 번째이자 마지막 함의에 대해 명료하게 말하려 한다. 사람들이 로마에 소개하려고 애썼던 종교 제의^{cult}가 여럿 있었다. 이 종교 제의들은 지역 신에게 예배드리는 것을 거부하고, 자기들끼리 모여 다른 예배를 드리며 색다른 공동체를 구성했다. '디카이오쉬네'^{dikaiosynē}와 '피스티스'^{pistis}라는 용어를 이러한 취지로 사용하면서 말이다.[61] 이 같은 행동은 분명히 전복적인 것으로 보였을 것이다. 바울 공동체 역시, 필요한 부분만 약간 수정하여,$^{mutatis\ mutandis}$ 꼭 같은 행동을 했다. 바울이 갈라디아서를 통해 하고 있는 바와 같이 교회를 올바르게 구성한다는 것은, 수많은 나라와 족속으로 이루어진 메시아 백성이 유일하신 주님께 충성하고 유일하신 하나님께 다 함께 경배드림으로 기존 질서에 도전하

---

[61] 새로운 종교 제의의 도입에 대해서는 *Paul and the Faithfulness of God*, 4장을 보라.

는 길을 닦는 일이다.

외부인들도 그렇게 보았을 것이다. 그 때문에 바울의 메시지가 정착된 곳 대부분에서 박해가 일어났다. 흥미롭게도 모든 곳에서 박해가 있었던 것은 아니지만 말이다. 아직 온전한 형태를 갖추지 못한 작은 공동체들이 그들의 존재 자체 때문에 가해지는 위험에서 벗어나는 단 한 가지 방법은 유대인이 이방 신들에게 예배드리는 것을 면제해 주고 유대인의 신만 예배할 수 있게 한 로마의 공식적 승인이 자신들에게도 해당된다고 주장하는 것이었다. 사도행전 18장에 따르면, 고린도에서 이러한 일이 벌어졌다. 하지만 다른 곳의 그리스도인들은 이 같은 주장을 하지 않았다. 나는 이것이 갈라디아 교회에서 생긴 문제의 핵심이라고 본다. 메시아의 믿음/신실하심으로 생겨난 공동체의 존재 자체와 그 공동체가 유대인의 특권을 누릴 수 있다는 주장(그리고 언약적 의 *dikaiosynē*를 소유하고 있다는 주장)에 지역의 유대인 그룹들은 물론 아마도 예수를 믿는 유대인 그룹들까지도 분명 불안을 느꼈을 것이다. 서구 세계만이 아니라 전 세계 모든 교회에서 이와 유사한 상황이 어떤 것들이 있는지 탐구하는 것도 흥미로운 일일 것 같다.

그렇다면 이 같은 논쟁에서 가장 중요한 질문은, "누가 정말 진정한 아브라함의 자손인가"이다. 바울은 갈라디아서 3장에서 이 주제를 다룬다.

· · ·

이 중요한 단락을 뒤로하고 다음 장으로 넘어가기 전에, 바울의 격렬한 수사적 글을 오늘날의 교회라는 맥락에서 어떻게 읽어야 하는지에 대해 숙고해야 할 것 같다. 이 본문의 해석자는 무엇을 해야 할지 모른 채 막막함을 느낄 수도 있다. 내 분석이 맞다고 하더라도, 우리 시대에는 바울 학자나 교회의 설교자 가운데 메시아의 죽음과 부활이 유대적 정체성에 끼친 결과에 대해 알아야 할 유대인이 거의 없기 때문이다. 바울이 한 말의 원래 의미를 "듣고", 바울의 구체적 관심사를 일반적인 권유로 성급하게 "해석"translation하려 들지 않는 것이 중요하다.

하지만 바울 자신은 다른 곳에서 해석학적 열쇠를 제시한다. 요한복음 20:21에서 예수께서 제자들에게 "아버지께서 나를 보내신 것같이, 나도 너희를 보낸다"라고 말씀하신 것과 똑같은 방식으로, 바울은 적어도 한 번 이상은 "내가 메시아를 위하여 내 특권에 연연하지 않는 법을 배운 것같이 여러분도 그래야 합니다"라는 의미의 말을 했다. 이 내용을 담은 긴 가르침은 고린도전서 9장에서 바울이 사도라는 자신의 신분을 논증에 사용하고, 복음을 위해 자기 권리를 포기한다는 것이 무엇인지 고린도 교회에 가르치기 위해 사도라는 신분에 따른 권리 행사를 자신이 거부했다는 사실을 설명할 때 나온다. 이 경우 고린도 신자들이 포기해야 할 "권리"는 시장에서 산 음식을 가리지 않고 먹을 권리를 가리킨다(바울은 "강한 자들"에게 말하고 있다). 그들이 시장의 음식을 먹는 것이 약한 양심을 가진 이를 걸려 넘어지게 만들어 우상숭배를 하게 한다면, 그 권리를 기꺼이 포기할 수 있어야 한다. 바울은 사도이고 그들은 사도가 아니지만, 바울은 이런 식으로 자신이 말한 원칙을 상황에 맞게 "해석"하여 사용할 수 있었다. 마찬가지로 빌립보서 3장에서 바울은 특별한 열심을 가진 유대인이라는 신분을 표현하는 모든 상징을 열거한 뒤, 메시아를 얻기 위해 그 모든 것을 쓰레기 더미로 여긴다고 말한다. 그러고는 "나를 따라 행동하십시오"라고 말한다. 어떤 면에서 이는 빌립보 신자들이 할 수 없는 일이었다. 그들은 유대인이 아니었기 때문이다. 바울의 옛 모습이었던 엄격하고 열심을 지닌 유대인과는 거리가 멀었다. 그러나 그들 역시 신분과 사회적, 시민적civic 지위에 따라오는 자부심과 자랑에 연연하지 않는 법을 배워야 했다.

이 갈라디아서 본문에서 바울은 갈라디아인들에게 도움을 주기 위해 자신이 베드로에게 "메시아 안"으로 들어온 유대인에게 무슨 일이 벌어졌는지에 대해 했던 말을 간추려 말하고 있다. 그렇다고 해서 이 본문이 유대인 출신 예수 신자를 제외한 다른 모든 이에게는 아무 의미가 없다는 말은 아니다. 로마서 6장에서 알 수 있듯이, 바울이 이 갈라디아서 본문에서 자기에 관해 말한 내용은 세례받은 모든 그리스도인에 대해 말한 것이기도 하다. 여러분은 죄에 대해 죽었고, 이제는 부활이라는 기반 위에 서 있으며, 율법 아래 있지 않다. 여러분이 전에 유대인이었다면, 지금은 온전히 실현된fulfilled 유대인이다. 그러나 이러한 실현은 메시아의 십자가와 부활을 통해 이루어졌고, 여러분은 더 이상 토라 아래 있지 않다. 여러분이 전에 이방인이었다면, 지금은 메시아의 가족에 속한 사람이며, 십자가와 부활이 여러분의 삶의 특징이 되었다.……그리고 여러분도 스스로를 토라 아래 두지 말아야 한다. 유대인 출신 예수 추종자도 토라(의 지배) "아래에서 빠져나왔다."

이와 같은 변화가 발생했지만, "율법" 즉 유대인의 토라를 일반 도덕률(이방인들이 예나 지금이나 알 수도 있고 모를 수도 있는 도덕 법칙)과 섣불리 동일시하지는 말아야 한다. 이 문제는 로마서 1장과 2장을 둘러싼 복잡한 논쟁과 맞닿아 있다. 바울은 이방인들이 실제로 기본적인 도덕에 대한 감각을 가지고 있다고 분명히 말한다. 이방인들의 도덕성이 우상숭배자나 의롭지 않은 자가 되는 것을 막아주지는 않더라도 말이다.롬 1:18 지나치게 성급하게 일반화해서 읽을 때 생기는 문제는, 예나 지금이나 율법과 규칙이 필요 없다는 입장으로 빠진다는 것이다. 갈라디아서 5장과 6장을 쓴 바울이 보면 질겁할 만한 현상이다. (나를 포함한) 이방인 출신 신자들은 "내가 율법을 통하여 율법에 대하여 죽었습니다"라는 구절을 장엄한 출애굽기와 시내산의 불을 떠올리며 두려움과 떨림으로 읽어야 한다. "우리는 율법 아래 있지 않다"는 말은 일반적 의미의 도덕성을 쓸모없다고 거부하는 것이 아니다. 하나님이 주신 전통 전체의 지배에서 빠져나와 메시아를 부활한 주님으로 얻기 위해서 메시아의 죽음을 공유한다는 말이다. 부활하신 주님 안의 윤리 기준은 갈라디아서 5장에 나와 있듯 훨씬 엄격하지만, 그렇더라도 십자가에 근거해서 그리고 성령이 주시는 능력 안에서 실행할 수 있다. 이러한 해석학적 작업을 할 때, 수많은 유대인에게는 오순절이 토라를 수여받은 사건을 기념하는 축일이었음을 잊지 말아야 한다. 토라는 유대 민족이 성막을 지닌 백성, 곧 살아 계신 하나님이 오셔서 거하시는 가족의 모습으로 빚어지기 위해 주어졌다. 예수의 죽음과 부활, 그리고 성령의 은사도 살아 계신 동일한 하나님이 오셔서 그 안에 거하실 수 있는 백성으로 신자들의 모습이 빚어지도록 순전한 은혜로 주어졌다. 단지 우리 자신과 우리 행동을 변혁시키기 위해서만이 아니라, 바울이 갈라디아서 1:16에서 자기에 대해 말한 것처럼, "내 안에" 하나님의 아들을 나타내 보이시기 위해서unveil 주어진 것이다. "토라가 할 수 없는 것"이 바로 이것이다. 토라의 무능은 토라 자체가 잘못되었기 때문이 아니라 인간의 연약함에서 비롯된 것이지만 말이다. 토라의 지배에서 빠져나오는 것이 의무와 책임에서 자유롭게 되었음을 뜻하지는 않는다. 토라의 지배에서 벗어났다는 의미는 토라가 늘 가리켜 온 것, 곧 살아 계신 하나님이 그분의 아들의 백성 안에서 백성과 함께 거하시는 것을 실현시키는 백성이 되는 것을 뜻한다.

이 마지막 단락의 중심 요지는 오랫동안 수많은 예수 추종자들의 기반이 되어 왔다. "내가 지금 육신 안에서 살아가는 이 삶은, 나를 사랑하셔서 나를 위해 자기 자신을 내어 주신 하나님의 아들의 신실하심 안에서 내가 살아가는 것입니다." 참으로 예수의 모습을 닮은 설교와 목회가 일어날 때마다, 신실하게 자기를 내어 주신 예수의 죽음이 그 활동을 밀어주고 끌어주는 힘이 될 것이다. (그에 응답하는 사랑을 불러일으키는) 십자가 위에서 쏟으신 사랑은 예수 추종자들의 개인적 삶을 빚어가는 데 있어서도, 또한 (더욱 어려운 과제인) 하나님의 아들을 부르며 그를 따르고자 하는 공동체적 삶을 빚어가는 데 있어서도 핵심적인 역할을 계속 담당할 것이다. 이 점은 빌립보서 2:1-18과 직결된다. "하나님과 [언제나] 동일하신" 분이 자기를 내어 주신 사랑은 공동체에 세상이 이제껏 보지 못했던 모델을 제시하며 동기를 부여한다. 안타깝게도 오늘날 세계에서 교회에 대해 고민하는 많은 이들이 이 점을 보지 못하고 있다.

갈라디아서 3:1-14

본문 사역

¹ 어리석은 갈라디아인들이여! 누가 여러분에게 주술을 걸었습니까? 바로 여러분의 눈앞에 십자가에 달리신 메시아 예수가 묘사되어 있습니다! ² 여러분에게 알고 싶은 게 딱 하나 있습니다. 여러분은 토라의 행위들을 실천함으로 성령을 받았습니까, 아니면 듣고 믿음으로 받았습니까? ³ 여러분은 정말 어리석습니다. 성령으로 시작했는데 이제 와서 육신으로 끝을 맺겠다고요? ⁴ 여러분이 그토록 고통받았던 것은 헛된 것이란 말입니까? 정말로 그것이 헛된 것입니까? ⁵ 여러분에게 성령을 주시고 여러분 가운데서 강력한 일들을 행하시는 분, 그분이 그러한 일을 여러분이 토라를 지켜서 행하십니까, 아니면 여러분이 듣고 믿어서 행하십니까?

⁶ 아브라함과 마찬가지입니다. "그가 하나님을 믿었고, 그것이 그에게 의로움으로 간주되었다." ⁷ 그러므로 여러분도 믿음의 백성이 아브라함의 자손임을 알고 있습니다. ⁸ 성경은 하나님이 민족들을 믿음으로 의롭게 하시리라는 것을 내다보았고, 그래서 아브라함에게 먼저 복음을 선포하며 "민족들이 네 안에서 복을 받으리라"고 선언했습니다. ⁹ 그러니 보세요. 믿음의 백성은 신실한 아브라함과 함께 복을 받습니다.

¹⁰ 알다시피 "율법의 행위" 진영에 속한 사람들은 저주 아래 있기 때문입니다! 네, 바로 성경이 말한 대로요. "율법책에 기록된 모든 것을 철저하게 행하지 않는 이는 모두 저주를 받으리라." ¹¹ 그러나 하나님 앞에서 그 누구도 율법으로 의롭다고 여겨지지 않

으므로, "의로운 자는 믿음으로 살 것이다"라는 점은 분명합니다. [12] 하지만 율법은 믿음에서 난 것이 아닙니다. 오히려 "율법을 행하는 이는 율법으로 살 것입니다."
[13] 메시아는 우리를 위해 저주가 되셔서 우리를 율법의 저주에서 구속하셨습니다. 성경이 말한대로요. "나무에 매달린 자는 누구든지 저주받았다." [14] 이는 왕이신 예수 안에서 아브라함의 복이 모든 민족에게 흘러가게 하고 또 우리가 믿음을 통해 성령의 약속을 받게 하시려는 것이었습니다.

서론

이제 갈라디아서의 핵심부로 진입한다. 주석가들은 이 단락이 3:1에서 시작한다는 데 동의하지만, 끝나는 지점에 대해서는 의견을 달리한다. 하지만 별로 중요한 문제는 아니다. 바울은 이 단락에서 몇 가지 주제를 한꺼번에 다루고 있다. 따라서 서로 다르지만 맞물려 있는 논증들이 어떻게 전개되며, 서로 어떻게 연관되는지 이해하는 것이 중요하다. 3:1에서 3:29까지 이어지는 자연스러운 흐름이 하나 있고, 3:1에서부터 4:11까지 이어지는 또 다른 흐름도 있다. 이런 흐름들은 최소한 5:1까지, 또는 어떤 면에서는 5:12까지 이어지는 추가적인 논의의 시작점이 된다. 어떤 측면에서 보면 이 점 또한 그다지 중요하지 않다고 볼 수 있다. 바울이 특정한 수사학적 틀을 맹목적으로 따르기 보다는, 자신의 논증 자체가 그 모습과 흐름을 결정하도록 놓아 두기 때문이다.[1] 갈라디아서를 연구하면 할수록, 나는 여기서 시작된 논증의 흐름이 5:1까

---

1   그래서 나는 수사학적 형태와 구조를 두고 벌어진 복잡한 논쟁, 특히 벳츠H. D. Betz의 유명한 Hermeneia 주석(1979)의 주장으로부터 거리를 둔다.

지 이어진다는 결론에 더욱 확신을 가지게 되었다. 물론 이러한 결론에 이르게 된 논증 과정과 내 견해에 수반된 주석적 결과는 앞으로 본문을 다루면서 보여줄 것이다. 하지만 지금은 더 짧은 단락을 살펴보려 한다. 바울은 의도적으로 갈라디아서 3장을 두 부분으로 나눈 것으로 보인다.3:1-14; 3:15-29 "내 형제, 자매들"로 시작하는 3:15은 새로운 논증을 발전시킨다.

아브라함을 강조하는 이유

바울이 이 본문과 로마서 4장에서 긴 지면을 할애해 아브라함을 다루는 이유를 파악하는 것이 가설적인 수사학적 구조를 아는 것보다 훨씬 중요하다.[2] 여전히 대다수의 학자는 다음 두 가지 이유 중 하나일 것이라고 주장한다.

첫째, 바울이 아브라함을 "믿음으로 의롭게 된" 사람의 한 가지 **사례**,example 곧 일종의 **"성경적 증거"**로 여겼다는 주장이 있다. 샌더스E. P. Sanders가 이러한 입장을 취한다. 샌더스는 바울이 믿음으로 인한 칭의를 경험(부활하신 주님을 믿게 됨)한 뒤 자신이 기억하고 있는 유대 경전 속에서 "의로움"과 "믿음"이라는 단어가 결합되어 나오는 곳을 찾다가 마침내 두 구절을 발견했다고 말한다. 바로 창세기 15:6과 하박국 2:4이다. 그래서 샌더스는 바울이 이 두 구절을 갈라디아서와 로마서에 "근거 본문"으로 툭 던져 넣었다고 결론을 내린다.[3] 바울이 그렇게 무작위

---

2   이 문제에 대해서는 *Paul and the Faithfulness of God*의 몇몇 단락과 더불어 *Pauline Perspectives*, 33장에 있는 "Paul and the Patriarch"를 보라.
3   E. P. Sanders는 *Paul and Palestinian Judaism* (London: SCM, 1977), 483-84, *Paul, the Law, and the Jewish People* (Philadelphia: Fortress, 1983), 21, 그리고 여러 차례 대화와 세미나에서 그렇게 주장했다.

로 근거 본문을 택했을 것이라고 생각하지 않는 사람 가운데 많은 이들도 사실상 같은 견해를 취하고 있다. 왜냐하면 "행위"와 "구원"의 관계에만 집중했던 종교개혁 이후의 일반적인 신학적 이해에서 아브라함은, 이런 종류의 보장 장치라는 점, 곧 먼 과거의 성경에서 가져온 보편적 "경험"의 "사례"이자 보편적 "교리"의 "증거"라는 점을 제외하면 필요하지 않았기 때문이다. 생생한 실례와 확실한 인증이라는 이점을 빼면, 보편적으로 타당한 "경험"도, 보편적으로 참인 "교리"도 이스라엘 족장들에 관한 고대 역사와 굳이 연결될 필요가 없었다.

이 단락에서 바울이 아브라함을 거론한 이유로 종종 제시되는 두 번째 설명은 바울의 적대자들이 아브라함 이야기를 먼저 사용했을 것이라는 주장이다. 이 견해에 따르면, 바울의 적대자들은 창세기 17장에서 하나님이 아브라함에게 할례를 받으라고 하신 명령에 근거해 이교도 출신 갈라디아 신자들이 "구원을 받으려면" 언약의 표시인 할례를 받아야 한다고 주장했다. 그래서 바울은 어쩔 수 없이 아브라함 이야기를 예수 신자들과 새롭게 관련짓는 해석을 제시해야 했던 것이다. 바울 자신은 그러한 방식으로 논의를 이끌어 가고 싶지 않았더라도 말이다.[4]

갈라디아에서 바울과 경쟁 관계에 있는 교사들이 아브라함과 창세기 17장을 논증에 활용했을 가능성이 있긴 하다. 어쩌면 그 가능성이 꽤 높을수도 있다. 하지만 바울이 여기서 아브라함 이야기를 다루는 이유가 그 때문이라면, 갈라디아서에서 창세기 17장을 언급하지 않는 점은 주목할 만하다(로마서 4장의 더 긴 논증에서는 창세기 17장을 언급한다).[5] 나는 바울이 이 단락에서 창세기 15장을 상세히 설명하는 훨씬 더 중요

---

[4] 예를 들어, 드실바deSilva는 *The Letter to the Galatians*, 264에서, 아브라함 이야기의 해석이 "대체로 [바울] 자신의 논증에 부수적인 것이었다"고 말한다.

[5] 롬 4:10-12.

한 이유 세 가지가 있다고 생각한다. 이러한 이유를 파악하면, 갈라디아서 3장과 4장뿐만 아니라 갈라디아서 전체도, 그리고 바울의 실제 주장이 1세기 갈라디아 및 21세기의 세계화된 그리스도교에서 "그리스도인 빚어감"이라는 문제에 실질적으로 어떻게 기여하는지도 더 제대로, 더 풍성하게 이해할 수 있을 것이다.

첫째, 바울이 은연 중에 암시하는 배경 내러티브가 있다. 창세기 자체와 창세기에 대한 다양한 유대적 해석은 **하나님이 인간과 세상의 문제를 해결하기 위해서 아브라함을 부르셨다**고 말한다. 하나님은 아담으로 초래된 상황을 바로잡아 창조 기획 자체를 정상 궤도로 돌려 놓으시기 위해 아브라함을 부르셨다. 바울은 이를 갈라디아서에서는 설명하지 않지만, 다른 서신에서 언급하는 내용을 보면(로마서에서 촘촘한 논증으로 제시된다) 이 내용이 대다수 유대인은 물론 바울 자신에게도 얼마나 중요했는지 알 수 있다.[6] 결국 굉장히 많은 것이 성경 이야기를 어떻게 풀어내느냐에 달려 있다. 안타깝게도 많은 그리스도인은 하나님이 아브라함과 하나님의 백성들을 부르시고 그들에게 모세의 율법을 주신 것을 실패한 실험으로, 곧 하나님이 자신의 백성들에게 율법을 주심으로 그들을 선하게 만들고자 하는 시도가 실패했다고 여겼다. 따라서 그리스도인이 구약성경으로 할 수 있는 일이라고는 예수 안에서 마침내 성공적으로 실현된 구원 활동을 앞질러 가리키는 (역사적 연속성이 없다고 하더라도) 예표적 양상, 표현, 유형, 알레고리, 또는 "상징"을 텍스트 안에서 찾아내는 것뿐이다. 그래서 구약성경은 필요할 때 언제든 글의 맥락과 상관없이 떼어 올 수 있는 증거 본문의 모음집으로 여겨졌다. 이러한 접근법은, 널리 퍼져 있고 섬세한 지식으로 가득한 경우도 많지만,

---

6   상세한 논의는 *Paul and the Faithfulness of God*, 783-95을 보라.

본질적으로는 중요하지 않다. 이 같은 이해는 암묵적으로 마르키온주의적 요소를 담고 있다. 즉, 우리는 성경을 지킬 것이지만, 성경을 이스라엘 이야기로 읽지는 않을 것이다.

이와는 대조적으로, 1세기의 신실한 유대인에게는 아브라함 가족의 일원이 되는 것이 가장 중요했다. 앞에서 갈라디아서 1장과 2장과 관련해 살펴본 (아마도 바리새 문서인 것으로 보이는) 솔로몬의 시편에는 놀라운 기도가 들어 있다.

그리고 이제 당신은 우리 하나님이시고 우리는 당신이 사랑하신 백성입니다. 보소서, 그리고 긍휼히 여기소서, 이스라엘의 하나님! 왜냐하면 우리는 당신의 것이기 때문입니다. 그리고 저들이 우리를 공격하지 않도록 당신의 연민을 우리에게서 거두지 마소서.
그리고 당신은 어떤 민족보다도 아브라함의 후손을 택하셨습니다.
그리고 당신은 당신의 이름을 우리 위에 두셨습니다, 오 주님!
그리고 당신은 영원히 우리를 저버리시지 않을 것입니다. 당신께서는 우리에 대하여 우리의 선조들과 언약을 맺으셨습니다.
그리고 우리가 우리의 영혼을 당신께로 되돌릴 때 우리는 당신을 소망할 것입니다.
주님의 자비가 이스라엘의 집 위에 영원 무궁히.[9:8-11][7]

열심을 가진 유대인에게 가장 중요한 일은 아브라함 언약 안에 있는 것, 곧 아브라함의 "씨"의 일부가 되는 것이다. 이는 하나님의 적극적이

---

[7] 영어 번역은 *NETS* (Pietersma and Wright)에서 가져왔다. 또한 18:3을 보라. "당신의 심판은 연민과 더불어 온 땅 위에 있고, 당신의 사랑은 아브라함의 자손, 이스라엘의 아들들 위에 있습니다."

고 긍휼히 여기시는 사랑의 결과이자, 하나님이 궁극적 자비를 보이시는 이유다. 다소의 사울은 이러한 견해를 열정적으로 지지했을 것이다. 하지만 사도 바울은 하나님의 사랑이 하나님의 아들이라는 인물로 왔음을 믿게 되었다. "공격"을 받을 위협은 여전히 상존하나, 하나님의 자비로움이 끝내 이길 것이다.

솔로몬의 시편도 메시아(정당하지 않은 하스모니아 가문의 지배자를 대체하실 분)가 오시면 시편 2편의 약속들이 성취될 것이라고 한다. 바로 그때 그분이 사악한 이방 민족들뿐만 아니라 "유업"을 강탈한 (유대인) 죄인들을 무찌르실 것이다. 그분은 "죄인들의 오만함을 토기장이의 항아리처럼 박살낼" 것이며 "그들의 실체를 철로 만든 막대기로 산산조각 내실 것이다."[8] 시편 2편에 대한 이 근본적으로 새로운 해석은 충격적인(그리고 바울 서신의 내용과 상당히 유사한) 결과를 낳는다. 진정한 왕이신 메시아가 자기 백성을 모으실 때, 하나님이 시편 2편에서 왕 자신에게 하셨던 그 말씀"너는 내 아들이다", 2:7이 메시아의 백성 모두에게도 전해질 것이다. "그분은 그들을 아실 것이며, 그들 모두가 하나님의 자녀임을 알게 되실 것이다."솔로몬의 시편 17:27 시편 2편에서의 왕과 마찬가지로, 그들도 모두 유업을 받을 것이다.17:28-29 이 모든 것은 하나님이 자기 약속에 **신실**faithful하시기 때문에 일어날 일이다.17:10, *pistos ho kyrios*; 참조 8:28 하나님의 "의"가 계시되는 순간, 그리고 "좋은 소식"이 선포되는 순간이 바로 그때다.[9]

이 모든 것이 갈라디아서를 이해하는 데 도움을 주는 배경을 이룬다.

---

8   솔로몬의 시편 17:23. 시편 2:9를 반향하고 있다.
9   하나님의 의로움에 대해서는 솔로몬의 시편 2:10; 2:15;*egō dikaiōsō se* 2:18, 30-32; 5:1; 8:7;*edikaiōsa ton theon* 8:23*edikaiōthē ho theos*을 보라. 또한 8:26; 9:2, 4; 10:5, 그리고 이사야서 40:9과 52:7의 반향을 담고 있는 11:1*kēruxate en Ierousalēm phōnēn euangelizomenou*을 보라.

이는 예전에 바리새인이었던 바울이 솔로몬의 시편이 기대한 메시아와는 전혀 다른 메시아의 빛 아래에서 똑같은 성경 본문을 철저히 숙고했기 때문이다. 바울 또한 아브라함 언약과 그 결과 약속된 유산 상속에 대해 생각하고 있다. 그 역시 시편 2편을 새롭게 이해하는 가운데 아브라함 언약과 유산에 대한 본문을 해석하고 있다. 솔로몬의 시편과는 다르게 바울은 오로지 구약의 시편 2편이 말하고 있는 내용, 곧 이제 온 세상을 "유업"으로 받을 것이라는 내용을 그대로 따른다. 이 논점은 로마서 4:13에서 강력하게 주장되지만 갈라디아서에서도 마찬가지로 중요하게 다루어진다. 온 세상을 유업으로 받을 것이라는 말은 갈라디아서에서 복음이 차별없이 모든 민족들을 위한 것이라는 바울의 주장을 뒷받침하기 때문이다. 이스라엘의 메시아는 이제 온 세상의 진정한 주님이시다.[10]

따라서 이렇게 재고된rethought 바리새파적 세계관 안에 바울을 놓으면, 그가 예수에 대한 복음이 오래전 주신 약속들에 대한 하나님의 신실하심에 뿌리를 두고 있다고 생각했음을 또렷이 볼 수 있다. 따라서 바울의 논증은 그가 하나님이 오래전에 주신 약속이 메시아 안에서 그리고 성령을 통해 마침내 오랜 결실을 맺게 되었다는 사실을, 곧 여러 유형과 희미한 조짐이 아니라 전체를 망라하는 단일한 계획을 통해 실현되었다는 사실을 깨달았다는 것을 전제로 한다. 하나님은 진실하게 말씀하셨고, 마침내 약속하셨던 것들을 행하셨다. 리처드 헤이스Richard Hays와 수많은 다른 학자들이 주장했듯, 바울이 유대인의 경전을 인용할 때는

---

10   이 지점에서 나는 E. McCaulley, *Sharing in the Son's Inheritance: Davidic Messianism and Paul's Worldwide Interpretation of the Abrahamic Land Promise in Galatians* (London: T&T Clark, 2019)의 논지를 더 끌어와 사용하고, 그의 주장에 대해 심도 있는 토론을 할 수 있었으면 좋았을 것 같다.

특정 구절이 속한 전체 맥락을 염두에 두고 있다. 갈라디아 교회의 문제를 다룰 때도 인용한 구절이 속한 더 큰 문맥을 논증에 적용한다.[11] 앞으로 보겠지만, 이는 아브라함의 경우만 아니라 갈라디아서 3장에 상당 부분 적용된다.

바울이 아브라함을 중요하게 생각한 **두 번째** 이유는, 이 단락은 물론 함축적으로는 바울 서신 모든 곳에서 해당되는 말인데, 하나님이 아브라함에게 주신 약속이 작은 땅덩어리만이 아니라 온 세상을 가리킨다고 해석하기 때문이다. 그는 로마서 4:13에서 이에 대해 설명은 하지 않은 채 많은 말을 하는데, 갈라디아서에서는 충분히 논점이 설명된다. 창세기 15장 및 시편 2편과 메시아적 약속들을 담은 다른 유사한 구절들을 하나로 결합하여 "유업"이 더이상 "가나안 땅"이 아니라 "민족들"과 "땅끝"을 뜻하는 것이라고 주장하게 된다.

아마도 바울은 이러한 유업이 온전하고 궁극적인, 그러나 여전히 미래에 놓여 있는갈5:21 "하나님 나라" 안에서 아브라함의 "씨"에게 주어질 것이라고 생각한 것 같다. 그렇다고 해서 이것이 현실 세상과 완전히 단절되어 있는 "천국에 있는" 미래를 가리킨다고 추정해서는 안 된다. "장차 올 세상" 같은 표현이 현대 서양인들에게는 "천국 가기"의 의미를 떠올리게 만들겠지만, 바울은 로마서 8:18-30나 빌립보서 3:19-21에서 그랬듯이 장차 일어날 피조 세계의 구출과 변화라는 1세기 유대적 의미로 생각했다. 따라서 바울이 이 편지에서 제시하는 의제의 관점에서 볼 때, 요점은 **갈라디아 교회가 지금 노력을 기울이는 이방인 선교가 온 세상을 아우르는 유업의 도래를 알리는 시작이자 선취이자 예표**라는

---

11   Hays, *Echoes of Scripture in the Letters of Paul*. 이에 대한 논의는 *Paul and His Recent Interpreters*, 96-102을 보라.

것이다. 바울이 갈라디아서 3:18, 29과 4:7에서 (그리고 4:30에서 극적으로) "유업"을 강조할 때, 이방인인 갈라디아인들에게 그들이 아브라함 가족의 일원이라는 확신을 주려는 것만은 아니다. 바울이 "유업 상속"이라는 성서적 주제를 사용해서 주장하고 있는 것은, 갈라디아인들이 단지 규칙 완화로 인해 관대하게 범위가 확장된 결과인 추가 인원이 아니라 오랜 약속, 곧 아브라함 후손들의 전 세계적 통치의 출발점이라는 것이다. 필론과 요세푸스는 이러한 사고의 흐름을 이해할 수 있었을 것이다. 물론 십자가에서 처형당한 자를 메시아로서 통치하시는 분이라고 생각하는 것에, 그리고 할례받지 않은 이방인을 적법한 상속자로 여기는 것에 경악했겠지만 말이다.[12]

이미 살펴본 대로, 바울이 아브라함에게 주어진 약속들을 더 광범위한 갈라디아의 신학적 맥락과 연결지어 설명해야 했던 **세 번째** 이유에는 사회문화적 상황이 포함된다. 다시 간추려 말하자면, 이교도였던 갈라디아인들이 복음을 듣고 믿었을 때 그들은 갈라디아 지역의 신들과 제국에서 신으로 숭배하는 것들에 대한 예배를 중단했다. 그들은 반사회적이고 도시나 더 큰 지역에 위험을 초래하는 것으로 여겨질 수밖에 없는, 반문화적 행동을 하면서 다음과 같이 정당화했을 것이다. 그들이 어떤 의미에서는 유대인과 같다고, 그리고 그와 동일한 (그러나 여전히 이해하기 어려운) 의미에서 이방 제의에서 면제된다고 말이다. 그들은 로마의 공식적 승인이라는 안전한 곳으로 대피하려 했다.

이러한 행동은 다양한 집단들에게서 험악한 반응을 불러일으켰다. 유대인에 대해 잘 알고 있던 주변 이교도들에게는 이 새로운 무리가 유대인처럼 보이지 않았다. 이 새로운 무리의 반사회적 행동이 지역민들

12　*Paul and the Faithfulness of God*, 120-21을 보라.

이 섬기는 신들의 분노를 살 것이라고 생각했기에 주변의 이교도들은 적개심을 드러냈을 것이다. 바울의 메시지를 지금껏 거부한 지역의 유대인들은 공민적 의무에 충실하지 않다는 혐의를 받지 않기 위해 로마의 "승인"에 의존했다. 이들은 자신들과 같은 민족이 아니면서도 동일한 승인을 주장하는 무리를 보면서 유대인들은 개인적으로 화가 났을 것이고, 사회적으로는 우려했을 것이다. 셋째, 이 지역에서 예수를 메시아와 주님으로 **이미** 받아들인 유대인들도 여전히 이 문제를 어떻게 풀어야 할지 철저하게 고찰하지 않았던 것으로 보인다. "예루살렘에서 어떤 이들이 왔을" 때(안디옥에서 일어난 일과 유사한 사건이 갈라디아에서도 일어났을 것이라는 전제 하에 안디옥 사건 보도에서 표현을 빌어왔다), 이 유대인들은 자신들의 지위가 별안간 위태로워질 것으로 예상했을 것이다. 그들은 곤란에 처하지 않기 위해 이방인 출신 예수 신자들에게 할례를 받으라고 열심히 설득했을 것이다.

이에 대해 바울은 두 부분으로 된 대답을 내놓는다.

첫째, (바울 자신이 훌륭한 예를 보여주었듯이!) 아무리 헌신된 유대인이라도 메시아의 가족에 속하기 위해서는 메시아와 더불어 죽고 부활하는 데 수반되는 수치스러움을 감수해야 한다(예수 자신이 마가복음 8:34-38 같은 구절에서 경고했던 것이다). 우리가 보았듯이, 이것이 갈라디아서 2:15-21의 요지이며, 바울은 앞으로도 새로운 각도에서 같은 주제를 다시 논의할 것이다. 빌립보서 3장과 로마서 2-3장 같은 다른 단락에서도 이야기하는 주제다. 그러므로 이방인 출신 예수 신자가 이미 존재하는 유대인 공동체에 단순히 더해졌다(그래서 규모가 커진 것 외에는 아무런 변화를 겪지 않았다)는 생각은 틀렸다. 예수 가족의 유대인 구성원들—바울 자신이 좋은 예다—도 마찬가지로 메시아의 죽음과 부활을 공유하며 일어난 극적인 정체성 변화를 통해 지금의 신분에 이르게 되

었다.[13]

둘째, 하나님은 다민족으로 구성된, '피스티스'*pistis*라는 특징을 지닌 궁극적인 아브라함의 가족을 늘 마음에 그리셨다. 그리고 이 진정한 아브라함의 가족은 이제 메시아의 죽음과 부활 및 성령의 은사를 통해 존재하게 되었다. 그러므로 이방인 출신 갈라디아인들이 가입하게 된 예수(를 중심으로 구성된 새로운) 가족은 진정한 아브라함 가족이다. 바울은 그가 살얼음판을 걷고 있음을 잘 알고 있다. 바울의 주장이 사안의 핵심과 관련 있으려면, 새로운 메시아 가족이 로마의 "승인"의 혜택을 받을 수 있다고 주장하기에 충분할 정도로 분명히 "유대적"이어야 한다. 그러나 그 유대성Jewishness은 **변모된** 유대성이다. 이 점을 명료하게 주장하는 것은 당연히 어렵다. 하지만 이 장들은 바로 이 점에 대해 말하고 있다.

갈라디아서 3장의 마지막 부분은 이 주장을 명료하게 한다. 바울의 목표는 갈라디아인들에게 이렇게 말하는 것이다. "**여러분은 이미 아브라함의 참된 가족이 되었으니 (가족이 되기 위해) 그 어떤 것도 더 필요하지 않습니다.**" 갈라디아 신자들은 모두 이교 숭배를 공식적으로 면제받는, 오랜 역사를 지닌 합법적인 새 공동체를 이루게 되었음을 (다른 이들이 관심을 갖든 그렇지 않든 상관없이) 보여주는 데 필요한 "신분"과 "정체성"을 이미 가지고 있다. 바울이 실제로 여기서 "구원"을 받는 방법 및 그 안에서 "행위"의 의미에 대해 말하고 있다고 끊임없이 주장하는 주석가들은 대개 이 요점을 파악하지 못한다. 그들은 바울이 루터의 질문, 곧 "내가 어떻게 은혜로우신 하나님을 만날 수 있을까?"라는 질문을 하고 있

---

13 이 점은 불가피하게 논쟁을 일으켰다. 나는 *Paul and the Faithfulness of God*, 15장에서 해당 이슈를 아주 자세히 논했다. 그 책 1434-43에서 매우 중요한 구절인 고린도전서 9:19-23을 다뤘다.

는 것으로 보고 싶어 했다. 그래서 그들은 바울이 다른 질문, 곧 "하나님이 어떻게 약속하셨던 단일한 가족을 아브라함에게 주시게 되었는가?"라는 질문에 답을 하고 있다는 사실을 깨닫지 못했다. 그래서 주석가들의 관점에서는 바울이 "여러분은 아브라함의 가족이므로 메시아 예수에게 속했습니다"라고 말하며 아브라함에 관한 논의를 결론지어야 이치에 맞다. 하지만 바울이 증명을 끝낸 사람처럼 확신에 차 말하는 결론은 그 반대다. "여러분은 메시아의 소유이므로 **아브라함의 가족입니다.**" 이것이 앞으로 확립되어야 할 논지였다.

이 구절 직전에 나오는 **"여러분은 모두 메시아 예수 안에서 하나입니다"** 에 주목하고, 이어지는 내용을 포함해 완결된 결론("그리고 여러분이 메시아에 속했으므로 여러분은 아브라함의 가족입니다. 여러분은 약속을 상속 받을 자격이 있습니다")을 확인하면, 이 논지는 한결 분명해진다. 같은 방향을 가리키는 또 다른 요소가 하나 있는데, 여기서 "가족"으로 번역된 단어가 '스페르마', ^{sperma} 곧 "씨"라는 사실이다. 아브라함에게는 유일한 "씨"가 있다. 그래서 "여러분이 메시아에 속해 있다면, 여러분은 그 씨의 일부이기도 합니다"라고 바울은 말한다. 갈라디아서 3장이 어떤 결론으로 끝을 맺는지 주해가들이 주의를 기울였다면 이런 내용에 크게 놀라지 않았을 것이다. 하지만 오래된 전제는 쉽게 사라지지 않아서, 독자들로 하여금 아브라함이나 율법의 저주나 유언의 수정이나 "씨"와 중개자에 관한 세부적인 내용들을 구원의 과정에서 "믿음"과 ("도덕적으로 선한 행동"이라는 의미의) "행위" 각각의 역할에 대한 질문과 **어떤 식으로든** 관련이 있는 것처럼 읽게 만든다. 본문은 사실 이에 대해 아주 명료하게 말하지는 않는데도 말이다. 이런 방식으로 해석하는 주해가들은 내 해석 같은 다른 해석들을 미심쩍게 보면서 사회학적 해석을 위해 "구원"

을 등한시했다고 비난한다.¹⁴ 이는 사실과 다르다. 보다 큰 구원론적 문제가 칭의라는 급박한 당면 문제의 배후에 자리잡고 있긴 하지만, 여기에서 일차적으로 "칭의"는 신자에게 최종 구원의 확신을 줄 천상 법정의 결정에 대해 말하는 것이 아니다. 칭의는, 메시아 예수를 죽은 사람들 가운데서 일으키신 유일하신 하나님이 모든 메시아-백성을 이제 '하마르톨로이'*hamartōloi*가 아니라 '디카이오이'*dikaioi*라고 선언하시는 것이며, 그 즉각적인 결과가 그들 모두 단일 가족에 소속되어 한 식탁에 앉는 것이다. 현대 서구교회에서 너무나 무시되는 이 "사회학적" 책무가 실제로는 바울 자신의 관점에서 "확신"의 배경을 이룬다. 온갖 부류의 사람들을 그 단일한 믿음 가족faith-family으로 받아들이는 것 자체가, 예수 추종자들이 그들이 한분 하나님께 사랑받고 있다는 구체적인 증거로서 서로에게 건네는 실제적이고 외적인 선물이다. 다른 말로 하면, "사회학"을 무시함으로써 "구원론"을 얻을 수 없다. 로마서 14장과 15장에서 볼 수 있듯이, 메시아의 가족 안에서 상호 환대는 하나님의 영광을 위하여 모두가 서로를 지원하는 '코이노니아'*koinōnia*의 표현이다.

아브라함의 이야기는 어떤 기능을 하는가?

만약 바울이 정말로 아브라함의 이야기 자체를 설명하고자 했다면, 바울은 그 이야기로 무엇을 하려는 것일까?¹⁵ 유대 세계에서 이 이야기는 어떤 **기능**을 했으며, 바울에게는 어떤 기능을 했을까? 특히 하나님이

14　S. Westerholm, *Perspectives Old and New on Paul: The Lutheran Paul and His Critics* (Grand Rapids: Eerdmans, 2004)이 좋은 예다. 그를 포함한 다른 학자들에 대한 평가는 *Paul and His Recent Interpreters*, 123-28을 보라.

15　창세기에서 이 족장의 원래 이름은 "아브람"이지만, 창세기 17:5에서 길어진다. 나는 이 주석에서 길어진 이름인 "아브라함"을 계속 사용한다.

아브라함과 언약을 맺으시는 내용이 담긴 핵심 본문인 창세기 15장은 사람들이 어떻게 받아들였을까?

언약과 공동체

여기서 다시 테레사 모건Teresa Morgan을 언급하고자 한다. 모건은 그의 책 *Roman Faith and Christian Faith*에서 칠십인역 창세기 15장이 헬레니즘 세계에서 어떻게 이해되었을지에 대해 무척 명쾌하게 요약했다. 모건은 다음과 같이 말한다.

'디카이오쉬네'*dikaiosynē*라는 단어 자체, 그리고 '디카이오쉬네'와 '피스티스'*pistis*가 나란히 사용되는 경우에는 더욱 더 분명한 사회적, 정치적, 법정적 함의를 지닌다.……[이 단어들은] 사회 질서와 사회적 계약, 혹은 신의 영역과 인간의 영역 사이, 그리고 인간들 사이의 언약 관계를 나타내는 용어이다.……아브람이 '디카이오쉬네'를 갖게 되었다고 인정받았다는 말은 고대의 그리스어 사용자들에게 아브람이 하나님과 개인적인 관계를 가지게 된 것 그 이상의 의미로 받아들여졌을 것이다. [또한 덧붙여 말하면, 마치 이 문제가 윤리적, 법정적 인간론에 관한 것인 양 도덕적 공로가 누적된 것으로 그의 "장부에 기입되는" 것 이상의 의미로 이해되었을 것이다.] 아브람은 그의 후손들에서 출발해 장차 이스라엘이 될 공동체society를 설립하는 데 자기 역할을 하도록 선택된 것이다. 마찬가지로 아브람의 '피스티스'는 그의 하나님에 대한 개인적 순종 그 이상을 의미하는 것으로 기술되었다. 아브람의 '피스티스'는 신과 인간의 관계성 및 인간 사회 안에서 새롭고 창조적인 국면을 가능케 한, 독자적이며 사회적으로 근간을 이루는 행동이다.[16]

16　Morgan, *Roman Faith and Christian Faith*, 181.

바울도 강력하게 동의했을 것이다. 모건이 언급했듯이, 창세기 15장은 "개인적일 뿐만 아니라 사회적이고 정치적인 관계의 진전"을 가능하게 만드는, 하나님과 아브라함 간의 언약 체결 이야기를 계속해서 이어 나간다. 여기서 우리는 "뿐만 아니라"as well as라는 표현에 주목해야 한다. 이것은 초조함에 빠진 전통주의자들이 종종 주장하듯 "사회학 대 구원론"을 말하는 것이 아니라, 성경을 전체적으로 파악하는 최고의 읽기다. 모건은 흥미롭게도 요세푸스와 필론이 아브라함 이야기 가운데서 바로 이 부분을 고쳐 말할 때 이스라엘 백성이 사회정치적 집단politeia이자 사회문화적 공동체가 된 기반이 아브라함 언약임을 암시할 만한 내용을 쏙 빼놓았다고 지적한다. 요세푸스는 유대 백성이 **실제로 그런 공동체라는 사실**을 로마 독자에게 알리고 싶어 하지 않았다. 필론은 그의 다른 저작에서와 마찬가지로 오로지 알레고리적 해석에만 관심을 두었다.[17] 따라서 모건은 다음과 같이 결론을 내린다. 칠십인역 번역자들이 '피스티스'pistis라는 용어를 일관되게 사용하는 경우는 "하나님과 그의 백성 사이의 관계가 새로운 단계로 진입할 때, 또는 미래에 이스라엘을 창조하시거나 빚어내시겠다는 언약이 맺어질 때와 같은 결정적인 변화와 결단의 순간"이다.[18]

참으로 옳은 말이다. 바울이 갈라디아서 3장의 앞부분과 중간 부분에서(그리고 로마서 4장) 창세기 15:6을 인용할 때도 이와 동일한 작업을 하는 것이다. 여기서 모건은 나처럼 주해적이거나 신학적 주장을 하

---

17 Morgan, *Roman Faith and Christian Faith*, 183-84.
18 Morgan, *Roman Faith and Christian Faith*, 188. 모건의 주장에 따르면, 히브리어 '에무나'emunah를 번역할 때 오로지 '피스티스'pistis만 사용할 수 있었던 것은 아니라고 한다. 때로는 "칠십인역의 사상적 배경에서 하나님의 미쁘심trustworthiness과 진리 사이의 긴밀한 관계"를 나타내는 '알레테이아'alētheia를 대신 사용하기도 했다(188n38).

고 있지는 않으나, 그의 관찰은 나의 갈라디아서 해석에 꼭 들어맞는다. 모건은 바울이 "이스라엘과 다를 바 없는" 하나님과의 관계성 안으로 자신의 공동체가 들어간 것으로 이해했다고 말한다. 이것은 "어떤 별개의 새로운 공동체 아니라, 이스라엘에게 주셨던 하나님의 약속들이 실현된 것"이다. 바울은 이 공동체에 대해 말할 때 "하나의 백성이자 정치적-법적 공동체로서의 이스라엘을 가리키는 전통적인 언어"를 사용한다. 신과 인간의 관계에는 "준-가정적 요소와 준-정치적 요소"quasi-domestic and quasi-political 모두 포함되어 있다.[19] 내가 보기에 매우 정확한 주장이다.

이 모든 주장과 관찰은 바울이 "그[아브라함]에게 의로움으로 여겨졌다"reckoned는 표현을 어떻게 이해했는지에 초점을 맞춘다. 서구의 구원론 덕분에 이 표현이 도덕적 인간학 관점으로 이해됨에도 불구하고—다시 말해, 여기서 "의로움"이 "도덕적 지위"moral standing 혹은 아브라함의 '도덕 은행 계좌'에 기록된 "도덕적 공로"moral merit를 뜻한다고 보는 견해에도 불구하고—나는 모건의 연구 및 다른 성경 본문들을 근거로, 이 표현이 창세기 15장이 계속해서 말하고 있는 내용을 뜻한다고 주장한다. 즉, 하나님이 아브라함과 **언약**을 맺으셨다는 뜻이다.

오늘날에도 태생적으로 칼뱅주의를 미심쩍어하는 루터교인들과 구원사적 이해를 미심쩍게 여기는 북미의 이른바 묵시적 바울 학파apocalyptic Paul school의 주창자들 모두 "언약 신학"에 상당한 반감을 표한다. 하지만 이들의 반감은 시대착오적이다. 우리는 칼뱅주의나 19세기의 개념인 "구원사"에 대해 말하고 있는 것이 아니다.[20] 우리는 1세기에 고대 이스라엘 전통이 현재적 활용retrieval에 관해 말하고 있는 중이

---

19 Morgan, *Roman Faith and Christian Faith*, 276, 278.
20 *Paul and the Faithfulness of God*, 10장을 보라. *Paul and His Recent Interpreters*에 실린 다양한 논쟁들도 보라.

다. 솔로몬의 시편에서 이러한 회복과 수정의 양상을 볼 수 있고, 쿰란 문서에서는 또 다른 양상을, 그리고 바울 서신에서는 또 다른 이스라엘 전통의 현재적 활용의 모습을 볼 수 있다.

바울이 현재적으로 활용하는 성서적 주제의 기본 윤곽을 살펴보자. 창세기 15장은 하나님이 아브라함과 최초로 언약을 맺으시는 장면을 보도한다.*dietheto kyrios tō Abraam diathēkēn*, 15:18 이 언약은 아브라함과 그의 "씨"가 받을 "유업"inheritance에 관한 것이다.창 15:3, 4(2회), 7, 8 아브라함 언약은 제왕시에 해당하는 시편 2편에서 언급되는데, 아브라함의 "유업"이 장차 나타날 다윗계 왕에게 주어졌으며, 그 범위가 세상 끝까지 확장되었다고 말한다. 바울은 이러한 주제들을 이 단락에서 다시 활용한다. 바울은 갈라디아서 3장에서 4장에 이르기까지 시편 2편에 비추어, 그리고 메시아 안에서 시편 2편의 내용이 성취되었다는 관점에서 창세기 15장을 해석하고 있는 것이 분명하다. 더 구체적으로 말하면, 바울은 '디아테케'*diathēkē*, 언약, 약속가 인준되었다는 것은 어떤 의미가 되는지,갈 3:15, 18 그것*diathēkē*은 어떻게 궁극적 "유업"*klēronomia*을 가리키는지,3:18, 29 이러한 궁극적 유업 상속이 어떻게 단지 "아들"만이 아니라 (솔로몬의 시편이 말하는 대로) 모든 "하나님의 아들들"에게 주어지는지 논하고 있다.3:26; 4:6

따라서 바울이 의도적으로 창세기 15장 전체―약속, 유업, 언약, 그리고 그 외 모든 것―를 환기시키고 있음은 자명하다고 볼 수 있다. 솔로몬의 시편 9편을 쓴 바리새 계열의 저자에게 매우 중요했던 것, 곧 아브라함의 가족의 일원이 되는 것은 바울에게도 무척 중요한 일이었을 뿐만 아니라 갈라디아 교회들의 형성과 자기 이해, 일상 생활에도 무척 중요했다. 앞서 보았듯, 바울은 이방인 선교를 단순히 "사람들을 개종시키는" 방식으로 이해한 것이 아니라 이스라엘의 하나님과 그의 "아들"의 통치를 땅끝까지 확장하고 보여주는 상징적이고도 구체적인 수단으로 보았다.

바울이 갈라디아서 3:6에서 창세기 15장을, 더 정확히 말하면 창세기 15:6(아브라함이 "하나님을 믿었고, 그것이 그에게 의로움으로 여겨졌다")을 끌어오는 이유를 정확하게 보여주는 또 다른 구절이 있다. 물론 바울의 창세기 15:6 인용은 "칭의"에 관한 여러 이론들을 뒷받침하는 증거 본문으로 사용되곤 했다. 이러한 칭의 이론들에 의하면, 죄인이 하나님 앞에 부끄러움 없이 서기 위해서 "의로움"이 필요하며, 인간 자신은 아무런 "의로움"을 가지고 있지 않으므로 다른 곳에서 유래한 "의로움"에 의지해야만 한다. "의로움"이 정확히 무엇인지, 그리고 죄인이 자신의 '도덕 은행 계좌'에 무료 선물로 "의로움"이 "입금"되었다는 것을 어떻게 알 수 있는지에 대해 다양한 이론들이 서로 경쟁했다. 하지만 이러한 이해가 창세기 15:6을 상당히 오해하는 것임을 보여주는 강력한 근거들이 있다. 먼저, 앞서 보았듯이 창세기 15장은 하나님이 혼란스러워하는 아브라함의 질문에 답을 하시며 셀 수 없을 만큼 수많은 사람들로 구성된 가족을 그에게 약속하시는 이야기로 시작한다.[15:1-5] 그리고는 하나님이 아브라함과 언약을 맺으시며 그의 후손들에게 가나안 땅을 "유업"으로 주시겠다는 내용이 이어진다.[15:7-20] 두 가지 약속—가족과 땅—사이에 (우리에게는) 모호해 보이는 문장이 있다. 즉, 큰 민족을 주시겠다는 약속을 듣고는 "아브라함은 주님을 믿었고, 그것이 그에게 의로움으로 여겨졌다"는 것이다.[21] 이 구절을 "의로움"이 추상적으로 이동transfer한다는 일반적 의미를 가진 것이 아니라, 하나님이 아브라함과 언약을 맺으신 사건을 가리키는 것으로 보면 명료하게 이해될 것이다. 테레사 모건이 제시한 근거들도 이와 같은 견해를 강력하게 지지할 것

---

21 NRSV는 "그분"he 대신 "주님"the LORD이란 표현을 반복해서 사용한다.

이다. 우리가 살펴봐야 할 다른 본문들도 마찬가지일 것이다.

우리가 살펴볼 다른 본문은 바로 시편 106:31 칠십인역 105:31이다. 이 시편은 이스라엘이 광야에서 하나님께 반역한 사건들을 회고한다. 그중에는 재앙(염병)을 불러온 반역도 있는데, 이 시편에 따르면 비느하스가 일어나 "중재하여"exilasato 그 재앙이 그치게 되었다. 민수기 25장에 따르면, 비느하스는 이스라엘 남자 한 명과 모압인 여자 한 명을 간음 현장에서 창 하나로 한꺼번에 찔러 죽였다. 시편 106편은 비느하스의 행동이 "대대로 영원히 그에게 의로움으로 여겨졌다"고 말한다. 이는 히브리어 성경이나 칠십인역에서 창세기 15:6과 동일한 표현—"그에게 의로움으로 여겨졌다"—이 나오는 유일한 구절이다. 그렇다면 이것은 무엇을 뜻하는가?

그 의미는 테레사 모건이 말한 것과 정확히 일치한다. 즉, 하나님이 비느하스 및 그의 후손들과 **언약**을 맺으셨다는 말이다. 이는 하늘의 은행에 있는 그의 계좌에 도덕적 선함이 입금되었다거나 그가 "천국에 갈 것"을 확증받았다는 의미로 비느하스가 "의롭게 되었다"는 의미는 분명 아니다. 설사 그것이 여기서 "의로움으로 간주되었다"는 문구가 뜻할 수 있는 가능한 의미 중 하나라고 하더라도, 민수기와 집회서,Sirach 마카비1서에서처럼 비느하스의 언약이 "대대로 영원히" 계속되었다고 말하는 것은 의미가 통하지 않는다. 비느하스는 이제 언약으로 맺어진 가문, 곧 제사장 가문의 우두머리가 된 것이다.[22] 바로 이것이 "의로움으로 여

---

22   신명기 25:12-13, 집회서 45:24, 마카비1서 2:54을 보라. 또한 이사야 54:10 및 말라기 2:4-5과 비교해 보라. Paul and the Faithfulness of God, 88, 848-49을 보라. 내 해석은 흥미롭게도 F. B. Watson, *Paul and the Hermeneutics of Faith* (London: T&T Clark, 2004), 177 (= 2nd ed., 2016, 162)의 지지를 받는다. "비느하스에게 수여된 영원한 '의로움'은 분명 '평화의 언약', 곧 '영원한 제사직의 언약'을 가리킨다."

겨졌다"는 말의 실제 의미다. 도덕 계좌에 잔고가 있는 어느 개인에 관한 것이 아니다. 그보다는 하나님이 아브라함과 아브라함의 "씨"와 언약을 맺으셨다$^{창\ 15:13,\ 18}$는 의미다. 또한 그것이 바로 바울이 갈라디아서 3장에서 계속해서 주장하는 논지다. 이교도였던 갈라디아인들에게 그들이 이제는 진정한 아브라함의 후손이 되었다는 확신을 주기 위한 논증인 것이다. "여러분이 메시아에 속해 있으면, 여러분은 아브라함의 가족^{sperma}입니다. 여러분은 약속을 상속받을 지위에 있습니다."$^{kat'\ epangelian}$ $^{klēronomoi,\ 3:29}$ [23]

언약과 출애굽

아브라함 이야기가 공동체 형성에 관한 이야기라면, 창세기 15장은 이 공동체를 **노예 상태에서 구출된** 공동체로 기록하고 있는 셈이다. 창세기 15:13-16에 있는 언약 체결 이야기의 중심에는 아브라함의 자손이 이집트에서 노예로 살 것이지만, 하나님이 결국 그들을 구출하실 것이라는 하나님의 약속이 있다. 그래서 바울은 포로기가 끝난 상황에 대한 열망이 담긴 이사야 40-55장 및 다른 본문과 마찬가지로 "새로운 출애굽" 주제를 갈라디아서에서 발전시키는데, 특히 4:1-7에서 두드러진다.

갈라디아서의 이 부분은 특히 신명기의 마지막 장들에서 최고조에 이르는 오경의 더 거대한 언약 신학을 반영한다. 쿰란의 저자들로부터 요세푸스에 이르기까지 제2성전기의 여러 저자들은 이 신명기 마지막 장들을 이스라엘의 역사 전체에 대한 장기적 전망으로 보았다. 즉,

---

23 위더링턴이 갈 3:29를 "나중에 생각해서 덧붙인 것이 아니라 결론 부분으로 보아야 한다"라고 주장한 것은 매우 흥미롭다(Grace in Galatia, 281). 그는 바울에게 핵심적이었던 내용을 사소한 것으로 만들어 버린 해석 전통에 맞서 제대로 반발하고 있다.

복 주시는 이야기가 유배라는 저주로 이어지고, 이것은 언젠가 이루어질 구출과 언약 갱신으로 이어지는 이야기라는 것이다. 제2성전기 저자 중 어떤 이들은 이 모든 것이 다니엘서 9장의 "연장된 유배"(포로기)라는 표현과 연관성이 있음을 보여주었다.[24] 바울은 이와 같은 사고 체계 전체를 취한다. 아브라함에서 신명기에 이르기까지 오경은 하나님 백성의 언약 이야기 전체를 말하고 있는 것으로 볼 수 있다. 출애굽 사건과 하나님이 그 백성과 함께 회막에서 거하심이 그 이야기의 중심 모티프다(아래의 논의를 보라). 유배^{포로기}는 레위기와 신명기에서 경고된 가장 큰 "저주"다. 하지만 (이스라엘의 역사가) 유배로 끝나지는 않을 것이라고 하나님은 이미 약속하셨다. 하나님의 백성은 마침내 유배라는 수렁에서도 구출될 것이다.

아브라함과 다윗

여러 학자들이 지적한 바와 같이, 다윗계 왕권이라는 주제는 구약과 구약 이후에 나타난 여러 사상적 갈래에 중심을 차지하며, 아브라함 및 아브라함에게 주어진 하나님의 약속들과 반복적으로 연결되었다. 때로는 하나님이 아브라함에게 약속하신 것이 이제 다윗을 통해 성취될 것처럼 말하는 시편기자도 있다. 그 전형적인 예는 바로 시편 2편이다. 그 시에서 하나님은 왕을 자신의 "아들"이라고 부르시며, 이렇게 말씀하신다.

> 내게 청하여라. 그러면 나라들을 네 유업으로 줄 것이고,
> 땅끝까지 네 소유가 되게 하겠다. ^{시 2:8}

24　*Paul and the Faithfulness of God*, 114-63을 보라.

이렇게 함으로써 아브라함에게 주신 더 커다란 약속, 곧 "모든 민족들"이 (어떤 식으로든!) 아브라함 안에서 복을 받을 것이라는 약속이 성취될 것이다(창 12:3; 18:8. 바울은 갈 3:8에서 인용한다). 시편 72:17은 장차 오실 왕 안에서 "모든 민족들이 복을 받을 것이다"라고 말한다.

특히 메시아는 자신의 백성들에게 전 세계를 아우르는, 약속된 유업을 주실 것이다. 아브라함 이야기들은 전 세계를 아우르는 약속(창세기 12:3에서처럼, **모든 민족들이** 복을 받을 것이다)과 창세기 15:18-20의 언약 체결 과정에서 언급된 좀 더 좁은 범위(나일에서 유프라테스까지) 사이를 계속 오간다. 이사야서의 마지막 장들과 시편에는 그러한 망설임이 전혀 없다. "유업"의 범위에는 모든 민족들과 나라들을 아우르는 온 세상이 포함될 것이다. 바울은 이 언약이 자신의 선교 활동을 통해 지금 성취되고 있다고 믿었다. 갈라디아에 있는 바울과 경쟁 관계에 있는 교사들이 그들의 견해와 활동을 고집한다면 이러한 성취가 무효화될 것이다.

언약과 영

일부 제2성전기 문헌 저자들은 출애굽 사건을 회고하고 제2의 출애굽을 갈망하면서 회막에 충만했던 하나님의 영광스러운 임재를 하나님의 영으로 이해했다. 이사야,[63:11] 학개,[2:5] 그리고 느헤미야[9:20] 모두 이런 방식으로 생각했다. 이 특이한 "영"의 임재는 개개인에게 특별한 사명을 부여하는 것(민수기 11:17처럼) 이상을 뜻했던 것으로 보인다.[25] 이 구

---

[25] 내게 이 본문들을 주의 깊게 살피라고 한 레빈슨J. R. Levison에게 고마움을 전한다. 그의 글, "The Spirit in Its Second Temple Context: An Exegetical Analysis of the Pneumatology of N. T. Wright," in *God and the Faithfulness of Paul: A Critical Examination of the Pauline Theology of N. T. Wright*, ed. C. Heilig, J. T. Hewitt, and M. F. Bird (Tübingen: Mohr Siebeck, 2016), 439-62을 보라.

절들은 열왕기상 8:27에서 솔로몬이 직면했던 문제에 대한 일종의 대답을 제시한다고 볼 수 있다. 말하자면, 하늘조차 담을 수 없는 하나님이 어떻게 회막이나 성전에서 그의 백성과 함께 거하실 수 있다는 말인가? 광야의 회막에 대한 이러한 관념이 미래에 있을 새 출애굽 사건에 투영될 때, 장차 하나님의 백성들이 하나님 자신의 영을 받으리라는 에스겔, 요엘 및 다른 본문들의 약속은 갱신을 행할 하나님의 대리자로서의 신적인 영이라는 개념과 쉽게 결합될 수 있었다.[26] 이 모든 것은 이미 잘 알려져 있다. 하지만 여기서 반드시 언급해야 하는 이유는, 갈라디아서에서 바울이 아브라함과 칭의에 관해 논증하는 부분에서 영의 선물을 강조한다는 사실, 그리고 이것이 단순한 새로운 종류의 "종교체험" 그 이상의 것에 관한 이야기로 보이기 때문이다. 바울이 다른 편지들에서 주장하듯이, 현재 선물로 주어진 영은 최종 미래의 "유업"을 미리 맛보는 것이다.[27] 갈라디아서 4:6-7에 이르면 도대체 무슨 일이 진행되고 있는지 분명해질 것이다. 즉, 이것은 유대 유일신론의 한분 하나님이 이제 삼중적 형태로 나타나셨다는 충격적인 계시의 일부다. 그리고 이런 내용이 갈라디아서 3장에서 영에 대한 작은 실마리들을 읽어 내기 위해 필요한 넓은 맥락이다.

결론

우리는 갈라디아서 3, 4장에 관한 이 긴 서론의 결론을 맺으면서 바울이 아브라함을 단지 하나의 "예시"로 사용한 것이 아니며, 6절에서 인용된 창세기 15:6 또한 이른바 "이신칭의" 교리—죄인이 "의로움"이라는

---

[26] 에스겔 36:29; 37:14; 39:29, 요엘 2:28-29. 참조: 이사야 32:15; 44:3; 59:21.
[27] 예를 들어 고후 1:22, 5:5. 아래의 논의를 보라.

속성을 부여받음으로 "구원"을 받는 과정에 관한 교리―를 떠받치는 (문맥에서 분리된) "증거 본문"이 아니라고 확언한다. 바울의 아브라함 이야기 재해석은 제2성전기 유대교의 다양한 아브라함 전승 해석 가운데서도 급진적인 혁신으로 이해될 수 있는데, 그의 재해석은 몇 가지 서로 연결된 주제들을 하나의 논증 안에 담고 있으며, 그 논증은 다음과 같이 요약할 수 있다.

첫째, "메시아 안에" 있는 사람들, 곧 하나님의 영이 내주하며 메시아-믿음을 겉으로 드러내는 사람들은 **이미 하나님이 아브라함에게 약속하신 단일한 가족을 형성하고 있다.** 둘째, (할례를 포함한) 유대 율법은 이 가족과 무관하다. 왜냐하면 유대 율법은 노예로 사는 기간인 "현재의 악한 세대" 내에서만 효력을 발휘하도록 만들어진 것으로, 이 세대는 이제 메시아의 죽음으로 종지부를 찍었다(마치 이집트에서의 노예살이가 유월절에 의해 끝난 것처럼 말이다). 따라서 셋째, 갈라디아 그리스도인들 앞에는 노예됨과 자유라는 선택지가 놓여 있다. 그들은 위대한 해방이 아직 일어나지 않은 것처럼 여기며 "이집트로 돌아가는 것"을 선택할 것인가, 아니면 약속된 유산을 향해 나아갈 것인가?

이 내용을 염두에 두고 본문 자체를 살펴보자.

3:1-5 영과 믿음

갈라디아서 3장의 첫 다섯 절을 "종교 체험에 호소"하는 본문으로 해석하는 사람들이 꽤 있다.[28] 이 단락은 수사학적 질문 몇 가지를 속사

---

28 예를 들어, Dunn, *A Commentary on the Epistle to the Galatians*, 150. 키너 C. S.

포 같이 쏟아 내며 논조를 구성함과 동시에 실질적인 답변을 끌어내려고 한다.[29] 바울은 오늘날 우리가 "체험"이라고 부를 만한 일들을 당연히 일어날 수 있는 일로 여길 수 있었다. 갈라디아인 개종자들은 자신의 삶을 변화시키고, 믿음을 불러일으키며, 놀라운 일들(짐작컨대, 치유)을 일으키는 새롭고 기이한 힘에 개인적으로 충격을 받았던 것이 분명하다. 바꾸어 말하면, 그들의 "개종"(conversion, 바울이 여기서 사용한 용어는 아니다)은 단순히 지적인 설득의 산물이 아니었다. 하지만 "종교 체험" 그 자체에는 별다른 의미가 없다. 고대 세계에는 바울이 고린도전서 12:1-3에서 말한 것 같은 황홀경을 포함해, 수없이 다양한 종류의 종교 체험이 있었다. 바울이 이러한 도전적 질문을 던지는 이유는 다른 데에 있었다.

바울처럼 우리는 성령이 **하시는 일** (강력한 역사 및 갈 5:22-23에서처럼 "열매"를 맺는 특별한 은사를 주심) 뿐만 아니라 성령이 **의미하는 바**를 늘 기억해야 한다. 그 물음을 이렇게 바꾸어 보면, 이 단락 전체를 하나의 바울 신학적 주제로 요약할 수 있고, 이 주제는 이 짧은 단락에서 직접 언급되지는 않았지만 분명 바울이 염두에 두고 있었을 것이다. 즉, 로마서 8:23, 고린도후서 1:22; 5:5, 에베소서 1:14에서 말하듯이, 성령은 "(유업을) 상속받으리라는 보장"이다. 여기서 "보장"guarantee은 그리스어 '아라본'arrabōn의 번역어로서, 계약을 맺을 때 처음 지불하는 계약금down payment을 뜻한다. 현재 주어진 성령의 은사는 최종적 새 창조를 미리

Keener는 *Galatians*, New Cambridge Bible Commentary, 118에서 갈라디아서 1장과 2장에 있는 바울 자신의 체험에 관한 서술 사이에 유사성이 있다고 주장한다.
29 키너C. S. Keener는 *Galatians*, New Cambridge Bible Commentary, 117에서 본 단락에 여섯 개의 질문이 있으며 바울이 여기서 디아트리베diatribe 양식을 사용하고 있다고 주장한다(이에 대해서는 *Paul and the Faithfulness of God*, 222, 224, 453, 458를 보라). 아래에서 보겠지만, 질문의 갯수는 구두점을 어떻게 보느냐라는 문제에 걸려 있다.

맛보는 **것이며**, 장차 상속받을 "유업"에 대한 "계약금"이다. 여기서 "유업"이라는 개념은 "누가 상속자인가"라는 질문을 내포하고 있는데, 이는 이어지는 장들에서 중요하게 다루어질 주제다.[30] 이 논증의 가닥들은 4:6-7에 가서야 한데로 묶어진다. "여러분은 아들들이기 때문에, 하나님이 자기 아들의 영을 우리 마음 가운데 보내셔서 그 영이 '압바, 아버지!'라고 외칩니다. 그러므로 여러분은 더 이상 노예가 아니라 아들입니다! 당신이 아들이면, 하나님으로 말미암은 상속자이기도 합니다." 이것이 핵심이다. 바울은 "여러분은 대단한 영적 체험을 했음에도 왜 지금 율법 준수를 하려 합니까?"라고 말하는 것이 아니다. (무엇보다도 영적 체험과 외적 행위를 이항대립적으로 보는 것은 지나치게 현대적인 시각이다. 바울과 그의 청중은 전혀 그런 식으로 생각하지 않았다.) 바울은 이렇게 말하고 있다. (a) 갈라디아인 여러분은 아브라함의 유산에 대한 계약금을 이미 받았다. (b) 그러므로 여러분은 자신들이 아브라함의 가족의 정당하고 온전한 일원fully qualified member이라는 사실을 알아야 한다. (c) 계약금을 받고 아브라함 가족의 일원이 된 것은 유대 율법과는 상관없는 일이다. 여기서 강조점은 인간의 경험이 아니라, 신적인 영이라는 실체에 놓여 있다. 이 영은 갈라디아인들이 현재 아브라함 가족의 일원이라는 사실과 그들이 최종적 유산을 받을 것임을 보증한다.

영은 바울이 은연 중에 제시하는 "새로운 출애굽" 내러티브 안에서 결정적 역할을 한다. 바울은 4:1-7에서 출애굽 사건을 연상시키는 용어들의 반향을 담았다(로마서 8장도 마찬가지다). 영광스러운 하나님의 임재는 출애굽 이야기의 핵심 주제 가운데 하나다. 하나님은 이스라엘

---

30   이 점에 대해서는 특히 R. J. Morales, *The Spirit and the Restoration of Israel* (Tübingen: Mohr Siebeck, 2010)를 보라.

인들의 여정 중에 구름 기둥과 불기둥으로 함께하시며 그들을 "유업"으로 인도하시고, (출애굽기 마지막 부분에서) 마침내 광야의 회막에 거하신다.[31] 유대인들의 이 긴 회고에서도 하나님의 임재는 약속의 땅에 도착하는 것과 예루살렘 성전에 하나님의 현존이 거하실 것을 "미리 맛봄" 혹은 미리 보증하는 것이었다(예를 들어 출 15:17을 보라). 바울은 출애굽 내러티브의 요소를 가져와서 예수 추종자들의 공동체 또는 개인에게 적용하면서 메시아의 백성이 성전 백성이라고 넌지시 주장한다. 살아 계신 하나님이 그들 가운데 거하신다. 실제로 "테오시스"*theosis*라는 전통—하나님이 자기의 영을 통해 내주하심으로써 사람을 근본적으로 다시 만드시는 것—은 여기서 시작되었다.[32]

이것이 바로 바울이 팽팽한 긴장감이 도는 3장 도입부에서 제시하는 요지다. 갈라디아인들은 이미 자신들이 온전한 유업을 향해 나아가는 새 출애굽 백성이라는 증거를 그들 안에 소유하고 있다. 이미 그들 가운데 내주하시는 강력한 신적 영이 주어진 것은, 그들이 유대 율법을 지키려 했기 때문이 아니다. 그 영이 주어진 것은 그들이 들었을 때 그들에게 믿음을 불러일으킨 그 메시지를 통해서다. 이러한 주장은 6절에서 아브라함과 아브라함의 믿음을 논증에 도입하기 위한 준비 단계로 기능한다.

3:1 이 구절은 2장 종결부와 연결되어 있다. 앞선 논증의 마지막 요소인 메시아의 죽음은 새로운 사고의 흐름을 여는 주제로 기능한다. 메시

---

31 출 13:21-22; 14:19-20; 40:34, 신 1:33.
32 특히 마이클 고먼M. Gorman이 그의 다양한 저술에서 이 주제를 탐구했다. *Inhabiting the Cruciform God: Kenosis, Justification, and Theosis in Paul's Narrative Soteriology* (Grand Rapids: Eerdmans, 2009)과 *Becoming the Gospel: Paul, Participation, and Mission* (Grand Rapids: Eerdmans, 2015).

아의 십자가 처형이 갈라디아에서 "생생하게 묘사되었다." 어쩌면 이러한 바울의 표현은 십자가에 달린 메시아를 회화적으로 묘사했다는 의미일 수 있다. 어떤 이들은 바울이 십자가형을 설명하기 위한 시각 자료를 사용했을 것이라고 주장하기도 했지만, 바울 시대 사람들은 십자가형에 대해 너무나 잘 알고 있었다. 혹은 일부 학자들의 생각처럼, 구타를 비롯한 물리적 폭행을 당해 상처를 입고 곤죽이 된 바울 자신의 몸 그 자체로 그림으로 보여주는 듯한 예증이었을 수도 있다.[33] 갈라디아인들이 곤혹스러운 메시아의 죽음에서 그들 나름의 결론을 이끌어낼 수 없었을까? 즉, 유대인 정체성을 이루는 세계 전체가 전복되었고, 그로 인해 모세 율법의 통치도 뒤집어졌다는 결론 말이다. 갈라디아인들은 아마도 그렇게 하지 못했던 것 같다. 바울에게 분명했던 모든 것이, 심지어 다른 사도들에게도 분명하지는 않았던 경우가 많았는데, 하물며 이전의 삶이 아무 도움도 되지 않는 온갖 도전에 휩싸였던 초신자들은 오죽했겠는가. 하지만 바울은 가차없이 말한다. 갈라디아인 여러분이 주술에 걸린 것이 틀림없다고, 누군가가 여러분에게 사악한 눈으로 저주를 퍼부은 것이 분명하다고 말이다. 그런 일을 한 사람은 누구인가? 오늘날까지도 여러 지역에서 행해지는 "사악한 눈"이라는 개념은 바울 당시 문화에서 널리 알려진 흔한 저주였다. 바울은 메시아 예수가 십자가에 못 박힌 모습으로 "여러분의 눈앞에서" 생생히 묘사되었다고 말한다. 그렇다면 어떤 주문이나 주술에 의해 눈이 멀게 되는 것을 막아 줬어야 하지 않은가?

3:2 바울은 갈라디아인들에게 한 가지만 묻겠다고 말하지만, 1절도

---

[33] 예를 들어 고후 4:10-11; 6:4-5; 11:23-28을 보라. 그리고 다음의 연구를 보라. J. A. Dunne, *Persecution and Participation in Galatians* (Tübingen: Mohr Siebeck, 2017), 69-78.

고려하면 그는 적어도 여섯 가지 질문을 하고 있다. (a) 누가 여러분에게 주술을 걸었는가? (b) 여러분이 성령을 받은 것은 복음 메시지와 믿음을 통해서였는가, 아니면 율법의 행위들을 통해서였는가? (c) 여러분은 정말 그토록 어리석은가? (d) 여러분은 성령으로 시작했는데 이제 와서 육신으로 끝을 맺겠는가?³⁴ (e) 여러분은 그 많은 고난을 헛되이 받았는가? (f) 하나님이 여러분에게, 여러분 가운데 강력한 성령을 나눠 주신 것이 율법의 행위들을 통해서인가, 아니면 들음과 믿음을 통해서인가? 하지만 이 모든 질문은 한 가지 질문으로 수렴된다. (이는 바울의 수사학적 질문의 예리함을 무디게 하려는 것이 아니라 그가 정말로 강조하고 싶은 요지를 분별하기 위해서다). 바울이 갈라디아에 와서 예수에 관해 말한 날부터 그들에게 일어난 모든 일 가운데 유대 율법을 지켜서 일어난 일이 하나라도 있는가? 이미 질문에 답이 들어 있다. 유대 율법 준수로 일어난 일은 하나도 없다. 베드로가 사도행전 11장에서 고넬료와 그의 가족에게 예수를 선포했을 때와 마찬가지로, 바울이 예수에 관한 메시지를 선포했을 때 하나님이 갈라디아인들의 공동체에서 강력하게 일하셨고, 그들이 들을 때 성령이 그들에게 임했다.

이 과정에서 하나님이 먼저 주도하셨다는 측면을 강조하는 것을 볼 때, 바울의 주의 깊게 선택한 질문에 들어 있는 "들음과 믿음"이라는 표현에서 "들음"에 해당하는 단어 '아코에', akoē가 듣는 행위 자체가 아니라, 듣게 된 메시지 자체를 뜻한다고 보는 게 더 적절하다.³⁵ (그리스어로 이 문장의 균형은 마치 양팔 저울과 같다. 저울 양단에 "율법의 행위들"과 "들음/믿

---

34 3절 앞부분의 "여러분은 그토록 어리석습니까"는 3절 후반부의 질문들을 도입하는 질문으로 간주할 수 있다. 그렇다면 질문은 도합 일곱 개가 된다.
35 나는 리처드 헤이스를 통해 이 견해를 처음 접했다. Hays, *The Faith of Jesus Christ*, 128-31.

음"이 있고, 그 중간에 "여러분은 성령을 받았습니다"라는 표현이 있다.$^{ex\ ergōn}$ $^{nomou\ to\ pneuma\ elabete\ ē\ ex\ akoēs\ pisteōs}$)[36] 갈라디아인들은 성령을 받기 위한 선행 조건으로 회당 생활과 교육과정에 참여하지 않았다. 성령을 받았다는 사실 자체가 그들이 이미 아브라함의 가족의 일부가 되었음을 확증하기 때문이다. 메시지가 선포될 때 갈라디아인들은 그것을 믿었다. 그리고 그 가운데 성령이 이미 역사하시며 놀라운 일을 행하시는 것을 보게 되었다.[5절] 나는 '엑스 아코에스 피스테오스'$^{ex\ akoēs\ pisteōs}$를 "들음과 믿음"으로 번역했다. 이러한 번역이 바울이 말하려 한 내용을 부분적으로나마 제대로 드러낸다고 할 수 있다. 하지만 이와 유사한 방식으로 '아코에'가 로마서 10:16에서 사용된 것을 보면, 복음 메시지 자체가 사건을 일으킨 주체로 보인다.[37]

그렇다고 해서 이 구절과 5절에 있는 '아코에'^{akoē}와 '피스티스'^{pistis} 사이의 문법적, 의미적 관계에 대한 문제가 해결되지는 않는다. '아코에 피스테오스'$^{akoē\ pisteōs}$라는 문구는 "메시아의 신실하심에 관한 메시지" 또는 "믿음을 불러일으키는 메시지"를 의미할 수 있고, 혹은 둘 다를 의미할 수도 있다. 앞서 제시한 갈라디아서 2:16 해석에 비추어 보면, 바울은 이 두 가지 모두를 의미했던 것으로 보인다. 신자의 "믿음"은 메시아의 "신실하심"에 대한 적절한 반응으로써 공동체를 정의하는 특징이다. 또한 좀 더 멀지만 흥미롭게도, 로마서 1:5과 16:26의 "믿음의 순종"$^{hypakoē\ pisteōs}$의 의미도 감지된다.

---

[36] 이 다섯 구절 전체에 잘 다듬어진 수사修辭적 표현이 담겨있다. 주의 깊게 균형 잡힌 표현과 더불어, 3절 하반절을 보면 두 개의 동사가 영과 육의 대조를 둘러싸고 있으며,$^{enarxamenoi\ pneumati\ nyn\ sarki\ epiteleisthe}$ 5절에는 유사하게 발음되는 두 동사 '에피코레곤'^{epichorēgōn}과 '에네르곤'^{energōn}이 들어 있다.

[37] '아코에'^{akoē}는 듣게 된 내용보다는 듣는 행위를 가리키는 경우가 많다. 이러한 예는 출 23:1을 비롯해 다수의 구절에서 볼 수 있다.

3:3 하지만 바울이 매우 날카롭게 말하는 요지는, 복음이 선포되었을 때 갈라디아인들에게 가장 먼저 일어난 일이 성령의 임재이므로, "육신"으로 순례를 계속하려고 하는 시도는 어처구니없을 정도로 어리석다는 것이다. 바울은 2절에서 갈라디아인들이 "성령을 받은 것"이 그리스도인으로 사는 삶의 **시작**이라고 말하지는 않았지만, 그는 이를 전제하는 것이 확실하다. 메시지가 선포되었고, 그들은 이 메시지를 듣고 믿었다. 그러고는 성령이 그들의 믿음을 불러일으켰고,^{고전 12:3을 보라} 놀라운 일을 행했다.^{갈 3:5} 그때까지는 아무도 그들에게 유대 율법을 준수해야 한다거나, 율법을 준수해야 성령의 강력한 역사가 일어난다고 말하지 않았다.

"영"과 "육신"을 대조—구약성경에도 나오고, 대중적 철학 문헌에도 나오는 익숙한 대조군이다—한 것은 갈라디아서 5장에서 바울이 "성령의 열매"와 "육신의 일"을 대조하며 자세하게 설명할 것을 미리 보여준다. 이 대조는 새 창조와 옛 창조라는 반대되는 현실, 곧 생명의 영역과 그 반대인 부정함, 썩음, 죽음의 영역에 대한 축약적 표현으로 기능한다. 특히 명시적으로 말하는 경우는 거의 없지만, 바울은 "육신"이라는 단어를 "육신에 따른" 유대 민족, 곧 육신의 조상을 민족적 정체성의 배경으로 삼고 육신의 할례를 정체성의 외부 표지로 삼는 아브라함의 육신적 후손의 축약적 표현으로 사용한다.

하지만 이 대조를 암묵적 형태의 플라톤적인 대조, 곧 "외적" 행동(그러한 의미로써 "행위들")과 내적인 "영적" 성향, 결정, 혹은 헌신 사이의 대조로 이해하는 경향이 있는데, 그와는 다르다. "믿음"은 내적이거나 "영적"인 것인 반면, "행위들"은 율법이나 제의 규칙에 부합하는 외적 행동을 가리킨다고 전제하는 비성경적 대조가 종종 갈라디아서에 대한 논의 속에 슬쩍 끼어 들어오기도 한다. 이는 이원론적인 초월적 영성으로 이끌며, 궁극적으로는 "유대교"를 혈통, 땅, 할례 같은 "외적"인 것들에 연연하는 잘못된 종교로 간주하는 다양한 형태의 철학적 관념주의로 이끈다. "행위가 아니라 믿음으로 말미암는 칭의" 교리를 접한 많은 이가 바울이 이런 식의 대조를 염두에 두고 있다고 생각하는 상황을 고려하면, 이 같은 관점이 철저하게 왜곡된 것임을 분명히 밝혀 두는 게 좋겠다. 5장에서 볼 수 있듯, 여러 "육신의 일"은 (우리가 종종 쓰는 표현을 사용하자면) "육신 없는 영"으로 저지를 수 있다. 반면에 수많은 "성령의 열매"는 적절한 "외적", 육체적 행동으로 표현된다. 따라서 바울이 "성령으로 시작하여 육신으로 끝냄"이라는 표현으로 의미하는 것은 종교 개혁 이후 일부 주석가들이 내비친 염려, 곧 "믿음으로 의롭게 된" 사람이 "행위로 구원을 받으려" 한다고 염려했던 내용과는 다르다. 바울은 매우 다른 질문을 염두에 두고 있다.

3:4 바울은 자신이 제기한 문제를 한층 더 날카롭게 한다. 바울이 여러차례 개종자들에게 경고한 바와 같이 갈라디아인들은 이미 박해를 받았다.[38] 그것이 다 헛된 일인가? 갈라디아인들이 처음부터 할례를 받았더라면 그런 일을 겪지 않았을 것이다. 그런데 갈라디아인들은 왜 이제와서 얻은 것을 버리려고 하는가? 박해 역시 그들이 십자가 처형을 당한 메시아에게 속해 있음을 보여주는 "경험"의 한 형태다. 갈라디아인들은 그 경험을 헛되게 만들어서는 안 된다! 바울은 2:2에서 그랬듯이, 자신이 자주 겪는 불안감을 드러내며 "정말 헛된 일인가?"라고 묻는다.

3:5 짧지만 날카로운 문제 제기가 담긴 이 단락은 3:2의 질문을 되풀이하며 최고조에 이른다. 이 질문은 하나님이 갈라디아인들에게 자신의 성령을 공급하고 그들 가운데서 기적을 행한 분이라는 사실을 강조

---

[38] 살전 3:3-4.

하며 한층 더 강화되었다. "공급하다"*epichorēgeō*라는 단어는 선물을 나눠주는 후원자*benefactor*의 행위를 뜻할 수 있다. 하나님이 기적을 "행하셨다"라는 표현에 사용된 단어는 2:8에서 하나님이 바울과 베드로의 사역에 "힘을 주셨다"라고 번역한 단어와 같다. 결국 질문은 갈라디아인들의 "체험" 자체가 아니라, 하나님이 "만유 안에서 만유"가 되실 때 받게 될 완전하고 최종적인 유업을 예표하는, 그들 가운데 분명히 드러난 하나님의 역사하심에 관한 것이다. 그래서 바울은 이렇게 질문한다. 하나님이 이미 개시된 하나님 나라의 특징을 미리 보여주는 행동을 하신 이유가 갈라디아인들이 유대인의 토라를 지키려고 했기 때문인가, 아니면 메시아의 신실하심을 선포한 메시지가 그에 응답하는 믿음을 불러일으켰기 때문인가? 수사학적 물음에는 이미 대답이 담겨 있기 마련이다. 바울은 이 물음 속에 명백하게 담겨 있는 대답을 바탕으로 핵심 논의로 넘어간다. 그래서 다음 단락은 '카토스'*kathōs, ~인 것과 마찬가지로*라는 단어로 시작한다. [풀어서 번역하면 이렇다.] "당연히 그것은 '피스티스' 메시지를 들음을 통해서였고, 그러니 여러분은 아브라함과 그의 '피스티스'와 같은 지도 위에 있는 셈입니다."

3:6-9 아브라함과 언약

빽빽한 내용을 담은 앞선 다섯 절은 바울의 논증에 활력을 불어넣는다. 이를 바탕으로 바울은 확신을 가지고 효과적으로 논증을 시작한다.

3:6 '카토스'*kathōs*라는 단어는 아브라함 이야기가 [갈라디아인들과] "유사한 역사적 정황"[39]을 담고 있기 때문에 사용된 것도 아니고, 단순한 "예시"도 아니라는 점을 보여준다. '카토스'는 성경의 이야기라는 더 큰

세계를 향하는 길을 열어 주는 전환어transitional word로서, 바울은 이 거대한 성경 이야기를 통해 이교도였던 갈라디아인들의 상황에 대해 말한다. 창세기, 그중에서도 특히 15장은 갈라디아서 3장 전체를 이해하는 데 매우 중요하다. 약간 다른 방식으로 사용되기는 하지만 로마서 4장을 이해하는 데도 매우 중요하다. 이 중요한 창세기 15:6 인용을 통한, 3:1-5에서 3장 전체의 주요 논의로의 이 전환은 다음과 같이 설명할 수 있다.

앞서 바울은 수사학적 질문을 통해 갈라디아인들 가운데 처음 주어진 성령의 은사 및 성령의 역사가 유대인의 토라 준수에 헌신한 사람을 통해서가 아니라 "믿음의 메시지"를 통해 이루어졌음을 밝혔다. "믿음의 메시지"라는 문구의 뜻이 메시지를 듣고 그 내용을 "믿음"believing이라는 능동적 의미도 있지만, 이어지는 내용에서 "믿음"에 능동적인 의미가 부여된다는 점을 고려하면 "믿음의 메시지"는 "믿음을 불러일으키는 메시지"를 뜻할 가능성이 훨씬 더 높지만, 바울은 아마도 "[예수의] 신실하심에 관한 메시지"라는 의미가 함께 공명하는 것도 기꺼이 허용했을 것이다. 그리고 '카토스'는 말 그대로 "바로 ~인 것과 마찬가지로"just as라는 의미이다. 갈라디아인들의 시작은 메시지를 듣고 믿은 것이었다. 창세기 15장에 따르면, 아브라함도 하나님이 주신 약속을 듣고 믿었다. 아브라함의 시작도 갈라디아인들과 마찬가지였으며, 그것이 "바로 ~인 것과 마찬가지로"가 가리키는 바다. 창세기 15:6을 원래 문맥에 따라 읽으면, 그 구절이 아브라함이 하나님께 올바른 방식으로 (곧, "행위"와 반대되는 "믿음"으로) 다가갔고, 그래서 혹은 그럼으로써 하나님이 그에게 "의로움"righteousness이라는 특성 또는 지위를 "부여"credit하

---

39   DeSilva, *The Letter to the Galatians*, 277.

셨다는, 문맥과 분리된 선언이 아님을 알 수 있다. 이는 창세기 15:6을 완전히 시대착오적으로 읽는 것이며, 창세기 15장의 문맥에서 벗어난 해석이다. 창세기 15장은 아브라함이 "내 집에서 태어난 종" 외에는 상속자가 없다면서 하나님께 불평하는 이야기로 시작한다. 이에 대해 하나님은 아브라함이 자신의 아들을 갖게 될 것이며, 아브라함에게서 셀 수 없을 만큼 많은 구성원으로 구성된 가족이 생겨날 것이라고 확약하신다. 이것이 바로 아브라함이 "믿은" 약속이다. 이 약속은, 아브라함이 "의로움"을 인정받아서 그가 죽을 때 천국에 갈 자격을 갖추게 되었다는 뜻이 아니다. 그가 광대한 가족과 약속받은 "유산"인 땅을 얻게 될 것이라는 의미다.

가족과 유업에 대한 이중 약속double promise**이 바로 바울이 갈라디아서 3장 전체에서 분석하고 논의하는 주제다.** 즉, 이 장의 주제는 "사람이 어떻게 구원을 받는가"가 아니라, "아브라함이 어떻게 약속받은 가족을 얻게 되는가"와 "이 가족이 유업을 어떻게 상속받을 것인가"라는 문제다. 바울은 7절에서 예비적 결론을 이끌어 낸다. 이 예비적 결론은 중간에 끼어 있는 논의 다음에 나오는 29절을 통해 강화된다. "믿음의 사람들이야말로 아브라함의 자손입니다." "여러분이 메시아에 속했으면, 여러분은 아브라함의 가족입니다. 여러분은 약속을 상속받을 것입니다." 그런 다음, 결정적인 "출애굽" 사건을 묘사하는 4:1-7의 마지막에 있는 4:7에서 이 모든 내용이 다시 강조된다. "여러분은 더 이상 노예가 아니라 아들입니다. 그리고 여러분이 아들이라면, 하나님으로 말미암은 상속자입니다."

이러한 관찰은 바울이 창세기 15:6을 인용한 방식을 이해하는 데에 새로운 가능성을 열어 준다. "그가 하나님을 믿었고, 그것이 그에게 의로움으로 간주되었다." 앞서 논의했듯, 창세기 15장 전체에서 6절이 수

행하는 역할 및 시편 106편의 비느하스에 관한 진술과의 유사성은 여기에서 "의로움으로 여김"이라는 표현이 가족과 유업에 관한 언약의 수립을 가리키고 있음을 강력히 시사한다. 가족과 유업은 바로 갈라디아서 3장의 주제이자 동시에 갈라디아의 예수 추종자들이 명확히 알아야 할 주제이다. 바울은 하나님의 약속에 대한 아브라함의 믿음, 곧 그의 '피스티스'^{pisits}가 언약 가족이 지닌 가장 중요한 특성임을 보여주려고 창세기의 핵심 구절을 인용했다.

3:7 그런 다음 바울은 이렇게 결론을 내린다. "믿음의 사람들"$^{hoi\ ek\ pisteōs}$이야말로 아브라함의 "아들들"이다. "믿음의 사람들"이라는 존재 자체가 하나님의 약속이 성취된 것이다. 이들이 언약 가족을 이룬다. 로마서 9:6-9도 이와 비슷한 방식으로 아브라함의 아들들에 관한 문제를 다룬다.

우리 앞에는 갈림길이 있다. 오늘날 주해가들은 마치 로버트 프로스트$^{Robert\ Frost}$처럼 어디로 가야 할지 고민하며 갈림길 앞에 서 있는 것 같다. 예수의 표현을 빌자면, 혼동으로 이끄는 길은 넓어서 그 길을 찾는 사람이 많다. 그 길은 "의로움"을 도덕적 구원론의 요소로서 누군가의 것으로 계산되는, 윤리적 잔고 축적으로 이해하는 비역사적 의미를 주장한다. 나는 다른 이들과 함께 많은 이들이 걷지 않은 길을 걸었고, 그로 인해 큰 변화가 일어났다. 그 길은 곧 진정한 역사학적 주해다. 그리스-로마 문화라는 배경에서, 창세기와 아브라함 이야기에 대한 유대적 이해 안에서, 그리고 바울과 갈라디아서 전체라는 더 큰 역사적 배경 안에서 '피스티스'^{pistis}와 '디카이오쉬네'^{dikaiosynē}라는 단어가 갖는 의미에 바탕을 둔 역사학적 주해 말이다

이러한 접근 방식을 통해서 본문의 의미를 명확하게 알 수 있다. 방금 전에 보았듯, 7절의 예비적 결론은 바울이 구원으로 인도하는 도덕

적 공로의 축적에 대해 말하는 것이 아니라 **아브라함의 자손으로 구성된 공동체의 형성**에 대해 이야기하고 있음을 보여준다. '후토이'*houtoi*, 이 *사람들*의 위치를 보면 이 점이 강조되고 있음을 알 수 있다. "믿음의 사람들"*hoi ek pisteōs*이라는 문구는 모든 예수 신자를 가리키는 전문 용어가 되었고, 바울의 강조점은 "믿음의 사람들, 바로 **이 사람들**이야말로 아브라함의 자손"이라는 것이다. 결국 갈라디아서의 요점은 모든 '피스티스' 백성*pistis people*은 그들이 '피스티스' 백성이기에 이미 아브라함의 가족으로 구분되었다는 것이다. 이는 **신학적** 쟁점(이제 그들이 하나님의 약속을 상속받는 이스라엘 백성이다)이자 **사회정치적** 쟁점(이교도의 신들을 숭배하지 않아도 된다는 로마의 허가를 받았다는 면에서 그들이 진정한 "유대인"이다)을 둘 다 아우른다. 바울은 "신뢰함"과 "행함"을 추상적으로 구분하고 전자가 후자보다 더 우월한 종교 활동이라는 식의 주장을 하고 있었던 것이 아니다.[40]

3:8-9 "칭의"의 의미는 8절과 9절에서 더욱 분명해진다. 지금까지의 주장이 옳다면, 그리고 모건이 역사적 배경에서 '피스티스'와 '디카이오쉬네'의 의미를 연구한 결과를 받아들이면, 우리는 바울이 창세기를 읽고 "성경"에 하나님이 **이방인을 언약 가족의 일원으로 여기실 것**이라는 사실이 나와 있음을 알게 되었다고 자신 있게 말할 수 있다. 물론 이 주장에는 궁극적 구원이라는 긴 배음이 깔려 있다. 5:21에 나와 있듯, 그들은 "하나님 나라를 상속받을 것"이다. 하지만 이는 바울이 여기서 말하는 요점이 아니다. 갈라디아 교인들이 들어야 할 내용도 아니다.

그래서 바울은 여기서 그의 고유한 방식대로 6절과 7절의 도입문을

---

40 이런 식의 추상적 구분을 하는 최근의 예로는 deSilva, *The Letter to the Galatians*, 277을 보라.

확장해서 그 안에 숨겨진 내용을 드러낸다. 그는 "성경"을 의인화하여 "성경에서 하나님이 아브라함에게 말씀하신 것"과 "성경이 말한 것"을 융합하며 창세기 12:3(18:18에서 거의 반복됨)을 인용한다. "모든 민족이 네 안에서 복을 받으리라." 그는 놀랍게도 성경의 "복음 선포"를 "메시아가 너희의 죄들을 위하여 죽으셨다"라는 관점이 아니라, "하나님이 아브라함 안에서 모든 민족들에게 복을 주시리라"는 약속의 관점에서 이해한다. 이것이 결국 2장에서 말한 "복음의 진리"다. 여기서 "축복"은 "상속"이라는 주제와 밀접하게 연관되어 있다. 하나님은 자신의 백성에게 주시려고 특별한 선물을 준비하셨고, "아브라함 안에서" 모든 민족은 그 선물을 받을 것이다.

바울이 보기에 "모든 민족"이 아브라함 "안에서" 또는 아브라함과 "함께" 복을 받으려면, 아브라함의 "자녀"라는 거대한 공동체 구성원이 토라를 소유하거나 지키는 사람들로 국한되어서는 안 된다. 왜냐하면 하나님이 다른 근거 위에서 비유대인들을 "의롭다고 공표"하시거나 "의롭게 하실" 것이기 때문이다. 바울은 (똑같은 성경적 근거, 곧 창세기 15:6을 들어) 이 근거가 '피스티스'^{pistis}일 수밖에 없다고 결론짓는다. 여기서도 2:16처럼, 보통 "의롭게 하다"로 번역되는 동사 '디카이오오'^{dikaioō}는 "의로운 자들이라고 공표하다"라는 의미인 게 분명하다(그 반대는 "죄인들^{hamartōloi}이라고 공표되다"이다). 바울은 창세기 15장에 비추어 창세기 12장을 해석한다. 그 해석에 따르면, 하나님의 변치 않는 의도는 아브라함에게 이 거대한 가족을 주시는 것이었다. 하나님은 아브라함의 육신적 후손에서 시작하여, 훨씬 더 큰 무리를 아우르기 위해 위해 손을 뻗으셨다. 이토록 혼란스러운 세상에서 이 무리가 누구인지 알아보고 분간하는 단서는 창세기 15:6의 언약 진술에 나와 있듯 '피스티스'^{pistis}이다. 따라서 9절의 결론은 7절의 예비 결론을 강화하고 확장하며, 7절과 마찬가지로 3:29에 나올 결론을 시사한다. 이어지는 바울의 복잡한 논증을 해석해 나갈 때 이 모든 내용을 반드시 염두에 두어야 한다. 이것이 바로 바울 스스로 자신이 말하는 바라고 생각했던 것이다. 우리는 현대 서구의 구원론 논의에서 볼 수 있는 "통상적" 해석이라는 "기본 상태"로 되돌아가려는 유혹을 물리쳐야 한다.

바울이 인용한 창세기 12:3은 "복"을 언급한다. 바울은 복에 대한 언급을 통해 즉시 논증의 다음 단계로 옮겨 간다. 창세기에서 극적으로 맺어진, 아브라함과 그의 가족에게 주어진 약속은 이스라엘의 긴 역사를 낳았다. 이스라엘은 그 역사 속에서 신명기가 항상 경고했던 심각한 문제에 부딪쳤다. 극적인 종말론 말고는 이 문제를 해결할 방도가 없었다.

6-9절 주석을 마치기 전에 특히 두 가지 점에 주목해야 한다. 첫째, 로마서 4장에서 바울은 "불경건한 사람을 의롭다고 인정"하시겠다는 하나님의 약속의 관점에서 창세기 15장을 논의한다. 많은 이들이 창세기 15장이 아브라함을 "불경건"한 사람이었다고 묘사한다고 여겼다. 하지만 나는 그것이 바울의 요점이라고 생각하지 않는다. 이 갈라디아서의 구절과 마찬가지로, 바울은 로마서 4장에서 아브라함에게 셀 수 없을 정도로 큰 가족을 주시겠다는 하나님의 약속이 뜻하는 내용을 이끌어 낸다. 즉, 아브라함의 그 커다란 가족에 이방인이 포함될 수밖에 없다는 것이다. 로마서 12장도 이 점을 다룬다. 하나님은 불경건한 **이방인**을 의롭다고 인정하겠다고 약속하신다. 하나님이 불경건한 이방인을 그의 가족과 상속자에 포함시키고, 죄가 제거된 백성으로 구성하실 것이다. 다른 곳과 마찬가지로 여기서 "칭의"가 "최종 구원"도 함의하기는 하지만, 바울이 강조하는 요점은 예수를 믿는 이방인의 현재 신분에 있다. 그들은 가족의 온전한 구성원이다. 유대인 출신 예수 신자(안디옥의 베드로와 갈라디아의 경쟁 교사들과 같은 사람들)는 이방인 신자를 그들과

같은 가족 구성원으로 대우해야 하며, 그들과 식사를 같이 해야 한다. 무엇보다도 이 논증에서 가장 중요한 점은, 유대인 출신 예수 신자들이 이방인 신자들에게 "할례를 강요"하는 일은 절대 하지 말아야 한다는 것이다.

두 번째로 주목할 점은 아브라함에 대하여 연합에 관한 표현이 사용된다는 것이다. 바울은 8절에서 창세기 12장을 인용하면서, "성경"에는 하나님이 "네 **안에서**" 모든 민족에게 복을 주실 것이라고 기록되어 있다고 말한다. 그는 9절에서 이 의미를 더 상세히 설명한다. '호이 에크 피스테오스'*hoi ek pisteōs*, 믿음의 백성가 "신실한 아브라함과 **함께**" 복을 받았다. 로마서 6장은 사람들이 세례를 통해 "메시아 **안으로**" 들어간 결과 "그분 **안에**" 있게 되었고, "그분과 **함께**" 죽고 함께 살아난다고 말한다. 이 갈라디아서 단락에서는 로마서 6장의 메시아와 연합을 나타내는 표현이 신자와 아브라함의 관계에 그대로 적용된다. 그런데 "아브라함 안에서"가 먼저인가, 아니면 "메시아 안에서"가 먼저인가? 이 표현이 바로 "메시아 안에서"*en Christō*라는 유명한 바울 신학 주제의 기원이 아닌가?

일부 학자들은 그렇다고 생각한다.[41] 나는 바울이 메시아를 두고 숙고하다가 처음으로 메시아와 메시아 백성의 "연합"에 대한 통찰을 얻었을 가능성이 높다고 생각한다. 바울이 예수를 만나기 이전에 하나님이 모든 이스라엘을 위해 행하실 것으로 기대했던 일을, 하나님은 예수를 죽은 자들 가운데서 일으키심으로써 예수 안에서, 예수를 위해 행하셨다. 그래서 바울은 성경의 표현을 숙고하였고, 아브라함의 이야기 속에서 이와 유사한 예가 이미 기록되었다는 사실을 알게 되었을 것이다.

둘 중 무엇이 맞든, 바울의 논증이 진행되면서 예수의 메시아 사역이

---

41   이에 대한 논의는 *Paul and the Faithfulness of God*, 827을 보라.

지닌 연합적 의미가 중요성을 띨 것이다. 여기서 "연합"는 **특정한 가족에 소속됨**과 주로 관련 있다는 점을 유의해야 한다. "연합" 개념이 메시아이신 예수가 "인간 이상의" 존재라는 것을 의미하지 않는 것은, "아브라함 안에" 존재한다는 개념이 그 족장이 "인간 이상의" 존재라는 함의를 갖지 않는 것과 마찬가지다.[42] 이것이 바울이 예수의 "신성"을 믿지 않았다는 말이 아니라는 점을 분명히 밝혀 둔다. 단지 바울의 사고에서 "연합"이라는 개념이 예수의 신성에 대한 믿음을 반영하거나 표현하는 것인지 아닌지에 대해 질문을 던지는 것이다.

3:10-14 율법의 저주

이로써 갈라디아서 3장의 중심부에 이르렀다. 이 단락은 바울 서신을 통틀어 가장 난해하기로 악명 높다. 13절에서 메시아가 "저주가 되셨다"는 표현이 "속죄"atonement 신학을 둘러싼 논쟁에서 너무나 중요한 역할을 했기 때문에 이러한 주제들을 따로 떼어 놓고 본문을 주석하기가 어렵게 되었다. 하지만 6-9절로 이루어진 단락에서 7절과 9절의 예비적 결론이 아브라함 가족의 구성을 다룬다는 사실은 바울의 관심이 교회론에 있음을 보여준다("누가 하나님의 백성인가? 아브라함에게 주신 약속은 누구와 연관되는가?"). 마찬가지로 14절의 결론도 이 본문의 "통상적" 해석을 약화시킨다. 바울의 논증은 "이는 우리가 죄책과 처벌과 죄의 권세에서 벗어나기 위해서"라는 진술로 귀결되지 않는다. 물론 우리

---

42 이 점에서 C. F. D. Moule, *The Origin of Christology* (Cambridge: Cambridge University Press, 1977)의 주요 논지에 반대한다.

가 바울에게 이 문제에 대해 질문한다면 그는 기꺼이 그 또한 옳다고 말할 것이다. 하지만 그는 이내 우리가 왜 논의의 주제를 바꾸고 그가 실제로 우리에게 도전하는 내용을 회피하려고 하는지 물을 것이다. 이 편지의 서두에서 예수의 죽음과 그 죽음이 의도했던 결과에 대해 말한 것과 같이[1:4] 이 구절도 마찬가지다. 1:4은 "그분이 우리 죄들을 위해 자신을 내어 주신" 것은 "우리를 현재의 악한 세대에서 구출"하기 위해서라고 말한다. 이 단락은 메시아가 "우리를 위해 저주가 되신" 것은 "아브라함의 복이 다른 민족들에게 흘러가기" 위함이며, 3:2-5과 마찬가지로 모든 예수 추종자들이 약속된 성령을 믿음을 통해 받기 위함이라고 말한다.

이 구절을 두고 상당한 주석적 혼란이 일어난 이유는 오랫동안 교회가 하나님이 아브라함과 그의 가족을 부르신 목적에 대해, 또한 하나님의 목적이 예수를 통해 어떻게 실현되었고 영을 통해 현재에도 어떻게 실현되고 있는지에 대해 성경(구약은 물론 신약에서도!)이 말하는 바를 이해하는 데 실패했기 때문이다. 이 문제는 보다 큰 문제의 일부분이다. 즉, 교회가 "하늘에서와 같이 땅에서도" 임하는 하나님 나라에 대한 예수와 예수의 첫 추종자들의 비전에서 벗어나 다양한 형태로 예수의 비전을 희석시킨 플라톤적 해석을 받아들였다는 문제다. 이로 인해 모든 주석적 노력은 신약성경을 플라톤적 이해에 끼워 맞추는 작업으로 국한되었다.

사고 실험을 하나 해보자. 갈라디아서 3:10-14은 남아 있지 않고 오로지 3:6-9만 현존한다고 가정하는 것이다. 우리는 바울이 3:6-9에서 창세기 12장과 15장이 '피스티스'라는 특징으로 구분된 범세계적인 가족을 그리고 있다고 확언하고 있음을 쉽게 알 수 있을 것이다. 그러고서 이어지는 논증의 일부로 3:15-29을 찾아내면 이 본문에서도 동일한 내용을 다루고 있음을 발견할 것이다. 즉, 이 본문은 하나님이 아브라함에게 전 세계를 아우르는 가족을 주시겠다는 언약의 성취에 관한 이야기인 것이다. 3:10-14이 논증과 상관없는 여담이 아니라면, 9절부터 15절까지 동일한 사고의 흐름이 진행된다고 생각할 수밖에 없다.

다음으로 갈라디아서의 더 큰 맥락으로 눈을 돌리면, 2장에서 이미 쟁점이 날카롭고 분명하게 제시되었음을 볼 수 있고, 그렇다면 전 세계를 아우르는 아브라함의 가족이라는 이 문제는 반드시 다음 질문으로 이어진다. 아브라함에게 약속된 이 "복"(3:8-9에 언급된 복)이 어떻게 모든 민족에게 이를 수 있는가? 그것은 토라 백성의 행위와 증언을 통해서 이루질 것인가? 그래서 그 복을 함께 누리고자 하는 이방인들 자신도 토라 백성이 되어야 하는가?

어쩌면 다소의 사울은 그렇다고 생각했을 수도 있다. 로마서를 갈라디아서를 이해하기 위한 안내서로 사용하는 데에는 조심해야 하지만, 여기서 로마서와 갈라디아서는 겹치는 부분이 상당히 많다. 나는 다른 책에서 로마서 2:17-24을 특정한 방식으로 해석해야 한다고 주장한 바 있다.[43] 로마서 2:17-24에서는 "유대인"이 "눈먼 자의 인도자요, 어둠 속에 있는 백성을 비추는 빛이며, 어리석은 자의 스승이고, 어린이들을 가르치는 자"라고 하며, 그에 기초해서 "유대인"은 토라 안에서 "지식과 진리의 요체"를 갖고 있다고 말한다. 내가 볼 때 바울은 이 모든 주장을 인정한다. 창세기부터 이사야와 시편까지, 그리고 그 외 여러 본문은 바로 이것이 이스라엘의 소명이라고 한다.

그러나 이스라엘의 성경 자체는 이 소명이 본디 의도했던 대로 수행되지 않았음을 보여준다. 이 점은 위태로운 상황을 통탄하는 수많은 제

---

[43] *Pauline Perspectives*, 30장과 *Interpreting Paul*, 2장을 보라.

2성전기 유대 문헌에 의해서도 뒷받침된다. 이스라엘 민족 자체가 다른 민족과 마찬가지로 곤경에서 구출받아야 하는 상황 가운데 있다. 쿰란 공동체와 에스라4서의 저자도 이 점에 대해 강력하게 동의했을 것이다. 바울은 하나님이 "유대인"을 창조하실 것이며 "문자가 아니라 영으로"[2:29] 새로운 범주의 "할례"를 창조하실 것이라는 가설적 가능성으로 논증을 진행한다.[롬 2:25-29] 이 범주의 내용은 로마서 5-8장에서 메시아의 백성에 대한 바울의 묘사로 채워진다. 로마서 2장 말미에 이르러 이 논증은 필연적으로 다음과 같은 질문을 제기한다. 유대인이라는 사실과 할례의 이득은 도대체 무엇이란 말인가?[3:1] 이 질문에 바울은 이스라엘에게 "하나님의 말씀이 맡겨졌다"고 대답한다.[3:2]

이는 갈라디아서 3:6-9의 근간을 이루는 논지—아브라함과 그의 가족은 모든 민족이 그들과 함께 "복을 받을" 것이라는 약속을 받았다—와 거의 일치한다. 이스라엘은 이 임무를 신실하게 수행하지 않았지만,[롬 3:3] 그들의 불신실함이 하나님의 신실함을 헛되게 만들 수는 없다. 이 선언은 이스라엘을 대표한 메시아의 신실한 죽음, 구속을 가져다주는 죽음이 하나님의 언약적 신실함을 드러낸 사건이라고 말하는 로마서 3:21-26과 그대로 이어진다. 이 같은 메시아의 죽음으로 나타난 하나님의 언약에 대한 신실함은 '피스티스'[pistis]를 기초로 하여 이방인들을 하나님의 백성에 포함시키는 결과를 낳는다.[롬 3:27-31] 따라서 하나님의 언약적 신실함은 '피스티스'[pistis]로 특징지어지는,[롬 4장] 모든 민족을 아우르는 단일한 가족을 창조함으로써 창세기 15장의 약속을 성취한다.[44]

이와 똑같은 생각의 흐름이 필요한 부분만 약간 수정된 형태로 갈라디아서 3:6-14에 나온다. 로마서에서 바울은 죄와 용서의 문제를 다루

---

44 상세한 논의는 *Interpreting Paul*, 9장을 보라.

는데, 이 문제는 갈라디아서의 주요 주제는 아니지만 교회론적 초점 안에 완전히 통합된 형태로 들어 있다. 유대 문헌을 보면, 많은 유대인들이 하나님이 아담의 죄를 없애기 위해 아브라함을 부르셨다는 거대한 이야기의 틀 안에서 이스라엘의 성경을 읽었음을 알 수 있다. 따라서 "죄 용서"에 관한 문제는 "아브라함의 자손이 누구인가"라는 문제와 밀접한 관련이 있다.[45] 바울에게 "죄 용서"에 대한 "확신"(이는 특히 "이방인 죄인"에게 해당되지만, 꼭 그들에게만 해당되는 것은 아니다!)은 개인적 차원에만 국한된 문제가 아니다. 다양한 민족 출신의 예수 신자들로 이루어진 하나님의 가족 구성원이 서로를 받아들이고 함께 예배하는 것은 복음을 통해 받은 가장 중요한 그 복을 외적으로, 가시적으로, 구체적으로 나타내는 것이다. 다시 말하지만, 로마서 14장과 15장은 이 점을 상세하게 보여준다.

이 모든 내용을 염두에 두고 갈라디아서 3:10-14로 돌아오자. 우리는 이 단락에서 바울 스스로가 하나님이 아브라함에게 약속하신 복(갈 3:6-9)이 어떻게 하나님의 뜻대로 모든 민족에게 미치는지에 관하여 말하고 있다고 생각하고 있었음을 알 수 있다. 갈라디아서 3:6-9은 로마서 2:21-24과 일치한다. 두 단락 모두 토라 자체가 이스라엘이 그 복을 세상에 전하는 일을 할 수 없도록 방해한다고 말한다. 이는 바울이 갈라디아서 2:11-21에서 주장한 요지, 곧 토라에 기초한 가족이 그 상태 그대로는 "의롭다고 여겨질 수" 없다는 주장(2:16)을 더 강화한다. 사람은 메시아 안에서 "토라에 대해 죽어야"만 "하나님에 대하여 살 수" 있다. 십자가 처형을 당한 메시아라는 걸림돌이란 바로 이 진실을 가리킨다. 1세기에서나 21세기에서나 인기를 끌지 못하는 이 결론 말이다.

---

45 상세한 논의는 *Paul and the Faithfulness of God*, 783-95을 보라.

바울의 전체적인 논증에서 10-14절은 두 가지 중요한 기능을 한다. 첫째, 이 단락은 토라에 불순종하는 자들(즉, 열방의 빛이 되어야 했으나 실패한 아브라함의 가족)을 향해 토라가 내린 저주에도 불구하고, 아브라함에게 주신 약속이 "모든 민족"에 이를 수 있도록 하나님이 어떻게 막힌 길을 뚫으셨는지 보여준다. 둘째, 이 단락은 갈라디아서의 근간을 이루는 논지를 보강한다. 즉, 이방인 신자들이 할례를 받으면 그들 자신을 토라 아래에 두게 되고, 결과적으로 토라가 그들을 율법을 어긴 자로 정죄할 것이기 때문에(2:18에서 말한 것처럼 말이다. 하지만 2:18은 처음으로 토라를 받아들인 이방인 신자에 대해 말하는 것이 아니라 유대인 예수 신자들이 토라의 지배 아래로 돌아가는 것을 말한다), 이방인 신자들은 절대로 할례를 받아서는 안 된다. 마지막으로 바울은 이 두 가지 논지에 셋째 논지를 추가한다. 그는 여기서 3:1-5의 주제를 다시 꺼내 들고, 4:6-7의 내용을 앞질러 말한다. "아브라함의 복"이 모든 민족에게 다다른 것처럼, 궁극적 유산을 미리 맛보는 것과 다름없는, 성령이 주시는 새 생명이 모든 예수 신자에게 부어진다. 예수의 부활과 마찬가지로 성령의 선물은 하나님의 궁극적 미래에서 지금 현재에 주신 것으로서, 신자들이 진정으로 "현재의 악한 세대에서 구출되었음"을 나타내는 표시다.

"율법의 저주"를 말하는 이 구절은 많은 "속죄" 신학뿐만 아니라, (예수의 십자가 처형은 하나님이 그를 저주하셨음을 뜻했기 때문에) 초기 그리스도인이 박해받았다는 여러 가설적 재구성 (모세 율법이 예수를 저주했지만 잘못된 것으로 판명되었고, 따라서 모세 율법이 덜 중요한 계시로 혹은 나아가 악의적인 세력으로 드러났다는) 및 이른바 율법 없는 복음을 바울이 구성했다는 가설의 핵심에 있었다. 학술 문헌과 대중 설교에서 끝없이 반복되어 나타나는 이 같은 사고는 완전히 핵심을 벗어나 있으나, 십자가 처형의 "저주"가 "십자가의 걸림돌"이라는 바울의 더 큰 개념에 속한 요소였을 가능성은 충분히 있다.[46] 하지만 바울에게 매우 중요했던 것은, 율법의 저주가 틀린 것으로 드러나기는커녕 긍정되어야 한다는 사실이었다. 율법의 저주는 실제였다. 신명기는 그에 대해 분명히 말했다. 이스라엘의 불신실함을 향해 저주를 선포한 토라는 옳은 일을 했다. 매우 온당하게 내려진 그 저주는 십자가에서 처리되었다.

이 모든 점을 이해하려면 바울의 세계로 공감하는 자세로 들어가야 한다. 이 세계는 웅대한 오경의 서사가 신명기의 말미 부분에서 위협적 결론에 이르는 세계로서, 1세기의 일부 유대인은 신명기의 경고를 자신들이 사는 시대에 대한 예언으로 이해했다.[47] 결정적으로 중요한 신명기 27-32장은 언약에 관련한 약속과 경고, 복과 저주를 말한다. 이는 "복음 아래 사는 삶"과 "율법 아래 사는 삶"이라는 역사적이지도 않고 낡은 대조, 곧 "믿음으로 말미암아 은혜로 사는 삶"과 "도덕적 선행과 제의적 행위를 통해 구원을 얻으려는 율법주의자로 사는 삶"의 대조가 아니다. 영적 성향spiritual style이나 구원론의 대조를 말하는 것도 아니다. 그것은 수많은 유대 문서에 나타난 세계로서, 가령 4QMMT 같은 문서의 신명기 27-30장 이해는 바울과 상당히 유사하다.[48] 물론 신명기 30장이 말하는 갱신된 언약에 극적으로 들어가는 것이 십자가에서 죽으시고 살아나신 메시아를 통해 가능하게 되었다고 말하지는 않지만 말이다. 다시 말해, 그것은 **하나님의 백성이 여전히 포로 생활 가운데 있는**

---

46 갈 5:11과 고전 1:23. 또한 초기 그리스도인들이 십자가를 "나무"로 지칭한 예들을 볼 수 있다(행 5:30; 10:39; 13:29, 벧전 2:24). 이는 "십자가"라는 단어 자체가 너무 끔찍하고 수치스러운 나머지 에둘러 표현한 것인가, 아니면 신 21:23을 가리켰던 것일까?

47 요세푸스, 『유대 고대사』 4.303. 이 점은 *Paul and the Faithfulness of God*, 130-31에서 다루었다.

48 MMT에 대해서는 *Pauline Perspectives*, 21장과 *Paul and the Faithfulness of God*, 184-86를 보라.

세계다.⁴⁹

"지속되는 포로기"는 다니엘서 9장에 명시적으로 언급된 기이한, 연장된 "어둠의 시기"로, 제2성전기 유대 문헌 대다수의 특징적인 요소다. 바울 시대의 유대인에게 오랫동안 지속된 "저주"란 이스라엘이 여전히 이교도의 지배 아래 있음을 뜻하며, 이사야를 비롯해 여러 예언자들의 입을 통해 약속된 위대한 구출 사건이 아직 이르지 않았음을 의미한다. 신명기 27-29장은 현재 진행 중인 현실이었다. 에덴 동산에서 처음 추방된 경우("포로기"에 있는 이들은 자연스럽게 이를 이스라엘이 그들의 땅에서 추방된 사건을 비유한 것으로 읽었을 것이다)와 마찬가지로, 포로 생활은 이스라엘의 우상숭배와 그로 인해 저지른 죄의 직접적인 결과다. 유배에서 풀려나기 위해서는 죄를 용서받아야 한다. 이 모든 것이 3:10-14을 온전히 역사적으로, 신학적으로 해석할 수 있도록 우리를 준비시킨다.

3:10a 10절을 이전 단락과 논리적으로 연결하는 '가르'gar, 왜냐하면, ~때문이다라는 단어는 9절의 '호이 에크 피스테오스'hoi ek pisteōs와 10절의 '호소이 엑스 에르곤 노무'hosoi ex ergōn nomou 사이의 암묵적 대조를 바탕으로 한다. "믿음으로 말미암은 사람들"은 아브라함과 함께 복을 받는다. **왜냐하면** "'율법의 행위들'에 속한 사람들이 저주 아래 있기" **때문이다**. 이 계속되는 저주는 "믿음으로 말미암은 사람들"만 복을 받을 수 있다는 사실을 나타낸다. 이어지는 네 절에서 이 논지가 설명된다. 바울은 2:16d와 2:18에서 말했던 내용을 반복한다. "어떤 육체도" 토라의 행위들로 의롭다고 여겨질 수 없으며, 토라에 호소하는 사람은 스스로가 "율법을 어긴 사람"이라는 혐의를 받는다.

---

49 이 주제에 관해서는 Scott, *Exile, and Paul and the Faithfulness of God*, 139-63을 보라.

3:10b 바울은 토라를 준수하지 못한 이들 누구에게나 내린다는 신적 저주를 언급하는, 다소 모호한 신명기 27:26을 인용한다. 여기서 우리는 냉정을 유지해야 한다. **바울은 하나님의 "저주"나 "복"이 실행되는 초월적 영역 혹은 천상의 법정에 대해 말하고 있는 것이 아니다.** 또한 일부 학자들의 주장처럼 바울이 토라 전체를 완벽하게 준수할 수 있는 사람이 아무도 없다는 점을 토라의 문제라고 지적하는 것도 아니다. 바울은 5:3에서 이 점을 다시 다룰 것이다. 하지만 5:3에서 바울은 "따라서 칭의는 '행위들'에 의한 것이 될 수 없습니다"라고 주장하지 않고, "여러분이 할례받으면, 그것은 단지 시작에 불과합니다. 여러분은 다른 612개의 율법 조항 역시 지켜야 합니다"라고 말하는 셈이다. 게다가 6:13에서는 이렇게 말한다. "나와 경쟁 관계에 있는 교사들 자신은 토라를 제대로 지키는 데에 관심이 없습니다." 바울에게 토라는 가감없이 그 내용 그대로를 의미한다. 전부를 지키지 않으면 아무 소용이 없다.

그렇다면 여기서 바울의 주된 사고 흐름이 관심을 둔 것은 하나님의 백성으로서 이스라엘의 길고도 특이한 역사다. 그들은 아브라함에게 주신 약속을 실행하는 방편으로 부름 받았지만, 결과적으로는 그들도 나머지 세상과 마찬가지로 똑같은 치명적인 병에 감염되었음을 알게 되었다. 하나님의 백성들이 겪는 어려움에 대한 분석은 쿰란 공동체에게도 생소하지는 않았을 것이다. 이스라엘 전체가 끊임없이 불충성했으며 하나님이 이제 비밀리에 모든 것을 바로잡기 위한 새 언약을 시작하셨다는 신념이 쿰란 종파의 존재 이유*raison d'être*였던 것이다. 4QMMT는 이 점을 상세히 설명한다. 먼저 다윗과 솔로몬의 치세는 축복의 시대였다. 그 이후 느밧의 아들 여로보암의 범죄가 시드기야의 시대까지 이어졌고, 그로 인해 저주를 받았으며, 그 저주는 이후로도 계속되었으나, 이제 비밀리에 체결된 하나님의 새 언약을 통해 저주가 무효화될 수 있을 것이다. 솔로몬의 시편을 쓴 분노한 시인들도 동일한 요점, 곧 이스라엘의 커다란 실패가 끊임없이 반복되고 있음을 이해했을 것이다. 마카비 항쟁의 순교자들은 분명히 이러한 생각에 동의했을 것이다. 그리고 그 이면에는 다니엘서 9장의 기도와 같은, 에스라와 느헤미야의 다음과 같은 명백한 인식이 있었다. 하나님의 백성 가운데 일부가 바벨론에서 예루살렘으로 돌아온 후에도, 하나님의 백성은 여전히 죄를 짓고 있고, 여전히 "포로 생활" 중에 있으며, "우리 자신의 땅에서" 외부인의 통치를 받는 "노예" 상태로 있다. 신명기 30장의 위대한 약속들은 아직 성취되지 않았다. 이사야서 40-55장의 장엄한 예언은 여전히 아름답지만 현실과 동떨어진 꿈에 불과했다. 다시 이 모든 것의 이면에 열왕기하 22-23장이 있음을 기억하자. 요시야 왕이 "율법책"을 낭독하게 하자마자, 곧 문제가 닥칠 것임을 간파했다. 신명기는 "저주"에 대해 경고했다. 바울의 동시대인들도 그 저주가 계속되고 있음을 알았다.

(오해의 가능성을 피하기 위해) 달리 말하면, 갈라디아서 3:10b는 "유대인"을 겨냥한 "그리스도교적 논박"이 아니다. 즉, 바울과 같은 시대에 살던 유대인들은 율법의 저주 아래 있다는 지적에 화를 내지 않았을 것이다. (물론, 어떤 사람들은 분명 화를 냈을 수 있다. 요한복음 8:33에서 자기들이 아브라함의 자손이며 누구의 종이 된 적이 없다는 충격적인 말을 예수에게 했던 사람들처럼 말이다!) 바울 자신은 평생 동안 로마라는 이교도의 압제가 바벨론, 페르시아, 이집트, 그리스, 시리아 같은 일련의 이교도의 압제 가운데 그저 가장 최근에 일어난 일에 불과하다는 사실을 알았다. 그러한 이방 제국들은 깊은 곳에서 나타난 어둡고 치명적인 괴수로 보였을 것이다. 그 괴수들은 신명기와 다니엘서가 말한 것을 정확히 그대로 행했다. 그러나 신명기 27-29장 안에 살고 있는 사람이라면 언제나 신명기 30장이 말한 언약 갱신의 복이 마침내 주어질 것이라는 희망을

품고 있었다. MMT는 쿰란 공동체의 설립으로 이러한 일이 일어났다고 주장한다. 로마서 10장에서 바울은 메시아와 영을 통해 이러한 일이 일어났다고 주장한다.[50]

따라서 바울과 동시대에 살았던 유대인 가운데 대다수는 아니더라도 많은 이들이 10b절의 주장에 동의했을 것이다. 이는 동일한 요지를 강조하고 설명하는 난해한 핵심 구절인 11절과 12절을 해석하는 데 필요한 길을 마련한다.

3:11 이 구절을 주석하는 데에는 다소 특이한 난점이 있다. 이 구절에는 두 개의 절clause이 들어 있고, 그중 하나가 다른 하나를 증명하는 역할을 하지만, 그중 어느 것이 어떤 역할을 하는지 분명하지 않다. 부분적인 이유로는, 이 두 절 모두를 이끄는 단어 '호티'hoti가 "~라는 것"that 절 혹은 "~때문에"because를 의미할 수 있기 때문이다. 그래서 이 문장은 다음과 같이 두 가지 방식으로 읽을 수 있다.

"아무도 율법으로 의롭다고 여겨지지 않는**다는 것**that이 분명한 것은, '의인은 믿음으로 말미암아 살 것'이기 **때문이다**."because

"*that* nobody is justified in the law is clear, *because* 'the righteous shall live by faith.'"

혹은

"아무도 율법으로 의롭다고 여겨지지 않기 **때문에**,because '의인은 믿음으로 말미암아 살 것이다'**라는 것**that이 분명하다."

"*because* nobody is justified in the law, it is clear *that* 'the righteous shall live by faith.'"

---

50 갈 3:12과 롬 10:5에 사용된 레 18장에 대해서는 아래의 논의를 보라.

위의 두 가지 번역이 보여주듯, 문장의 가운데 있는 단어인 '델론'*dēlon*, 분명한, 명백한이 앞 절과 연결될 수도 있고 뒤 절과 연결될 수도 있기 때문에 문제가 복잡하다.[51] 바울은 한 절의 내용이 다른 절의 내용에 기초하여 "명백하다"고 말하고 있다. 그런데 어떤 내용이 어떤 내용의 기초를 이루는가?

문법적 용례는 다음의 내용 정도만 알려 준다. 통상적으로 그리스어 관행에 따르면 '델론'*dēlon*이라는 단어 뒤에 쉼표를 찍어서 이어지는 '호티'*hoti* 절에서 분리한다. 이는 위의 두 번역문 중 첫 번째를 지지한다. 하지만 신약성경에서는 '델론'이 '호티'와 직접적으로 연결되어 사용되는 경우가 훨씬 더 많다. 이는 두 번째 번역문을 지지한다.[52] 그러므로 두 가지 의미로 이해될 수 있다.

a. "'의인은 믿음으로 말미암아 살 것'이기 **때문에**,because 아무도 토라로는 하나님 앞에서 의롭다고 여겨질 수 없**다는 것**that은 명백하다." 여기서 첫 번째 절 끝에 있는 '델론'은 문두에 있는 '호티'를 가리킨다. 그렇다면 하박국서 인용문은 바울의 논증이 시작되는 논리적 전제이며, 아무도 의롭게 여겨지지 않는다는 일반적 진술은 ("명백한") 결론이 된다.

b. "아무도 토라로 하나님 앞에서 의롭다고 여겨질 수 없기 **때문에**,because '의인은 믿음으로 말미암아 살 것이다'**라는 것**that은 **명백하다**. 이것은 '델론'을 바로 뒤에 오는 '호티'와 연결된 것으로 읽는 방법이다.[53] 이는 일반적인 진술(이 일반적 진술 자체는 아마도 신명기 저주 아래 "지속된 포로기"에 있

---

51 이 문제에 대한 예비적 고찰은 *The Climax of the Covenant*, 149과 *Paul and the Faithfulness of God*, 865을 보라.
52 예를 들어, 고전 15:27.
53 내 번역은 이를 따른다. *King*, 447은 반대 견해를 취한다.

다는 사실 및 갈 2:16에서 인용된 시편 143:2과 같은 구절에 근거한다고 볼 수 있다)을 논증의 전제로 삼는다. 따라서 하박국서 인용문은 "결론"이 된다. 이 해석에 따르면, 바울은 사실상 이렇게 말한다. "하박국의 이 말이 옳다는 것을 분명히 알 수 있다. 왜냐하면 토라로는 아무도 의롭다고 여겨지지 않기 때문이다."

나는 과거에 (b)를 선호하는 편이었고 지금도 그렇다. 하지만 다소 특이한 측면이 있긴 하다. 바울이 일반화된 진술을 인용하면서까지 성경의 어떤 내용을 "증명"해야 할 필요가 있었을 것이라고 상정하는 것 자체가 너무 이상하다는 점이 (b)의 주된 문제다. 하지만 여기서 인용된 일반화된 진술 자체가 성경의 주요 주제 중 하나다. 11a절("아무도 율법으로 의롭다고 여겨지지 않는다")은 실제로 10b절에 인용된 신명기 저주의 결과를 요약하고 그로부터 하박국 2:4에 꼭 맞는 결론을 도출한다. 오로지 '피스티스'^{pistis}에 의한 사람들만 '디카이오이'^{dikaioi}이다. 이것은 10b절과 11a절을 중간 전제와 2차 결론이 거의 생략된 암묵적 삼단 논법으로 만든다.

a. 신명기는 율법 전체를 지키지 못한 사람 모두에게 저주를 선언한다.[10b]
b. [거의 생략된 중간 전제]: 2:16에 인용된 시편 143:2에서 말하는 것처럼, 우리는 율법 전체를 지키는 사람이 실제로 아무도 없다는 사실을 안다.
c. 그러므로 "아무도 율법으로 하나님 앞에서 의롭다고 간주되지 않는다"[11a]라는 진술은 성경에 부합하는 새롭고 정당한 전제가 된다.
d. 따라서 '디카이오이'^{dikaioi}가 믿음으로 생명을 얻을 것이라는 11b의 하박국 인용문의 선언(다음 절이 말하듯 이는 토라의 약속이다)은 옳다. 유일하게 남은 길이기 때문이다.

다시 말해서, 이 단락 전체는 신명기와 하박국서의 인용구절을 죄와 구원에 관한 추상적이면서도 시간을 초월하는 원칙으로 만드는 것이 아니다. 오히려 이 단락은 이스라엘의 전통적인 언약 내러티브에 대해 말하고 있다. 신명기와 하박국서의 인용문은 하나님의 백성이 실제 처해 있는 상황을 나타낸다. 먼저 10절의 신명기 인용구절은 포로 생활이 지속되고 있는 이유를 분명히 밝히고 있다. 이스라엘이 토라를 준수하지 않았기 때문에 "저주"가 여전히 유효했던 것이다. 다음으로 11절의 하박국서 인용구절은 이러한 지적에 아프게 동의하면서, 믿음/신실함을 통해서만 문제가 해결된다는 결론을 도출한다. 바로 이것이 이 단락의 이 지점에 도달한 바울의 사고의 흐름이다.

이 구절과 로마서 1:17에서 인용된 하박국서의 구절은 여러 방식으로 해석되어 온 악명 높은 구절이다. 게다가 또 하나의 유명한 난제가 있다. 하박국 2:4의 히브리어 본문은 신자의 "믿음/신실함"을 가리키는데 비해 칠십인역 본문은 하나님 자신의 신실하심을 가리킨다. 바울은 이러한 문제를 피하는 방식으로 본문을 인용한다.*ho dikaios ek pisteōs zēsetai* 모건은 이 같은 바울의 인용 방식이 히브리어 본문과 칠십인역 본문의 의미를 동시에 공명하게 만들었다며 "절묘한 솜씨"라고 찬사를 보낸다. 나는 그러한 판단에 전적으로 동의하기는 어렵지만, 바울의 인용 방식이 가져온 효과는 동일하다고 본다.[54]

늘 그렇듯 바울에게는 [구약의] 문맥이 중요하다. 하박국 선지자는 도처에서 사악함을 보았지만, 최종 미래^{"정해진 때", 합 2:3}를 바라보며 하나님의 신실하심 안에 그리고 하나님의 약속을 굳게 붙드는 믿음 안에 희망이 있음을 보았다. 흥미롭게도 쿰란 문헌은 특히 하박국의 이

---

[54] Morgan, *Roman Faith and Christian Faith*, 276.

약속에 주목한다. 하나님은 의인의 고통(혹은 "수고")과 의의 교사$^{\text{Teacher}}_{\text{of Righteousness}}$에 대한 "믿음"(또는 "충성") 때문에 의인을 구출하실 것이다.1QpHab [55] 내가 보기에 하박국 인용으로 바울이 의도한 의미의 문제는 이 구절보다 로마서에서 더 중요하게 대두된다.[56] 11절을 어떤 식으로 해석하든 갈라디아서에서 바울은 계속되는 "포로기"에 있는 하나님 백성의 위태로운 상황을 강조하면서, 그러한 상황을 향해 유일한 희망의 말을 건네는 예언서 본문에 손을 뻗는다. 하나님의 오랜 백성들이 토라에 순종하지도 않고, 이제 나타나신 메시아를 믿지도 않는다는 현실을 고려하면―이 이중적 실패는 바울이 로마서 9-11장에서 한탄하며 길게 논의한다―하박국의 말씀은 어둠 속에서 밝은 빛을 비추는 이정표로 우뚝 서 있다.

3:12 이 본문은 갈라디아서에서 아마도 가장 난해한 구절이라 할 수 있다. 특히 내가 제시하는 해석이 설명해 내야 하는 가장 어려운 본문임은 분명하다. "하지만 율법은 믿음에서 난 것이 아닙니다. 오히려 '율법을 행하는 이는 율법으로 살 것입니다.'" 바울은 유대인들의 사상사에서도 긴 해석의 역사를 가지고 있는 유명한 구절인 레위기 18:5을 인용한다. 여기서 두 가지 점이 눈에 띈다.

첫째, 바울은 결국 두 가지 다른 종류의 영성 혹은 구원을 얻는 방법, 곧 "행함"과 "믿음"을 대조하는 것으로 보인다. 이는 좋은 프로테스탄트 주해가 늘 말했던 것이 아닌가? 둘째, 여기서 바울은 레위기 18:5을 사

---

55 사해사본(GMT) 1:16-17은 마소라 본문과 마찬가지로 이 하박국 본문을 *be'munathō* 로 확정하며 접미사가 목적어를 가리키는 것으로 본다. "그에 대한 충성으로", 곧(1QpHab 2:2-3처럼) "의의 교사에 대한 그들의 충성"으로 읽는다. 칠십인역 본문은 "의인은 나의 믿음/신실함으로 살 것이다"*ho de dikaios ek pisteōs mou zēsetai*이다.

56 내 로마서 주석 *Romans*, 425-26을 보라.

용하여 토라에 있어서 중요한 것은 "행함"이라는 점을 강조하는 것으로 보인다. 반면 로마서 10:5-8에서 그는 똑같이 레위기 18:5을 인용하는데, 신명기 3:12-14로 그 인용문을 해석한다.[57] 분명히 로마서 10:5-8에서 "행함"은 "예수가 주님이라고 입으로 고백하고 하나님이 그를 죽은 자 가운데서 살리셨다는 것을 마음으로 믿는 것"이라는 관점에서 이해된다.

모세는 율법으로 정의된 언약의 구성원이 되는 것에 대해 "율법의 계명들을 실행하는 사람은 그것들로 살리라"[레 18:5]고 썼습니다. 그러나 **믿음**에 근거한 언약의 구성원에 대하여는 이렇게 말합니다.[신 30:11-14] 당신의 마음속으로 "누가 하늘에 올라갈 것인가?"라고 말하지 마십시오(이는 메시아를 모시고 내려와야 함을 뜻합니다). 또는 "누가 무저갱으로 내려갈 것인가?"라고 말하지 마십시오(이는 메시아를 죽은 자 가운데서 모시고 올라와야 함을 뜻합니다). 그렇다면 그것은 무엇이라고 말합니까? "말씀이 네게 가까이 있다. 네 입에, 그리고 네 마음에"(즉, 우리가 선포하는 믿음의 말씀). 왜냐하면 당신이 당신의 입으로 예수를 주님으로 시인하고 하나님이 그를 죽은 자 가운데서 살리신 것을 당신의 마음에 믿으면 당신이 구원받을 것이기 때문입니다.[롬 10:5-9]

---

57   물론 이러한 관점은 로마서 10장의 보편적인 해석은 아니다. 많은 이들이 C. H. Dodd, *The Epistle of Paul to the Romans* (London: Collins/Fontana, 1959 [1932]), 177의 주장, 곧 바울이 레위기 18장이 말하는 "행함"을 "믿음"과 대조하고 있다는 주장을 따른다. 다드는 바울이 모세 오경의 D 자료가 율법주의적인 P 자료의 관점을 이기는 것으로 생각했다고 주장함으로써, 바울이 "고등 비평"의 결론을 미리 내다보았다고 치켜세운다! 샌데이W. Sanday와 헤들람A. C. Headlam은 *A Critical and Exegetical Commentary on the Epistle to the Romans* (Edinburgh: T&T Clark, 1902 [1895]), 277에서 널리 받아들여진 견해들을 요약하면서 의로움을 얻는 옛 방식은 너무 어려웠던 반면, 믿음이라는 새로운 방식은 "쉬우므로 모든 사람에게 열려 있다"고 주장한다. 이러한 해석은 한 그리스도교 전통(유감스럽게도 내가 속한 전통의 일부)이 전체적으로 파산되었음을 보여준다.

신명기 30장은 하나님의 백성이 길고 지독한 포로 생활을 통해 완전히, 최종적으로 언약의 저주를 겪은 뒤 엄청난 언약 갱신이 일어날 것이라고 말한 유명한 본문이다. 하나님의 백성은 마침내 하나님께 돌아올 것이다. 하나님은 그들의 마음에 할례를 베푸실 것이고, 그 결과 그들은 하나님을 온전히 사랑하고 섬기게 될 것이다. 로마서 10장에서 바울은 이것이 레위기 18:5의 궁극적인 성취라고 말한다. 이것이 마지막 때에 있을 "율법을 행함"이라는 표현의 의미다. 신명기의 "…라고 말하지 말라"는 명령은 메시아를 하늘에서 모셔 내리거나 죽은 자 가운데서 모셔 올리는 것과 연관되는 게 아니라 토라와 연관된다. 너무 높지도 너무 깊지도 않은 것은 바로 토라다. "토라를 행하기 위해서" 멀리 갈 필요가 없다. "말씀"이 당신에게 가까이 있어 "당신이 그것을 행할 수 있게" 되었기 때문이다.[58] 로마서는 레위기가 명한 "행함"을 이렇게 메시아에 대한 고백과 믿음으로 해석한다.

하지만 갈라디아서 3장은 다른 주장을 펴는 것으로 보인다. 같은 레위기 구절을 두고 로마서와 갈라디아서가 너무나 다른 해석을 하기 때문에, 나는 바울이 레위기 18:5에 대해 생각을 바꾼 것이 분명하다고 생각하곤 했다. 즉, 갈라디아서는 레위기 18:5을 "부정적으로" 해석하고 로마서는 "긍정적으로" 해석한다고 생각했다. 하지만 지금은 내 생각이 달라졌다. 우리는 바울 시대의 유대인들에게 레위기 18:5이 어떻게 들렸을지 알기 위해 사회문화적, 역사적으로 재구성된 음향실을 주의 깊게 구상해야 한다.[59]

---

58 칠십인역 신명기 30:14은 '아우토 포이에인' *auto poiein*이라는 표현을 쓴다. 이 표현의 메아리는 롬 10:5에서 인용한 레위기 18:5를 통해 들을 수 있다.

59 샌더스는 *Paul and Palestinian Judaism*, 483에서 롬 10:5-13을 레 18:5를 부정하는 것으로 해석한다. "긍정적" 해석으로는 내 로마서 주석 *Romans*, 658-66을 보라. 키너는

우선, 레위기 18장은 신명기 28:15-29:29에 나오는 "저주"에 대한 경고와 병행을 이룬다. 레위기 18:1-5은 일반적 내용을 담은 도입부로서, 하나님의 백성에게 이집트나 가나안의 우상숭배를 따라하지 말라고 경고한다. 이 도입부에 이어 "규례와 법도를 행하면" "생명"을 얻을 것이라는 약속이 나온다. 이어서 18개 절에 걸쳐 대부분 성적으로 잘못된 행동을 구체적으로 금지하는 명령이 나온다.¹⁸:⁶⁻²³ 본문은 가나안 족속들이 그렇게 그릇된 삶을 살았기 때문에 그 땅에서 쫓겨났다고 말한다. 이스라엘이 그들의 행동을 따라하면 "그 땅이 너희가 있기 전 주민을 토해냈던 것 같이 너희를 토해낼 것이다. 이 가증한 모든 일을 행하는 자는 누구나 그 백성 중에서 끊어질 것이다."¹⁸:²⁸⁻²⁹ 다시 말해, 레위기는 "토라를 행하는 데" 실패해서 초래된 포로기에 대해 말한다. 포로 생활은 진정한 의미의 "죽음", 곧 "그것들을 행하는 사람들"에게 약속된 "생명"을 얻지 못하는 것이다.

그러므로 "율법을 행하지 **않**을 때 발생하는 결과에 대한 경고가 이 레위기 본문의 문맥을 이룬다고 할 수 있다. 이는 현존하는 제2성전기 문헌 가운데 레위기 18:5을 인용하는 거의 모든 구절이 주장하는 요지다. 해당 문서를 간단하게 훑어보는 것만으로도 이를 알 수 있다.

먼저 에스겔 20:11, 13, 21의 레위기 사용에서 이 논지를 볼 수 있다. 분명 하나님은 생명을 주기 위해서 토라를 주셨다. 하지만 상황은 하나님의 의도대로 흘러가지 않았다.

Galatians, New Cambridge Bible Commentary, 138에서 로마서와 갈라디아서가 서로 다른 본문을 인용해 레위기를 수정하므로 서로 그리 다르지 않다고 주장한다. 이러한 견해는 갈라디아서가 하박국 2장을 레위기 18장을 대체하는 것으로 인용하고, 로마서는 신명기 20장을 레위기 18:5의 새로운 해석으로 제시한다는 사실을 제대로 고려하지 않는다.

사람이 **준행하면 그로 말미암아 삶을 얻을** 내 율례를 주며 내 규례를 알게 하였고.……그러나 이스라엘 족속이 광야에서 내게 반역하여 사람이 **준행하면 그로 말미암아 삶을 얻을** 나의 율례를 준행하지 아니하며 나의 규례를 멸시하였고.……그들의 자손이 내게 반역하여 사람이 **지켜 행하면 그로 말미암아 삶을 얻을** 나의 율례를 따르지 아니하며 나의 규례를 지켜 행하지 아니하였고. 겔 20:11, 13, 21, 개역개정

다음으로 느헤미야서의 기도9:29가 있다. 이 기도는 죄를 자백하는 에스라의 위대한 기도 가운데 나오며, 레위기 18:5을 "오직 ~하기만 하면"if only이라는 평이한 의미로 인용한다. "주께서는 다시 주의 율법을 복종하게 하시려고 그들에게 경계하셨으나 그들이 교만하여 사람이 **준행하면 그로 말미암아 삶을 얻는** 주의 계명을 듣지 아니하며 주의 규례를 거역하여 죄를 지었습니다. 그들은 고집하는 어깨를 내밀며 목을 굳게 하여 순종하지 않았습니다." 에스라는, 레위기가 기준을 정해 주었으나 안타깝게도 우리는 그 기준을 지키지 못했다고 말한다. 그렇기 때문에 우리는 "우리의 땅에" 있어도 여전히 "종"으로 산다. 느9:36

주후 70년의 재앙 이후에도 이와 같은 주제를 말하는 문서가 생겨났다. 에스라4서 7:21은 레위기 구절을 인용하여, 불보듯 뻔하게 한 사람도 빠짐없이 불순종했고, 그 때문에 모든 것이 어긋나게 되었다고 주장한다. "주님은 세상에 태어난 사람들이 **살기 위해서 무엇을 해야 할지**, 형벌을 피하기 위해서 무엇을 지켜야 하는지를 엄히 명령하셨다. 그럼에도 불구하고 그들은 순종하지 않았다." 지금까지 살펴본 본문들에서 일관된 그림을 볼 수 있다. 레위기 18:5은 율법이 생명에 이르는 길이라고 말하지만, 율법을 받은 이스라엘은 그것을 지키지 않았다. 바울은 갈라디아서 3:12에서 이 명백한 결론을 반향하고 있다.

그러나 서로 다른 두 구절에 들어 있는 동일한 본문이 상황에 따라 새로운 의미를 지닐 때가 있다. 언약이 갱신되어 이제 그 갱신된 언약 안에 있는 사람들은 마침내 토라를 지킬 수 있게 되었다고 가정해 보라. 쿰란 문헌에 포함된 다마스커스 문서는 이 구절레 18:5을 이와 같은 의미로 이해하고 인용한다. 쿰란 공동체가 설립되면서 어긋났던 것들이 마침내 제자리를 찾기 시작했다. 이제야 "율법을 행하는" 백성이 생겨났다. 다마스커스 문서에는 이런 기록이 있다.

> 하나님은 그들 가운데 남은 자들과 함께 이스라엘과 맺은 언약을 영원토록 세우시고 온 이스라엘이 잃어버린 숨겨진 일들을 남은 자들에게 계시하셨다.……[숨겨진 일들이란] 그분의 거룩한 안식일과 영광스러운 절기들, 그의 의로운 규례들과 그의 진실된 길들, 그리고 그분이 뜻하시는 것들로, 사람은 **이 모든 일에 따라 삶을 얻으려면 그것들을 행해야만 한다**. 그분은 남은 자들에게 (이 일들을) 드러내셨고, 그들은 물이 풍부한 우물을 팠다. 그리고 그 일들을 무시하는 자는 누구든 살 수 없을 것이다.……그 안에 견고하게 머물러 있는 사람들은 영원한 생명을 얻을 것이며, 아담의 모든 영광이 그들을 위한 것이다.[60]

나는 이 글이 로마서 10장의 레위기 구절 사용과 일치한다고 생각한다. 분명 레위기는 사람이 그것들(율법의 행위들—옮긴이)로 살기 위해서 그 일들을 "행해야"만 한다고 말한다. 우리(쿰란 공동체—옮긴이)는 이 구절에 숨겨져 있는 뜻을 발견했다. 이제 우리가 이스라엘이 이전에 무시했

---

60   CD-A 3:13-20. 중요한 3:16은 굵은 글씨체로 강조했다. 영어 번역은 GMT 555를 따랐다.

던 "숨겨진 것들"을 바로잡았으므로 레위기의 말씀은 우리에게 성취될 것이다. 그러므로 우리는 "율법을 행하는" 백성, 곧 새 언약의 백성이다! 이 내용은 4QMMT의 신명기 30장 주석에 부합한다.[61] 우리는 언약 안에 남은 자로서 레위기가 약속한 생명을 상속받을 것이다.

앞서 살펴본 솔로몬의 시편을 쓰고 보존한 (아마도 바리새 계열의) 집단도 쿰란 종파처럼 자신들의 운동이 확립되면서 이제 레위기가 성취될 수 있으며, 따라서 "생명"을 얻을 수 있게 되었다고 믿은 것으로 보인다. 솔로몬의 시편 14편은 "우리가 살게 하시려고 우리에게 명하신 율법대로, 그의 규례의 의로움에 따라 걷는 사람들"을 향한 하나님의 신실하심에 대해 말한다. "주님의 경건한 자는 그것으로[즉, 율법으로] 영원히 살리라."[62] 구약의 시편 1편과 마찬가지로, 이 시편은 이러한 희망을 나타내는 전반부와 '하마르톨로이'*hamartōloi*, 죄인들와 '파라노모이'*paranomoi*, 율법을 어긴 이들가 음부(하데스)의 어둠과 멸망을 상속할 것이라는 내용의 후반부로 나뉜다. 그 뒤에 "거룩한 자들"이 "기쁨으로 생명을 상속할 것"*klēronomēsousin zōēn en euphrosynē*이라고 결론을 맺는 구절이 나온다.[63] 이는 CD 3에 나오는 약속과 아주 유사하며, 갈라디아서 3장의 결론 및 4장의 결론과 한 목소리를 낸다. 이처럼 솔로몬의 시편 14편은 유대인들의 경건함이라는 상당히 보편적인 주제를 다루며 레위기 18:5을 반향하고 있지만, 그 레위기 구절을 과거에 달성할 수 있었지만 하지 못한 일에 대한 아픈 반성이 아니라, 현재 달성해 낼 수 있는 것을 하라는 든든한 격려로 해석한다. 바울이 갈라디아서 5:3에서 토라를 받아들이려는 사람은 누구나 토라가 명하는 모든 것을 받아들여야 한다고 경고

---

61 이에 대해서는 *Pauline Perspectives*, 21장에 실린 내 소논문을 보라.
62 솔로몬의 시편 14:1-3.
63 솔로몬의 시편 14:1-5, 6-9. 10절이 결론이다.

하는 이면에는 아마도 이러한 바리새 계열의 열망이 자리잡고 있었을 것이다.

바울 서신에 나오는 두 종류의 레위기 18:5 해석과 거의 같은 해석을 다른 제2성전기 본문들에서 볼 수 있다. 갈라디아서 3:12은 에스겔, 느헤미야, 에스라4서의 레위기 해석과 일치한다. 로마서 10:5(10:6-9과 함께)은 쿰란 문헌 및 솔로몬의 시편의 레위기 해석과 일치한다. 율법을 지키는 사람에게 생명을 주시겠다는 하나님의 약속은 이스라엘의 실패를 비웃는 듯한 아픈 기억과 같다. 이러한 맥락에서 일반적으로 레위기 18장 인용은 레위기가 약속한 "생명"이 그저 반짝거리는 신기루에 불과했음을 나타내는 표현으로 이해되었을 것이다. 이스라엘의 죄라는 문제를 해결할 방법이 없다는 사실은 누구나 알고 있었다. 바울은 갈라디아서 3:12에서 바로 이 점에 대해 말한다. 반면, 하나님이 언약을 갱신하신다면 레위기 18:5의 성취를 통해 그 안에 약속된 "생명"을 얻는 새로운 길이 생길 수 있다. 새로운 종류의 토라 성취를 주장하는 갱신 운동 가운데서 레위기 18장은 사람들의 예상과는 다른 방식으로 성취될 수 있다. 쿰란 공동체는 이스라엘의 "남은 자들"과 언약 갱신이 이루어질 것이라는 구체적인 신학을 가지고 있었다. 솔로몬의 시편 14편은 비록 많은 유대인이 토라를 어긴 자들이 되었지만, 이제는 주님의 징계를 견디고 그의 율법에 따라 살 수 있는 일부의 사람들(의로운 자들과 거룩한 자들)이 있으며, 이 "성도들"은 "율법으로 영원히 살리라"[14:3b]고 말한다. 바울은 로마서 10장에서 레위기를 인용하여 바로 이 점을 말하고 있다. 하나님이 언약을 새롭게 하시고 갱신 운동을 시작하셨으므로 신명기 30장이 실현될 것이며, 이로써 새로운 종류의 "행함"이 가능해질 것이다. 이를 통해 레위기 18장이 약속한 "생명"을 마침내 얻게 될 것이다.

그러므로 많은 이들이 주장해 온 것과는 달리, 갈라디아서 3장과 로마서 10장은 둘 다 **구원에 이르는 방법이라는 관점에서 "행함"과 ("행함"보다 우월한) "믿음"을 대조하는 일반적 원리**를 분명히 밝히는 내용이 아니다. 바울의 글을 역사적 배경, 특히 유대적 배경에 두고 읽으면, 바울이 갈라디아서에서 레위기를 인용하는 이유는, 에스겔서부터 에스라4서에 이르는 여러 본문이 일관되게 말하는 것과 같이, "레위기 18장은 그 자체로 하박국이 소망했던 바를 실현할 방법을 제시하지 않는다는 점이 너무나 명백하다"는 것을 말하기 위함이다. 바울과 동시대에 살았던 대다수 유대인들은 이러한 주장에 대해 슬픈 마음으로 고개를 끄덕였을 것이다. 또한 바울은 갈라디아서와 로마서에서 모두 **구원에 이르는 다양한 방법의 장점에 대한 신학적 설명을 문맥과 상관없이 제시하려고 레위기와 신명기를 사용한 것이 아니다**. 바울은 포로 생활과 회복이라는 언약적 내러티브 안에서 두드러진 표시를 나타내기 위해 레위기와 신명기를 사용한 것이다.

3:13 이 상황 속으로 메시아가 들어오셨다. 13절에는 앞 문장과 연결시키는 단어가 없다(이러한 경우는 영어에 비해 그리스어로 구성된 논증에서 훨씬 드물다. 적어도 바울 서신의 경우에서는 말이다). 연결어 없이 문장이 시작되는 것은 하나님의 약속 외에는 이전의 그 어떤 것도 메시아의 오심을 "초래"할 수 없었다는 바울의 견해를 표현하는 것으로 보인다. 다시 말해, 메시아의 오심은 "점진적 계시"가 꾸준히 진보하여 최종적으로 완성된 성장도 아니고 그러한 발전 과정에 대한 헤겔적 변주도 아니다. 바울은 메시아가 오신 사건을 강한 충격으로 표현하려고 한 것 같다. 이는 그가 말하는 것과 정확히 일치한다. 제2성전기 문헌에는 저주받은 메시아를 언급하는 내용이 전혀 없다. 쿰란 문헌, 에스라4서, 솔로몬의 시편 등의 표준적 자료나 다른 어떤 문헌에도 이스라엘의 지속

된 포로기의 문제를 그런 방식(저주받은 메시아—옮긴이)으로 "해결"하는 모습은 나오지 않는다.

방금 언급한 모든 문헌은 분명 일종의 메시아적 개입을, 아마도 메시아의 군사적 개입을 기대하고 있다. 솔로몬의 시편 17편은 진정한 다윗계 왕이 나타나 하스모니아 왕조와 그 배후에 있는 사악한 로마인들을 쫓아내어 마침내 '디카이오이'^{dikaioi, 의로운 사람들}가 마땅히 살아야 할 삶을 살 수 있게 될 것이라고 기대한다. 에스라4서 11장과 12장은 유다의 사자가 로마의 독수리를 공격하여 물리치는 꿈을 꾼다. 따라서 바울의 유대적 세계가 메시아의 **승리**를 기대했던 바로 그 지점에서 우리는 메시아의 **패배**처럼 보이는 사건에 직면한다. 메시아가 오셨다. 그리고 그는 나무에 매달려 저주를 받으셨다.

하지만 바울의 관점에서 이 사건은 승리였다. 이 점은 13절과 14절 전체를 지배하는 본동사인 '엑세고라센'^{exēgorasen}을 통해 볼 수 있다. 메시아가 우리를 **구속하셨다**.^{redeemed} "구속" 곧 "되사기"^{buy back}는 노예 시장에서 유래한 단어다. 그런데 정기적으로 낭독되는 출애굽 이야기를 통해 모든 유대인이 알고 있던 "노예 시장"은 이집트였고, 유월절 사건 자체가 "구속"이었다. 유월절은 예수가 마지막으로 행할 극적인 행동과 그 결과로 초래될 운명을 위해 선택한 축제일이었다. 따라서 갈라디아서 3장 전반부의 절정인 3:13은 1:4에 나오는 이 편지의 풍성한 신학적 서론과 밀접하게 관련되어 있음을 알 수 있다. 바울은 말한다. 예수는 "우리를 현재의 악한 세대로부터 구출하시려고 우리 죄들을 위해 자신을 내어 주셨다." 이는 긴 자서전적 단락의 수사학적 절정 부분인 2:20로 이어진다("하나님의 아들이……나를 사랑하셔서 나를 위해서 자기 자신을 내어 주셨다"). 이는 하나님이 [우리를] 구속하기 위해 아들을 보내셨다는 4:4-5의 더욱 결정적인 선언으로 이어진다. 해결책은 정확하게 문제에 맞춰져 있다. 서구 신학자 대다수가 이 구절을 두고 제기한 문제와 다르지만 말이다.

이는 14절 자체의 내용이 설교자와 교회 교사들이 설파하는 "일반적인" 결론(이미 앞에서 암시됨)과 분명히 다르다는 점에서 알 수 있다.[64] "메시아는 우리를 구속하셨습니다.……**이는 아브라함의 복이 흘러서 모든 민족에게 이르게 하시려는 것이었습니다**" 그리고 "우리가 믿음을 통해 성령의 약속을 받게 하시려는 것이었습니다." "속죄"atonement 신학은 비교적 현대적인 전통인데, 이 전통에 익숙한 사람은 이 구절에서 "우리가 죄(책갑), 처벌, 죄의 권세에서 해방되도록" 같은 말이 나오길 기대했을 것이다. 하지만 여기서 바울은 다루는 문제는 "죄와 사망과 지옥"이 아니다. 나는 "죄와 사망과 지옥"의 문제가 중요하지 않다고 말하는 것이 아니다(바울 역시 이 문제가 중요하지 않다고 암시하지 않는다). 내가 말하려는 요점은, 바울이 다른 것에 대해 이야기하고 있다는 것이다. 그의 질문은 여전히 유효하다. 즉, **토라를 수여받은 이스라엘이 명백하게 실패한 상황에서, 하나님이 아브라함에게 약속하신, 모든 민족을 아우르는 가족이 어떻게 실현될 수 있을까?** 또 다시 이 질문은 빈번하게 잘못 해석되는 로마서 3:1-9의 사고의 흐름 및 로마서 3:21-26에 나오는 문제의 해결책과 실제로 밀접하게 관련되어 있다.[65] 이 질문은 에스겔, 에스라, 에스라4서 등이 한탄한 것처럼 아브라함의 육신의 가족이 충실하지 않았음에도 불구하고 아브라함과 맺은 하나님의 언약은 여전히 유효했다는 사실을 심각하게 받아들인다. 바울은 로마서 3:4에서 "사람은 다 거

---

64 고전적 신학 전통을 훌륭하게 대표하는 켈러T. Keller가 이 단락을 다루면서 14절에 대해 아무런 언급을 하지 않는 점은 시사하는 바가 크다. Keller, *Galatians for You*, 71-76.
65 이에 대해서는 *Pauline Perspectives*, 30장과 *Interpreting Paul*, 9장과 더불어 위의 논의를 보라.

짓되지만 하나님은 참되시다!"라고 말한다. 요지는 동일하다. 신명기는 아브라함의 자손이 꼬리가 아닌 머리가 될 것이라고 약속했다. 그런데 동일한 신명기 구절이 경고한 그대로, 반대 상황이 일어났다.[66]

이 모든 논의는 유대 민족이 자신들의 조상들이 이집트에서 직면했던 상황과 똑같은 처지에 놓였고, 그들 스스로도 그 사실을 인식하고 있었음을 보여준다. 한 가지 차이점만 제외한다면 말이다. 그 차이점이란, 히브리 백성이 이집트의 노예로 생활한 것은 결코 죄에 대한 처벌로 해석되지 않았다는 것이다. 하지만 "포로 생활"—바벨론 포로기는 물론 그 후에도 지속되는 "포로기" 상황—은 명확하게 죄에 대한 처벌로 이해되었다. 따라서 새로운 출애굽은 노예 상태에서 구출되는 것뿐만 아니라 그 노예 상태를 초래한 우상숭배와 죄에서 구출되는 것이어야 했다.

이러한 내용은 현대의 많은 그리스도인들에게 여전히 생소하게 들리겠지만, 바울과 그의 동시대인들은 이 모든 것을 순식간에 이해했을 것이다. 우리 시대 기독교 사상가들은 [인간이 처한] "곤경"을 유대 민족의 1세기 내러티브와 거의 혹은 전혀 연관짓지 않고 분석한 전통에 오랫동안 익숙해져 있기에, 이 구절 및 여타 유사 구절들을 추상적으로 "죄의 문제"를 다루는 본문으로 이해했다. 하지만 갈라디아서3장의 더 큰 맥락과 14절에서 바울이 제시하는 구체적인 결론은 이 같은 이해가 틀렸음을 보여준다. 바울은 갈라디아의 예수 신자들에게 설명하는 데에 관심을 둔다(우리는 이 점을 상기해야 한다). 갈라디아의 예수 신자 대다수는 예수를 믿기 전에는 유대 민족과 그들의 긴 이야기에 대해 거의 또는 전혀 알지 못했다. 바울은 그들에게 예수 신자는 아브라함의 가족

---

66 신 28:10-14, 44.

이라는 사실을 설명하고, 그들이 아브라함의 가족으로서 동등한 식사 교제를 할 수 있으며, 유대 민족임을 나타내는 표시인 할례 및 여타 토라 준수를 받아들일 필요가 없다고 설명한다. 더욱이 그들이 토라를 삶의 방식으로 받아들인다면, 토라 자체가 그들을 복음으로 시작된 새 세상 1:4을 보라에서 옛 세상, 곧 "현재의 악한 세대"로 되돌아가게 할 것이라고 말한다. 이 확신은 창세기 12장과 창세기 15장의 약속에 뿌리를 두고 있으므로, 바울은 창세기 12장과 15장에서 논증을 시작해야 했다. 하지만 그는 계속해서 모세오경을 통해 레위기와 신명기의 구절들이 약속의 성취를 방해하는 것처럼 보인다는 점을 분명히 했다. 아브라함의 가족이 어떻게 하나님이 원래 하신 약속을 세상에 널리 전달하는 통로가 될 수 있을까? (다시금 이는 로마서 3장의 내용, 특히 2절과 동일한 문제 의식을 갖고 있다. 유대 민족은 하나님의 말씀을 "맡게 되었"으나 그 메시지를 이방인에게 전하지 못했다. 즉, 로마서 2:19-20이 말한 것처럼 세상의 빛이 되지 못했다. 하지만 이스라엘의 실패가 하나님의 신실함을 무효화할 수는 없는 일이다.)

따라서 이 문제에 대한 답은 노예 시장으로부터의 구출을 의미하는 "구속", 곧 되사기다. 흥미로운 점은 "구속"을 뜻하는 전문 용어가 두 개 있다는 것이다. 이 구절과 4:5에 사용된 동사 '엑사고라조'*exagorazō* 와 로마서 3:24에 나오는 명사 '아폴뤼트로시스'*apolytrōsis*가 바로 그것이다. '엑사고라조'는 원래 "구매하다"라는 뜻이었는데, 갈수록 그런 의미가 희미해진 것으로 보인다. '아폴뤼트로시스'는 속박에서 "해방"되는 측면을 더 강조했을 수 있다. 하지만 바울이 살던 시기에는 두 용어의 근본적인 어원적 의미보다 더욱 일반적인 의미가 두드러지게 되었고, 출애굽 이야기를 암시하는 내러티브적 맥락 안에서는 이 두 용어와 그 동족 어휘들이 거의 같은 의미로 사용되었다.

어떻게 "구속"redemption이 일어날 수 있느냐는 질문에 대해 그리스도교 발흥 이전의 유대교 전통은 대략 세 가지 답을 제시한다.

시편 2편과 110편, 그리고 다윗을 전사로서의 왕the warrior king으로 묘사한 오랜 전승은 "메시아가 가져올 승리"를 통해 "구속"이 일어난다고 답한다. 에스라4서와 솔로몬의 시편도 "메시아가 가져올 승리"를 기대한다. 쿰란 공동체가 이러한 기대를 품고 있었다고 보아도 무방하다. 주후 66-70년에 벌어진 전쟁에 참여한 많은 사람도 이 같은 소망을 가졌다. 여러 지도자들이 이러한 소망이 성취될 것이라고 주장했다가 실패했다. 이 중 가장 유명한 이는 시몬 바르 지오라Simon bar Giora이다. 아키바Akiba는 바르 코크바Bar Kokhba를 통해 이러한 기대가 성취될 것이라고 믿었다. 초기 그리스도인들도 메시아가 가져올 승리에 대해 말했다. 그들은 자주 시편 2편과 110편을 인용하여 예수에 대해 그리고 예수가 이룬 성취에 대해 말했다. 하지만 예수가 거둔 승리는 완전히 다른 것이었다.

신명기 30장 및 "마음의 할례"를 말하는 예레미야와 에스겔의 유사한 구절들은 "갱신 운동"renewal movement을 답으로 제시한다. 하나님은 하나님의 성령으로 마음이 새롭게 된 사람들을 백성으로 부르실 것이다. 어쩌면 하나님이 그들을 이미 부르고 계셨을 것이다. 쿰란 공동체에서 이런 모습을 분명하게 볼 수 있다.[67]

마지막으로, "구속"이 고통을 통해 일어날 것이라고 답하는 전통이 있었다. 몇몇 순교 이야기, 특히 마카비2서에 나오는 순교 이야기는, 의로운 유대인들이 조상의 전통을 저버리는 않아서 당하는 고문이나 순교를 통해 슬픔과 시험의 시간을 통과할 방법이 생겨난다는 희망을 표

---

67   Levison, "The Spirit in Its Second Temple Context"을 보라.

현한다. 승리가 거기에서 시작되고, 결국 이교도의 지배에서 해방될 것이다.[68]

바울의 예수의 죽음 이해에는 아주 흥미로운 점이 많은데(바울은 예수의 죽음에 대해 다양한 생각을 가지고 있었고 결코 똑같은 말을 두 번 하지 않았다!), 그중에는 이 모든 구속의 문제에 관한 "해결책"을 모아 새롭게 종합하는 방식이 포함된다. 새로운 유월절 사건이 일어나서 하나님의 뜻에 부합하는 방식으로 "현재의 악한 세대"에서 "구출"받게 되었다.갈 1:4 하나님은 메시아를 통해 악의 권세를 상대로 승리하셨다. 하지만 이 승리는 무기의 힘이 아니라 **누군가를 대신해서 받는 고통**substitutionary suffering을 통해 거둔 것이다. 갈라디아서 3:13은 한 사람이 토라를 범한 이들 모두에게 내려진 "저주"를 짊어졌고, 그 사람의 "저주받은" 죽음이 다른 모든 사람을 대신할 수 있었다고 말한다.

당연한 사실이겠지만, 1세기에 "나무에 달린" 유대인은 예수 외에도 많았다. 여기서 바울은 왜 **예수의 죽음**이 다른 유대인들의 십자가 죽음과는 달리 "저주를 짊어지는" 효력을 가지고 있는지 설명하지 않는다. 바울이 이 질문을 받았다면, 그는 아마도 메시아라고 주장하다가 죽은 예수가 진정한 메시아임을 하나님이 입증하셨고, 이를 역으로 고찰하면 이것이 구원의 효력을 지닌 예수의 죽음의 의미를 드러냈다고 설명했을 것이다.[69] 물론 이 점은 바울이 로마서 5:6-10과 갈라디아서 2:20에서 말했듯, 예수의 죽음이 하나님 자신의 사랑을 드러낸다는 주장과 관련 있다. 하지만 바울의 논증의 바탕을 이루는 내러티브를 축약해서

---

68   여기서 마카비 전승의 전체가 지닌 중요성에 대해서는 특히 S. A. Cummins, *Paul and the Crucified Christ in Antioch: Maccabean Martyrdom and Galatians 1 and 2* (Cambridge: Cambridge University Press, 2001)을 보라.

69   롬 1:3-4을 고전 15:17와 함께 보라.

는 안 된다. 예수의 죽음이 의미 있는 이유는 예수가 이스라엘의 임무를 직접 완수했기 때문이지, 예수가 자신의 "신성"을 사용해 그 임무를 쉽게 처리하고는 결과적으로 무의미하게 만들어 버렸기 때문이 아니다.

따라서 편지 서두에 나오는 "[그가] 우리 죄들을 위하여 자기 자신을 내어 주셨습니다"1:4는 구절과 "하나님의 아들이……나를 사랑하셔서 나를 위해서 자기 자신을 내어 주셨습니다"2:20는 구절은 새로이 재진술된다. "메시아가 **우리를 위해 저주가 되셔서** 우리를 율법의 저주에서 구속하셨습니다." 이 구절은 앞서 살펴본 첫 번째와 세 번째 설명을 하나로 묶는다. 즉, 고통을 통한 승리다. 또한 신명기 30장으로 거슬러 올라가는 유대인들의 기대(즉, 위의 두 번째 대답)도 이와 핵심적으로 연관되어 있다. 즉, 구원을 가져다주는 메시아의 죽음에서 직접적으로 갱신 운동이 생겨난다. 이 모든 일은 "우리가 믿음을 통해 성령의 약속을 받게 하기 위해서" 일어났다. 이는 바울이 3:1-5에서 말한 새로운 삶, 레위기 18장이 약속한 생명, 최종 "상속"을 미리 맛보는 삶으로서, 그 생명을 가진 사람들이야말로 진정한 아브라함의 자손임을 확증한다.

어떻게 메시아의 죽음이 이러한 효력을 미칠 수 있는가? 바울은 이렇게 생각한다. 로마인들에 의해 십자가에 처형된 수많은 1세기 유대인들과 달리, 메시아와 그의 백성 사이에는 어떤 연대가 생겼고, 그 결과 **메시아의** 죽음이 이러한 효력을 발휘할 수 있게 되었으며, 실제로도 효력을 발휘했다. 우리는 또 다시 **메시아와의 연합**messianic incorporation라는 신비를 마주한다. 바울은 하나님이 십자가 처형을 당한 예수를 일으키셨다는 사실을 회고적으로 고찰하는 가운데, 하나님의 구원 목적이 실행된 과정을 다음과 같이 재구성한 것 같다. (1:4에서 바울이 예수에게 일어난 일은 아버지의 뜻에 따라 일어난 것이라고 강조했음을 기억하자.) 자신을 메시아라고 주장하다가 십자가 처형을 당한 예수가 부활한 사건은 그가 정말 메시아임을 증명했다. 그렇다면 죽음과 부활의 결합은 줄곧 하나님의 계획이었던 것이 분명하다. 바울은 하나님의 의도를 재구성하면서 "노예 상태에서 구출됨"이라는 주제에 대한 유대 신학의 다양한 요소들을 한데 모아서 참신한 구성물로 만들었다. 물론 바울은 성경을 고찰하면서, 특히 이사야 53장을 고찰하면서 도움을 얻었다. 이사야 53장은 고난과 죽음을 통해 메시아적 승리가 얻어지고, 그 승리로 인해 언약과 우주의 갱신이 일어난다고 말한다. 여기에는 이사야 53장에 대한 명백한 언어적 메아리가 나타나지 않지만, "많은 사람의 죄들을 짊어진 이"라는 포괄적 사상이 핵심이라는 점은 분명하다. 메시아는 **저주가 있는 곳으로 오셔서 저주를 짊어지셨다**. 신실한 유대인들이 하나님이 온 이스라엘에게 하시기를 바랐던 일을 하나님은 부활을 통해 예수에게 하셨다. 바울은 이 사실에서 단서를 얻어 메시아의 역할 가운데 "연합"incorporative 측면을 깊이 숙고한 것으로 보인다. 메시아와 연합함이라는 주제는 3장 후반부에서 매우 중요한 역할을 한다.

바울이 여기서 주장하는 논지를 구성하는 다른 요소들과 마찬가지로, 바울의 이러한 견해는 십자가에서 처형당한(따라서 저주받은) 사람이 하나님의 메시아가 될 수는 없다는 유대인들(예수를 만나기 전 바울 자신도 포함)의 예리한 반박을 숙고하는 과정에서 나왔을 가능성이 높다. 이 추측이 맞다면, 바울은 충격적인 공식을 가지고 돌아온 것이다. 메시아는 '휘페르 헤몬',hyper hēmōn 곧 "우리를 대신하여" 저주가 되셨다. (여기서 전치사 '휘페르'hyper는 바울이 고린도전서 15:3에서 복음을 요약할 때 사용한 전치사다. "우리 죄들을 대신하여.")hyper ton hamartiōn hēmōn [70] 그가 저주를

---

[70] 비록 똑같은 단어로 구성된 것은 아니지만, 이 문구는 이사야 53:4의 '페리 헤몬'peri

받은 이유는, **우리가 모두 저주받은 상태였고, 이것이 바로 하나님의 치유책이었기 때문**이다. 결국 이러한 논리야말로, 메시아가 이스라엘을 대표하기 때문에 그가 이교도의 압제라는 형태로 이스라엘에게 내려진 신명기의 저주를 짊어질 수 있었다는 바울의 논지를 이해할 수 있게 해준다. 메시아가 로마의 십자가에서 죽으신 것은 "포로로 잡혀 사는 이들의" 운명을 가장 명징하게 표현한다. 구속이 일어났다. 아브라함에게 온 민족을 아우르는 가족을 주시겠다는 하나님의 약속은 이제 아무런 방해를 받지 않고 진행될 수 있게 되었다.

여기서 우리가 특히 주의해야 하는 부분은, 여러 주석과 신학적, 역사적 재구성과 달리 바울이 율법이나 율법의 저주가 잘못되었다고 말하는 것이 아니라는 점이다. 그는 메시아의 죽음을 통해 발생한 구속으로 인해 토라가 무효화되었고, 잘못된 것과 불필요한 것, 심지어 토라가 (어떤 이들이 험악하게 주장한 것처럼) 악마적인 것으로 드러났다고 주장하지 않는다. 그런데 상당수의 학자들은 이렇게 주장하기도 했다. 다소의 사울은 토라가 나무에 달린 이를 저주받았다고 판결함에 따라 예수를 저주받은 이로 여겼으나, 사도 바울은 하나님이 예수를 죽은 자 가운데서 살리심으로써 그러한 판결을 뒤집으셨음을 깨닫고는 토라가 잘못되었다는 결론을 내렸다는 것이다. 그래서 결과적으로 바울이 "율법 없는 복음"을 선포하게 되었다는 주장이다.

이 주장은 여러모로 틀렸다. 우선 바울이 "율법 없는 복음"을 전했다

---

hēmōn 및 53:5, 12의 '디아 타스 하마르티아스/아노미아스'dia tas hamartias/anomias와 매우 가깝다. 초기 그리스도인들이 사용한 이 모든 문구는 분명 이사야 53장에 바탕을 두고 있다. 특정한 용어의 인유allusion뿐만 아니라, "종의 고난을 통해 포로기가 없어진다"는 내러티브와 그에 수반되는 언약의 갱신과 창조의 갱신을 가리키기 때문이다. 물론 구체적인 언어적 인유도 상당히 많다.

는 견해는 대개 더 오래된(종종 루터파적) 바울 해석의 산물이다. 이러한 해석은, 마치 하나님이 도덕성에는 관심이 없고 인간의 내적 성향에만 관심을 두셨다는 듯이, 원래의 보편적 도덕률과 그 도덕률이 "믿음"으로 대체되었음을 강조한다. 이는 널리 알려졌으나 잘못된 묘사다. 둘째, 메시아가 "율법의 저주"를 짊어지셨다는 바울의 선언은 그 저주가 율법에서 어긋난 것이라는 말이 아니다. 바울의 논증은 저주가 유효하고 율법에 합당한 것임을 전제한다. 바울은 레위기를 받아들이며 레위기가 율법을 어긴 자들에게 내린 정당한 판결의 결과를 보여준다. 하나님이 부활을 통해 유대 법정과 빌라도의 법정이 내린 판결을 뒤집으신 사건—즉, 예수가 정말로 이스라엘의 메시아였다!—은 율법의 저주가 잘못 내려졌음을 뜻하는 것도 아니고 토라 자체가 잘못된 것이거나 악하다는 것을 의미하지도 않는다. 바울은 신명기 27장과 레위기 18장을 종합하여 **받아들인다**. 바울은 신명기와 레위기의 이 구절들을 언약 내러티브 전체를 짧게 요약한 것으로 본다. 이스라엘은 죄를 지었고, 그 결과 그들은 수천 년 동안 이교도의 지배를 받았다. 이것이 (구약의—옮긴이) 역사에 기록되었고, 바울은 이를 받아들인다. 토라는 이를 분명히 경고했고, 경고한 바가 실제로 일어났다. 그러므로 바울은 "율법이 메시아를 저주했다. 그것을 보고 우리는 율법이 나쁜 것임을 알게 되었다"고 말하지 않고, "율법이 메시아를 저주했다. 그래서 메시아가 우리를 위하여 저주를 짊어지셨다"고 결론을 내린다. 이른바 바울의 토라 "비판"은 토라가 줄곧 나쁜 것이었고 기쁘게도 이제는 폐지되었다는 주장이 아니다. 3:15-25에서 보게 되겠지만, 바울은 토라가 **제한된 기간 동안** 특정한 목적을 위해 주어진, 좋은 것이었다고 본다. 바울이 보기에 갈라디아의 경쟁 교사들의 문제점은 그들이 내미는 토라가 어떤 악한 계략의 일환이라는 것이 아니었다. 오히려 그들의 문제는, 이미 날이 밝아 창밖으로 해가 환하게 비추고 있는데도 커튼을 닫은 채 촛불을 켜 놓아야 한다고 주장하는 데에 있다.

3:14 바울이 지금까지 이방인도 이제 하나님의 백성으로 받아들여졌다는 주장의 일환으로 계속해서 전개해 온 논증의 결론은, 통로의 막힌 부분이 뚫렸다는 것이다. 여태껏 통로를 막고 있던 것들이 제거되었다. 약속된 복이 포로 생활을 하는 이스라엘의 저주받은 상태 때문에 다른 곳으로 흘러가지 못했던 상황은 끝났다. "아브라함의 복이 메시아 예수 안에서 이방인들에게 미치는" 길이 시원하게 뚫렸다. 신명기 30장이 말한 저주 이후에 올 복이 모든 민족에게 개방되었다. 또한 3:1-5과 마찬가지로, 하나님이 늘 의도하셨던 거대한 모습으로 빠르게 성장하는 아브라함의 가족은 아브라함이 자손에게 약속된 최종 유업에 대한 "계약금"을 성령의 형태로 받는다. 실제로 3장 전반부는 "여러분은 성령을 받았습니까"[3:2]와 "우리가 믿음을 통해 성령의 약속을 받게 하시려는 것이었습니다"[3:14]와 같은 성령에 대한 언급으로 둘러싸여 있다. 3:14이 이방인에게 미치는 "아브라함의 복" 개념과 밀접하게 연결되어 있다는 사실은 3:1-5에서 바울이 성령을 갈라디아 신자들이 이미 아브라함 가족의 일원이 되었다는 표시라고 말하고 있다는 견해를 강화한다.

이러한 이해는 바울이 사용한 대명사가 누구를 가리키느냐는 난해한 문제를 해결해 준다. 13절에서 바울은 메시아가 율법의 저주에서 "우리"를 구속하셨다고 말한다. 여기서 "우리"는 분명 율법의 저주 아래 있던 사람들이다. 다시 말해, 신명기 27-29장에 나오는 이스라엘, 곧 아브라함에게 주어진 약속을 모든 민족에게 전달하는 임무를 받았으나 그들 자신이 죄를 지었기 때문에 임수를 수행하지 못한 사람들이다. 그러나 14절의 "우리"("우리가 믿음을 통해 성령의 약속을 받게 하기 위하여")는 유대인 신자와 이방인 신자 **둘 다**를 가리키는 것이 분명하다. 로마서

3:30에서 말하는 것과 같이, 두 집단은 출발점은 달랐으나 같은 목적지에 도달한다.

3:1-14을 다시 보면 바울의 두 가지 핵심적 논증이 작동하는 방식을 알 수 있다.

첫째, 이방인 개종자에게 토라를 강요하려는 어떠한 시도도 막아야 한다. 토라 자체가 "토라 속에 있는" 사람들에게 신명기적 저주를 선포하기 때문이다. 이 저주를 통과해 빠져나오는 길은 토라를 더욱 엄격하게 준수하는 것도 아니고, 토라가 원래 잘못된 것이라고 주장하는 것도 아니다. 하나님이 메시아를 통해 이 문제에 개입하셔서 오래전에 주신 약속을 성취하는 길밖에 없다. 바울이 "내가 하나님에 대하여 살기 위하여 율법을 통해 율법에 대하여 죽었다"고 말할 수 있었고, 율법이 약속한 "생명"에 이르는 유일한 길은 '피스티스'*pistis*를 통하는 것뿐임이 "명백"하므로, 갈라디아의 경쟁 교사들은 혼란에 빠진 이방인 예수 추종자들을 유대적 형태의 "현재의 악한 세대"로 다시 돌아가도록 인도하고 있을 뿐이다.

둘째, 복음을 믿은 이방인의 신분은 보장되었다. 하나님은 아브라함에게 다양한 민족으로 구성된 가족을 약속하셨고, 늘 이 약속을 성취하려고 하셨다. 갈라디아 교회에 성령을 부어주신 것은 이 아브라함의 가족이 제대로 형성되기 시작했음을 확증하는 표시며, 그들이 성령을 받은 모든 사람과 더불어 그 가족의 완전한 일원이 되었음을 확증하는 표시다. 주변 사람이 아무리 비웃고 지역 관리들이 기막혀 하더라도 그들은 담대히 자리를 고수해야 한다. 그들은 예수를 믿는 메시아의 가족이므로 진정한 아브라함의 가족이다. 그 신분에 굳건히 서야 한다.

갈라디아서 3:1-14을 읽는 대부분의 독자는 이 부분이 매우 응축된 주장이기 때문에 부연 설명이 필요하다고 느낄 것이다. 바울은 이제 그

부연 설명을 제시할 것이다.

결론

이 단락에 대한 보다 충실한 "결론"은 3장 끝에 나올 것이다. 하지만 그 "결론"에 이르기 전에도 언급할 말이 있다. 오늘날의 그리스도인 가운데 자신을 "아브라함의 자손"이라고 생각하는 사람은 거의 없을 것이다. 하지만 바울은 (그리고 적어도 마태복음, 누가복음, 요한복음, 히브리서도) "아브라함의 자손"이라는 정체성을 근본으로 여겼다. 왜 이렇게 이상한 상황이 발생했느냐는 문제는 고민해 볼 가치가 있다. 초기 그리스도인들에게 그토록 중요했던 사안이 왜 현대 그리스도인에게는 별 것 아닌 문제가 되었는가? 또한 새로운 세대에게 이 적절하고도 성경적인 의미로서의 "정체성"을 형성해 주기 위해 할 수 있는 일들을 고민해 볼 만하다. 첫 번째 질문에 대한 대답은 아마도 예수 운동의 유대적 기반에 대해 수백 년 동안 계속된 편견에서 찾을 수 있을 것이다. 마르키온의 오판을 그 당시 정통 지도자들은 알아챘지만, 그 오판은 이후로도 계속 반복되었다. 그 결과 부지불식간에 많은 사람들이 하나님이 아브라함을 부르신 사건과 이스라엘의 역사 전체는 하나님이 사람을 구원하려고 하셨으나 실패한 첫 번째 시도였으며, 이제는 예수 복음이 새롭게 계시됨으로 불필요해져 제거되었다고 생각하게 되었다. 이러한 견해는 구약성경을, 그 시대의 여러 "묵시적" 본문들에 두드러지게 나타난 특징인 내러티브적 측면을 고려하지 않은 채, "예표"와 "표상"들을 뒤죽박죽 모아 놓은 문헌으로 격하시킨다. 바울에게는 예수 신자들이 오랫동안 약속된 아브라함의 "대가족"에 속하게 되었다는 주장이 핵심이

자 결정적으로 중요한 것이었다. 이 주장은 바울의 시대에 논란을 불러일으켰고, 지금도 마찬가지다.

이 구절들에 나타난 성령에 대한 강조는 바울이 복음을 통해 삶과 인격을 치유하고 변화시키는 하나님의 강력하고 신비한 일하심을 예수 신자들 가운데 거하시고 함께하시는 하나님의 임재의 관점에서 보았다는 점을 상기시킨다. 다른 서신에서 바울은 이 주제를 "새 성전"이라는 관점에서 전개한다. 옛 성전과 마찬가지로, 이 새로운 현실은 최종적으로 "상속"3:29; 4:7을 받음으로 하나님의 약속이 완전히 성취될 것임을 가리킨다. 이러한 내용은 성령의 활동을 순전히 개인적인 "체험"과 인도하심과 위로의 관점으로(이것이 아무리 중요하더라도 말이다) 이해하는 그리스도교 문화 가운데 있는 사람들에게 많은 생각거리를 준다. 개인적인 성령 "체험"과 성령의 인도하심과 위로하심은 중요하다. 하지만 그것은 특히 미래의 궁극적인 현실을 미리 보여주는 것이기 때문에 중요한 것이다.

이 모든 것들 가운데 십자가 처형을 당한 메시아라는 충격적인 사실이 가장 두드러진다. 하나님의 목적이 성취된 것은 아브라함에서 시작되어 언약이 갱신되고 이방인이 포용되기까지 점진적으로 여러 단계를 거쳐 발전한 것이 아니다. 오히려 이전에는 아무도 상상할 수 없었던, 주께 기름부음 받은 자가 저주를 짊어지고 죽으신 죽음으로 성취되었다. 갈라디아서와 다른 편지에 기록된 예수의 죽음에 대한 진술을 결합한 갈라디아서 3:13은, 하나님의 강력한 사랑이 가장 깊은 어두움 속으로 가셔서 구조 작업을 가능하게 만드셨다는 포괄적인 그림을 그려 낸다.

갈라디아서 3:15-29

본문 사역

¹⁵ 내 형제, 자매들이여, 내가 사람의 [관행을] 예를 들어 설명해도 되겠지요? 어떤 이가 서약된 유언장을 남기면, 누구도 거기에서 내용을 빼거나 덧붙일 수 없습니다. ¹⁶ 자, 약속들은 "아브라함과 그의 씨", 곧 아브라함의 가족에게 주어졌습니다. 마치 여러 가족을 가리키는 양 "그의 씨들"이라고 하지 않고, 메시아를 뜻하는 "그리고 너의 씨에게"라고 말하며 단일한 가족을 뜻했습니다.

¹⁷ 내가 말하려는 바는 이것입니다. 하나님이 이렇게 언약 증서, 곧 율법을 만드셨습니다. 율법은 그로부터 430년 후에 나왔기에 이 언약을 훼손할 수 없고, 약속을 무효화할 수도 없습니다. ¹⁸ 율법을 통해 유업을 상속받는 것이라면, 더 이상 약속에 의한 것이 아닙니다. 하지만 하나님은 아브라함에게 이를 약속으로 주셨습니다.

¹⁹ 그렇다면 율법은 왜 주어진 것일까요? 율법은 범죄 때문에 더해졌습니다. 약속된 가족이 나타나기 전까지 말입니다. 율법은 천사들에 의해, 중개자의 손을 빌려 명령된 것입니다. ²⁰ 하지만 그는 "하나"만을 위한 중개자가 아닙니다. 그러나 하나님은 한분이십니다!

²¹ 그러면 율법은 하나님의 약속들에 반하는 것인가요? 당연히 아닙니다! 생명을 줄 수 있는 율법이 주어졌다면, 율법으로 언약의 구성원이 되었겠지요. ²² 하지만 성경은 모든 것을 죄의 권세 아래 가두었습니다. 이는 메시아이신 예수의 신실하심에서 오는

약속이 믿는 사람들에게 주어지기 위해서입니다. ²³ 이 신실하심이 오기 전까지 우리는 율법의 감시하에 있었고, 장차 올 신실하심이 계시되기 전까지 완전히 감금되어 있었습니다. ²⁴ 따라서 메시아의 도래 전까지 율법은 우리에게 어린이를 돌보는 사람과 같았습니다. 이는 우리가 신실함을 기반으로 한 언약의 일원이 되기 위해서였습니다. ²⁵ 하지만 이제 신실하심이 오셨으므로 우리는 더 이상 어린이를 돌보는 사람의 지배 아래 있지 않습니다. ²⁶ 왜냐하면 여러분은 모두 메시아 안에서 믿음을 통한 하나님의 아들들이기 때문입니다. ²⁷ 보세요, 메시아를 안으로 세례받은 여러분 모두는 메시아를 입었습니다. ²⁸ 더 이상 유대인이나 헬라인은 없습니다. 더 이상 노예나 자유인은 없습니다. 더 이상 "남성과 여성"은 없습니다. 여러분은 모두 메시아 예수 안에서 하나입니다. ²⁹ 그리고, 여러분이 메시아에 속해 있다면 여러분은 아브라함의 가족입니다. 여러분은 약속을 상속받기로 되어 있습니다.

서론

갈라디아서 3장 전반부는 아브라함의 가족에 대해 말하며, 아브라함에게 모든 민족을 아우르는 가족을 주시겠다는 원래의 약속이 메시아의 죽음을 통해 성취될 수 있게 되었다는 사실을 다루었다. 미리 주신 성령의 은사가 이 가족이 궁극적인 미래에 받을 "상속"을 보장해 준다. 갈라디아서 3장 후반부는 아브라함에서 메시아에 이르는 긴 역사적 흐름 가운데 토라가 어떤 위치에 있는지를 상세히 논의하는 방식으로 3장 전반부의 내용을 설명하고, 3장 전반부를 기반으로 논증을 전개한다. 바울은 토라가 아브라함의 가족을 정의하는 특징이 될 수 없다고 주장한다. 이제 이 가족은 메시아 자신에 의해, 그리고 세례받은 모든 신자들이 메시아 안에서 갖게 된 새로운 신분에 의해 구성된다.3:26-29

바울은 여기서 그의 신학 전체에서 가장 크고 가장 어려운 문제들과 씨름하고 있다. 로마서 9-11장과 마찬가지로, 그는 하나님의 목표에 전체적으로 일관성이 있는지 살펴본다. 그렇기에 바울이 이 부분에서 하나님의 성품과 약속과 사역에 대해 쓰고 있는 것이다. 이보다 더 방대한 주제가 있겠는가?

한편, 이 주제는 시급한 문제이기도 했다. 갈라디아의 경쟁 교사들은 갈라디아인들에게 아브라함의 가족에 속하려면 토라를 지키고 남자들은 할례받아야 한다고 주장했을 것이다. 갈라디아 신자들이 아브라함 가족의 일원이 되기 원했던 이유를 떠올려 보자. 그들은 자신들이 영원토록 하나님의 백성이라는 사실을 아는 데서 오는 개인적인 안도감뿐만 아니라, 특히 일반적 이교 제의에 참석할 의무를 면제받는 유대인의 특권을 누릴 수 있다는 데서 오는 현실적 안전을 확보하기 위해 아브라함 가족이 되기 원했다. 경쟁 교사들은 정치적 안전, 그리고 아마도 영적 안전에 이르려면 토라를 받아들이라고, 적어도 할례로 보여주는 외적이고 명백한 의미에서는 받아들이라고 촉구했다.[1]

하지만 바울은 토라 자체가 신명기의 유명한 절정 부분에서 이스라엘이 반역하여 노예 생활을 할 것이라고 예언했음을 알았다. 그러니 토라를 받아들이는 것은 오래전 예언된 노예의 삶으로 되돌아가는 것이다. (뒤에서 살펴보겠지만, 이 논증과 로마서 7장은 밀접한 관련이 있다.) 2:18에 슬쩍 언급되었듯, 베드로를 비롯한 유대인 예수 신자들은 토라를 준

---

[1] 갈 5:3과 6:1에서 바울은 경쟁 교사들이 진지한 토라 준수에 정말 관심이 있었는지에 대해 의구심을 표한다.

수함으로 상황을 더욱 악화시켰다. 이와 마찬가지로, 예수를 믿는 갈라디아인들의 토라 준수는 상황을 더 나쁘게 만들 뿐이다. 토라를 받아들이는 것은 결국 예수를 통해 일어난 메시아적 사건들이 세상[아직 준비가 되지 않아서 놀라움에 사로잡힐 세상]에 발생하기 **전**의 시간, 곧 "현재의 악한 세대"로 되돌아가는 일과 같다. 하지만 이러한 메시아적 사건들은 아브라함에게 전 세계를 아우르는 가족을 주실 것이라는 유일하신 하나님의 약속, 갈라디아의 예수 추종자들이 이미 누리고 있는 새로운 삶의 근원을 이루는 바로 그 약속을 성취하신 수단이었다.

이것이 바울에게 있어서 모든 것의 핵심이었다. 전에는 숨겨져 있던 하나님의 구원 목적이 그 모습을 드러냈다. 그 장면 앞에서 눈을 감아 버리는 것은 빛나는 태양이 떠오르는 장관을 뒤로한 채 어두컴컴한 집으로 들어가 잠이나 자려고 하는 것과 다를 바 없다. 이스라엘이 오랫동안 기다려온 메시아가 오셨고, 메시아가 그의 죽음과 부활을 통해 노예 생활과 죽음이라는 막다른 길을 극복하셨으므로, 토라로 돌아가는 것은 새롭게 생명을 주시는 하나님의 은혜를 저버리는 일이다.[2:21] 따라서 앞으로 나아갈 수 있는 유일한 길은 새로운 시작을 받아들이는 것, 곧 메시아와 함께 죽고 살아나서 새로운 현실로, 새 창조의 공동체로 들어가는 것뿐이다. 그 공동체에는 민족을 구분짓는 경계 표시—안식일, 음식 규율, 그리고 무엇보다도 여기서는 할례—가 더 이상 의미없다. 이것이 역설적이게도 하나님이 아브라함에게 하신 약속을 성취하신 방식이자, 그 약속을 지금도 성취하시는 방식이다. 토라로 되돌아가는 것은 현세대의 권세들과 결탁하는 것이다. 즉, 하나님이 주신 모세 율법을 현존하는 권세들과의 충돌을 피하는 피난처로 사용하고 결국 그 권세들과 친하게 지내는 일과 같다.

그러면 모세 율법 자체가 그 사악한 권세 중 하나였는가? 바울은 무슨 말을 하고 있는 걸까? 이는 자연스럽게 제기되는 질문이다. 바울은 이 단락에서 이 문제를 다룬다. 그는 자신의 모든 사고의 틀을 이루는 더 큰 내러티브, 곧 아브라함과 메시아를 주 내용으로 하는 내러티브 안에서 이 문제를 다룬다.

(그렇다면 우리는 이렇게 질문할 수 있다.) 이 모든 것들은 21세기에 예수를 따르는 사람들과 무슨 상관이 있는가? 바울의 사고의 흐름을 복원하는 작업에 많은 문제가 있었는데, 특히 개신교와 복음주의권에서 문제가 많았다. 아주 구체적 상황을 다룬 바울의 논증이 지닌 예리함을 무디게 만들었고, 1세기 남부 튀르키예의 교회뿐만 아니라 21세기 전 세계 교회들에게 있어서 그리스도인으로 빚어감에 결정적으로 중요한 요점들을 놓쳤다. 나는 우리가 바울 자신의 목소리와 주장을 경청해야만 우리 시대를 위한 새로운 말씀을 분별할 수 있음을 줄곧 주장해 왔다. 바울이 그랬던 것처럼 우리도 우리 전통을 가혹한 시련 속으로, 십자가와 부활이라는 무서우면서도 생명을 주는 이야기 속으로 밀어 넣은 뒤, 반대편에서 무엇이 나타나는지 보아야 한다.

기대의 문제, 곧 독자로서 이 본문에 대한 우리의 기대가 일으키는 문제가 갈라디아서 3:15-18 만큼이나, 그리고 이어서 3:19-22만큼이나 첨예한 곳은 없을 것이다. 이 구절들은 무척 난해해서, 바울이 정말로 무슨 말을 하는지에 대해 말 그대로 수백 가지 해석을 양산해 냈다. 따라서 이 본문을 제대로 읽으려면 갈라디아서 3장이 "여러분은 모두 메시아 예수 안에서 하나이며" 그러므로 "여러분은 아브라함의 가족입니다", 그리고 "여러분은 약속을 상속받기로 되어 있습니다"라는 분명한 선언으로 마친다는 점에 주목해야 한다. **이것이 바울 논증의 정수다. 즉, 하나님은 아브라함에게 두 가족이 아니라 단일한 가족을 약속하셨고, 이 단일한 가족은 모든 예수를 믿는 이들로 이루어진다는 것이다.** 하나님은 이 가족을 "의로운 사람들"*dikaioi*이라고 부르신다. 유대인의 사고에서 '디카이오이'*dikaioi*는 하나님의 참된 백성을 "죄인들"로부터 구별하는 단어였다. 바울은 하나님의 백성임을 서로가 알아볼 수 있게 하는 표시가 바로 '피스티스',*pistis* 곧 믿음 또는 신실함이라고 주장한다. 즉, 하나님의 목적을 향한 메시아의 신실하심, 그리고 그 신실하심에 응답하는 신자들의 믿음과 신실함 말이다. **이신칭의**는 단일한 가족 안에서 모든 신자가 일치를 이루어야 함을 역설하는 교리다.

'디카이오이'로 이루어진 가족을 만들어 내는 것이 하나님의 의도라면, 하나님은 왜 율법을 주셨는가? 바울은 19절에서 이 질문을 던진다. 서구의 신학 전통은 바울이 던진 이 중요한 문제를 앙상하게 변형시켰다. 우리 전통에서 "법"은 단순히 보편적 도덕 규범이고, 우리 모두는 줄곧 그 규범을 어겨왔다(교만하게도 종종 충분히 지킬 수 있을 것이라는 오만한 태도를 갖고 있기는 하다). 그래서 "복음"은 더 이상 낡은 도덕 규범에 대해 신경 쓸 필요가 없게 되었다는 의미로 받아들여졌다. 하나님이 예수의 죽음을 통해 우리의 죄를 용서하셨기 때문이다. 만약 그저 안전한 편에 서기 위해 도덕 규범을 지키려고 애를 쓴다면, 의롭게 하는 "믿음"에다가 "행위"를 더해 버리는 결과를 초래할 수 있다. 그 결과, 수많은 주일학교와 대형 교회와 전통적 지역 교회에서 가르치는 바와 같이, 예수께서 우리를 위해 죽으셨다는 것을 단순히 믿기만 하면, 어쨌든 천국에 가게 될 것이라고 믿게 되었다. 이러한 묘사가 간단한 풍자였으면 좋겠지만, 모든 증거는 이것이 사실임을 보여준다.

내가 『혁명이 시작된 날』*The Day the Revolution Began*이라는 책에서 주장했듯, 서구의 모든 전통은 세 가지 방식을 통해 성경이 실제로 가르치는 내용에서 우리를 조금씩 멀어지게 만들었다. 첫째, 서구 전통은 우리의 소망을 "천국"에 대한 플라톤적 이해로 가득차게 만들었다. 바울 서신, 요한 문헌, 요한계시록은 시편과 이사야서를 바탕으로 "새 하늘과 새 땅", 곧 창조의 갱신이 예수 안에서 시작되었다며 기뻐했고, 이러한 성경적 비전은 새 창조 안에서 육체적 부활이 일어날 것이라는 참된 궁극적 소망의 배경을 형성했다. 하지만 이 같은 성경적 비전은 플라톤적 의미의 "천국"에 대한 기대로 완전히 대체됐다. 둘째, (아마도 그 결과로) 우리는 인간이 된다는 것의 의미를 도덕 규범 준수의 관점으로 이해하게 되었다. 하나님이 아담과 하와에게 도덕 시험을 치르게 하셨고, 그들이 그 시험에서 낙제했다는 것이 에덴 동산 이야기의 요지인 것처럼 여기게 된 것이다. 하지만 성경은 그보다 훨씬 더 풍성한 이야기를 들려준다. 다시 말해, 성경은 하나님의 형상을 지닌 자로서 인간의 소명에 대해 말한다. 인간은 창조주의 목적을 세상에 보여주고 피조물의 찬미를 하나님께 되돌려드리도록 부름 받았다. 도덕은 오로지 세상을 향한 더 커다란 소명의 일부라는 측면에서 중요하다. 셋째, 우리가 만들어 낸 문제를 해결하려고 스스로 내놓은 해결책이, "천국행"이라는 축소된 소망과 "실패한 도덕주의"라는 쪼그라든 문제에 예수의 죽음의 의미도 끼워 맞춘 것이다. 그 결과 하나님에 대한 이교적 개념을 다시 생산해 냈다. 즉, 자기 목숨을 많은 사람의 대속물로 주기 위해 오신 그 아들의 모습으로 나타나 자기 자신을 주시는 사랑의 하나님이라는 성경적 이해 대신, 피로 진정되어야 하는 신이자 죄 없는 자신의 아들에게 분노를 발하며 학대하는 신이라는 개념이 그리스도교 안으로 들어온 것이다.

이 내용을 간략하게 세 문장으로 요약할 수 있다. 종말론이 플라톤적 개념으로 바뀌었다. 인간론이 도덕의 관점으로 축소되었다. 그 결과 구원론은 이교적 개념으로 바뀌었다. 결코 좋은 모습이 아니다. 특히 갈라디아서를 해석할 때 이 세 가지 잘못을 저질러 왔다. 성경 자체에 순종하려면 더 나은 방법을 모색해야 한다.

앞서 말한 내용을 바탕으로 용어를 명확하게 하면서 시작하는 것이 유익할 것이다. 바울에게 "율법"은 언제나 토라, 곧 이스라엘의 율법이자 하나님이 시내산에서 모세에게 주신 법전을 뜻했다. 그는 '크리스토스'Christos라는 단어로 예수를 가리키는 동시에, 메시아의 직분이라는 뜻을 담아 사용했다. 즉, '크리스토스'는 명예로움을 나타내는 "경칭"honorific이다. 이 단어는 단순히 예수라는 개인을 지칭할 뿐만 아니라, 역할과 소명에 대한 정보를 담은 칭호와 같다. 또한, 나는 문자적으로 "씨"를 뜻하는 그리스어 단어 '스페르마'sperma를 "가족"으로 번역했다. '스페르마'는 영어의 "가족"과 거의 같은 뜻을 가지지만, "가족의 형성"이라는 능동적 함의를 가지고 있기 때문에 삼촌, 숙모, 사촌 등 수평적으로 확장된 관계보다는, 한 조상에서 뻗어나온 "가계도"라는 수직적 측면에서 바라본 "가족"을 뜻한다. 이 단락에서 갑자기 "아브라함과 그의 씨"에 대한 약속들에 초점이 맞춰진다. 그리고 그 약속들은 창세기 15장과 갈라디아서 3장의 핵심이다.

3:15-18 깨뜨릴 수 없는 언약

지금까지 바울이 전개한 논증—아브라함이 기껏해야 "율법"과 "행위", "믿음"에 대한 추상적 일반화를 나타내는 부차적인 사례에 불과하다는 해석에 반대—을 제대로 이해한 독자의 눈에는 이 단락에서 **언약** 개념을 도입하는 것이 자연스러워 보일 것이다. 다수의 번역자들, 그리고 그들의 번역으로 성경을 읽은 독자들은, 바울이 15절과 17절에서 그리스어 단어 '디아테케'diathēkē를 사용할 때, 그가 "유언장 작성"에 관한 "사람의 예"를 들고 있으며, "언약" 개념은 멀리서 들려오는 희미한 메아리에 불과하다고 생각해 왔다. 이러한 관점을 가진 이들은 바울이 두 가지 구원론적 체계, 곧 "규율 준수"와 "약속에 대한 믿음"을 대조하며, "약속에 대한 믿음"이 하나님의 인정을 받기에 더 낫고 합당한 길임을 주장한다고 본다. 하지만 이렇게 본문을 읽는 것은 그릇된 읽기다. 언약이 핵심이며, 유언장 작성은 지나가는 비유에 불과하다.

여하간에 3장 전체의 논증은 아브라함에게 주신 언약 약속을 중심축으로 한다. 이 구절 역시 아브라함의 믿음 및 의롭다고 "여김"^{reckoning}이라는 개념은 물론 약속과 씨, 유업, 아브라함과 모세 사이의 400년 간격 등 창세기 15장의 메아리로 가득 차 있다. 그러므로 바울이 이 모든 논의의 한가운데서 '디아테케'^{diathēkē}에 대해 말하고, 그 용어를 창세기 15:8에서 수립된 언약,^{diathēkē} 그로부터 400년 뒤에 모세와 토라가 등장함)이라는 의미로 사용했다는 것은 그리 놀라운 일이 아니다.[2] 이 모든 내용을 간과하고 15-18절을 단순히 "유언서 작성"의 "사례"로 취급하고 의도적인 "언약" 언급은 거의 혹은 아예 없다고 생각해 온 것은, 히브리 성경과 고유한 관련성을 지닌다는 사실을 진지하게 받아들이지 않으려는 그리스도교 신학의 끈질긴 거부로 인한 것이다.

물론 이 구절이 유언장 작성을 예시로 사용하는 것은 **맞다**. 하지만 예시의 요점은 아브라함과 모세 사이에 적절한 관계를 확립하고, 결과적으로 모든 민족을 아우르는 새로운 메시아 가족과 진정한 "우리 모두의 아버지"$^{롬 4:16}$ 아브라함 사이, 그리고 그 가족과 하나님이 부여한 임무를 이제 완료한 율법의 수여자인 모세 사이의 적절한 관계를 확립하는 것이다. 토라는 주어진 임무를 이미 완수했으므로 이제 아브라함 언약

---

2   창 15:13에는 400년, 출 12:40에는 여기서처럼 430년, 행 13:20에는 450년으로 나온다. 나는 이러한 차이를 설명하지 못하겠다.

의 조항을 뒤집는 일을 결코 할 수 없다. 하나님이 아브라함에게 모든 민족을 아우르는 가족을 약속하셨으므로, 당연히 토라는 그 가족을 (유대인만 가족의 일원이 되도록) 제한하거나 (안디옥에서 베드로가 한 것처럼, 2단계로 가족 구성원을 나누어야 한다며) 분리해서는 안 된다.

결국 논증이 향하는 지점은 갈라디아서 3:28-29의 논지다. "여러분은 모두 메시아 예수 안에서 하나입니다. 그리고, 여러분이 메시아에게 속해 있다면 여러분은 아브라함의 가족입니다. 여러분은 약속을 상속받기로 되어 있습니다." 앞서 말했듯, "가족"으로 번역한 그리스어 단어는 '스페르마',*sperma* 곧 "씨"다. 이것 또한 창세기 15장의 핵심적 내용이다.[3] 명사 '스페르마'는 식물의 "씨앗"이나 동물의 "씨"를 가리킬 때 사용하는 단어로, 종종 집합명사로 사용되어 단수형으로 "후손들"이라는 복수의 뜻을 나타낸다. 따라서 복수형 '스페르마타'*spermata*의 가장 자연스러운 의미는 가족의 복수형인 "가족들"*families*이다. 일단 바울의 논증의 목표를 파악하면, 복잡하고 특이하게 보이는 그의 논증을 비교적 또렷하게 볼 수 있다.

3:15 여기서 "사람의 예"는 유언서 작성을 가리킨다. 그리스어 단어 '디아테케'*diathēkē, 유언장*는 유언장 작성을 뜻하는 전문 용어로 사용될 수 있었다. 하지만 당연히 바울은 그가 창세기 15:6을 논증에 도입한 6절부터 '디아테케'를 염두에 두고 있었을 것이다. 창세기 15:18에서 하나님은 아브라함에게 그의 "씨"에게 땅을 그들의 유산으로 주시겠다는 언약을 맺으셨다. 앞에서 나는 [창 15:6의] "그것이 그에게 의로움으로 여

---

3   창 15:3, 5, 13, 18. 아브라함은 하나님이 자기에게 "씨"를 주시지 않았다고 불만을 토로한다. 하나님은 아브라함의 "씨"가 별처럼 많아질 것이라고 말씀하신다. 아브라함의 "씨"가 다른 나라에서 나그네 생활을 할 것이다. 하나님은 아브라함의 "씨"에게 가나안 땅을 유산으로 주실 것이다.

겨졌다"는 표현은 하나님이 "자신의 언약을 그와" 그리고 그의 "씨"와 맺으셨다는 내용을 압축한 것이라고 주장했다. "씨"와 "상속" 역시 갈라디아서 3장의 주요 주제다. 따라서 바울은 아브라함과 모세의 관계를 설명하기 위해, 그리고 아브라함과의 언약이 이후 일어난 모든 일을 위한 깨질 수 없는 배경을 조성한 방식을 설명하기 위해, 유언장 작성이라는 친숙한 관례를 사용하고 있는 것이다.

3:16 약속은 "아브라함과 그의 씨에게" 주어졌다.[4] 바울은 '스페르마'*sperma*의 집합명사적 의미를 사용해 "가족"을 의미한다. 그의 요점은 여러 세대에 걸친 주석가들의 억지스러운 해석에 비해 훨씬 명징하다. (이 구절은 신약의 구약 사용이 너무나 어이없어서 흉내내는 것조차 불가능하다는 주장을 하는 사람들이 가장 자주 언급하는 예지만, 내가 보기에는 그렇지 않다.) 일반적으로 주장되는 바와 달리, 바울은 "씨"에 대한 약속이 단수형*singular*이므로 이 구절에서 '크리스토스'*Christos*로 지칭된 "한분", *singular* 곧 나사렛 예수를 가리키는 것이 분명하다는 주장을 하는 것이 아니다. 바울은 [창 12:3에서] '스페르마'가 집합명사로 사용되었다는 사실을 잘 알고 있었다. 바울이 말하는 요지는, **하나님이 아브라함에게 단일한 가족, 곧 단일한 "씨"를 약속하셨고** 그 단일한 가족은 메시아와 메시아의 백성으로 구성된다는 것이다.[5]

---

4   *The Climax of the Covenant*, 8장은 이 구절을 해석한 나의 첫 시도다.

5   나는 몬트리올에서 피터 브라운Peter Braun 박사가 인도한 가정 성경 공부 중에 처음으로 갈라디아서 3:16과 3:20 간의 맞물린 문제들과 진지하게 씨름하게 되었다. 그래서 그 일은 내게 감사한 기억으로 남아 있다. 갈라디아서에 나오는 메시아로서의 예수라는 포괄적 주제 및 그 주제가 "상속"에 대한 바울의 견해를 어떻게 형성했는지에 대해서는 특히 McCaulley, *Sharing in the Son's Inheritance*를 보라. 바울이 "약속이 말하는 궁극적인 단일한 씨와 그리스도 사이의 장대한 유비"를 통해 논증을 전개하고 있다는 키너C. S. Keener의 주장(*Galatians*, New Cambridge Bible Commentary, 146)은 이 구절은 물론 논증 전체에서 아브라함/다윗과의

물론 이러한 바울의 논증은 '크리스토스'를 집합명사적 의미로 이해하는 것에 달려 있다. 이 논증에 아무런 문제가 없다는 것은 갈라디아서 2장2:16, 17, 19, 20 [6]에 나오는 연합incorporative을 뜻하는 몇몇 표현과 3장의 마지막 구절들3:24, 26, 27, 28, 29에 휘몰아치듯 나오는 연합을 뜻하는 표현을 보면 알 수 있다. 고린도전서 1:13과 12:12 및 다른 여러 구절에서 볼 수 있듯, '크리스토스'라는 단어는 메시아적 가족 전체를 뜻할 수 있다.[7] 따라서 바울의 요점은 하나님이 아브라함에게 유대인과 이방인으로 구성된 **단일한** 가족을 약속하셨다는 것이다. 그런데 토라는 제멋대로 두 집단 사이에 분리벽을 만들어 하나의 '스페르마'가 아니라 두 개의 '스페르마'를 만들려 한다. 사실, 민족의 경계를 나타내는 표시의 원칙을 용인하면 수십 개의 "가족들"이 존재하지 말아야 할 이유가 없어진다. 오늘날 교회의 상황이 이러하다. 현대의 교회는 모든 나라와 가족으로 구성된 단일 집단이 되기보다는, 서구 개인주의로 인해 바울의 주장과 매우 동떨어진 상황에 이르렀다.[8]

(비록 바울이 특별한 방식으로 취한 것이긴 하지만) 아브라함 언약이 메시아 안에서 성취된다는 개념의 깊은 뿌리는 구약성경, 그리고 제2성전기 유대교의 구약 재해석에 있다. 이 점을 가장 분명히 보여주는 본

연결성이 중요하다는 점을 놓치고 있다.

[6] 3:13도 추가해야 할 것이다. 이 구절도 메시아가 그의 백성을 대표할 수 있다는 개념에 바탕을 두고 있기 때문이다.

[7] 고전 1:13: "그리스도가 조각조각 나뉘었습니까?"memeristai ho Christos 또한 고전 6:15; 8:12과 특히 12:12을 보라. 그리고 로마서 6장 전체에 나오는 연합 주제를 보라. 이 점에 대한 논의는 Paul and the Faithfulness of God, 825-35을 보라.

[8] 요한계시록도 다양한 민족으로 구성된 단일한 가족이라는 개념을 줄곧 찬양한다. 예를 들어 5:9; 7:9. 또한 10:11; 14:6을 참조하라. 다양한 민족으로 구성된 가족은 로마("바벨론")가 흉내내려다가 실패한 실체다. 13:7; 17:15 현대 서구 사회는 복음 자체에 충성하지 않은 채 복음이 형성한 결과를 얻으려다가 다문화성(multiculturalism, 다양한 문화의 공존과 공영)에 실패했다.

문 중에는 시편 2편과 72편이 있다. 이 두 시편에서 다윗계 왕에 대한 약속은 아브라함에게 주신 약속을 반향할 뿐만 아니라 확장한다. 창세기 11장의 바벨탑이 무너진 이야기 다음에 창세기 12장이 나오고, 창세기 14장의 아브라함이 지역 부족의 왕들에게 승리를 거둔 이야기 다음에 창세기 15장이 나오듯, 시편 2편은 세상을 통치하는 자들의 음모와 반역 이후에 하나님이 그의 왕, 곧 그의 "아들"을 그의 거룩한 산 시온에 세우신 것을 찬양한다. 그런데 아브라함에게 주신 약속 중에서 땅에 국한된 "상속"창 15:18-21에 대한 약속은 이제 과거의 일이 되었다.

> 내게 구하라. 그러면 내가 **이방 나라들을** 네 유업으로 주리니
> 네 소유가 **땅 끝까지** 이르리로다.
> 네가 철장으로 그들을 깨뜨림이여,
> 질그릇 같이 부수리라. 시 2:8-9, 개역개정

여기서 시편 72편 전체를 살펴볼 수도 있겠다. 그런데 이제 세상의 왕들은 산산조각나는 대신 조공을 들고 경의를 표한다.

> 그가 바다에서부터 바다까지와
> 강에서부터 땅 끝까지 다스리리니
> 광야에 사는 자는 그 앞에 굽히며
> 그의 원수들은 티끌을 핥을 것이며
> 다시스와 섬의 왕들이 조공을 바치며
> 스바와 시바 왕들이 예물을 드리리로다.
> 모든 왕이 그의 앞에 부복하며
> 모든 민족이 다 그를 섬기리로다.……

홀로 기이한 일들을 행하시는

여호와 하나님 곧 이스라엘의 하나님을 찬송하며

그 영화로운 이름을 영원히 찬송할지어다.

온 땅에 그의 영광이 충만할지어다. 아멘 아멘. 시편 72:8-11, 18-19, 개역개정

따라서 그 나름의 내러티브에 포함되어 있던 **족장** 언약이 이제 그와 유사하지만 더 큰 규모의 이야기 안에서 **메시아** 언약으로 번역된 것이다.

바울에게는 이 점이 명백했지만, 주석가들이 외견상 수수께끼 같은 16절의 '크리스토스'Christos 용법을 이해해 보려고 이리저리 뒤틀다 보니 종종 가려지곤 했다. **이방인 선교의 논리는 아브라함 언약이 메시아적 현실로 표현되었다는 사실에서 직접 도출된다.** 내러티브를 아브라함 이야기로 되돌리는 이유 중 하나는, 하나님이 단일한 가족에 대해, 그리고 그 가족을 통해 온 세상에 대한 주권을 천명하시는 내용이 바로 아브라함 이야기에 나오기 때문이다. 창세기 12:3과 18:18의 약속이 "모든 민족"을 염두에 둔 것을 보면, 창세기 15장의 제한된 지리적 범위는 이미 성취의 시작에 불과한 것으로 이해되었으며, 모든 민족을 아우르는 약속은 나중에 진정한 이스라엘의 왕의 통치 아래 성취될 것이다. 하나님이 늘 메시아가 세상의 진정한 주가 되는 것을 의도하셨으므로, 지상의 모든 민족은 이제 이스라엘의 메시아에게 충성하도록 소환되었다.[9] 그리고 이방인들은 이제 자유롭게 그 충성을 바칠 수 있게 되었다. 앞으로 보게 되겠지만, 그 이유는 메시아가 이방인들을 압제하고 죄의 속박

---

9   물론 이 주제는 시편에 두루 나온다. 예를 들어, 2:1-11; 8:3-9 (여러 유대 집단이 그랬던 것처럼 이 본문을 "메시아적"으로 해석한다면 말이다. *Interpreting Jesus*, 14장을 보라); 18:43-45, 49-50; 45:16; 72:8-11, 17; 89:25-27. 이스라엘의 하나님이 모든 민족의 주님이라는 더 큰 주제는 9:8 부터 47:1-9의 핵심 선언들을 경유해 149:7-9에 이르기까지 어디에서나 볼 수 있다.

에 가두었던 노예 주인들에게 역설적인 승리를 거두셨기 때문이다.

이 모든 사실이 갈라디아서 3장에서 바울이 아브라함에게 주신 약속이 크리스토스, 곧 메시아 안에서, 그리고 그의 백성 안에서 성취되었다고 주장한 배경에 있다. 하나님의 의도는 늘 이 메시아적 백성이 모든 민족을 아우르는 단일한 가족이 되는 것이었고, 그 비전이 실현되기 시작되었음을 흘끗 본 바울에게 낡고 제한적인 비전으로 되돌아가는 것은 있을 수 없는 일이었다. 로마서 1:3-5에 나오는 복음에 대한 초창기 공식 문구와 로마서 1-8장의 커다란 논리에 이 내용이 함축되어 있다. 즉, 칭의 신학을 뒷받침하는 로마서 4장의 아브라함 언약에 대한 설명은 5-8장에 나오는 새로운 메시아적 현실에 대한 장대한 규모의 해설의 근간을 이루고, 이 메시아적 현실은 최종적인 우주적 승리에 이른다. 초대 교회에서 가장 사랑받은 성경 본문으로 손꼽히는 시편 2편과 110편은 사무엘하 7:12-14과 더불어 여러 메시아 주제를 형성했고, 바울은 이 구절들을 자유롭게 끌어와 사용할 수 있었다. 특히 시편 2:7의 "하나님의 아들" 주제는 갈라디아서 3:26(모든 백성을 가리킴)과 4:4(예수 자신을 가리킴)에 나온다. 4Q Florilegium으로 알려진 쿰란 문서가 보여주듯, 이러한 주제들은 이미 쿰란 공동체에서 메시아적 기대의 기초를 형성했다.[10] 솔로몬의 시편에서도 이러한 모습을 볼 수 있다. 이 본문은 "아브라함의 씨"에 대한 하나님의 신실한 사랑이 "그의 기름부음을 받은 자의 나타남"으로 성취될 것이라고 말한다.[11]

---

10 4QFlor = 4Q174 (GMT 1:352-55)는 다음의 구절들을 인용하고 해석한다. 시 89:23, 출 15:17-18, 삼하 7:11, 12-14, 암 9:11, 사 8:11, 겔 44:10, 시 2:1.

11 솔로몬의 시편 18:3, 5. 사본들에 기록된 '아낙세이'anaxei, 제시함를 '아나데익세이'anadeixei, 나타남, 출현으로 고쳐 읽었다. '아낙세이'는 단 한 번만 나오는 단어로 보이며, '일으켜 세움'raising up으로 해석할 수도 있다. 이에 대해서는 The Apocryphal Old Testament, ed. H. F. D. Sparks (Oxford: Clarendon, 1984), 681에 있는 스팍스Sparks의 설명을 보라. 라이

어쨌든, 아브라함 및 다윗과 관련된 측면은 대체로 주목을 받지 못했으나 실제로 바울의 전체 논증에서 결정적으로 중요하다. 바울에게 있어서 아브라함에게 주어진 약속의 성취가 이루어지는 곳을 보려면 다윗계 메시아를 찾아보아야 한다.

반대로 다윗계 메시아를 찾아낸다면—혹은 갈라디아서 1:16처럼 하나님이 그를 계시하신다면—바로 그를 통해 하나님이 아브라함과 맺으신 언약을 성취하고 계심을 알게 될 것이다. 이 논증은 바울에게 중요했고, 우리의 바울 해석에도 중요하다. 바울이 다루는 문제는, (말하자면) 이른바 "유대교"와 "기독교" 사이의 "비교 종교학"적 사안이 아니다. 이러한 관점은 1세기 현실을 왜곡하고 시대착오적으로 표현한 후대의 구성물이다. 또한 그는 이른바 "종교"와 반대되는 것으로서 이른바 "계시"에 대한 논증을 펴고 있는 것도 아니다. 이러한 견해 역시 오해를 초래하며 시대착오적이다.[12] 바울은 "메시아가 오셨고 따라서 이것은 아브라함 언약의 성취다"라는 **메시아적 종말론**을 주장한다. 예수 이전 백여 년 동안, 그리고 예수 이후 백여 년 동안 여러 차례 메시아 운동이 있었고, 그 메시아 운동에 몸담은 사람들은 모두 어떤 이(그게 누구든!)가 메시아라면 하나님이 오래전에 주신 모든 약속들을 그 메시아 안에서 마침내 성취하신다는 일반적 관념에 동의했을 것이다. 모든 유대인이 장차 올 메시아를 믿었던 것은 아닌 것으로 보인다. 하지만 메시아가 올 것이라고 믿었던 유대인들은 메시아가 나타나서, 어쩌면 새로운 형태일지라도, 하나님이 오래전에 주신 모든 약속을 메시아 자신에게 일

트R. B. Wright는 "Psalms of Solomon," 669에서 다소 무모하게 "그의 메시아가 통치하실 때"라고 번역한다.
12   이 점이 마틴 J. L. Martyn의 주석이 지닌 심각한 문제다. 이에 대한 논의는 *Paul and His Recent Interpreters*, 8장, 특히 171-72을 보라.

어나게 할 것임을 알고 있었다.[13]

3:17-18 이 모든 점을 파악하면 결론은 쉽게 도출된다. 하나님은 아브라함과 언약을 맺으시고, 수없이 많은 지체로 구성된 가족을 약속하셨다. 거의 500년이 지나서 나온 토라는 언약의 약속을 무효화할 수 없다. 거듭 말하지만, 이것은 서로 다른 종교의 스타일이나 "행함"과 "믿음"이 서로 경쟁하는 구원론적 체계에 대한 진술이 아니다. (문맥을 고려하지 않고 18절을 읽으면, "율법"과 "약속"의 대조를 말하는 것으로 볼 수는 있지만 말이다.) 그것은 하나님의 백성에 관한 진술로서, 하나님의 백성이 누구이며 어떻게 구별할 수 있느냐를 말하고 있다. 하나님이 주신 약속은 18절 상반절이 말하는 것처럼 **유업 상속**을 최종 목표로 한다. 이제껏 언급되지는 않았지만 이것이 창세기 15장의 주요 주제 중 하나라는 점은 분명하다. 이 주제는 여기서 시작하여 점점 강도가 더해지다가(crescendo) 3:29에서 정점에 한 번 도달하고, 4:7에서 재차 정점에 이른 다음, 4:21-5:1에서 천천히 결말에 이른다. 다시 강조하건대, 이것이 이방인 선교의 근거다. 바울의 소명은 사람들의 영혼이 구원받아 육체에서 분리된 천국에 갈 수 있게 하려고 세계를 돌아다니며 선교하는 것이 아니었다. 그의 소명은 진정한 주님을 이 세상에 선포하고, 어두운 권세가 전복되었음을 알리며, 메시아가 죄를 처리하심으로써 지상의 통치자들과는 전혀 다른 세계의 진정한 주권자로 즉위하셨음을 선포하는 것이었다. 그러므로 "유업"은 (롬 8:17-30에서 말하듯) 피조 세계 전체로서, 창조주 하나님이 그의 "아들"인 메시아에게 주신 '영토'다. 이는 아브라함에게 주신 약속뿐 아니라 하나님의 창조 세계 안에서 하나님의 형상을 지닌 자가 되어야 한다는 인간의 본래 소명을 성취한다.

---

13 Novenson, *Christ among the Messiahs*를 보라.

17절은 이처럼 조밀하게 구성된 15절과 16절을 설명해 준다("이것이 내가 말하려는 것입니다"touto de legō). 하나님이 이미 언약의 의도와 목적을 승인하셨으므로, 나중에 주어진 율법은 언약에 포함된 약속을 "취소" 할unratify 수 없다.[14] 또한 약속을 완전히 폐지할katargēsai 수도 없다. 동사 '아퀴로오'akyroō와 '카타르게오'katargeō는 비슷한 뜻을 지니지만, 후자가 더 강한 의미를 지닌 것으로 보인다. 단지 "인정하지 않다"disconfirm 또는 "승인 취소하다"unratify는 의미가 아니라 실제로 "폐지하다"abolish 또는 "완전히 없애 버리다"wipe out라는 의미다.

그러므로 18절의 대조("율법에 기초한 것이라면 약속에 기초한 것이 아닙니다")는 "행함"과 "믿음"이라는 종교적 양식 사이의 단순한 대조로 축소할 수 있는 것이 아니다. 첫째 절ei gar ek nomou hē klēronomia은 2:21ei gar dia nomou dikaiosynē과 형태 면에서 유사하지만, 바울은 늘 그렇듯 아주 정확하게 말한다. "의로운" 신분은 토라를 **통해**through 올 수 있었다(하지만 실제로는 그렇게 되지 않았다). 하지만 여기서 바울의 요지는 토라에 **기초해** 상속을 받을 수도 있었다는 것이다(그러나 실제로는 그렇게 되지 않았다). "모세에 기초한 것이면 아브라함에 기초한 것이 아니다"라는 의미다. 바꿔 말하면, 토라가 그 자체로 원래의 약속을 부정하게 손질하거나 무효화할 수 있는 듯 보일 수 있다. 18절은 17절에서 말한 것을 설명한다.gar 유업(약속된 땅과 롬 4:13이 말하듯 온 세상)이 토라에 기초해 받을 수 있는 것이라면 약속에 기초해 받을 수 없는 것이다. 두 경우 모두 요점은 갈라디아인들이 토라의 통치 아래 살아야 한다(적어도 할례에 관해서는)고 강요받지만, 토라는 정말 중요한 "유업 상속"의 매개체도 아니고 기

---

14 그리스어는 이러한 의미의 차이를 분명하게 보여낸다. '퀴로오'kyroō는 "승인하다" 또는 "인정하다"를 뜻하고, '프로퀴로오'prokyroō는 "미리 승인하다"를 뜻하며, '아퀴로오'akyroō는 "승인하지 않다" 또는 "인정하지 않다"를 뜻한다.

원도 아니라는 것이다. 의로운 지위(곧, 언약 가족의 일원)가 메시아의 죽음을 매개로 주어진 것처럼, "상속"은 하나님이 아브라함에게 주신 은혜로운 약속의 선물에서 기원한 것이다.[15]

이 논지는 갈라디아인들 가운데 터져 나올 수밖에 없었던 질문에 대한 바울의 답변의 기초가 된다. 갈라디아인들도 같은 상황이라는 것이다.

3:19-22 그렇다면 율법은 왜 주어졌는가?

내가 갈라디아서를 가르칠 때 3:18 부분에서 "그러면 하나님은 애초에 왜 율법을 주셨습니까?"라는 질문을 받은 적이 몇 번 있다. 이렇게 자연스럽게 우리가 바울과 같은 물음에 도달했다고 해서, 반드시 우리가 그의 주장 전부를 제대로 이해했다는 뜻은 아니다. 전통적인 개신교 주해의 관점으로 갈라디아서 3:1-18을 읽어도 비슷하게 반응할 것이다. 하지만 내가 지금까지 이 장을 이해한 방식에 비추어 바울의 대답을 읽으면 전체적인 내용이 훨씬 더 잘 이해되며(주석가들이 끊임없이 난해하다고 여긴 요소들도 해결될 것이다), 이 사실만으로도 내가 바울의 사고의 흐름을 제대로 파악했음이 확인된다.

---

[15] 18절의 동사 '케카리스타이'*kecharistai*는 단지 "주었다"gave라는 뜻보다 더 많은 의미를 표현한다. (a) 그 이유는 선물이 은혜로 주어진 것임을 강조하고, (b) 또한 동사에 사용된 완료 시제는 하나님의 약속이 영속하는 것임을 나타내기 때문이다. "하나님이 약속을 통해 아브라함에게 이 은혜로운 선물을 주셨고, 그 **영향은 지금까지 계속 이어진다.**" 즉, 완료 시제는 "지금도 여전히 시행 중이며, 여전히 유효하다"는 의미를 나타낸다. 하나님은 여러 민족의 신자들로 구성된 가족의 탄생과 그 가족이 계속 유지됨을 통해 지금도 여전히 아브라함에게 은혜로우시다.

"왜 율법을 주셨는가?"라는 질문은 상당히 범위가 넓지만, 여기서 바울은 매우 짧은 대답만 제시한다. 그래서 이 구절은 바울의 가장 밀도 높은 주장으로 손꼽힌다. 다시 한번 우리는 바울이 다양한 영적 접근 방식이나 "구원받는 방법"에 대한 개요를 말하고 있다는 이해를 거부한다. 도덕적 선행으로 의롭게 되는 것이 실제로는 불가능함에도 불구하고 하나님이 그의 백성에게 율법을 주셔서 우롱했다는 문제가 아니다. 또한 하나님이 인간이 얼마나 사악한지 가르쳐서 구속을 추구하도록 이끄시려고 율법을 주신 것도 아니다. 루터의 표현을 빌리자면, 율법의 천둥에 이어 달콤한 복음의 비를 내리려 하신 것이 아니다.[16] 그것은 **하나님이 한 인간 가족**(a human family, 이스라엘 백성—옮긴이)**을 통해 세상을 구출하기로 작정하셨을 때, 하나님이 선택하신 그 가족 또한 나머지 인류와 마찬가지로 치명적인 질병에 감염되었다는 문제**(성경이 이 점을 수없이 증거함)**를 고려해야 했다는 사실에 관한 것이다.**

나중에 보겠지만, 이 같은 의학적 유비 analogy는 실제 상황을 적절하게 나타낸다. 바울은 일단 **선한 토라가 지닌 한시적 목적**에 집중한다. 어떤 것이 선하지만 한시적으로만 존재할 수 있다는 개념, 또는 정말 한시적임에도 선할 수 있다는 개념은 그 자체로 하나님이 더 '일관된' 분일 것으로 기대하는 모든 고전적 신학에 대한 일종의 모독이다. 하지만 그런 하나님은 사실 아브라함과 이삭과 야곱의 하나님보다는 철학자들의 신에 더 가깝다. (성경과 마찬가지로) 바울에게 일관성이 존재하는 지점은 전체적인 내러티브 안이었지, 생명의 근원에서 끊어져 꽃병에 가지런히 꽂혀 있는 꽃과 같이 살아 있는 역사에서 뽑혀진 비역사적 관념 안이 아니었다.

---

16   틴들 Tyndale은 그의 글 *On the Wicked Mammon*에서 이 루터의 말을 인용한다.

3:19a 19절은 세 부분으로 나누는 것이 유익할 것이다. (a) "그렇다면 율법은 왜 주어진 것입니까? 그것은 범법함 때문에 더해졌습니다." (b) "약속된 가족이 오기 전까지." (c) "천사들에 의해, 중개자의 손을 빌려 명령된 것입니다."

그렇다면 토라는 왜 주어진 것인가? 이는 자연스럽게 제기될 수밖에 없는 질문이지만 바울의 대답—"범법함 때문에 더해졌다"—은 직관적으로 이해되진 않는다. 첫눈에 가장 분명해 보이는 의미는, (아브라함 자신부터 시작해) 그 자체가 죄짓는 인간으로 구성된 이스라엘이 아브라함의 약속을 모든 피조물에게 전달하는 과정에서 잘못된 길로 나아갈 것이 자명했기에, 이스라엘이 완전히 타락하는 것을 막는 무언가가 필요했다는 것이다. 바벨론에서 포로 중 일부가 돌아온 후 에스라가 염려했던 것도 그런 것이다. 이 해석은 어느 정도 일리가 있지만, 문제가 있다. 이 구절에서 "범법"transgression으로 번역한 단어가 "과녁에서 벗어남(죄)"이라는 보편적 의미의 단어 '하마르티아'hamartia와는 반대로 구체적으로 "법을 어김"을 뜻하는 '파라바시스'parabasis이기 때문이다. 따라서 토라가 "범법, 곧 율법을 어김"의 문제를 다루기 위해 추가된 것일 수 없다. 바울이 로마서 4:15에서 말한 대로, 토라가 없었다면 율법을 어기는 일 자체가 존재할 수 없었을 것이다.

이는 바울이 로마서 5:20에서 말한 것(율법이 온 것은 "범죄가 끝까지 채워지게 하기 위해서다")과 상당히 일치하고 로마서 7:7-25에서 길게 전개한 논지와 일치하는 두 번째 의미를 시사한다. 율법은 죄가 "범법함"parabasis이 되도록 주어진 것이다. 다시 말해, "죄"가 제대로 처리되기 위해서는 죄가 있는 그대로의 모습(즉, 그저 잡다한 어리석은 잘못이 아닌, 실제로 저지른 치명적인 불순종)으로 드러나야 했다. 이 로마서 구절들을 예로 들다 보면 갈라디아서에 로마서를 역으로 투사해 해석하고, 결과적으로 왜곡이 발생할 위험이 있다. 갈라디아서와 로마서에서 전개된 논증이 모든 면에서 같은 것은 아니기 때문이다. 하지만 논증 속에 있는 짤막한 논증의 결론인 22절은 이 두 가지 의미의 조합을 뒷받침해 준다. 22절에 따르면 "성경"(3:8처럼 성경이 다시 의인화됨)은 "모든 것을……죄의 권세 아래 가두었"는데, 이는 로마서 11:32과 같이 하나님의 약속이 메시아의 신실하심을 통해 신실한 사람들에게(즉, 다른 누구도 아닌 오직 신실한 사람들에게만) 주어질 수 있도록 하기 위해서다. 바울의 근본적인 논지는 토라가 약속에 반하지 against 않는다는 것이다. 약속을 받은 백성들에게 죄를 짓는 본성이 있기 때문에, 그로 인해 발생하는 문제를 해결하고 또한 역설적인 방식으로 약속이 성취되도록 하기 위해서 토라가 필요했다. 이에 못지 않게 복잡한 고린도후서 3장과 로마서 7장이 말하는 것처럼, 토라가 문제가 아니었다. 토라가 문제 해결을 위해 공들인 대상, 곧 죄짓는 인간이 문제였다.

3:19b 19절의 진정한 논지는 "~전까지"until가 속한 절에 나온다. 율법은 철저하게 제한된 시간 안에만, 곧 "약속을 받은 가족sperma이 오기 전까지"만 작동하도록 더해진 것이다. '스페르마'sperma를 보통 "씨" 혹은 "후손"으로 번역하는 바람에 종종 바울의 논지의 초점이 흐려졌다. 16절에서—이 19절이 가리키고 있는 것이 분명하다—"씨", 곧 "가족"이 의미하는 바는 '호이 에크 피스테오스', hoi ek pisteōs 곧 "믿음의 백성"3:7, 9 "아브라함의 자손", 3:7 "신실한 아브라함과 함께 복 받은" 사람들,3:9 "아브라함의 복"이 흘러간 이방인들,3:14a 그리고 궁극적인 유업의 선취先取로 성령의 약속을 받은 "우리"3:14b다. 다시 말해, 토라는 선하지만 한시적인 목적을 위해 주어졌다. 아브라함에게 주어진 약속이 성취되면 토라에게 주어졌던 목적은 메시아와 모든 민족을 아우르는 메시아의 백성 안에서 성취된다.

이 점이 갈라디아의 이방인들에게 결정적으로 중요하다. 경쟁 교사들은 갈라디아의 이방인 신자들에게 토라의 지배를 받으라고 촉구하고, 바울은 토라의 지배를 받는 때는 이미 지나갔다고 주장한다. 이를 설명하기 위해 나는 종종 우주 로켓의 예를 든다. 로켓이 지구 대기권을 통과하려면 추진기가 필요하다. 하지만 로켓이 일단 대기권 밖으로 나가면 추진기를 제거한다. 추진기가 나쁜 것이고 애초에 추진기 자체가 없었어야 했기 때문에 이제 와서 제거하는 것이 아니다. **추진기는 좋은 것이었고 임무를 완수**했기 때문에 제거되는 것이다. 이것이 바로 바울이 토라에 대해 말하고 있는 것이다.

3:19c 그리고 나서 바울은 토라가 "천사들에 의해 중개자의 손을 빌려 명령되었다"는 말을 덧붙인다. 이 구절에 언급된 천사에 대한 오래된 견해, 곧 천사를 사악한 존재로, 그리고 율법 자체를 거의 영지주의적 의미에 가까운 "권세"로 해석한 견해를 따르는 사람은 이제 거의 없지만, 대부분의 주석가들은 여전히 바울이 토라를 폄하하고 있다고 생각한다. 하지만 이는 틀렸다. 천사가 율법을 주었음을 부각하는 다른 본문들을 보면, 천사들은 선하며 하나님의 명시적 명령을 행하는 존재다.[17] 마찬가지로 중개mediation 자체에는 아무런 잘못된 점이 없다. 중개자는 분명히 모세이며, 모세는 하나님이 원하시는 일을 했다.[18] 어떤 이들은 여전히 "중개"라는 단어가 하나님이 율법을 주실 때 더 멀리 떨어져서 역사하고 계셨음을 뜻한다고 생각한다. 또는 하나님을 대표하는

---

[17] 신 33:2 (본문 자체는 모호하지만 두 집단의 천사가 있음을 암시하는 것으로 보인다). 신약에서는 행 7:38, 53, 히 2:2. 더 자세한 논의는 *The Climax of the Covenant*, 8장, 특히 158-62를 보라.

[18] "~의 손을 빌려"는 히브리어적 표현으로서 "~를 통해"through 혹은 "~의 중개로"by the agency of를 뜻한다.

한 무리의 천사들과 이스라엘인들을 대표하는 또 다른 무리의 천사들, 그리고 그 사이를 중재하는 천사가 한 명 있었음을 뜻하며, 이러한 이유로 율법의 권위가 떨어졌다고까지 주장하는 이들도 있다(이 논리는 이해하기 힘들다).[19] 이러한 제안들은 핵심을 놓치고 있다. 22절에 나오는 "성경"이란 단어가 "하나님"에 대한 우회적 표현이 분명하다는 사실은 이 같은 사변적 추측들을 일축한다. 모세는 하나님이 의도하신 바를 행했다. 토라도 하나님이 의도하신 바를 행했다. 하지만 하나님이 토라 안에 세우려고 하셨던 것은 추상적인 구원의 체계, 곧 하나님이 본디 토라를 주셔서 사람들이 선한 일을 행함으로써 스스로를 구원할 수 있도록 하셨는데 사람들이 이를 제대로 수행하지 못해 포기하게 되었다는 오래된 개념도 아니고, 그 개념의 그림자, 곧 하나님이 토라를 주신 것은 사람들에게 아예 토라를 행할 수 없다는 점을 깨닫게 하기 위해서였다는 개념도 아니다.[20] 토라는 훨씬 더 구체적이고 한시적으로, 곧 "메시아가 오실 때까지" 주어졌다. 이제 바울은 이 토라의 목적을 살펴본다.

3:20 그렇다면 중개자에게 어떤 문제가 있는가? 이 수수께끼 같은 20절을 16절과 29절 사이에 두고 생각하면 답은 분명해진다. 혼란이 발생한 이유는 부분적으로는 바울이 극도로 밀도 있고 함축적인 표현을 사용했기 때문이겠지만, 주석가들이 그릇된 관점에 서서 바울이 하나님의 구원 계획과 관련하여 율법의 "나쁜" 점에 대해 말을 하는 것이라 믿고 싶어 했기 때문이기도 하다. 바울의 논점은 그것이 아니다. 그는 "중개자"가 "그 하나", 곧 **하나님이 아브라함에게 약속하신 단일 가족**의

19　예를 들어, Hays, *The Letter to the Galatians*, 267와 Keener, *Galatians*, New Cambridge Bible Commentary, 154를 보라.
20　앞서 인용한 샌데이W. Sanday와 헤들람A. C. Headlam의 롬 10에 대한 주석(203쪽)을 보라.

중개자가 아니라고 간단하고 명료하게 말한다. 율법은 아브라함에게 주어진 약속이 성취되는 수단이 될 수 없다. 모세를 통해 율법이 주어졌으므로 모세는 "중개자"이지만, 3:16과 3:29의 "한 씨",$^{one\ seed}$ 곧 모든 민족을 아우르는 단일한 가족을 생겨나게 할 수 없었다. 그에게는 다른 임무가 주어졌다. 이것이 바울 논증의 핵심이다. 즉, 하나님은 구체적이고 한시적 목적을 위해 토라를 주신 것이다. 이 핵심은 3:20의 해석을 지속적으로 난해하게 만든 사변적 추측의 뒤엉킨 그물을 단번에 끊어 낸다.[21]

언어적 측면에서 빽빽한 그리스어 문장('호 데 메시테스 헤노스 우크 에스틴',$^{ho\ de\ mesitēs\ henos\ ouk\ estin}$ 직역하면 "하지만 그는 하나의 중개자가 아닙니다"이다)은 두 가지 의미로 해석할 수 있다. "중개자"를 반복한다고 볼 수도 있고("하지만 중개자는 '하나'의 **중개자**가 아닙니다"), 또는 20절의 첫째 구에서 '호 데'$^{ho\ de}$를 **주어**로("하지만 그는") 하고 '메시테스 헤노스'$^{mesitēs\ henos}$를 **보어**로 해석할 수도 있다("하지만 그는 '하나'의 중재자가 아닙니다"). 나는 문장의 균형을 고려하여 후자를 선호하지만, 신학적인 요점은 전자나 후자 모두 같다. 즉, 유대인과 이방인을 약속된 단일한 가족으로 한데 모으는 것은 모세가 받은 임무가 아니었다는 것이다. 오히려 유대인과 이방인이 어느 정도 거리를 두는 것이 일관된 하나님의 뜻이었다. 신명기가 강조하는 것은 가나안 사람들과 절대로 화목해서는 안 된다는 것이다! 이스라엘의 오랜 역사를 회고해 보면 그 목적을 알 수

21　예를 들어 오크스^{Oakes}는 *Galatians*, 124에서 이렇게 말한다. 모세가 하나님과 이스라엘 백성 둘 다의 이익을 대변한다면 그는 한분 하나님만을 온전히 대변할 수 없는 것이다. 오크스^{Oakes}는 바울의 목표가 공동체의 일치라고 보면서도 이 구절의 "하나"$^{the\ one}$라는 단어가 16절 및 28절과 어떻게 연결될 수 있는지에 대해 난색을 표한다. 드실바^{deSilva}는 *The Letter to the Galatians*, 318에서 바울이 "상당한 거리를 두고 일하시는" 하나님을 마음에 그리고 있다고 본다.

있다. 즉, 이스라엘이 이교적인 예배와 행위에 빠지지 않도록 막는 것이 었는데, 그것은 어려운 과제였고, 실제로 부분적으로만 성공했다. 그 유대인/이방인의 구분이 바로 갈라디아의 선동가들이 다시 시도하고 있는 분열이다. 바울은 이제는 더 이상 유대인과 이방인을 분리할 때는 지나갔다고 주장한다.

그렇게 이방인과 유대인이 분리되는 것은 하나님의 궁극적인 의도와 거리가 멀다. 이 단락에서 암시되는 시간의 흐름은 3:23-29까지 견고하게 이어지며, 4:4의 "때가 찬 시점이 왔을 때"에서 종결점에 도달한다.[22] 흥미롭게도 이러한 시간 순서는 마가복음 10:2-9에 언급된 시간 순서와 일치한다. 바리새인들은 신명기 24:1-3을 이혼을 허용하는 구절로 인용한다. 예수는 이 명령이 "너희의 마음이 완악하기 때문에"[10:5] 주어진 것이며, 하나님의 원래 창조 의도는 남자와 여자가 평생 한 몸을 이루는 것이었다[10:6-9]고 대답하신다. 성경이 모든 부분에서 항상 똑같은 이야기를 하고 있다고 생각하기보다 이처럼 메시지를 순차적으로 따져보면 문제될 것이 없다.

20절의 가장 큰 문제는 바울이 이 모든 것에 대한 자신의 생각을 "그러나 하나님은 하나이십니다!*ho de theos heis estin*라는 짧지만 밀도 있는 문장에 담았다는 것이다. 다른 구절과 마찬가지로, 로마서가 이 문구를 이해하는 데 도움을 준다. 로마서 3:30이 이 압축된 문구를 통해 바울이 말하고자 한 의미를 이해하는 데 충분할 만큼 자세한 설명을 담고 있기

---

22 이는 마틴 J. L. Martyn과 그의 견해를 따르는 이들에 의해 끊임없이 지속되는 "묵시"apocalyptic와 "구원사"salvation history의 대조라는 잘못된 견해를 퇴치한다. *Paul and His Recent Interpreters*, 8장을 보라. 거의 모든 제2성전기 "묵시" 문헌(다니엘서가 대표적 예)은 내재적 발전 과정이 아니라 오래전에 약속된 해결책의 갑작스러운 계시를 통해 대단원에 이르는, 현재 진행형인 하나님의 목적이라는 관점에서 생각한다. *Interpreting Scripture: Essays on the Bible and Hermeneutics* (London: SPCK; Minneapolis: Fortress, 1992), 13장을 보라.

때문이다. 즉, 한분 하나님은 하나의 가족을 원하시며, 그 가족 안에서 유대인과 이방인은 동등한 조건으로 함께한다. 이 내용은 바로 바울이 창세기 15장의 아브라함 이야기를 신선하게 해석하는 로마서 4장의 서곡이다. 따라서 난해한 갈라디아서 2:20의 의미를 로마서 3:30을 통해 설명하는 것은 매우 정당한 접근 방식이다.

이와 같은 해석은 이 구절에 대한 그야말로 수백 가지 견해를 제압해 버린다. 이 모든 견해는 바울이 플라톤적 구원론을 위한 여러 다른 전략에 대한 밑그림을 그리고 있다는 상상에서 만들어졌다. 하지만 바울은 그러한 상상과 거리가 멀다. 그는 아브라함에서 메시아에 이르는 역사적 내러티브에 대해 쓰고 있다. 모세(율법)는 그 역사적 내러티브에서 지엽적인 문제에 불과했다. 로마서 5:12-21과 마찬가지로, 여기서 바울은 아담에서 메시아에 이르는 이야기에 "끼어든" 율법을 말하고 있다. 갈라디아서 3장 전체는 하나님이 아브라함에게 약속하신 단일한 가족이 창조된 방식에 관해, 그리고 토라가 마음대로 하도록 내버려 두었다면 토라는 단일한 가족이라는 하나님의 목적을 좌절시켰을 것이라는 사실에 관해 다룬다. 갈라디아인들은 이미 아브라함 가족에 속해 있는데, 왜 줄곧 한시적이고 부정적 역할을 맡았던 대비책으로 돌아가려 하는가?

3:21 여기서 또 다른 물음이 파생된다. 그렇다면 율법이 하나님의 약속에 반하는 것인가? 마르키온주의의 망령은 이 같은 논의에서 결코 멀지 않은 곳에 있다. 이 같은 관점이 우리 시대에 복음을 전하는 방법이라는 잘못된 신념을 지닌 많은 주석가는 율법과 복음 사이의 날카로운 대조를 견지하는 데 힘쓰며, 율법이 하나님의 약속들에 반하는 것이라고 주장하고 싶어 했다. 하지만 바울의 대답은 훨씬 섬세하다. 그는 연대기적 관점과 인간론이라는 두 가지 차원에서 대답을 제시한다. 그의

대답은 메시아가 오시기 전까지만 한시적으로 토라가 주어졌다는 점을 지적한다는 면에서 연대기적이다. 또한 토라 자체에 문제가 있는 것이 아니라 사실은 인간(즉, 이스라엘인들)에게 문제가 있음을, 곧 토라가 영향을 미쳐야 하는 대상 자체에 문제가 있다고 지적한다는 면에서 인간론을 담고 있다고 할 수 있다.

이 점은 또 다시 우리를 바울의 이스라엘 이야기 해석의 진수와 진정한 그리스도교적 구약 해석으로 이끈다. 이는 바울이 로마서 8:3에서 말한 내용과 직접 관련되어 있다. 거기에서 바울은 "율법이 사람의 육신 때문에 약해져서 할 수 없는 것"에 대해 말한다.[23] 토라는 "생명"을 약속했지만 줄 수 없었다. 셰익스피어의 작품에서 카시우스는 이렇게 선언한다. "친애하는 브루투스여, 잘못은 우리의 별들에게 있는 것이 아니라 **우리 자신에게** 있소. 바로 우리가 **하찮은 인간**이라는 사실에 있다는 말이오."[24] 바울의 요점은 잘못(아브라함의 가족 이야기에 난관을 초래한 문제)이 토라가 아니라 토라가 영향을 끼쳐야 할 대상인 인간, 곧 이스라엘 백성에 있다는 것이다. 아브라함의 가족은 세상에 치유를 가져다주도록 택함을 받았으나, 똑같은 치명적 질병을 앓고 있는 사람들로 구성되어 있었다. 또 다시 바울은 이 갈라디아서 구절에서 (약간의 차이만을 두고) 로마서 7장과 8장의 내용을 미리 말하고 있다. 그가 말한 것처럼, 생명을 줄 수 있는 율법이 주어졌다면 정말 율법으로 언약의 일원이 되었을 것이다.[25] ("생명으로 이끌어야 할 계명이 나에게는 죽음을 가져다

---

23 이는 또한 고후 3장의 핵심 내용과 긴밀히 연관된다. 하지만 고후 3장을 다루는 것은 이 주석의 범위를 훌쩍 넘는 일이다.

24 *Julius Caesar*, 1장 2막, 140-41행. 당연한 말이지만, 굵은 글씨로 강조한 것은 내가 한 일이다.

25 레 18:5를 언급하는 또 다른 구절이다. 12절에 대한 주석을 보라.

준 것으로 드러났습니다."롬 7:10) 만일 그랬다면, 완전한 하나님의 백성이 존재할 수 있으므로 **십자가 처형을 당한 메시아는 필요 없을 것**이기 때문에, 갈라디아인들은 할례를 받는 것이 좋았을 것이다. 갈라디아서 2:21과 동일한 이 논리는, 2:21 뒤에 이어진 구체적 문제에 관한 논의를 다룬 20개의 구절을 거쳐 이 구절에서야 확립된다. 물론 2:21은 "메시아 안에" 있는 사람들과 (역으로) 자신들 안에 메시아가 거하는 사람들이 누리는 새로운 "생명"을 강조하는 2:19-20과 긴밀하게 이어진다. 이는 결과적으로 4장과 5장의 내용을 가리킨다. 갈라디아서 4장과 5장은 바로 새로운 생명이라는 선물, 곧 토라가 줄 수는 없으나 하나님이 메시아와 성령을 통해 제공하신 생명이 복음의 핵심 중 하나라고 말한다. 로마서 8:1-11도 실질적으로 같은 논증을 담고 있다.

3:22 그런 다음 바울은 3:22에서 이 요지를 아주 명료하게 만든다. 이 구절은 촘촘한 논증을 마무리 지으며 다음 단락3:23-29으로 이어지고, 3:28-29에서 단호한 결론에 이르며, 이 3:28-29은 4:1-7의 기반을 이룬다. 여기서 바울은, 로마서에서 다채롭게 언급한 것처럼, 모든 것을 '하마르티아,'*hamartia* 곧 죄라는 감옥에 가두는 것이 토라의 목적이라고 말한다(토라는 하나님이 주신 선한 것이다). 이를 통해 갈라디아인들에게 전하는 메시지는 아주 분명하다. 갈라디아인들이 토라를 받아들이는 것은(혹은 토라가 그들을 받아들이도록 내버려 두는 것은) 감옥—토라가 죄인들에게 해줄 수 있는 최선이 감옥이다—에 가겠다고 자청하는 일과 같다. 그렇다면 앞으로 나아갈 수 있는 유일한 길은, 갈라디아서 2:16과 2:19, 그리고 3:13에서 말한 바와 같이 메시아의 신실한 죽음을 통해서이며, 그 신실한 죽음은 그에 응답하는 믿음/신실함에 의해 인정된다. "메시아 예수의 신실하심으로", 곧 이사야서 40-55장과 같은 죽음에까지 이르는 신실하심, 이스라엘의 위한 하나님의 언약적 목적에

대한 순종으로 "말미암은 그 약속"이 "믿는 자들에게 주어진다."

이로써 지금까지의 3장 내용을 다음과 같이 요약할 수 있다. '호이 에크 피스테오스',*hoi ek pisteōs* 곧 "믿음의 사람들"3:7, 9에게 보장된 것은, 토라가 그들에게 어떠한 주장이나 정당한 요구도 하지 못한다는 것, 그리고 그들이 그 이상 어떠한 행위도 하지 않아도 이미 약속된 상속자라는 것, 곧 아브라함에게 약속된 축복을 장차 상속할 단일 가족의 일원이라는 것이다. 바울이 로마서 4:13에서 아브라함에 대해 확실하게 말했듯, 이들이 세상을 상속받을 것이다. 그리고 갈라디아서 3:21이 암시하듯, 이들은 토라가 신기루처럼 희미하게 아른거리는 희망으로 제시했으나 실제로는 줄 수 없었던 "생명"을 갖게 될 것이다. 토라는 토라 자체가 약속한 생명을 줄 수 없으므로, 갈라디아인 이방인들은 토라를 받아들이는 일을 아예 꿈도 꾸어서는 안 된다. 사실 모든 민족을 아우르는 아브라함의 단일 가족의 새 구성원은 토라가 약속하는 것처럼 보이는 모든 것을 이미 상속권birthright으로 지니고 있다.

3:23-25 '파이다고고스'*paidagōgos*의 지배 아래서

지금까지 바울은 하나님이 아브라함 가족에게 토라를 주신 목적을 밀도 있는 표현으로 충분히 보여주었다. 갈라디아인들을 향한 그의 메시지의 골자는 갈라디아인들의 상황과 전망 그리고 그들이 이방인 출신 예수 추종자로서 할례를 절대 받아서는 안 된다는 사실과 관련되어 있지만, 바울은 유대인들의 상황에 관해서도 할 말이 많다. 추측건대 이는 2:15-21과 마찬가지로, 바울이 보기에 토라의 지배 아래 사는 유대인의 상황을 알려 주는 것이 갈라디아인들에게 경쟁 교사들이 바라는 행동을 하지 말라고 설득하는 데 가장 효과적인 논증이기 때문이다.

이러한 작업의 일환으로 그는 이제 "전과 후" 상황을 상세히 그려 낸다. 먼저는 유대 민족의 상황이 어떠했는지를 묘사하고, 이어서 예수를 메시아로 믿게 된 유대인들이 이제 어떤 상황에 있는지를 말한다. 메시아가 오시기 전 "그때"에는 그때의 방식이 있었다면, "이제"는 메시아가 오셨으므로 모든 것, 특히 언약 가족의 본질과 언약 가족임을 표시하는 고유한 특징이 바뀌었다." 26절에 가서야 비로소 주어가 "우리"에서 "여러분" 곧 "이방인인 여러분"으로 바뀌는 것이다(이는 복잡한 문제이므로 26절을 주석할 때 논의하고자 한다).

바울은 이런 이야기를 이 단락3:23-25부터 29절까지 하나의 방식으로 이야기하는데, 세부 사항을 아주 조밀한 방식으로 표현하기 때문에 그의 말에 당혹감을 느끼기 쉽다. 그런 다음 4:1-7에서는 같은 이야기를 또 다른 방식으로 이야기하는데, 4:1-3은 새로운 방식으로 "그때"를 표현하고, 4:4-7은 새로운 방식으로 "지금"에 대해, 더 정확히 말하자면 전환이 이루어진 방식에 대한 자세한 설명과 함께 "지금"을 말한다. 3장의 마지막 일곱 구절과 4장의 처음 일곱 구절에는 바울 신학의 핵심일 뿐만 아니라 모든 그리스도교 신학—삼위일체, 성육신, 속죄, 거듭남, 성령, 새로운 생명, 영성, 궁극적 운명—의 기원이 담겨 있다. 따라서 좋은 위스키를 맛볼 때처럼 다양한 향을 음미할 수 있도록 [신학적] 미각을 훈련해야 한다. 이러한 훈련에 성실히 임하면, 우리는 수백 년 후에 만들어진 신학이라는 큰 병 가득만큼 다 마시기보다는 바울이 여기에서 우리에게 준 작은 잔만큼만 맛보는 것을 더 좋아하게 될 수 있다.

3:23 바울이 묵시적인 사고를 했으므로 연대기적 사고(구원사적 사고를 말한다—옮긴이)를 하지 않았다고 주장하는 이들이 있는데, 이 구절은 한 수준에서는 거의 연대기에 관한 것이다. 바울은 **과거**의 상황이

어떠했는지, 그리고 무엇이 와서 **모든 것을 변화**시켰는지, 그래서 **현재의 상황**이 어떠한지를 기술한다. 그는 여기서 '피스티스', 곧 "믿음" 또는 "신실함"이라는 단어를 복음의 도래 전체를 가리키는 축약적 표현으로 사용하고, "믿음이 오기 전에" 혹은 "이 신실함이 도래하기 전에"라고 말함으로써 메시아의 신실하심과 그에 응답하는 메시아 백성의 신뢰를 하나로 뭉쳐 놓아 우리를 혼란스럽게 한다. 이 단락은 갈라디아서에서 '피스티스'가 언급되는 거의 마지막 부분으로, 26절까지 논지가 분명하게 펼쳐진다. "'피스티스'가 오기 전에", "장차 올 '피스티스'를 기다리며",23절 "(이는) 우리가 '피스티스'로 의롭다고 여겨지기 위해서입니다",24b절 "이제 '피스티스'가 왔으므로",25 "'피스티스'로 말미암은 하나님의 아들들 모두."26절

따라서 23절의 요점은 피스티스의 도래 **전에는** "우리는 완전히 감금된 채 감시하에 있었다"는 것이다. 바울은 토라에는 목적이 있었다고 강조한다. 그 목적은 이스라엘의 타락—이런 일이 일어날 것이라는 우려가 늘 있었다—을 막는 것이었다. 내 생각에 여기서 바울은 토라가 이스라엘의 죄를 드러낸다는 일반적인 사실뿐만 아니라, 신명기 28장과 32장이 경고한 대로 신명기의 저주가 외국인들의 통치 아래 있는 백성들에게 연장된 포로기라는 커다란 저주 형태로 내려졌다는 구체적 사실을 염두에 두었을 것이다.[26] 바울은 이미 십여 절 앞에서 신명기의 저주를 언급했다. 바울은 이 구절과 4:1-3에서 그 언약적 개요를, 곧 유대 민족의 유린과 이교도에 예속됨(그리고 뒤에서 보겠지만 이교신들에 대한 예속)에 대한 반복적인 경고를 다시 넌지시 언급하는 것으로 보인다.

여기서 주목해야 할 중요한 점은 바울이 모든 인간이 "토라 아래" 있

---

26 28:33, 36-38, 41-44, 49-57, 62-68을 보라.

었다는 일반적인 이야기를 하고 있지 않다는 것이다. 오직 유대인만이 "토라 아래" 있었다. (다소의 사울이 이해했던 대로) 토라가 이방인에게 해야 할 유일한 말은 "출입금지!"(혹은 아마도, "출입금지, 들어오면 죽게 될 것")였다. 갈라디아 교인들에게는 토라의 역할과 효력을 이해하는 것이 매우 중요했다. 왜냐하면 그들이 토라 아래에 있었기 때문이 아니라 당장 토라의 지배 아래로 들어오라고 권유받고 있기 때문이다. 바울은 두 개의 동사를 사용해 이를 설명한다. 이 동사들은 (이전 절에 나오는) 감옥에 갇힌다는 개념을 발전시킨다. 바울은 이렇게 말한다. 우리는 "완전히 감금된 채('쉰클레이오메노이',^{synkleiomenoi} 이는 22절의 '쉰네클레이센'^{synekleisen}과 동족어다) 감시하에 있었습니다."^{ephrouroumetha} 하지만 고대 사회에서 감옥에 수감되는 것 자체는 형벌이 아니었다. 감옥은 범죄자들에게 최종 판결이 내려지기 전까지 일시적으로 감금해 두는 곳이었다. 이 같은 문화적 배경에 부합하게, 바울은 "토라 아래" 있는 상황을 한시적 감금으로 이해했다. 즉, "장차 올 신실하심이 계시되기 전까지" 말이다. 이 내용은 잠시 전의 내용으로 우리를 돌려보낸다. 바울은 '피스티스'의 "드러남/계시"^{apokalypsis}를 목표점$^{terminus\ ad\ quem}$으로 생각한다. 그리고 이것은 예상치 못한 방향으로 확장될 수 있었다.

3:24-25 바울은 아브라함과 메시아 사이의 시간에 토라가 맡았던 역할을 분석하면서 토라에 특별한 역할이 있었음을, 곧 토라가 '파이다고고스'^{paidagōgos}의 역할을 했다고 말한다. 흠정역^{KJV} 등의 역본은 '파이다고고스'라는 단어를 어린 소년들을 가르치는 "초등교사"^{schoolmaster} 또는 "가정교사"^{tutor}로 번역했다(개역한글성경은 "몽학선생"으로, 개정개역은 "초등교사"로, 공동번역은 "후견인"으로, 새한글성경은 "돌봄 교사[혹은 감독자]"로 번역했다—옮긴이). 하지만 '파이다고고스'는 어린이들이 학교에 오가는 길에 장난이나 못된 짓을 하지 않도록 돌보았던 노예를 가리키는 말이

다. 이 노예의 역할은 대략 영어권에서 "베이비시터"babysitter라고 부르는, 부모도 아니고 선생도 아니지만, 별도로 정해진 일을 하는 사람과 비슷하다고 보면 된다. '파이다고고스'는 필요할 때까지만 역할을 수행한다. 바울은 여기서 '파이다고고스'의 일이 '에이스 크리스톤'eis Christon까지만 지속된다고 말하는데, 나는 이를 "메시아의 도래 전까지"라고 풀어서 번역했다. 다만 우리는 추가되었을지 모를 배음에도 주의를 기울여야 한다. 그 배음은 '크리스토스'Christos가 16절에서 **연합적** 메시아, 곧 유대인과 이방인 구별 없이 메시아-백성으로 구성된 가족 전체이자 **새로운 단일한 가족으로 구체화된 메시아**를 뜻하는 단어로 사용되었다는 것이다. 따라서 바울은 메시아가 오셔서 하나님이 약속하신 단일한 가족이 생겨나는 새로운 경륜의 시대까지만 이스라엘이 너무 큰 잘못을 저지르지 않도록 율법이 지키는 역할을 맡았다고 말하는 것이다.

바울이 2:15-3:22에서 주장한 대로, 그 단일한 가족은 '피스티스'로 구분된다. 바울이 말하길, 토라가 이스라엘을 돌보는 것은 신실하신 메시아의 도래 전까지고, 그 시점 이후로 하나님의 백성을 '디카이오이'로 식별하는 것은 토라의 행위들이 아니라 '피스티스'이다. 그들의 '피스티스'는 메시아 자신의 '피스티스'를 반영하며 그의 '피스티스'와 이 단일 가족을 연결한다.

이로부터 바울은 25절에서 이제 새로운 세대가 도래하였으므로 사람은 더 이상 '파이다고고스' 아래 있지 않다고 결론 내린다. 토라는 부여받은 임무를 마쳤다. 하나님이 메시아를 드러내신 일은 아브라함의 가족이야말로 하나님이 "때가 찼을 때" 성취하기를 의도하셨던 것임을 의미한다. 그래서 바울은 갈라디아인들에게 할례받는 것이 낡은 세대, 노예로 살던 때, 한시적 통치 아래로 되돌아가는 일임을 깨달아야 한다고 말한다. 갈라디아인들은 이미 성인이 되었는데 왜 다시 베이비시터의 돌봄을 받으려고 한단 말인가? 바울은 그것이 바로 경쟁 교사들이 갈라디아인들에게 원하는 것이라고 말한다. 왜냐하면 그들은 안디옥에서 베드로가 그랬듯이 "복음의 진리"를 제대로 이해하지 못했기 때문이다. 하나님은 복음으로 새롭게 된 백성이 선발대이자 증인이 되는 새로운 창조를 시작하시기 위해 메시아의 신실한 죽음을 통해 악의 권세를 정복하셨다.

이외에도 '파이다고고스'는 더 많은 내용을 담고 있다. 그에 대한 논의는 아래의 4:1-3 주석에서 다룰 것이다.

3:26-29 단일한 아브라함의 가족

갈라디아서 3장의 마지막 네 절은 기독론 관점의 합체적 교회론 christologically incorporative ecclesiology이라고 이름 붙일 수 있는 것을 멋지게 보여준다. 이 단락 전체는 바울이 방금 말했던 내용을 더 상세하게 설명하기 위해 쓰여졌다(26절을 시작하는 단어 '가르'gar가 이 절이 설명을 보태는 것임을 보여준다). 갑자기 신학적 용어들이 쏟아지고 '크리스토스'Christos라는 단어가 혼란스러울 정도로 반복되어서 어렵게 느껴진다면, 이 단락이 부연 설명하는 기능을 한다는 점을 기억해야 한다. 바울은 아브라함에서 메시아에 이르는 커다란 역사적 그림을 그린 다음,3:1-14 그 안에서 토라가 긍정적 역할을 수행할 수 없음을 보여주고,3:15-22 토라가 필요한 것이기는 했지만 여전히 부정적 역할을 했음을 강조함으로써 토라가 당황한 갈라디아인들을 위한 확실한 도피처가 아니라는 점을 분명히 한다. 그러고는 실질적으로 바울은 이렇게 말하고 있다. "이 모든 것은 결국 메시아의 백성인 단일한 아브라함 가족이 생기도록 하기 위해서였습니다. 그리고 이것이 바로 그 단일한 가족의 모습입니다." 바울은 혼란스러워하는 이교도 출신 예수 추종자들에게 메시아를 중심으로 한 교회론의 다채로운 태피스트리를 갑자기 펼쳐 보여주며 다음과 같이 말하는 것 같다. "여러분은 이미 이곳(풍성한 의미를 지닌 교회—옮긴이)에서 살고 있는데, 왜 '파이다고고스'paidagōgos가 지키는 감옥으로 들어가려고 합니까?"

3:26 바울이 "하나님의 아들들"에 대해 말하고 있다는 점에서 26절은 25절과 직접 연결된다. 여기서 "하나님의 아들들"은 '파이다고고스', 곧 주인의 어린 "아들"이 성년이 될 때까지 돌보는 역할을 하는 노예라는 개념과 의미상 연관된다. 이는 바울이 이어지는 네 절에서 전개할 이미지인 것으로 보아4:1-3 바울은 이 연관성을 이미 염두에 두고 있을 가능성이 아주 높다.

그러나 26절이 3:23-25에 연결되고 4:1-7의 내용을 가리키고 있다는 점 외에도, 26절에는 더 많은 내용이 들어 있다. 먼저 26절의 "아들들"이라는 단어는—오늘날 배타적으로 남성만 가리키지 않도록 "자녀들"로 번역되는 경우가 많긴 하지만—출애굽 전승에서 이스라엘이 "하나님의 아들"로 불린 것과 갈라디아서 2:20에서 예수를 "하나님의 아들"로 지칭한 것을 반향하며, 그 바탕에는 자주 인용되는 시편 2:7이 있다(예를 들어 막 1:11, 행 13:33). 로마서 1:3-4 및 8:3-4과 8:29은 갈라디아서 3:26에 더 가깝고, 무엇보다 갈라디아서 4:4의 내용과 유사하다. 16절에 대한 나의 해석과 정확히 일치하는 이러한 반향들이 이야기하는 것은, 바울의 주된 논점이 "메시아의 백성, 즉 그들의 '피스티스'갈 3:26 및 그들의 믿음을 표현하는 세례3:27로 구별되는 그 백성이 메시아 안으로 연합된다"라는 것이다. 이러한 연합이 일어나는 방식을 우리가 표현하기는 매우 어렵지만, 바울은 쉽게 생각할 수 있었던 것으로 보인다.

2:17에서 "메시아 안에서 의롭다고 여겨졌다"라고 선언할 수 있던 것처럼, 바울은 이 구절에서 예수를 믿는 공동체 전체를 "메시아 예수 안에서 하나님의 아들들"이라고 선언할 수 있었다.

27-29절에서도 메시아라는 단어는 예수는 물론 예수와 연합된 충성된 예수의 추종자들 전체를 뜻한다. 이 단락에서 이렇게 "연합"을 뜻하는 용어들이 갑자기 쇄도하기에 독자는 혼란스러울 수 있지만, 바울이 자신의 논의가 3:29을 향하고 있다고 생각했다는 점을 염두에 두면 이해하는데 도움이 될 수 있다. 즉, 바울은 "여러분은 모두 메시아 안에서 '하나'이고 메시아에게 속했으므로 아브라함의 씨, 곧 단일한 가족이며, 따라서 아브라함의 가족이 세상을 상속받으리라는 약속에 따른 '상속자들'입니다"라고 말하는 셈이다. 이는 3:6에서 시작된 논증의 최종 증명에 해당하며, 바울이 4장 마지막에 훨씬 더 노력을 들여 탐구할 "아브라함의 자녀들"이라는 복잡한 문제로 향하는 길을 열어 준다. 음악으로 비유하면, 26-29절은 베토벤 교향곡의 종결부 혹은 시벨리우스 교향곡 5번 마지막 부분의 거대한 망치 소리 같은 역할을 한다.

> 너희는 모두 메시아 예수 안에서 하나님의 아들이다.
> 메시아 안으로 세례를 받았고
> 메시아로 옷 입었으며
> 메시아 예수 안에서 모두 하나다.
> 메시아에 속했으므로
> 따라서 아브라함의 씨, 약속된 상속자다.

이보다 명료할 수 있을까? 각 행은 하나의 빛나는 현실을 가리키는 이정표로, 그 현실은 너무나도 눈부셔서 정확하게 묘사하기 어려울 정도다. 그 현실이란, 메시아에게 속한 사람들은 이미 하나님의 아들이라는 신분을 공유하며, 그렇기에 진정한 출애굽 백성, 진정한 아브라함의 씨이기도 하다는 것이다. 이는 바울 자신과 예루살렘의 세 "기둥"과 그 외 모든 이와 마찬가지로 갈라디아의 새로운 예수 추종자들 모두에게도 해당되는 일이다. 즉 모든 메시아 신자에게 해당된다. 이것이 바로 바울이 갈라디아인들에게 던지는 메시지다. "당당하세요!" 갈라디아인들에게 할례는 아무런 이득이 없을 뿐만 아니라 전적으로 손해만 입는 일이다. 할례를 받는 것은 메시아가 결정적인 승리를 거두지 못했다고 믿는 것과 다름없으며, 아브라함에게 약속된 모든 민족을 아우르는 유산을 포기하는 것과 같다. 할례를 받는 것은 기껏해야 "토라 아래에서" 사는, 회당을 출석하는 개종자가 되었다는 것을 의미할 뿐이며, 설사 감옥은 아니더라도[3:22, 23] 여전히 '파이다고고스'의 감시하는 눈, 어쩌면 악의에 가득 찬 눈 아래에 있다는 것을 의미한다.

26-29절은 전형적인 바울의 논증 방식을 보여준다. 25절에서 "하지만 이제는"으로 도입된 26절은 현재 하나님의 단일 백성이 누구인지에 관한 새로운 진술로서, 앞선 바울의 논증을 요약하면서 설명한다. 27절은 다시 26절을 설명한다.[gar] 28절은 가족의 구성원 사이에 차별이 없다는 관점에서 특별한 의미를 도출하며 이 점을 해설한다. 29절은 3장 전체를 관통하는 주제를 다시 서술하면서 의기양양하게 결론을 말한다 ("자, 그렇다면……"['에이 데'*ei de*]). 바울은 주로 이런 방식으로 사고하고 논증을 펼친다. 시간을 들여 그와 함께 차근차근 이 점을 심사숙고해볼 가치가 있다.

26절은 갑자기 4장에서 전개될 새로운 개념을 도입한다. "여러분은 모두 '하나님의 아들들'입니다." 우리는 "하나님의 아들들"이란 표현이 남성에 국한된다는 인상을 주는 것을 피하기 위해 "자녀들"이라고 바꿔 쓰기도 하지만, 바울이 말하려는 요지는 대개 "아들들"에게만 주는 유산을 남성은 물론 여성을 포함한 "그들"이 공유하게 되었다는 것, 그리고 (어쩌면 더 중요한 내용인데) 이것이 새 출애굽, 곧 노예 상태에서 궁극적인 해방이라는 것이다. 이 새 출애굽은 하나님이 모세를 통해 파라오에게 하셨던 "이스라엘은 내 아들, 내 장자다"라는 말씀을 이제 모든 메시아의 백성에게 하시는 순간이다.[27] 이는 예전에 하나님이 이스라엘에 대해 말씀하셨던 것이며 시편 2:7과 사무엘하 7:14에서 다윗 계열 왕이 오실 것에 대해 말씀하셨던 것이다. 또한 그때 하나님이 이스라엘에게 하셨던 그 말씀을, 시편 2:7과 사무엘하 7:14에서는 장차 올 다윗 계열 왕에게 하신다. 다음에는 이 민족적이고 왕적인 칭호가 예수의 세례 순간에 예수에게 부여된다.[막 1:11 및 병행구절] 하나님이 이스라엘과 왕, 그리고 예수에게 하신 그 말씀을, 이제 메시아 가족에 속한 모든 사람에게 하신다. 이 주제는 초기 그리스도교 전반에 걸쳐 나타난다.[28] 제2성전기 유대 문헌에서 볼 수 있듯, 이는 아브라함의 진정한 상속자라고 주장하는 사람들, 곧 하나님이 '디카이오이'*dikaioi*로 여기시는 사람들을 가리키는 자연스러운 표현이었다.[29]

이 절의 나머지 부분은 모든 예수 추종자들이 "아들"이 되었다는 점을 명확하게 밝힌다. 이 점은 적어도 '디아 테스 피스테오스 엔 크리스토 이에수'*dia tēs pisteōs en Christō Iēsou*라는 문구—직역하면 "메시아 예수 안에 믿음/신실함을 통해"through the faith[fulness] in Messiah Jesus —에 대한 세 가지 해석 중에서 무엇이 옳은지 판단할 수 있다면 분명해질 것이다. (a) 흠정

---

27   출 4:22-23. 또한 호 11:1을 보라.
28   가령, 요 1:12-13; 20:17, 고후 6:18(삼하7:14를 복수형으로 인용), 계 21:7(집합명사로 인용한다: "정복하는 자/이기는 자"는 "정복하는/이기는 자 모두"를 말한다)을 보라.
29   예로는 솔로몬의 시편 17:27을 보라.

역KJV은 이를 "그리스도 예수를 믿음으로"by faith in Christ Jesus라고 번역했는데, 이러한 오래된 해석은 "그리스도 예수 안에"in Christ Jesus를 "믿음"의 목적어로 본다. 여기서 문제는 "그리스도 예수를 믿음"believing in Christ Jesus이라는 표현이 영어로는 자연스럽고 명료하며, 초기 그리스도교 신앙의 내용이 분명히 예수에 초점이 맞춰져 있었지만(그를 '퀴리오스'kyrios로 고백하고 하나님이 그를 죽은 자 가운데서 살리셨음을 믿음),[30] '피스튜에인 엔'pisteuein en이 영어에 비해 꽤 부자연스러운 그리스어 표현이라는 점이다.[31] (b) 보다 최근에는 이 구절 속의 '피스티스'pistis가 메시아 자신의 신실하심을 가리킨다는 주장이 종종 제시되었는데, 메시아 자신의 신실하심은 갈라디아서와 로마서에 나오는 바울 특유의 주제임이 분명하다. 하지만 이 구절은 어떻게 "여러분은 모두 하나님의 아들들입니다"라고 말할 수 있게 되었는지를 설명하는 것으로 보인다. 메시아가 행하신 신실하심이 이 같은 새로운 신분을 만들어 낸 궁극적인 동인agency인 것은 맞지만, 바울이 여기서는 사람들 자신에 대해 언급하고 있다고 보는 게 더 타당하다. (c) 이러한 관찰에서 세 번째 선택지가 등장한다. "믿음을 통해"와 "메시아 안에"라는 두 문구가 "여러분은 모두 하나님의 아들들이다"라는 문장을 병렬적으로 수식하는 표현이라는 해석이다.

바울이 아마도 이 세 가지 해석이 모두 맞다고 말하고 싶어 했을 것

---

30 예를 들어, 롬 4:24-25; 10:9; 고전 15:3-11.
31 BDAG, 816을 보라. 신약 전체에서 '피스튜에인 엔'pisteuein en이란 표현이 명확하게 나오는 예는 막 1:15("복음을 믿으라", "believe in the gospel") 뿐이다. "예수를 믿다"believe in Jesus에 해당하는 보다 자연스러운 그리스어 표현은 '피스튜에인 에피 톤 이에순'pisteuein epi ton Iēsoun이었을 것이다. 예, 행 16:31 물론 영어로도 "예수를 믿음"believing in Jesus이라는 표현은 모호하다. 많은 사람은 이 표현을 단순히 "예수가 실제로 존재하셨음을 믿음"이라는 뜻으로 받아들인다(마치 "네스호의 괴물 네시를 믿음"이라는 표현처럼 말이다).

같긴 하지만, 내가 볼 때 세 번째 해석("믿음을 통한 하나님의 아들들"과 "메시아 안에 있는 하나님의 아들들")이 바울이 의도한 바에 가장 가까운 것 같다. 여기서 흥미로운 점은 바울이 "믿음을 **통해**"through faith, dia pisteōs라는 표현을 사용하고, "믿음**으로부터**"out of faith, ek pisteōs라는 표현을 사용하지 않았다는 것이다. 후자는 2:16과 유명한 로마서 5:1("믿음으로부터 의롭다고 여김을 받은"dikaiōthentes ek pisteō)처럼 "믿음으로부터 발생한"arising from을 뜻한다. 하지만 바울은 이 모든 언어적 표현들이 궁극적으로 형언할 수 없지만 모든 것의 중심에 있는 가장 결정적인 사건—메시아 안에서 행하신 유일하신 하나님의 활동과 그 결과 예수를 믿고 따르는 이들이 메시아 예수와 연합하는 것—을 가리키고 있음을 보았을 것이다.

3:27 이어서 27절은 추가적인 설명을 제시하는데,gar 26절과 마찬가지로 여전히 속시원한 설명은 아니다. 바울은 "누군가가 '메시아 안에'en Christō 있음을 어떻게 알 수 있는가"라는 질문을 다루는 것으로 보인다. 그는 메시아 안으로eis Christon 세례를 받은 사람들이 모두 크리스토스Christos를 "입었다"고, 곧 메시아로 옷을 입었다고 답한다. 마치 처음으로 세례받는 사람들이 물에 잠겼다가 올라와 새로운 흰색 가운을 받는 것처럼 말이다. 우리는 바울이 세례와 믿음의 상관 관계—본질적으로 현대적이고 서구적인 관심사다—를 더 자세히 설명해 주길 바라 마지않지만, 그는 이 본문은 물론 세례를 상세히 해설하는 로마서 6:1-11에서조차 세례와 믿음의 관계를 자세히 설명하지 않는다. 다시 말하지만, 바울과 (희망컨대) 그의 청중은 이 상관 관계를 쉽게 이해할 수 있었을 테지만 현대 서구 세계 사람들에게는 명료하게 와닿지 않는다. 그 이유를 알려면 현대 서구 개인주의와 의지주의voluntarism의 뿌리를 깊이 탐구해야 한다. 우리의 세상에서 바울의 언어를 있는 그대로 받아들이면 반드시 아주 "높은" 교회론을 가지게 될 것이며, 그 "높은" 교회

론 안에서 마찬가지로 아주 "높은" 성사 신학을 가지게 될 것이다.³² 그런 관점에서 세례는 공동체뿐만 아니라(마을 사람들 모두가 누가 세례를 받았고 누가 세례를 받지 않았는지 알 수 있을 것이며, 교인들은 더 분명히 알 수 있을 것이다), 모든 개인을 특징짓는다(여기서 '호소이'*hosoi*는 "수많은 사람", 곧 "세례받은 여러분 모두"를 가리킨다). 어쩌면 이 실체에 대해 동방정교회가 서방교회보다 더 잘 이해하고 있을 것이다. 이를 여전히 잘 이해하지 못하는 서양인들은 동방정교회에 이렇게 질문을 던질 수도 있다. 어떤 나라의 거의 모든 국민 혹은 어떤 도시의 거의 모든 시민이 세례를 받았지만 그들 중에 생생한 개인적 믿음이나 메시아로 빚어진 거룩함을 보이는 이가 거의 없어보이는 현실에 바울은 어떤 반응을 보였을까? 바울은 고린도전서 10장에서 이 같은 질문을 다루지만 명확한 답변을 제시하지는 않는다. 따라서 현대 서구 그리스도교는 교회 생활과 교육을 둘러싼 몇 가지 어려운 질문을 스스로에게 던져야 할 것이다.

3:28 이러한 논의를 통해 우리는 모든 메시아의 백성, 곧 그리스도 안에 있는*en Christō* 모든 사람들의 일치라는 결론에 이르게 된다. 3장의 끝에 가까워지면서 바울은 예루살렘²:³⁻⁵과 안디옥²:¹¹⁻²¹에서 주장했던 바를 재차 강조한다. 즉, 로마서에서 두 차례에 걸친 결정적 순간³³에 언

---

32   샌더스E. P. Sanders가 신자와 그리스도와의 연합/합체가 정확히 무엇을 가리키는지 이해하기 어렵다고 인정한 후(Sanders, *Paul and Palestinian Judaism*, 522-23) 학계에서 이어진 논의를 보라. 이 문제에 대한 학계의 논의는 샌더스 헌정 논문집인 *Redefining First-Century Jewish and Christian Identities: Essays in Honor of Ed Parish Sanders*, ed. F. E. Udoh et al. (Notre Dame: University of Notre Dame Press, 2008)에 실린, R. B. Hays, "What Is 'Real Participation in Christ'? A Dialogue with E. P. Sanders on Pauline Soteriology"(336-51)와 S. K. Stowers, "What Is 'Pauline Participation in Christ'?"(352-71)에서 시작되었다. 이 두 소논문에 대한 나의 요약은 *Paul and His Recent Interpreters*, 84-85을 보라.

급한 바와 같이 **어떠한 구별도 없어야 한다**는 것이다. 더 이상 유대인이나 헬라인도 없고, 더 이상 노예도 자유인도 없으며, 더 이상 "남성과 여성"도 없다. 바울은 상황에 따라 강조점을 달리 한다. 갈라디아서에서는 유대인과 헬라인의 구별이 없다는 점를 강조하고, 빌레몬서에서는 노예와 자유인의 구별이 없다는 점을 강조한다. 흥미롭게도 이 구절에서는 "남성과 여성"의 구별에 대해서도 언급하는데, 이는 유대인의 할례는 남성에게만 해당되는 것이지만, 세례와 믿음은 당연히 남성뿐만 아니라 여성에게도 해당되었기 때문이다. 여기서 바울은 창세기 1:27의 "남성과 여성"이라는 표현을 반향한다. 당연한 말이지만, 바울이 일종의 성중립적 존재나 양성을 한몸에 가진 존재를 옹호하는 것이 아니다. 고린도전서 11장에서 바울은 (우리가 고전 11장에 있는 바울의 복잡한 논증을 어떻게 판단하든 상관없이) 여성이 예배를 인도할 때는 여성임을 분명히 알 수 있는 모습을 하고 있어야 하며 남성은 남성으로 보여야만 한다고 주장한다. 바울은 성별을 의도적으로 위장하거나 심지어 지워버리는 이교 문화와 예배 관행의 다양한 측면에 대해 잘 알고 있었을 것이다. 하지만 이는 갈라디아서 3:28의 요점은 아니다. 바울은 **메시아의 가족의 일원이라는 점에서 볼 때** 이 같은 범주들은 중요하지 않다고 주장한다. 갈라디아 교인들은 다음과 같은 내용을 알고 **이해해야** 한다. 메시아의 가족이 지닌 철저한 새로움, 곧 메시아의 죽음과 부활을 공유함으로써 얻은 새로움(갈 2:19-20)이 뜻하는 바는 갈라디아 신자들이 모든 면에서 예루살렘 사도들과 동일한, 온전하고 참된 하나님 백성의 구성원이라는 것이다.

어떤 학자들은 여기서 바울이 이방인이나 노예나 여자로 태어나지

---

33 롬 3:23; 10:12.

않아서 감사하다며 하나님께 기도를 드렸던 독실한 바리새인의 랍비적 기도를 반향하고 있다고 주장하는데, 상당히 개연성이 있다.[34] 바울의 관심사는 새로운 형태의 공동체 안에서 여성과 남성, 노예와 자유인, 유대인과 이방인의 구분이 이제 초월되었다는 사실(학계에서 종종 주장된 것과 달리, 이러한 구분 자체가 사라지지는 않음)을 강조하는 것이다.[35] 여기에 어떤 반향이 있다면, 바울이 그런 암시를 하는 목적은 메시아의 모습을 띤 교회라는 근본적으로 새로운 실체를 강조하고, 논의를 차곡차곡 쌓아 이 절의 마지막 부분에 있는 '헤이스'*heis*, 하나라는 단어에 방점을 찍으려는 것이다. "여러분은 메시아 예수 안에서 모두 **하나**입니다." 이것이 바로 바울이 3장에 전체에 걸쳐서, 특히 15절 이후에, 그중에서도 난해해 보이는 16절과 20절에서 말한 요지다.

3:29 이제 논증의 최종 증명이 남았다. 이 절에서 "메시아에게 속한"이라는 표현은 3:28의 "메시아 예수 안에서"라는 표현을 다시 가져온 것이다. 이로써 "연합적"*incorporative* 표현과 "소유적"*possessive*, 특정 대상에 속한 표현이 동일한 현실을 가리킨다는 점을 알 수 있다. 첫 번째 (명제), "여러분은 메시아 안에서 하나입니다." 두 번째 (명제), "그래서 여러분이 메시아의 것이라면." 결론, "여러분은 아브라함의 '스페르마',*sperma* 곧 약속된 '씨'(집합명사로 사용됨)입니다." 바울 시대의 문헌에서 "아브라함의 씨"

---

[34] 세부적인 사항은 R. N. Longenecker, *Galatians* (Dallas: Word, 1990), 157; Witherington, *Grace in Galatia*, 270-71; Keener, *Galatians: A Commentary*, 306을 보라. 이 랍비적 기도가 주후 1세기에도 존재했는지는 불분명하지만(탈무드가 일차 자료다. 예를 들어, t. Berakhot 7.18와 y. Berakhot 13b), 그 당시 이교도들 가운데서도 비슷한 사고를 볼 수 있다(가령, 동물이 아니라 사람으로, 여성이 아니라 남성으로, 비 그리스인이 아니라 그리스인으로 태어나게 되어 감사를 드리는 것). 디오게네스 라에르티오스는 *Lives* (유명 철학자들의 생애와 사상) 1.33에서 탈레스나 소크라테스를 이러한 예로 든다.

[35] 벳츠*Betz*가 *Galatians*, 191-201에서 이같이 설득력 없는 주장을 했다.

라는 문구는 이교도 국가들과 대조되는 "이스라엘"을 명확히 가리키는 말이었다.[36] 갈라디아인들은 이 점을 알아야 했다. 그들은 할례받지 않은 메시아 신자로서 아브라함의 가족의 온전한 일원이며, 이제는 토라의 요구와 무관한 영역에 속해 있다. 그들은 자체로 **단일한** 집단, 곧 메시아의 '에클레시아'*ekklēsia*인 교회를 이룬다. 안디옥에서 베드로와 다른 유대인 신자들이 보인 행동과 갈라디아에서 경쟁 교사들이 보인 행동은 기껏해야 이중double 가족을 만들거나 매우 복잡한 상황을 초래할 것이다. 일단 (사회 계급이나 성별은 물론) 어떤 민족 출신인지가 교회의 정체성을 결정하도록 내버려 둔다면 멈출 수 없기 때문이다. 교회 역사가 이를 보여준다. 하지만 실제로는 단 하나의 단일 가족만 있다.

이것이 바로 핵심이다. "약속에 따른 상속자들"이라는 표현을 덧붙인 것은 3장 앞부분 나오는 "약속"과 "상속"에 대한 주제들을 다시 가져온다. "상속"이라는 주제는 이제껏 탐구되지 않고 단지 암시되기만 했지만, 바울이 18절에서 그 주제를 도입하는 방식과 여기서 논증의 마지막 요점으로 "상속"이라는 단어를 배치하는 방식을 보면 그가 "상속"이라는 주제를 당연한 것으로 받아들였음을 알 수 있다. 예수가 다윗계 메시아라면, 더 이전 아브라함에게 주어진 약속을 왕적 메시아로 확장한 내용이 예수에게 명시적으로 적용된다. 예수는 온 세상의 주님이시고, 통치자들에게 지혜롭게 복종하라고 촉구하는 분이시다. 로마 제국의 영향력을 강하게 받은 남 갈라디아의 예수 신자들이 예수의 정체성과 예수의 생명 자체를 공유한다는 사실을 깨닫는 것은 그저 자신들이 사

36　키너Keener는 *Galatians*, New Cambridge Bible Commentary, 147에서 이같이 옳게 주장하며 솔로몬의 시편 9:9과 18:3(이 구절에서는 '스페르마 아브라암'*sperma Abraam*, 아브라함의 씨가 '휘오이 이스라엘'*huioi Israel*, 이스라엘의 아들들과 대조되는 말로 쓰인다), 그리고 마카비 2서 6:3을 인용한다.

는 지역의 "종교적" 하위 문화에서 자신들의 입지를 주장하는 것이 아니었다. 그들은 곧 왕의 가족이 될 사람들이다.

이 모든 것은 바울이 4장에서 다시 다룰 "그때와 지금"에 대한 두 번째 해설을 가리키고 있다. 우리가 집합적인 "하나님의 아들"이라는 메시아 백성에 관한 이미지를 붙들고 있으면, 그래서 그들을 이스라엘처럼 새 출애굽을 통해 구출되어 우상들의 땅에서 떠나 참된 하나님을 예배할 수 있게 된 백성으로 이해한다면, 바울이 다음 단계의 논증을 여는 극적인 방식을 잘 이해할 수 있을 것이다.

결론

지금까지 갈라디아서의 내용을 돌이켜 보면, 오늘날의 교회와 미래의 교회를 위해 어떤 교훈을 얻을 수 있을까? 16세기 이래 갈라디아서 1-3장을 "개종"과 "구원"이 어떻게 이루어지는지(특히 인간의 도덕적 성취라는 의미의 "행위들"은 아무런 역할도 할 수 없음을 강조함)에만 강조점을 두고 읽어 왔다는 사실과 바울 자신이 이 본문 전체에 걸쳐 힘주어 말하는 내용, 즉 아브라함에게 둘이 아닌 단일한 가족이 약속되었다는 것을 무시해 왔다는 사실이 우리를 괴롭게 한다. 여기서 바울의 주제는 교회의 일치다. 그가 쓴 모든 편지와 마찬가지로 말이다.

그러니 바울이 현대 세계의 교회를 본다면, 교회의 분열에 충격을 받을 뿐만 아니라 우리가 교회의 일치에 신경 쓰지 않는 모습을 이해할 수 없을 것이 분명하다. 그는 수백 년 동안 자신이 쓴 로마서와 갈라디아서를 비롯한 다른 편지들을 읽고 설교한 사람들이 어떻게 걷잡을 수 없는 분열에 빠지게 되었는지 도무지 이해할 수 없을 것이다. 특히 그는 민족적, 문화적, 사회적 경계에 따라 분열이 있어났다는 사실에 기가 막혔을 것이다. 바울은 메시아 안에서 하나님이 분열의 벽을 허물었다는 것이 복음의 핵심이라고 말할 것이다. 바울과 같은 유대인 신자들은 메시아의 십자가와 부활이 아브라함과 맺은 언약, 메시아 시편, 위대한 선지자들의 약속을 마침내 성취하면서 하나님의 백성이 된다는 것의 의미를 변화시켰음을 알게 되었다. 갈라디아인들 같은 이교도들은 (히브리 성경에 수없이 나오는) 유대인의 왕이 온 세상의 왕이 된다는 사상 앞에서 겸손해져야 했다. 이로써 유대인과 이방인이 단일한 가족으로 모이게 되었다.

특히—매우 곤란하고 논쟁의 여지가 있는 말임을 잘 알고 있지만—나는 바울이 현대의 자칭 "메시아닉 유대인들"messianic Jews이 자신들을 비유대인 그리스도인들과는 구별된 존재로 인식한다는 사실에 매우 슬퍼할 것이라고 생각한다. 나는 이 같은 상황이 생긴 배경을 이해하며, 끔찍한 압박과 비극적인 역사와 깊은 편견에도 불구하고 진실성을 가지려 애쓴 이들에게 경의를 표한다. 하지만 현대의 비유대인 그리스도인들이 유대 민족을 이상한 시대착오주의자로 간주하거나 믿지 않는 유대인의 존재를 세상에 (아직 "충만한 수"를 채워야 할 선교할 대상이 있다는—옮긴이) 희망이 있음을 보여주는 표지—북미의 대중적 종말론에는 이러한 견해에서 뻗어나온 수많은 가지들이 있다—로 간주할 위험이 있는 것과 마찬가지로, 현대의 유대인 그리스도인들은 갈라디아의 경쟁 교사들처럼 메시아가 아직도 승리를 거두지 못한 세상과 토라가 여전히 최고의 권위로 통치를 하는 세상으로 후퇴할 위험이 있다. 나는 이것이 매우 복잡하고 거대한 사안임을 알지만, 적어도 이에 대해 최소한의 언급도 하지 않는 것을 그릇된 일이라고 생각한다.

특히 앞에서 말했듯, 바울은 교회에 일치됨(또한 거룩함. 이는 갈라디아서의 후반부에 나올 주제다)이 없다면, 그런 모습을 본 세상은 그리스도인을 진지하게 받아들이지 않을 것이라고 말했을 것이다. 실제로 이 같은 일이 일어났다. 이제 그리스도교는 사적인 취미 수준으로 격하되어 정원 가꾸기나 체스와 나란히 주말 신문의 "종교"란에 실린다. 하지만 바울의 복음이 진실이라면, 그가 에베소서 3장에서 말했듯이 사회적, 문화적 경계와 성별과 인종적 경계를 가로지르는 아브라함의 단일한 가족의 존재 자체가 하나님이 하나님이시며 예수가 주님이시라는 증표다. 계몽주의 이후의 세계가 그리스도교 복음 없이도 그리스도교적 목표(평화, 정의, 교육, 의학 등)를 성취할 수 있다고 믿는 것은 그리 놀라운 일은 아니겠지만, 당연히 가능하지 않다. 하지만 우리는 우리의 진정한 메시아적 정체성을 잊었고, 심지어 잊어버렸다는 사실조차 깨닫지 못하고 있다.

마지막으로 꼭 하고 싶은 말이 있다. 대체로 특정한 교회 형태와 정체성을 암묵적인 전제로 가진 사람들, 그리고 나의 바울 해석을 무례하고 충격적이라고 여긴 사람들이 이른바 "바울에 관한 새 관점"—내가 『바울과 그 해석자들』에서 보여준 대로 사실은 서로 다른 "새 관점"이 여럿 있다—에 반대했다. 이에 대해서는 상세한 논박이 필요한데, 일단 나는 단지 경고하는 차원에서 말했다. 지금 당장은 상세한 논박을 미뤄두고, 하나님이 메시아 예수 안에서 행하신 일에 대한 바울의 비전에서 흘러나온 놀랍고도 조밀한 성경적 논증의 멋진 모습을 보고 즐기자. 그리고 우리가 단일한 가족의 일원이 된 것에 대해 하나님께 감사하며, 바울의 비전을 현실로 만들기 위해 열심히 일할 새로운 세대를 위해 기도하자.

갈라디아서 4:1-11

본문 사역

¹ 이렇게 설명해 보겠습니다. 상속자가 어린이일 때는 노예와 다르지 않습니다. 실제로 모든 것의 주인이지만 말입니다! ² 그의 아버지가 정한 때까지 후견인과 집 관리인 아래에 있습니다. ³ 우리의 경우도 이와 마찬가지입니다. 우리도 어린이였을 때는 "이 세상의 기초 요소" 아래에서 "노예" 생활을 했습니다. ⁴ 하지만 때가 찬 시점이 도래했을 때, 하나님이 자기 아들을 보내셔서 여자에게서 나게 하시고 율법 아래에 나게 하신 것은 ⁵ 율법 아래에 있는 사람들을 구속하시기 위해서, 우리가 아들들로 입양되기 위해서였습니다. ⁶ 그리고 여러분은 아들들이기 때문에, 하나님이 자기 아들의 영을 우리 마음 가운데 보내셔서 그 영이 "압바, 아버지!"라고 외칩니다. ⁷ 그러므로 당신은 더 이상 노예가 아니라 아들입니다! 당신이 아들이면, 하나님을 통한 상속자입니다. ⁸ 그런데 여러분이 그때에는 하나님을 알지 못해서 본성상 하나님이 아닌 것들에게 노예로 살았습니다. ⁹ 하지만 지금은 여러분이 하나님을 알게 되었는데, 아니 그보다는 하나님이 아신 존재가 되었는데, 왜 다시 빈약하고 초라한 기초 요소로 돌아가서 다시 그것들을 섬기려고 합니까? ¹⁰ 여러분은 날들과 달들과 절기들과 해들을 지키고 있습니다! ¹¹ 어쩌면 여러분을 위해 내가 수고한 것이 헛수고가 될까봐 두렵습니다.

서론

갈라디아서 4장의 첫 일곱 절은 이 편지의 여러 정점 중 하나에 해당한다. 뒤에서 주장하겠지만, 그렇다고 해서 이 단락이 갈라디아서의 실제 수사적 절정부rhetorical climax는 아니다. 실제 수사적 절정부는 4장의 마지막 단락이다. 하지만 바울은 4:1-11에서 사실상 그의 신학 전체를 하나의 짧은 이야기로 만든다. 이로써 바울은 갈라디아서(나는 갈라디아서가 초기 예수 추종자들이 남긴 가장 오래된 문서라고 생각한다)의 이 단락을 쓸 때부터 현재에 이르기까지의 그리스도교 신학이라는 작업 전체를 개시한 것이다.[1] 그리고 최고의 신학 대부분이 그러하듯, 이 모든 것은 즉시 답해야 할 문제를 염두에 두고 구체적으로 쓰여졌다.

4:1-7 새로운 출애굽

갈라디아서 4장 도입부에 대한 주석서들을 읽을 때마다 이해할 수 없는 점은 이 단락이 무엇보다도 출애굽 이야기를 담고 있음을 눈치챈 학자가 거의 없다는 사실이다. 정기적으로 유월절을 지키고 출애굽 관련 축제들로 빚어진 세상에서 살았던 바울의 동시대인은 누구나 즉시 이 사실을 알아챘을 것이다. 이 단락은 사실상 노예가 된 사람들에 대한 이야기다. 그 다음에는 오랫동안 약속되고 기다려 온 때가 도래하여 "구속"의 행위를 통해 그들이 놀라운 방식으로 구출된다. 그 결과 구출

---

1   *Interpreting Paul*, 3장에 실린 나의 소논문 "How and Why Paul Invented 'Christian Theology'"를 보라.

된 이 백성은 "하나님의 아들들"로 선언된다. 완전한 "상속"을 향해 가는 그들의 여정 중에 살아 계신 하나님이 그들 안에 그리고 그들 가운데 거하시기 위해 오신다. 이것이 바울이 이 단락에서 말하는 내용이다. 이 단락의 모든 내용은 분명 전형적인 출애굽 이야기를 이루는 핵심 요소로 기능한다. 이 점은 아주 명백하다.

어쩌면 아주 명백하다고 할 수는 없을지도 모른다. 큰 차이점이 하나 있고, 중요한 난제도 하나 있기 때문이다.

전통적인 출애굽 이야기와 큰 차이점은 다음과 같다. 토라 수여는 원래 출애굽 이야기에서 절정부에 해당되는 사건 중 하나였다. 하나님은 노예들이 그분의 율법을 지킬 수 있도록 그들을 구출하셨다(시편 105:45이 상당히 감동적으로 그런 내용을 표현한다. 하지만 곧장 이어지는 시편 106편은 사실상 "하지만 **실제로** 벌어진 일은 다릅니다"라고 이야기한다). 하나님은 그들을 구출하시고 토라를 주셔서 그의 백성 가운데 거하실 수 있게 되었다. 갈라디아서 4장 앞부분은 백성 가운데 거하시는 하나님을 말하지만,4:3-7 토라 수여는 **완전히 빼고** 말한다. 하나님이 "율법 아래 있는 이들을 구속"하려는 목적으로 행동하신 것은 분명하다. 그렇다면 과연 무엇이 바뀌었는가?

출애굽기 자체와 바울의 출애굽 사건 재진술 사이의 차이는 중요한 난제와 관련이 있다. 바울의 출애굽 사건 재진술은 끝없는 논쟁을 일으킨 문제 요소를 담고 있다. 나도 예전에 이 주제를 연구했는데, 지금은 내 과거 주장이 부분적으로 틀렸음을 인정한다. 나는 최근 이 분야를 다룬 세 개의 박사 학위 논문을 접했다(그중 두 논문은 내가 지도한 학생들이 쓴 것이다). 이 세 박사 학위 논문의 저자들은 모두 방대하고 꼼꼼한 연구를 진행했기 때문에 나는 갈라디아서 전체에 대한 나의 해석과 이 단락에 대한 해석에 이 논문들의 결론들을 반영하려고 최선을 다했지만,

그들이 도달한 결론은 각기 달랐다. 문제의 주제는 4:3, 9에 나오는 '스토이케이아 투 코스무,' stoicheia tou kosmou 곧 "세상의 기초 요소들"이다. 이 문구에서 "기초 요소들"은 무엇을 뜻하며, 바울이 이 단락에서 "요소들"을 언급하는 이유는 무엇인가? 갈라디아서에서 결정적으로 중요한 이 지점에서, 이 문구는 바울의 사고의 흐름 안에서 어떤 역할을 하는가?

특히 이 본문은 처음 접한 사람의 눈에 볼 때 완전히 상충되는 모순을 말하고 있는 것처럼 보이므로, 이러한 질문들은 1-11절의 논증을 이해하는 데 아주 중요하다. 3절에서 바울은 "우리" 유대인들이 "스토이케이아" stoicheia 아래에서 노예로 살았다"라고 주장한다. 하지만 8절과 9절에서는 이 '스토이케이아'를 이방인들이 이전에 노예가 되어 섬겼던, "본성상 신이 아닌 존재들"이라고 말한다. 이 같은 언급 때문에 바울이 토라 자체를 악하거나 못된 신들 중 하나로 여겼을 것이라고 추정한 이들이 많았고, 그 결과 많은 파생 이론이 생겨났다. 다른 바울 서신에서 '스토이케이아'가 언급되는 유일한 본문은 골로새서 2:8이다. 내가 볼 때 골로새서를 바울이 쓰지 않았다고 볼 충분한 근거는 없다. 하지만 골로새서 2:8은 갈라디아서 4:3, 9의 의미를 이해하는 데 확실한 실마리를 주지는 않는다. (나는 다른 곳에서 골로새서 2장이 역설적 방식으로 철학적 용어를 사용해서, 갈라디아의 경쟁 교사들과 유사한 사람들이 생긴 지 얼마 안 된 교회에 혼란을 주려 할 때 발생할 수 있는 위험을 경고하고 있다고 주장했다.)[2]

'스토이케이온'(stoicheion, '스토이케이아'의 단수형—옮긴이)은 기본적으로 "가로 줄"row이나 "세로 줄,"line 또는 언어나 물리에서 일련의 "요소/원소"(언어에서는 기본 음운, 물리학에서는 만물을 이루는 기초 물질, 곧

---

[2] 최근의 논의를 보려면 Paul and the Faithfulness of God, 992-95를 참조하라.

흙, 공기, 물, 불)나, 어떤 학문의 기본 원리를 뜻한다. 최근 이 주제를 샅샅이 살펴본 연구에 따르면, 이 중 두 번째가 가장 일반적 의미였다. 바울의 논증에 언어나 물리학에서 말하는 기초 요소가 사용되었다는 사실이 처음에는 생소할 수 있지만, 이 의미를 논의의 출발점으로 간주하는 것이 자연스럽다. 이에 따라 나는 이 단락과 골로새서 2장에 나오는 '스토이케이아'가 이방 민족들의 "수호신"—지역 및 부족별로 섬긴 일련의 신들—을 가리키며, 토라도 유대 민족에게 지역 "신" 혹은 부족 "신"divinity으로 기능한 민족적 신의 하나로 간주되었다는 나의 이전 견해를 철회하게 되었다.[3] 이 점을 논의하기 위해 바울과 거의 동시대에 저술된 제2성전기 문서인 솔로몬의 지혜서를 참조해야 한다. 바울은 솔로몬의 지혜서를 알고 있었을 것이다. (설령 그렇지 않더라도, 솔로몬의 지혜서는 바울에게 친숙한 주제를 담고 있고 이를 발전시킨 문서다.) 이 문서의 주요 내용 중 일부는 기억해 두는 것이 좋다.

솔로몬의 지혜서 7장에서 가상의 저자 "솔로몬"은 자신의 지적 성취를 열거한다. 하나님이 그에게 "만물에 관한 어김없는 지식을 주셔서 세계의 구조와 기본 요소들의 활동*energeian stoicheiōn*을 알게 해주셨다. 또 시간의 시작과 끝과 중간, 동지와 하지의 교대와 계절의 변화, 1년의 주기와 별자리"를 알게 해주셨다.[7:17-19] 이 구절들은 갈라디아서 4:8-11과 분명한 유사성이 있다. 갈라디아서 4:8-11에서 바울은 사람들이 "날들과 달들과 절기들과 해들"을 지키는 것을 '스토이케이아'의 지배 아래 있는 노예로 살기 원하는 일이라고 말한다. 표준적인 고전 그리스어 사전을 참고해 보면, 바울이 이 단락에서 별과 관련된 의미를 의도했을

---

3   이 점을 비롯해 다른 영역에 대해 내 제자였던 어니스트 클라크Ernest Clark (2018)와 이소 맥컬리Esau McCaulley (2019)의 참신하고 창조적인 연구에 깊은 감사를 표한다.

것이라고 잠정적으로 추론해 볼 수 있다.[4]

그런 다음 저자는 "지혜"에게 아낌없는 찬사를 보낸다. 하나님은 "지혜"를 통해 세상을 만드셨고, 이제는 저자 자신(가상의 저자 "솔로몬 왕")과 함께 왕으로 거하시며, 저자가 백성을 다스릴 수 있도록 하셨다. 그러고는 특히 출애굽 사건에 초점을 맞춘 이스라엘의 역사가 "지혜"의 인도와 이끄심이라는 관점에서 길게 서술된다. 출애굽 사건 자체와 이집트인들이 받은 형벌을 기술한 뒤, 저자 "솔로몬"은 이사야서와 시편을 인용하면서 자연 숭배의 어리석음에 대해 길게 비판하기 시작한다.

하나님에 대한 무지가 그 안에 들어찬 사람들은 본디 모두 아둔하여 눈에 보이는 좋은 것들을 보면서도 존재하시는 분을 보지 못하고 작품에 주의를 기울이면서도 그것을 만든 장인을 알아보지 못하였다. 오히려 불이나 바람이나 빠른 공기, 별들의 무리나 거친 물, 하늘의 빛물체들을 세상을 통치하는 신들로 여겼다. 그 아름다움을 보는 기쁨에서 그것들을 신으로 생각하였다면 그 주님께서는 얼마나 훌륭하신지 그들은 알아야 한다. 아름다움을 만드신 분께서 그것들을 창조하셨기 때문이다. 13:1-3, 가톨릭 성경

이 단락에서 나올 법한 신들의 명단은 일반적으로 알려진 네 가지 원소(흙, 공기, 물, 불)보다 훨씬 많겠지만, 여기에는 불과 공기, 물을 비롯해 별과 "빛물체", 곧 해와 달이 나온다. 따라서 창조 질서를 이루는 "기초 요소"elements는 어떤 의미에서 신적인 것으로 여겨졌던 것 같다. 내가 예

---

[4] Henry George Liddell, Robert Scott, Henry Stuart Jones, *A Greek-English Lexicon*, 9th ed. with revised supplement (Oxford: Clarendon, 1996), 1647. 이러한 의미를 나타내는 본문의 예로 Manetho (4세기의 점성가) 4,624와 PLond 1,130,60 (주후 1세기 혹은 2세기에 작성된 것으로 추정됨)을 인용한다.

전에 추정했던 이방 민족들의 수호신이 아니라, 천체 또는 사람이 나무나 돌로 만든 우상으로서 이방인들이 숭배한 대상을 말한다.

필론^{Philo}은 『관상하는 삶에 대하여』$^{On\ Contemplation}$에서 이와 유사한 말을 한다. 그는 자연의 요소를 신격화하는 이교 관습에 대해 말하면서, 다소 미덥지 않은 어원적 설명에 바탕을 둔 질문을 던진다. "원소들,$^{ta\ stoicheia}$ 흙, 물, 공기, 불을 경배하는 사람들을 비교할 수 있을까? 민족들은 그것들을 각각 다른 이름으로 부른다. 불붙기 때문에(엑사프시스) 불을 헤파이스토스라 부르고, 위로 들려지고(아이레스타이) 높이 올려진다고 해서 공기를 헤라로 부르고, 취했기 때문에(포톤) 물을 포세이돈이라고 부르고, 모든 식물과 동물의 어머니(메테르)인 것 같다고 해서 흙을 데메테르라고 부른다." 나중에 그리스도교 저자들은 이러한 의미를 받아들였다.[5]

솔로몬의 지혜서의 후반부인 10-19장의 긴 출애굽 이야기에서 핵심 부분은 이교도의 우상숭배가 얼마나 어리석은지에 대한 강조로 이루어져 있다. "솔로몬"은 유대인들에게 이교 관습에 가담하지 말라고 경고하는 동시에, 이집트(이 문서가 작성된 장소로 추정되는 곳이다)인들에게 그들이 어리석은 길을 가고 있다고 경고한다. (이 경고는 시편 2편을 크게 확장한 솔로몬의 시편 1-6장에 기반한다.)[6] 저자는 하나님이 첫 번째 출애

---

5   예를 들어 Moo, *Galatians*, 271가 인용한 글 중에는 Tertullian, *Idolatry* 4가 있다.
6   시편 2편은 하나님과 어리석은 전쟁을 벌이는 이방 나라들, 그리고 그러한 이방인들의 행동에 대해 하나님이 자신의 "아들"을 시온에서 왕으로 세우시는 것으로 응대하시고 이방 나라들에게 겸손한 복종을 요구하신 것을 기술한다. 솔로몬의 지혜서 1-6장도 이와 유사한 서사를 담고 있다. 비록 왕적인 인물에 대한 언급은 없지만 말이다. 회개를 촉구하는 부분은 매우 유사하다. 시편 2:10의 *kai nyn, basileis, synete. Paideuthēte, pantes hoi krinontes tēn gēn*은 솔로몬의 지혜서 6:1에서 *Akousate oun, basileis, kai synete; mathete, dikastai peratōn gēs*로 표현된다.

굽 사건에서 이교도들에게 행하신 일을 보라고 하면서, 하나님은 그 일을 다시 행하실 수 있으며 또 그렇게 하실 것이라고 말한다. 저자는 제2성전기에 널리 퍼져 있던 두 번째 출애굽 사건에 대한 기대를 자신의 방식으로 표현한다. 유대 민족은 신명기의 예언대로 사실상 노예가 되었으며, 이 새로운 문제를 해결하려면 새로운 출애굽이 필요하다.[7]

우리는 바울이 이미 갈라디아서 3:10-14에서 신명기 27-29장의 언약적 저주 주제를 끌어와 사용했음을 보았다. 동시대의 다른 유대인 사상가들처럼 바울은 이러한 "저주"(궁극적으로는 이교도의 지배 아래 포로로 사는 삶)가 자신의 시대까지 계속되고 있다고 생각했다. 그는 예수를 중심으로 한 메시아 사건이 오랫동안 기다려온 이 "현재의 악한 세대"로부터의 "구출"을 실행했다고 믿었다. "노예로 살게 될 것"이라는 신명기의 경고를 더 자세히 살펴보면, 이스라엘이 "다른 신들", 곧 나무와 돌로 만들어진 신들에게 복종할 것이라는 경고도 포함되어 있음을 알 수 있다.[8]

> 여호와께서 너희를 여러 민족 중에 흩으실 것이요 여호와께서 너희를 쫓아 보내실 그 여러 민족 중에 너희의 남은 수가 많지 못할 것이며 너희는 거기서 사람의 손으로 만든 바 보지도 못하며 듣지도 못하며 먹지도 못하며 냄새도 맡지 못하는 목석의 신들을 섬기리라. 그러나 네가 거기서 네 하나님 여호와를 찾게 되리니. 신 4:27-29

여호와께서 너와 네가 세울 네 임금을 너와 네 조상들이 알지 못하던 나라로

7　길어진 포로기와 "새로운 출애굽"에 대해서는 *Paul and the Faithfulness of God*, 2장과 Scott, *Exile*, 2017을 보라.
8　이렇게 바라보는 관점은 맥컬리Esau McCaulley 박사에게서 배운 것이다.

끌어 가시리니 네가 거기서 목석으로 만든 다른 신들을 섬길 것이며 여호와께서 너를 끌어 가시는 모든 민족 중에서 네가 놀람과 속담과 비방거리가 될 것이라.신 28:36-37

여호와께서 너를 땅 이 끝에서 저 끝까지 만민 중에 흩으시리니 네가 그 곳에서 너와 네 조상들이 알지 못하던 목석 우상을 섬길 것이라.신 28:64, 개역개정

신명기는 "나무와 돌(목석)로 된……다른 신들"을 '스토이케이아'라고 설명하지는 않는다. 하지만 솔로몬의 지혜서 13장과 필론의 『관상하는 삶에 대하여』를 고려하면, 바울이 "나무와 돌로 된……다른 신들"을 '스토이케이아'로 여겼다고 보는 것이 그리 억지는 아니다. 바울은 유대 민족이 아직도 신명기가 경고했던 노예 상태에 있다고 주장한다. 하지만 하나님은 그들이 더 이상 노예로 살지 않게 하시고, "현재의 악한 세대"를 끝내시며 "다가오는 세대"를 개시하기 위해 행동하셨다. 그런데 이방인 출신 메시아 신자들이 할례를 받고 회당에 참여하는 생활을 시작한다면, 그들은 지속되는 포로 생활의 상태로, 다시 말해 '스토이케이아'의 지배 아래로 되돌아갈 것이다. 이 부분은 4:8-11를 주석할 때 다시 다룰 것이다.

나는 로마서 7장의 병행본문(한눈에 명백하게 보이지 않지만 말이다!)을 참고하면 이 주제를 이해하는 데 도움이 된다고 생각한다. (갈 4:4-7이 사실상 롬 8:1-30의 요약과 같다는 점이 이렇게 볼 수 있는 가능성을 보여 주는 일차적 근거라 할 수 있다.) 로마서 7장에서 바울은 율법에 대해 부정적이고 난해한 용어로 말한다. 율법은 하나님이 주신, 거룩하고 의롭고 선한 것이지만 "죄"가 율법을 활동의 주무대로 삼았다.7:7-12 그 결과 신실한 유대인은 당연히 하나님의 율법을 기뻐하지만, 그에게는 "내 몸

의 각 부분에" 작용하여 "죄의 법에 나를 포로로 만드는 다른 법"이 있다.7:23 그래서 "나는 육신으로는 죄의 법의 노예가 되었다."*douleuō*, 7:25 나는 이 로마서 구절들을 갈라디아서 4:3의 요지—바울은 유대 민족이 "어린이"의 상태에 있는 것을 "계속 '노예 상태'로 있는 것"*dedoulōmenoi*으로 묘사한다—와 동일한 내용을 이후에(로마서는 갈라디아서보다 나중에 쓰인 편지다—옮긴이) 다른 방식으로 제시한 것이라고 생각한다.

로마서 7장에서 "나를 포로로 삼는"이라는 뜻으로 사용된 분사는 '아이크말로티존타'*aichmalōtizonta*이다. 이 단어는 칠십인역에서 "유배/포로 생활"*exile*을 전문적으로 뜻하는 용어로서, 여러 구절에서 로마서 7장에 나오는 분사 형태 그대로 사용되었다(그에 비해 히브리어 본문은 이를 보다 일반적인 용어로 표현했다). 이를 보여주는 가장 좋은 예는 멀리서 찾을 것도 없이 이스라엘이 나무와 돌로 만들어진 신들의 통치 아래 놓일 것이라고 예언한 신명기에서 볼 수 있다. "네가 자녀를 낳을지라도 그들이 포로*aichmalōsia*가 되므로 너와 함께 있지 못할 것이며."신 28:41, 개역개정 그리고 다니엘서는 그 어떤 문헌보다도 연장된 "포로기"에 대해 구체적으로 말하는 책으로서, 이야기의 배경을 설명하면서 다니엘과 그의 친구들이 "포로로 잡혀 온 유다 자손"*ek tēs aichmalōsias tōn huiōn tēs Ioudaias*에 속한다고 말한다.[9] 이러한 의미를 지닌 추상 명사와 그것과 연관된 여러 동족어는 예언서 중에서는 특히 예레미야와 에스겔, 그리고 시편에 많이 나온다. 시편 126:1칠십인역 125:1은 이 점을 분명히 보여준다. "여호와께서 시온의 포로를 돌려 보내실 때에."*en to epistrepsai kyrion tēn aichmalōsian Siōn* 이 표현은 4절에서 반복된다.[10] 이 구절이 말하는 바는 분명하다. "포로로 사로잡

---

9   칠십인역 다니엘서 2:25. 또한 칠십인역 다니엘서 5:10과 5:13, 그리고 테오도티온 판본의 다니엘서 6:13을 보라.
10 또한 시편 85:2(칠십인역 84:2)을 보라. NRSV는 시 126:1을 주요 마소라 본문을 따라

힘"captivity이라는 개념은 바벨론 시대에 일어난 재앙부터 1세기까지 유대 민족이 겪어 온 "기나긴 포로 생활"을 가리켰다.

게다가 바울이 볼 때 토라는 "노예 상태"를 더욱 악화시켰다. 토라는 자신의 백성이 지은 죄에 대해 하나님이 지속되는 "죽음"을 내리셨다고 선언했다. "생명에 이르게 할 그 계명이 내게는 죽음을 가져오는 것이 되었다."롬 7:10 갈라디아서 3:21-22는 좀 더 구체적으로 말했다. 생명을 줄 수 없는 토라가 "모든 것을 죄의 권세 아래 가두었다." 이제 바울은 "죄의 권세"의 정체에 대해 설명한다. "죄의 권세"는 바로 '스토이케이아'이다. 스토이케이아는 나무와 돌로 된 신들을 사용하여 이스라엘, 즉 참된 신이신 하나님의 백성을 노예로 만든 막후 "권세"였다.

이 모든 관찰을 다 고려하면 어떤 결과가 나타날까? 4:1-2에서 바울은 앞서 그가 "어린 아들"의 예로 설명했던 내용3:23-25을 다시 가져와서 한층 더 발전시킨다. 그는 하나님이 토라에게 부여하신 '파이다고고스'paidagōgos의 역할 이면에는 돌과 나무로 만든 이교 세계의 신 개념이 있다고 말하는 것 같다. 바울은 이스라엘을 아버지가 정한 때까지4:2 노예와 같은 처지에 놓인 "어린 아들"로 이해한다.4:1, 3 갈라디아인 예수 신자들은 과거에 신이 아닌 것들과 나무와 돌로 만든 우상의 세계에서 살았던 이교도였다. 그런 그들이 지금 토라를 받아들이려고 한다면, 그것은 토라가 직접 선포한 저주, 즉 그들이 다시 나무와 돌로 된 우상을 섬길 것이라는 저주를 스스로 불러들이는 꼴이다.

바울은 토라 자체가 "기초 요소"elements 중 하나라고 말하지는 않는다.

"주님께서 시온의 운명을 회복시키셨을 때"라고 번역했으나, 많은 학자들은 이 마소라 본문이 shevuth(포로/유수)를 shevith(운명)으로 오기했거나 변경한 것으로 본다. 커버데일Coverdale 성경의 공동 기도서 시편은 이 구절을 칠십인역(과 라틴어 불가타 역)을 따라 "주님께서 시온의 포로를 돌려 보내실 때"로 번역했다.

하지만 토라는 늘 신명기적 언약의 형태로 죄짓는 이스라엘이 이방인의 통치를 받게 될 것이라고 경고했다. 이는 그들이 나무와 돌로 만들어진 신이 아닌 것들, 곧 '스토이케이아'의 지배를 받을 것이라는 의미다. 따라서 이 본문은 결국 3:10-14에 나온 저주에 대한 논증과 아주 비슷한 결론에 이를 것이다. 3:10-14에서 인용된 신명기 본문은 토라를 따르지 않는 이들을 향해 당연히 저주를 내리며, 이 문제는 메시아의 구속적redemptive 죽음만이 해결할 수 있다. 당연한 말이지만, 여기서 "구속적"이라는 단어는 정확히 출애굽 사건과 관련된 용어다. 그래서 바울은 이 단락에서 "구속"redemption이라는 주제를 다시 다루면서 구속이 어떻게 이루어지는지를 설명한다. 구속은 신이 아닌 것들이 아니라 참되신 하나님에 의해, 곧 자신의 아들을 보내셨고 지금은 아들의 영을 보내시는 하나님4:4-7에 의해 이루어지는 것이다. 구약의 출애굽 사건에서도 그랬던 것처럼, 하나님이 자신의 백성을 노예 상태에서 구속하시는 행위는 하나님의 이름을 드러내고, 그 결과 하나님이 그의 백성에게 오셔서 그들 가운데 거하시게 되었다. 초기 그리스도론과 성령론의 뿌리가 바로 여기, 곧 이교도의 압제에서 해방되는 새 출애굽 이야기이며, 예수와 성령 안에서 그 이야기의 의미가 또렷하게 드러난다.

'스토이케이아'에 대해서는 더 다룰 내용이 있기 때문에 이 주제로 돌아올 것이지만, 그보다 먼저 4:1-3을 상세히 살펴보겠다.

4:1-3 노예 상태로 있던 때

4:1-3 4장의 첫 세 절은 언뜻 보기에 일반화된 설명을 제시하는 것으로 보인다. 이미 바울은 메시아 백성이 하나님의 자녀이자 아브라함의 자녀이고, "약속에 따른 상속자"라고 선언했다. 이제 바울은 이 내용을 연속 은유로 발전시키고 있는 것 같다. 말하자면, 미성년 "상속자"는 유산

을 상속받을 수 있는 나이에 이를 때까지 후견인의 보호 하에 있어야 한다는 것이다. 하지만 3:5-18에서 "유언장 작성"의 "예증"을 든 것과 마찬가지로, 이러한 은유에는 두 가지 문제가 있다. 이 문제는 곧 "예증"이 사실은 바울이 재진술하는 더 넓은 맥락의 성경 이야기의 부차적인 기능을 수행하는데 그친다는 것이다.

첫째, "예증"이 제대로 들어맞지 않는다. 사실 상속에 관한 법률에는 아버지가 아들이 상속받을 시기를 정하는 절차("예증"은 이를 전제로 한다)에 대한 규정이 없다. 하지만 바울은 3장 전체에 걸쳐서 창세기 15장을 사용해 분명히 그런 때, 곧 이집트에서 노예로 살던 아브라함의 씨가 구출받을 때가 있음을 주장했다. 이는 바울이 인간적 예시를 들어 성경의 언약 역사를 설명하는 것이 아니라, 또 다시 인간적 예시를 성경의 언약 역사에 부합하도록 억지로 끼워 맞추는 것으로 보인다.

둘째, 바울은 토라 아래 있는 하나님의 백성은 현재 노예 상태에 있다고 강조한다. 이는 여러 제2성전기 유대 문헌 저자들이 동의하는 바다. (그러므로 이러한 견해를 후대의 "그리스도교" 관점으로 고대 "유대교"를 비방하는 것이라고 간주하는 것은 틀렸다.) 바울은 3:23-25의 연대기적 순서에 따른 논증을 여기서 다시 사용한다. 다시 말해, "예전 상황"은 어떠했고 "현재 상황"은 어떠한지를 순차적으로 말하고 있다. 유산을 "상속"받을 이스라엘이 잠시 동안 "후견인과 집 관리인"의 관리 아래 있었다는 [은유적] "설명"은 꽤 억지스럽다. 가정교사의 돌봄을 받는 부유한 어린 상속자의 모습은 노예에 관한 일반적인 인식과 맞지 않는다. 하지만 "현재의 악한 세대"에 대한 대중적인 유대교의 관점에는 정확히 들어맞는다.

그러니 "어린 아들"의 예시를 들어 느슨한 설명을 제시하는 이 부분에서 바울에게 가장 중요한 작업은, 곤혹스럽게 연장된 "노예 상태"—

하나님이 마침내 "새로운 출애굽"을 통해 이 문제에 개입하셨다—의 시간을 둘러싼 이스라엘의 언약적 내러티브를 다시 풀어서 말하는 일일 것이다. 이스라엘의 언약적 내러티브에 대한 이 같은 재서술에서 이스라엘이 "모든 것의 주인"$^{kyrios\ panton}$—로마 황제는 이 칭호가 자신에게만 적용된다고 생각했을 것이다—이라는 합당한 지위에 있다는 언급은 아브라함의 가족이 세상을 유업으로 상속받기로 약속받았음을 말하는 방법일 수 있다. 이러한 견해는 1세기에도 알려져 있었다.[11] 바울은 이미 이러한 관점에서 예수를 이해한 것이 분명하다. 또한 그는 여러 구절에서 예수의 백성 모두가 메시아 안에서 세상 전체를 유산으로 받는다고 주장한다.[12]

바울은 언약의 역사를 사람들의 문화를 들어 설명하다가 엄격히 말해서는 양립할 수 없는 내용 두 가지를 한 번에 말하게 된 것 같다. 먼저, 그는 장성할 때까지 "후견인과 집 관리인"의 돌봄을 받는 어린 아들의 예시를 다시 들려줌으로써 3:24-25에서 말한 '파이다고고스'^{paidagōgos}를 넌지시 가리키는 것으로 보인다. 다른 한편으로는, "후견인과 집 관리인"의 돌봄을 받는 어린 아들의 예를 이스라엘이 '스토이케이아'^{stoicheia} "아래"에 있다는 주장에 적용하는데, 이는 토라가 그에 대해 경고했다는 점을 제외하면 "토라 아래"에 있는 것과는 다르다. 바울은 4:8-11에서 그가 원하는 결론을 얻기 위해 논증의 요소들을 응집시키는 데 최선을 다한다. 갈라디아인들이 토라를 받아들이면 사실상 '스토이케이아'의 통치 아래로 다시 들어갈 것이다. "노예"라는 개념의 반

---

11 에스라4서 6:55, 59: "당신께서는 우리를 위해 이 세상을 창조하셨다고 말씀하셨습니다.……세상이 정말 우리를 위해 창조되었다면, 어찌하여 우리는 우리의 세상을 유산으로 상속하지 못하는 것입니까?" 또한 7:11; 8:44; 9:13을 보라.

12 가령, 롬 8:17-30.

복은 바울의 사고의 흐름에서 강조되는 부분이 무엇인지 분명히 보여준다. 어린 아들은 "노예와 다르지 않으며",[4:1] 마찬가지로 "우리"는 "기초 요소들" 아래에서 계속 "노예 상태"로 있었다.[4:3] 예전에 "여러분"은 신이 아닌 것들을 섬기는 "노예로 살았는데",[4:8] 지금은 '스토이케이아'를 섬기는 "노예가 되려고" 한다.[4:9] 이 지점에서 바울의 논증은 탄탄하다. 즉, 그때도 노예였고 지금도 노예라는 것이다. 바울의 조밀한 설명에서 왔다갔다하는 것처럼 보이는 것은 어떤 형태의 노예 생활이냐는 것뿐이다.

따라서 바울이 말하는 언약적 내러티브는 이스라엘이 현재 이교 나라들의 지배 아래 노예 상태로 살고 있다는 상당히 표준적인 이야기이며, 로마는 바벨론에서 시작된 그 이야기의 순서에서 마지막에 위치한다. 이 상황은 신명기가 이스라엘의 죄 때문에 일어나리라고 경고했던 것이고, 그보다 훨씬 후대의 (다니엘 9장과 같은) 예언서들에도 반영되어 있다. 그 후에 예레미야서는 물론 특히 에스겔서의 "포로 생활에서 귀환함"에 대한 예언에 그대로 반영되어 있는 신명기 29장에서 신명기 30장으로의 대전환이 말하는 것처럼, 여기 갈라디아서 4장은 하나님이 친히 "토라가 할 수 없었던 일"을 행하시고, 다니엘 9장의 구속을 간절히 간구하는 기도를 이루신다고 말한다.

어니스트 클라크Ernest Clark는 그의 획기적인 박사 논문에서 이 단락에 또 다른 내용이 있음을 보여주었다.[13] 그는 고대 그리스 세계에서 '스토이케이아'가 어떻게 이해되었는지 철저히 살피고, 이 단락을 파악하는 데 고대 의학 문헌(그중 갈레노스의 저작이 매우 중요하지만 결코 그에게만

---

13 E. P. Clark, "Enslaved under the Elements of the Cosmos" (PhD diss., University of St. Andrews, 2018).

국한되는 것은 아니다)이 중요하다고 강조한다. 대체로 고대 의사들은 사람이 흙, 공기, 물, 불, 이 네 가지 '스토이케이아'로 구성되어 있다고 믿었다. 이 주제는 여러 철학 사조에서 각기 다른 방식으로 다루어졌다. 여기서 요점은 '스토이케이아'의 불균형이라는 관점에서 질병을 진단했다는 것이다. 이는 중세 유럽 의학의 "체액"humor 이론과 유사하다. 진단이 내려지고 몸의 '스토이케이아'가 균형을 잃어 조화를 이루지 못함이 밝혀지면, 의학적 요법, 곧 치료 과정이 필요하다. 그러한 "요법"이 '노모스',nomos 곧 "규칙"law일 것이다. 그리고 이 '노모스'는 '파이다고고스'paidagōgos 같은 역할, 곧 가정 노예가 어린이를 학교에 데려다 주듯이 환자가 건강을 되찾도록 인도하는 역할을 했다. 이 같은 관찰이 클라크의 논문의 핵심 내용이다.

아주 탁월한 관찰이다. 내가 아는 한 갈라디아서 연구에서 이러한 연결 고리—'노모스'가 '파이다고고스'의 기능을 함으로써 '스토이케이아'의 문제를 해결함—가 제시된 적은 한 번도 없다. 바울의 논증 기저에 전혀 다른 은유적 의미의 층위가 놓여 있었는데도 그동안 아무도 이를 보지 못한 것 같다. 이 연결 고리는 바울의 사고의 흐름을 파악하는 데에 어떤 도움을 줄 수 있을까? 하나님이 자기 백성을 "현재의 악한 세대에서" 구출하시고, 메시아의 죽음을 통해 자기 백성을 의롭다 하시고, 그들에게 성령을 선물로 주셔서 그들을 "아들"로 입양하시고, 노예 상태에서 해방시키는 새로운 출애굽을 일으키셨다는 주제와 어떤 관련이 있는가? '피스티스'라는 위대한 주제와 무슨 관련이 있을까?

클라크는 이 단락에서 바울이 실질적으로 넌지시 의학적 진단을 내리고 있음을 설득력 있게 주장했다. 보편적으로 말해, 인간은 도덕적으로 병들었다. 갈라디아의 경쟁 교사들은 개종자들에게 병이 낫고 진정한 덕을 얻기 위해서는 '파이다고고스'의 역할을 하는 유대교의 '노모스'가 필요하며 '노모스'가 그들을 건강하게 해줄 것이라고 설파했을 것이다. 이에 대해 바울은 "아니다!"라고 반박한다. 그는 토라가 그동안 병을 저지하고 있었을 뿐이며, 이제 하나님이 아주 새로운 일을 행하셔서 근본적으로 문제를 해결하셨다고 말한다.

여기서 바울은 2:19-20의 "생명"으로 다시 시선을 돌리며 3:21에 제시된 사고를 다시 끌어온다. 이 모든 주제 아래에는 다음과 같은 질문이 있다. 하나님은 어떤 방식으로 자기 백성에게 토라가 약속한 참된 "생명"을 주실 것인가? 이것이 바로 인간의 궁극적인 질병, 곧 인간을 죽음에 이르게 하는 도덕적, 존재론적 질병이 제기하는 문제다. 갈라디아서에서 바울은 이에 대한 즉각적인 논증을 넘어서 궁극적 구원, 곧 사람들을 죽음에서 구출하여 그들이 하나님 나라 곧 새 창조를 상속받는 것을 미리 내다보고 있다.[14] 인간은 죄 때문에 죽음으로 향한다. 이방인들은 죄짓는 데 앞장서는데, 유대인들은 이방인들을 구출하지도 못하고 이방인들과 같은 운명을 피하지도 못한다. 하지만 하나님은 아브라함에게 모든 민족을 아우르는 축복과 생명의 가족을 약속하셨다. 자, 토라가 이 약속을 이룰 수 없다면 어떻게 생명에 이르는 길을 찾을 수 있을까?

바울은 4:4-7에서 아주 인상적인 대답을 제시하기 시작하는데 이는 갈라디아서 후반부에 더 자세히 설명할 내용이기는 하지만, 1:4에서 이미 운을 띄우고 2:19-20에서 확장되어 언급된 구속적 행위와의 연합incorporation에 뿌리를 둔다. 솔로몬의 지혜서와 필론의 저작과 마찬가지로, 바울이 '스토이케이아'를 말할 때는 물질 세계를 구성하는 요소들만을 의미할 뿐 아니라, 그 자연적인 원소들로 만들어진 무가치한 우상

---

[14] 5:21과 6:15을 보라.

들까지 뜻하기도 한다. 또한 고대 철학자와 고대 의사들이 말했던 대로 인간을 구성하는 "요소"를 뜻하기도 한다. 자연의 요소들로 만들어진 우상을 숭배하는 것은 이러한 자연적인 요소들 사이의 균형이 깨졌음을 의미한다. 토라를 '파이다고고스'의 기능을 하는 데 필요했던 '노모스'로 받아들이는 것은 건강에 이르는 길, 곧 토라가 약속했지만 줄 수는 없었던 "생명"3:21-22, 롬 7:11; 8:1-4에 이르는 길이 될 수 없다. '파이다고고스'의 임무는 끝났다. 이제 아들과 아들의 영에 의해 치유가 이루어진다. 그러므로 4:4-7은 후대의 삼위일체 신학뿐만 아니라, 개인의 변화를 포함하는 구원론의 기초라고 할 수 있다.

바울은 4:1-3에서 "현세대"에서 인간이 어떤 상황에 있는지를 설명했다. 이제 그는 1:4에서 그랬던 것처럼 하나님이 "현재의 악한 세대에서 우리를 구출하신" 때, 즉 새로운 출애굽에 대해 설명한다.

4:4-7 새로운 출애굽에 대한 간략한 서술

아브라함과 이삭과 야곱의 하나님은 출애굽 사건을 통해 모세와 이스라엘 백성에게 새로운 방식으로 자신을 나타내셨다. 이는 하나님의 "이름"이 온전히 계시된 사건이었다.[15] 유대 경전과 유대 전통에는 하나님이 그들 가운데 거하시고 그들이 하나님께 제대로 예배드릴 수 있도록 그들을 우상으로 가득한 땅에서 구출하셨다는 이야기가 반복해서 선포된다. 바울이 갈라디아서 4:4-7에서 다시 출애굽 이야기를 한 핵심적 이유는 하나님이 새로운 출애굽을 통해 구속redemption을 행하시고 자기 백성 가운데 거하기 위해 오셔서 궁극적인 자기 계시를 하신 사건에 대해 조밀하고도 정확하게 설명하기 위해서다.

---

15 출 3:13-15과 6:2-4. 이 구절들은 창세기 15장의 내용을 가리킨다.

바울이 실제로 이렇게 생각하며 이 단락을 썼다는 사실은 4:8이 1-3절의 요점을 되풀이하고, 9a절이 4-7절의 요점을 되풀이하는 방식을 통해 알 수 있다. 그는 9a절에서 이렇게 말한다. "하지만 지금은 여러분이 하나님을 알게 되었는데, 아니 그보다는 하나님이 아닌 존재가 되었는데." 바꿔 말하면, 바울은 그가 4-7절에서 제시한, 아들과 성령을 "보내심"에 관한 간략한 설명이 곧 구출 행위 안에 나타난 한분 하나님의 자기 계시라고 생각한다. 하나님은 "앎"을 통해 전 세계적인 한 가족이 자신의 것이라고 주장하시고, 그들은 참으로 하나님을 "알게" 된다.[16] 바울은 8절에서 신이 아닌 것들을 언급하면서 1-3절에서 설명한 상황 속에서 실제로 무슨 일이 벌어졌던 것인지 밝힌다. 핵심 요지는 예수와 성령이 실체이고, 신이 아닌 것들은 기껏해야 그것의 흉내parody에 불과하다는 것이다.

이는 니케아, 칼케돈, 그리고 그 이후에 이르기까지 예수 신자들의 하나님 연구의 토대를 이룬, 최초의 의미 있는 움직임이었다. (어쩌면 이 신학적 탐구를 9a절에 나타난 인식론적 신중함을 반영한, "응답 차원에서 행해진 연구"responsive exploration라고 말할 수 있다. 즉, 신학은 핵심 주제subject matter를 "중립적으로" 관찰하는 것이 아니라, 구원 행위를 통해 계시된 하나님께 기쁨과 순종으로 응답하는 것이다.) 나는 4세기와 5세기의 위대한 신조들조차 바울이 이 단락에서 말한 내용을 능가할 수 없다고 생각한다. 그 위대한 신조들은 실제로 출애굽 이야기처럼 결정적으로 중요한 요소를 제거한 채, 하나님에 대한 탐구를 추상적인 용어로 만들어 버렸다. 나는 조직신학자들이 역사를 반향하고 있는 신약 본문(최초의 그리스도교 문서[나는 그렇다고 본다]인 갈라디아서를 포함해서)보다 후대에 만들어진

---

16 고전 8:2-3도 보라.

추상적 신조 문구들을 더 중요하게 여길 때가 많다는 사실을 볼 때마다 놀라움을 금할 수 없다.

이 구절들에서 바울은 새로운 출애굽이 이루어지는 순서를 다음과 같이 설명한다. (앞서 논의했던 '스토이케이아'의 두 가지 뜻을 기억하라.) 첫째, 불순종한 이스라엘을 "나무와 돌로 된 신들"의 노예가 되게 한 신명기 27-29장의 토라의 "저주"가 깨졌다. 바울은 이미 3:10-14에서 이를 다른 각도에서 주장했다. (많은 이들이 지적했듯이 3:10-14은 4:4-7과 아주 유사한 점이 많다. 하지만 3:10-14이 메시아의 죽음을 매우 중요하게 다루는 반면, 4:4-7에는 메시아의 죽음이 명시적으로 언급되지 않는다.)[17] 예수 신자들은 더 이상 제2성전기 유대 문헌이 말했던 "노예 상태"에 있지 않다. 그들은 "현재의 악한 세대"에서 구출되었다. 오랫동안 기다렸던 하나님의 새로운 창조가 개시되게 하는 일이 일어났고, [노예 상태에서 벗어나게 된] 예수 신자들은 새 창조를 통해 생긴 새로운 현실의 일부를 이룬다. 둘째, 그들이 새롭게 창조된 현실의 일부라는 바로 그 이유로, 그들은 성령이 그들 안에서 개인의 변화와 도덕적 쇄신을 만들어 내심을 알게 된다. 바울은 이 내용을 3:1-5에서 이미 말했으며, 5장과 6장에서 더 상세하게 발전시킨다.

바울이 4:1-3에서 "예전의 상황"에 대해 말한 내용이 3:23-25과 유사한 것처럼(또한, 앞으로 보겠지만 4:8과도), 이어지는 "현재 상황"but now, 그러나 이제는에 관한 진술도 3:26-29과 (그리고 4:9a와도) 유사하다.

4:4a 바울은 먼저 시간을 언급한다. "때가 찬 시점이 도래했을 때." 최근 일부 학자들은 바울이 예수 사건을 아브라함과 모세를 포함한 일련의 시간적 흐름 안에서 일어난 일로 보지 않았다고 주장했다.[18] 하지만

---

17 일찍이 이 주제를 다룬 Hays, *The Faith of Jesus Christ*는 지금도 중요하다.

갈라디아서 4:4a 자체는 물론 4:4a이 신중하게 3:15-18의 시간적 순서(3:15-18에 나온 시간적 순서 자체가 창15:13의 하나님의 약속을 가리킨다)를 다시 끌어오는 방식을 보면, 그리고 이 절이 말하자면 생각없이 그냥 던진 말이 아니라 확실히 바울의 논증의 중심에 있으며 갈라디아서 전체의 중심에 있다는 사실을 보면, 이 같은 주장은 간단히 논박된다. 오래된 약속이 갑작스럽게 성취되었다는 바울의 "묵시적"apocalyptic 시각은 당대의 유대 "묵시" 문헌과 정확히 일치한다. 유대 "묵시" 문헌은 다니엘 2장이나 7장처럼, 특히 다니엘 9장의 연대기적 개요의 관점에서, 역사적 사건들이 신비한 힘에 의해 추동되어 하나님이 뜻하신 지점에 이를 것이라고 기대했다. 현대의 어떤 학파는 "묵시"와 "역사"를 반대되는 용어로 보지만, 1세기 유대인들과 바울은 "묵시"와 "역사"를 분리해서 생각하지 않았다.

바울이 여기서 말하는 내용은 마가복음 1:15의 예수의 선언("때가 찼다!")과 정확히 일치한다. 그러나 마가복음은 구체적으로 정해진 시간을 뜻하는 그리스어 '카이로스'kairos를 사용하는 반면, 바울은 (이 경우) 정해진 때로 이어지는 일반적인 시간의 흐름을 나타내는 '크로노스'chronos를 사용한다.

3장에서 그랬듯이, 바울은 여기서도 특히 시간적 순서에 대해 분명히 말하고 있다. 일부 학자가 이러한 사실을 받아들이지 않은 이유는 헤겔적으로 역사 발전 과정을 이해하는 것—예를 들어 19세기의 진화론

---

18   마틴J. L. Martyn에 의해 널리 퍼진 이 주제에 대해서는 *Paul and His Recent Interpreters*, 178-82을 보라. 균형 잡힌 견해는 T. D. Still, "In the Fullness of Time' (Gal. 4:4): Chronology and Theology in Galatians," in Elliott et al., *Galatians and Christian Theology*, 239-48을 보고, 좀 더 폭넓은 논의는 J. P. Davies, *Paul among the Apocalypses: An Evaluation of the "Apocalyptic Paul" in the Context of Jewish and Christian Apocalyptic Literature* (London: T&T Clark, 2016)를 보라.

적 개념인 "점진적 계시"는 예수를 단순히 점진적 발전 과정의 최고봉으로 이해했다—에 대한 지나친 반발과 관련 있다. 진실을 기괴하게 왜곡한 이러한 견해는 하나님이 돌연히 은혜로운 행동을 하신다는 개념을 없애 버린 내재적 "진보" 이론으로 이어졌다. 하지만 바울 당시 유대인들은 약속의 성취에 이르기까지의 시간을 어두움과 슬픔만이 아닌, 기도와 인내의 시간으로 여겼다. (어쩌면 "진보"란 사람들이 기도와 인내에 지쳤을 때 바라는 것이 아닐까?) 이른바 하나님의 묵시적 행동은 적절한 때에, 곧 하나님의 오랜 계획이 마침내 이루어지는 바로 그 순간에 일어났다. (이 점은 거의 모든 제2성전기 "묵시" 문헌[다니엘, 에녹 1서, 바룩 2서 등]이 인증하고 있다.) 제이미 데이비스$^{Jamie\ Davies}$가 그의 소논문에서 주장했듯, "묵시적" 문헌을 쓴 저자들은 하나님의 새로운 행동의 충격적이고 갑작스러우며 위험한 도래를 종종 아기가 태어나는 것에 비유했다. 그런데 아기의 출산은 임신 기간 동안 모태에서도 눈에 보이지 않게 매우 중요한 일이 벌어지고 있었음을 의미한다.[19]

자, 그러면 이제 무슨 일이 일어났는가? **하나님이 그의 아들을 보내셨다.** 로마서 8:3과 아주 유사하지만, 로마서에서는 동사 '펨포'^{pempō}가 사용된 반면 여기서는 '엑사포스텔로'^{exapostellō}가 사용되었다. 그러나 차이는 미미하다. 두 동사는 지혜라는 존재에 대해 서술한 솔로몬의 지혜서의 인상적인 구절에서 시적 평행법으로 나란히 사용되었다. 바울의 그리스도론은 지혜라는 존재에 대한 유대적 사고에서 차용한 것—물론 유대적 사고만으로 환원될 수는 없다—이므로, 이 놀라운 책(솔로몬의 지혜서)을 다시 간략히 살펴보는 것은 바울의 의미를 이해하는 데 유익할

---

19 J. P. Davies "What to Expect When You're Expecting': Maternity, Salvation History, and the 'Apocalyptic Paul,'" *Journal for the Study of the New Testament* 38.3 (2016): 301-15.

것이다.

솔로몬의 지혜서는 다윗의 아들이자 상속자인 솔로몬을 지혜를 **가르치는** 자일뿐만 아니라 지혜를 **구현하는** 자로 칭송한다. "솔로몬"은 하나님의 형상을 지닌 인간이 하나님의 합당한 질서를 세상에 구현하는 데 필요한 것이 "지혜"임을 알고, 하나님이 이 목적을 이루시기 위해 하나님의 "지혜"를 보내시길 기도했다. 다시 말해, 그는 자신이 맡은 임무를 수행하는 데 필요한 특별한 지혜를 달라고 하나님께 기도했다.[20] 지혜서 9장에 나오는 기도는 창조와 성막, 군주제와 계시를 한데 끌어모은다.

당신께서는 저를 당신 백성의 임금으로,
당신 아들딸들의 재판관으로 뽑으셨습니다.
또 당신의 거룩한 산에 성전을 짓고
당신께서 거처하시는 성읍에 제단을 만들라고 분부하셨습니다.
그것은 당신께서 처음부터 준비하신 거룩한 천막을 본뜬 것입니다.
당신께서 하시는 일을 아는 지혜는 당신과 함께 있습니다.
당신께서 세상을 만드실 적에도 지혜가 곁에 있었습니다.
지혜는 당신 눈에 드는 것이 무엇인지,
당신 계명에 따라 올바른 것이 무엇인지 압니다.
거룩한 하늘에서 그녀(지혜)를 파견하시고 $^{exaposteilon\ aut\bar{e}n}$
당신의 영광스러운 어좌에서 그녀(지혜)를 보내시어 $^{pempson\ aut\bar{e}n}$
그가 제 곁에서 고생을 함께 나누게 하시고
당신 마음에 드는 것이 무엇인지 제가 깨닫게 해주십시오.
지혜는 모든 것을 알고 이해하기에

---

[20] 왕상 3:3-15, 지혜서 7:7-22; 9:1-18.

제가 일을 할 때에 저를 지혜롭게 이끌고

자기의 영광으로 저를 보호할 것입니다.

그러면 제가 하는 일이 당신께 받아들여지고

또 당신의 백성을 의롭게 재판하여

제 아버지의 왕좌에 걸맞은 자가 될 것입니다.

어떠한 인간이 하느님의 뜻을 알 수 있겠습니까?

누가 주님께서 바라시는 것을 헤아릴 수 있겠습니까?^{지혜서 9:7-13, 가톨릭 성경}

솔로몬은 다윗 계열의 왕이며, 따라서 시편 2편이 말하는 "하나님의 아들"이다. 앞서 보았듯, 이는 솔로몬의 지혜서 1-6장의 논증의 하부 구조를 이룬다.[21] 위의 기도는 지혜라는 존재가 솔로몬이 하나님의 뜻을 행할 수 있도록, 곧 하나님이 택하신 왕의 의무(특히 솔로몬은 광야의 성막을 잇는 성전을 건축해야 한다)를 할 수 있도록 "보내심을 받았다"라고 말한다.

바울은 이 같은 내용을 반향하면서도 그것을 초월하여 예수를 다윗 계열 왕(그리고 그런 의미에서 "하나님의 아들")**이자** 신적 지혜, 곧 그를 통해 세상이 만들어진 창조주의 "두 번째 자아"의 구현으로 이해한다. 갈라디아서 2:20을 논의할 때 보았듯, 이 오래된 두 가지 의미의 새로운 결합에 이상적으로 들어맞는 "하나님의 아들"이라는 표현은, 예수를 이스라엘의 예언을 성취하신 메시아로 믿는 믿음과 이스라엘의 하나님이 예수를 통해—예수 안에서, 그리고 예수라는 사람으로—마침내 돌아오셨다는 믿음을 잘 드러낸다. 지혜라는 존재는 잠언 8장과 다른 곳에서

---

21 의로운 자가 "자신을 주님의 자식 *pais kyriou* 이라고 부른다"라고 하는 지혜서 2:13을 보라.

와 같이 인간, 특히 [이 본문에서는] 왕이 하나님의 지시를 따를 뿐만 아니라 생각과 행동으로 창조주 하나님의 인격적 임재와 능력을 실제로 구현할 것이라는 신비로운 믿음을 (우리에게) 전해 준다.[22]

바울이 곳곳에서(가령 고린도전서와 골로새서) 유대교의 "지혜" 사상을 끌어오는 것처럼 보인다고 해서 이를 "그저 은유에 불과한 것"으로 간주해서는 안 된다. 즉, 예수가 단순히 최고의 "지혜"를 소유한 인간이었다고 말하는 은유로 보아서는 안 된다는 말이다.[23] 그런 식의 논증이 있다고 이 주제에 대한 탐구를 멀리해서도 안 된다. 결국, 하나님의 지혜가 특정한 인간들 가운데 거하시고, 그들에게 영감을 주시며, 그들이 소명을 감당하는 데 도움을 주기 위해 오신다는 개념 배후에는 하나님의 "형상"이라는 개념과 그에 따라오는 개념들, 곧 인간이 하나님의 지혜로운 질서를 세상에 이루도록 지음 받고 부름 받았다는 개념이 있다는 점을 알아야 한다. 이러한 주제들은 유일하신 하나님이 세상과 분리되어 접근할 수 없는 "초월적" 존재가 아니며, 그렇다고 세상 안에 단순히 "내재"하기만 하는 존재도 아니라는 1세기 유대인들의 믿음을 표현하는 다양한 방식 중 하나였다. 그 믿음이란 또한 세상의 창조주가 인류와 이스라엘과 다윗 왕조를, 복잡한 창조와 언약 계획의 중심 역할을

---

[22] 지면의 제한으로 이 책에서 논의할 수는 없으나 롬 8:3-4과의 유사성은 연구할 가치가 있다. *Interpreting Jesus*, 15장에 실린 나의 소논문, "Son of God and Christian Origins"을 보라.

[23] 이러한 견해는 J. D. G. Dunn, *Christology in the Making: A New Testament Inquiry into the Origins of the Doctrine of the Incarnation* (London: SCM, 1980)에 의해 널리 퍼졌고, 최근에는 새로운 형태로 다시 등장했다. J. F. McGrath, *The Only True God: Early Christian Monotheism in Its Jewish Context* (Urbana: University of Illinois Press, 2009)와 J. D. Kirk, *A Man Attested by God: The Human Jesus of the Synoptic Gospels* (Grand Rapids: Eerdmans, 2016)를 보라.

적절하고 지혜롭게 수행할 수 있도록 만드셨다는 것으로, 다시 말해 창조주가 진정한 인간, 이스라엘이 한 인물 안에 응축된 존재, 새로운 다윗이 되셨다는 것이다. 이 주제를 담은 다른 초기 그리스도교 문헌과 마찬가지로 바울은 예수 안에서 이 모든 일이 일어났다고 믿었다. 이러한 사고방식과 신념 사이의 연결이 낯설게 느껴진다면 그것은 우리의 문제다. 바울은 이 모든 것을 섬광처럼 단번에 커다란 전체의 일부로 이해했을 것이다.

이러한 신학적 사고의 흐름—창조주 하나님을 이스라엘의 하나님이자 인간에게는 보편적인 "지혜"를, 왕에게는 특별한 "지혜"를 주시는 분으로 깊이 이해하는—은 출애굽 이야기에서 두 가지 핵심 요소인 토라와 성막에서 가장 뚜렷한 상징으로 나타난다. 출애굽 이야기라는 더 큰 틀에서 볼 때 토라는 구속받은 백성이 이제 "왕 같은 제사장"으로 살도록 부름 받아 창조주가 인간을 만드실 때 의도하셨던 것을 구현할 수 있도록, 그리고 성막을 품은 백성, 곧 하나님이 그 가운데 거하길 원하시고 의도하신 백성이 될 수 있도록 주어진 것이다. 성막 자체와 성막 제작에 필요한 상세한 장비들은 산에서 모세에게 보여졌고, 브살렐과 오홀리압이 이끄는 일군의 일꾼들에 의해 제작될 것이었다. 출애굽기 본문에 따르면, 하나님은 이 위대한 과업이 수행될 수 있도록 브살렐을 지혜와 이해력과 지식의 신적인 영으로 채워 주셨다.*kai eneplēsa auton pneuma theion sophias kai syneseōs kai epistēmēs* 완성된 건물 자체가 상징하고 구현하는 것은 제작 방식에서도 나타난다.[24] 토라와 성막은 출애굽의 온전한 의미를 풍성하게 표현한다. 이것이 하나님이 자기 백성을 구속하신 이유다.

삶의 방식을 부여하는 토라와 하나님이 자기 백성 가운데 거하심을

---

24 출 31:3.

뜻하는 성막이라는 위대한 주제들이 이제 갈라디아서 4:6-7에서 새로운 옷을 입는다. 무엇보다도 예수의 첫 추종자들에게 성령의 은사를 받은 것과 강력한 관계가 있던 오순절은 원래 토라를 받은 것을 기념하는 유대인의 절기다. 때때로 제2성전기 유대 문헌 저자들도 옛 이스라엘 백성의 광야 유랑 중에 하나님의 임재가 그들과 함께하셨던 것을 하나님의 영이라는 용어를 사용해 영광스러운 신비로 표현했다.[25]

당연한 말이지만, 바울이 유대교의 상징 세계에서 사용된 주제들을 메시아와 성령의 새로운 세계로 "이동"시킬 때, 맹종하는 식으로 혹은 기계적으로 한 것이 아니다. 바울이 제시하는 다채로운 병행 관계는 전혀 투박하지 않다. 또한 (말하자면) 예수와 토라 사이를, 성령과 성막 사이를 일대일 대응시킨 것도 아니다. 바울의 작업은 마치 출애굽기 이야기의 핵심적 사건들과 그 의미(유월절, 토라, 성막)를 돌돌 말았다가 새로이 펴놓는 것에 가깝다. 구출 작업을 하기 위해 한 인물로 오셔서 행동하신 하나님에 대하여는 메시아를 보고 그의 구속 사역을 생각해 보라. 자기 백성에게 새로운 삶의 방식을 주신 하나님에 대하여는 육화한 지혜, 솔로몬의 지혜서가 말하는 이제 세상에 "보냄"을 받은 "하나님의 아들"을 보라. 그리고 오순절에 토라처럼 주어진 성령을 보라. 자기 백성들 가운데 거하기 위해 오신 하나님에 대하여는 "여자에게서 나시고 율법 아래서 나신" 메시아를 보고, 마음에 내주하시고 "아들들"이 아버를 부르며 기도하도록 고취하는 성령을 보라. 바울이 이야기하는 "새로운 출애굽"은 하나님과 하나님의 백성에 대한 그의 비전에 중심축이자 틀로 작용하고 있다. 이 지점에서 바울의 글은 새 언약 측면에서 우리의 아들 브살렐의 능력에 상응하는 것이다. 갈라디아서 4:1-7이 표현하는 진리

---

25   느 9:20, 사 63:11, 14, 학 2:5.

는 각 요소들이 순금으로 장식되어 있다.

그렇다면 이 새로운 출애굽 이야기의 축소판은 실제로 어떠한 방식으로 전개되는가? 먼저 노예의 시대[4:1-3]가 있고, 그 다음 아버지가 정하신 "때가 차서" 구속이 일어나고 양자가 된다.[4:4] 그런 다음 하나님의 백성을 인도하고 채우고 준비시키기 위해서 하나님의 임재의 도래한다.[4:6-7] 그 다음은 (그렇다, 아직 더 남았다!) 최종 "상속"이며, 현재 받은 성령의 은사는 그 최종 상속의 맛보기이자 보증이다. 첫 번째 출애굽 사건과 두 번째 출애굽 사건 사이의 병행 관계를 관찰하다 보면 둘 사이의 차이점이 두드러지게 보인다. 두 번째 출애굽 사건에서 그 아들을 보내신 행위가 첫 번째 출애굽 사건의 신적 행위 전체를 대신한다. 하나님은 출애굽기 3:7-8에서 이렇게 선언하신다. "내가 그들의 부르짖음을 들었다.……그래서 나는 그들을 구출하러 내려왔다."[26] 칠십인역은 이 절에서 "그들을 구출함"*deliver them*을 '엑셀레스타이 아우투스'*exelesthai autous*로 번역했는데 여기에 사용된 동사는 갈라디아서의 주제가 담긴 갈라디아서 1:4의 동사와 동일하다. 즉, 메시아가 "우리의 죄들을 위하여, 현재에 악한 세대에서 우리를 **구출하시기 위해***hopōs exelētai hēmas* 자신을 주셨다." 첫 번째 출애굽 사건에서 하나님은 "이스라엘이 나의 아들"출 4:22**이기 때문에** 구속을 행하신다.[27] 하지만 두 번째 출애굽에서는 구속 행위의 **결과**로 "아들들로 입양"되는데, 적어도 그 부분적인 이유는 이방인들이 오직 메시아적 사건들을 통해서만 하나님의 백성으로 편입될 수 있기 때문일 것이다. 마지막으로, 첫 출애굽 사건에서 하나님은 그의 백성을 구속하시고 나서 그들에게 토라를 삶의 방식으로 주셨다.

26 출 3:8은 창 15:18-20을 상기시키는 방식으로(창세기의 문구를 그대로 인용하는 것은 아니다) 약속의 땅을 언급한다.

27 렘 31:9과 호 11:1를 보라. 사1:2 참고.

하지만 새로운 출애굽 사건에서 토라는, 갈라디아서 3:21-22 및 로마서 7장에서 말한 대로, 하나님이 부여하신 임무를 수행함으로써 하나님의 백성을 노예로 삼은 (그래서 하나님의 백성을 구출받아야 하는 상태로 만든) 어둠의 권세의 일부가 되었다. 따라서 우리가 전체적인 그림을 종합해 보면, 바울이 "때가 찼을 때 창조주 하나님이 첫 출애굽 사건에서처럼 자기 백성을 구출하기 위해 내려오셨을 때는 어떤 사건이 발생하는가?"라는 질문을 받는다면 그는 이렇게 힘주어 대답했을 것이라고 말할 수 있다. 그분은 "우리 죄들을 위하여 자신을 내어 주셨다."[1:4] 또는 "하나님의 아들이……나를 사랑하셔서 나를 위해서 자기 자신을 내어 주셨다."[2:20]

그러므로 단순한 역할 분할 같은 것을 생각해서는 안 된다. 즉, 원래 출애굽 이야기에서 토라가 맡은 역할을 예수가 "완수"했고, 원래 출애굽 이야기에서 성막의 역할을 [새 출애굽에서] 성령이 "완수"했다고 생각해서는 안 된다(여기까지만 유형론과 일반적인 비유적 해석이 통했다. 정말 중요한 것은 전체적인 이야기다. 이러한 이야기 속에서 여러 주제들은 예기豫期되다가, 철회되다가, 정반대로 진행되다가, 마침내 새로운 해결책에 이른다.) 예수와 성령은 토라와 성막을 성취함으로써 토라와 성막을 근저에서부터 초월한다. 이제 토라는 그 자체에 잘못이 있는 것은 아니지만[3:21] 문제 해결책이 아니라 문제의 일부가 되었다. 파란만장한 역사를 지닌 성전은 여전히 현재 예루살렘의 중심으로 보이지만, 바울은 4장 말미에서 현재의 예루살렘이 "그 자녀들과 함께 노예 상태에 있다"고 선언할 것이다.[4:25]

토라나 성전이 할 수 없는 일을 하나님은 해내셨다. 토라나 성전은 "현재의 악한 세대" 동안 하나님이 은혜롭게 마련해 주신 것이었으나, 이제 하나님은 메시아의 죽음과 부활과 성령의 은사를 통해 "장차 올 시대"를 개시하셨다. 하나님은 "토라 아래 있는" 사람들을 구속하시고 "현재의 악한 세대"에서 구출하셔서 그들이 약속대로 자녀이자 "상속자"가 될 수 있게 하셨다. 갈라디아서 4:1-7에 나오는 삼위일체 관점의 폭발적인 유일신론 재정의는 마찬가지로 폭발적인 바울의 변혁적 구원론transformative soteriology의 근간이다. 그리스도인 "빛어감"은 출애굽 사건의 시작처럼 유일하신 하나님이 행동을 통해 계시하신 사건에서 시작된다.

4:4b 예수의 죽음이 4:4에서 언급되지 않았다고 해서 바울이 어떤 이유로 예수의 죽음이라는 주제를 제쳐 둔 것은 아니다. 바울은 그의 청중이 자신이 앞서 언급한 내용1:4; 2:20-21; 3:1, 13과 메시아의 "신실하심"에 대한 반복적인 언급을 떠올릴 수 있을 거라고 생각했다. 십자가 처형은 갈라디아서의 나머지 부분에 걸쳐 전개되는 논증에 엮여 있다.5:11, 24; 6:12, 14, 17 여기서 하나님의 구속 행위는 아들의 **보내심**에 초점이 맞춰져 있는데, 이는 (1:4-5처럼) 아들을 보내신 것이 아버지로서의 하나님의 행동을 강조하며, 앞서 말했듯 하나님이 "지혜"를 "보내심"이라는 의미를 함축한다.

여기서 또 다른 초점은 예수의 **출생**에 맞춰져 있다. 이 절은 바울이, 예수의 죽음과 부활에 반대되는, 예수의 출생이나 가계를 언급하는 단 두 곳 중 하나다. 다른 하나는 로마서 1:3이다. 로마서 1:3은 아마도 바울보다 이른 시기에 만들어진 복음에 대한 정형화된 문구를 인용하면서 (그리고 이 정형 문구를 적극적으로 받아들이면서) 예수가 "육신으로는 다윗의 씨에서 나셨다"고 한다. 거의 언급되지 않는 주제이기 때문에 바울이 여기서 왜 예수의 출생을 언급하는지, 특히 예수의 탄생에 대해 두 가지 내용을 말하는지 이해하는 데 어려움이 있다. 내가 보기에, "여자에게서 나셨다"는 표현은 예수와 인류 전체 사이의 연대를 강조하고,

"율법 아래 나셨다"는 표현은 훨씬 분명하게 예수와 토라 아래 있는 이스라엘 사이의 연대를 강조하는 것 같다. 후자는 바울이 지금 전개하는 논증에 더욱 구체적으로 필요한 논점임이 분명하며, 메시아가 직접 저주를 짊어지고 저주의 필연적 결과, 곧 이방인에게 약속이 전달되는 것을 방해하는 일을 없애기 위해 저주의 자리에 오셨다고 말하는 3:13과 유사하다. 로마서 7장의 내용과 같이, 메시아는 이스라엘이 노예가 되고 토라가 그 상황을 더욱 공고히 한 그 장소에 오셨다. 바울은 여기서 십자가 처형 자체나 예수의 죽음도 언급하지 않지만, 예수의 출생은 분명 예수의 죽음을 가리킨다. 특히 바울이 예수의 죽음으로 성취되었다고 말하는 것의 내용("율법 아래 있는 자들을 구속함")을 보면 이 점을 알 수 있다.

그러나 바울이 예수의 출생을 부각시키고 예수의 "보냄 받으심"이라는 표현을 쓴 이유는 그가 빌립보서 2:6-7에서 주장한 내용과 동일한 요지를 강조하고 싶었기 때문인 것 같다. 즉, "예수"라는 인간은 태어나기 전부터 하나님의 "아들"(물론 어떤 의미에서는 이를 분명하게 표현하기 어렵다)이었다는 것이다. 다시 말하면, 예수는 특정한 목적을 위해 그의 생애 중 특정 시기에 하나님에 의해 "입양"된 인간이 아니었다. 로마서 5:6-10과 8:32에서 바울의 논증은 하나님 자신의 사랑이 "아들의 죽음"을 통해 나타났다는 사실을 중심으로 하고 있으며, 이는 하나님의 아들의 "보냄 받으심"을 언급하는 다른 구절에서도 마찬가지다.롬 8:3 따라서 이 단락에서 바울이 말한 것—하나님이 자신의 아들을 "보내셨고", 그 결과 그 아들이 "태어났으며", 이로써 구속적 성취를 위한 기반이 마련되었다—은 이 모든 내용에 견고하게 기반을 두고 있어서 "입양론자"들의 사변적 추론이 들어설 자리를 내주지 않는다. 흥미롭게도 여기서 바울은 예수의 "선재"(이 표현을 달갑지 않게 여기는 이들이 줄곧 있었다)를 전제하고 있는 것이 분명한데도 예수의 선재에 대해 논증할 필요를 느끼지 않는다. 직접 오셔서 이스라엘과 세상을 구속하시겠다는 약속을 이스라엘의 하나님이 예수 안에서 성취하셨음을 알게 되면, 그리고 이를 토라, 성전, 지혜, 하나님의 형상을 지닌 인간의 소명에 대한 유대적 이해의 관점에서 바라보면, 후대에 생긴 복잡한 그리스도론 관련 신조들과 염려를 완전히 다른 시각에서 볼 수 있다.

4:5 3:10-14에서 메시아가 저주를 짊어진 것에 대해 언급한 것과 마찬가지로, 메시아를 보내신 사건에는 5절의 두 개의 '히나'^{hina} 절이 표시하듯(바울은 3:14에서도 두 개의 '히나' 절을 사용했다) 두 가지 목적이 있다(그가 율법 아래 있는 자들을 구속하시기 **위하여**, 우리가 아들로 입양되도록 하시기 **위하여**). 3:14과 같이 이로 인해 발생한 두 가지 결과는 각기 다른 집단에 영향을 미친다. 3:14에서는 그 두 가지 결과에 대해 이렇게 말한다. (a) 아브라함의 복이 이방인들에게 이르게 되었고, (b) "우리"(나는 이 표현이 전체 교회를 가리킨다고 본다)는 성령을 받았다. 하지만, 4:4-5에서는 두 결과에 대해 이렇게 말한다. (a) "토라 아래" 있는 유대인들이 구속을 받고(3:13에서 말한 것과 마찬가지로), (b) "우리"(나는 여기서도 이 표현이 전체 교회를 가리킨다고 본다)가 "아들들"로 "입양"되었다. ("이스라엘은 나의 아들이다"라는 하나님 말씀의 배음이 직접 들리도록 성별을 포괄하는 번역어[아들과 딸] 대신 남성 대명사를 그대로 놔두었다).

"입양"을 뜻하는 그리스어 단어는 '휘오테시아'^{huiothesia}인데, 이 단어는 가족이 아닌 이가 아들이라는 신분을 얻는 법적 절차뿐만 아니라 "아들"이라는 **신분**^{가령, 롬 9:4} 자체를 뜻할 수 있었다. 오늘날 대다수의 사회보다 고대 세계, 특히 고대 로마 세계에서 "입양"이 훨씬 많이 행해졌다.[28]

---

28 M. Foskett, "Adoption," in *The New Interpreter's Dictionary of the Bible*, ed. K. D.

하지만 다른 단락에서 "실생활의 예를 들어 설명"했던 것처럼,[3:15; 4:1] 여기서 바울은 은유적 상황을 자세히 설명하기 보다는 기저에 깔린 언약적 내러티브에 집중한다. 분명히 그는 이방인 신자들이 외부로부터 아브라함의 가족의 일원이 되어, 이전의 삶과 상관없이 "하나님의 아들들"이 된 것에 대해 생각하고 있는 것 같다. 하지만 바울이 생각하기에 이는 유대인 신자들에게도—비록 그들이 유대인의 기본 특권 중 하나인 "아들 됨"sonship, 롬 9:4에서 시작했지만—똑같이 해당된다. 바울은 자기 자신이 이 점을 가장 잘 보여주는 예라고 보았다. "율법을 통하여 나는 율법에 대하여 죽었습니다. 내가 하나님에 대하여 살기 위해서입니다."[갈 2:19] (이미 세례 요한이 주장한 것처럼) 아브라함의 가족으로 태어나는 것만으로는 충분하지 않은, 새로운 수준의 "아들 됨"이 있는 것으로 보인다.[29] 바울은 로마서 4:16과 9:8에서 이와 거의 같은 말을 한다. 그는 이전 단락에서 가장 중요한 단계를 표현한 3:26로 돌아간다. 3:26에서 바울은 "여러분은 모두 메시아 안에서 믿음을 통한 하나님의 아들들이기 때문"이라고 설명하면서, "우리는 더 이상 '파이다고고스'paidagōgos의 통치 아래 있지 않다"라는 결론에 이른다. 따라서 나는 이 본문에서 당시 세계에서 "입양"이 가졌던 특정한 법적 의미는 나타나지 않는다고 말하고 싶다. 왜냐하면 바울이 '휘오테시아'라는 단어에서 필요로 하는 뜻이 "아들 됨"이라는 용어만으로 잘 표현되었기 때문이다. 물론, 부유한 로마 시민들이 젊은 남성을 택해 양자로 삼은 이유 중 하나는 재산을 물려줄 적절한 사람을 얻기 위해서였다. 바울이 4:7에서도 "아들"이면 "상

Sakenfeld et al. (Nashville: Abingdon, 2006), 54-56과 J. M. Scott, *Adoption as Sons of God: An Exegetical Investigation into the Background of Huiothesia in the Pauline Corpus* (Tübingen: Mohr Siebeck, 1992)을 보라.

29 마 3:9-10, 눅 3:8-9, 요 3:2-8도 보라.

속자"임을 계속 강조하는 것을 보면, 그는 이러한 은유적 의미도 염두에 두고 있었던 것 같다. 하지만 이 또한 아브라함 이야기의 일부였다. 족장 아브라함이 하나님께 물었던 첫 번째 질문은 언약을 포함한 창세기 15장 내용 전체를 촉발했는데, 그 질문은 상속에 관한 것이었다. 그 언약 이야기(3장에서 다루었으니 여전히 생생하고, 불과 15절 뒤인 4:21-31은 아브라함의 가족에 관한 설명의 절정부다)가 바로 바울의 주된 참고 대상이었을 것이다.

이로써 5절이 세 가지 주제를 하나로 묶고 있음을 알 수 있다. 첫째, 하나님의 구속적 행동이다. '엑사고라제인'^{exagorazein}은 출애굽을 가리킬 때 자주 사용되는 용어로서, 바울은 다른 곳에서와 같이 예수의 죽음을 예수 자신의 의도에 따라 일어난 궁극적인 출애굽 사건으로 이해한다. 둘째, 이 궁극적 출애굽은 메시아의 신실하심으로 탄생한 백성 모두에게 "아들 됨"의 지위(이는 당연히 이스라엘을 가리키는 용어였다)를 부여하기 위해 일어났다. 이는 분명 3:26의 내용을 가져온 것으로서, 곧 제시될 극적인 주장을 위한 기반을 형성한다. 셋째, 이 "아들 됨"은 보냄을 받은 "아들"에 의해 성취된 것으로서, 또 한번 메시아와 백성의 관계에 대한 사고의 유동성을 나타낸다. 메시아는, 그의 신실하심이 백성들 자신의 믿음을 빚어내는 장소인 것처럼, 백성들이 (연합을 통해) 아들이 되도록 하신 (특별한) 아들이다.

4:6 그리고 이 아들 됨은 성령의 은사를 통해 극적으로 현실화된다. 바울은 아들을 "보냄"과 짝을 맞추어 "그 아들의 영"을 보냄에 대해 (같은 단어인 '엑사페스테일렌'^{exapesteilen}을 사용하여) 말한다. 영은 "우리의 마음"에 들어가서 모든 신자에게 부여된 이 "아들 됨"이 그저 겉으로만 그럴듯한 빈껍데기가 아니라 현실 세계의 범주를 뛰어 넘는 법적 지위로 만드는 역할을 한다. 요한복음과 마찬가지로, 바울은 성령이라는 새로

운 선물을 예레미야와, 특히 에스겔의 약속과 연관시켰다. 이는 새로운 출애굽 사건의 결과인 새 언약을 나타내는 표현이다. 이보다 더 강력한 종말론적 주장은 없다. 바울은 이것이 이스라엘이 줄곧 기다려온 것임을 넌지시 보여준다.

그런 다음 바울은 이 영이 "그분의 아들의 영"이라고 말한다. 신약성경, 특히 바울 서신에서 자주 언급되듯이, 예수 자신은 영을 통해 백성의 마음과 삶 가운데 현존하고 활동하신다. 우리는 성령이 "성부"와 "성자" 둘 다로부터 "발출"proceeding하는지, 아니면 성부에게서만 발출하는지의 문제를 둘러싼, 주로 철학적 사유에서 추동된 후대의 논쟁의 영역에 있는 것이 아니다. 훨씬 흥미로운 점은 사람들이 "아버지"를 **향해** 부르짖을 수 있도록 해주는 영이 아버지**에게서** 보냄을 받았다는 것이다. 영은 창조력이 있고 구속을 가져다주는 아들의 생명이라는 선물의 형태로 보내졌다. 우리가 느슨하게 "그리스도교적 영성"이라고 부르는 것에 대한 이 비범한 이해는 삼위일체 교리가 그저 황량하고 추상적으로 정형화된 문구가 아니라 바울이 바라본 "보통의" 그리스도인의 실제 삶을 간략하게 해석한 개요라는 점을 상기시켜 준다.[30] 그리고 새로운 출애굽 이야기의 맥락이 보여주듯이, 이 점은 성막이나 성전의 관점에서 가장 잘 이해된다. 교회 전체와 모든 그리스도인 개인은 살아 계신 하나님이 거하시기 위해 오신 곳이다. 당연한 말이지만, 바로 이것이 소망의 근거이자 거룩함의 기초다.

바울은 "여러분은 아들들이기 때문에" 이런 일이 일어났다고 말한다. 이 말은 법적 지위—이를 구속받은 지위라고 불러야 할 것이다—가 적어도 논리적으로는 성령의 부으심보다 앞선다는 것을 뜻하는 것으로

---

30   롬 8:9을 보라. 메시아의 영을 가지지 않은 이는 모두 메시아에게 속해 있지 않다.

보인다. 요한복음처럼 제자들이 예수의 죽음을 통해 준비되어야 성령이 부어질 수 있다.[31] 따라서 5절의 "구속"은 내적 변화를 위한 필수 전제 조건이다. 이교도의 나라 이집트를 떠나는 것이 성막의 건축과 하나님이 그곳에 거하기 위해 오시는 데에 필수적인 전제 조건이었던 것처럼 말이다.

바울은 이 모든 일이 일어난 결과로 "압바, 아버지!"$^{Abba,\ ho\ patēr}$라고 외칠 수 있게 되었다고 이해한다(롬 8장도 마찬가지). 이 아람어 문구에 관하여는 수많은 연구가 이루어졌다. 물론 이는 겟세마네에서 예수께서 드린 "압바" 기도를 반향한다.[32] 메시아를 믿는 이들의 "아들 됨"이 예수가 "아들"이라는 사실과 유기적으로 관련되어 있다는 점을 이보다 더 명확하게 표현할 수 없다. 또한 바울의 구원론(법정적 측면이 있긴 하지만)이 **언약**을 근본으로 삼고 있다는 사실을 이보다 더 명확하게 표현할 수 없다. 여기서 "언약"이란 곧 에스겔서에서 약속된 갱신된 마음의 변화를 일으키는 언약, 또한 아브라함에게 주신 약속에서 비롯되어 메시아 자신의 신실한 삶을 그의 신실한 백성의 내면에 각인시키는 그 언약이다. 어떤 면에서는 하나님을 "압바"라고 이렇게 단순하게 부르는 것 자체가 바로 (바울이 줄곧 말해 온) '피스티스'라고, 혹은 적어도 '피스티스'를 드러내는 하나의 핵심 표현이라고 말할 수 있다. 이 점은 바울이 계속해서 말한 것이다. 특히 (마가복음에 따르면) 예수가 "압바"라고 외친 순간이 가장 큰 절망과 고난의 순간이었다는 점에 주목해야 한다.[33] 로

---

31   요 7:39과 20:22를 보라.
32   [복음서에서] 예수가 한 번 하나님을 "압바"라고 불렀다고 해서 "예수가 **습관**적으로 하나님을 '압바'로 불렀다"는 드 부어de Boer의 주장이 맞다고 볼 수는 없다(M. C. de Boer, *Galatians: A Commentary*, 94. 굵은 글씨체로 강조한 것은 내가 한 것이다).
33   막 14:36. 흥미롭게도 마태복음에 있는 병행구절인 26:39에는 '파테르 무'$^{patēr\ mou}$, 나의 아버지라고 기록되어 있다. 눅 22:42에는 '파테르'^{patēr}라고만 나온다.

마서 8:15에서는 이 내용을 더욱 분명하게 말한다. 하나님의 "아들들"이 끔찍한 고통에 마주했을 때 이렇게 외친다고 말이다.

따라서 이러한 외침이야말로 [하나님이] 율법이 할 수 없는 일$^{3:21}$을 이루어 내었음을 보여주는 진정한 "생명의 표시"다. 인류의 질병, 곧 '스토이케이아'^{stoicheia}의 잘못된 정렬은 토라를 의학적 '노모스'^{nomos}나 '파이다고고스'^{paidagōgos}로 삼아서는 해결할 수 없으나, 하나님 자신의 살아 계신 임재와 능력으로 해결될 수 있고 또한 해결되었으니, 그 하나님은 아들을 보내셨고 이제 성령을 보내시는 분으로 자신을 계시하셨다. 이렇게 준비된 메시아의 백성은 성령에 의해 "걸을"^{stoichein} 수 있다.$^{5:25}$

4:7 그 결과 바울은 이렇게 선언한다. "그러므로 당신은 더 이상 노예가 아니라 아들입니다!" 이스라엘은 이집트에서 노예가 되었지만 실제로는 "하나님의 아들"이었고, 출애굽 사건이 이를 증명했다. 바울이 4:7에서 3장의 상당 부분을 요약하고(특히 3:26을 다시 조명한다) 4:1-3의 "노예 상태"가 지나간 과거의 일이 되었다고 분명히 말한 것을 보면, 그는 이 모든 것을 염두에 두고 있었다. 이교도였던 갈라디아 교인들은 특히 자신들이 단순히 아브라함 가족의 군식구가 아니라, 자녀로서의 완전한 권리를 지닌 온전한 구성원이라는 사실을 깨달아야 했다. 그렇게 그들은 "상속자"가 되었다. 아브라함이 세상을 약속받았으므로—로마 황제는 자기가 지금 이 세상의 소유자라고 믿고 있지만—아브라함 가족이 세상을 상속받을 것이다. 여기서 바울은 6a절의 복수형 대명사 "여러분"("여러분은 [모두] 아들들이기 때문에")을 여기서는 단수형 "당신"으로 바꾸어 개인에게 주어진 약속에 초점을 맞춘다. "그러니 바로 **당신**은—이 편지를 낭독하는 사람이 청중을 둘러보다가 깜짝 놀란 청중 한 명을 콕 집어 말하는 모습을 상상해 보라—더 이상 노예가 아니라 아들이고, 따라서 상속자다." 당신이 받은 성령의 은사가 이 사실을 보증한다.

이는 3:1-5의 요지를 이루는 요소 중 하나였으며, 이 절에서 다시 확증된다.

아브라함에게 주어진 원래 약속은 바로 "아들과 상속자"에 관한 물음에 대한 응답이었다. 누가 그의 상속자가 될 것인지에 대한 아브라함의 질문에 하나님은 엄청나게 큰 가족을 주시리라는 약속으로 답하셨다. 바울은 계속해서 이방인 예수 추종자들이 그 큰 가족의 일부라고 주장한다. 창세기 15장에 나오는 언약에는 그 가족이 이집트에 체류할 것이라는 경고가 들어 있었다. 그들이 구출된 사건은 그들이 정말 "하나님의 아들들"임을 보여주었다. 이것이 바로 복음 자체가 가진 역동성이다. 즉, 로마서 1:3-4의 정형구에서처럼, 예수의 부활이 예수가 언제나 하나님의 아들, 메시아였다고 선언한다는 것이다. 따라서 복음은 이 선언을 토대로 메시아에게 속한 모든 이들이 "의롭다"고 인정을 받아 언약의 일원, 하나님의 자녀, 아브라함의 씨라고 선언된다고 말하는 것이다.

바울은 왜 이 절 끝에 "하나님으로 말미암은"through God이라는 표현을 덧붙였을까? 어쩌면 단순히 편지의 도입부에 해당하는 1:3-5에서 자신이 언급한 내용을 강조하기 위해서였을 것이다. 즉, 메시아 예수가 행하신 메시아적 구출 작업은 "영광 받으실 하나님 우리 아버지의 뜻에 따라" 수행되었다는 것이다. 아마도 바울은 이미 일부 신자들 사이에서 예수가 하신 일을 강조하느라 예수에 의해 행해진 일들이 실은 하나님을 **통하여** 된 것이라는 사실을 격하하는 경향이 있음을 감지할 수 있었을 것이다. 말하자면 그 일들은 하나님의 주도와 하나님의 계획, 하나님의 섭리, 하나님이 그의 아들과 성령을 보내심, 그리고 유업을 온전히 얻기까지 하나님이 끝까지 돌보심을 통해 이루어진 것이다. 4:1-7의 전체적인 요점 중 하나는 아들과 성령 안에서 일어난 일은 (그것이 어떤 신이든) 먼 곳에서 바라만 보는 "하나님"이 "곁다리로" 행한 사건이 아니라는 것이다. 아들과 성령 안에서 일어난 일은 유일하신 하나님이 행동을 통해 직접적으로 친밀하게 자신을 계시하신 사건이다.

바울이 여기서 성령에 대해 말한 내용은 즉각 우리를 교부들이 여러 세기에 걸쳐 숙고했던 성령론의 가장 심오한 진리로 인도한다. 바울은 로마서 8장에서 이 주제를 더욱 명확하게 설명하는 반면, 갈라디아서에서는 축소판을 말한다. 솔로몬의 지혜서 9장과 마찬가지로 바울이 성령에 대해 말한 내용은 **성전 신학**, 아니 **새로운** 성전에 관한 신학이다. 성령은 3:1-5의 앞부분에서 말한 것과 같이 최종 유업에 대한 계약금으로 갑자기 주어졌다. 성령은 메시아의 백성을 약속의 땅, 곧 전적으로 새로운 창조("천국"이 아니다)로 인도한다. 이보다 더 높은 성령론은 없다. 새 출애굽에서 하나님의 백성의 마음 가운데 있는 성령은 [이스라엘 백성이] 광야를 전전할 시기의 성막 가운데 임재했던 하나님의 영광과 구름과 불기둥에 해당하는 것이며, 그것들의 궁극적인 성취다. 성막과 성전 모두가 새 창조를 보여주는 작은 작동 모델이 되도록 의도된 것처럼, 메시아의 백성 전체와 그 예상치 못한 새로운 가족의 구성원 각자도 그와 동일한 소명을 받는다. "하나님으로 말미암은 상속자"라는 표현은 바로 이러한 내용을 뜻한다. 즉, 하나님이 "만유 안에 만유"고전 15:28가 되실 때 이루어질 궁극적 실재의 이정표이자 진정한 맛보기이다. 갈라디아인들이 이 점을 깨닫기만 한다면 경쟁적 교사들의 가르침에 매력을 느끼지 않을 것임을 바울은 알고 있었다.

4:8-11 다시 노예가 되지 말라!

4:1-7이 새로운 형태의 출애굽 이야기라는 점을 깨닫고 나면 4:8-11의

주장을 제대로 이해할 수 있다. 바울은 갈라디아의 예수 추종자들을 끊임없이 이집트로 돌아가고자 하는 유혹을 받았던 이스라엘인들(노예 생활이 자유보다 덜 부담스럽다!)과 같은 처지에 놓고 설명한다. 갈라디아서에서 제시된 다른 힌트들과 동일한 요지를 담고 있다. 즉, 토라를 받아들이는 것은 노예 상태로 돌아감을 의미한다는 것이다(2:4 및 5:1과 비교하라. 2:4은 거짓 가족 구성원들이 "우리를 노예로 삼으"려고 했다고 말하며, 5:1은 그들이 "노예살이의 멍에를 질" 위험이 있다고 말한다.) 로마서 14장에서 바울이 다양한 유대 관습들을—주로 먹는 것이나 마시는 것, 또는 어떤 날을 특별한 날로 지키는 것과 관련된 관습들을—'아디아포라', adiaphora 곧 논쟁을 일으키거나 공동체를 분열하게 만들 만한 사안이 아닌 것들이라고 주장한 것은 사실이다. 하지만 비유대인에게 할례를 꼭 필요한 이름표로 받아들이도록 요구하는 것은 하나님의 백성을 정의하는 핵심 내용에 유대인/이방인의 구분을 다시 각인한다는 의미일 것이다. 이는 하나님이 메시아 안에서 자신의 구원 계획을 실제로 성취하셨다는 사실을 부인하는 것이다. 모든 사람을 "현재의 악한 세대" 가운데 내버려둔다는 의미다.

이러한 갈라디아인들은 사실 이집트로 돌아가고 싶어 했던 이스라엘 백성보다는, 이집트에서 탈출했다는 사실을 아예 부인하는 이스라엘 백성과 같다고 할 수 있다. 이로 인한 최악의 상황은 참 하나님을 떠나 우상으로 돌아서는 일이다. 여기서도 다시 바울은 토라를 "거짓 신들" 가운데 하나라고 말하지 않는다. 하지만 바울은 여기서 그가 로마서 7:7, 13에서 율법이 죄가 아니라고 강조해야 했던 이유를 이해하는 데 포괄적인 수준에서는 충분히 도움이 되는 말을 한다. 토라를 지키는 데 실패한 이들을 향해 토라는 포로의 저주를 선언함으로써 그들을 죄의 감옥^{갈 3:22}에 가두고, 신이 아닌 것들의 지배 아래 가둔다. 복음은 그러한 감옥에서 그들을 해방시킨다.

그러므로 이 짧은 단락은 4:1-7의 논증을 참신한 용어로 다시 기술한 것으로써, 8절은 4:1-3(여러분은 우상의 노예로 살았다)을 요약하고, 9a절은 4:4-7을 요약한다(이제 여러분은 하나님을 압니다. 아니 그보다는, 하나님이 여러분을 아십니다). 그러고는 9b절에서 날카로운 질문이 제기된다. 왜 노예 상태로 되돌아간다는 말인가? 10절은 이러한 비판의 근거로 갈라디아인들이 이미 분명히 날과 달과 절기와 해를 지키고 있다는 사실을 제시한다. 11절은 12절부터 20절에 걸쳐 나오는 매우 개인적이고 수사적 호소를 담은 내용이 등장할 배경을 마련하며, 바울의 마음 상태를 드러낸다. 그는 시간 낭비를 하고 있었나?

4:8-9a 따라서 이 절들은 4:1-3 및 4:4-7의 "그때는 그랬지만……지금은……"이라는 논증을 새롭게 표현하며, 이미 3:23-24에서 3:25-29으로 내용이 전환하는 것과 동일하게 내용의 전환이 나타난다. 사실 이 단락에는 3:10-12에서 3:13-14로의 전환도 얼핏 보이고, 1:13-14에서 1:15-17으로 넘어가는 바울의 개인적 상황의 전환도 보인다. 그런데 이 단락에서 "이전" 상황에 대한 서술은 유대인의 전형적인 이교도 비난의 내용과 일치한다. 첫째, 그들은 "하나님을 모른다." 다시 말해, 그들은 자신들이 예배하는 여러 대상을 신을 지칭하는 용어로 부르기는 하지만 유일하신 참 하나님에 대한 제대로 된 지식을 가지고 있지 않다.[34] 둘째, 그들은 우상에게 노예로 사로잡혀 있다. 여기에 역설이 생긴다. 우상이 실존하지 않는다면(즉, "제우스", "아테네", "포세이돈"과 같은 이름에 해당하는 존재가 실제로는 없다면), 어떻게 그것들이 사람을 "노예로 삼을" 수 있는 걸까? 이에 대한 바울의 대답은 유대인의 전형적 사고를 드러

---

34   엡 2:12b을 보라.

낸다. 하나님은 오직 한분이시므로 제우스나 포세이돈 같은 것들이 **실제적인 신**으로 존재하는 것은 아니라는 것이다. 사실 이러한 것들은 "본성으로"physei, 곧 그 실체 자체로 신이 아니다. 현대인들이 "힘/권세"forces라고 부르는 것에 더 가깝다. 현대 세계에서 "경제적 압력", "시장", "국지적 권력 관계의 실체", 심지어 "시스템"이라는 용어를 말할 때 개별적 인간을 넘어서는 힘(suprahuman forces, 어떤 개인이나 위원회도 이런 것들이 수행하는 기능을 좌우지할 수 없다)을, 다시 말해 사람들에게 무엇을 해야 하고 해서는 안 되는지, 심지어 무엇을 생각해야 하는지에 대해 지시하는 힘을 인정하는 것이다. 갈라디아인들은 바울이 무엇을 말하는 지 알았을 것이다. 갈라디아인들은 어떤 신이나 여신이 인간의 삶의 모든 영역을 지배하고, 신과 올바른 관계에 있지 못한 사람들에게 재앙을 내리는 세상에서 살았다. 여러 다른 신들이 원하는 바가 무엇인지 정확히 구분하기는 어려웠지만 말이다.

바울은 9절에서 "하지만 이제는"이라는 그 유명한 '뉜 데'nyn de 선언을 하며, "지금은 여러분이 하나님을 알게 되었는데, 아니 그보다는 하나님이 아신 존재가 되었는데"라고 말한다. 여기서 첫 번째 동사는 "하나님을 아는"knowing God이라는 현재 분사다. 이는 바울이 쓴 모든 문장 중에서 가장 중대한 표현에 속한다. "하나님을 앎"은 각기 다른 문화에 사는 각기 다른 많은 민족의 열망과 갈망의 핵심에 자리잡고 있다. 바울은 갈라디아인들이 "하나님을 앎"에 다다르게 된 것은 신비적인 행습이나 오랜 금욕적인 훈련, 혹은 어렵고 복잡한 경전 연구를 통해서가 아니라, 유일하신 하나님이 그들을 "아셨"기 때문이라고 말한다. 이 재빠른 정정("아니 그보다는 하나님이 아신 존재가 되었는데")은 본질적인 내용 전체를 압축적으로 표현한다. 고린도전서 8:2-3도 이와 유사한 요지를 말한다. "만일 누구든지 무엇을 '안다'고 생각하면 아직 알아야 하는 대로

'아는' 것이 아닙니다. 하지만 누구든지 하나님을 사랑하면 하나님이 그 사람을 '알아주십니다.'" 다시 말해, 하나님이 주도권을 가지고 계시지만, 그 주도권은 바로 예수의 복음으로 구성되어 있으며 성령의 능력을 통해 역사한다. 하나님의 적극적인 "앎"knowing을 이야기한다는 것은, 주권적이고 지혜로운 만물의 질서 유지와 친밀하고 인격적인 인식의 결합을 이야기하는 것으로, 그 결과는 풍성한 상호 관계가 될 수도 있고, 한 편 만의 노력에 그칠 수도 있다.[35] 어떤 식으로 되든 상관없이, 바울은 이제 갈라디아의 예수 추종자들이 메시아의 복음을 믿고 성령의 현존과 능력을 앎으로써 그들은 하나님이 주도적으로 그들을 찾아 알아내셨다는 의미로 자신들을 "아신다"라고 진정으로 말할 수 있으며, 그들도 이제 직접적으로 참되게 하나님 자신을 "안다"고 말할 수 있게 되었다고 확언한다. 복음 자체의 의미에 대한 바울의 주장은 그토록 극적이어서, 이사야의 표현을 인용하자면, 유일하신 참 하나님이 예수와 성령에 관한 그 새 출애굽 사건을 통해 모든 민족이 보는 앞에서 그의 거룩한 팔을 드러내신 것이다.[36]

4:9b 결과는 즉각적으로 나타난다. 둘 중 하나의 신을 섬기게 된다. 아들을 보내시고 그 아들의 영을 보내신 하나님을 섬기든가 그렇지 않으면 이방 세계의 신이 아닌 존재를 섬긴다. 즉, 삼위일체, 또는 이교 사이의 선택 문제이다. 그 중간은 없다. 그렇기 때문에 "여러분은 어떻게 다시 되돌아갈 수 있단 말입니까?"라는 비판적인 도전이 제기된다. "여러분은 정말 이집트의 노예살이로 돌아가고 싶단 말입니까?" 어떻게 다시 우상숭배로 돌아갈 수 있단 말입니까? 앞서 바울이 언급한 "기초 요소"

---

35 가령 하나님이 아브라함을 "아셨다"고 말씀하는 창 18:19과 호 5:3; 13:5 (칠십인역은 "먹였다"라고 밋밋하게 번역했다), 암3:2을 보라. 예언자를 부르실 때 사용된 예는 렘1:5을 보라.
36 사 52:10.

의 미묘한 뜻이 여기서 온전히 효과를 드러낸다(앞에서 내가 제시한 논증을 전제로 해서). 토라를 받아들이는 것은 신명기 27-29장이 말한 저주의 시대로 되돌아가는 것, "나무와 돌로 된 신들"의 노예로 사는 시대로 되돌아가는 것을 의미한다. 토라 자체는 그런 신들 중 하나가 아니지만, 할례를 받아 토라를 받아들이는 것은 위대한 갱신이 일어나지 않았다고 선언하는 것이며, 여전히 "현재의 악한 세대"에 살고 있고 여전히 토라의 저주 아래 있다고 선언하는 것이다. 그리고 토라의 저주에 따라 이교 "권세"의 통치를 받을 것이다.

갈라디아서는 이를 다양한 측면으로 표현한다. 신학적, 목회적 차원에서는 갈라디아인들이 보장받은 지위, 곧 아브라함의 가족의 일원이며 따라서 하나님의 궁극적인 왕국의 "상속자"[5:21]라는 지위가 불확실해질 것임을 의미한다. 실천적이고 지역적 삶의 차원에서는 갈라디아인들이 지역 회당의 치리 아래 놓일 것임(바울은 이 자체를 노예 생활의 한 형태로 보았다)을 의미한다. 사회적, 정치적 차원에서는 그들이 로마의 통치를 받아들여야 한다는 의미로, 그렇게 하면 "유대인 면제" 규칙 아래로 피할 수는 있겠지만, 그럼으로써 로마 황제를 궁극적인 주님으로 인정하는 것이 된다.

그러므로 바울의 분석은 2천 년이 지난 시대에 사는 우리에게 여전히 동떨어져 보이는 두 가지를 연결하고 있다고 할 수 있다. '스토이케이아'*stoicheia*—흙, 물, 공기, 불, 그리고 아마도 하늘의 빛과 빛나는 천체—는 하나님의 선한 창조물의 일부이지만, 예배의 대상이 되면 인간을 비참하게 만드는 우상이 된다. 또한 바울은 토라가 갈라디아 신자들을 이교도로 살던 삶으로 곧장 되돌아가게 할 것이라고 말한다. 그는 말한다. "여러분은 예전에 그런 삶을 살았던 것이니 다시는 그 삶으로 돌아가지 마십시오."[37]

4:10 달력 준수, 곧 특별한 날, 월, 계절 및 연도를 지키는 것은 이러한 퇴행을 보여주는 표시다. 솔로몬의 지혜서는 하나님을 창조주로 믿는 유대인의 유일신론이 창조된 질서와 조화를 이룬다는 사실을 즐기며 이러한 내용을 말한다. 그러나 갈라디아서 말미에서 말하듯 바울에게 중요한 것은 새 창조다. 유대인의 축제 같은 오래된 관행 준수―아마 그는 이교 제의, 특히 황제 제의와 관련된 달력 준수를 암시하고 있는 것 같다―에 끌리면 안 된다.[38] 새로운 창조의 최첨단에 있는 사람이 왜 과거로 돌아가려 하는가?

4:11 그래서 또 다시 바울은 그의 끊임없는 두려움을 드러낸다. 그의 일이 헛되게 된 것은 아닐까? 헛된 수고를 한 것일까? 바울은 이사야서 49:4의 "종"의 노래를 반향한다(그는 곳곳에서 이사야서 "종의 노래"를 암시한다).[39] 이는 3:1-4:11 전체에 대한 자연스러운 수사학적 결론을 맺고, 4:12-20―이 단락에서 바울은 차근차근 전개하는 논리적 논증 대신 개인적인 호소를 시작한다―로 용이하게 전환하는 역할을 한다.

결론

이 촘촘하면서도 까다로운 구석이 많은 단락―40여 년 간 때때로 나의 핵심적 연구 주제였다―에서 특히 세 가지 사항이 주목할 만하다.

---

37 "되돌아감"이라는 주제 전체를 다룬 연구로는 N. Martin, *Regression in Galatians: Paul and the Gentile Response to Jewish Law* (Tübingen: Mohr, 2020)을 보라.

38 J. K. Hardin, *Galatians and the Imperial Cult* (Tübingen: Mohr Siebeck, 2008)을 보라. 특히 5장.

39 예를 들어 갈 2:2과 3:4. 그리고 고전 15:2, 58과 빌 2:16, 살전 3:5.

첫째, 유대 율법에 대한 바울의 미묘하고 복잡한 시각을 들 수 있다.[40] 그가 로마서에서 주장하듯이, 율법은 거룩하고 의롭고 선하다. 율법은 나쁜 것인데 이제 폐기되어 다행인 것이 아니라 하나님이 주신 선하고 좋은 것으로서, 한시적으로 특정한 목적을 위해 고안되었으며 이제 목적이 찬란하게 성취되었다. 그러나 바울의 관점에서 바라본 이스라엘의 내러티브 전체를 통해서만, 곧 세상의 질병을 치료하도록 부름을 받았지만 그들 자신도 똑같은 치명적 질병에 걸린 아브라함의 백성에 대한 바울의 이야기를 통해서만 그 목적을 이해할 수 있다. 이 이야기를 일단 파악하면 토라가 그 복잡다단한 이야기 안에서 어떤 역할을 했는지 알 수 있다.[41] 바울은 토라의 역할이 이제 끝났다고 강조한다. 그와 동시대 유대인들에게는 물론 일부 현대인에게 아무리 불편한 내용이더라도 말이다.

둘째, 갈라디아서 3장과 4장은 바울의 생각을 두 가지 또는 그 이상의 신학 유형—예를 들어 "법정적"forensic 측면과 "연합/합체적"incorporative 측면, 혹은 "묵시적" 측면과 "구속사적" 측면—으로 나누려는 그 어떠한 시도도 적절하지 않음을 보여준다. 로마서만 읽으면, 1-4장은 "법정적" 신학을, 5-8장은 "연합/합체적" 신학을, 그리고 아마도 9-11장은 "구속사적" 신학을 말한다고 생각할 수도 있다(사실 이것도 매우 오해의 소지가 있다). 하지만 갈라디아서에서는 그런 식으로 각기 다른 논증에서 구분된 신학이 나타나지 않는 것이 확실하다. 모든 것이 하나로 뭉쳐져 단일한 사고의 흐름으로 **뚜렷한 조화를 이루며 어우러진다.** 특별히 이 관점은 "선한 행위", 곧 인간의 도덕적 행동을 무조건 의심스러운 것으로 간주

---

40   더 자세한 논의는 *Paul and the Faithfulness of God*, 1032-37을 보라.
41   *Paul and the Faithfulness of God*, 7장과 10장을 보라.

하는 칭의 신학의 주장을 약화시킨다. 또한 이 점은 다행스럽게도 갈라디아서 5장과 6장에서 중요하게 다루어질 내용이다. 5장과 6장을 주석할 때 자세히 논하겠다.

셋째, 4장은 삼위일체 신학의 결정적인 시발점이다. 바울은 사람이 하나님을 알게 되었다고, 아니 그보다는 사람이 하나님이 아신 존재가 되었다고 말한다. 그는 참 하나님을 유대 지혜 전통에서 빌려와 발전시킨 용어를 동원해 아들을 보내신 분으로, 그리고 아들의 영을 보내시는 분으로 묘사했다. 이러한 하나님을 예배하는 것의 대척점에 우상숭배가 있다. 이는 고전적인 삼위일체 신학으로서, 간략하고 조밀하게 표현되었지만 온전한 내용을 담고 있다. 이는 새로운 모습의 유일신론이다. 즉, 아들을 보내시고 영을 보내시는 하나님이다. 이 하나님 외에는 '스토이케이아'*stoicheia*에게 되돌아가는 것만 남는다. 초기 예수 추종자들이 후대에 생겨난 교리의 내용 같은 것을 생각하지 않았다는 견해는 말도 안 되는 것이다. 삼위일체에 관한 내용이 초기 그리스도교 문헌에 모호하고 형태가 갖추어지지 않은 방식으로만 표현되었고, 교부 시대에 이르러서야 제대로 표현되었다는 생각은 말이 안 되는 것이다. 바울은 모든 면에서 아타나시우스나 카파도키아 교부들만큼이나 명료하게 말했다. 사실, 그는 그들보다 더 명료하게 말했다. 무엇보다도 바울은 1세기 유대인처럼 사고했다. "때가 찬 시점이 도래했을 때" 일어난 일이다.

다음 문단에서 말하듯이, 바울은 해산의 고통 가운데 있는 어머니의 심정으로 글을 썼다. "여러분 안에 메시아가 온전히 형성될 때까지."4:19 이 놀라운 이미지는 바울의 임무는 물론, 어떤 면에서는 우리의 임무도 요약해 말한다. 공동체 안에서 '크리스토스'*Christos*가 형성된다는 말은 유대인과 이방인, 노예와 자유인, 남성과 여성이 "메시아 예수 안에서 모두 하나"가 되는 친교의 시작과 성숙됨을 뜻하는 것이 분명해 보인다. 나는 오늘날 전 세계의 교회들이 스스로를 바울이 여기서 강조한 "아브라함의 자녀"라고 생각하고 있는지 의심스럽다. 마찬가지로, 오늘날 많은 교회가 바울이 이스라엘의 경전인 토라와 예언서와 성문서를 읽은 방식을 배웠는지 의심스럽다. 다시 말해, 하나님이 아브라함에게 주신, 세상을 치유하시겠다는 약속이 마침내 어떻게 성취되었는지를 말하는 단일한 이야기로서, 또한 한시적인 구체적 목적을 위해 선한 모세 율법이 어떻게 주어졌는지에 대한 두 단계로 이루어진 이야기로 이스라엘 경전을 읽는 법을 배웠는지 의심스럽다는 말이다. 오늘날 교회에서 벌어진 많은 논쟁은 청각 장애인 사이의 대화처럼 되었다. 한 편에서는 성경 전체가 모두 똑같은 하나님의 말씀이라고 주장하고, 다른 편에서는 이스라엘의 경전에서 우리가 좋아하지 않거나 이해하지 못하는 내용이 나올 때마다 다양한 형태의 마르키온주의를 수용한다. 복잡하지만 단일한 언약 내러티브에 대한 명확한 비전(비록 조밀하게 표현되었더라도!)에 뿌리를 둔 바울 자신의 해석학은 새로운 세대에게 겸손함과 희망을 가지고 성경을 신실하고 지혜롭게 읽을 수 있는 방법을 제시한다. 가장 이른 시기부터 최고의 신학자들은 이러한 성경 읽기를 자신들의 작업의 중추로 간주해 왔다.

갈라디아서 4:12-5:1

본문 사역

¹² 나처럼 되십시오! 왜냐하면 내가 나의 사랑하는 가족인 여러분처럼 되었으니까요. 이것이 내가 여러분에게 간곡하게 드리는 부탁입니다. 여러분은 나에게 아무런 잘못을 저지르지 않았습니다. ¹³ 절대로 그러지 않았습니다. 그리고 여러분이 알고 있듯이, 내가 여러분에게 처음으로 복음을 전하게 된 것은 내 육신의 약함 때문이었습니다. ¹⁴ 여러분은 내 상태가 여러분에게 시험이 될 만했는데도 나를 멸시하거나 경멸하지 않았습니다. 오히려 여러분은 나를 하나님의 천사와 같이, 메시아 예수와 같이 영접해 주었지요. ¹⁵ 그런데 여러분의 그 축복이 어떻게 되었나요? 나는 확실히 증언할 수 있습니다. 여러분은 할 수만 있었다면, 여러분의 눈을 빼서라도 내게 주었을 것입니다. ¹⁶ 그런데 내가 여러분에게 진실을 말하기 때문에 여러분의 원수가 되었습니까? ¹⁷ 저 다른 패거리가 여러분에게 열심을 내는데, 좋은 동기에서 그런 것은 아닙니다. 그들은 여러분을 떼어 놓아서 여러분이 그들을 열망하도록 하려는 것입니다. ¹⁸ 뭐, 좋은 동기로 열심을 내는 것은 늘 좋은 일입니다. 내가 여러분과 함께 있을 때만 좋은 것이 아니고요. ¹⁹ 나의 자녀 여러분, 나는 여러분 안에 메시아가 온전히 형성될 때까지 다시 해산의 고통을 겪는 것 같습니다. ²⁰ 지금 당장 여러분과 함께 있으며 어조를 바꾸어 말할 수 있으면 좋겠습니다. 나는 여러분 때문에 어떻게 해야 좋을지 당황하고 있습니다.

²¹ 자, 여러분은 율법 아래에서 살기를 바란다고요? 그렇지요? 그러면 한번 말해 보세요. 여러분은 율법이 말하는 것을 들을 준비가 되었습니까? ²² 성경이 말하기를, 아브라함에게는 두 아들이 있었는데, 한 사람은 어린 여자 노예에게서 태어났고, 한 사람은 노예가 아닌 자유민 여성에게서 태어났습니다. ²³ 어린 여자 노예의 아들은 육신을 따라 태어났고, 자유민 여성의 아들은 약속을 따라 태어났습니다.

²⁴ 이제 말하는 내용은 그림 언어로 받아들이세요. 그 두 여자는 두 가지 언약을 가리킵니다. 한 사람은 시내 산에서 와서 노예 자녀를 낳았습니다. 그 사람이 하갈입니다. ²⁵ (알다시피 시내는 아라비아에 있는 산입니다. 이는 이 그림 언어에서 지금의 예루살렘에 해당합니다. 지금의 예루살렘이 그녀의 자녀들과 함께 노예살이를 하고 있기 때문입니다.) ²⁶ 하지만 위에 있는 예루살렘은 자유롭습니다. 그녀는 우리의 어머니입니다.

²⁷ 성경이 말하기를,

즐거워하여라! 아이를 낳지 못해 아이가 없는 여인이여,

소리를 높여서 외쳐라! 산고를 겪지 않은 어린 여인이여,

불임 여인이 남편을 둔 여인보다 더 많은 자녀를 둘 것이다!

²⁸ 이제 나의 가족인 여러분은 이삭 가계에 있는 약속의 자녀들입니다. ²⁹ 그러나 지금의 상황이 예전의 상황과 같습니다. 육신을 따라 난 사람이 영을 따라 난 사람을 박해했습니다. ³⁰ 그런데 성경은 무엇이라고 말합니까? "어린 여자 노예와 그 아들을 내쫓으라! 어린 여자 노예의 아들이 자유인의 아들과 함께 유산을 얻지 못할 테니까 말이다." ³¹ 그러니 나의 가족이여, 우리는 어린 여자 노예의 자녀가 아니라 자유인의 자녀입니다.

⁵:¹ 메시아는 우리가 자유를 누리도록 우리를 자유케 하셨습니다! 그러니 굳게 서서 노예의 사슬에 여러분 스스로를 매이게 두지 마십시오.

서론

갈라디아서 4:12-5:1에는 서로 완전히 다른 두 단락이 이어 나온다.[1] 이 서로 다른 두 단락을 함께 보는 것이 중요하다. 우리 눈에 아무리 다르게 보일지라도, 바울은 4:12-20을 4:21-5:1의 적절한 도입부가 되도록 의도한 것이 분명하기 때문이다.

4:12-20 단락은 일련의 속사포 같은 명령, 지적, 질문, 논박이 포함된 비판 등으로 구성되어 있다. 이와 대조적으로 4:21-5:1은 아브라함의 가족에 관한 또 다른 논증(3장의 논증과는 상당히 다른 성격을 지녔다)이다. 그러고는 보통 단순히 "윤리"라고 부르는 부분으로 주제를 다시 확장하기 전에 5:2-12의 더 속사포 같은 논박이 포함된 문장들로 이어진다. 앞으로 보겠지만, 5:13-25을 "윤리"라고 명명하는 것은 바울이 그 본문에서 하고 있는 작업을 제대로 나타내지 못하며, 갈라디아서의 전체 논증에서 5:13-25이 무슨 역할을 하는지를 제대로 알지 못하는 것이다.

하지만, 3:1-4:11에 대한 나의 주석이 맞다면, 본문이 4:11에서 5:2로 곧바로 이어질 수 있다고, 또는 실제로 4:20에서 5:2로 곧장 이어진다고 볼 수도 있을 것이다. 그렇다면(바울 서신을 읽을 때 자주 하게 되는 질문이다) 왜 여기서 바울은 서로 매우 다르면서도 (곧 보게 되겠지만) 근본적인 의도에서는 서로 아주 가까운 두 단락을 썼을까? 그는 갈라디아인들이 무엇을 생각하고, 무엇을 믿기를 원했는가? 특히 그들이 무슨 **행동을 하기**를 바랐을까?

실은 갈라디아서에서 바울이 갑자기 구체적인 명령을 내리기 시작하

---

1 나는 대개 5:1을 4:21-31 실질적인 "종결부"로 여긴다. 실질적으로는 주해에 큰 차이가 없더라도 말이다.

는 부분이 이 본문이다. 4:12의 명령("나처럼 되십시오")이 이 편지에서 처음으로 나오는 직접적 명령이다. 두 번째 명령은 (4:21의 수사학적 명령인 "한번 말해 보세요"를 제외하고) 4:30에서 인용한 창세기 21:10이다. "어린 여자 노예와 그 아들을 내쫓으라."*ekbale tēn paidiskēn kai ton huion autēs* 그 뒤에 5:1b의 명령이 이어진다. "그러니 굳게 서서 노예의 사슬에 여러분 스스로를 매이게 두지 마십시오."*stēkete oun kai mē palin zygō douleias enechesthe* 5장에 더 많은 명령이 나오지만, 기나긴 논증 뒤에 나오는 4:12-5:1의 이 명령들은 지연된 수사적 절정으로서의 무게를 오롯이 전달해 내야 한다. 바울은 지금까지 갈라디아인들에게 마땅히 **믿어야** 할 바를 아주 자세하게 말했다. 거짓 가르침을 받아들이지 말라고 경고했고, 갈라디아인들 자신이 어떤 신분에 있는지 고려해 보라고 도전했다.[1:6-10; 3:1-5; 4:8-11] 이제 마침내 바울은 갈라디아인들이 **해야 할 행동**에 대해서 말한다.

나는 이 단락이 갈라디아서의 진정한 강조점이라는 견해를 가지게 되었다. 이 본문이 절정부이다. 바울이 지금부터 말해야 하는 내용은 어렵게 보일 수밖에 없다. 그래서 그는 신중하게 준비하고, 다양한 각도에서 논증을 펴면서, 자신의 말이 아니라 성경 인용문을 택하여 마침내 논의를 시작할 수 있게 되었다. 여기에는 4:21이 보여주듯이 또 하나의 역설이 있다. 바울은 토라를 인용해서 토라에 복종해서는 안 된다고 주장하는 것이다. 3장의 논증 안에 이러한 고의적인 역설이 이미 들어 있었다. 바울은 그 논증에서 아주 냉정한 방식으로 아브라함 언약과 시내산 언약을 주의 깊게 구별한다. 어떤 의미에서 4:21-5:1은 단지 이를 끌어와 심화하고, 충격적 함의를 이끌어 낸다고 말할 수 있다. 바울은 3:1-4:11에서 메시아 신자들이 모두 참되고 단일한 아브라함의 가족의 구성원이라고 주장했다. 마침내 4:21-5:1에서 그는 자신의 복음과 반대되는 가르침을 펴는 사람들을 공동체에서 추방시켜야 한다고 주장한다. 내가 보기에 이것이 앞에서 선언한 "아나테마"*anathema, 1:8-9*의 광범위한 의미인 것 같다. 그러므로 지금까지 전개된 바울의 논증은 이 본문을 향하고 있던 것이다. 이전에 나는 3:1-4:11을 바울 논증의 진정한 핵심으로 보려고 했으며, 사라와 하갈에 대한 (우리에게는 다소 이상하게 들리는) "알레고리"를 특이하며 귀찮고 성가신, 제거해도 무방한 부가 요소로 보려고 했었다.[2] 하지만 지금은 이 단락이 진정한 절정부라고 간주하고 싶으며, "알레고리"가 아주 기이하게 보이는 이유 중 하나는 말해야만 하는 어려운 내용을 전하기 위해 바울이 평소보다 훨씬 복잡하고 조밀하며 매우 개인적인 논증을 여기에 집결시키기 때문이라고 보려 한다.

그래서 나는 이 두 단락4:12-20과 4:21-5:1이 두 가지 일을 동시에 수행하려고 한다는 점에서 공통점이 있다고 제안한다. 첫째, 두 단락 모두 우정이라는 친밀한 관계로 갈라디아인들과 바울을 묶으려고 한다. 둘째, 두 단락 모두 경쟁 교사들이 교활하고 분열을 조장하는 음모를 꾸미는 자들임을 폭로하는 데 중점을 두며, 예수 추종자들로 구성된 갈라디아 공동체가 그들에게 저항할 뿐만 아니라 실제로 그들을 추방해야 한다는 바울의 주장을 담고 있다. 그러므로 4:12-20에서 갑자기 어조와 속도가 변화하는 이유에 대해서는, 바울이 이 상황에 필요해서 내리는 자신의 명령이 얼마나 날카롭고 타협의 여지가 없는 것으로 보일런지 잘 알고 있었기 때문이라는 설명이 가장 좋다. 그는 폭탄을 떨어뜨리기 전에

---

[2] Burton, *A Critical and Exegetical Commentary*, 251를 보라. "[이 단락은] 보조적인 논증이며……나중에 생각해 덧붙인 것임이 분명해 보인다." 바렛C. K. Barrett은 바울의 적대자들이 아브라함, 사라, 하갈 이야기를 그들의 논증에 사용했기 때문에 바울이 이 단락을 쓰게 되었다고 주장했다. "The Allegory of Abraham, Sarah and Hagar in the Argument of Galatians," in *Rechtfertigung: Festschrift für Ernst Käsemann zum 70. Geburtstag*, ed. J. Friedrich, W. Pöhlmann, and P. Stuhlmacher (Tübingen: Mohr, 1976).

갈라디아인들을 자기 편으로 만들기 위해 가능한 모든 수단을 사용했던 것이다.

한 가지 특별한 성찰이 이런 나의 견해를 뒷받침해 준다. 바울은 몇몇 핵심 본문에서 히브리어 성경의 토라, 예언서, 성문서를 각각 넌지시 언급하는 유대인의 저술 방법(반드시 토라, 예언서, 성문서의 순서를 따르는 것은 아니다)을 사용한다. 예를 들어, 그는 절정부에 해당하는 로마서 8:31-39에서 아브라함이 이삭을 바친 이야기를 암시하고 이어서 이사야서의 세 번째 "종의 노래"를 암시하며 다음으로 시편 44편을 명시적으로 인용한다. 마찬가지로 절정부라 할 수 있는 로마서 15:7-13에서 바울은 두 개의 시편 구절과 신명기 32장 본문을 명시적으로 인용한 다음 이사야서 11:10을 명시적으로 인용한다. 나는 바울이 갈라디아서 4:21-5:1에서도 이처럼 토라, 예언서, 성문서를 인용하고 또 암시한다고 주장한다. 창세기와 이사야서 54장을 언급하면서 동시에 4:26에서 시편 87편(칠십인역 86편)을 암시한다. 바울은 풍부한 성경 인용과 암시를 통해 문단을 구성함으로써 적실하면서도 역설적인 방식으로 이 논쟁적인 편지를 절정부에 이르게 하려고 한 것으로 보인다. 적실하다고 한 이유는, 바울이 자신의 메시아 선교를 이스라엘 경전의 성취라고 굳게 믿었기 때문이다. 역설적이라고 한 이유는, 바울이 토라를 강요하려는 이들에 반대하는 주장을 하기 위해 토라에 호소하기 때문이다.

4:12-20 진정한 친구와 거짓 친구

4:12-20의 복잡다단함은 17절에 분명하게 나오는 바울과 경쟁 교사의 대조, 곧 바울을 진정한 친구로, 경쟁 교사를 거짓 친구로 대조하는 것

으로 가장 잘 설명된다. 바울은 널리 알려진 수사적 전략을 변형해 사용하면서 다양한 각도에서 자기를 "진정한 친구"로 표현하고, 그의 경쟁자들이 갈라디아인들에게 한 일을 "거짓 우정"의 표현이라고 말한다. 경쟁 교사들은 사실상 베드로와 다른 유대 신자들이 안디옥의 이방인 신자들에게 했던 일을 갈라디아인들에게 그대로 하고 있다. 할례를 받으라고 설득하기 위해서 그들을 핵심 집단에서 배제했던 것이다. 17절에서 경쟁 교사들은 단순한 3인칭 복수형 문장—'젤루신 휘마스,' *zēlousin hymas* 직역하면 "그들은 여러분에게 열심을 냅니다"—으로 소개된다. 이 절의 "그들"이 누군인지는 따로 설명할 필요가 없었다. 왜냐하면 바울의 청중은 바울이 누구에 대해 말하는지 아주 잘 알고 있었기 때문이다. 놀랍게도 1:7부터 지금까지 (80절이 넘는 본문에 걸쳐) 경쟁 교사를 명시적으로 언급하지 않았다.³ 이러한 점은 3:1-4:11의 위대한 논증조차 단지 여기서 제기되는 직접적인 요지를 위한 신학적, 주해적 기초를 놓는 작업에 불과하다는 나의 견해를 뒷받침해 준다.

4:12-20도 3:1-4:11과 같은 방식으로 작용한다. 17절에서 바울이 경쟁 교사들을 비난하기 전에, 12-16절은 "우정"의 기초를 놓는 작업을 한다. 그리고 17절은 경쟁 교사들의 잘못된 "열심"과 "갈라디아인들을 떼어 놓기" 원하는 바람을 비난하며 근본적인 문제가 무엇인지 말하고, 4:30에서 그 대답을 말한다. 그들은 추방되어야 할 사람들이다.

4:12-16 바울이 12-16절에서 "우정"에 대한 고대 철학자들의 논의 중 잘 알려진 몇몇 주제를 넌지시 언급하고 있다고 보는 것이 최근 학계의 일반적 견해다. 12a절은 친구끼리는 모든 면에서 서로 닮는다는 주제를, 12b절은 친구는 비난하지 않는다는 주제를 (하지만 16절을 참조하라)

---

3   "어지럽히는 자"에 대해서는 행 15:24을 보라.

언급한다. 13-14절은 갈라디아인들이 바울의 상태에도 불구하고 그를 환영했다는 이야기를, 15절은 갈라디아인들이 바울을 위해 자기들의 눈을 줄 수도 있었을 것이라고 이야기한다(나는 대부분의 학자와 마찬가지로, 이 말을 잘 알려진 은유적 표현이라고 본다. 바울이 문자 그대로 눈 질환으로 고생했다는 언급이 아니다). 16절에서 바울은 진실을 말하는데, 진실을 말하는 것은 친구 사이에 마땅히 해야 할 일이다. 이 모든 내용은 그리스-로마 문화에서 오랜 우정과 우정에 따르는 의무에 호소하는 다양한 방식과 결을 같이 한다. 하지만 그것이 다는 아니다. 바울 서신에서 흔히 볼 수 있듯이, 외형은 철학적 가르침을 반영하는 헬레니즘적 모습이지만, 내적 본질은 성경과 그 당시의 성경 해석을 반영한다는 점에서 유대적이다.

4:12a 그런데 바울은 먼저 자기 자신이 "토라에 대해 죽었다"라는 문제로 되돌아가는 것으로 보인다. 갈라디아인들에게 자신과 마찬가지로 새로운 공동체의 일원이 된 것을 기뻐하라고 초대하는데, 바울 자신의 경우 그것은 "조상의 전통에 열심이던"1:14 과거의 삶을 버리는 것을 의미했다. "나처럼 되십시오! 왜냐하면 내가 여러분처럼 되었으니까요."[4] 바울이 갈라디아인들에게 자신을 모방하라고 호소하는 것은, 아마도 빌립보서 3:17과 마찬가지로, 그리스도의 모습을 따른 Christomorphic 자신의 **특권 포기**를 본받으라는 말로, 그가 포기한 특권에는 유대인의 지위라는 특권도 포함된다. 빌립보 교회 청중은 (대부분) 유대인이 아니었다. 바울은 빌립보 신자들에게 메시아의 십자가를 담아 낸 삶messiah's cruciformity이 그들의 정체성 빚어내기를 받아들임으로써 자신을 본받으라고 요구했던 것이 분명하다. 이는 "메시아와 함께 십자가 처형을 당한"

---

[4] 이러한 내용은 고전 4:16과 11:1, 빌3:17과 4:9, 살전 1:6과 2:14, 살후 3:7, 9도 보라.

결과로 더 이상 토라 아래에서 의로운 지위를 유지하거나 토라를 이용해 의로운 지위를 얻으려 하지 않는다고 말하는 갈라디아서 2:19-21과 내용상 매우 가깝다. 또한 고린도인들에게 특권을 포기하는 본보기로 자기가 유대인을 얻기 위해 유대인이 되는 것(그리고 율법 밖에 있는 이들을 얻기 위해 율법 밖에 있는 자가 되는 것)에 대해 말하는 고린도전서 9:20-21과도 매우 가깝다. 이 모든 역설에 대한 답은 분명하다. 바로 갈라디아서 4:19의 "여러분 안에 메시아가 온전히 형성될 때까지"라는 표현이 의미하는 바가 그 답이다. 여기서 바울은 메시아의 죽음과 부활 안에서 하나님이 행하신 결정적인 행동을 통해 탄생했고 바로 그 메시아에 의해 빚어진, 메시아의 모습을 띤 새로운 공동체를 마음에 그리고 있는데, 사실 바울 자신이 그렇게 새롭게 탄생하고 빚어졌었다. 바울은 그렇게 되는 방식을 이미 2:19-20에서 이야기했다. 거기서는 그 방식이 특히 안디옥 사건의 베드로와 다른 유대 신자들, 곧 십자가에서 처형당한 메시아를 받아들여야 했던 유대인들에게 적용되었다. 이제—반복해 말하자면, 이것이 갈라디아서의 첫 번째 명령이다—비유대인 갈라디아인들도 같은 길을 따라야 한다.[5]

4:12b 그러면 바울은 왜 12b절에서 "여러분은 나에게 아무런 잘못을 저지르지 않았습니다"라고 말하는 것일까? 바울이 16절에서 자기가 갈라디아인들의 원수가 된 것 같다고 걱정하는 것처럼, 이 절에서 **그가 그들에게 잘못하지 않았다**고 말할 거라고 예상할 만하다. 아마도 여기서 바울의 말의 의미는 사도행전 28:18-20에서 그가 로마에 있는 유대인 장로들에게 말한 것(그는 그들을 고발하러 온 것이 아니다)과 비슷할 것이

---

5 Hays, *The Letter to the Galatians*, 293을 보라. 바울은 여기서 "토라를 지키는 관습을 거부하고 이방인처럼 살기로" 한 자신의 결정을 가리키고 있다. 비슷한 견해는 Schreiner, *Galatians*, 285를 보라.

다. 다시 말해, 바울은 **갈라디아인들**이 **자신에게** 잘못했다고 비난하는 것이 아니다. 물론 이어지는 바울의 말을 들으면서 갈라디아인들은, 결국 바울이 그들에게 비난에 가까운 말을 한다고 느끼겠지만 말이다.

4:13-14 그러고서 바울은 자기가 갈라디아에서 처음 복음 전파한 일을 회상한다. 그는 "육신의 약함 때문에" 갈라디아에서 처음 복음을 전파하게 되었다고 말한다. "육신의 약함"이 무슨 뜻인지를 두고 끝없는 이론들이 파생되었다. 어쩌면 여러 학자가 제안한대로, 바울은 원래 신속하게 발길을 옮기려고 했지만, 병이 나서 어쩔 수 없이 갈라디아에 머물게 되어 거기서 복음을 전했을 수 있다. 하지만 나는 바울이 갈라디아에 왔을 때 매질과 돌에 맞은 박해의 흔적을 지니고 있었을 것이라는 견해가 더 낫다고 본다.[6] 고대 세계에서는 몸이 심하게 손상된 사람이나 장애가 있는 사람들을 만났을 때 미신적 태도를 보였다(현대인들도 마찬가지다). 바울은 자신의 그러한 외모를 보면 많은 이가 "사악한 눈"evil-eye을 두려워했을 것임을 시사하는 것 같다. 고대인들은 침을 뱉는 행위 같은 액막이 행동apotropaic action으로 "사악한 눈"의 폐해를 막을 수 있다고 믿었다.[7] 바울은 갈라디아인들이 그런 행동을 하지 않았다고 말한다. 14절 오히려 그들은 바울을 천사처럼, 심지어 메시아처럼 기쁘게 맞아 주었다. (바울은 1:8에서 메시지를 전하는 천사의 존재 가능성을 언급했다.) 갈라디아인들이 바울을 메시아를 맞아들이는 것처럼 환영했다는 언급은 3:1에 대한 나의 해석을 지지해 준다. 바울이 갈라디아 공동체

---

6 특히 A. J. Goddard and S. A. Cummins, "Ill or Ill-Treated? Conflict and Persecution as the Context of Paul's Original Ministry in Galatia (Galatians 4.12-20)," *Journal for the Study of the New Testament* 52 (1993): 93-126을 보라. 바울이 질병(아마도 눈 질환)을 앓았을 것이라는 견해를 견지하는 학자들이 아직도 있다. 예를 들어, Moo, *Galatians*, 283.

7 DeSilva, *The Letter to the Galatians*, 380에 (우리에게는 낯설지만 바울의 시대에는 보편적이었던) 이 주제에 관한 흥미로운 자료가 풍부하게 담겨 있다.

들 가운데 도착했을 당시 그는 근래 받은 모든 핍박의 증거를 그들에게 보여주어서, 그가 십자가에서 처형당한 메시아에 대해 말할 때 갈라디아인들은 바울의 메시지를 그의 몸 상태를 통해 이해할 수 있었다.

4:15-16 그리고 갈라디아인들은 바울이 전한 메시지 때문에 그를 축복했다(15절에서 "여러분의 축복"은 능동적 의미로, **갈라디아인들이 바울에게 축복한 것**을 가리킨다). 하지만 [바울이 보기에] 지금은 이 "복"이 사라진 것 같다. 갈라디아인들이 처음 보인 반응은 바울을 위해서라면 어떤 일이라도 하겠다는 것이었다("자신의 눈을 뽑음"이라는 표현은 널리 쓰인 은유법이었다. 이는 우리가 좋아하는 사람이나 어떤 대의명분을 위해 "간이라도 빼주겠다"라고 말하는 것과 같다). 그들이 보인 태도가 그들 특유의 친절함에서 나온 것인지 아니면 복음에 대한 반응에서 나온 것인지는 명확히 알기 어렵다. 바울의 요지는 갈라디아인들과 자신 사이의 우정이 굳건히 잘 확립되어 있다는 것이다. 게다가 16절 바울은 좋은 친구로서 해야 할 일, 곧 진실을 말하는 일을 하고 있다(여기서 진실이란 단어는 2:5, 14와 5:7에서와 같이 특별히 "복음의 진리"를 뜻한다). 그래서 바울은 묻는다. 내가 왜 지금은 여러분의 원수로 보이게 되었단 말인가?

이 질문은 경쟁 교사들의 메시지와 그 메시지가 갈라디아 회중에게 미친 영향의 또 다른 측면을 보여준다. 바울이 1장과 2장에서 자신의 "부름 받음"과 그 여파를 길게 설명한 것을 보면, 경쟁 교사들이 바울을 무시하고 예루살렘 사도들의 권위에 호소하면서 바울이 전한 메시지가 진짜인지, 그리고 바른 출처를 가지고 있는지 의구심을 표했을 것이라고 추론할 수 있다. 이제 경쟁 교사들은 그들이 애초에 가르친 내용이나 그에 수반된 논박보다 더한 말을 한 것으로 보인다. 그들은 바울이 할례를 받을 필요가 없다고 강조함으로써 신자들의 안도감과 지위를 훼손하는 원수처럼 행동한다고 주장했다.

4:17a 16절의 "원수"라는 단어는 "친구"와 완전히 반대되는 용어로서, 충격을 주기 위해 사용되었다. 그렇게 함으로써 사전 준비에 해당하는 내용[4:12-16]을 요약하고, 4:21-31의 "두 가족"에 대한 냉철한 분석과 4:30의 엄숙한 명령의 바탕을 마련하는 4:12-20의 진정한 요지를 나타낸다. 그래서 바울은 17절에서 바울은 진정한 "원수"의 정체를 폭로하고 경쟁 교사들에 대해 이렇게 말한다. "저 다른 패거리"(갈라디아 공동체들이 너무 잘 알고 있었기 때문에 바울은 그들이 누구인지 구체적으로 말할 필요가 없었다)는 "여러분에게 열심을 내지만" 좋은 동기('우 칼로스,'^{ou} ^{kalōs} 그리스어 단어 '칼로스'^{kalos}는 일반적으로 "좋은"^{good}이라는 뜻을 나타내지만, '아가토스'^{agathos}라는 단어보다 좀 더 "고귀한, 훌륭한"이라는 뉘앙스를 가진다. 그러니까 경쟁 교사들은 좋지 않은 행동을 하며 도를 넘었다는 뜻이다)에서 그런 것이 아니다.

"그들은 열심을 낸다"라는 번역문은 그리스어 '젤루신'^{zēlousin}을 옮긴 말로서, 여기서 다시 한번 그리스어를 살펴보는 것이 중요하다. 그리스어 '젤로오'$^{zēloō,\ 열심이다}$는, 정치적인 의미에서든 연애에 관련된 의미에서든, 누군가에게 "구애하다, 아첨하다"라는 뜻을 나타낼 수 있었다. 하지만 바울이 속한 [유대] 세계에서 이 단어는 그가 1:14에서 말한 것처럼 특별한 의미를 가지고 있었다. 엄격한 토라 준수를 옹호하고 장려하는 "열심"이라는 의미다(바울이 예전에 지녔던, 그리고 그와 같은 사람들이 지녔던 열심 말이다). 예전에 바울은 마카비 가문과 엘리야를 거쳐 비느하스까지 거슬러 올라가는 전통에 서 있음을 자각하고 있었다. 바울의 말에 따르면 경쟁 교사들은 유대인들 중에 "열심을 내는 사람들"과 같은, 아니 그보다 더한 사람들이다. 다소의 사울 같은 일반적인 "열심을 내는 사람들"은 **유대인들**을 향해 율법을 따르라고 열심을 냈지만, 이 패거리는 **이방인들**도 율법에 따라야 한다고 열심을 냈다.[8] 하지만 그들의 동기는 6:12-13 말미의 극적인 문체를 통해 속속들이 파헤쳐지고 비판받는다. 바울은 그들이 실제로는 토라를 지키는 것 자체에 관심이 있지 않고 단지 "겉모양을 내기" 위해서 그런 일을 한다고 비난한다. "겉모양을 낸다"는 표현은 아마도 지역의 이교도들의 눈에 비친, 특히 정부 관리들의 눈에 비친 "정상적 유대 공동체"의 "모습"을 뜻하는 것 같다. 따라서 바울은 "열심"이 지닌 두 가지 의미, 곧 "열망" 및 누군가를 기쁘게 하거나 설득하려는 시도를 뜻하는 일반적 의미와, 타인에게 토라를 지키라고 열성을 내는 유대적 전문 용어의 의미를 모두 포함하는 "열심"이라는 단어를 사용하여, 경쟁 교사들이 잘못된 열심을 낸다고 비난한다. 바울이 다음 절에서 말하듯이, 올바른 열심과 올바른 열망을 가질 수 있다. 바울이 지금 갈라디아인들을 위해 하는 일이 바로 올바른 열심, 올바른 열망을 내는 것이다. 이 "열심"은 이전의 특정한 속성을 제거되고, 복음을 향해 방향이 전환된 "열심"이다.

4:17b 이 절은 바울의 경쟁자들이 한 일과 그 이유가 무엇인지를 가장 분명하게 보여준다. 바울은 경쟁 교사들이 "그들은 여러분을 떼어 놓아서 여러분이 그들을 열망하도록" 하려고 한다고 말한다. *hina autous zēloute* (바울은 여기서 똑같은 동사 '젤로오' *zēloō*를 일반적 의미로, 곧 누군가의 호감을 사려는 시도를 뜻하는 것으로 사용한다.) 이는 그가 2:14에서 베드로를 비난(이 비난은 2:15-21 내내 계속 울려 퍼진다)한 내용과 아주 닮았으므로, 여기서 바울이 경쟁자들을 비난한 내용이 무엇인지는 분명하다. 베드로는 겉보기에 "안전한 공간", 곧 할례받지 않은 신자들로부터 자신을 분리시켜 할례자들만으로 구성된 내부 집단으로 물러났다. 바울은 베

---

8   이 주장은 실제로 "열심당"이라고 알려진 집단이 이 시기에 존재했는지 여부와 상관없이 성립된다. *The New Testament and the People of God*, 170-81의 논의를 보라.

드로의 이 같은 행동이 의미하는 바를 직시했다. 베드로는 "이방인들을 유대인처럼 살라고 강요"했다. 다시 말해 베드로는 이방인 신자들을 내부 집단에서 배제시켜서 이방인 신자들이, 말하자면 칼을 직접 들고 와서 할례를 해달라고 하며 내부 집단에 들어가게 해달라고 사정하도록 만든 셈이다. 2:1-4에 언급된 예루살렘 방문 중에 어떤 이들이 디도에게 하려고 했던 일도 이와 마찬가지다. 바울이 6:12에서 결국 말하듯이, 이것이 바로 경쟁자들이 갈라디아에서 지금 하려고 하는 일이다.[9]

4:18 17절이 이 단락의 아주 부정적 요지를 담고 있는 반면, 18절에서 바울은 갑작스러운 논박적 논조에서 벗어나 우정이라는 주제로 논지를 돌리려고 열심히 준비한다. "어지럽히는 자들"agitators은 잘못된 방향으로 열심을 낸다. 그들과는 달리 바울은 올바른 열심, 곧 갈라디아인들이 제대로 잘 살기를 바라는 "열망"을 가지고 있다. 좋은 동기로en kalō 열심을 내는 것은 좋은kalos 일이다. 게다가 이 "열망", 곧 제대로 된 "열심"은 바울이 갈라디아인들과 함께 있었을 때와 마찬가지로 (갈라디아서를 구술하여 받아쓰게 하는 지금처럼) 그가 그들과 함께 있지 않을 때에도 적절한 것이며, 앞으로도 적절할 것이다. 고린도 서신 곳곳에서 보이는 어떤 곤혹스러움, 곧 육신으로는 부재하지만 영으로는 함께한다는 느낌을 여기서도 느낄 수 있다.[10] 이는 갈라디아서가 때로는 날카롭고 대립각을 세우는 것으로 보일지라도, 이 편지 자체가 바울과 갈라디아 신자들이 직접 만나는 가운데 만끽했던 "우정"과 똑같은, 열렬한 "우정"의 표현임을 강조하는 역할을 한다.

4:19 그런 다음 바울은 우정을 나타내는 표현에서 가족을 나타내는

---

9   de Boer, *Galatians: A Commentary*, 283도 이와 같은 옳은 주장을 한다.
10 고전 5:3 과 그와 유사한 단락들을 보라.

더욱 친밀한 표현으로, 특히 모성을 표현하는 언어로 방향을 바꾼다. (고전 4:15에서 그는 자신을 복음을 통해 교회를 낳은 아버지라고 말한다.) 여기에 앞으로 말할 내용에 대한 암시가 들어 있는 것으로 보인다. 예루살렘 지도자들에게 호소하는 이들은 거룩한 도성 예루살렘을 묘사하기 위해 "모성"을 표현하는 용어를 사용했을 것이고, 이에 대해 바울은 4:25-27에서 충격적인 내용을 언급하기 위한 바탕을 이 절에서 마련하고 있는 것으로 보인다.[11]

그런데 이 절에는 현재로서는 갈라디아 공동체가 사실은 태어나지 않았다는, 혹은 제대로 태어나지 않았다는 의미가 함축되어 있다. 그래서 바울은 수고로운 일을 완전히 다시 해야 한다. 사실 바울이 여기서 사용하는 이미지는 출산의 수고만을 나타내는 것이 아니라, 태아가 제대로 형성되고('모르포오오'*morphoō*는 이러한 의미를 제대로 표현한다)[12] 태어날 준비를 하는 임신 기간의 고통을 표현한다. 여기서 바울이 잘 "형성"되어 안전하고 건강하게 출산되기를 갈망하는 대상은 예수 신자들 개인만이 아니라, 정확하게는 메시아 자신의 흔적을 지닌, 곧 "여러분 안의 메시아"*Christos en hymin*[13]를 지닌 공동체이다. 2:20에서 바울 자신의 경우에 대해 말한 것처럼, 바울이 개별 예수 신자에 대해서도 이 같은 말을 할 수 있었던 것은 확실하다. 하지만 여기서 그가 보고자 하는 것은 분명 "유대인이나 헬라인도 없고, 노예나 자유인도 없고, "남성과 여성"이 없는" 전체 공동체다. 바울은 안디옥에서 그런 공동체를 보았으며(2:11-14에 묘사된 분열 시도에도 불구하고 말이다!), 이야말로 유일하게 중요한 것이라는 점을 안다. 이러한 공동체는 새로운 인간의 존재 방식

---

11   Gaventa, *Our Mother Saint Paul*을 보라.
12   가령 필론, *On the Special Laws* 3.117을 보라. BDAG (659)는 갈레노스를 인용한다.
13   골 1:27을 보라.

이 세상에 출현했음을 선언하면서, 이를 주변 문화에 웅변적으로 보여준다. 이는 십자가를 담은 삶, 아니 그보다는 십자가와 부활로 빚어진 삶으로서, 갈라디아인들은 그러한 삶 속에서 세례받고 메시아를 믿는 정체성을 유일한 신분으로 삼아 메시아 같이 될 것이다.4:12

따라서 바울은 소위 "메시아의 산고"라는 묵시적 이미지를 여기서 가장 깊이 있게 사용한다.14 메시아 **시대**에는 전체로서의 새로운 시대만 탄생하는 것이 아니다. 메시아 자신이 탄생한다. 메시아는 잘 빚어진, 확신에 넘치는, 유대인과 이방인으로 구성된 신실한 가족의 모습으로 나타날 것이다.

이렇게 놀랄 만한 관점으로 이 본문을 읽는 것은 특히 3장에 나온 합체적 그리스도론에 의해 뒷받침된다. 골로새서, 에베소서, 빌레몬서에서도 이 개념과 거의 유사한 내용을 표현한 구절들이 있다.

골로새서 1:27-28: 하나님의 의도는 다른 민족들 가운데 (나타난) 이 비밀이 담고 있는 영광이 얼마나 풍성한지를 그들에게 알리시는 것이었습니다. 그리고 바로 이것이 핵심입니다. 여러분 안에 영광의 소망으로 살아 계신 메시아 말입니다.

에베소서 4:13: 이것의 목표는 우리가 모두 우리의 믿음과 충성에, 그리고 하나님의 아들을 아는 일에 일치를 이루는 것입니다. 그러면 우리는 메시아의 충만함이라는 기준에 부합하도록 성숙한 수준에 도달할 것입니다.

---

14 오크스Oakes는 *Galatians*, 151에서 바울이 "묵시적" 개념을 생생하게 표현하는 것이 아니라 고통 가운데 새 생명이 나온다는 널리 알려진 은유를 사용하고 있다고 주장한다.

빌레몬서 6: 나는 이렇게 기도합니다. 그대의 믿음에서 나온 교제가 우리 가운데 역사하여 우리를 메시아께로 인도하는 모든 선한 것을 깨닫는 데에 강력한 효력을 발휘하길 말입니다.[15]

물론 이 구절들을 두고 많은 질문이 제기되었지만, 각각의 경우에 바울은 메시아 자신이 공동체와 통합된다고, 구체적으로는 전통적인 사회적, 문화적 구분의 경계를 가로지르는 일치 안에서 통합된다고 보는 것 같다. 위에 인용한 빌레몬서 구절은 특히 인상적이다. 바울은 주인 빌레몬과 노예 오네시모의 포옹을 통해 가정과 교회가 구체적으로 보이는 메시아의 실체의 충만함으로 인도되기를 기도한다.[16] 그러므로 여기서 바울이 말하는 요지는 3:27-29의 요지와 유사하다. "메시아 안에서 모두 하나가 된" 사람들은 그들 가운데 개별적으로 그리고 공동체적으로 살아 계신 메시아로 그들의 생명이 구성되어 있다는 사실을 깨달음으로 "바울과 같이 되어야" 한다. 또한 위에 인용한 골로새서 본문은 그리스도의 모습으로 교회가 형성되는 것이 하나님의 궁극적인 미래를 나타내는 표시라고 말한다. 즉, "영광의 소망", 만물이 메시아 안에서 하나가 되리라는 소망, 온 세상이 그분의 영광으로 가득 차기를 바라는 소망, 하나님이 "만유 안에 만유"가 되시리라는 소망을 품는 것이다.

4:20 이 단락의 결론에 대해 다음과 같은 역사적 질문을 제기할 수 있다. 바울은 그들을 보고 싶다고 말하면서("나는 지금 당장 여러분과 함께 있으면 좋겠습니다"), 왜 당장 그들에게 가지 않았을까? 가는 편이 더 쉽지 않았을까? 이 문제는 나중에 바울이 고린도 교회를 두고 겪을 난처

---

15 NTE/KNT에서 "왕"을 "메시아"로 바꾸어 인용했다. (그리스어 본문보다는 라이트의 영어 번역에 충실하게 옮겼다―옮긴이)

16 몬 6에 대한 논의는 *Paul and the Faithfulness of God*, 3-22을 보라.

함과 비슷한 부분이 있다. 바울은 언제 고린도에 방문할지, 방문한다면 어떤 일이 벌어질지에 대해 번민했다.[17] 위의 역사적 질문에 대한 답을 찾는 데 고린도 서신이 도움을 줄 수 있다. 적어도 일부 고린도 사람들과 바울의 사이가 틀어진 후에, 바울은 그가 방문할 때 모든 문제가 잘 해결되어 있게 하기 위해 사전 준비를 하는 데 많은 신경을 썼다. 갈라디아 신자들과 직접 만나면, 그는 더 살가운 어조("내 목소리 어조를 바꾸어")로 말할 것이다. 이는 그가 고린도에서 자기에 관해 사람들이 말한 것에 대해 응답한 내용을 떠올리게 한다.[18] 하지만 갈라디아서의 이 본문의 경우에는 추가적인 요소가 더 있다. 내가 가장 그럴듯하다고 보는 역사적 재구성에 따르면, 바울은 안디옥 교회가 그와 바나바를 야고보와 다른 지도자들에게 총괄적 문제를 제기하도록 예루살렘으로 보내기로 결정한 무렵(즉, "안디옥 사건"이 발생한 지 얼마 되지 않았을 때) 갈라디아 교회의 위기에 대한 소문을 접했다. 그래서 바울은 "모도시"mother city로 간주되는 곳에서 문제의 근원에 맞서면서 문제를 해결하기를 바랐다. 그러고 나서 그는 갈라디아를 다시 방문하여 자신에 대한 잘못된 정보를 바로잡고 복음을 충격적으로 왜곡시키는 경쟁 교사들의 행동을 좌절시키기를 희망했다. 하지만 당분간은 그런 순간을 꿈꾸기만 할 수밖에 없었다. 그는 당황했다.

나는 바울이 "당황스럽다"고 한 말은 **다음에 무엇을 해야 할지 몰라 어쩔 줄 몰랐다**기 보다는, **갈라디아인들이 어떻게 이 같은 상황에 이르게 되었는지**에 대해 당혹스러워했다는 의미라고 본다. 왜냐하면 다음 단락에서 바울의 모습은 "당황"과는 거리가 멀어 보이기 때문이다(그가 20절

---

17 특히 고후 1:15-2:4를 보라.
18 고후 12:19-13:4과 13:10.

과 21절 사이에 갑자기 마음을 바꾸었다고 가정하지 않는 한). 바울은 지금 일어나야 할 일이 무엇인지 정확히 알고 있고, 이를 조밀하지만 강력한 방식으로 표현하기로 했다. 나는 바울이 이 지점에 다다르도록 편지 전체를 신중하게 구성했다고 보는 입장에 가깝다. 바울은 갈라디아인들이 꾐에 빠진 것에 당혹스러워했지만,[3:1] 그들에게 무슨 말을 해야 할지 몰라 당황스러워하지는 않았다. 그런데 이 절에는 11절의 반향도 들어 있다. 마치 12-20절이 바울을 앞에서 말한 것과 똑같은 입장으로 되돌려 놓은 듯 말이다. 갈라디아인을 위한 그의 모든 수고가 헛되게 된 것은 아닌가?

이로써 이 편지에서 바울이 전개한 논증의 진정한 대단원이 담긴 단락에 이르게 되었다.

4:21-5:1 두 여인, 두 가족, 두 언약, 두 개의 산

바울은 21절에서 "여러분은 율법이 말하는 것을 들을 준비가 되었습니까?"라는 질문으로 논의를 시작한다. 하지만 30절에 이르기 전까지 그는 "율법이 말하는" 것이 무엇인지 명확하게 말하지 않는다. 30절에서 마침내 "율법이 말하는 것"이 무엇인지 알게 된다. "어린 여자 노예와 그 아들을 내쫓으라!" 갈라디아인들은 이 말씀을 들을 준비가 되었는가?

분명 많은 주석가들도 이 구절을 이해하기 어려웠을 것이다. 어떤 이들은 바울이 교회에서 **유대인**을 쫓아내라고 말한 것이라고 주장하곤 했다. 이는 정말 터무니없는 주장이다.[19] 바울 자신도 유대인이었고, 갈

---

19 예를 들어, K. H. Jobes, "Jerusalem, Our Mother: Metalepsis and Intertextuality in

라디아 공동체의 많은 이를 포함한 다른 많은 이들도 유대인이었다. 그래서 저 주장은 틀렸다. 바울이 지칭하는 사람들이 누구인지는 세 가지 방법(모호해 보이지만 궁극적으로는 명확한)으로 알 수 있다.

첫째, 그들은 시내산 언약을 아브라함 가족의 일원이 되는 데에 결정적인 것이라고 주장한다. 둘째, 그들은 바울을 무시하고 예루살렘 사도들의 권위에 호소한다. 25b절에 나오는 바울의 격렬한 비판은 분명히 이러한 점을 겨냥한다. 셋째, 그들은 진정한 신자들을 **박해하고** 물리적 폭력을 사용해 자신들의 입장을 따르도록 강요한다. (이 점은 바울이 그들끼리 서로 "물어뜯고 잡아먹는다"고 비판하는, 다소 특이한 5:15에서 반향되는 것 같다.) 이 세 가지 측면이 바울이 누구를 대상으로 삼고 있는지 식별하는 데 도움이 되는가?

여기서 우리는 너무나 익숙한 문제에 직면한다. 일부 바울 학자들은 "대체주의"(supersessionism, 그리스도교가 유대교를 대체했다는 주장—옮긴이)라는 비난에 개의치 않고 대체주의를 표명한 반면, 다른 학자들은 두려움 때문에 소위 "급진적 새 관점"radical new perspective을 옹호한다. "급진적 새 관점"은, 한 세대 전에 존 게이저John Gager와 로이드 가스톤Lloyd Gaston이 주장한 바에 따라, 바울이 예수에 대한 복음을 이방인들만을 위한 것으로 생각했고, 유대인은 살던 그대로 살아도 괜찮다고 생각했다고 주장한다. 정말 바울이 그런 견해를 가졌다면, 로마서 9장에서 눈물을 흘릴 필요도 없었을 테고, 로마서 10장의 기도를 할 필요도 없었을 것이다. 그러나 가능하다면 갈라디아서 본문 내에서 이 문제를 풀려고 노력해야 한다. 이러한 현대 이론(이방인은 그리스도인이 되어야 하고, 유대인은 원래 살던 대로 있어도 된다는 주장)은 바울을 배교자로 여길 수도 있는 (실제로

Galatians 4:21-31," *Westminster Theological Journal* 55 (1993): 301.

많은 이들이 그렇게 여겼다) 미심쩍은 현대 유대인 사상가들의 시각으로 바울을 재건하려는 시도이자, "유대인"은 "그리스도인"이 될 필요가 있다는 주장 일체를 인정하지 않으려는 시도다(내가 따옴표를 붙인 이유는 이러한 범주 안에서 사고하는 즉시 진짜 문제—나사렛 예수가 이스라엘의 메시아였는지, 그리고 이스라엘의 메시아인지 아닌지에 관한 문제—에서 멀어질 가능성이 높기 때문이다). 아마도 다른 이유로 오늘날 복음의 불편하고 직설적인 주장을 반대하고 싶어 하는 사람 중 일부도 이와 비슷한 입장을 취한다. 이 주석의 목적을 위해서는 이러한 주장들에 시간을 쏟아서 얻는 이득이 거의 없다.[20] 본 단락은 조밀하고 처음에는 모호해 보이는 것이 사실이지만, 그렇다고 해서 바울이 아브라함과 그의 가족에 대한 이야기를 재해석하며 말하는 가운데 두 여자, 두 언약, 두 개의 산, 그리고 두 가족을 극명하게 대조한다는 점이 가려지는 것은 아니다.

당연한 말이지만, 이 단락[4:21-5:1]은 역작이다. 바울은 창세기 16-21장에 대해 생각하고 있다. 그는 22절의 간결한 요약(아브라함은 두 여자에게서 두 아들을 얻었다)으로 시작하여 31절의 간결한 결론(우리는 자유로운 여자의 자녀이지 노예의 자녀가 아니다)으로 마무리한다. 하지만 바울은 청중을 22절에서 31절에 다다르는 데까지 복잡한 여정을 걷게 만든다. 마술사가 어려운 일(모자에서 비둘기 떼나 분홍색 토끼가 나오게 하기)을 해내기 위해서 간단한 일(손목 튕기기)을 하는 것을 생각해 보라. 바울은 마술사의 작업과 반대 순서로 논증을 진행한다. 그는 믿을 수 없을 만큼 복잡한 작업(23-30절의 논증)을 통해 아주 간단한 일(시작할 때 말한 요지를 다시 말하고 거기에 "우리"라는 단어를 추가)을 해낸다. 그리고 내가 이미 주장했듯이, 바로 그 복잡함으로부터 갈라디아서의 진정한 주

---

20 나는 *Paul and the Faithfulness of God*, 15장에서 몇몇 핵심적 이슈에 대해 논의했다.

제―노예로 되돌아가지 말라는 경고(5:1은 "이집트로 돌아가지 마시오"라는 내용의 4:8-11을 반향한다)뿐만 아니라, 지금도 예루살렘에 호소하며 자기들의 메시지를 강력하게 만들기 위해 폭력을 사용하는 사람들에 대한 비난과 고발―가 나타난다. 30절은 4:17과 1:8-9에 호응한다. **그들이야말로 "아나테마"**^{anathema, 저주}의 대상이다. 그들이야말로 "떼어 놓아야" 할 사람들이다. 바울은 갈라디아 교회가 그렇게 하기를 바란다.

당연하게도 일부 학자들은 이러한 해석에 동의하지 않는다. 어떤 이들은 단순히 정체성에 대한 진술("우리는 노예가 아니라 자유민이다")이 이 본문의 강조점이라고 본다.[21] 어떤 이들은 30절("그들을 쫓아내십시오")이 부정적 명령이며 단수형^{ekbale}인데 반해, 이 단락의 다른 명령들이 모두 긍정적 명령^{4:27, "기뻐하고 외쳐라"}이자 복수형^{5:1, "여러분은 굳게 서십시오"}으로 되어 있다는 점을 주로 근거로 들면서 30절이 진정한 강조점이라는 주장에 반대한다.[22] 이 주장은 아무리 좋게 말하더라도 억지스럽다고 할 수밖에 없다. 30절의 단수 동사 '에크발레'^{ekbale, 내쫓다}는 성경 인용문의 일부다. 이를 복수형 동사로 바꾸려면[23] 바울은 아주 이상한 문장을 만들 수밖에 없었을 것이다(그러면 사라가 마치 아브라함이 공개 회의인 것처럼 그에게 가서 말하는 게 된다). 전체 단락의 흐름을 볼 때 어디에 강조

21　Schreiner, *Galatians*, 306.

22　마틴, 헤이스 등을 비롯한 여러 학자들의 강력한 논증에도 불구하고 이스트먼^{Eastman}은 이러한 입장을 취한다. S. Eastman, "'Cast Out the Slave Woman and Her Son': The Dynamics of Exclusion and Inclusion in Galatians 4.30," *Journal for the Study of the New Testament* 28.3 (2006): 309-36; S. Eastman, *Recovering Paul's Mother Tongue: Language and Theology in Galatians* (Grand Rapids: Eerdmans, 2007), 132-33.

23　바울은 신 17:7을 인용하는 고전 5:13에서 '엑사라테'^{exarate}라는 복수형을 사용한다(칠십인역 신명기 17:7에는 '엑사레이스'^{exareis}라는 단수 동사가 사용되었으며, '엑사라테'는 복수형이다―옮긴이). M. Callaway, *Sing, O Barren One: A Study in Comparative Midrash* (Atlanta: Scholars Press, 1980), 133을 보라.

점이 있는지는 분명하다. 바울이 30절에서 인용한 창세기 21:10이 바로 그가 말하고 싶은 내용이며, 그 내용을 토라가 스스로 말하게 한 것이다. 도입문에 해당하는 21절에서 볼 수 있듯이("자, 여러분은 율법 아래에서 살기를 바란다고요? 그렇지요? 그러면 한번 말해 보세요. 여러분은 율법이 말하는 것을 들을 준비가 되었습니까?"), 그는 이 아이러니를 충분히 인지하고 있다.

이 부분을 다룰 때는 더 세심하게 의미를 구분해야 한다. 바울은 그들의 방식을 볼 때 경쟁 교사들은 예수 신자가 아니라고 말하는 것이 아니다. 시대착오적 표현을 굳이 사용해 말하자면, 바울은 그들이 어떤 의미에서는 "참된 그리스도인"이 아니라고 말하는 것이 아니다. 그는 경쟁 교사들이 복음의 진리를 깨닫는 데 실패했음을 지적하는 것이다. 그들은 시내산 언약의 조항에 속박되어서, **신명기의 예언대로** 노예 생활(메시아가 실제로 그들을 노예 생활에서 해방시켰음에도 불구하고)을 하게 되었고, 결과적으로 복음의 진리를, 곧 메시아의 죽음을 통해 일어난 사건이 그들을 노예 생활에서 해방시키고 마침내 오랫동안 기다려온 아브라함의 유산과 메시아적 유산이 모든 민족에게 개방되었다는 사실을 실질적으로 부인한다(베드로와 바나바가 안디옥에서 그랬던 것처럼!). 그러므로 경쟁 교사들에 대한 바울의 비난은 **메시아 신자들이라는 더 큰 몸 안에서 그들을 징계**하는 사안을 염두에 둔 것이지, 그들이 결코 그 몸의 지체가 아니라고 말하는 것이 아니다. 따라서 그가 안디옥에서 베드로에게 맞섰던 일은 지금 갈라디아인들이 경쟁 교사들에 대항해 맞서는 일(바울이 바라는 일이다)을 먼저 실행한 것이라고 볼 수 있다.

정확히 누가 경쟁 교사들에 대항해 맞설 것인지는 명확히 알 수 없다. 우리에게는 초기 갈라디아 회중들을 누가 이끌었는지에 대한 정보가 없다. 하지만 온 몸의 건강을 위해 징계가 필요했던 고린도전서 5장의 상황과 유사한 상황이라고 바울이 생각하고 있었을 거라 추측할 수 있다. 또한 적어도 빌립보서 3:17-19의 경고와 유사한 점들이 보인다. 이 빌립보서 본문은 바울이 자기를 닮으라고 권하는 내용으로 시작하고, 배belly를 자신들의 신으로 삼는(어떤 학자들은 이 표현이 할례에 대한 언급이라고 본다)[24] "십자가의 원수들"에 초점을 맞춘다. 갈라디아서 4:26과 빌립보서 3:20을 나란히 놓고 읽으면 더 뚜렷한 유사점이 보인다. 빌립보서 3:20은 하늘에 시민권이 있다고 말하고, 갈라디아서 4:26은 지상의 예루살렘이 아니라 하늘의 예루살렘이 진짜 어머니라고 말한다. 이 모든 점으로 미루어 볼 때 내 생각은, 갈라디아서 전체가 메시아가 십자가에 처형되었다가 죽은 자들 가운데서 살아난 지금도 여전히 시내산 언약의 조항이 유효하다고 생각하는 사람들에게 십자가를 담은 징계가 행사되어야 한다는 의미로 이해되어야 한다. 이 내용은 빌립보서 3:2에도 적용될 수 있다. 개, 몸을 상해하는 자들, 행악자들 같은 비꼬는 표현들은 모두 갈라디아를 위협했던 것들에 대한 언급이다. 그렇다고 해서 이 구절이 현대 서구 독자들(어떤 신학적 확신이나 목회적 감수성을 가지고 있든 상관없이)에게 덜 불편하게 들리는 것은 아니다. 그러나 바울에게서 종종 볼 수 있듯이, 해결해야 할 문제가 있다면 마치 그 문제가 없다는 듯 외면하고 살짝 지나치려고 하기보다는 그 문제를 직시하며 당당하게 맞서는 편이 낫다.

나는 이 단락 전체의 형태와 요지를 더 잘 이해할 수 있을 때까지 "알

---

24   이는 일부 고대 주해가들의 견해였으며 G. F. Hawthorne, *Philippians* (Waco, TX: Word, 1983), 165-66 등에 의해 다시 주장되었다. 다른 학자들은 이러한 견해에 의구심을 표했다. 가령 후커M. D. Hooker는 *The Letter to the Philippians: Introduction, Commentary, and Reflections*, in Keck, *New Interpreter's Bible*, 11:534-35에서 바울이 방종과 음란을 언급한다고 주장한다. M. Bockmuehl, *The Epistle to the Philippians* (London: Black, 1998), 230-32도 같은 주장을 한다.

레고리", 곧 "그림 언어"[24a]에 관한 질문을 의도적으로 미뤄두었다. 이 질문을 다루는 과정에서 꽤 분명한 점에 주목하게 된다. 바울은 노예 가족과 자유인 가족의 특징을 열거한다.

하갈	사라
노예	자유인
육신에 따라	약속을 통하여
현재의 예루살렘	위에 있는 예루살렘
육체	영
핍박자	핍박받는 이
상속받지 못할	상속받을

첫 번째 가족은 "육신에 따른", *kata sarka* 가족이고, 두 번째 가족은 "약속을 통한" *di' epangelias* 가족이다. 바울은 첫 번째 가족이 신명기의 저주에 따른 오랜 노예 생활을 지금도 겪는 현재의 예루살렘에, 그리고 두 번째 가족이 메시아의 죽음과 부활을 통해 창조되어 하늘의 예루살렘에 충성을 바치는 공동체에 해당한다고 담대하게 단언한다. 첫 번째 가족은 자기들을 "육체에" 가해진 할례의 표시를 통해 구분되는 아브라함의 후손으로, "육체적" 정체성에 따른 아브라함의 후손이라고 정의한다. 두 번째 가족은 하나님이 아브라함에게 주신 약속에 의해 정의된다. 이러한 "대조"는 이사야서 본문을 인용한 뒤에 계속해서 육체와 영의 대조(바울의 후기 서신들에 더 친숙하게 나온다)로 이어지며, 이는 5장에서 더 발전될 것이다. 이 대조 목록은 육신으로 난 이들이 영으로 난 이들을 핍박하므로 반드시 추방되어야 한다는 충격적 언급으로 끝난다.

이 내용은 다들 잘 알고 있다. 이제 몇 가지 질문을 할 차례다. 첫째,

이 단락은 어떤 의미에서 "알레고리"인가? 필론의 저작 같은 의미의 알레고리가 아닌 것은 분명하다. 만약 바울의 대적자들이 필론 같은 방법을 사용했다면 바울이 그들에게 "알레고리를 말한다고? 좋아, 그렇다면 이건 어때?"라며 놀리듯 대꾸했을 수도 있기는 하지만 말이다. 이와 유사하게, 많은 학자가 경쟁 교사들이 할례받지 않은 갈라디아인들을 아브라함의 서출,[應出] 곧 이스마엘 같이 "잘못 임신되어 태어난 자"라고 주장했기 때문에 바울이 어쩔 수없이 하갈과 사라 이야기를 거꾸로 뒤집어 말하게 되었다고 생각했다. 이러한 주장은 그 자체로 문제가 있다. 이스마엘도 이삭과 마찬가지로 할례를 받았기 때문이다. 하지만 바울의 대적자들이 아브라함에게 "유대인" 가족 하나와 "비유대인" 가족 하나가 있었으며, 오직 "유대인" 가족 곧 이삭의 가족만이 상속을 받았다고 주장했을 가능성은 배제할 수 없다. 무엇이 맞든("알레고리"에 대한 문제로 돌아가자면) 필론이 그 시대에서 알레고리를 사용해 글을 썼던 유일한 인물은 아니었다. 플루타르코스도 알레고리에 능했다. 알레고리는 중기 플라톤주의자들이, 문자 그대로 볼 경우, 적절하지 않은 내용을 담은 것 같은 본문이나 어떤 사안에 대해 적절하지 않게 말하는 것 같은 본문을 해석할 때 사용하는 표준적인 방법이었다. 플루타르코스는 오래된 호메로스 서사시에 등장하는 신들과 영웅들을 알레고리적으로 해석했고, 필론은 창세기에 나오는 인물들을 알레고리화해서 그 인물들이 "실제로는" 덕과 악한 행위를 표현한 상징이라고 해석했다. 예는 얼마든지 더 들 수 있다.

바울은 창세기의 본문이 적절하지 않거나 이상한 내용을 말하고 있다고 생각하지 않았다. 또한 그는 하갈이나 사라, 또는 아브라함까지도 덕이나 악행을 표현하는 상징으로 간주하지 않았다. 그는 **이스라엘의 언약의 역사**에 대해 말하고 있다. 다시 말해, 길고 곡절 많은 아브라함 언약의 이야기가 신명기의 예언을 구현한 방식, 곧 노예 생활을 할 것이라는 저주와 더불어 엄청난 갱신과 확장된 상속을 실제로 역사에 생겨나게 한 방식에 대해 이야기하고 있다. (말이 나온 김에 덧붙이자면, 우리는 바울이 언약 신학을 말하고 있다는 사실을 받아들이지 않으려는 주석가들의 어리석은 모습을 본다. 바울이 3장 전체에 걸쳐 창세기 15장을 주해하고, 그 가운데 어떻게 '디아테케'*diathēkē*가 작동하는지에 대해 말하고 있음에도 불구하고 말이다. 또한 이 주석가들은 바울이 이 단락을 단순히 대적자들에 대응하기 위한 임시 방편으로 썼다고 보려 한다. 바울 자신은 사실 피하고 싶었던 사안이었는데도 대적자들의 언어를 빌어와 즉석에서 그 사안에 대해 논의했다고 주장한다.) 바울은 이 단락에서 예수를 명시적으로 언급하지 않는다. 하지만 다음과 같은 결론은 받아들일 수밖에 없다(많은 이가 이와 같은 결론을 내렸다). 바울이 27절에서 이사야 54:1을 인용할 때, 문맥상 이사야 54장에 나오는 언약 갱신에 대한 기쁨이 이사야 53장의 종이 성취한 일의 직접적인 결과로 나온 것임을 알고 인용했다는 것이다.

기저에 깔린 이 내러티브의 모습(노예 생활을 할 것이라는 저주와 그로부터의 회복이 뒤따르는 신명기적 내러티브)이 드러나면, 우리는 이것이 정확히 바울이 로마서 9장과 10장에서 이스라엘의 이야기를 말한 방식임을 안다.[25] 9:6-9에서 이삭과 이스마엘로 시작된 내러티브는 10:5-8의 신명기 30장 인용(거의 알레고리적 방식으로 설명되면서 그리스도교의 믿음과 고백을 가리킨다)으로 끝을 맺는데, 그 이야기의 중심축이 "메시아는 율법의 목표 또는 마침이다"를 의미하는 '텔로스 가르 노무 크리스토스'*telos gar nomou Christos*이다. 물론 주석가들은 갈라디아서 4:21-31과 로마서 9:6-9 사이의 유사점을 줄곧 주목했다. 나는 표피적 차원보다 더 깊

---

25 *Paul and the Faithfulness of God*, 1156-95을 보라.

은 수준의 유사성이 있다고 주장한다. 즉 바울은, 갈라디아서 3:10-14에서와 같이 토라 이야기 전체, 곧 유월절에 구속을 받았으나 죄에 빠지고 노예의 저주에 빠진 아브라함 가족(오직 메시아만이 그들을 죄와 노예 생활로부터 구속하실 수 있다)의 이야기를 머리에 떠올리고 있다.

따라서 하갈과 사라에 대한 바울의 이해는 역사와 상관없는 해석도 아니고 헬레니즘적 덕과 악행에 대한 알레고리적 해석도 아니며, 오히려 실재하는 두 언약적 공동체에 대한 것이다. 하지만 다른 바울 서신의 구절들에서도 나오듯이, 여기서 그리스어 불변화사 '멘'*men, 한편으로는*에 불변화사 '데'*de, 다른 한편으로는*가 따라오지 않는다.[26] 24c절에서 바울은 두 여인이 두 언약을 의미한다고 말한다. 한편으로는, 한 여인은*mia men* 시내산에서 노예로 태어났다. 이 여인이 하갈이다. 그러나 바울은 3:26-29에서 간략히 묘사했던 가족의 특징에 대해 말할 것으로 기대되는 바로 그 지점*mia de, 다른 한편으로는*에서 아무 말없이 그냥 건너뛴다. 하지만 우리는 그의 생각이 변화없이 줄곧 이어지고 있으며, 2, 3, 4장에서 예수 신자들에 대해 다채롭게 기술한 것(5장과 6장에서도 이 주제를 말한다)을 여기서도 염두에 두고 있다고 전제해야 한다.[27]

나는 세 개의 고도로 압축된 사고의 흐름(바울은 이 세 흐름이 서로 서로 뜻을 밝혀 줄 것이라고 의도했다)이 담긴 25-27절에서 바울의 최고의 기량을 볼 수 있다고 생각한다. 늘 의도한 효과를 거둔 것은 아니지만 말이다.

첫째, 25a절에서 바울은 하갈과 시내산의 관계를 설명한다. 내가 보

---

26 또 다른 예 중에는 롬 3:2이 있다.
27 26절의 '헤 데 아노 이에루살렘'*hē de anō Ierousalēm*을 여기에 나온 불변화사 '멘'*men*과 멀리 떨어져 있는 대조 표현으로 볼 수도 있다. 24절의 "언약"과 26절의 "도성"이 서로 호응하는 것은 아니지만 말이다. 하지만 전체적인 요지는 명확하다.

기에 이 절에는 갈라디아서 주석에 결정적 차이를 가져올 본문비평적 문제가 있다. 이 절의 본문에는 복잡한 이문異文들이 있는데, 이는 많은 초기 그리스도인 독자이 이 절의 본문에 대해 확신을 가지지 못했음을 보여준다. 몇 가지 다른 본문은 다음과 같다.[28]

a. 왜냐하면 시내는 산이기 때문이다.

For Sinai is a mountain. *TO GAR SINA OROS ESTIN*

KNT, NEB, NJB, NRSV 난하주, RSV 난하주가 이 본문을 따른다.

b. 하지만 시내는 산이다.

But Sinai is a mountain. *TO DE SINA OROS ESTIN*

내가 아는 한 이 본문을 따르는 영어 번역 성경은 없다.

c. 하지만 하갈은 시내 산이다.

But Hagar is Mount Sinai. *TO DE AGAR SINA OROS ESTIN*

Nestle-Aland, *Novum Testamentum Graece*, 28th ed. (약어로 NA28로

---

28 앞으로 나는 초기 사본(대문자로 쓰여 있고 숨표는 기재되어 있지 않다)에 기록된 모습처럼 보이도록 그리스어를 음역할 것이다. 따라서 '하갈' Hagar을 AGAR로 쓰고 '호로스' *horos*, 산를 OROS로 기재할 것이다. 실제로 초기 사본들에는 띄어쓰기가 없으므로 필사가들은 잠재적으로 더 많은 혼란을 겪었다.

각 파피루스 사본은 대문자 P와 숫자로 표현하는 것이 일반적 관행이다. P46은 주후 200년경 작성된 사본으로 추정된다. 양피지나 송아지 가죽 위에 대문자로 기록된 사본은 히브리어, 라틴어, 그리스어 알파벳으로 표현한다. 시나이쿠스로 알려진 ℵ은 주후 4세기에 기록된 것이고, A는 5세기, B는 4세기, C와 D는 5세기, L은 8세기, F, G, K, 그리고 P는 9세기, Ψ는 9세기 혹은 10세기의 것이다. 라틴어로 기록된 사본은 소문자로 표현한다. d(75)는 5세기 혹은 6세기 사본이다. 여기서 나는 이문이 있는 주요 사본만을 살펴볼 것이다. (a), (c), (d)에는 다른 사소한 이문들도 있다.

표기)은 이 본문을 택한다. ESV, NASB, NIV, NRSV, REB, RSV 또한 이 본문을 따른다.

d. 왜냐하면 하갈은 시내 산이기 때문이다.

For Hagar is Mount Sinai. *TO GAR AGAR SINA OROS ESTIN*

KJV와 NKJV가 이 본문을 따른다.

e. 왜냐하면 하갈은 산이기 때문이다.

For Hagar is a mountain. *TO GAR AGAR OROS ESTIN*

내가 아는 한 이 본문을 따르는 영어 번역 성경은 없다.

아래의 도표는 이러한 본문상 이문들과 이문이 생겨나게 된 계보의 재구성을 보여준다.

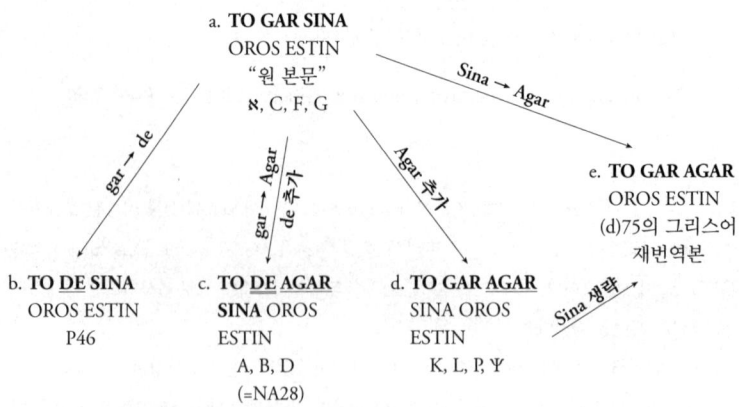

나는 (a)가 이 모든 이문을 순전히 필사의 오류의 차원에서 가장 잘 설명해 주는 본문이라고 생각한다. 짧으면서도 많은 이에게 당혹스러움을 주기 때문이다. "왜냐하면 시내는 아라비아에 있는 산이기 때문이다."*to gar Sina horos estin en tē Arabia* [29] 여러 주석가들은 바울이 왜 굳이 이런 식으로 말을 했는지 의아해한다. 분명히 바울은 청중이 시내 산이 어디에 있는지 몰라서 그 장소를 알려 주는 것이 아니라, "하갈"이 "시내 산"을 상징하는 임의적인 알레고리를 구성하기 원했다.

그러면 바울이 그러한 알레고리를 생각한 것이 아니라 실제 역사와 구체적 지리를 말했다고 가정해 보자. 즉, 편지의 독자(청중)들이 알고 있었듯이(설령 그들이 몰랐더라도 바울은 계속 말했을 것이다), 하갈은 아라비아 민족들의 어머니, 곧 이스마엘과 그의 대가족의 어머니였다고 말하는 것이라고 가정해 보자. 그렇다면 바울은 시내 산 자체가 하갈의 땅이자 노예 민족의 땅인 아라비아에 위치해 있으므로 시내 산 율법을 따르면 노예의 땅에 살게 되는 것이 당연하다고 말하는 것이다.[30] 좀 더 긴 이문인 (c)에서 "아라비아에"라는 문구는 중복 표현이 된다. 즉, 바울이 단순히 비역사적 알레고리를 말하고 있는 것이라면, 시내 산 율법으로 인한 결과(즉, 노예 생활을 하게 됨)를 바탕으로 논지를 세우며 "하갈은 시내 산이기 때문이다"라고 말하는 것만으로 충분하다. 굳이 "아라비아"를 언급할 필요가 없다는 말이다. 오히려 "시내는 아라비아[즉, 하갈의 땅으로 이해되는 장소]에 있는 산이다"라는 본문을 정확한 것으로 받아들이면(다른 이문들을 가장 잘 설명하는 본문이기도 하다), 하갈과 사라 이야기에 대한 바울의 알레고리에 가까운 해석이 매끄럽게 진행되

---

29   (b)는 *gar*를 *de*로 바꾸었다. (d)는 *gar* 뒤에 "Hagar"를 덧붙였다. 아마도 바울이 하갈에 대해 설명하는 말을 했을 것이라고 추정했기 때문인 듯하다. (c)도 똑같이 "Hagar"를 덧붙였는데, *gar*를 *de*로 바꾸었다. (c)는 (d)를 취하되 "Sina"라는 단어가 의미상 중복된다고 느껴서 생략했다.

30   라이트푸트Lightfoot는 *St. Paul's Epistle to the Galatians*, 194에서 몹수에스티아의 테오도로스가 바로 이런 견해를 취했다고 말한다.

는 것을 볼 수 있다.³¹

이를 바탕으로 바울의 고도로 압축된 사고의 흐름 가운데 있는 두 번째 내용—두 개의 "예루살렘"의 대조—이 나온다.³² 바울은 시내 산 추종자들, 하갈의 땅에 있는 사람들, 신명기의 저주 아래 노예가 된 사람들이 "현재의 예루살렘"—하갈의 자녀들이 노예 상태에 있는 곳—에 해당한다(여기서 "해당한다"로 번역된 systoichei는 알레고리에 사용되는 전문용어이다)고 단언한다. 바울이 이렇게 주장할 수 있는 단 하나의 이유는, 뒤이어 나오는 사라와 그 자녀들에 대한 긍정적인 표현과는 별개로, 갈라디아서 1, 2장과 사도행전 15장에 나온 대로 갈라디아인들에게 이방인 예수 추종자들은 할례를 받을 필요가 있다고 말하며 문제를 일으킨 사람들이 (안디옥 사건에서도 암시되었듯이) 예루살렘에서 왔기 때문이다. (이들이 사도들의 승인을 받았는지 받지 않았는지는 모른다). 이미 3장에서 바울은 그들의 가르침을 따르는 것이 하나님의 목적에서 이전 단계로, 곧 새로운 출애굽 이전의 단계인 "현재의 악한 세대"의 시간으로 되돌아가는 것임을 보여주었다. 다시 말해, 노예로 산다는 뜻이다.

---

31   예를 들어, 라이트푸트가 이렇게 주장했다. 버튼Burton은 *A Critical and Exegetical Commentary*, 259-60에서, 코덱스 시나이티쿠스에는 estin과 en 사이에 작은 글씨로 적혀 있는 단어(중성 관계대명사)가 이미 생략된 "Hagar"를 대체한 것이라고 주장했다. 나는 불필요한 주장이라고 본다. 이 본문은 단순히 "시내는 아라비아에 있는 산이다"라는 뜻이기 때문이다. 사실 이 점은 함축된 의미와 더 관련 있다. 버튼은 이 본문이 임의적인 알레고리를 제시하고 있다고 전제하며, 어쩌면 바울 이후의 필사가가 이 본문을 첨가했을 가능성이 있다는 생각까지 한다. 하지만 짧은 본문을 맞다고 결정하는 것(내가 옹호하는 견해다)은 실제 지리적 위치와 역사에 대한 전혀 다른 논증의 일부에 해당한다.

32   바울이 갈 1-2장에서는 '히에로솔뤼마'*Hierosolyma*라고 썼는데 왜 여기서는 '이에루살렘'*Ierousalēm*, 롬 15장에도 나오는 표기다이라는 표기를 사용했는지는 의문이다. 나는 이 문제의 답이 무엇인지 모르겠다. BDAG(470)는 "이 이름이 두 개의 형태로 사용되는 문제에 관하여 확실한 결론은 없다"고 하면서, 어떤 경우든(471) 사본들 사이에 상당한 차이가 있다고 말한다.

예루살렘 교회가 다양한 이유(예루살렘 도성이 받는 심한 정치적 압박을 포함)로 시내 산 전통을 고수한다면, 그것은 토라를 통해 의로움을 얻을 수 있으므로 메시아는 죽을 필요가 없었다고 말하는 것과 다름없다. 또한 여전히 구속받지 못한 노예 상황이 계속되는 데에 공모하는 것이기도 하다.

갑자기 바울이 "위에 있는 예루살렘"과 대조하는 것은 놀라운 일이다. 왜냐하면 그의 서신들 어디에도 위에 있는 예루살렘에 대한 언급이 없기 때문이다. 하지만 앞서 보았듯이 빌립보서 3:19-20과의 유사성을 보면, 바울이 우리가 상상한 것보다는 위에 있는 예루살렘에 대해 더 많이 생각했던 것 같다. 그리고 "묵시"apocalyptic의 의미에 대한 학자들의 다양한 견해와 상관없이, 널리 알려진 유대적 개념인 천상의 세계와 천상의 도성─미래에 대한 하나님의 목표들이 적치되는 곳─은 바울에게 있어 분명 생생한 실체였다(그와 동시대에 살던 많은 유대인에게도).[33] 바룩서 4장과 5장, 바룩 2서 4장, 에스라4서 9:38-10:59 같은 본문도 보라.[34] 이 주제를 다룬 초기 그리스도교 문서로는 히브리서 12장과 요한계시록 21-22장 등이 있다. 히브리서 12장과 요한계시록 21-22장은 둘 다 심판 아래 있는 옛 도성과 새 도성을 극명하게 대조한다.

여기서 바울은 많은 이들이 생각하는 것보다 더 강력하게 시편 87:5 칠십인역 86:5을 암시한다. (직접 인용은 아니나 칠십인역 시편 86:5는 시온

---

[33] 최근 연구로는 A. Yarbro Collins, "The Dream of a New Jerusalem at Qumran," in *The Bible and the Dead Sea Scrolls*, vol. 3, *The Scrolls and Christian Origins*, ed. J. H. Charlesworth (Waco, TX: Baylor University Press, 2006), 231-54을 보라. 그런데 콜린스Yarbro Collins의 관련 신약 본문 개괄에는 이 갈라디아서 단락이 포함되어 있지 않다.

[34] 나는 이 본문들에 대해 "Mother Zion Rejoices," in *Cruciform Scripture: Cross, Participation and Mission*, ed. C. W. Skinner et al. (Grand Rapids: Eerdmans, 2020), 225-39에서 논의했다.

을 '메테르 시온'*mētēr Siōn*, 어머니 시온으로 부른다. 이는 바울의 묘사와 거의 일치한다). 시편 기자 자신도 놀라워한 내용을 담은 이 시편은 성경에 나오는 하나님 백성의 오랜 원수들, 곧 라합(이집트), 바벨론, 블레셋, 두로, 에티오피아가 "나(하나님)를 아는"4절 사람들, "시온에서 태어난"4-6절 사람들 가운데 있다고 말한다.35 갈라디아서 4:9에서 보았듯이, "하나님을 아는 것"은 영적 성장의 정점이었다. 이전 수백 년 간 이 모든 것이 무슨 의미인지에 대해 다양한 견해가 있었으나, 바울에게는 그 의미가 분명했다. 하나님이 아브라함에게 여러 민족으로 구성된 큰 가족을 약속하신 것처럼, 하나님은 시온에게 여러 민족으로 구성된 큰 가족을 약속하셨다(그 시온은 분명히 현재의 시온일 수 없었다. 왜냐하면 현재의 예루살렘이 여전히 노예 상태에 있었기 때문이다). 새 시대가 도래했는데도 "현재의 예루살렘"과 (바울이 넌지시 비치듯) 그곳에 있는 예수의 가족 일부는 여전히 "현재의 악한 세대"의 지배 하에 살아가고 있다. 이제 이사야 2:2-4, 미가 4:1-3, 스가랴 8:20-23과 같은 잘 알려진 예언이 약속한 바와 같이, 그리고 이스라엘과 더불어 이집트와 앗수르를 하나님의 백성으로 포함시키는 이사야 19:18-25의 신탁이 암시하는 도성, 곧 오랫동안 고대한 "새 예루살렘"이 존재하게 되었다. 우리는 마땅히 여기에 에스겔 40-48장에 풍성하게 묘사된 새 도성도 포함시켜야 할 것이다.

바울은 이 놀라운 시편의 암시를 통해 무엇을 하고 있는가? 그는 지금까지 전개한 논증을 매듭짓는다. "현재의 예루살렘"에서 온 사람들은 성경이 이방인들과 섞이는 것을 금하므로 새로운 메시아 운동에 들어온 이방인 개종자들은 공식적으로 유대인이 되어야 한다고 주장한

---

35 에티오피아는 "원수"가 아니라 단지 멀리 떨어져 있는 땅으로 나온다. 언급된 나머지 민족들은 전형적으로 적대적인 민족들이다.

다. 바울은 이미 창세기를 근거로 하나님이 아브라함에게 많은 민족으로 이루어진 가족을 주시는 것이 하나님의 변함없는 의도였음을, 그 약속이 메시아 안에서 성취되었음을, 그리고 복음 사건을 통해 하나님이 그의 백성을 "현재의 악한 세대"에서 구출하셨음을 논증했다. 이제 그는 현재의 복음의 순간을 예언이 성취되는 순간으로 기념한다. 이 순간은 최종적으로 나타날 때가 아직 남아 있는 천상의 예루살렘이, 전통적으로 미워하고 두려워했던 원수들에게서도 "자녀"를 낳는 순간이다. 바울이 1장의 자전적 이야기에서 예레미야, 이사야, 엘리야를 암시함으로써 이스라엘의 유산에 대한 자신의 충성심을 부각시켰듯이, 여기에서도 시편 한 편—적대적이고 우상을 숭배하는 이방인마저 새 예루살렘에서 "태어나고"(갈라디아인들이 하나님을 알게 된 것처럼) "하나님을 알게" 된다는 내용의 시편—을 암시함으로써 모든 민족으로 구성된 아브라함과 사라의 가족을 경축한다. 이로써 시편 2편에서 말한 것과 마찬가지로 메시아를 통하여 아브라함의 유산에 대한 약속이 성취된 것처럼, 시편 87편에서 말한 것과 마찬가지로 세상의 미래에 대한 하나님의 목표들이 적치된 하늘의 예루살렘에서 많은 민족에 대해 아브라함에게 약속하신 것이 성취되었다.

일부 주석가들은 시편에 대한 이러한 암시를 알아차렸지만, 내가 보기에 그 암시의 의미를 충분히 깨닫지 못했다.[36] 두 가지 점이 특히 눈에 띈다. 첫째, 이미 주장한대로 여기서 시편에 대한 암시는 바울이 이

---

36 예를 들어 F. F. Bruce, *The Epistle to the Galatians: A Commentary on the Greek Text* (Grand Rapids: Eerdmans, 1982), 221; Hays, *The Letter to the Galatians*, 304. 브루스는 예전 주석가들 중에서 이 시편의 암시를 알아차리고 논평한 학자로 고어Gore와 모울Moule을 꼽는다(하지만 이사야 54장과의 연결고리를 보지는 못했다). 더 상세한 논의는 내가 쓴 "Mother Zion Rejoices"를 보라.

미 토라와 예언서를 인용/암시한 것에 성문서에 대한 언급을 더함으로써 토라와 예언서, 성문서 각각을 모두 인용/암시하는 모습을 완성한다. 둘째, 이사야 54장과 연결되는 단어를 제공한다(이는 이제껏 학자들이 알아차리지 못한 부분이다). 칠십인역 시편 86편의 마지막 절(마소라 본문과는 상당히 다르다)은 '호스 유프라이노메논 판톤 헤 카토이키아 엔 소이'*hōs euphrainomenōn pantōn hē katoikia en soi*이다. "네 안에 거하는 것은 만유의 기쁨과 같다" 정도로 번역할 수 있다.37 (여기서 칠십인역 번역자들이 히브리어 본문을 이상하고 어색한 것으로 본 것이 분명하다. 히브리어 본문을 직역하면 어느 정도 NRSV의 번역과 비슷하다. "노래하는 이들과 춤추는 이들이 모두 '내 모든 샘이 네 안에 있다'라고 말한다.") 여기서 '유프라이노메논'*euphrainomenōn*은 이사야 54:1을 바로 연상시키고, 바울은 이를 인용한다—'유프란테티'*euphranthēti* "기뻐하라!" 나는 이것을 우연이라고 보지 않는다. 바울은 전형적인 방식으로 메타렙시스*metalepsis*를 사용하여 원천에 해당하는 본문의 더 큰 맥락을 퍼 담아, 하나님이 항상 모든 민족으로 구성된 가족(복음이 이 가족을 지금 탄생시키고 있다)을 의도하셨음을 보여주는 다층적인 성경 본문들을 하나로 엮어 낸다.38

여기에 이사야 54:1의 상당 부분을 인용한 구절이 이어지는데, 이 인용문에 대해서 많은 학문적 논의가 있었다.39 바울 시대에 이사야 54:1

37　NETS의 칠십인역 영어 번역은 다음과 같다. "Seeing that they are glad, the habitation of all is in you(그들이 기뻐하는 것을 보며 모든 거주지가 당신 안에 있다)." The Lexham English Septuagint는 다음과 같이 번역했다. "The dwelling of all in you, how they are cheerful(당신 안에 거하는 모든 이들, 그들이 얼마나 즐거워하는지!)"

38　메타렙시스에 관하여는 무엇보다도 Hays, *Echoes of Scripture in the Letters of Paul*을 보라. 헤이스는 111-21쪽에서 갈 4:21-5:1을 논의하는데, 내가 지금 강조하는 요지를 말하지는 않는다.

39　예를 들어, Callaway, *Sing, O Barren One*과 Eastman, *Recovering Paul's Mother*

은 대개 참된 예루살렘을 가리키는 것으로, 혹은 이사야 51:2(창세기 외에 사라를 언급한 유일한 본문이다)에 언급된 사라를 가리키는 것(가망이 없었음에도 그녀와 아브라함이 거대한 가족을 낳게 된 기적과 관련된 것으로)으로 이해되었다. 바울은 이사야 본문의 강조점, 곧 저주가 극복되고 포로에서 해방되고 언약 자체가 갱신될 때 언약 가족이 놀랄 만큼 커진다는 점을 강조하기 위해 이 문맥 전체를 떠올리게 만든다. 앞에서 이미 나는 이사야 53장에 기록된 종의 과업에서 직접 이러한 내용이 따라 나오는 방식을 말했다. 또한 나는 이것이 이사야 54장에서 "이방 민족들을 상속받는 씨"[3절]에 대한 내용으로 이어지는 방식에, 그리고 이 "씨"가 "의로움"[dikaiosynē, 14절]으로 굳게 서게 되는 방식에 주목해야 한다고 생각한다. 이사야 54장은 새로운 백성에 대항하는 자들을 잠잠케 할 것이며 주님의 종인 '디카이오이'[dikaioi, 의로운 자들]가 유업을 받을 것이라는 약속으로 끝난다. 그리고 이 유업에 대한 약속—칠십인역 이사야 54:17에는 '클레로노미아'[klēronomia]라고 나온다—은 바울이 이 단락에서 인용한 마지막 구절, 곧 창세기 21:10과 그대로 연결된다. 노예에게서 태어난 아들은 자유인과 더불어 상속받지 못할 것이다.[ou gar mē klēronomēsei]

하지만 바울은 그 지점에 도달하기 위해, 깜짝 놀랄 주장 하나를 감추어 두었다. 28절의 주장은 우리가 충분히 예상할 수 있는 내용이다. 여러분, '아델포이'[adelphoi, 형제들]—이 단어는 아마도 중요한 뜻을 담고 있는 것으로 보인다—는 이삭 가계에 속한 "약속의 자녀들"이다. 하지만 29절은 동일한 주장을 어둡고 부정적으로 표현한다. 바울은 창세기 21:9을 이스마엘이 이삭을 학대했다는 내용으로 해석하는 다양한 유대 전통 가운데 하나를 끌어온다. 랍비들은 이스마엘이 비난받는 이유에

Tongue, 5장, 127-60.

대해 서로 다른 의견을 냈지만, 이스마엘의 행동이 초래한 결과는 분명했다.⁴⁰ 사라는 아브라함에게 하갈과 이스마엘을 내보내라고 요구했다. 이제 바울은 두 가족에 대한 설명에 '사륵스'ˢᵃʳˣ, 육신와 '프뉴마'ᵖⁿᵉᵘᵐᵃ, 영의 대조를 집어넣는데, 그렇다면 가능한 결론은 오직 하나다. 3장이 모든 메시아 백성이 약속에 따른 상속자들ᵏᵃᵗ' ᵉᵖᵃⁿᵍᵉˡⁱᵃⁿ ᵏˡēʳᵒⁿᵒᵐᵒⁱ이자 아브라함의 자손이라는 의기양양한 선언으로 끝난 것처럼, 4장은 노예에게서 태어난 아들은 자유인으로 태어난 아들과 나란히 '클레로노모스'ᵏˡēʳᵒⁿᵒᵐᵒˢ, 상속자가 될 수 없다는 말로 끝맺는다. 4장의 시작 부분에서 이미 두드러지게 나타난 노예와 자유인 사이의 대조가 4장 마지막에서 강력한 한방으로 다시 등장한다. 3장에서 그랬듯이, 바울에게 이 대조는 이스라엘 이야기에 관한 신명기적 해석을 계속해서 대변하는데, 그 해석은 다니엘 9장, 에스라 9장, 느헤미야 9장에서 보듯이, 육신에 따른 이스라엘이 여전히 "포로" 상태라고, 곧 아직 구속받지 못해 아직 구속을 기다리며 그들의 땅에서 노예 생활을 하고 있다고 이야기한다. 바울은 현재의 박해(내가 생각하기에, 대립 국면이 단지 위협으로 그치지 않고 실제적인 폭력으로 이어졌다고 봐야 한다)를 이 점을 뚜렷하게 보여주는 징조로 이해한다. 이 상황은 영이 아니라 육신에 의해 발생한 것이다.

이 단락은 5:1에서 끝난다. 후대에 성경 본문을 장章으로 나눈 사람들은 바울이 논증을 매듭짓는 방식 때문에 곤란을 겪었다(보통 성경 본문은 서로 어느 정도 독립된 내용을 각 장으로 구분했다고 생각할 수 있는데, 4장 마지막 절이 아니라 5:1에서 한 단락이 끝나는 것은 부자연스럽게 보일 수 있다. 바울의 독특한 논증 방식 때문에 장절을 나눈 사람들도 제대로 단락 구

40　L. Ginzberg, *The Legends of the Jews*, 7 vols. (Baltimore: Johns Hopkins University Press, 1998 [1909]), 1:263-64와 5:246n211에 열거된 예들을 보라. 그리고 아래의 논의를 보라.

분을 못했던 것 같다는 말이다—옮긴이). 하지만 나는 5:1처럼 간결하면서도 깊은 인상을 주며 단락을 매듭짓는 문장의 예를 고린도전서 15:58과 빌립보서 4:1에서도 본다. 어쨌든 전하는 내용은 분명하다. 즉, 본질적으로 갈라디아서 4:8-11의 내용을 되풀이한다. 이집트로 다시 돌아가지 말라. 즉, 다시 노예 상태로 돌아가지 말라는 말이다. 메시아—19절 이후로 메시아라는 단어가 구체적으로 언급되지 않았으나, 바울은 메시아가 가져온 성취에 대해 논증을 계속 이어왔다—가 여러분을 자유케 하셨고, 그 해방의 목적은 당연히 끊임없이 지속되는 자유를 주기 위해서다. 바울은 주목할 만한 명령을 한다. '스테케데 운'$^{stēkete\ oun}$ 곧 "굳게 서라, 곧게 서라, 계속 서 있으라"이다. 여러분의 목을 구부려 "멍에"를 매지 말라(본문 사역에서는 "멍에" 대신 "사슬"이라는 표현이 사용되었다—옮긴이). 여기서 "멍에"란, 랍비 문헌에 자주 나오듯이, 토라의 "멍에"를 말하는 것으로 보인다. 바울은 그 멍에가 노예의 멍에라고 단언한다. 토라의 "멍에"가 종교개혁자들이 꺼려했던 행위에 의한 의$^{works\ righteousness}$로 인도하기 때문이 아니라, 메시아 사건을 통해 일어난 새로운 출애굽보다 이전 시대, 곧 구속받기 이전의 때에 속하기 때문이다. 토라의 "멍에"를 매는 일은 하나님의 새 시대가 결코 도래하지 않았고, 이스라엘을 비롯한 모든 인간이 여전히 노예 상태에 있다고 믿는 것과 같다.

이제 이 내용을 보다 상세히 설명하겠다.

4:21-23 이 구절들은 도입부를 형성한다. 바울은 비꼬는 듯한 수사학적 질문을 던지며 토라에 집착하는 청중들에게 토라가 실제로 말하는 바에 주의를 기울이라고 도전한다. 경쟁 교사들은 아브라함에게 두 아들과 두 가족이 있었는데 그들이 (당연히) 다 이삭 가족이라고 주장했을 가능성이 높다. 바울은 그들의 주장을 논박하기 위해 사라와 하갈 이야기의 특징을 차근차근 짚어야 했다. 그는 앞에서 제시한 논증이 연상시

키는 주제, 곧 "노예"와 "자유인"이라는 범주로 시작한다. 본 단락의 논증이 바울이 앞서 내내 전개해 온 주제 중 하나2:4; 3:28; 4:1, 7, 8, 9를 여기에서 다시 논한다는 사실 자체가 이 단락이 불필요하게 덧붙여진 부록이 아니라 갈라디아서의 절정부임을 알려 주는 또 다른 표시다. 그래서 바울은 노예와 자유인, 그리고 그에 이어 "육신"와 "약속"이라는 범주로 정연하게 설명한다. "육신"과 "약속"이라는 범주는 아마 예상과는 다른 대비로 보일 것이다. 29절에서처럼 바울은 "육체"를 "영"과 대조할 때가 더 많기 때문이다. 바울은 이런 식으로 사라와 하갈 이야기를 대조해서 제시함으로써, 바울은 자신의 주장을 전개할 방향으로 논의의 흐름을 바꾸어 놓았고, 이제 그 주장을 집중적으로 파고든다.

4:24-27 바울은 필론처럼 인간의 성품이나 덕성 같은 것들에 대한 일반론을 펴려고 "알레고리"를 구성하여 성경 이야기를 다시 풀어 말하는 것이 아니다. 그는 3장의 논증, 곧 하나님이 아브라함과 맺으신 '디아테케'*diathēkē*에 대한 논증을 이어가며, 이 논증을 두 개의 흐름, 다시 말해 노예로 이끄는 하갈과 자유로 이끄는 사라라는 두 가지 흐름으로 발전시킨다. 바울은 24절에서 다시 한번 모세의 토라를 "노예"라는 범주에 넣는다. 바울이 이미 토라는 기껏해야 '파이다고고스'*paidagōgos*라고 말한 3:10-14, 3:22과 23-25에서, 그리고 토라는 그 자체로 '스토이케이아'*stoicheia* 중 하나는 아니지만 이스라엘이 언약에 실패해서 결과적으로 "나무와 돌로 된 신들"의 통치를 받게 된다는 신명기적 이야기를 전한다고 말한 4:1-11에서 실질적으로 토라를 그렇게 설명했었다. 그래서 다소 충격적이지만 하갈 가계의 특징을 시내산으로부터 온 것으로, 그리고 노예 자녀를 낳은 것으로 기술한다. 전통적인 용어로 표현하자면, 이것은 "알레고리적"이라기보다는 **묵시적**이다. 바울은 시내 산에서 받은 토라는 현재의 악한 세대를 위해 하나님의 주신 방편의 일부이지만,

메시아는 "장차 올 시대"를 여셨다고 말한다.

나는 **서론**에서 이미 25절에 대해 논의했다. 25a절의 [다양한 사본 중에서] 나는 짧은 본문이 원문이라고 생각한다. 왜 하갈이 시내 산의 노예 언약에 해당하는지를 설명하면서 바울이 말하려는 요지는 시내가 아라비아에 있는 산, 바로 하갈과 그녀의 후손의 땅이라는 점이다. 다시 말하지만, 이는 필론이 사용한 형태의 알레고리가 아니라 아브라함에게 주어진 약속이 어떻게 되었는지에 대한 준역사적이고 지리적인 분석이다. 25b의 웅대한 단언은 다음과 같은 논리를 바탕으로 한다. 지금의 예루살렘(예수가 죽임 당한 곳, 대제사장들과 바리새인들이 공식적, 비공식적으로 영향력을 장악한 곳, 바울의 가르침에 대항하는 가르침을 설파한 어떤 사절들이 나온 곳)은 "자녀들과 함께 노예살이 중"에 있다. 여기서 바울은 지금의 예루살렘 도성과 체제가 심판 아래 있으며 하나님이 이미 예비하셨다고 생각된 "새로운 예루살렘"으로 대체되어야 한다고 본 당시의 다양한 유대 문헌(앞서 쿰란 문헌, 바룩 2서, 에스라4서를 살펴보았다)의 견해와 완전히 일치한다. "새로운 예루살렘"은 "알레고리"(전적으로 알레고리라고 할 수는 없다)에서 "사라"에 해당되는 부분에 속한다. 이사야 54장을 사라에 대한 본문으로 해석하는 잘 알려진 유대적 주해 전통을 고려할 때, 27절에서 이사야 54:1을 인용한 것은 특이한 일이 아니다.[41] 정말로 놀라운 점—너무나 놀라운 나머지 많은 이가 알아차리지 못한 점—은 26절에 나오는 시편 87편(칠십인역 86편)의 강력한 간접 인용이다. **서론**에서 보았듯이, 간접 인용된 이 시편은 이사야 54:1과 메타렙시스적으로 연결되어 있다. 갈라디아서 4:26 그리스어 본문에서 마지막

---

41 Keener, *Galatians: A Commentary*, 426-27에는 사 54에 대한 유대 주해에 대한 자세하고 방대한 자료가 들어 있다.

문구는, 바울이 직접 인용하지는 않지만, 이사야 인용문의 앞 단어를 반향한다. 하나님의 최종적인 새 창조 가운데 드러나기를 기다리는 "하늘에 있는 예루살렘"은 사라 같은 약속을 받는 "어머니"이다. (다시 한번 강조하고 싶은 점은, "위에 있는 예루살렘"은 "천국에 가는 것"이 하나님의 백성의 궁극적인 운명이라고 말하는 것이 아니라, 요한계시록 21장에서와 같이 최종적인 거대한 갱신을 통해 새 예루살렘이 하늘에서 땅으로 온다는 것이 핵심이다.) 또한 이 "새 예루살렘"은 "자유"다. 바울은 이미 제2성전기 유대인들이 갈망한 "예루살렘의 자유"(갈라디아서로부터 채 백년도 지나지 않은 시기에 발행된 바르 코크바Bar Kokhba의 주화 중 하나에 새겨져 있다)를 메시아에 의해 시작된 "장차 올 시대"의 총체 중 일부라고 주장했다.

예루살렘에 대한 이사야의 영광스러운 약속—포로기가 끝난 후 "자녀"가 갑자기 늘어날 것이라는 약속—은 이제 복음을 통해 온 세상에 적용된다. 불임이었던 사라에게 셀 수 없을 만큼 광대한 가족이 주어진다. 이스라엘의 하나님이 마침내 이사야 52장과 53장의 약속을 이루기 위해 행하실 때 언약이 갱신될 것이며(이사야서 54장의 주제로서, 특히 10절에 초점이 맞추어져 있다), [가족이] 크게 확장될 것이다. 시편 87편에서 말한 것과 똑같이, 새 예루살렘이 모든 민족에서 자녀를 얻게 되면서 확장될 것이다. 이는 복음이 성취한 것으로서, 바울은 갈라디아서 전체에서 말한 대로 이것이 성경에 나타난 하나님의 변함없는 계획이었다고 주장한다. 이렇게 선언하는 바울이 충성스러운 유대인이고, 이러한 내용을 의심하는 경쟁 교사들은 이스라엘의 경전에 충성하지 않는 이들이다. 이것이 바로 이 단락에서 바울의 논증의 핵심이자 확고한 논지다.

4:28 이 절은 "나의 가족인 여러분"이라는 말을 추가함으로써 이러한 사고의 흐름이 그려 낸 그림을 완결한다. "여러분, 할례받지 않은 예수

신자인 여러분은 사라의 자녀이고, 새 예루살렘의 백성이자 이삭 족속이며, 약속의 백성입니다." 바로 이것이 갈라디아인들이 귀 기울여야 할 말씀이다. 하지만 그들이 이 말씀을 듣고자 하면, 갈라디아의 혼란한 상황에 질서를 가져올 수 있는 명확하고 성경에 근거한 명령 또한 들어야 한다.

4:29-30 그러다가 이 그림에 어두운 그림자가 드리운다. 바울은 창세기 21장에서 사라가 하갈의 아들 이스마엘이 이삭을 학대하는 모습을 보는 특이한 장면을 환기시킨다. 창세기 본문 자체는 실제로 무슨 일이 일어났는지 묘사하지 않는다. 후대의 랍비 문헌 및 다른 문헌에 나오는 추측은 실제 사건을 명확하게 파악하는 데 아무런 도움이 되지 않는다.[42] 그러나 바울은 그 땅이 현재 어떤 상황에 있는지를 언급하는 것으로 충분했다. 이스마엘이 무슨 짓을 했든, 그 행동은 "육신의 자녀"가 "약속의 자녀"를 대할 때 항상 나타나는 경향성을 보여준다. 갈라디아서에서 지금까지 바울은 다양한 집단이 가한 박해와 폭력적인 공격에 관한 이야기를 거의 하지 않았다. 그런데 이제 그런 집단에 "경쟁 교사들"이나 갈라디아 공동체의 지도자가 포함된 것으로 보이며, 그들은 이방인 예수 추종자들에게 자신들의 입장을 강요하고, 시민들의 삶의 방식에 그리고 갈라디아 도시들에 있는 유대인 공동체에 대한 대중적인 인식에 혼란을 초래하는 것을 막으려 기를 썼다. 바울은 이 폭력에 대해 5:15에서 다시 언급한다. 이러한 실마리로부터 우리는 갈라디아인

---

[42] 어떤 이들은 이스마엘이 아브라함의 장남이어서 두 배로 상속을 받으려고 했다고 주장했다. 어떤 이들은 이스마엘이 화살 쏘는 법을 연습하면서 고의적으로 이삭을 겨냥했지만 장난인 척하곤 했다고 주장했다. 자세한 사항은 Ginzberg, *The Legends of the Jews*, 1:263-64과 5:246을 보라. 아브라함이 죽은 뒤에 이스마엘이 이삭을 해할까봐 사라가 걱정했다고 말하는 요세푸스, 『유대고대사』 1.215도 보라.

들이 자신들에게 어떤 일이 일어나고 있는 것인지 아주 잘 알고 있었다고 생각해야 한다(우리는 그 상황이 정확히 무엇인지 모르지만 말이다).

이러한 상황에 직면한 바울은 마침내 창세기 21:10의 명령을 인용한다. "어린 여자 노예와 그 아들을 내쫓으라! 어린 여자 노예의 아들이 자유인의 아들과 함께 유산을 얻지 못할 테니까 말이다." 오늘날과 마찬가지로 **상속**은 최대 관심사이다.3:18; 3:29; 4:1, 7 바울은 할례를 받지 않은 이방인을 포함한 예수 추종자들이 전통적인 민족적 유대 공동체와 나란히 "아브라함의 백성"이라는 지위를 공유한다는 주장을 하는 것이 아니다. 그는 제2성전기 유대교의 통례적인 주장을 한다. 메시아가 나타났을 때, 하나님의 백성은 그 메시아를 중심으로 재정리된다. "모두가 메시아 안에서 하나"이므로 "유대인도 헬라인도 없다."

4:31-5:1 이로써 다음과 같은 결론이 필연적으로 따라온다. 첫째, "우리"—바울 같은 유대인과 (대부분의) 갈라디아인들 같은 이방인을 포함한 예수 신자들—는 노예의 자녀가 아니라 자유민 여성의 자녀다. 따라서 둘째, 메시아는 우리가 자유를 누리도록 우리를 자유케 하셨다! 그러므로 셋째, 갈라디아서 전체의 내용을 응축한 명령이 나온다. "굳게 서서 노예의 사슬에 여러분 스스로를 매이게 두지 마십시오." 할례를 받지 말라. 왜냐하면 할례받는 것은 당신을 "현재의 악한 세대"로 되돌아가게 하기 때문이다. "현재의 악한 세대"에서 토라(아무리 선하고 하나님이 주신 것이라 해도)는 당신을 향해, 범법자인 당신은 신명기 27-29장의 "저주" 아래 놓인다고, 따라서 언약적 유배라는 "노예살이" 아래 놓인다고 선언할 수밖에 없으며, 거기서 당신은 '스토이케이아', 곧 나무와 돌로 된 신들을 섬길 것이다. 바울은 단호하다. 양쪽 길을 모두 취할 수 있는 "재량권"은 전혀 없다. 새 언약이 개시되어 아브라함과 세운 원래의 언약이 성취되었다. 새 예루살렘이 나타나서 이제 모든 민족에서 온

구성원들을 받아들인다. "장차 올 세대"가 시작되으므로, 예수에게 속한 이들은 이미 시작된 "장차 올 세대" 안에서, 그리고 진리 안에서 사는 법을 배워야 한다. 물론 이러한 메시지를 갈라디아인들이 편하게 들을 수는 없었을 것이다. 그러나 "그들 안에 메시아가 형성되는" 유일한 방법은 그 길밖에 없었다.

결론

몇 가지 결론적 언급으로 마무리하겠다. 첫째, 나는 바울이 그의 청중에게 유대 회당의 규율과 관습에 복종하지 말라고 경고하는 방식에 다시 한번 깊은 인상을 받았다. 그는 이스라엘의 경전을 무시하는 마르키온의 방식이 아니라, 토라와 예언서, 성문서 안에서 장기적인 약속의 흐름을 분별해 내는 언약의 방식으로 경고한다. 그 약속에는 모든 민족을 아우르는 언약 갱신을 산출하는 새로운 출애굽에 대한 약속도 들어 있다. 바울은 이방인들이 복음을 통해 변화되는 것을 보았기 때문에 그것을 부정할 수 없었다. 바울은, 마치 메시아가 오지 않았다는 듯이, 이사야 53장이 성취되지 않았다는 듯이, 예루살렘이 오로지 유대인만의 어머니이라는 듯이, 아브라함의 가족이 시내 산 계시에 의해 정의되어야 한다는 듯이, 종말의 시계 방향을 되돌릴 수 있다고 생각하는 사람이 있다는 데에 경악했다. 바울은 논쟁에서 시종일관 성경적으로 우위를 점한다.

수사학적으로 볼 때, 이 모든 요지가 혼란에 빠진 갈라디아인들에게 어떻게 받아들여졌는지는 알기 어렵다. 다시 말하지만, 내가 생각하기로는 갈라디아 교회에 교사들이 있어서, 성경의 내용에 대해, 빽빽한 구약의 암시와 메아리로 바울이 무엇을 의도했는지에 대해, 이스라엘 경전을 자기 가족의 역사를 규정하는 이야기로 삼는 공동체로 산다는 것이 무엇을 의미하는지에 대해 설명해 주었을 것으로 봐야 한다.

정치적인 관점에서, 바울의 말은 폭탄과 같았다. 바울의 명령에 어떻게 순종해야 하는가? 아니, 보다 정확히 말하자면 사라가 아브라함에게 말한 요구를 바울이 교회에 대한 명령으로 전환한 것을 어떻게 따라야 하는가? 이같이 즉각적으로 제기되는 문제는 너무나 어려웠을 것이다. 바울의 명령은 밀접하게 연결되고 문화적으로 민감한 갈라디아의 도시들에서, 이미 사회적, 정치적인 의혹이 제기되었고 예수 신자들은 무슨 일이 일어날지 몰라 불안해했을 그곳에서 어떻게 받아들여졌을까? 이에 대해 바울은 유대인이나 헬라인이나 로마인도 상상조차 못한 자유를 누리는, 갱신된 인간으로 살아야 한다고 답했다. 이 논쟁적이지만 매혹적인 편지의 마지막 두 장에서 바울은 자유의 새로운 형태에 대해 설명할 것이다.

오늘날 신약성경에 의해 "형성"되기를 바라는 사람들에게 이것은 어떤 의미를 가지는가? 먼저, 이 본문의 내용은 모든 의견이 동등한 가치를 가졌으며 "포용"되어야 한다는 주장 일체(물론 멋지게 보이는 주장이다)에 도전한다. 특히 종족(민족)적 감수성(그 종류와 기원이 무엇이든)이 철저하게 존중되어야 한다는 주장에 도전한다. 안타깝게도 우리 시대에는 "모든 사람이 메시아 예수 안에서 하나"라는 선언이 많은 집단, 많은 국적의 사람들, 그리고 소수자들에게는 "이제 여러분 모두가 명예 백인 남성이 될 수 있다"라는 뜻으로 "들리게" 될 위험성이 있다. 바울의 말은 분명히 그런 뜻이 아니다. 또한 바울이 "여러분은 모두 아브라함 가족의 온전한 일원이 될 수 있다"고 말할 때에는, 이미 자기 자신을 비롯해 자기와 같이 제대로 자격을 갖춘, 정통파, "열심 있는" 유대인들까지도 "하나님에 대하여 살기" 위하여 "율법에 대하여 죽어야" 했음을 알고 있었다. 엄청나게 혼란스럽고 복잡한 우리의 세상에서는 아마도 매 상황마다 이 모든 내용을 생각하고 기도해야 할 것이다. "에큐메니칼"(교회 일치)을 촉구하는 명령은 여전히 유효하다. 세례받고 믿는 모든 예수 추종자들은 단일한 가족에 속한다. 이 명령이 여러 다른 문화적 압력이 있는 여러 다른 장소에서 어떻게 행해질 수 있을지 상상하기는 어려운 일이다. 하지만 우리 모두가 그것을 위해 기도해야 한다는 점에는 의심의 여지가 없다.

갈라디아서 5:2-26

본문 사역

² 자, 나 바울이 여러분에게 말합니다. 여러분이 할례를 받으면 메시아는 여러분에게 쓸모없을 것입니다. ³ 내가 다시 한번 증언하는 바는 할례받는 사람은 누구나 율법 전체를 행해야 할 의무 아래 놓인다는 사실입니다. ⁴ 여러분은 메시아로부터 분리되었습니다. 율법으로 의롭게 되기 원하는 여러분 말입니다! 여러분은 은혜에서 떨어져 나갔습니다. ⁵ 우리는 성령으로, 그리고 믿음으로, 의의 소망을 간절히 기다리고 있습니다. ⁶ 메시아 예수 안에서는 할례나 무할례나 아무런 힘이 없습니다. 정말로 중요한 것은 사랑을 통해 역사하는 믿음입니다.

⁷ 여러분은 잘 달리고 있었습니다. 누가 여러분에게 끼어들어 방해하고 여러분이 진리에 의해 설득되는 것을 막았습니까? ⁸ 그런 설득은 여러분을 부르신 분에게서 나온 것이 아닙니다. ⁹ 적은 누룩이 반죽 덩어리 전체에 퍼집니다. ¹⁰ 내가 주 안에서 확신하건대, 여러분은 이 점에서 나와 다르게 생각하지 않을 것입니다. 하지만 여러분을 힘들게 하는 자는 누구든 상관없이 비난받을 것입니다. ¹¹ 저는 말입니다. 내 사랑하는 가족 여러분, 내가 아직도 할례를 선포하고 있다면 왜 여전히 박해를 받고 있겠습니까? 그랬다면 십자가의 걸림돌은 무효화되었을 겁니다. ¹² 나는 여러분을 뒤흔들어 놓은 자들이 스스로를 잘라 내길 바랍니다.

¹³ 내 사랑하는 가족이여, 하나님이 여러분을 부르셨을 때는 여러분을 자유롭게 하기

위하여 부르신 것입니다. 그러나 여러분은 그 자유를 육신의 기회로 사용하지 마십시오. 오히려 여러분은 사랑을 통해 서로의 종이 되어야 합니다. [14] 왜냐하면 온 율법이 한 문장, 곧 이 말로 요약되었기 때문입니다. "네 이웃을 네 자신처럼 사랑하라." [15] 하지만 여러분이 서로 물어뜯고 서로 집어삼킨다면, 조심하십시오! 여러분은 피차 멸망하고 말 것입니다.

[16] 나는 여러분에게 이 말을 하고 싶습니다. 성령에 따라 사십시오. 그러면 여러분은 육신이 여러분이 행하길 바라는 것을 하지 않을 것입니다. [17] 육신은 성령을 거스르려고 하고, 성령은 육신을 거스르려고 합니다. 육신과 성령은 서로 맞서 있어서 여러분은 자신이 원하는 것을 행할 수 없습니다. [18] 하지만 여러분이 성령에 의해 인도받으면, 여러분은 율법 아래 있지 않습니다.

[19] 육신의 행위들은 명백합니다. 그것들은 성적 문란, 더러움, 방종, [20] 우상숭배, 주술, 적개심, 다툼, 시기, 격분, 이기적 야망, 분쟁, 분파, [21] 시샘, 술 취함, 흥청망청함, 그리고 그와 같은 부류의 행동들입니다. 내가 전에도 여러분에게 말한 적이 있는데, 다시 말합니다. 그러한 행동들을 하는 사람들은 하나님 나라를 상속받지 못할 것입니다.

[22] 그러나 성령의 열매는 사랑, 평화, 관대한 마음, 친절, 아량, 신실, [23] 온유, 자기 절제입니다. 이런 것들을 금지할 법은 없습니다! [24] 메시아 예수에게 속한 사람들은 자신들의 육신을 육신의 정욕과 욕망과 함께 십자가에 처형했습니다. [25] 우리가 성령으로 살면, 성령과 일렬로 맞춰 섭시다. [26] 우리는 서로 우열을 다투고 시기하면서 우쭐대지 말아야 합니다.

서론

현대 서구 세계에서는 갈라디아서 5장부터 "교리"가 "윤리"로, "이론"이 "실천"으로 전환된다고 생각한 사람들이 줄곧 있었다. 이렇게 보면 바울의 사고의 흐름의 외적 모습이 칸트 이후의 세계의 범주에 제대로 들어맞는다. 또한 이 견해를 지지할 만한 요소도 분명 있다. 갈라디아서 1-4장에는 명령은 거의 나오지 않는데 직설법 문장은 굉장히 많이 나온다. 하지만 갑자기 5장부터는, 특히 5:13 이후에는 명령법이 줄이어 나온다. 그리고 이 단락의 시작 부분5:2-6 및 5:7-12은 실제적인 명령이 거의 없음에도 불구하고 강력한 암시적 명령 하나로 이루어져 있다. "**할례를 받지 마시오.**"

이 강력한 경고가 갈라디아서의 주된 실천적 주제라는 점은 대부분 동의한다. 하지만 5:13부터 시작하는 단락이 어떤 역할을 하는지는 분명하지 않다. 5:13이 '가르'gar라는 단어로 5:2-12과 연결된다는 사실은, 최소한 바울이 앞서 논증했던 내용을 5:13부터 설명하고 있다는 점을 보여준다. "윤리적" 단락5:13 이하은 경고5:2-12를 강화한다. 여기에는 어떤 내적 논리가 있을까?

여기가 소위 옛 관점이 완전히 무너지는 지점이다.[1] 갈라디아서를 읽은 수많은 이들이 그랬듯이, 바울이 공격하는 근본 대상이 "율법주의", 곧 선하고 도덕적인 행동이나 심지어 할례 같이 전례적인 일을 행함으로써 천국에 간다는 구원론이라고 가정한다면, 바울이 갑자기 다음과 같은 의미로 말한 것은 말이 되지 않기 때문이다. "그런데 여러분은 이 규칙들을 지켜야 합니다. 그렇지 않으면 여러분은 하나님의 나라를 유업으로 받지 못할 것이기 때문입니다."21절 이 점은 꽤 분명한 문제로 보이기에 이를 해결하기 위해 다양한 해결책이 제안되었다. 그중 첫 번째는 (솔직히 말해) 피상적이고 형편없는 주장이며, 나머지 제안들은 약간 더 낫고 고민의 흔적이 보이기는 하지만 여전히 불충분하다.

---

1 *Paul and His Recent Interpreters*, 4, 5, 6장을 보라.

이 피상적이고 형편없는 주장은 갈라디아에 서로 아주 다른 두 집단—"율법주의자"와 "자유방종주의자"—이 있다고 말한다. "율법주의자" 집단은 할례를 비롯한 자신들의 선행으로 구원을 얻을 것이라고 생각했고, "자유방종주의" 집단은 그들이 그리스도인이라면 어떤 일이든 다 해도 된다고 생각했다.[2] 고린도에는 "자유방종주의자" 집단이 있었다는 증거가 있지만 갈리디아에는 그런 문제가 있지 않았던 것으로 보인다. 갈라디아서가 다루는 주요 문제(할례받으라는 압력)가 고린도 서신에서 다루는 문제가 아닌 것처럼 말이다.[3] 바울이 당면한 문제는 "율법주의자"와 자유방종주의자"의 대립과는 전혀 상관없었다. 내가 계속 주장했듯이, 바울이 할례에 대해 말하려는 논점은 할례가 구원을 얻는데 필요한 "도덕적 선행"이라는 말이 아니라, 이방인 남성—그리고 아마도 그의 가족—이 육신적으로 유대인인 아브라함의 가족에 합류한다는 표시라는 것이었다. 바울은 세례받은 신자들인 예수 추종자들이 이미 아브라함의 자손이라고 주장하며, 할례받은 것은 메시아의 새로운 시대가 시작되었음을 전혀 받아들이지 않고 메시아가 십자가에 못 박힐 필요가 없었다고 믿는 것을 의미한다고 주장한다. 할례를 받거나 다른 사람에게 할례를 받으라고 압력을 가하는 것은 바울이 2장에서 명명한 "복음의 진리"를 부인하는 일이다. 바울이 갈라디아서 전체에 걸쳐 다루는 "복음의 진리"의 내용은 다음과 같다. 메시아의 죽음과 부활, 그리고 성

---

[2] 이러한 입장을 주장한 고전적 예로는 J. H. Ropes, *The Singular Problem of the Epistle to the Galatians* (Cambridge, MA: Harvard University Press, 1929), 9-10, 43-44과 R. Jewett, "The Agitators and the Galatian Congregation," *New Testament Studies* 17 (1971): 212을 보라.

[3] 이는 아마도 예수 추종자들을 유대교 내의 운동으로 보아야 한다는 행 18:12-17의 갈리오의 판결 때문인 것 같다. 이 주제 하나를 다루는 것으로도 전문적인 연구가 될 것이다. Winter, *After Paul Left Corinth*, 135, 190-91, 278-79을 보라.

령의 능력을 통해 하나님의 백성이 재정의되었다. 하나님의 백성은 단일한 가족으로서, 그 존재 자체와 삶의 방식(둘 다 메시아를 중심으로 한다)을 통해 하나님이 하늘에서와 같이 땅에서도 새 창조를 시작하셨고 지금 모든 민족에게 믿음의 충성을 촉구하신다는 사실을 나타낸다.

따라서 "반反율법주의" 메시지에서 "반反자유방종주의" 메시지로 바뀌었다고 말할 수는 없다. 소위 "새 관점"new perspective의 기본 요지는 이 같은 주장에 강하게 반대한다. 바울 시대의 유대인들은 원原펠라기우스파proto-Pelagians도 아니였고 율법주의에 반대하는 자유방종주의자도 아니었다(즉, 갈 1-4장의 비판 대상이 원펠라기우스파, 갈 5-6장의 비판 대상이 자유방종주의자라는 주장은 틀렸다). 바울이 말하는 바는, 창조주 하나님이 줄곧 약속하신 일을 메시아 예수 안에서 행하셨다는 것이다. 하나님은 창조에 대항하는 어둠 권세를 정복하시고 새 창조를 시작하셨다. 이는 할례를 비롯한 모세 율법 체계가 하나님의 계획 안에서 **좋은 것이지만 한시적** 단계였음을 보여주었다. (어떤 신학 사조의 입장에서 볼 때는 하나님이 애초에 단계별 계획을 가지고 계셨다는 개념이 너무나 직관에 반하는 것이었다. 그러니 그런 신학 사조가 이 요점을 놓치거나 왜곡해 생각한 것은 놀라운 일이 아니다).

토라 없이는 도덕적 공백이 생기게 된다고 본 사람들이 실제로 있었을 것이다. 이러한 견해가 갈라디아의 개종자들이 그들 자신의 문화에서 물려받은 윤리적 불확실성으로 인한 불안과 연결되었을 수 있다. 이 문제에 대해 존 바클레이John Barclay가 다음과 같은 해결책을 제시했다. 바울은 자유방종주의를 비판하는 것이 아니라, 이런 윤리적 불확실성으로 인한 불안을 알고서 토라가 아니라 성령을 따르는 삶을 통해 그 문제를 다루고 있다는 것이다. 바클레이는 6장 앞부분부터 이러한 흐름이 나옴을 짚어 낸다. 사실 여기서 장절 구분은 다소 임의적이다. 6장의 첫

열 절은 실천적이고 목회적인 부분이어서 6장 후반부보다는 5장과 더 자연스럽게 이어진다.[4] 바클레이는 갈라디아인들이 신분과 "가치"를 추구하는 복잡한 사회문화적 경쟁—거의 모든 형태의 공동체에 영향을 끼치지만 교회에서는 있어서는 안 될 상황—을 그리스도교 공동체 안에서 다시 하게 될 위험성이 있었다고 본다. 나는 바클레이의 견해가 옳다고 보지만 그보다 더 깊이 나아갈 수 있다고 생각한다.

나는 예전에 쓴 연구물에서 갈라디아서 5장은 5장 이전 논증이 다른 형태로 연속된 것이라고 주장했다.[5] 4장에서 이미 강조된 '사륵스'$^{sarx, 살,}$ ^{육신}라는 단어가 논증의 두 부분을 잇는 경첩 역할을 한다. 할례는 '사륵스'에 수술을 하는 것이고, '사륵스'에 집중하고 주의를 기울이며, '사륵스'에 따라$^{kata\ sarka}$ 아브라함의 가족의 일원임이라고 주장하는 것이다. 바울 시대의 "하나님을 경외하는 사람"$^{God-fearer}$들과 개종자들은 시끌벅적한 여러 이교도 신들보다 유일신 신앙에 기반을 둔 유대적 사회 정체성에 매료되었다. 도덕적으로 무질서한 이교 세계의 사람들 중에는 유대인의 높은 기준을 새로운 대안이라고 여기는 사람이 많았다. 많은 이가 "하나님을 경외하는 사람"이 되었다. 어떤 이들은 모든 절차를 밟아 (남자들은 할례를 받았다) 완전한 개종자가 되었다. 이러한 배경에서 갈라디아서 5장을 읽으면, 갈라디아서 5장이 이러한 사고방식에 도전하는 것임을 알 수 있다. 바울은 육신에 집중하여 전력을 다해 봤자 얻는 것은 육신뿐이라고 단언한다. 바울은 이 점을 6:7-8에서 명확하게 밝힌다. "심고 수확하는" 이미지를 한편으로는 부패한 육체에, 다른 한편으로는 영과 생명에 적용하는 것이다. 이는 신명기 마지막 부분에 나오

---

4   J. M. G. Barclay, "Grace and the Countercultural Reckoning of Worth: Community Construction in Galatians 5-6," in Elliott et al., *Galatians and Christian Theology*, 306-17.
5   가령 *Pauline Perspectives*, 13장을 보라.

는 경고와 약속과 비견할 만한 내용이다. 사망과 생명이 앞에 놓여 있으니, 생명을 택하라!

이렇게 보는 관점은 5장 내용을 잘 이해하게 해주지만, 5장의 특징 모두를 완전히 설명하지는 못한다. 나는 여기서 마르뛰니스 드 부어Martinus de Boer의 주장에 대한 논의를 잠시 보류하겠다. 그는 자신의 전반적인 해석 전략에 따라 두 초월적 세력 간의 "우주적 전쟁"이 있다는 관점에서 육체와 영에 관한 핵심 구절을 이해한다. "육신"과 "영"이 지속적인 전투를 하는 가운데, 인간은 작은 국가가 큰 나라들 사이의 대리 전쟁의 무대가 되는 것처럼 이 전쟁에 휘말린다. 나는 이러한 해석에 타당한 부분이 있기는 하지만, 내가 이해한 5장의 온전한 힘을 파악하지 못한다고 생각한다.

더 만족스러운 해결책을 찾던 중 나는 다른 학자들과 마찬가지로 바울의 주장에서 예상치 못한 짧은 문장 하나에 충격을 받았다. 다른 서신에 나오는 바울의 도덕적 가르침을 고려하면, 우리는 바울이 "육신의 행위들"에 대한 공격이, 예를 들어 로마서 1:29-32에 열거된 행위들에 초점을 맞출 것이라고 예상하게 된다. 물론 겹치는 부분도 있긴 하지만, 이 단락은 다른 점을 강조하는 것으로 보인다. 두 절이 특히 눈에 띈다.

15절은 가장 예상치 못한 내용을 담고 있다. 마가복음 12장을 비롯한 여러 곳에서 나오는 예수의 말씀처럼, 그리고 바울 스스로도 로마서 13장을 비롯한 여러 곳에서 말한 것처럼, 그는 "사랑하라는 계명"을 강조한 뒤 이렇게 말한다. "여러분이 서로 물어뜯고 서로를 집어삼킨다면, 조심하시오! 여러분은 피차 멸망하고 말 것입니다." 이는 분명 은유적 표현이다. 아무리 역사적 상상력을 발휘한다고 하더라도 갈라디아 공동체들 가운데 서로를 잡아먹는 식인 풍습이 있었을 거라고 생각하기는 어렵다. 하지만 15절이 은유라고 해서 "서로 물어뜯고 집어삼킴"이라는 표현이 그저 "상호간의 격렬한 비방"만을 은유적으로 가리킨다는 뜻은 아니다. 그보다는 실제 벌어진 물리적 폭력, 즉 위험할 정도로 분열된 공동체에서 서로를 향한 분노로 비난과 비난이 이어지다가 물리적 공격과 대립으로 분출된 상황을 가리키는 것으로 보인다. 교회사의 다른 시기(분명한 예로는 북아프리카의 도나투스 논쟁을 들 수 있다)를 떠올려 보기만 해도 이러한 일이 얼마나 쉽게 일어날 수 있는지 볼 수 있다. 오늘날에도 여러 나라에서 그리스도인들 사이에 많은 폭력이 있었다. 영국에서 일어난 분명한 예로는 북아일랜드를 들 수 있고, 다른 나라에서는 교파(가령 가톨릭과 동방정교회의 예를 보라)간뿐만 아니라 교파 안에서는 물론 그보다 작은 집단들 사이에 여러 추악한 갈등이 있었다. 때로는 집단의 규모가 작을수록 과도하게 방어적인 사고방식이 자라나기 시작하면서 새로운 분열이 발생할 가능성이 높아지는 것 같다. 전통적 공동체들과 그들의 종교적 관습을 재편했던 대대적인 로마화Romanization와 더불어 갈라디아에 존재했던 사회적, 문화적, 정치적 압력을 상기하면, 이런 종류의 상황이 발생했을 가능성이 더욱 높다고 할 수 있다. 그래서 나는 15절만 보아도 바울이 사회문화적 압력과 외부로부터의 위협 때문에 더 심해진 분파주의로 인해 작은 그리스도교 공동체가 찢어질 위협 아래 있는 문제 상황을 다루고 있다고 볼 수 있으며, 이야말로 5장의 진정한 요점이라고 생각한다.

그러면 편지의 일관성이 분명해진다. 아브라함의 가족의 신학적 단일성을 논증한 바울은 이제 그 단일 가족을 깨뜨리려는 행동을 비판하는 논증을 편다. 갈라디아서라는 편지는 통으로 교회 일치에 관한 것이다.

예상치 못한 두 번째 말은 26절에 나온다. 바울은 19-23절에서 "육체의 행위들"과 "성령의 열매"를 열거한다. 그는 24절에서 메시아 백성(2:19의 바울 자신의 경우와 마찬가지로)은 "육신을 십자가 처형했"고, 그들의 삶은 성령의 인도를 받아야 한다고[25절] 강조한다. 그런데 그는 26절에서 이렇게 결론을 내린다. "우리는 서로 우열을 다투고 시기하면서 우쭐대지 말아야 합니다." 이는 "윤리"가 "신학"에서 유래했다는 현대 학자들의 관점에서 볼 때 "윤리"적 지침의 절정부에 나올 것이라고 예상한 것과 분명 잘 들어맞지 않는다. 다시 바울이 특정한 구체적 문제를 언급하는 듯 보이기 때문이다. 사람들이 사회문화적으로 경쟁적인 정신적 성향을 교회에서도 드러낸다. 바클레이는 충분한 근거를 들어 이러한 상황의 중요성을 강조한다.

교파와 관련된 것을 막론하고 굳이 교회 생활을 많이 겪지 않아도 이런 성격의 일이 어떻게 일어나는지 알 수 있다. 다시 말하지만, 여기서 바울이 겨냥하는 대상은 일반적 의미의 "자유방종주의"나 전체적인 개념으로서 윤리적 불확실성의 문제가 아니라 교회에서 반복적으로 발생하는 사회문화적 문제의 특정한 형태로 보인다. 어쩌면 작은 규모의 무리들이 미묘하게 다른 입장을 두고 논쟁을 벌이다가 다시 분열되었을 것이다. 어쩌면 살짝 다른 문화적 또는 정치적 성향 때문에 이렇게 다른 입장을 갖게 된 사람들이 생겼을 수도 있다. 가장 격렬한 논쟁은 바로 이런 경우에 벌어지게 되는데, 격해지기 쉬운 고대 지중해권 문화에서 이러한 논쟁은 쉽게 폭력으로 번질 수 있었다. 사람들이 서로를 만나기를 꺼리거나 거래를 끊겠다고 위협하면서, 자기들의 가정 교회와 자녀들에게 **이것 만이** 예수를 따르는 "옳은" 길이며 다른 편 사람들은 완전히 길에서 벗어났다고 가르치면서 말이다.

곧 살펴보겠지만, 바로 이런 것들이 바울이 이 단락에서 실제로 다루는 사안임을 보여주는 또 다른 명백한 표시들이 있다. 나의 전체적인 요점은 6장의 시작 부분과 더불어 5장이 2:15부터 5:1로 이어지는 긴 논증과 전적으로 궤를 같이 한다는 것이다. 이 편지는 **모든 메시아 백성**

들의 **일치**에 관한 것이며, 바울은 이 주제가 이론적 표현("여러분은 모두 아브라함의 자녀입니다")뿐만 아니라 현실 속에서도 실제로 뒷받침되어야 한다고 본다. 일치와 조화 가운데 살려면 율법이 아니라 성령이 필요하다. 따라서 바울은 "육신의 행위들"을 열거한 목록에서 적대감을 드러내고 자극하는 품성적 특질을 중심으로 집중적으로 논한다. 마찬가지로 "성령의 열매"를 다룰 때는 일치를 이루는 특질들에 집중한다.

그러므로 나의 예비적 고찰의 결론은 이러하다. 갈라디아서 5장은 가장 깊은 수준에서 우리가 지금껏 따라온 자연스러운 논증에 속한다. 이는 믿고 세례받은 메시아 백성은 모두 아브라함의 단일한 가족에 속한다는 갈라디아서의 근본적 주제를 취하여 그것을 실천적인 전략으로 바꾼다. 민족끼리 불화합, 지도자 숭배, 또는 사회문화적 경쟁 등등으로 발생하는 모든 분열은 성령에 의한 새로운 생명에 완전히 굴복되어야 한다. 갈라디아인들은 3:1-5 및 4:6-7과 마찬가지로 자신들이 이미 성령을 받았다는 사실을 알고 있다. 이제 그들은 성령을 받아서 만들어내야 할 것이 무엇인지 깨닫고 실행으로 옮겨야 한다. 메시아의 생명에 의해 빚어지고 힘을 받은 단일 공동체, 그리고 메시아의 사랑을 재현한[2:20] 십자가 모습의 사랑의 삶[5:24]이 바로 그것이다.

5:2-12 경고와 도전

5장은 크게 두 부분으로 나뉜다. 먼저 짧은 두 개의 단락—매우 생략된 형태의, 거의 격언에 가까운 경고[5:2-6]와 도전[5:7-12]—이 있다. 이 단락들은 좀 모호하지만 상대적으로 볼 때 별 문제가 되지 않는다. 그 뒤에 5:13-26에서 율법과 성령과 육신에 대한 논증이 나온다. 전체적인 취지를 파악하더라도 이 부분은 상당히 복잡하다. 상대적으로 문제가 되지 않는 본문부터 시작하자. 5:2-12에서 마침내 바울의 기본 명령이 나온다. "거울 읽기"^mirror reading가 신중을 요하고 종종 불확실하다는 점을 모르는 사람은 없다. 하지만 일부 갈라디아인들이 할례를 진지하게 고려했고 바울이 "할례받지 말아라. 칼에 굴복하지 말아라"는 메시지를 전했다는 점에는 의심의 여지가 없다.

우리는 이 내용을 내내 알고 있었기에 바울이 이를 여기서 처음으로 명시적으로 말했다는 사실에 놀랄 수도 있다. 물론 바울은 앞서 이 내용을 넌지시 비쳤다. 특히 2장의 디도에 대한 언급에서, 그리고 비슷한 용어를 사용하여 기술한 안디옥에서 베드로의 행동과 관련하여 말이다. (디도는 할례를 "강요받지" 않았다. 베드로는 이방인들에게 유대인이 되라고 "강요했다.") 이제 문제적 상황이 명시적으로 공개되었다.

이 기본 명령은 공식석상에서 말하는 듯이 엄숙하게 표현된다. "자, 나 바울이 여러분에게 말합니다."^ide ego Paulos lego hymin 바울은 4장에서 신학적 논증을 최고조에 이르게 한 뒤, 이를테면 위엄 있게 몸을 꼿꼿이 세워 서서 심호흡을 하고 말한다. "이것이 전체 요지입니다."

당연히 이 말은 교회 전체가 아직 다 할례를 받지는 않았음을 함의한다. 할례가 유대인이 되는 절차의 마지막 단계[6]였을 것이므로, 개종자 중 일부는 이미 거룩한 날들을 준수(4:10에서 말한 대로)하고 음식 규정을 지키는 등 유대교의 상징적 관습을 받아들였을 가능성이 높다. 바울은 어떤 상황에서도 어떻게 해서든 마지막 단계를 밟아서는 안 된다고 말한다.

---

6   Dunn, *A Commentary on the Epistle to the Galatians*, 264; Keener, *Galatians*, New Cambridge Bible Commentary, 230과 관련 문헌 목록.

5:2-6 경고

바울은 유사한 세 개의 진술을 통해 이러한 경고를 한다. 2b절에서는 메시아가 여러분에게 아무런 소용이 없게 될 것이라고, 3절에서는 여러분은 토라 전체를 지켜야 할 것이라고, 4절에서는 여러분은 메시아로부터 끊어져서 은혜로부터도 끊어질 것이라고 말한다. 마지막 진술은 두 갈래로 더 자세히 설명된다. 즉, 5절에서 우리의 언약 내 지위는 성령과 믿음과 소망에 달려 있다고 말하고, 6절에서 중요한 것은 할례가 아니라 "사랑을 통해 역사하는 믿음"이라고 말하는 것이다.

5:2 공식석상에서 말하는 듯한 표현("자, 나 바울이 여러분에게 말합니다")을 사용함으로써 이 절은 큰 표제 같은 의미를 가지게 된다. 아마도 (현대의 조판 형식에서는) 굵은 글씨체나 영어 대문자로 표시할 수 있을 것이다. **여러분이 할례를 받으면 메시아는 여러분에게 쓸모없을 것입니다.**

바울은 여기서 갈라디아인들이 기대할 수 있는 "이익"이 무엇인지 자세히 풀어서 말하지 않지만, 5절의 종말론적 요지와 그보다 더 명확한 21절의 종말론적 요지에 비추어 볼 때 그 "이익"이 궁극적 소망, 곧 종말에 언약의 구성원으로 확증되어 하나님 나라에 속하게 될 것이라는 소망("의의 소망")이라고 생각할 수 있다. 이는 사실 바울이 2:21에서 말한 것과 같은 요지다. 언약의 구성원이라는 신분이 토라를 통해 얻어진다면 십자가 처형을 당한 메시아는 필요하지 않았을 것이다. 하지만 하나님이 주신 것이 그런 메시아라면, 그 의미는 다음 둘 중 하나일 수밖에 없다. 그의 죽음이 시간과 노력의 낭비였다는 의미이거나 "의", 곧 단일한 언약 가족의 일원이라는 지위를 토라를 통해 얻을 수 없다는 의미일 것이다. 특정해서 말하자면, 할례를 통해서는 "의"를 얻을 수 없다는 의미로, 할례는 말하자면 열심 있는 유대인들이 이방인 개종자들에게 적용한 율법의 날카로운 칼날이었다.

5:3 역접사 '데'*de*를 제외하면 2절과의 연결이 없는 3절은, 추가적인 설명이 없는 하나의 주장이다. 즉, 할례받은 사람은 모두 율법 전체를 지켜야 할 의무가 있다는 것이다. 바울은 앞서 이미 이것을 말했음을 암시한다("내가 다시 한번 증언합니다"). 바울이 언급하고 있는 절이 정확히 무엇인지는 분명하지 않지만 말이다.[7] 경쟁 교사들은 단순히 할례(아마도 유대 명절과 같은 일상적인 유대인의 삶을 외적으로 나타내는 몇몇 다른 표시와 더불어)받는 것 자체만으로 충분하다고 주장한 것으로 보인다. 그러한 행동은 (우리가 앞서 추측했던) 실용적 목표, 곧 이방인 개종자들이 의심의 눈초리를 보내는 이웃과 지역 관리들을 향해 자신들이 정말 유대인 공동체의 일부이므로 유대인 공동체의 특권—특히 황제 숭배를 비롯한 지역의 종교 제의에 참여하지 않아도 된다는 승인—을 공유한다고 주장하기에 충분했을 것이다. 경쟁 교사들은 갈라디아 개종자들이 토라의 다른 모든 계명도 지켰는지 여부는 신경 쓰지 않았을 것이다. 이는 바울이 6:13에서 말한 내용, 곧 경쟁 교사들 자신들이 사실 토라를 제대로 지키지 않는다는 언급과 잘 맞아떨어진다. 이전에 열심 있는 바리새인이었던 바울은 경쟁 교사들의 뻔한 가식을 꿰뚫어 볼 수 있었다! 그는 누구보다도 온전한 토라 준수가 어떤 것인지 잘 알았다. 그는 경쟁 교사들이 단지 가식적으로 행동한다는 것을 알 수 있었다. 경쟁 교사들은 더 큰 규모의 유대인 공동체와 지켜보는 이교도 세계를 향해 다음과 같은 내용을 잘난 듯이 설명하고 싶어 했다. 이 특이한 이교도들이 스스로를 아브라함의 자녀라고 주장하면서도 아브라함의 자손임을 외적으로 적

---

[7] 바울은 여기서 자기가 했던 말을 반복하고 있는 것 같다. 어떤 학자들(가령 Schreiner, *Galatians*, 314)은 3:10을 가리킨다고 주장하는데, 이 요지(할례를 받으면 율법의 전면적인 준수라는 의무가 따라온다)는 3:10에서 명시적으로 나오지 않는다.

절히 나타내는 표시를 하고 있지 않는 비정상적 상황을 자신들이 해결했다고 말이다. 바울은 그것이 토라가 작동하는 방식이 아니라고 말한다. 경쟁 교사들은 여러분을 얕잡아보고 있다. 경쟁 교사들은 바울이 복음의 일부분만을 전파했다고 비난했다. 바울은 경쟁 교사들이 토라의 일부분만을 전파한다고 비난했다. 바울은 갈라디아인들이 경쟁 교사들의 조언를 따른다면 경쟁 교사들은 갈라디아인들을 이도저도 아닌 상태로 만들 것이라고 말한다. 진정한 메시아 백성의 일원도 아니고, 토라를 준수하는 진정한 유대인도 아닌 상태가 된다는 것이다.

5:4 게다가 그들은 극명한 선택의 기로에 있다. 여기서 다시 2:15-21의 반향을 본다. 바울 자신은 "율법을 통해 율법에 대하여 죽었"고, "의가 율법을 통하여 온다면 메시아도 헛되이 죽으신 것이다"라고 결론지었다. 여기서 바울은 같은 말을 다른 각도에서 한다. 누구든지 토라로 의롭게 되려고 하면 메시아에게서 끊어진다. 신학적으로나 역사적인 측면에서 그러한 행동은 십자가 처형을 당한 예수가 결국 메시아가 아니었음을 암시하는 것이다. 실천적으로는, 그들은 메시아의 죽음과 부활 안으로 들어가는 세례로 정의된 공동체에서 스스로를 배제시키고 있다. 바울은 2:21에서 자기는 "하나님의 은혜를 무시하지 않는다"고 말했다. 그는 이 절에서 그 요지를 반복한다. 토라를 통해 의로움을 얻으려는 것, 곧 토라를 통해 언약 구성원 지위의 정당성을 주장하는 일은 복음의 은혜를 무시하고 거절하는 것이다. 모세 율법 준수만 필수적이라면 십자가 처형을 당한 메시아가 자신을 내어 주신 사랑은 필요하지 않다는 말이 된다. 2:19-21과 이렇게 밀접한 유사성이 있다는 것은, 5:4의 문장이 많이 생략된 형태여서 거의 단어간의 연결성이 없지만, 이것이 편지 전반에 걸쳐 바울이 말하고자 하는 핵심에 매우 가깝다는 점을 보여준다. 메시아와 그의 백성은 하나님의 종말론적 은혜라는 유

일무이한 사건을 구체화한다. 할례를 받는 것은 이 은혜가 결국 필요하지 않다고 말하는 것과 같다. 하나님의 백성이 되는 길이 이미 있다고 생각하기 때문이다.

바울은 이례적으로 [은혜에서] "떨어져 나감"falling away, tēs charitos exepesate이라는 표현을 쓴다. 그는 "은혜"—메시아 사건에 나타난 하나님의 행동을 축약해 나타낸 단어—를 절벽을 지닌 가파른 산으로 마음속에 그리는 것 같다. 하나님의 행동만으로 산의 정상에 오른 갈라디아의 개종자들이 이제 절벽에서 떨어질 위기에 처해 있다.[8]

5:5-6 이제 마침내 바울은 따로따로 분리된 이 세 가지 경고에 대한 약간의 설명을 더한다. 5절은 4절을 설명한다(따라서, 2절과 3절에 대해서도 설명한다). 다음으로 6절은 사고의 흐름 전체를 설명하면서 편지 전체의 추가적인 토대 혹은 요약적 진술을 제시한다. 그래서 바울은 5절에서 토라를 통해 사람이 "의롭게 된다"(곧, 언약 백성 안에 있음이 입증됨)는 경쟁 교사들의 가르침과 대조되는, 예수의 형상을 띤 **종말론적 칭의**에 관한 비전을 제시한다. "우리는……'의'의 **소망**을……**기다리는 중**입니다." 이 소망은 복음 안에서, 메시아 안에서 그리고 세례 안에서 선취되는 것이 확실하다. 그런데 개시된 종말론(즉, "현재의 악한 세대"가 여전히 나름 요란한 소리를 내고 있음에도 불구하고, "장차 올 세대"가 메시아 사건을 통해 실제로 개시되었다는 믿음)의 요점은, 현재적 칭의가 의미를 얻는 것은 그것이 온전한 궁극적 실체의 선취라는 사실 때문이지, 경쟁 교사

---

8   이는 지나치게 직역("떨어지다" 혹은 "밖으로 떨어지다")한 것일 수도 있다. BDAG (307-8)는 "항로를 이탈하다"(행 27:17, 26의 난파에서 사용되었듯이) 혹은 "실패하다"(바울이 롬 9:6에서 하나님의 말씀이 실패로 돌아가지 않았음을 천명할 때 사용함)를 비롯한 다양한 은유적 의미를 지닌다는 점을 보여준다. BDAG가 갈 5:6의 뜻으로 제시하는 것처럼 "상황이 더 나빠지다"라는 표현으로 사용된 몇 가지 고전적 예가 있다.

들의 말처럼 그것이 이를테면 현재에 이미 완료된 일이라는 사실 때문이 아니라는 것이다.

여기서 바울은 "의"의 **소망**에 대해 말한다. 이 소망은 로마서 8장에 자세히 설명된 바 전형적으로 예수의 모습을 지닌, 성령으로 추동된 소망으로써, 하나님이 성령의 능력으로 종말의 때에 자기 백성을 죽은 자 가운데서 살리시는 일이 그들이 언제나 하나님의 진정한 언약 백성임을 입증하는 증거가 될 것이라는 기대이다. 하나님이 그의 백성이 새로워진 창조에 참여하도록 죽은 자들 가운데서 일으키실 때(이 부분은 로마서에서 자세히 설명되고 갈라디아서에서는 단지 암시되었다), 이는 현재 '피스티스'_pistis_에 근거해 선언된 판결을 종국적으로 입증하는 것이 될 것이다. 이 점이 로마서에서는 8장의 마지막 단락 8:31-39에서 "의" 언어가 승리의 분위기 속에서 다시 등장할 때 분명해진다. 그렇다면 이 "의의 소망"은 하나님의 백성 가운데 성령에 의해, 그리고 믿음을 통해 고무되고 유지되는 소망이다. 나는 여기서의 믿음은 메시아의 신실하심이 아닌 신자의 믿음으로 본다(물론 메시아의 신실하심이 그 바탕에 있지만). 이는 경쟁 교사들이 "과도하게 실현된 종말론"_overrealized eschatology_의 한 가지 형태를 추구하고 있음을 함의한다. 마지막 날에 있을 궁극적인 미래의 판결에 대한 구체적 언급 없이 그 자체의 (사회적, 문화적, 정치적) 목적을 따라 현재의 공동체를 세우는 데 집중하면서 말이다.

따라서 6절에서 바울은 "정말 중요한 것"이 무엇인지에 대한 정밀한 요약으로 작은 논증을 완결짓는다. 갈라디아서 6:15과 역설적인 고린도전서 7:19에서도 이와 유사한 구절이 나온다.[9] 메시아 예수 안에서는 할례나 무할례나 아무런 힘이 없다._ischyei_ 이 선언은 "논쟁에서 중요

---

9   "하나님의 계명"에는 당연히 할례가 포함되는 게 일반적이므로 이 절은 "역설적"이다.

한 것", 곧 "타당성이 있다"[10]는 보다 추상적인 의미는 물론, 하나님의 백성을 최종 목표로 나아가게 하는 능력, 곧 힘이 중요한 것임을 암시한다. 더 정확히 말해서, "메시아 예수 안에서" 중요한 것은 메시아 예수 자신이 보여주신 모습일 것이다. 여기서 우리는, 대부분의 주석가들은 알아차리지 못했지만, 바울의 유명한 결론인 "사랑을 통해 역사하는 믿음"*pistis di' agapēs energoumenē*이 2장에서 예수에 대해 말한 것과 정확히 일치한다는 점에 주목해야 한다. 2장에서 메시아의 '피스티스', 곧 그의 "신실하심"은 자신을 내어 주는 사랑으로 적극적으로 표현되었다. 그분은 "나를 사랑하셔서 나를 위해 자기 자신을 주셨습니다."2:16, 20 따라서 6절은 논리적으로 자명하다. 우리가 **예수**에 대해 가장 확실하게 알고 있는 것이 **그것**(자신을 내어 주는 사랑—옮긴이)이라면, "메시아 예수 안에"[11] 있는 사람들은 현재 삶에서 동일한 특질을 가진 이들로 식별될 수 있어야 한다. 메시아의 백성은 **메시아성**messiahness이라고 부를 만한 것의 현실의 작은 모형이기 때문에, 사람들은 누가 메시아의 백성인지 구별할 수 있다. 그들 역시 "사랑을 통한 믿음"이라는 특질을 지닌 백성이다.

물론 바울은 이미 "믿음에 의한 칭의"를 주장했고, 이는 여기서 반복되는 요점이다. 5:13-26로의 전환을 미리 예비하는 이 단락에서 새롭게 등장하는 주제는 사랑, 곧 '아가페'*agapē*이다. 그런데 여기서 바울이 사랑을 강조한다고 해서—의심에 찬 개신교도들이 늘 의아하게 여겨 왔듯이—실제로 "믿음"의 의미를 손상시키고 있다고 볼 수 있는가? 정

---

10 참조. BDAG는 '이스큐오'*ischyō*가 뜻하는 여러 의미 가운데 하나로 "유효하다"를 든다. 그 예로 갈 5:6과 히 9:17을 인용한다. 영어로는 "효력(힘)이 있다"고 번역해도 될 것이다.

11 일부 사본에는 "예수"라는 단어가 나오지 않는데, 이는 필사가가 생략한 것임이 분명하다.

말 [믿음에] "행위"를 덧붙이고 있음을 시사하는 부분이 있는가? 전혀 그렇지 않다. 바울이 여기서 언급하는 것은 신자 안에서 성령을 통해 역사하는 메시아 자신의 사랑이다. 그렇기 때문에 이 사랑이 하나님의 은혜의 일 옆에서 은밀하게 칭의에 함께 기여하는 독립적인 "인간의 행위"라는 암시는 전혀 없다. 그리고 이 사실과 별개로 이 단락에서 "사랑"의 핵심은, 그것이 아브라함의 단일 가족, 단일한 메시아적 가족, '피스티스 크리스투'*pistis Christou*의 두 가지 의미 모두에 의해 정의되는 그 가족을 한데 묶는 접착제라는 것이다. 물론 선교를 통해 사방으로 퍼져 나가는 더 넓은 범위의 사랑이 있다.[6:10] 그러나 곧 분명해지겠지만 여기에서 바울은 사랑을 증진하는 데에 관심을 둔다. 파당을 지어 싸우는 것과 사회적 또는 문화적 시기와 질투로 인한 소모는 사랑으로 대체되어야 한다. 의롭게 하는 믿음의 "순수성"에 대한 이 시대의 염려가 원인이 되어, 서로를 향한 값비싼 사랑을 실천하는 것이 자신의 칭의를 훼손할 위험성이 있다는 판단에 근거해 문화적으로 조건화된 말다툼과 당파 싸움을 벌이는 상황은 극도로 아이러니하지 않은가!

5:7-12 도전

계몽주의 이후에 사는 우리가 느끼기에는 일단 독자들에게 사랑하라고 촉구한 후에는 누구에게도, 심지어 적대적인 분쟁 유발자들에 대해서도 어떤 "험악한" 말도 해서는 안 될 것 같다. 바울은 그런 식으로 자제하지 않는다. 아마도 그가 사태의 긴급성을 알고 자신의 주장을 분명히 하기 위해 모두 수사적 장치를 동원하고 싶었기 때문일 것이다. 7절부터 12절은 그가 쓴 모든 편지 가운데 가장 격렬한 비판을 담고 있으며, 그 단락은 아주 난해한 농담이나 신랄한 야유처럼 보이는 말로, 혹은 (최대한 부드럽게 표현하자면) 상당히 반어적인 말로 끝난다.[12]

바울은 할례 논쟁의 핵심이었던 "자르기"라는 주제를 가지고 언어유희를 하면서 단락을 언어적 통일체로 직조했다. 7절: 누가 "여러분에게 끼어들어 방해했습니까?"cut in, *enekopsen* 12절: 나는 여러분을 뒤흔들어 놓은 자들이 스스로를 잘라 내길cut off, *apokopsontai* 바랍니다. 바울이 이 중 첫 번째 말을 언어유희로 의도했다고 보면 12절의 느닷없음이 좀 덜해진다. "자를 것이냐, 말 것이냐"to cut or not to cut가 편지 전체의 주제이고, "끼어들어 방해하다"cut in는 일어난 일이며, "잘라 내다"to cut off는 바울이 지금 권고하는 내용이다.

이 언어유희 안에는 수사적 효과를 증가시키는 또 다른 요소가 있다. 7절에서 바울은 갈라디아인들이 진리에 의해 "설득되지" 않았다고 말한다. 8절에서 그는 이 "설득"이 그들을 부르신 분에게서 난 것이 아니라고 말한다. 10절에서 그는 갈라디아인들이 모든 일에 대해 바르게 생각하라고 주 안에서 "설득되었"다고 말한다.

이러한 수사적 장치들 안에서 또다시 바울은 자신의 어떤 편지에서보다 생생하게 은유들을 혼합한다. 갈라디아인들이 경주를 하고 있는데 누군가 끼어들었다. 한 강력한 논쟁가가 그릇된 견해로 그들을 설득했다. 그러니 그들은 온 덩어리에 퍼질지도 모를 누룩을 조심해야 한다. 왜냐하면 법 집행자들이 갈라디아인들을 괴롭히고 있는 그 사람을, 십자가에 걸려 넘어지지 않으려고 발버둥치는 그 사람을 곧 따라잡아 체포할 것이기 때문이다. 그러므로 문제를 일으키는 사람들은 스스로 거

---

12   엄청난 시대적, 문화적 거리 때문에 이 단락 전체가 어느 정도의 뉘앙스인지 알 수 없다. 우리는 문화적 공명, 즉 이와 같은 말들이 들리는 울림 방에 대해 내가 생각하는 것보다 더 많은 것을 알아야 한다.

세해야만 한다![13] 이 모든 것을 보면 바울이 그저 화를 내는 것에 그치지 않고, 완전히 의식하는 가운데 경쟁 교사들을 놀리고 있다는 것을 점차 더 확실하게 느낄 수 있다. 바울이 청중의 문해력을 제대로 판단했기를 바랄 뿐이다.

이 모든 요소들은, 편지 앞부분의 신중하고 차근차근 전개된 논증(4:12-20 같은 몇몇 예외적 본문을 제외하고)과는 매우 다른 문체를 구현하는데, 이는 상당히 의도적이다. 이렇게 연출된 눈부신 수사적 불꽃놀이는 청중이 바울이 지금 말하려는 요점에 다시 한번 주의를 기울이게 하는 목적이 있다. 특히 바울은, 6장 말미에서 알 수 있듯이, 내내 논증의 대상이 되어 온 두 가지 참신한 개념을 도입한다. 그는 이제서야 갈라디아인들이 할례를 받을 가능성에 대해 명시적으로 말한다. 또한 그는 1:6-9 이후 어느 부분보다 분명하게 경쟁 교사들의 위협과 그것에 대해 취해야 할 조치를 이야기한다. 이 짧은 단락에서 바울은 마침내 1:6-9의 예리한 도입부에서 제시된 주제와 어조를 다시 가져온다. 이 주제와 어조는 4:21-5:1의 주장과 거기에서 도출된 충격적인 명령[4:30]을 더욱 강력하게 만든다. 이 모든 것은 4:21-5:1이 편지의 핵심 논증의 절정부이고 이제 실제 상황과 도전에 적용되고 있다는 견해가 옳다는 느낌을 높여 준다.

바울은 이 모든 과정의 일부로—이는 갈라디아서 1장과 2장에 나온 바울의 자기변호[apologia]를 떠올리게 한다—자신에 대해 제기된 또 다른 비난을 막아 내야 했다. 그는 11절에서 놀랍게도 다음과 같은 질문을 한다. 내가 여전히 할례를 전한다면 왜 지금도 박해를 받고 있겠는가? 그는

---

13 가령, 밤에 도둑이 오고, 여성에게 진통이 들이닥치고, 우리는 술취하지 말고 갑옷과 투구를 입어야 한다고 말하는 살전 5:2-8과 비교하라.

자신이 박해받았다는 사실을 갈라디아인들이 당연히 알고 있다고 여긴다. 앞에서 나는 바울이 4:12-20에서 언급하고 있는 것이 박해로 인한 흉터와 상처라고 주장했고, 아마도 3:1 — 바울이 자신의 몸으로 십자가의 의미가 무엇인지 나타냄 — 도 그렇게 볼 수 있다고 주장했다. 또한 편지 말미에서 자신의 몸에 메시아의 자국을 지니고 있다는 주장 6:17도 동일한 내용이라고 볼 수 있다. 그는 6:17에서 이 박해가 "십자가의 걸림돌"과 관련 있음을 강조하는데, 이러한 개념은 고린도전서 1장에서 "십자가가 헬라인에게는 미련한 것이지만 유대인에게는 걸림돌"이라는 말로 더 자세하게 설명된다. 이는 분명히 갈라디아서 2:19-21에서 단호하게 주장된 근본적 원리를 표현한다. 십자가는 토라가 더 이상 언약 구성원을 정의하는 청사진이 아님을 뜻한다. "나는 율법을 통하여 율법에 대하여 죽었습니다." 이것이 바로 바울의 동족인 많은 유대인들에게 말할 수 없을 만큼 충격적인 걸림돌이자 그들이 폭력을 사용하도록 만든 걸림돌이다.[14]

그러면 "여전히 할례를 전한다면"이라는 표현에서 "할례를 전한다"는 것은 무엇을 뜻하는가? 바울이 초창기에 선교할 때는 사실 (요즘 유행하는 학계의 표현을 쓰자면) 토라 준수자 Torah observant였다는 주장이 최근 제기되었다. 다시 말해, 처음에 그의 선교 전략은 예수를 메시아로 선포하고, 이방인들에게 언약 백성이 되기 위해서는 할례받아야만 한다고 말하는 것이었다는 주장이다. 이 주장은 어느 시점에서 바울이 — 무슨 이유인지는 모르겠지만! — 전략을 바꾸어 어쨌든 할례가 필요하지 않다고 결론을 내렸다고 전제해야 한다. 이러한 주장에 설득력이 있다고 생각하는 사람은 거의 없다.[15]

---

14 고후 11:24도 보라.

일반적으로 제안되는 대안적 견해는 "할례를 전파한다"라는 표현이 다소의 사울이 회심하기 전에 이방인들을 [유대교로] 개종시키는 선교를 했던 때를 언급하는 것이라고 본다. 열심 있는 유대인들이 그런 식의 선교를 했다는 증거는, 부드럽게 표현하더라도, 아주 희박하다.[16] 바울이 1장에서 '유다이스모스'*Ioudaïsmos*에서 열심을 냈던 예전 삶에 대해 말할 때도 이방인을 향한 유대교 선교사였다는 암시는 전혀 없다. 그보다는 마카비의 의제와 마찬가지로, 철저한 유대 토라 준수를 독려하고 사악한 이교도를 막는 것이 바울의 목적이었다. 하지만 경쟁 교사들이 갈라디아인들에게 바울이 "할례를 전한 사람"이었다고 말한 것은 분명하다. 게다가 다음과 같은 말을 덧붙였다. 1장에서 암시한 대로 갈라디아에 있었을 때 그는 "사람을 기쁘게 하는 자"였고, 솔로몬의 시편이 경멸하는 절충하고 타협하는 자였으며, 갈라디아인들에게 온전한 복음의 일부만 전한 사람이라고, 그래서 경쟁 교사들이 나머지 부분을 보충해야 했다고 말이다.

따라서 역사학적으로는 두 가지 선택지로 귀결될 수 있다. 먼저 이 내용은 단순한 비방이며, 여기서 "여전히"[17]라는 표현은 바울이 계속해서 (가령 안디옥에서) 실제로 이방인들이 할례를 받아야 한다고 가르치

---

15   D. A. Campbell, "Galatians 5.11: Evidence of an Early Law-Observant Mission by Paul?," *New Testament Studies* 57, no. 3 (2011): 325-47. 키너의 신중한 논의를 보라. 그는 *Galatians: A Commentary*, 466-68에서 바울이 다메섹 사건을 겪기 전에는 이방인의 할례를 주장했을 것이라는 더 나은 대안을 제시한다. 또한 키너는 바울이 디모데에게 할례를 베풀었다(행 16:3)는 소문이 돌고 있었을 것이라고 주장한다. 내가 제시한 사건의 전개 순서에 따르면, 이는 바울이 갈라디아서를 쓴 뒤에 일어난 일일 것이다.

16   예를 들어, M. F. Bird, *Crossing over Sea and Land: Jewish Missionary Activity in the Second Temple Period* (Peabody, MA: Hendrickson, 2010)를 보라.

17   그리스어로는 '에티'*eti*이다. 일부 사본에는 생략되었는데, 분명 이러한 곤란함 때문일 것이다.

고 있다는 소문을 가리키는 것으로 볼 수 있다. 또는 "할례를 전파함"이라는 표현이 예전에 바울이 동족인 유대인들에게 토라를 더 온전히 지키도록 촉구했던 일에 대한 제유법 synecdoche 으로 볼 수 있다. 그러나 갈라디아서에서 요점은 경쟁 교사들이 일관성이 없다고 바울을 비난했으며, 바울은 자신의 흉터와 상처를 가리키며 그에 응수할 것이라는 점이다. 이것이 현실에서 "십자가의 걸림돌"이 나타난 모습이다.

이제 이 단락의 결정적인 한방이 나온다. 바울이 이것을 다중적 의미를 지닌 신랄한 표현으로 의도한 것은 분명하다. 바울은 단순히 "그렇게 칼을 사용하고 싶다면 아예 [성기] 전체를 잘라 내는 것이 어떻겠습니까?"라고 말하는 것이 아니다. 물론 그런 의미도 들어 있지만 말이다. 동사 '아포콥토'apokoptō 가 반드시 "거세"를 의미하지는 않는다. 단순히 [공동체에서 특정] 남성 구성원의 배제를 가리킬 수도 있다. 둘 중 어느 의미든, 두 가지 내용이 뒤따른다. 첫째, 그렇게 된 사람은 자녀를 가질 수 없을 것이다. 둘째, 그렇게 된 사람은 제의적으로 하나님의 백성의 온전한 일원이 되기에 부적합하게 된다.^{신 23:2} 따라서 이 모든 사항은 빌립보서 3:2—여기서 '카타토메'katatomē, 신체 절단는 자신들의 '페리토메'peritomē, 할례를 자랑하는 사람들을 가리킴—에 나오는 바울의 경멸 섞인 언어유희와 밀접하게 공명한다. 바울은 전통과 성경을 따르는 유대인 구성원임을 나타내는 핵심적 표시를 이교 의례에서 육신에 표시를 하고 살을 잘라 내는 행동으로 비유한다.

어떤 학자들은 튀르키예 남부 지역의 갈리아 문화에는 어머니 여신 키벨레와 관련된 특정한 종교 의례가 있었고, 그 의례에서 사제들이 무아지경에 빠져 스스로 거세를 했다고 주장하기도 했다. 그렇다면 바울은 경쟁 교사들을 향해 그들의 논리적 결론에 맞는 입장을 취하라고 넌지시 이야기하고 있는 것이다. 이것은 바울의 날카로운 요지를 강화하며, 표면상의 비아냥보다 훨씬 더 깊게 들어간다. 갈라디아인들이 하려는 위험한 행동은 이교에서 하나님의 가족으로 바뀌었음을 확증하는 것과는 거리가 멀고, 사실상 그들이 떠나려고 했던 바로 그 이교의 새로운 형태로 되돌아가는 것이다.

이제 이 단락을 자세하게 살펴보자.

5:7 이제 바울은 경기장을 달리는 운동 선수라는, 따로 설명이 필요하지 않은 이미지를 사용하기 시작한다. "여러분은 잘 달리고 있었습니다."[18] 하지만 그들이 가상의 경기장에서 경주를 하는 동안 무슨 일이 일어났는지는 설명이 필요하겠다. 어느 경쟁자가 팔꿈치로 밀며 끼어들어 달리는 것을 방해했던 것이다. 그 사람은 "끼어들어 방해"했다. 동사 '엥콥토'*egkoptō*는 문자 그대로 "무언가에 구멍을 내다" 또는 "때려 박다"(판자에 못을 박듯이)를 의미하므로, "방해하다" 또는 "가로막다", 어떤 일을 "훼방하다" 또는 "지연시키다"라는 뜻을 나타낸다.[19] 이 어근 *kopt-* 때문에 바울이 여기서 다소 생소한 그 동사를 고른 것으로, 이를 통해 할례라는 "자르는" 행동을 하려는 욕망을 조롱하고 12절의 "잘라 내기"를 암시한다.

이렇게 가로막힌 결과 갈라디아인들은 "진리를 믿는 것"에 방해를 받았다. 또 다시 바울은 이 핵심 주제로 돌아왔다. "복음의 진리"는 디도의 할례를 둘러싼 문제로 위협받았고,[2:4] "진리"는 안디옥에서 베드로의 행동과 관련하여 중요한 사안이었다.[2:14] 바울은 진정한 친구로서 갈라디아인들에게 그들이 듣고 싶어 하지 않는 "진리"를 말한다.[4:16] 그들이 이 진리에 귀를 막은 것은, (운동 은유로는) 누군가 그들을 가로막아 트랙에

---

18 운동 경기에 관한 은유는 고전 9:24-27, 빌 3:14, 딤후 4:7, 갈 2:2과 비교하라.
19 행 24:4, 롬 15:12.

서 밀어내고 완주하지 못하게 방해했기 때문으로 보인다. 이는 그들이 "진리로 설득되는 것"을 막았다. 바울은 복음의 진리의 근본적인 일관성이 그 자체의 설득력을 산출할 때까지 이러한 것들에 대하여 철저히 생각해야 한다고 강조한다.

5:8 하나님은 복음 안에서 그분의 은혜로 갈라디아인들을 "부르셨"지만,[1:6] 어떤 교활한 "설득자"가 나타나 어떻게든 그들을 원래의 부르심에서 떼어 놓으려 했다. 여기서 바울의 강조점은 갈라디아인들이 받은 새로운 가르침과 그들을 원래 "부르신" 분인 하나님을 갈라놓는 데에 있다. 우리는 "부르심"이 복음이 일으키는 최초의 충격을 언급하는 바울의 일반적인 표현이라는 사실을 떠올린다.

5:9 바울은 계속해서 수사적 변화를 주면서 유명한 격언을 던진다. "적은 누룩이 온 반죽 덩어리에 퍼진다." 그는 고린도전서 5:6에서 근친상간이라는 도덕적 타락을 언급하면서 동일한 표현을 사용한다.[20] 이 격언이 현재 문맥에서 정확히 무엇을 뜻하는지는 그다지 명확하지 않다. 유월절 기간 동안 유대인들의 부엌에서 누룩을 금지한 것은 죄에서 정결함을 가리키는 격언적 상징이 되었다. 이 바탕이 되는 논증을 고린도전서 5장에서 볼 수 있다. 극악한 성적 부도덕이 책망받지 않는다면, 이는 공동체 전체에 "무슨 일을 해도 괜찮다"는 신호를 줄 것이다. 여기서 바울은 갈라디아인들 중 한두 명이 할례를 받으면 나머지 갈라디아인들도 그들을 따라 할례를 받으려고 하게 될 것이라고 말하는 것인가? 아니면 이 경우에 그들이 "복음의 진리"(십자가 처형을 당하고 부활하신 메시아 안에서 새 시대가 시작되어 다민족으로 구성된 단일한 가족이 생겨

---

20 "효모"yeast 보다는 "누룩"leaven 으로 번역하는 것이 낫다(NRSV 및 다른 영역본을 따라 내가 NTE/KNT에서 번역한 대로). 하지만 BDAG (429)를 보라. "흔히 번역어로 사용되는 '효모'는 고대의 제빵 과정에는 생소한 것이었다."

난다는 진리)에서 돌아선다면, 다른 측면에서도 돌아설 가능성이 높다는 말인가? 또는 이 상황에서 (8절의 직설적인 비난을 다시 말하며) 갈라디아인들이 그들을 부르신 하나님의 음성이 아닌 다른 음성에 귀를 기울인다면, 다른 때에도 유혹하며 혼란하게 만드는 음성에 더 귀를 기울이게 될 것이라는 말인가? 이 중 마지막 견해가 가장 설득력이 있어 보이지만 바울이 단순히 "한 번 길을 잘못 들어서면 어디서 멈춰야 할 지 알 수 없다"는 의미로 이 격언을 사용했을 수도 있다(갈라디아인들도 그런 의미로 이해했을 것이다).

5:10a 바울은 자주 그의 교회들에게 "[모두] 같은 생각을 하라"고 호소한다. 모든 상황에서 "같은 생각을 하는 것"이 온전히 실현될 가능성이 거의 없음을 잘 알고 있지만, 정말 중요한 일에서는 의견 일치를 이루기 위해 끊임없이 노력하기를 원했기 때문이다.[21] 그래서 바울은 이 절에서 놀라울 정도로 낙관적인 태도로 갈라디아인들이 정말로 "다른 생각을 품지 않을 것"*ouden allo phronēsete*임을 "주 안에서 설득되었다(확신한다)"고 말한다. 다시 말해, 갈라디아인들은 정말 "복음의 진리"에서 벗어나지 않고, 바울의 견해를 바탕으로 "복음의 진리"를 굳건히 고수할 것이다. 바울이 "주 안에서 설득되었다(확신한다)"고 말하는 것은 드문 일이다. 바울이 그렇게 말할 때는 어떤 상황이나 교회에 대해 기도하면서 얻은 확신을 가리키는 것으로 보인다.[22] 그렇다고 해도, 이러한 확신을 얻었다는 이유로 바울이 가능한 모든 논증을 동원해 자신의 논지를 납득시키려는 노력을 그만 두는 것은 절대 아니다. 아마도 주님이 하고자

---

21 전형적인 예로는 빌 2:1-5.
22 또한 롬 14:14; 15:14, 빌 2:24, 살후 3:4를 보라. 후자가 본 단락의 내용에 가깝다(회중이 어떻게 행동해야 하는지에 대한 바울의 확신). 가장 잘 알려진 예는 아마도 롬 8:38일 것이다. 바울은 "아무것도 우리를 하나님의 사랑에서 떼어 낼 수 없다"고 확신한다.

하시는 것(갈라디아인들이 계속 복음의 진리에 충성하는 것)의 의미에는 주님이 다름 아닌 바울과 그의 글을 통해 그 일을 하고자 하신다는 의미도 포함될 것이다.

5:10b 바울은 기도를 통해 갈라디아인들이 경쟁 교사들의 감언과 위협에 결코 굴복하지 않을 것이며, 문제를 일으키는 주요 인물이 문책과 처벌을 받으리라고 확신한다. 그 사람을 회중 가운데서 쫓아내라는 명령4:30에 더해진 이 직접적인 위협은 4:30이 말한 교제로부터의 일시적인, 그리고 아마도 임시적인 배제를 뜻할 수도 있고, 그보다 더 엄중한 위협(그런 사람은 결국 은혜 자체에서 자기 자신을 끊어 버리게 될 것이다)5:4을 뜻할 수도 있다. "그가 누구든" 곧 **"여러분을 힘들게 하는 자"** 라는 단수형 표현은 다음과 같은 점을 시사한다. 즉, 바울은 특정한 경쟁 교사들과 그들의 의제 뒤에 특정한 개인이 영향력을 행사한다고 본다는 것이다. 초기 예수 운동에서 "열심을 내는" 활동가들은 많지 않았으므로 바울은 그 문제의 인물이 누구인지 알았을 가능성이 매우 높다. 베일에 싸인 "그가 누구든지"의 "그"는 아마도 궁극적인 영향력을 행사하는 인물이 예루살렘에서 왔을 가능성을 시사한다. 어쩌면 사도 중 한 명일 수도 있다. 그렇다면 이 모호한 언급은 바울이 2:6과 2:9에서 "기둥"으로 여겨지는 사도들을 묘사하는 방식과 관련 있을 것이다("그들이 한때 어떤 '사람들'이었든, 나에게는 전혀 중요하지 않습니다. 하나님은 차별을 두지 않으십니다", "'기둥들'이라고 존경받는" 사람들). 바울은 경쟁 교사들의 가르침은 용납해서는 안 되며, 충성스러운 예수 추종자들이라면 마땅히 거부할 것이라고 힘주어 말한다. 경쟁 교사들의 가르침은 진리를 부인하는 것이다. 그 가르침은 하나님이 직접 복음으로 부르신 사건에 거스르는 것이다. 그 가르침은 반죽 덩어리를 상하게 하는 누룩과 같은 기능을 한다. 그 가르침은 교회를 분열시킬 것이다. 그 가르침을 주도한

이는 이 모든 일에 대해 하나님 앞에서 책임을 지게 될 것이다.

5:11 바울은 그가 주로 "할례를 전파했다"는 주장(생각건대, 갈라디아인들에게만 전체 메시지에서 일부를 생략해 전달했다는 함의와 더불어)을 비웃으며 일축한 뒤, 6:17에서 할 말과 아마도 3:1에서 암시적으로 한 말을 여기서도 한다. 자신이 박해받아 생긴 자국을 언급하는 것이다. 여기에서 갈라디아서의 주장 가운데 중요한 (하지만 자주 언급되지는 않은) 한 가닥을 만나게 된다. 바울은 복음을 위해 받는 고난이 복음의 진정성을 명시적으로 나타내는 표시라고 보았다. 메시아의 십자가는 패턴을 설정했다. 예수를 따른다는 것은 단지 종교적인 존재가 되는 새로운 방식, 그러니까 그것을 좋아하는 사람에게는 괜찮고 좋아하지 않는 사람들에게도 불쾌감을 주지 않는 그런 새로운 방식이 아니다. 그것이 사실이라면, 이 진리는 이미 세상을 변화시켰고, 폭군을 전복시켰으며, "장차 올 세대"를 시작했고, 그와 함께 이전에는 결코 상상하지 못했던 방식으로 살아가는 공동체들의 네트워크를 구축했을 것이다. 간단히 말해 문화를 거스르는 십자가의 메시지는 걸림돌, 곧 사람들을 넘어뜨리는 것이다. 이 절에서 바울은 이 점을 간단히 말하지만 고린도전서 1:18-25에서는 더 자세하게 설명한다. 이렇게 그는 자신의 선교 활동의 비교적 초기 단계에서 이미 십자가의 반문화적 메시지를 변함없는 요소로 말할 수 있었다. 바울의 임무는 십자가 처형을 당한 예수를 세상의 주님으로 선포하는 것이었다. 성령은 강력하게 역사해 한 방향에서는 일부 청중 가운데 예상치 못한 믿음, 소망, 사랑을 불러 일으킨다. 하지만 다른 방향에서는 그러한 반사회적, 반종교적, 반제국적 메시지를 담대하게 선포하는 자를 겨냥해 돌이 날아들기 시작한다. 이스라엘의 메시아를 따르고자 하는 이방인들에게 유대교 개종자가 될 수 있고 유대 회당 안의 삶과 공식적인 공적 승인 안에서 피난처를 찾을 수 있다고 말하는

것이 바울이 한 일의 전부라면……왜 박해를 받는다는 말인가?

"십자가의 걸림돌"이 무효화될 수 있다는 위협은 현실이었다. 지금도 상황은 마찬가지다. 모든 문화의 모든 세대는 나름대로 복음의 메시지를 덜 불편하고 덜 반문화적인 것으로 축소시키는 나름의 방법을 가지고 있음을 짐작할 수 있다. 그리고 급진적 사고방식을 지닌 예수 추종자들이 그들 부모 세대의 지루한 사회적 순응주의에 대항하여 정말 "걸림돌" 같은 복음을 재발견했다고 생각하는 바로 그 순간이 그들 역시 왜곡된 문화에 협조하게 될 위험이 가장 클 때다.

5:12 그래서 가장 무례한 "자르기"에 대한 언급이 나온다. 나는 갈라디아서를 더 연구하면 할수록 바울의 청중들이 고린도후서 11장에서처럼 바울의 몹시 빈정거리는 듯한 발언의 뜻을 알아채고 이해했을 거라 생각하게 된다. 특히 키벨레 여신의 신봉자들에게 자기 거세로 끝나는 광적인 제의에 참여하도록 독려한 리카오니아 문화권에서는 바울이 사용한 단어 '아포콥손타이'*apokopsontai*는 4:8-11에 함축되었던 의미를 담은 반향을 전달했을 것이다. 즉 경쟁 교사들은 사실 여러분에게 새로운 종류의 이교 신앙을 제시하고 있을 뿐입니다! 이것이 빌립보서 3:2과 골로새서 2:8-19의 함의인 것으로 보이며, 귀가 민감한 우리 서양인들이 정치적으로 올바르지 않은 생각을 굳이 들을 필요가 없도록 "사전 고지"를 해달라고 아무리 간청한들, 이것이 진정한 바울의 견해로 보인다.

"끊어질 것"*being cut off*이라는 위협은 이런저런 명령을 어기는 사람들은 "백성 중에서 끊어질 것"이라는 성경에 자주 나오는 공식 문구과 공명한다.[23] 그리스어 단어 자체는 동일하지 않다. 칠십인역에서는 이 내용을 말할 때 '엑소레트류오'*exolethreuō*를 자주 사용한다. 그러나 그 위협은 바울이 1:8, 9에서 선언한 "아나테마"에 가깝다. 이것 역시 문제를 일으키는 사람을 추방하라는 4:30의 명령과 연결된다.

이 단락은 단순히 독설로 쓰였을 수도 있지만, 그렇게 생각한다면 오판이다. 수사법, 은유의 혼합, 신속한 논증의 구축, 최종 결말까지, 이 모든 것은 심사숙고 끝에 의도된 것이다. 바울은 여기서 경쟁 교사들의 주장을 조금이라도 인정할 가능성의 여지를 아예 차단해 버린다. 그는 이제 다른 생각의 전개를 하겠지만, 결국에는 메시아의 공동체가 어떤 존재여야 하는지 그리고 어떻게 살아야 하는지에 대한 똑같은 전반적인 비전으로 되돌아올 것이다.

5:13-26 사랑과 영

내가 이미 주장한 대로, 5장의 후반부는 아브라함의 단일한 가족 내에 실제로 일치와 사랑이 있어야 한다는 바울의 다소 조밀한 주장에 초점이 맞춰진다. 하지만 수백 년 동안 다소 다른 방식으로 갈라디아서를 해석해 왔기 때문에 쉽사리 잘못된 각도에서 접근할 수 있는 본문이기도 하다. "여러분의 자유를 육신의 기회로 사용함"[13절]이라는 표현은, 개신교의 전통적인 "이신칭의"justification by faith 교리를 너무 잘 알고 있는 자신들은 "행위들"을 더하면 안 되기 때문에 자신이 원하는 행동은 무엇이든 해도 된다고 생각하는 이들을 향한 직접적 경고처럼 들린다. 물론 그러한 의미도 함축되어 있다. 하지만 바울이 그리고 있는 전모는 아니다. 앞서 보았듯이, 15절은 바울이 훨씬 더 구체적인 공격 대상을 염두

---

23   아이러니하게도 창 17:14는 할례받지 않은 이들이 "백성 가운데서 잘려 나가야"만 한다고 말한다.

에 두고 있음을 보여준다. 물론 그가 자신의 핵심 메시지를 보다 일반적인 틀 안에서 말하고 있는 것은 맞다. 하지만 사랑에 대한 그의 호소, 그리고 그에 수반되는 공동체 내의 풍성한 상호 수용과 일치에 대한 그의 호소는 모두 그의 구체적인 메시지의 일부를 이룬다. 즉, **이 특정한** 상황 가운데 있는 **바로 이** 교회를 향한 요청으로서, 유일하신 하나님의 단일한 메시아 가족으로서의 일치를 기념하고 소중히 여기라는 것이다.

5:13-15 도입부: 자유와 사랑

첫 세 절[13-15절]은 문단[13-26절]의 서론을 이룬다. 5:1에서 그랬던 것처럼 바울은 4:1-7의 자유라는 주제를 다시 끌어오고, "메시아 안에 있는" 사람들의 역설을 보여준다. 이 자유는 새로운 종류의 노예살이, 곧 사랑이라는 절대적인 상호간 의무를 수반한다. 그리고 이 점은 14절에서 설명[gar]되는데, 이 내용에 너무 놀란 나머지—(레위기에서 명시적으로 인용한 내용임에도 불구하고!) 이 절에서 말하는 "율법"이 어떻게 실제로 모세 율법이 될 수 있는지 이해할 수 없기 때문이다. 다만 일부 주석가들이 그것을 괄호 안에 넣을 정도의 형태로 설명된다.[24] 그러한 주석가들은 다음과 같은 논리를 가지고 있다. 바울은 어쨌든 이 편지에서 모세 율법을 무시하고 그에 대해 부정적인 말을 많이 했는데, 어떻게 이 절에서는 율법의 성취에 대해 말할 수 있단 말인가? 하지만 갈라디아서를 이렇게 바라보는 방식(옛 루터파적 인식, 곧 모세 율법은 나쁜 것인데 다행히도 [복음으로] 폐지되었다는 관점의 참신한 변형이다)은 이 절은 물론 2장, 3장, 4장에서 바울이 실제로 말한 바와 아귀가 맞을 수 없다. 물론

---

[24] 가령 de Boer, *Galatians: A Commentary*, 332-34.

여기에는 유명한 고린도전서 7:19(바울은 오직 "하나님의 계명을 지키는 것"이 중요하므로 할례도 무할례도 중요하지 않다고 말한다)과 마찬가지로 또 하나의 아이러니 혹은 역설이 있다. 또한 로마서 13:8-10을 들 수도 있다. 거기서 바울은 계명을 나열한 뒤 그 계명들이 다 "사랑" 안에서 성취되었다고 힘주어 말한다.[25] 하지만 이 지점에서 현명한 주해가는 한편으로는 로마서 7장과 8장을, 다른 한편으로는 로마서 10장에 호소할 것이다. 로마서의 이 두 단락에는 갈라디아서 5:14에서 모호하고 간략하게 언급한 내용이 훨씬 더 상세히 설명되어 있다. 하지만 분명 우리에게는 여전히 수수께끼 같은 미진한 결말과 추가적인 질문들이 남겨져 있다.

5:13 바울은 5:1에서 주장한 요지를 반복해 말한다. 즉, 이스라엘이 하나님의 자유로운 백성이 되기 위해 이집트에서 부름을 받았듯이, 갈라디아인들은 자유를 위해 부름을 받았다는 것이다(eklēthēte, 복음을 통한 첫 "부름"을 가리킴). 이 요지는 바울이 앞으로 말하려는 내용을 4:1-7의 "노예와 아들"이라는 전체적 그림 안에 단단히 고정시킨다. 하지만 고린도 교회에서 "모든 것이 허락되어 있다"라는 구호가 "하지만 모든 것이 이로운 것은 아니다"[26]라는 말로 제한될 필요가 있었던 것처럼, 메시아 백성의 "자유"는 "육신"을 위한 "기회"$^{aphormē, 작전 기지}$로 사용되어서는 안 된다. 여기서 "육신"은 성적인 죄를 포함하지만, 그보다 훨씬 더 많은 것을 의미하는 것이 분명하다.$^{아래 19-21절}$ 당장 이 문맥에서는 "육신"이 "사랑"의 반대말을 뜻하는 것으로 보인다. 이 단락에서 바울의 마음속

---

25   흥미롭게도 안식일 규정은 빠져 있다. 내가 쓴 *Scripture and the Authority of God: How to Read the Bible Today*, 2nd ed. (London: SPCK; San Francisco: HarperOne, 2011; original 2005), 9장을 보라.

26   고전 6:12.

에는 "육신적" 행동이란 무엇보다도 실제적인 폭력으로 이어진, 내부에서 분열된 집단끼리의 싸움을 뜻했다.

그러나 죄 아래 실질적인 "노예"로 살다가 해방된 사람들은 복음의 "자유로운 노예"로 부름을 받았다. "사랑을 통해, 서로 상대방의 종이 되십시오." 바울이 그토록 소중히 여기는 "자유"의 의미 중 하나는, 결국 자기 이익만을 추구하며 폐쇄적이고 때로는 너무나도 답답한, 그리고 내부 일에만 몰두하는 공동체로부터 해방되는 것이다. 그러한 제약에서 벗어나면, 사랑이 섬길 대상을 찾을 수 있는 넓은 영역이 열린다.

5:14 바울은 마침내 레위기를 다시 인용하는데, 이번에는 승리의 분위기를 담았다.[27] 신명기 저주 아래에서 토라는 노예로 만드는 것 외에는 아무것도 할 수 없었다. 하지만 이제 토라는 전적으로 새로운 방식으로 성취될 수 있다. 이 절을 이해하는 데에도 로마서와의 유사성이 도움을 준다. 로마서 10:6-11에서 바울은, 복음을 믿는 것 believing the gospel 이 어떻게 신명기 30장이 말하는 갱신된 언약 안에서 실제로 "율법을 행하는 것"doing the law 인지를 보여준다. 바울은 로마서 13:8-10에서 본 갈라디아서 본문과 동일한 내용을 주장한다. "사랑"agapē은 토라의 진정한 성취다. 물론 예수 자신이 레위기 19:18의 "사랑 계명"을 부각시키고 강화했다는 점은 초대 교회에 널리 알려져 있었다. 이 점은 공관복음 전승과 요한 전승에 다 나오며, 야고보서와 같은 다른 성경 본문에서도 나온다. 야고보서에서 이 계명은 "왕 같은 법"royal law으로 지칭되는데, 이는 아마도 메시아가 자신의 가르침과 개인적인 소명 모두에서 사랑 계명을 주요 주제로 삼았기 때문일 것이다.[28]

---

27   앞의 3:12에 대한 주석을 보라.
28   예를 들어, 마 22:39과 병행본문, 요 13:34-35; 15:12-14, 약 2:8, 요일 3:12-18; 4:7-12, 16-21.

5:15 그러므로 앞서 보았듯이 15절의 내용은 충격적이다. 경쟁 교사들의 사역으로 생긴 갈라디아 교회들의 분열이 (의심의 여지없이, 십자가 처형을 당한 메시아의 추종자로 살려고 진정으로 애쓰는 데 뒤따르는 사회적, 문화적 어려움에 대한 현실 인식이 부채질한) 분노와 분개뿐만 아니라 실제적인 폭력으로 이어지고 있다는 뜻일 수밖에 없다. 실제로 무슨 일이 일어났는지 우리는 아는 바가 거의 없다. "서로 물어뜯고 집어삼킴"이라는 강한 표현은 단지 일반적인 험악한 양상을 뜻하는 것이라고 보기 어렵다. 바울은 갈라디아인들이 결국 서로를 파괴하게 될 수도 있다고 경고한다. 그들이 이런 식으로 행동한다면, 주변 세상을 향한 예수를 닮은 일관되고 통일된 증언을 약화시킬 것이 분명하다.

5:16-18 육신과 성령

이 모든 것은 이어서 나오는 짧은 단락에서 무르익는다. 이 단락[16-18절]은 진정한 요지, 곧 19-24절에 나오는 "육신의 행위들"과 "성령의 열매"의 대조에 대한 추가적인 도입부 기능을 한다. 여기에는 두 가지 난제가 있는데, 그것들을 풀면 바울의 논증의 하부 구조를 더 자세히 보는 데 도움을 줄 것이다.

첫째, 17절이다. 바울은 "육신은 성령을 거스르려고 하고, 성령은 육신을 거스르려고 합니다"는 말로 누구를 묘사하는가? "여러분은 자신이 원하는 것을 행할 수 없습니다"는 말에 나오는 "여러분"이 하고 싶어도 실행할 수 없는 것이란 무엇일까? 어떤 이들이 생각하는 대로, "여러분"이 육신의 욕망을 좇기를 원하는데 성령이 그것을 금한다는 뜻일까? 그렇지 않으면 이 절에서 지칭한 "여러분"이 성령을 따라 살기를 원하는데 육신이 그것을 불가능하게 한다는 말인가? 아니면 또 다른 뜻인가?

둘째, 18절이다. "여러분이 성령에 의해 인도받으면, 여러분은 육신의 지배 아래 있지 않습니다"라고 말할 것이라고 예상이 되지만, 바울은 그렇게 말하는 대신 "여러분이 성령에 의해 인도받으면, 여러분은 **율법 아래 있지 않습니다**"라고 말한다. **그렇게 말한 것**은 방금 전에 말한 것들, 특히 14절에서 말한 율법의 성취와 어떤 관련이 있는가?

19-26절에 관한 관찰로 시작할 수 있겠는데, 거기서 바울은 그의 청중이 도덕적으로 무능력하다고는 상상조차 하지 않는다. 그들은 실제로(24절에서 함의하듯이, 분명 고통과 어려움이 있지만) "육신"을 죽이고 성령의 열매를 맺을 수 있으며, 또한 (바울이 6장에서 말할) "영적인" 일도 할 수 있다. 이 절들은 흔히 말하듯 고결하지만 실천 불가능한 이상을 가리키는, 단순히 "동경의 대상"이기만 한 것은 아니다. 어떻게든 이 견고한 시작(성령의 인도를 받는 예수 추종자들은 실제로 도덕적으로 변하였으므로 여기서 묘사된 새로운 인간으로서의 삶을 살 수 있게 되었다)은 18절처럼 "율법 아래 있지 않음"과 연결된다. 당혹스럽게도 바울은 6:2에서 그들이 **메시아의** 율법 아래 있다고 말한다. 고린도전서 9:21의 유사한 문구가 이 요지를 반향한다.[29]

이러한 딜레마들을 다 고려해서 도출할 수 있는 최선의 대답은 바울이 여기서 아주 조밀하고 모호하게 말하는 바가 로마서 6, 7, 8장에서 더 상세히 말하는 내용과 가깝다는 것이다. 이렇게 본문에 접근하면 본 단락과 갈라디아서 2, 3, 4장에서 이미 설명한 토라의 역할 사이의 연결선을 볼 수 있다. 로마서가 말하는 바는 토라 그 자체로는 하나님이 주신 것으로서 거룩하고 선하지만,[7:7, 12] 그 토라에 순종하려고 애쓰는 유대인들에게 오히려 **죄의 장악력을 강화하고 견고하게 하는** 기능이 있다

---

29 이 고린도전서 본문에는 '엔노모스 크리스투' ennomos Christou, 메시아의 법 안에 있음라는 표현이 나오는데, 이는 '아노모스 테우' anomos theou, 하나님에 관하여 법에 어긋남에 반대되는 의미로 "메시아의 사법권 아래 있음"이라는 뜻이다.

는 것이다. 이는 분명 기이한 일이지만, 그럼에도 분명 하나님의 뜻이 개입한 것이다(7:13-20, 21-25, 갈라디아서 3:21-22의 내용을 확장함). 로마서에서는 단 한 절, 곧 5:20에서 이 내용이 앞서서 나왔다. 즉, 율법이 함께 들어왔기에 그 결과 범법함의 분량이 가득 채워졌다. 이 내용은 로마서 6:14에서 강화된다(아래를 참조).

흥미롭게도 로마서에서 이러한 내용이 전개되는 방식이 갈라디아서와 유사하다. 로마서 6:1-11에서 바울은 세례받은 그리스도인은 이미 메시아와 함께 죽었고 그와 함께 일으켜졌으므로, 메시아와 함께 죽고 일으켜진 사건이 의미하는 바를 먼저 자세히 살핀("인지하다, 계산하다") 다음 그것이 의미하는 바를 살아 내야 한다고 주장한다. 결과적으로 죄의 권세가 더 이상 그러한 사람을 지배하지 못한다.6:12-14 왜냐하면 "여러분은 율법 아래 있는 것이 아니라 은혜 아래 있기" 때문이다.14절 이는 18절과 요지가 같다. 갈라디아서 5:17에서 직설적으로 언급된 도덕적 무능 상태(육체가 성령을 거스르므로 "여러분은 여러분이 원하는 것을 행할 수 없다")와 로마서 7:13-20에서 더 자세히 설명된 딜레마는 상당히 유사하다. 토라는 하나님이 주신 목적의 일부를 이루는 선한 것으로서, 바울이 갈라디아서 3:22에서 말한 것—메시아와 성령을 통해 약속을 종말론적으로 성취하기 위해 모든 것을 죄 아래 가두는 일—을 하기로 되어 있다. 이스라엘에게 주어진 토라는 죄짓는 인류와 그 인류의 일부를 이루는 죄짓는 이스라엘에 대하여 정죄를 선언하는 일밖에 할 수 없다. 신실한 이스라엘인 또는 유대인이 올바르게도 토라를 사랑하고 그 안에서 살기를 갈망하더라도 말이다. 결국 율법을 준수하는 사람(다소의 사울처럼 신실한 유대인)은 옳은 일을 하기 원하더라도 행할 수가 없다. (바울이 회고적 관점에서 이같이 분석했다는 점이 강조되어야 한다. 빌립보서 3:4-6에서 볼 수 있듯이 다소의 사울은 자신을 "흠 없는" 사람으로 여겼다.) 로마서 6장에서 바울은 이제 세례받은 신자에 대하여, "죄가 정말로 여러분을 지배하지 못할 것입니다.……여러분이 율법 아래 있는 것이 아니라 은혜 아래 있기 때문입니다"라고 주장한다. 이 주장의 의미가 통하는 이유는 바울이 앞으로는 5:20을, 뒤로는 7:7-25을 생각하고 있기 때문으로, 두 본문에서는 **율법이 범법과 그에 따르는 노예살이를 공고화하고 증대하기 위해 주어졌다**고 이야기한다. 그래서 갈라디아서 5장은, 여러분이 성령으로 인도를 받으면 율법 아래 있지 않으며, 따라서 **현재 세대의 영역, 곧 하나님이 주신 율법이 단지 율법을 지키려고 하는 사람들에 대한 죄의 장악력을 강화하는 영역에 있지 않다**고 말한다. 이 논지는 로마서 8:1-4의 폭발적인 대단원으로 이어진다. 로마서 8:1-4에서 바울은 하나님이 토라가 "인간의 육신 때문에 약해져서" 행할 수 없었던 일, 곧 토라를 수여받은 사람들의 죄로 인해 토라가 할 수 없었던 일을 메시아 안에서 성령으로 행하셨다고 말하는데, 그것은 율법이 약속한 "생명"을 그들에게 가져다주는 것이었다.[30] 생각건대, 바울이 갈라디아서 5장의 이 단락에서 수수께끼 같이 쓴 내용을 이해하려면, 이 같이 더 치밀한 사고의 흐름을 전제해야만 한다.

내게는 이 조밀하고 어려운 단락과 로마서 7장 사이에 주요한 차이점이 보이는데, 그것은 로마서 7장에 나오는 도덕적 긴장 상태가 "육신을 거스르는 성령"이라는 관점으로 설명되지 않는다는 것이다. 로마서 8장에 이르기까지 논증에서 성령은 다루어지지 않는다(7:6에 미리 단서가 나오지만 말이다). "거듭남"을 둘러싼 옛 논쟁들—로마서 7장의 인물이 진정 "거듭난" 사람인지 아니면 단지 불충분하게 "거듭난" 사람인지를 규명하려는 시도—은 바울의 구원사적 논증을 비교적 현대적 개념인 구

---

[30] 또 다시, 롬 7:10과 갈 3:21을 보라.

원의 서정$^{ordo\ salutis}$으로 축소하려는 시도로서, 우리는 이를 경계해야 한다.³¹ 그러나 갈라디아서 5:17-18은 정말로 성령과 육신 간에 벌어지는 일종의 전투를 가리키는 것으로 보인다(어떤 이들은 로마서 7장을 성령과 육신 간의 전투로 보는데, 내가 판단하기에 틀린 견해다). 다시 말해, 성령을 이미 받고 믿음에 이르러 세례를 받은 다음에 다시 토라의 세계로 퇴행하려는 사람이 어떤 삶을 사는지 보여주는 것 같다. 하지만, 이 단락에서 성령과 육신 사이의 전투는 육신에서 난 아들(이스마엘)과 영으로 난 아들(이삭) 사이의 긴장을 상당히 근접하게 반영한다. 아마도 그것이 이 단락에서 바울이 말하는 요지의 일부일 것이다. 만일 여러분이 할례를 받아 육신의 세계로 퇴행한다면(바울은 이런 뜻으로 말하고 있을 것이다), 여러분의 생각과는 달리 여러분은 도덕적 능력이 없는 사람임을 알게 될 것이다. 여러분은 정말 도덕적으로 무능력한 자신을 발견하게 될 것이다.

그러므로 개인적으로 거룩(성결)해지기 위해 분투하는 것은 복음을 위한 교회의 분투를 반영해 표현하는 것이다. 토라가 지배하는 영역으로의 퇴행은 유대 세계라는 "안전한 공간" 안에서 교회 구성원이라는 지위를 확고하게 하는 것처럼 보일 수 있다. 토라의 개인적 통치 아래로 퇴행하는 것은 신자가 도덕적으로 올바른 삶을 살 수 있게 해주는 것처럼 보일 수도 있다. 하지만 이 두 가지 움직임 모두 심각한 착각이다. 새로운 시대가 시작되었고, 메시아의 백성은 그 시대 안에서 살도록 부름 받았다. 그들은 그들을 의심하고 적대하는 세상 속에서 새로운 유형의 공동체로서 위험한 사회적 공간에 거주해야 한다. 그들은 겉으로

---

31   고전적 예로는, Martyn Lloyd Jones, *Romans: The Law, Chapter 7:1 to 8:4* (Grand Rapids: Zondervan, 1974).

는 편안해 보이지만 궁극적으로는 정죄할 뿐인 토라의 지배를 받지 않고, 새로운 유형의 인류로서 모험적 자유가 주어진 윤리적 공간에서 살아야 한다.

바울은 18절에서 그러한 삶의 결과에 대해 부분적으로만 말한다. 성령의 인도를 받으면 율법 아래 있지 않고, **따라서 (바울이 암시하는 바) 육신의 영역으로 상징되는 죄와 죽음의 지배를 받지 않는다**. 이것이 이른바 묵시적 해석apocalyptic reading이 이 내용을 다각도로 해석하려는 시도의 바탕에 있는 진실이다. 갈라디아서 1:4에 말한 대로 "우리의 죄들을 위해 자기를 주신" 메시아의 죽음이 우리를 '현재의 악한 세대'에서 구출했다. 바울이 19절부터 24절(롬 8:12-16에서도 마찬가지로)까지 이어서 말한 바를 보면, 그는 신자들이 원칙적으로 "육신의 행위들"에 저항하고 "성령의 열매"를 맺을 능력이 충분히 있다고 생각한 것이 분명하다. 앞으로 보겠지만, 이는 자동적으로 이뤄지는 일은 아니지만, 이제 가능해졌다.

5:16 "나는 여러분에게 이것을 말하고 싶습니다"*legō de*라는 도입 문구와 함께 바울은 심호흡을 하고 새로운 명령을 한다. 그가 궁극적으로 하고 싶은 말은 이것이다. "성령에 의해 사십시오." 여기서 "살다"라고 번역한 단어는 '페리파테이테'*peripateite*로, 직역하면 "걷다"이다. 시편 1:1 이래로 다양한 유대 전통은 도덕적 삶에 관한 문제를 "어디로 발을 움직여야 하는지를 결정"하는 행동으로 표현했다. 이는 랍비적 개념인 '할라카,'*halakah*, 직역하면 "걷기" 곧 실생활을 규정하는 규칙을 가리키는 일반적인 용어로 이어졌다. 나는 두 번째 동사 '텔레세테'*telesēte*를 결과를 표현하는 것으로 본다("그러면 여러분은 육신이 여러분이 행하길 바라는 것을 하지 않을 것입니다"). 다시 말해서, 어떤 이가 자신의 정원에 성령의 씨앗을 심으면 육신적 삶의 씨앗은 성령의 씨앗이 심겨지지 않았을 때처럼

자라지는 못한다. 어떤 이들은 이 두 번째 동사 '텔레세테'를 명령형으로 간주한다. 그러면 이 문장은 "성령의 의해 걸으십시오. 육신의 욕망을 채우지 마십시오"라는 뜻이 된다. 하지만 전자가 훨씬 더 낫다고 보아야 한다.[32]

5:17 곧 보겠지만, 여기서 "육신"은 부패하고 비인간화하는 삶의 방식 전체, 혹은 (바울은 이렇게 표현할 것이다) 죽음의 방식 전체를 가리킨다. 바울에게 있어서 하나님의 영은 생명의 수여자이다. 이 절이 말하는 분투는 신명기가 제시하는 선택지의 관점에서 보아야 한다. 여기에 생명과 죽음이[라는 선택지가] 있다. 그러니 생명을 선택하라! 그러나 지금으로서는 "욕망들"('에피튀메오'*epithymeō*는 앞서 나온 '에피튀미아'*epithymia*, 욕망를 나타냄) 사이의 전투에 대한 바울의 묘사는 일종의 교착 상태를 나타낸다(이 절이 로마서 7장에서 바울이 더 상세히 설명하는 내용을 미리 간략히 표현한 것이라는 나의 주장이 맞다면 말이다). 마지막 문장("여러분은 자신이 원하는 것을 행할 수 없습니다")을 '성령이 육신적 욕망들을 억제하신다'(그렇지 않으면 육신적 욕망들이 격렬하게 분출할 것이다)는 뜻으로 해석하는 것도 물론 가능하다. 그러나 앞서 말했듯이 나는, 다음 절에서 나오는 대로, 이 절을 육신이 "율법 아래" 있는 사람들을 계속 장악하고 있어서 그들이 하나님이 원하시는 사람들이 될 수 없다는 뜻으로 해석하는 입장에 가깝다.

5:18 로마서 8:14에서와 같이 성령은 하나님의 백성을 "인도"한다. 이는 출애굽기적인 표현이다. 출애굽기에서는 구름 기둥과 불 기둥이 하나님의 백성을 약속된 유업(갈 5:21에서와 같이 궁극적인 "하나님 나라")으

---

32 이 절의 영어 번역은 NRSV보다 NIV가 낫다(드문 경우다). Hays, *The Letter to the Galatians*, 325를 보라.

로 "인도"하기 때문이다. 종종 그러하듯이, 성령에 관한 바울의 말을 이해하려면 광야의 성막을 떠올리는 것이 좋다. 살아 계신 하나님의 현존이 신자 개인 그리고 더 나아가 신자들의 공동체에 내주하셔서 목표를 향해 나아가도록 인도한다.

5:19-26 육신의 행위들, 성령의 열매

이 모든 내용을 바탕으로 바울은 "육신의 행위들"과 "성령의 열매"를 대조한다. 많은 이들이 이 단락을 "바울의 윤리학"으로 불릴 수 있는 주제의 핵심 본문으로 보았는데, 완전히 틀린 견해는 아니지만 오해의 소지가 있을 수 있다. "바울의 윤리"라는 명칭은 이 단락을 일반적인 윤리 지침으로 보도록 하며, 이는 사실과 크게 동떨어진 관점은 아니다. 하지만 내가 앞서 주장했듯이, 바울은 의도적으로 일반적 가르침으로 보이는 것을 공동체의 현재 상태와 관련된 몇 가지 구체적 지침을 전달하는 틀거리로 사용한다. 이 점은 15절과 26절에 나오는 힌트를 알아차리면 더 확실해진다. 즉, 공동체가 직면한 신학적, 정치적, 사회학적 문제들이 극심한 분노와 긴장을 자아내고 이것이 사회적 경쟁 심리와 더해져서 실제적인 폭력으로 표출될 위험한 상황이 되었다는 것이다. 우리는 구체적으로 어떤 일이 일어났는지는 알 수 없지만, 26절로부터 전반적으로 어떤 상황이었는지는 분명히 알 수 있다. 바울이 논증을 요약할 때는 실제 상황과 관련 없는 내용은 건드리지 않는다. 15절과 26절을 쓴 데에는 이유가 있다. 비록 우리가 그 이유를 아주 정확하게 알 수는 없지만 말이다.

19-21절에 나오는 "육신의 행위들"에 대해 예비적으로 짚어 두어야 할 점 두 가지가 있다.

첫째, "행위들"과 "열매"의 대조는 유명하지만, 우리는 바울이 생각한

"행위들"이 단지 피상적인 행위일뿐인데 반해 "열매"는 더 깊은 곳에서 발생한 것이라고 여겨서는 안 된다. 그 반대다. 바울이 다른 곳에서 말한 것처럼, "행위"는 타락한 인간 인격의 깊숙한 곳에서 나온다.[33] 그런데 "행위들"이라는 복수형 단어와 단수형 단어인 "열매"의 대조에 관하여 강조해야 할 중요한 점이 있다. "육신"은 오로지 파괴적 결과만을 가져오는 갖가지 나쁜 행동들을 만들어 낸다. 단수형인 "열매"는 한 묶음으로 나온다. 예컨대 신실함과 자기 절제는 버려 둔 채 "친절함"과 "온유함"만 골라 가질 수 없다.

둘째, 여기서 "육신"이라는 단어는 인간 본성의 "육체적" 측면을 뜻하지 않는 것은 분명하다. 줄곧 주장되었듯이, 바울이 열거한 15가지의 나쁜 행동 대부분은 "육체가 없는 영혼"도 행할 수 있는 것이었다. 바울이 보통 성적인 죄로 간주되는 행동들—음란, 부정, 흥청망청함—으로 목록을 시작한 것은 맞다. 하지만 그에 이어서 우상숭배와 주술(모든 고대 이교 사회를 특징짓는 두 가지 기본적인 행동)을 언급한 뒤 바울은 여덟 가지 행동을 열거하는데, 우리는 그가 이 여덟 가지 행동을 내부적으로 분열된 교회의 특징으로 보았다고 생각해야 하며, 이 여덟 가지 행동은 구별하여 번역하기 어려울 정도로 의미적으로 서로 매우 유사한 행동들이라고 보아야 한다. 바울은 가능한 한 다음과 같은 행동들을 작심하고 강조한 것으로 보인다. 즉, 적개심, 다툼, 시기, 격분, 이기적 야망, 분쟁, 분파, 시샘 등과 같은 것이다. 그런 다음 바울은 그런 식으로 살면 어떤 사람들과 어울리게 되는지 분명히 보여주기 위해 술 취함과 흥청망청함을 언급하면서 목록을 마무리한다.

바울은 대체로 "육체의 행위들"의 목록에 대해 두 가지 점을 언급한

---

[33] 막 7:20-23도 보라.

다. 첫째, 이 행위들은 "명백하다."*phanera,* 19절 무슨 뜻이냐면, "여러분은 이 행위들이 무엇인지 정확히 알고 있다"라는 말이다. 비록 우리는 갈라디아인들이(또한 사실 오늘날 많은 교회들이) 다툼과 시기 같은 행동들이 부도덕과 술 취함 같은 행동과 동일한 범주에 속한다는 사실을 깨달았는지 아닌지 궁금해할 수 있지만 말이다. 둘째(갈 5:5과 더불어 이 편지에서 궁극적 종말론을 언급하는 드문 절이다), "그러한 행동들을 하는 사람들은 하나님 나라를 상속받지 못할 것이다." 이 언급은 고린도전서 6:9-10과 더불어 세상을 회복하고 모든 것을 마침내 바로잡으려는 하나님의 궁극적인 목적의 본질을 사실적으로 진술한 것이다. 당연한 말이지만 편견을 드러내는 표현도 아니고, 요즘 많이 쓰는 수사적 표현인 "혐오 발언"이 아니다. 미래의 세계에는 여기에 열거된 유형의 행동을 할 여지가 전혀 없을 것이라는 점은 자명하다. 이 선언은 아무렇게나 한 말이 아니라 분석에 입각한 말이다.[34] ("하나님 나라"가 플라톤적 의미의 "천국"을 뜻하는 게 아니라는 점을 굳이 말할 필요가 있을까?)[35]

조금만 생각해 보아도 방금 열거한 행동을 하며 사는 사람이 많은 사회는 불행하고 위험한 장소가 될 것임을 알 수 있다. 또한 그러한 사회는 깊게 분열될 것이다. 바울이 이 편지 전반에 걸쳐 강조한 것은 모든 메시아 백성의 **일치**였다. 주변에 온통 "명예"와 "가치"를 추구하는 사회적 경쟁과 파벌 등이 있더라도(사실은 바로 그런 행동들이 있기 때문에 오

---

34 또한 계 21:8; 27, 22:3, 15을 보라. 나는 북미의 "묵시적 바울" 학파 중 일부(나는 드 부어de Boer도 이 학파에 속한다고 본다. 그가 네덜란드인이지만 말이다)가 이러한 종류의 진술을 보고도 어떻게 바울의 보편주의를 주장할 수 있는지 의아하다. 특히 궁극적인 하나님 나라의 상속이라는 이 개념이 하나님의 새 창조가 하늘에서 이루어진 것처럼 땅에서도 이루어진다는 의미에서 너무나 분명히 "묵시적"이고, 더 넓은 유대적 맥락에서 의인과 악인의 최종적인 분리를 의미한다는 점에서 너무나 분명히 "묵시적"인데도 말이다.

35 나의 책 *Surprised by Hope*을 보라.

히려!), 메시아의 백성이 근본적으로 다른 방식의 삶을 사는 것이 중요하다. 약간의 위험을 감수하더라도 우리는 이 모든 상황 배후에 있는 사회적 문제들 중 적어도 몇 가지는 추측할 수 있다. 로마 제국의 존재감이 짙게 드리워진 세상에서, 많은 사람이 사회적, 문화적, 사업적 이유로 안정된 상태를 유지하고 싶었을 것이며, 유대인 공동체로 흡수되는 것을 "십자가의 걸림돌"로 인한 최악의 상황에서 보호받는 방법으로 보았을 수 있다. 300년 후 북아프리카에서 일어난 도나투스파로 인한 분열만 봐도, 그러한 충동의 결과로 생길 수 있는 분노와 폭력이 어느 정도인지 알 수 있다. 추측의 영역이긴 하지만, 바울이 여기서 반사회적 행동을 평소에 비해 더 강조하고 있다는 사실에 주목하고, 그렇게 하는 데에는 분명히 그럴만한 이유가 있을 것이라고 생각해 보는 것이 중요하다.

물론 바울은 다르게 사는 길이 있다고 확신한다. 그는 22-23절에서 이에 대해 간략히 말한다.

5:13과 결정적으로 중요한 5:14에서도 그랬듯이, 성령의 열매(단수형)를 열거한 이 목록에서 맨 처음 나오는 특성이 "사랑"인 것은 우연이 아니다. 여기서 울리는 메아리는, 로마서 8장에서와 같이 가장 중요한 것 중 하나를 알려 준다. 토라의 수여를 기념하는 오순절에 주어진 성령은 **토라가 하려고 했지만 할 수 없었던 것을**, 특히 여기서는 구체적으로 레위기 19:18의 명령을 **성취한다**. 이것이 바로 바울이 3:21에서 말한 내용이다. 만약 토라가 생명을 줄 수 있었다면 그렇게 했을 것이다 (하지만 그렇지 못했다). "생명"의 모습은 사랑, 기쁨, 평화 등과 같은데, 이는 앞선 "육신의 행위들" 목록의 치명적 느낌과 반대된다. 이것들은 모두 **인간을 인간답게 만드는**humanizing 특성, 또는 (아마도 이 표현이 더 나은 것 같다) **다시 인간답게 만드는**rehumanizing 특질이다.

우리는 이 요지를 더 선명하게 말할 수 있다. 그것들은 그냥 우연히 생기는 특성이나 특질이 아니다. 예를 들어, 그것들은 단순히 사람들이 밝은 기질이라고 부르는 것에서 자연스럽게 흘러나오지 않는다. 바울이 이러한 특성들을 "열매"라고 지칭할 때, 현대의 도덕주의는 그 특성들이 인위적이 아니라 "자연스럽게" 일어난다는 것을 의미한다고 쉽게 간주해 버린다. 다시 말해, 그렇게 되려고 너무 애쓰지 않고 그저 그렇게 되기를 바라기만 하면 된다고 생각한다. 여러 종류의 실존주의와 "자발성"을 예찬하는 유행에 이러한 사고가 깃들어 있다.[36] 대개 이러한 사고에는 사람이 무언가를 하려고 애써야 한다면 그것은 진정한 것일 수 없다는 함의가 있다. 그러나 이는 바울의 논지에서 빗나간 생각이다. 바울이 말한 "열매"라는 표현에는 그러한 사고가 나타나지 않는다. 결국 과실 나무는 심고 물을 주고 돌보고 가지치기를 해야 하며, 악천후와 다양한 질병으로부터의 보호와 동식물 포식자로부터의 방어를 필요로 한다. 요컨대 이러한 특성들은 덕virtue이다. 숙고하고 노력하고 양성하고 실천해야 하는 것들이다.

이것은 다음과 같은 질문을 제기한다. 그렇다면 그리스도인과 이교도의 "덕"은 어떤 차이가 있는가? 아리스토텔레스가 말하는 덕과 바울의 목록의 차이점은, 아리스토텔레스에게 덕은 훌륭한 개인이 단독으로 수행하는 것이라는 점이다. 그러나 갈라디아서 5장에서 바울이 말하는 요지는 바로 이것이다—그리스도인의 덕은 여럿이 함께하는 것이다. 사랑, 평화, 인내, 온유 등을 혼자서는 할 수 없다. 심지어 통상적으로 "자기 절제"self-control라고 번역되는 '엥크라테이아'enkrateia도 개인만의

---

36   이 점에 대한 상세한 설명은 나의 책 *Virtue Reborn* (북미판 제목은 *After You Believe*)을 보라.

문제가 아니다. 어느 정도 틀에 박힌 목록인 "열매"의 아홉 가지 품종 중에 빠진 것 중에 하나가 "겸손"이다. 진정한 겸손은 그 자체로서 공동체를 세우는 요소 중 하나인데, 교만과 오만에 대한 충동을 제어함으로써 성취된다. 사람들은 이 목록에 열거된 특성들을 이웃에게서 보고 싶어 한다. 이 역시 바울이 말하려는 요지에 속한다. [교회] 공동체가 내부적으로 그리고 외부인에게 이렇게 처신하면(바울이 로마서 12장에서 이러한 모습을 자세히 설명한 대로), 비록 그 공동체 안에서 무슨 일이 일어나고 있는지, 왜 이 공동체의 구성원들이 어떤 면에서 반사회적으로 보이는지(도시 전체가 참여하는 종교에 대한 그들의 비협조나 그들이 술에 취해 흥청망청하는 모임에 참여하지 않음)는 알 수 없더라도, 본질적으로 매력적일 수밖에 없다.

23절에 나오는 바울의 아이러니한 언급("그런 것들에 반대하는 (율)법은 없다!")은, 내가 보기에는, 더 넓은 대상 곧 교회 공동체를 바라보고 있는 이방 세계를 염두에 두고 한 말이다. 어떤 측면에서는 "그런 종류의 것을 금지하는 법은 없다"는 말은 경쟁 교사들을 향해 던진 조롱임이 분명하다. 말하자면, "그들은 여러분이 토라 전체 혹은 일부를 지키기를 원하지만, 이런 행동을 반대하지는 않을 것입니다"라고 말하는 셈이다. 하지만 내 생각에 바울은 여기서 더 큰 그리스-로마적 시민 세계를 내다보고 있다. 그리스-로마적 시민 사회의 많은 사람은 메시아의 백성이 위험하고 사회전복적이라고 생각했을 것이다. 이에 대해 바울은 이렇게 말한다. "자, 여러분이 이와 같이 행동하면 저들이 흠잡을 점이 별로 없을 것입니다!" 다니엘처럼 메시아의 백성은 예수에 대한 한결같은 헌신을 제외하고는 흠잡을 데가 없어야 한다.[37]

---

37 단 6:5를 보라.

바울은 이제 19, 20, 21절의 내용이 어떻게 22, 23절로 이어지는지를 설명한다. 2:19-20에서 바울이 자신에 대해 말한 것과 같이("율법을 통해 나는 율법에 대해 죽었습니다. 내가 하나님에 대해 살기 위해서입니다. 나는 메시아와 함께 십자가 처형을 당했습니다. 그러나 나는 살아 있습니다"), 메시아에 속한 사람들은 **자기의 육신을 욕정과 욕망과 함께 십자가에 처형했다.** 부정과거 시제는 바울이 이 "십자가 처형"을 과거 사건으로 보았다는 사실을 강조한다. 바울 자신은 세례와 믿음 안에서 이미 "죽었고" "일으켜졌다." 로마서 6:11과 마찬가지로, 그는 예수 추종자들도 자신들에 대해 이와 똑같이 생각하기를 바란다. 그와 동시에, 2:19-20을 상기시키는 이 말과 그에 뒤따르는 권고("우리가 성령으로 살면, 성령에 일렬로 맞춥시다")가 알려 주는 것은 바울이 과거의 사건인 일회적 십자가 처형을 지금 자기 것으로 삼아 이행할 필요가 있다고 알았다는 것이다. 자동으로 되는 일이라면—예수 추종자들에게 싸우려는 유혹은 없고, 그와 반대로 하나님의 목적을 수행하고 하나님의 도덕 지침을 따르려는 열망만 있다면—바울이 이 절 및 많은 다른 구절에서처럼 이 [육신의 정욕과 욕망에 대한] "십자가 처형"을 강조할 필요가 없었을 것이다.[38] 루터는 그리스도인의 삶을 "매일 세례받는 것"으로 묘사했다. 나는 몇 가지 사안에 대해서는 루터와 견해를 달리하지만, 여기서는 루터의 말이 정확하다고 생각한다.

이 모든 내용은 26절과 공동체적 삶의 동력을 돌아보게 한다. **갈라디아서는 전적으로 교회 내의 일치에 관한 내용**이지만, 일치라는 것은 결코 교회 구성원들이 서로를 대하는 방식에 실질적인 영향을 끼치는 않는 순수한 신학적 진리일 수 없다. 모든 공동체는 나름의 동력을 만들

---

[38] 롬 6, 골 3, 그리고 그 외 여러 구절을 보라.

어 내는데, 그 중에는 사회적·문화적 경쟁과 "명예"나 "가치"를 향한 투쟁을 초래하는 자부심과 두려움의 측면에서 매우 부정적인 동력도 있다. 십자가 처형을 당한 메시아에 대한 복음이 지닌 가장 눈부신 자산 중 하나는 인간이 되는 다른 길을 제시한 것이다. 바울이 6장 끝맺는 말에서 말하겠지만, 메시아를 "통하여 세상은 나에 대하여 십자가 처형을 당했고 나는 세상에 대하여 그렇게 되었다."6:14 그러므로 갈라디아서 5장이 어떤 의미에서 정말 "윤리"에 관한 본문이기는 하지만, 우리는 이것이 십자가 처형을 당한 메시아의 "복음"과 다른 것이 아니라는 점을 알 수 있다. [여기서 바울의] 신학과 윤리는 둘 다 일치에 관한 것이며, 그 일치를 이루기 위한 가차없는 저항—즉, "육신"을 강조함으로써 공동체를 분리시키는 모든 것에 대한 가차없는 저항—에 관한 것이다. 그것이 경쟁 교사들의 유대적 "육신"이건, 새롭게 개종한 자의 할례받은 "육신"이건, 공동체와 가족과 사회 전체를 성난 파당으로 분열시키는 "육신의 행위들"이건 상관없이 말이다. 오히려 바울의 날카로운 경고의 요점(가장 날카로운 경고는 5:7-12에 나온다)은 진정한 새 인류가 출현할 수 있는 토대를 닦는 데에 있다. 그 토대란 사람들의 공동체로서, 십자가 처형을 당하고 부활하신 메시아가 그를 닮은 삶을 통해 영광 받을 뿐만 아니라 그분의 영의 형태로 친히 현존하는 공동체이다. 무엇보다도 예수 추종자들에게 주어진 것은 바로 "아들의 영"4:6이다. 이 지점에서 성령의 열매에 대한 바울의 묘사가 요한의 포도나무와 가지에 대한 묘사와 매우 흡사해 보이기 시작한다.

세부적인 주석으로 들어가기 전에 마지막으로 설명해야 할 요점은 어떤 의미에서 가장 명백하다. 갈라디아서 전반에 걸쳐 바울은 "육신"에 대해 경고한다. 여기서 "육신"이란 주로 육신에 기반한 아브라함 가족의 유혹, 곧 그 존재 자체로 의혹과 적대감을 불러일으킬 새로운 사회적 실체(교회—옮긴이)에 닥칠 거대한 도전에서 피할 안전한 도피처를 제공해 줄 것이란 유혹을 뜻한다. 내가 보기에 바울은 갈라디아인 신자들이 고린도 교회의 율법 불필요론과 같은 위험에 처해 있다고 생각하지 않았다. "육신을 따르는 삶"에 대한 바울의 경고는 많은 이가 생각하듯이 도덕적 방종이 아니라, 다른 종류의 방종 곧 15절에서 말하는 "서로 물어뜯고 집어삼킴"과 26절에서 말하는 잘난 체, 상호 경쟁, 질투를 겨냥하고 있다. 하지만, 이 주장을 하기 위해, 그는 사실상 이렇게 말하고 있다. "그래서 여러분은 '육신에 따른' 정체성이 무엇인지 보고 싶다는 것입니까? 그렇다면 이교도의 일반적인 생활 방식을 상기시켜 주겠습니다. 방종, 파를 지어 싸움, 술에 취해 방탕함 등입니다. 그게 정말 여러분이 원하는 관계입니까?" 다시 말해, 바울은 또 다시 이교 숭배로 회귀하는 것과 유대 회당으로 몸담는 것을 동일시한다.

이제 세부적 논의로 들어가자.

5:19a "육신의 행위들"은 "명백"하다. 다시 말해 모든 이가 이에 대해 안다. 바울은 "육신의 행위들"이 유대인이나 예수 추종자에게만 아니라 이교 세계에서도 "명백"하다고 믿었던 것으로 보인다. 이러한 생활 양식은 널리 퍼져 있었지만 사람들은 그런 생활이 유해하고 어리석으며 결국에는 즐겁지 않은 것임을 너무나 잘 알고 있었다. 영적 생활이나 종교적 헌신과 무관한 많은 사람들도 행복한 사람은 그러한 행위를 쉽게 하지 않는다는 사실을, 그리고 행여 그러한 행동을 하면 그로 인해 그들의 행복이 훼손될 것이라는 사실을 알고 있었다.

5:19b-21a 이 목록은 일반적으로 성적인 비행을 뜻하는 세 단어로 시작한다.[39] "음행"*porneia*은 매춘부*pornē*와의 성행위를 뜻하는 것이 가장 자

39　많은 사본에는 '모이케이아'*moicheia*, 간음라는 단어가 목록의 맨 앞에 추가되어 있다. 바

연스럽지만, 더욱 일반적으로 혼인 외 성행위를 가리킬 수 있다. "더러움"akatharsia은, 성전 제례의 측면에서 "부정결"이든 도덕적 더러움이든, 사람을 "더럽게" 하는 종류의 행동을 뜻한다. "방종"aselgeia 역시 광범위한 뜻을 지니는데 정상적인 제어나 제약을 무시하고 벗어난 행동을 가리킨다.

뒤이어 두 단어가 나오는데, 유대인이 보기에 이방인 공동체들과 생활 양식의 "진짜 문제거리"를 가리켰다. 이방인들은 우상을 숭배했다. 그리고 아마도 같은 맥락에서 주술을 행했을 것이다. 다시 말해, 그들은 유일하신 하나님이 아닌 어둠의 권세가 그들의 삶에 들어오도록 자신을 개방하거나 적극적으로 불러들였고, 이러한 어둠의 세력은 그들이 접촉한 개인과 사람들 모두에게, 곧 공동체 전체에 큰 피해를 입힐 것이다. 바울은 이미 "육신"이라는 단어를 단순히 "육체로 사는 삶"라는 개념에서 벗어나게 사용하고 있다. 우상들은 육체적으로 수행하는 행동을 요구했고 때로는 몸으로 짓는 죄를 용인하거나 장려했다. 하지만 우상숭배의 문제는 다른 계명들도 위반하도록 유도한 것이 아니라(물론 그렇긴 하지만), 바로 첫 번째 계명을 위반한 데에 있다. 고대 세계에는 굉장히 다양한 "주술"이 있었는데, 이는 예측을 벗어나 무작위로 발생하는 듯한 문제들로 당혹감을 느낀 많은 사람이 어떤 수단을 통해서라도 문제의 해결책 혹은 최소한 위안이라도 찾으려 했기 때문이다.

그 다음 사회적 관계를 해치는 행동을 나타내는 8개의 용어가 열거되는데, 그러한 행동 전반을 매우 꼼꼼하게 표현해서 용어들 사이를 날카롭게 구분해 분석하기 어려울 정도다. "적개심"echthrai은 국가 간의 전면적

울은 물론 간음을 "육신의 행위들"고 기꺼이 분류했겠지만, 우리는 이 세 개의 용어로 바울이 전반적 영역을 다 가리켰다고 추정한다.

인 전쟁부터 이웃이나 동료 사이의 불화까지 모든 것을 가리킬 때 널리 사용된 용어다. "다툼"*eris*은 분노한 상태를 뜻하며 아마도 그로 인해 초래된 폭력적인 다툼을 의미한 것 같다. "시기"*zēlos*는 영어의 "zeal"열심, 열의과 동일한 단어인데, 여기서는 1:14에 언급된 민족주의적 열정이나 4:17에서 말하는 사적인 열의라기보다는 논란의 대상을 둘러싼 극렬한 당파심을 뜻하는 것으로 보인다. '튀모이'*thymoi*—여기서부터 복수형으로 바뀐다[40]—는 "격분", 곧 적개심, 다툼, 질투가 더 이상 제어되지 않아 실제로 폭발하는 구체적 순간을 뜻한다. "이기적 야망"*eritheiai* 역시 복수형 명사로서 타인을 희생해서 자기가 출세하려고 어떤 기회라도 잡으려는 것을 말한다. 마찬가지로 "분쟁"*dichostasiai*도 복수형 명사로서, 서로 다른 성질을 지닌 사람들이 각기 특정한 삶의 방식을 고수하는 가운데 같은 마음을 가진 사람들끼리는 뭉치고, 그들과 달리 하는 사람들을 악마화하는 복합적인 경향을 뜻한다. 이로 인해 "분파"*haireseis*(영단어 "heresy"[이단]가 이 단어에서 유래했다), 곧 모집단에서 갈라져 나와 이룬 집단이 생긴다. (당연한 말이지만, 초기 예수 추종자들은 일부 동시대인들에 의해 "이단자들"이라고 불렸다. 누가 정말 "이단" 곧 정말로 분리를 지향하는 운동인지에 대한 질문은 지금까지도 우리에게 남아 있다.)[41]

인간 관계를 해치는 행동 목록의 마지막에 나오는 단어는 "시샘"*phthonoi*이다. 이 단어 역시 복수형으로서 일반적인 상태만이 아니라 격렬한 분개에 사로잡힌 구체적인 순간을 표현한다.

---

40 다수의 사본에는 이전 단어가 '젤로스'*zēlos* 대신 '젤로이'*zēloi*(젤로스의 복수형—옮긴이)로 기록되어 있는데, 이 같은 복수형은 강렬한 질투가 표현된 구체적 순간들이나 행위들을 나타낸다.

41 가령 행 14:5, 14과 28:22을 보라. 그런데 이 단어는 사두개"파"(행 5:17)와 바리새"파"(행 15:5; 26:5)를 가리킬 때도 사용되었다.

반복하자면, 바울은 이 여덟 개의 단어들을 두 개 또는 많아야 세 개의 일반적 용어로 표현할 수도 있었을 것이다. 그런데 그렇게 하지 않고 추악한 행동과 상태 전반을 모두 적시한 것은 바울이 갈라디아의 문제를 어떻게 보았는지 효과적으로 보여준다. 갈라디아인들은 갑자기 "육신"에 관심을 집중하면서 특히 그들 사이의 관계 속에서 "육신적" 생활 태도가 만연하게 되었다.

이제 유대교와 이교 세계 모두의 도덕 논의에서 어느 정도 단골 소재였던 주제 두 가지가 남았다. 첫째는 술 취함이다. '메타이'*methai* 역시 복수형(그래서 제대로 번역하자면 "술 취함들"이다)으로, 인간을 인간답지 못하게 만드는 모든 일상적 행동을 나타낸다. 그 뒤에는 '코모이'*kōmoi*라는 단어가 나오는데, 이 단어는 고대인의 사회적 생활 전반의 특징이었던 흥청망청함을 뜻한다. 흥청망청함으로써 다른 많은 "육신의 행위들"이 제어되지 않아 만연해지고 심지어 찬양 혹은 고무된다.

5:21b 바울은 예전에도 이러한 생활 방식에 대해 엄히 경고했었다고 말한다("내가 전에도 여러분에게 말한 적이 있는데, 다시 말합니다"). 이는 그가 처음 갈라디아인들에게 내렸던 지침에 예수를 따르는 것은 이러한 행동 일체를 그만두는 것이라는, 명확하고 단호한 가르침이 들어 있었음을 뜻하는 것이 분명하다. "그러한 일들을 **행하는** 사람들"이라는 표현에 나오는 그리스어 동사는 현재 시제로, 간헐적인 실수가 아니라 확립된 지속적인 습관을 가리킨다. (바울은 습관을 실수인 것처럼 가장하는 사람들이 있음을 잘 알고 있었을 것이다.)

그러고는 갑자기 갈라디아서에서 유일하게 "하나님 나라"가 언급된다. "하나님 나라"는 예수가 선포한 핵심 주제였는데 바울 서신에서는 상대적으로 드물게 언급된다. 하지만 이 절에서 언급되는 것으로 보아 바울은 "하나님 나라"를 갈라디아서 전반에 걸쳐 전제해 온 것으로 보인다. 초창기 예수 추종자들과 마찬가지로, 바울은 유일하신 하나님의 대망의 구원하시는 통치를 예수가 **시작하셨지만**, 예수의 부활과 하나님이 "만유 안의 만유"가 되실 이 과업의 최종 완성 사이에는 시간적인 간격이 있다고 생각했다. 이 모든 생각이 가장 명확하게 나오는 단락은 고린도전서 15:20-28이다. 물론 바울이 그 단락에서 하는 말을 이해하면, 여러 다른 본문들, 특히 로마서에서도 같은 생각을 확인할 수 있겠지만 말이다. 고린도전서 15:20-28을 보면, 에베소서 5:5에서와 마찬가지로, 바울이 메시아의 나라(예수 추종자들의 공동체에서 이미 구현된 현실)와 하나님 나라(메시아가 현재 행하시는 과업이 완성된 순간에 있을 미래적 실체)를 구별한 것으로 보인다. 본 갈라디아서 본문에서는 이러한 의미를 뜻한 것으로 보이지만, 다른 곳에서는 "하나님 나라"라는 용어를 공동체의 현재 삶과 관련된 거의 일상적 삶을 가리키는 용어로 사용하기도 한다.[42]

이 미래, 곧 궁극적인 "하나님 나라"는 바울이 3장과 4장에서 여러 차례 언급했던 "유업"임이 밝혀진다. 다시 한번 말하지만, 이것은 "천국 가기"에 관한 것이 아니다. 피조세계 전체를 새롭게 하시고 자기 백성을 그 새로운 세계 안에서 새로운 육체적 생명으로 일으키시는, 하나님의 구출하시는 주권에 관한 것이다. 또한 앞서 말했듯이, 특정한 생활 양식을 행하는 사람들이 미래에 있을 궁극적 실체에서 배제될 것이라는 바울의 선언은 그의 개인적인 호오와는 아무런 관련이 없다. 이러한 개념은 도덕적 논의를 개인적 감정이나 편견의 표현으로 축소하려는 현대의 시도("정의주의적/정서주의적 윤리학" emotivist ethics)에서 비롯되었다. 바울에게 있어서 "하나님 나라를 유업으로 상속받지 못할 것"이라는 경고는

---

[42] 가령, 롬 14:17.

사실에 대한 분석에 기반한 사실을 말한다.

이 마지막 분석에서 바울에게 중요한 사안은 하나님의 창조가 선한 것이라는 점과 하나님이 창조의 적합한 질서(그리고 그 질서 안에서 인류가 자신들의 몫을 하는 것)를 회복하시겠다는 목표였다. 그러므로 그 새로운 세상 안에서 "육신의 행위들"로 왜곡되거나 손상된 삶(그리고 그 결과 왜곡되고 손상된 타인들과 어울려 사는 삶)을 계속 살아가겠다고 생각하는 것은 결코 있을 수 없는 일이다. 여기서도 마찬가지로 우리의 현대적인 접근 방식, 특히 개신교적인 접근 방식 때문에 문제를 제대로 보지 못했을 수 있다. "한 번 구원받으면 영원히 구원받은 것이다"라는 의미의 칭의를 믿거나 "무슨 행동을 해도 괜찮다고 하시는" 하나님을 믿는 사람들은, 특정 행동과 태도를 단발적인 [곧, 칭의와 상관없는] "죄"로 간주하기 때문에 자신들이 무슨 행동을 하든 장차 받을 [영원한] 생명에는 지장이 없다고 생각하게 된다. 이 같은 생각에 비해 바울은 개인의 구체적 행위를 더 중대한 것으로 간주했다. 각 행동은 깊이 뿌리박은 성품에서 나온 결과다. 정말 중요한 것은 바로 성품이다. 복음의 목적은 왜곡되고 일그러진 인간의 삶에 치유와 소망을 가져다주는 데에 있다.

물론 바울은 회개하고 잘못된 행동을 바로잡을 기회를 끝까지 주었을 것이다. 바울 자신이 예전의 "열심"에서 돌아서서 현재의 새로운 삶을 살게 되었으므로 깊이를 헤아릴 수 없는 하나님의 자비로우심을 잘 알았고 그 자비로우심을 찬양했다.

5:22-23a 두 목록에서 느껴지는 분위기, 그 느낌 자체가 모든 것을 설명해 준다. 거리의 한쪽에는 19-21절의 묘사에 일치하는 사람들로 채워져 있고, 다른 편 거리에는 22-23절로 특징지어진 사람들로 채워져 있는 모습을 상상하기만 하면 된다. 어느 편 거리를 그냥 지나치고 싶은지, 도움이나 교제를 청하기 위해, 함께 기뻐하거나 슬픔을 함께 나누

려면 어느 쪽 거리를 향해야 하는지 즉시 알게 될 것이다. 성령에 대한 언급에서 핵심은, 그리고 그에 수반되는 그리스도교 윤리 전체의 핵심은 **다시 인간을 인간답게 하는 데**rehumanization 있다. 서로가 함께 더욱 온전한 인간이 되는 것 말이다.

아마도 가장 뚜렷하게 대조되는 부분은 "육신의 행위들"이 모두 내면을 향하고 있다는 점일 것이다. 모두 "나에 관한" 행동들이다. 성적 부도덕은 자신의 욕망을 채우려고 다른 사람을 이용하는 것이다. 우상숭배와 주술은 세상을 내가 원하는 모양으로 조작하려는 시도다. 적개심과 분노와 당파심은 모두 나와 나의 동조자들이 다른 집단과 싸우는 일과 관련 있다. 술 취함은 인간을 사적인 세계 안으로 빠져들게 하고, 흥청망청함은 비록 "집단적 행동"의 모습을 띠지만, 둘 다 알맹이가 빈 상태로서 진정한 우정을 그럴듯하게 [하지만 정반대의 모습으로] 흉내낸 것에 불과하다. 이와 대조적으로, "성령의 열매" 대부분은 명백하게 타인을 향한다. 사랑은 말할 것도 없고, 관대한 마음, 친절, 아량, 신실, 온유도 다 타인을 향한 것이다. 이러한 덕목들을 실천하려면 타인이 필요하다(앞서 보았듯, 그리스도교의 덕은 아리스토텔레스적인 개인의 덕과 다르다). 그뿐만 아니라, 개인을 넘어서 세상과 공동체를 향하고 있다. 이를 전문용어로 외심적exocentric이라고 하는데, 다른 사람에게 관심을 둔다는 말이다. 아마도 바울은 나머지 세 가지, 곧 "기쁨"과 "평화"와 "절제"도 마찬가지로 관계적인 것으로 보았을 것이다. 기쁨은 당연히 사적인 것이지만, 함께 나누어 더욱 커지게 되려는 경향이 강하다. 바울이 보기에 "평화"가 함의하는 내적 조화는 개인적 자기 만족으로 쪼그라들 수 없는 것이다. 바울은 평화가 진정으로 같은 마음을 가진 사람들 사이의 교제에서 나타난다고 자주 말한다.^{가령, 빌 2:1-5처럼} 바울은 부부 사이의 조화에 대해 언급하면서, "하나님이 여러분을 **평화롭게 살도록** 부르셨다"고 말한다.^{고전 7:15} 그리고 자기 통제에 대해 말하자면, 혼자 있을 때 자신의 욕구와 기분을 엄격하게 통제하는 것과 주변의 다른 사람들에 의해 잠잠하던 욕망이 자극되는 상황에서 욕망을 억제하는 것은 완전히 별개의 일이다.

우리는 안타깝게도 많은 예수 추종자들이 부차적인 것처럼 간주하는 관대한 마음(혹은 참을성), 친절, 아량, 신실,[43] 온유 같은 개인적 성품의 중요한 역할에 특히 주목해야 한다. "육신의 행위들"을 다룬 단락의 중간 부분과 마찬가지로, 바울이 여기서도 이 점들을 강조한 이유는 특히 갈라디아 공동체에게 관대한 마음, 친절, 아량, 신실, 온유가 다 절실히 필요하다고 보았기 때문이라고 추정할 수 있다. 한편으로는 복음이 초래한 사회문화적 압력에 맞서기 위해, 다른 한편으로는 경쟁 교사들의 가르침에 맞서기 위해, 예수의 모습으로 빚어지고 성령으로 인도되는 성숙하고 안정된 품성이 필요하다. 이러한 품성은, 진정으로 인간이 되는 새로운 길(단순히 옛 길의 위험한 변주가 아니다)이 있다는 것을 넓은 세상에 보여줄 것이다.

5:23b 이 목록에 대한 바울의 반어적 언급("이런 것들을 금지할 (율)법은 없다!")은 특정한 두 가지 대상을 겨냥한 것으로 보인다. 경쟁 교사들을 따라 토라의 일부 규정들(할례)은 받아들이고 다른 규정들(음식 규정)은 배제하는 식으로 토라를 준수하려는 사람들을 겨냥한 것일 수 있다. 이들에 대해 바울은 이렇게 말했을 법하다. "만약 당신들이 사랑과 기쁨과 평화 같은 것들을 삶으로 계속 살아 내면, 토라 준수를 주장하는 사람들이 이의를 제기할 수 없을 것입니다!" 하지만 열정적으로 로

---

43   이 단어는 그리스어로는 그냥 '피스티스'*pistis*이다. 믿음직함과 충성스러움을 뜻하는 것이 분명하다.

마를 따르는 갈라디아 사람들 일부가 불법으로 판단할 행동들(예배 형식 등을 포함)을 예수를 따르는 사람들이 그대로 행할 것이라고 불안해하는 사람들을 겨냥한 것일 수도 있다. (다른 곳에서 이러한 일이 실제로 일어났고, 누가는 사도행전을 통해 이러한 상황의 빙산의 일각만을 보여주었다고 생각할 수 있다.)[44] 그래서 바울은, 사랑과 기쁨과 평화를 구현하며 사는 사람을 어떤 원로원 의원이나 행정장관이나 열성적인 토라 준수자도 법 위반으로 고발하지 않을 것이라고 말하고 있다! 그러한 생활방식은 그 자체로 기쁨을 줄 뿐만 아니라(누구라도 그런 품성을 지닌 친구와 이웃을 갖고 싶어 할 것이다), 외부인들(관료든 아니든)로부터 비난을 사지 않을 것이다.

5:24 그런데 그 다음에 결정적인 요지가 나온다. 이러한 의미로 "열매 맺는 사람"이 되려면 먼저 메시아와 함께 "십자가 처형"을 당해야 한다는 것이다(바울은 2:19에서 자신이 정말로 메시아와 함께 십자가 처형을 당했다고 말한다). 바로 여기서, 열심을 내던 유대인이었다가 메시아와 함께 율법에 대해 죽은 바울의 매우 구체적인 자기 묘사가 세례를 받은 모든 신자들에게 해당되는 모본이 된다. 이 같은 바울의 말을 들은 사람들은, 어떻게 "육신의 행위들"을 하지 않고 이러한 "열매"를 맺을 수 있는지에 대해 질문했을 것이다. 바울은 "메시아 예수에게 속한 사람들"(3:29과 유사한 표현)은 "자신들의 육신을 십자가에 처형했다"고 주장한다. 이러한 처형이 이미 일어났다는 것이다. 부정과거 시제 동사 '에스타우로산'*estaurōsan*은 부정과거 시제가 일반적으로 의미하듯이 과거의 사건을 가리킨다. "옛 사람"이 세례를 통해 **십자가 처형을 당했**다고 말하

44　행 16:21과 17:6을 보라. 또한 이와 다르게, 바울이 불법적인 숭배를 가르친다고 비난하는 고린도의 유대인들을 언급하는 18:13을 보라.

는 로마서 6:6처럼, 이것은 과거에 일어난 사건이다. 세례와 믿음으로 이미 일어났다. 이 선언이 너무 날카롭고 놀라운 나머지 어떤 사람들은 자신들이 빚을 모두 갚은 그리스도인으로서 이제는 죄를 지을래야 지을 수 없다고 생각했다. 이러한 견해에 반대하며, "옛 사람"은 여전히 잠복해 있다가 사람을 잘못된 길로 이끌므로 끊임없이 이 "옛 사람"을 "죽여야 한다"는 사람들이 생겨났다. 그 결과 목회 현장에서, 그리고 신자 개개인에게 혼란이 일어났다. "육신의 행위들"이 사라지고 "성령의 열매"가 나타나려면 계속 "처형"을 해야 한다. 바울은 로마서 8:12-13과 골로새서 3:5-11에서 그런 내용의 말을 한다. 하지만 "육신의 행위들"이 사라지고 "성령의 열매"가 나타나는 것은 과거에 일어난 사건의 결과다. 메시아의 백성은 육신을 십자가에 처형했다. 과거 시제다. "육신의 정욕과 욕망"(이 맥락에서는 특히 갈라디아를 장악한 성난 당파심을 가리킴)은 이미 십자가에 못 박혔다. 복음 사건으로 이미 이루어진 이 현실을 기도와 목회 상담을 통해 매일의 결심과 행동으로 끌어들여야 한다.

5:25 성령이 우리 삶의 근원이므로(바울은 성령이 복음을 통해 개인과 공동체를 변화시켰다고 말한 3:1-5를 떠올린다), 우리 삶의 안내자이자 지도자는 성령이어야 한다. 3:3에서 바울은 말했다. "성령으로 시작했는데 이제 와서 육신으로 끝을 맺겠다고요?"[3:3] 이 절도 동일한 문제를 말한다. "우리가 성령으로 살아가고 있다면"이라는 구절을 계속되는 일상적 삶을 가리키는 일반적 표현으로 오해할 수 있다. 그러나 여기서 바울은 영어의 "live"(실제로 "우리 존재를 이어 나가다"라는 단순한 뜻을 나타낸다)보다 더 강한 의미로 "살다"[live]라는 용어를 사용하고 있다. 성령은 새로운 생명을 주신 분이다. 성령은 새로운 생명을 주신 분으로, 그 생명은 미래에 주어질 부활 생명의 현재적 선취다. 이제는 성령이 우리가 "일렬로 맞춰 서는"[line up] 지침이 되어야 한다.

내가 "일렬로 맞춰 서다"로 번역한 단어 '스토이케오'^{stoicheō}는 때때로 "걷다"로 번역되는데, 16절에서 사용된 단어 '페리파테오'$^{peripateō, 걷다}$와는 다르다. '스토이케오'가 4:1-11의 '스토이케이아'^{stoicheia}를 연상시킨다는 주장도 가능하다. 즉, 이제 당신이라는 사람을 구성하는 "기초 요소들"이 복음과 성령에 의해 치유되고 재정렬되었으므로, 성령이야말로 마침내 진정한 인간의 삶을 살 수 있는 길이다! 아니면 이것은 우리가 단어 연구를 하다보니 알아낸 우연의 일치일 뿐, 바울은 그저 '스토이케오'를 일상적인 의미로 사용했을 수도 있다. '스토이케이온'^{stoicheion}(stoicheia의 단수형 명사—옮긴이)은 "줄" 또는 "정렬/배열"을 뜻하는 단어다. 성령은 "줄에 들어가는" 방법을 알려 준다. 여기서 "줄"이란 생명의 줄$^{line\ of\ life}$이자 생명으로 향하는 줄$^{line\ to\ life}$을 말한다. 갈라디아 신자들이 해야 할 일은 줄을 알아보고 그 줄 안에 잘 서 있는 것이 전부다.

5:26 진짜 문제의 핵심은 이 단락의 마지막 절에 나온다. 내가 이미 말했듯이, 바울이 이 독특한 권고로 논의를 마무리한다는 사실은 갈라디아서 5장이 단지 일반적 의미의 "윤리"에 관한 것이 아니라 경쟁 교사들이 초래한 위험한 언쟁과 내부 분열에 계속 초점을 맞추고 있는 본문임을 보여준다. (경쟁 교사들은 분명 난장판의 원인을 바울과 (그들이 보기에!) 바울의 반쪽짜리 뒤죽박죽인 복음의 탓으로 돌렸을 것이다. 그러나 바울의 관점에서는 복음 사건 자체가 의심의 여지를 두지 않는다.) 그래서 바울은 19절과 20절에서 열거한 "육신의 행위들"에 더해, 세 개의 행동 양식을 현재의 문제 상황을 일으킨 궁극적인 범인으로 부각시킨다.

첫째, "[근거 없는] 우쭐댐"이다. '케노독소이'^{kenodoxoi}는 "공허함을 뽐내기", 곧 존재하지 않는 것을 자랑하는 행동을 뜻한다. 이는 경쟁 교사들이 바울의 개종자들에게 제안한 사회적 지위의 공허함을 가리킬 수도 있다. 둘째, "서로 우열을 겨루며 싸우기"$^{allēlous\ prokaloumenoi}$다. 이는 가계나 사회적 입지의 우월함(그것이 정말이든 아니든)에 대한 주장, 다른 이를 앞서기 위해 내세우는 주장을 뜻한다. 마지막으로 "시기/질투"$^{allēlois\ phthonountes}$이다. 이는 "육신의 행위들" 중 하나를 다시 언급하면서 갈라디아 공동체가 현재 처한 위험이 바로 시기심임을 보여준다. 이방인 개종자들이 공동체 내의 유대인 출신 신자들을 시기한 것일까(조상 대대로 내려온 유대인의 유산 때문이든, 로마법이 승인한 유대인의 특권적 지위 때문이든, 아니면 다른 어떤 이유로든)? 아니면, 그 반대였을까? 유대인 출신 신자들이 이 이방인 개종자들을 시기했던 걸까(이방인 신자들은 매력적으로 보이는 새로운 방식의 삶을 사는데, 굳게 단결된 유대 디아스포라 공동체에 여전히 몸담고 있는 유대인 신자들은 그러한 삶을 살 수 없어서)? 그렇지 않으면 사회적 지위나 경제적 부유함 같이 우리가 지금으로서는 도저히 알 수 없는 분열이 있었던 걸까? 무엇이 맞든, 여기서 바울의 핵심 관심사는, 이 편지 전체에서와 마찬가지로, 갈라디아의 메시아 백성 사이의 조화로운 일치다. 바울은 갈라디아서 6장에서 이 편지의 마지막 부분의 결정적인 결론 단락에 이르기 전에 이 점을 조금 더 발전시켜 말할 것이다.

결론

갈라디아서 5장은 원칙적으로 "그리스도인으로 빚어감"이라는 과업에 막대한 기여를 할 수밖에 없다. 하지만 이 기여는 두 가지 요인에 의해 쉽게 사라질 수 있다. 그 두 가지 요인이란, 첫째로 거의 전보^{telegraph}와 다름없는 수수께끼 같은 문장 형태, 둘째로 "믿음에 의한 칭의"와 충돌하는 "행위 신학"에 "윤리"가 보탬을 줄 지도 모른다는 개신교의 불안이다. 불안한 개신교도들은 전자의 문제를 악용함으로써, 곧 문맥을 무시하고 개별 구절에 초점을 맞춤으로써(예를 들어, "여러분이 성령에 의해 인도받으면, 여러분은 율법 아래 있지 않습니다"라는 구절을 "더 이상의 도덕적 지침은 고맙지만 사양합니다. 우리는 훌륭한 개혁주의 그리스도인이니까요!"라는 뜻으로 이해함), 도덕적 권고를 진지하게 받아들이려 하지 않았다("칭의에 '선행'을 추가하려는 시도를 경계하라!"). 그러나 우리가 이 단락을 전체적으로 보고, 조밀하고 간략한 문구를 본문 전체의 바른 요약으로 읽으면, 예상을 뛰어넘을 정도로 도전적인 메시지가 보이기 시작한다.

그 메시지는 편지의 많은 부분이 그러하듯 교회의 일치에 초점을 맞춘다. 사실상 5장 전체가 이웃을 자신과 같이 사랑하라는 핵심 명령[5:14]을 중심으로 전개된다. 이 명령은 분명히 교회 너머까지 확장되야 하지만,[비교 6:10] 모든 예수 신자들이 민족적 또는 심지어 도덕적 배경에 관계없이 단일 가족을 이룬다는 확실한 지식을 가지고 적어도 교회에서부터 시작되어야 한다. 앞서 본 바와 같이, 그것이 바로 "이신칭의"에서 가장 결정적인 요소다. 그래서 2-12절은 교회를 민족별로 분열시키는 행동(할례를 받는 것)에 대해 경고하는데, 그것은 베드로가 안디옥에서 암묵적으로 행했던 일이다("이방인을 유대인이 되게 하려 함", 2:14). 그러고는 13-26절에서 폭력적인 당파심에 대해 경고하는데, 추측건대 복음의 사회적, 정치적, 개인적 함의를 충분히 이해하게 되자 일부는 그것을 받아들이고 다른 일부는 그것에 저항하는 상황에서 서로 다른 집단 사이에 그런 당파심이 싹텄을 것이다.

그러므로 2-12절은 바울의 적대자들이나 어떤 "종교 의례"를 향해 무작위로 퍼부은 독설이 아니다. 13-26절은 그저 잡다한 "윤리 지침"

이 아니다. 이 두 단락은 (매우 다르지만) 모두 잘 고안된 수사적 힘과 균형을 갖추고 있으며, 가장 중요한 사랑의 계명을 가리키는데, 이 계명을 통해 율법이 성취된다.

14절에서와 같이 이 마지막 내용은 모세 율법의 한시적 지위에 관한 바울의 앞선 주장 때문에 더욱 더 역설적이다. 이 단락에서는 로마서 8:3-4과 마찬가지로 토라 자체가 할 수 없었던 일이 이제 메시아와 성령을 통해 성취되었다고 말한다. 하나님은 새로운 세상을 창조하셨고, 우주적 차원의 "새 창조"[6:15]는 개인의 새 창조, 즉 내주하시는 예수의 영에 의한 개인의 변화에서 국지적으로 표현된다. 토라는 멍하니 바라보다가 토라의 궁극적인 목표가 이렇게 성취되었음을 깨닫는다.

이 단락을 통해 "그리스도교 형성"에 관하여 배운 점은 첫째로 교회를 분열시키는 모든 것(특히 민족별로 나뉘는 것)에 긴급하게 대비해야 한다는 것이다. 부정적으로 이를 표현하자면, 5:2-12에 나오는 대로 메시아 추종자들 가운데 경계선을 그어 구분 짓는 일체의 행동을 거부해야 한다. 왜냐하면 "사랑을 통해 역사하는 믿음"[5:6]이 증명해 주듯이 "메시아 안에" 있는 것만이 유일하게 중요하기 때문이다. 7-12절에서와 같이, 이 내용을 전달하기 위해 모든 수사적 장치를 동원해야 한다면 그렇게 하자. 단, 화자 혹은 저자가 불필요한 자극을 주지 않고 날카로운 지적을 할 수 있을 만큼 청중을 잘 알고 있다는 전제 하에 말이다. 5:13-26처럼 긍정적으로 표현하자면, 일치를 이루라는 요청은 교회 내의 폭력적인 논쟁이 복음의 근본 자체를 부정하는 것과 같음을 의미한다. 이미 살펴보았듯이, 바울은 여기서 성적 부도덕에서부터 흥청대는 술잔치에 이르기까지 아주 광범위하게 "육신적" 행동에 대해 경고하지만, 이 단락의 주된 강조점은 추측건대 갈라디아 교회들 가운데 자리 잡은 성난 당파심에 있다.

여기에 나오는 아이러니를 놓치면 안 된다. 이 아이러니는 이 단락을 우리 상황에 적용하는 작업과 직접적으로 관련된다. "율법의 행위들"을 **민족적 정체성을 나타내는 표시가 아니라 도덕적 선행으로 보는** 관점에서 받아들이는 갈라디아서에 대한 표준적인 해석 때문에 바울이 강조하고 있는 (사랑을 중심에 둔) 구체적 명령들이 매우 경시되는 바람에 민족별로 교회가 나뉘는 게 규범처럼 받아들여졌다. 바울이 가장 힘주어 말하려 애썼던 것은 교회 안 여러 민족의 일치였고, 그것은 "이신칭의"를 통해 보증되는 것이었는데, 오히려 "칭의" 자체를 잘못 이해함으로써 이 일치가 위태롭게 되었다. 따라서 바울이 "행위들"을 비판한 요지 전체가 민족적 또는 종족적 표지를 제거하는 데에 있으므로, 바울이 오해받은 결과로 교회를 처참히 망가뜨린 민족적 분열을 비롯한 다층적 분열이 발생한 것은 놀라운 일이 아니다. 교회들이 바울의 실제 사고 흐름을 따랐다면 현재 만만치 않은 상황의 지구촌에서 지도적인 역할을 할 수도 있었던 그 지점에서 대신 우리가 목도하는 것은, 교회가 민족적 분열을 강화하고, 결코 포기해서는 안 될 다양한 문화 공존에 대한 주도권을 매우 다른 동기를 가진 사람들이 잡도록 용인하는 모습이다. 교회의 진정한 소명은 창조주의 참된 의도를 세상 권세들에게 알리는 표지가 되는 것이다.엡3:1-7 이 소명을 잊으면, 예수 자신이 보았듯이, 이미 시작해 놓은 일을 다른 의제를 가진 사람들이 빼앗아 자신들의 의도대로 이용할 것이다.마11:12

오늘날의 교회에서 일치를 추구하면 다음과 같은 반응에 직면한다. 어떤 대가를 치르더라도 반드시 해야 하는가? 이는 목적을 이루기 위해서라면 "무슨 일을 하더라도 괜찮다"는 말인가? 일치를 얻기 위해서 도덕에 대한 진지함을 희생해야만 하는가? 물론 그렇지 않다. 바울이 말한 의미의 "율법의 행위들"이 이제 교회의 일원이 되는 것과는 무관하다는 말은 대개 율법폐기론이라고 명명된 입장을 받아들이라는 뜻이 아니다. "육신적" 행동에 대한 바울의 경고들은 날카롭고 분명하다. 그 경고들은 로마서 1-8장 전체에 대한 일종의 고도로 압축된 요약 같은 것으로, 궁극적으로 "의인"이라 판결 받는 것이 지금 현재에 미리 예측되고 기대된다는 종말론적 칭의 교리의 맥락 가운데 놓여 있다.^{2:1-16; 8:31-39; 3:21-31과 연결됨} 따라서 "의"는 갈라디아서 2, 3, 4장에서와 같이 신자의 현재 지위일뿐만 아니라 궁극적인 소망이기도 하다.^{5:5} 역으로 말하면, 믿음에 근거해 이미 선언되었고 신자가 이미 아브라함의 자손임을 확증하는 '디카이오스'^{dikaios}라는 판결은 마지막에 하나님에 의해 재확증받을 것이다. 그러면 다음과 같은 질문이 생긴다. 어떻게 미래와 현재의 판결이 일치할 것이라고 그렇게 확신할 수 있단 말인가?

로마서의 내용과 마찬가지로, 현재의 "의"와 미래의 "의"는 성령을 통해 연결된다. 갈라디아인들이 처음 믿었을 때 성령이 복음을 통해 역사했다.^{3:1-5} 이제 갈라디아인들은 바로 그 성령으로 "몸의 행실을 죽여야" 한다.^{롬 8:13; 비교, 골 3:5} 거센 물살에 휩쓸려 헤엄치는 사람처럼 끊임없이 흔들어 대는 죄에 맞서 고군분투하는 신자의 도덕적 노력은, 남모르게 활기차게 일하시는 성령에 의해 힘을 얻고 인도를 받아서, 인간을 노예로 삼는 죄와 죽음의 어둡고 치명적인 권세에 대한 메시아의 승리를 이끈다. 바울이 자주 그렇게 하듯이, 두 가지를 동시에 말해야 한다. "나는 그들보다 더 열심히 일했습니다. 하지만 그렇게 한 것은 내가 아니라 나와 함께하신 하나님의 은혜입니다."^{고전 15:10, 빌 2:12-13 및 골 1:29과 비교}

이 단락은, 6장의 간결한 언급과 더불어, 바울이 즉각적이고 긴급한 질문("누가 진정 아브라함의 자손인가?")을 넘어서 미래의 궁극적인 구원이나 그 반대 상황에 관한 더 큰 규모의 질문들을 언급하는 사실상 갈라디아서에서 유일한 본문이다. 여기서 두 개의 핵심 구절은 서로 균형을 이룬다. "우리는 성령으로, 그리고 믿음으로, 의의 소망을 간절히 기다리고 있습니다"5:5라는 말 뒤에 "그러한 행동들을 하는 사람들은 하나님 나라를 상속받지 못할 것입니다"5:21, 또한 6:5, 8을 보라라는 말이 나온다. 확실한 소망과 날카로운 경고가 배치된 것이다. 이 본문에서 바울은 고린도전서에서 다루는 문제, 곧 신자인 것처럼 보이지만 어긋난 행동 때문에 정말 신자인지 의심스러운 사람들(그러면 그들은 어떤 상태에 있다고 봐야하는 걸까?)의 문제 같은 것을 다루는 것이 아니다. 하지만 그러한 목회적이고 신학적인 문제 때문에 바울이 말하는 확실한 소망과 엄중한 경고가 하나라도 퇴색되어서는 안 된다. 다른 바울 서신과 마찬가지로 여기서도 십자가가 던지는 다방면에 걸친 도전이 하나님 백성을 특징짓는다. 메시아의 백성은 "육신을 십자가에 처형했다."5:24, 비교 6:14 메시아의 지고한 사랑의 행동2:20을 신뢰하며 그 자체가 "사랑을 통해 역사하는",5:6 십자가를 담아 낸 믿음cruciform faith은 "사랑을 통해 역사하며",5:6 현재 메시아의 백성의 일원임을 나타내는 유일하고 확실한 이름표이자 궁극적인 "의"에 대한 참된 보증이다.

결국 교회의 일치, 곧 격한 당파심(특히 민족적, 종족적, 정치적 정체성과 관련된 분열)에 대한 거부는 거룩함으로의 부르심과 함께 간다. 자주 언급되듯이, 거룩함을 중요하게 여기지 않는다면 일치를 이루는 일은 비교적 쉬워 보인다. 그저 함께 모여서 생활 방식의 차이들을 무시해 버리면 되기 때문이다. 마찬가지로, 일치에 신경 쓰지 않는다면 거룩함은 비교적 쉬워 보인다. 다른 의견을 내는 사람에게서 멀리 떨어지면 그만이기 때문이다. 당연한 말이지만 두 경우 모두 겉모습에 속는 것이다. 바울이 그랬던 것처럼, 그리스도인으로 빚어감의 핵심 문제인 일치와 거룩함을 아우르려는 고투는 특히 사방에서 오해와 비판을 받는 교회 지도자들에게 고통을 가져다줄 것이다. 바울은 그런 사람들에게 이렇게 말했을 것이다. "나의 세상에 온 것을 환영합니다. 메시아의 십자가로 빚어진 세상에 온 것을 환영합니다. 1세기의 상황과 모든 면에서 똑같이 절박한 21세기의 문제에 온 것을 환영합니다!"

갈라디아서 6:1-18

본문 사역

¹ 내 사랑하는 가족 여러분, 어떤 사람이 어떤 범법에 빠진 것이 드러나면, "영적인" 사람들인 여러분은 온유한 마음으로 그런 사람을 바로잡아 주십시오. 자기 스스로를 살펴보십시오. 여러분도 유혹을 당할 수 있으니까요. ² 서로의 짐을 짊어지십시오. 그것이 메시아의 율법을 성취하는 길입니다. ³ 당신이 사실 아무것도 아닌데 자신을 뭔가 중요한 인물이라고 생각한다면 당신은 자신을 속이는 것입니다. ⁴ 여러분 각자는 자기가 하는 일을 검증해 보십시오. 그러면 여러분 자신에 대해서는 자랑할 이유가 있더라도, 남에 관하여 자랑할 이유는 없을 것입니다. ⁵ 여러분은 각각 자기 몫의 짊어질 거리를 져야 합니다.

⁶ 말씀을 배우는 사람이 있다면 그는 자신이 가진 모든 좋은 것을 가르치는 사람과 함께 나누어야 합니다. ⁷ 여러분은 오도되지 마십시오. 하나님은 업신여김을 당하실 분이 아닙니다. 당신은 씨를 뿌린 그대로 거둘 것입니다. ⁸ 정말입니다. 당신이 당신의 육신이라는 땅에 씨를 뿌리면 그 육신에서 썩을 것을 거두고, 성령이라는 땅에 씨를 뿌리면 성령으로부터 영원한 생명을 수확할 것입니다. ⁹ 바르게 행동하려는 여러분의 열정을 잃지 마십시오. 지치지 않으면 적절한 시기에 수확을 거둘 것입니다. ¹⁰ 그러니 우리에게 기회가 있는 동안 모든 이에게, 특히 믿음의 가족에게 선한 일을 합시다.

¹¹ 나의 손으로 직접 여러분에게 쓴 큰 글자를 보십시오. ¹² 여러분에게 할례를 강요하

려는 사람들은 육신에 드러나는 것에서 멋있어 보이고 싶어 하는 이들입니다. 오로지 그 목적을 위해서요. 그렇게 함으로써 메시아의 십자가로 인한 박해를 피하려 합니다. ¹³ 보세요, 할례를 받은 사람들조차 율법을 지키지 않습니다. 그보다 사실 저 사람들은 여러분의 육신에 관하여 자랑하기 위해 여러분에게 할례를 받게 하려는 것입니다.

¹⁴ 그러나 나는 우리 주 예수 메시아의 십자가 밖에는 결코 아무것도 자랑하지 않겠습니다. 메시아를 통해서 세상은 나에 대하여 십자가 처형을 당했고, 나는 세상에 대하여 십자가 처형을 당했습니다.

¹⁵ 아시다시피 할례는 아무것도 아닙니다. 무할례도 아무것도 아니고요! 중요한 것은 새로운 창조입니다. ¹⁶ 평화와 자비가 이 기준에 맞춰 사는 모든 사람 위에 있기를. 그렇습니다. 바로 하나님의 이스라엘 위에 있기를.

¹⁷ 이제부터는 아무도 나를 괴롭히지 마십시오. 아시다시피 나는 내 몸에 예수의 자국들을 지니고 다닙니다.

¹⁸ 우리 주 예수 그리스도의 은혜가 여러분 곧 내 사랑하는 가족의 영과 함께 있기를. 아멘.

서론

그 어떤 바울 서신보다 갈라디아서는 어조 및 주제에 있어서 편지의 도입부와 맺는 말이 서로 조응한다. 6장의 마지막 여덟 절은 1장의 첫 아홉 절을 되풀이하는데, 그럼으로써 바울의 메시지를, 그리고 그 메시지를 전달하기 위해 그가 반어법적 역량과 수사적 전략을 활용한 방식을 분명히 한다. 그런데 이 단락에 담긴 그의 마지막 요약문은 그의 신학, 특히 그의 교회론에 대해 추가적으로 날카로운 질문들을 불러일으킨다.

이 편지의 서두 부분과 마찬가지로 이 단락에는 바울 자신과 관련된 내용이 많이 담겨 있다. 1장에서, 2장 말미에서, 4:12-20, 그리고 특히 5:2-12에서 말한 자전적 이야기를 끌어와서 다시 말한다. 이로부터 우리는 바울이 이 편지를 최대한 촘촘하게 꿰매어 하나의 강력한 수사학적 통일체로 만드는 모습을 본다.

6:1-10 끝맺는 권면

마지막 여덟 절 앞에는 권면을 담은 열 개의 절이 나온다. 이 권면들은 5:13-26의 초점이 뚜렷한 권면을 거의 예상치 못한 두 가지 방식으로 확장하거나 혹은 단순히 권면을 더하는 것으로 보인다. 이 절들은 이전 단락에서 우리가 제기했던 질문을 약간 다른 방식으로 질문하게 한다. 왜 바울은 **바로 지금 이 특정한 교회에 이러한** 권면을 해야 했는가? 다른 곳에서는 거의 찾아볼 수 없는 권고를 말이다. 각각의 경우에(한편으로 6:1-5, 다른 한편으로 6:6-10) 갈라디아서에서 다룬 더 큰 규모의 주제를 반어법적으로 나타내는 표현이 들어 있다. 그러나 이는 그 주요 주제가 여기서 현저하게 발전했다는 표시라기보다는 주요 주제의 메아리들을 보다 일반화된 가르침으로 엮어 내며 가볍게 놀리듯이 말하는 것으로 보인다.

6:1-5 상호 책임과 개인의 책임

만약 5장 끝부분과 6장 시작 부분을 서로 이어주는 연결고리가 있다면, 아마도 시기와 경쟁이 없는 공동체를 세우라는 권면일 것이다. 바울은 분명히 사회적, 문화적 경쟁 의식(이는 모든 시대, 모든 사회에 흔하게 나타나는 현상이지만, 좁은 공간에서 밀집해서 모여 사는 고대의 작은 마을에서는 더욱 쉽게 증폭되었다)이 얼마나 쉽게 교회에 침투하여 교만한 행동과 남을 헐뜯는 일들을 일삼게 되는지 잘 알고 있었다. 그와 동시에, 고쳐져야 할 결점들은 언제나 **새로 생겨날 것**이므로, 건강한 교회라면 교회 내 사역의 일환으로 참된 영적 통찰력을 지닌 이들이 권면하는 역할을 맡게 된다. 다시 말해, 교회 내부에서 구성원들이 잘못된 행동을 할 때 이를 그냥 눈감아 버리면 안 된다는 것이다. 아무도 관여하지 않은 채, 그저 성령이 각 개인에게 문제적 상황을 해결해 주기를 바라면서 상호 책임을 피해서는 안 될 일이다.

이 단락 속의 역설에는 미묘한 균형이 있다. 2절의 "서로 남의 짐을 져 주십시오"와 5절의 "각자 제 자신의 짐을 지십시오" 사이에는 역설로 보이도록 의도된 듯한 명백한 긴장이 존재한다. 부분적으로 이 긴장은 종말론적으로 해소될 것이다. 공동체 내에서 지금 서로 권면하는 일은, 로마서 14:10-12이나 고린도후서 5:10에서와 같이 모든 교회 구성원에게 메시아의 심판대 앞에 설 마지막 날을 준비시키는 하나의 방법이다. 지금 서로의 짐을 짊어지는 것—단순히 잘못된 행동을 한 사람들을 바로잡는 것보다 더 넓은 범주의 행동을 가리키지만, 특정 책무가 위험할 정도로 부정적으로 되지 않기 위해서 분명히 필요한 일이기도 하다—은 진정으로 율법을 성취하는 행동이다. 그런데 이로써 성취되는 것은 메시아의 율법 $^{nomos\ tou\ Christou}$이다. 메시아의 율법이라는 이 반어적 표현은, 5:14에서 이미 인용한 레위기 19:18의 사랑 계명을 예수가 강조했고 그 계명에 새로운 방향과 힘을 불어넣으셨다고 보도한 몇몇 어록 전승(다양한 자료에 두루 나온다)과 일치한다(5:14 주석을 참조하라). 바울 서신을 제외하면, 이에 대한 분명한 예는 요한복음 13:34의 "새 계명"(요일 4:7-21에서 더 자세히 논의됨)과 야고보서 2:8의 "왕의 율법"$^{royal\ law}$

이다(우리말 성경은 이를 "으뜸가는 법"[새번역] 혹은 "최고의 법"[개역개정]으로 번역했다—옮긴이). 이 모든 본문은 본 단락이 매우 이른 시기에 널리 퍼진 기본적인 그리스도교 윤리 전통을 나타낸 것이라는 점을 보여준다.

그러므로 6:1-3은 다음과 같은 논리 전개를 담고 있는 것으로 보인다. 첫째, 잘못된 행동을 바로잡는 것은 마땅히 해야 할 의무다. 바울은 제자라면 누구에게나 쉽게 유혹이 찾아올 수 있으므로 이러한 의무가 쉽게 되돌아올 수 있음을 잘 알고 있었다. 따라서 이 의무는 윤리적 잣대를 들이대며 남의 행동을 쉽게 판단하는 행위가 아니라, 무거운 짐을 짊어진 사람들과 함께하고 그들을 돕는 일의 일환으로 이루어져야 한다. 3절의 경고는 스스로를 속이는 일이 언제나 위험하다는 사실을 가르쳐 주는 기능을 한다.^{gar} 이는 문제 상황의 양쪽 당사자에 다 적용될 수 있을 것이다. 즉, 잘못을 저질렀으나 스스로를 속이느라 자신이 잘못했음을 깨닫지 못하는 사람, 그리고 잘못을 바로잡으려 노력하지만 스스로 속아서 우월 의식을 가지고 겸손하지 못한 사람을 말한다. 바울은 1절에서 다시 반어적 표현을 써서 후자를 "여러분, 영적인 사람들"$^{hymeis\ hoi\ pneumatikoi}$이라고 부른다. 이 표현에서 교회 내의 다른 파벌을 지칭하기 위해 '프뉴마티코스'^{pneumatikos}라는 단어를 사용한 고린도전서의 반향이 나타나는데, 바울은 자신의 요지를 설명하기 위해 이 용어를 선택했을 가능성이 있다.[1] 그러나 (일부 학자들의 주장에도 불구하고) 이것이 갈라디아에서 심각한 문제였다거나 갈라디아에서 스스로 '프뉴마티코이'^{pneumatikoi}라고 부른 집단이 존재하여 바울이 그들에게 중개를 호소했다는 암시는 없다.

---

1 가령, 고전 2:14-3:4을 보라.

1-3절과 4-5절 사이에 종말론적 긴장—상호 권면은 현재 일로, 개인의 책임에 대해서는 미래 일로 말함—이 있다고 한다면, 이는 바울이 그러한 미래가 현재로 침투하기를 바라고 있음을 나타낸다고 할 수 있을 것이다. "현재의 세대"가 "장차 올 세대"로 뒤덮여 있다는 그의 관점을 보면 그렇게 추론할 수 있다. 여기서도 바울은 편지의 본론 부분에서 제기한 주요 질문들을 콕 집어 가리키고 있다. 이상적으로 말하면, 모든 사람이 자기 자신을 제대로 평가해서 아무도 타인의 인격 성장이나 지위의 변화를 자신의 영적 혹은 심지어 사회적인 위신을 향상시키기 위한 수단으로 사용하려는 생각을 해서는 안 된다. 타인 안에서 "자랑 거리"를 갖는다는 생각은 분명히 앞서 언급한 경쟁 교사들에 대한 경고와 6:13-14의 명시적인 경고를 상기한다. 그 교사들은 새로이 할례받은 개종자들의 "육신"을 내세워 **자기 자신들을** "자랑"하려고 한다. 다시 말해 그들은 복음의 진정한 대가를 치르지 않은 채 사회문화적으로 내세울 거리를 얻으려고, 개종자들에게 할례받으라고 하는 것이다.

6:4(다른 사람에 대해서가 아니라 자기에 대해 "자랑"해야 한다)과 로마서 3:27-30, 고린도전서 1:31, 빌립보서 3:3 등에 나오는 [자기 자랑에 대한] 단호한 거부는 일견 서로 모순되는 것으로 보인다. 하지만 바울이 하지 말라고 하는 "자랑"이 사회적 지위나 신분 또는 유대인임에 대한 자부심을 뜻하는 것임을 알면, 이러한 모순은 깊은 차원에서 해소된다. 이 점을 이해하더라도, 다른 사람을 특정 규범이나 기준에 따르게 하여 자신의 지위나 안전을 근거 없이 부풀린다는 의미로 다른 사람에 대하여 "자랑"하려는 시도를 없애는 것도 중요하다. 바울이 "자랑"에 대해서 또 다른 의미로 긍정적으로 말할 때가 있다. 다른 사람들의 영역에 끼어들려고 하지 않고 자신의 영역에서 자신의 일을 했다는 바울 자신의 "사도적 자랑"롬 15:17-21이 바로 그것이다. 자신이 수고하여 맺은 열매를

보며(아주 적절한 행동이다) 자신의 수고가 헛되지 않았다고 말하는 데살로니가전서 2:19-20 같은 단락도 포함시켜야 한다.² 바울은 잘못된 "자랑"을 아주 쉽게 알아볼 수 있었다. 그와 동시에 하나님께 감사하는 맥락에서 제대로 된 자부심이 있다는 점도 인정했다. 바울이 볼 때, 올바른 자부심은 자기에게 맡겨진 일(성령이 그 일을 위해 힘과 자원을 주신다)을 신실하게 열매 맺는 것에서 나타난다.

6:1 갑작스러운 변화가 눈에 띈다. 잠시 5:13-26의 격동의 세계, 분열의 위험에 처한 공동체에 있다가, 한 예수 추종자가 (더 엄격한 교회 치리까지는 필요하지 않은 작은 "이탈"을 했던 것으로 보이는) 다른 예수 추종자를 제자리로 돌려 놓으라는 소박하고 친밀한 조언을 만나게 된다. 이러한 전환의 이유와 이처럼 새롭게 조언하게 된 이유는 명확하지 않다. 가능성을 따지자면, 바울은 좀 더 명확하게 밝히고 싶지 않은 특정 상황에 대해 간접적으로 말하는 것일 수 있다. 그렇든 아니든, 바울이 제시하는 해결책은 마태복음 18:15의 "개인적 책망"과 궤를 같이하지만 다소 특이하게 표현된다. "여러분 곧 '영적인' 사람들이 이런 자를 다시 바로잡아야 합니다." 여기서 말하는 "영적인" 사람들은 누구인가? 바울이 반어적 표현을 쓴 것인가? 갈라디아에 "영적인" 예수 추종자와 "덜 영적인" 사람들이 있고 그들을 사이에 뚜렷한 차이가 있음을 암시하는 것인가(이는 확실히 아니다!), 그렇지 않으면 정말 공동체 전체에 호소하는 말인가("영적인 사람들인 여러분 모두")? 뒤이어 나오는 "그대 자신도 시험을 받을 수 있으니 조심하시오"라는 경고는 단수인데 왜 이 권면은 복수형인가?³ 이 질문 중 어느 것도 답하기 쉽지 않으나 그렇다고 해서

---

2 예를 들어 고전 9:15과 고후 11:10도 보라.
3 NTE/KNT에서 나는 "여러분 자신들을 살펴보십시오"라고 복수로 번역했는데 틀린 번역이다.

전반적인 요지를 알 수 없는 것은 아니다. 온화하고 겸손한 태도로 행해지는 상호 권면은 예수 공동체의 일상적 건강에 꼭 필요하다.

6:2 6:1은 단순히 바울이 2-5절에서 제시할 섬세하게 균형 잡힌 논점을 신중하게 준비하는 수단일 수 있다. 한편으로, 가족 구성원들은 서로를 돕고 지원해야 한다. 다른 한편으로, 결국 모든 이는 스스로 책임을 져야 한다. 2절은 이 기본 원칙들 중 첫 번째에 대해 말하며 이렇게 서로를 지원하는 일이 메시아의 율법을 성취한다는 놀라운 언급을 덧붙인다. 여기에 사용된 동사 '아나플레로오'$^{anapl\bar{e}ro\bar{o},\ 성취하다}$와 5:14의 보다 단순한 동사 '플레로오'$^{pl\bar{e}ro\bar{o}}$ 사이의 차이를 들자면, '플레로오'가 일반적 내용의 명령인데 반해 '아나플레로오'에는 사랑의 율법을 "가득 채움"이라는 독특한 뜻이 있다고 할 수 있다. 앞서 언급했듯이, 바울은 예수 추종자들에게 토라 준수가 요구되지 않는다는 것을 주요 논지로 하는 이 편지의 말미에 율법 성취에 대해 말하는 아이러니를 인식하고 있다. 그러나 바울이 늘 그랬듯, 우리는 토라를 요구하지 않는 것이 도덕 명령을 느슨하게 만드는 것이 아니라 하나님의 백성을 다시 정의하는 문제와 연결되어 있다는 사실을 알아야 한다.

6:3 이 구절은 6:2에 대한 설명을 의도한 것으로 보이지만, 어떤 면에서는 6:1의 겸손한 자기 반성에 대한 촉구("예, 잘못한 사람을 바로잡으십시오. 하지만 그렇게 한다고 해서 당신이 우월한 위치에 있다고 생각해서는 안 됩니다!")와 더 자연스럽게 연결되는 듯하다. 이 구절이 6:2과 연결된 것이라면, 도움이 필요한 사람을 도와주는 것이 그런 종류의 문제에 초연한 듯한 태도를 취하는 것보다 더 낫다는 뜻으로 보인다. "사실 아무것도 아닌 사람인데 스스로를 대단한 사람이라고 생각함"이라는 표현은 당연히 2:6의 예루살렘 사도들에 대한 바울의 조롱을 생각나게 한다. 좀 더 일반적으로는 이를 로마서 12:3 및 고린도전서 4:6과 비교할 수

있을 것이다.

6:4 자신을 너무 높게 생각하지 말라는 경고를 한 뒤 바울은 균형추의 다른 측면에 대해 말한다. 앞의 분석에 따르면, 모든 사람은 해야 할 일을 맡았고 그에 대한 책임을 져야 한다. 그러므로 이 절은 단순히 한 개인의 도덕적 성품에 관한 말이 아니라 하나님의 백성이 받은 다양한 소명에 관한 말이다. 바울 자신의 '카우케마'$^{kauchēma, 자랑}$도 사실 이러한 소명에 있다. 빌립보서 3:4-11 같은 단락에서 분명히 말하듯, 그의 자랑은 민족적 특권과는 아무 관련이 없다. 바울의 자랑은 하나님에 대한 자랑이자$^{롬 5:11}$ 자기가 일해서 맺은 열매에 대한 자랑이며,$^{고전 9:3, 빌 2:16, 살전 2:19}$ 당연한 말이지만, 궁극적으로 메시아의 십자가에 대한 자랑이다.$^{갈 6:14\ 4}$

6:5 바울이 주제를 1절과 2절의 상호 도움(아마도 도덕적 문제와 관련)에서 소명으로 맡은 일에 관한 문제로 섬세하게 전환했다고 보면, 이 절과 2절에 사용된 동사는 동일하지만("짊어지다", '바스타조'^{bastazō}의 번역), 2절의 "짐"$^{burdens, barē}$과 5절의 "무게"^{phortion}라는 명사는 뜻에 차이가 있다고 볼 수 있다. "짐"은 아주 무거운 중량을 뜻할 수 있는 반면, "짊어지는 것"^{load}은 더 일반적인 뜻을 지닌다. 물론 이러한 의미의 차이를 지나치게 강조해서는 안 되지만 말이다. 전반적으로 말해, 이 짧은 단락은 모든 공동체와 공동체 내의 모든 개인이 배워야 하는 미묘한 균형—어떻게 서로를 지원하는 동시에 개인이 스스로 책임을 지는지—을 포착한다. 혼자 힘으로만 하겠다는 자만심도, 남들이 힘든 일을 해주기만 바라는 게으름도, 모두 피해야 할 것이다. 이 점은 매우 명백하다. 하

---

4 고린도전후서에 걸쳐 "자랑"에 관한 문제는 중요한 주제로 다뤄지지만, 종종 아이러니한 주제이기도 하다. 특히 고후 1:12, 14; 5:12; 7:4, 14; 8:24; 9:2, 3, 4; 10:8, 13, 15, 16, 17; 11:10, 12, 16, 17, 18, 30에서 그러하다. 이 주제에 관한 한 고린도 서신을 제외한 다른 모든 편지에 나온 언급을 다 합쳐도 고린도 서신에 언급된 수보다 적다.

지만 주어진 순간에 어떤 위험이 더 시급한지 식별하는 데에는 요령이 필요하다.

6:6-10 씨를 육신에 뿌리느냐, 성령에 뿌리느냐

두 번째 짧은 단락은 돈에 관한 내용을 다룬다. 돈은 바울 서신에서 지속적으로 다루어지는 관심사로서, 때로는 중점적으로 때로는 가볍게 다뤄진다.[5] 마침내 바울은 우리가 사회문화적 실험이라는 거창한 명칭으로 부를 수 있는 작업에 착수했다. 즉, 이전에는 상상하지 못했던 방식으로 "가족"이 되어 살고, 근본적으로 다른 민족적 배경과 사회적 배경을 지닌 사람들끼리 서로 자원을 공유하며 사는 것이다. 바울은 이 공동체를 "가정"household, 10절 곧 "믿음의 가정"으로 본다. "믿음의 가정"이란 '피스티스'pistis라는 특징을 지니고 '피스티스'로 식별되는 공동체. "교회"를 가리키는 가장 오래된 전문 용어 중 하나인 이 호칭은 [복음을 통해] 발생한 사건의 진실을 명확히 나타낸다. 가정oikia에는 질서,economy, oikonomia 곧 "가정의 규율"이라고 할 수 있는 최소한 경제적 사안 정도는 다루는 대략의 지침이 필요하다.

바울의 첫 번째 강조 사항은 "말씀을 가르치는" 사람들에게 적절한 보수를 주어야 한다는 것이다. 아마도 바울은 갈라디아서 1-5장을 쓰고 나서, 진지한 가르침 없이는 많은 청중이 그가 이미 말한 내용을 전혀 이해하지 못할 수도 있을 거라 생각하게 되었을 것이다. 그런데 가르치는 사람은 경제적 자산이 필요하다. 적어도 어느 정도는 온 시간을 일해야 하는 직업이나 육체적으로 힘든 일을 해야 할 상황에서 자유로워져야 한다. 물론 나중에 디모데전서 6:5의 경고에서 볼 수 있듯이, 돈

---

[5] 살전 4:9-12, 고후 8; 9, 빌 4:14-20을 비교하라.

이 목적이 될 때 사람들이 제도를 악용할 위험이 생긴다. 그러나 이와 마찬가지로 위험한 생각이 오늘날까지도 이어진다. 그것은 가르침을 받아야 하는 사람들이 자신들과 가르치는 사람들이 모두 같은 "가족"의 일원이므로 가르치는 사람에게 적절한 보수를 줄 필요가 없다는 생각이다.

이 원칙을 선언한 6절은 훨씬 더 광범위하게 보이는 7절과 8절의 가르침으로 전개된다. 7절과 8절은 특히 육신과 성령에 대해 언급하므로 4장과 5장에 쉽게 연결되기 때문에 문맥에서 이 구절들을 떼어 내어 이해하기 쉽다. 하지만 광범위한 대상을 가리킨다고 볼 수도 있지만, 9절과 10절을 보면 바울은 계속 돈에 대해 생각하고 있다. 무엇보다도 바울은 교회에서 가르치는 사람들에게 적절한 보상을 하는 것, 곧 공동체의 이해력 성장에 필요한 일을 수행하는 사람들의 생활비를 상당한 정도로 충당하는 것을 "성령의 밭에 씨를 뿌리는" 핵심 측면으로 보았다. 우리는 이를 잘 다스리는 장로들, "특히 말씀과 가르침에 수고하는 사람들은" 두 배로 보상을 받아야 한다고 말하는 디모데전서 5:17과 비교해야 한다.

9절과 10절에서 바울은 심고 수확하기의 심상을 자산의 더 폭넓은 사용으로 발전시킨다. 고린도후서에서 "기금 마련"을 말하는 두 장 8장과 9장에서와 마찬가지로, 그는 "돈"이라는 단어 자체를 언급하지는 않았지만 돈에 대해 말하고 있다는 것은 분명하다. 9절에서 "바르게 행동하기"로 번역한 문구는 문자적으로는 "선을 행함"이며, 평범한 도덕적 행동이라기보다는 자선 같은 공적 행동을 뜻했다. 고대 사회에서도 오늘날 부유층의 "사회 환원"과 같은 행동의 중요성을 잘 알고 있었고, 바울은 이를 염두에 두었을 가능성이 있다. 또 다시 바울은 매우 광범위한 대상에 적용될 수 있는 약속으로 이 권면—"지치지 않으면 적절한 시기에 수확을 거둘 것입니다"—을 뒷받침한다. 여기서 바울은 돈의 올바른 사용에 대해 구체적으로 언급하지만, 종이 "쓸모 없고 허무한 일에" 자신의 힘을 소모했을까봐 염려하는 내용의 이사야 49:4을 바울이 자주 언급하는 것을 보면 하나님이 맡기신 어떤 일에 대해서도 동일한 주장을 했을 것으로 보인다.[6]

그리고 이는 다시 10절의 더 넓은 대상을 향한 명령으로 확장된다. 9절과 마찬가지로 여기서 "선을 행함"*ergazōmetha to agathon*은 일반적으로는 자원의 사용을, 구체적으로는 돈의 사용을 가리키는 것이 분명하다. 이 절과 2:10(예루살렘 지도자들이 바울에게 "가난한 사람들을 계속 기억해 달라"고 촉구했고, 바울 역시 이를 자기 사역의 최우선 순위에 두었다고 말했다)과 상응한다. 10절은 매우 균형 잡힌 주장을 제시한다. 메시아 추종자들은 공동체, 곧 "믿음의 가정"*oikia tēs pisteōs*에 대한 의무와, 도시라는 공동체 곧 "모든 사람"에 대한 의무를 지니고 있다. 이같이 더 커다란 규모의 집단을 대상으로 하는 의무는 초기 그리스도교에 대한 연구에서 별로 주목받지 못했지만, 로마서 12:9-21 같은 단락은 교회 밖의 사람들에 대한 의무에 대해 분명히 말한다. 5장에서 살펴보았듯이, 그리스도인의 행동에 대한 바울의 가르침이 함축하는 의미 중 하나는 이웃들이 비록 일상적 이교 행습에 참여하는 것을 거부하는 그리스도인의 모습에 충격을 받겠지만, 그리스도인의 행동을 보고 그들이 주변에 둘 만한 선하고 긍정적인 사람이라는 인식을 갖게 해야 한다는 것이다. 전체 공동체를 위한 그들의 재정 활동과 건설적인 후원은 창조주 하나님의 참된 본성 및 하나님의 아들이 "나를 사랑하셔서 나를 위하여 자신을 내어 주셨다"는 복음 메시지를 지속적으로 더 큰 세상에 보여주는 표시일

---

[6] 가령, 고전 15:58을 보라.

것이다. 복음 메시지의 중심에는 관대하게 자기를 내어 주는 사랑이 있다. 또한 그러한 사랑은 생활 방식의 중심에 있어야 한다.

6:6 바울은 교회에서 "말씀을 가르치는" 일을 맡은 사람들이 있다고 전제한다. 그러한 교회 교사들은 갈라디아서를 읽고 나서, (적어도) 창세기, 레위기, 신명기, 이사야, 시편에 대한 단기 집중 강의를 하고 싶었을 것이다! 어떤 의미에서 바울 서신은 각 교회마다 일종의 강의 계획서처럼 사용되었을 것이며, 그러기 위해서는 반드시 진지한 성경 수업이 필요했을 것이다. 여기서 "가르치는 사람"과 가르침을 받는 사람에 해당하는 단어는 둘 다 '카테케오'*katēcheō, 지침을 주다, 가르치다*에서 왔다. 나중에 그리스도교 입문 과정을 가리키는 전문 용어 중 하나인 "카테키즘"catechism, 교리 문답—최근에 개종한 사람들("카테큐멘스")이 세례받기 전에 인정받은 교사("카테키스트")로부터 받아야 할 필수 교육—의 동족어가 처음으로 나온다(갈라디아서에는 세례가 먼저였지만, 3:27).

교육은 중요한 일이다. 특히 성경을 섬세하게 가르치는 일은 무척이나 중요할 것이다. 이는 오늘날 서구인들의 인식과는 반대되는 주장일 것이다. 소위 "성경적" 혹은 "보수적"이라고 하는 많은 교회는 일종의 반지성주의에 매몰되어 있고, 소위 "자유주의적"이라고 하는 많은 교회는 일종의 가짜 지성주의에 매몰되어 있다. 두 경우 모두 성경에 무언가 새로운 내용이 있다고 생각하지는 않는다. 단지 이미 믿고 있는 것에 (첫 번째 경우는) 무게를 실어 주기 위해, 혹은 (두 번째 경우는) 장식을 더하기 위해 성경을 지나칠 정도로 사용한다. 가장 시급하게 해야 할 일은 그리스도교적 사고방식을 익히는 것이다. 이는 아무런 노력 없이 일어나는 일이 아니고, 학문적 재능이나 말하는 재능을 가진 사람이 가끔 성경을 쓱 보고 나서 몇 가지 떠오르는 생각을 적어 둔다고 되는 일도 아니다. 물론 나는 교회와 대학교에서 40년 넘도록 선생으로 급여를 받고 나서야 이 글을 쓰고 있다. 나는 교회와 대학교에서 성경적 가르침이 빈약하거나 불충분할 때 엄청난 문제들이 단기간, 장기간에 발생하는 것을 목격했다. 교육을 강조하는 것이 현재의 문화에 반하는 것으로 보이겠지만, 그리스도인으로 빚어감을 위해서는 가르치는 사역에 최우선 순위를 두어야 하며, 가르치는 사역에 충분한 재정이 지원되어야 한다. 잘 형성된 그리스도교 지성을 계발하는 일은 "성경과 신학"이라고 불리는 복잡한 사고와 논증을 정신적 유희로 삼는 사적 취미가 아니라, 교회 전체의 필수적인 생명소다.

6:7-8 바울은 이 특별한 사안에 적용하고 싶은 일반적 진리를 진술한다. 진지한 가르침을 받지 않고도 흠잡을 데 없는 예수 추종자가 될 수 있다고 생각하는 사람은 어리석게도 스스로를 속이고 있다. 바울은 하나님은 속임을 당할 분이 아니라고 말한다. 일반적으로 참인 명제(어떤 이가 자신의 나쁜 행실이 타인의 눈에 띄지 않을 거라 생각하다가는 분명 충격을 받을 것이다)는 더 구체적인 경우에도 해당된다. 냉혹히 말하자면, 심은 대로 거둔다. 즉, 지불한 만큼 얻는다는 것이다. 물론 예외적 경우도 있다. 높은 급여를 받은 이가 결국 무익한 선생으로 드러나거나 낮은 급여를 받은 이가 탁월한 선생으로 판명나기도 한다. 하지만 늘 그렇듯, 예외적 경우가 있다고 해서 일반적인 요점이 훼손되는 것은 아니다. 선생에게 가르침의 대가를 치른다고 해서 반드시 건전하고 현명하며 창의적인 가르침을 얻을 수 있는 것은 아니다. 하지만 선생에게 보수를 지불하지 않으면 반드시 깊이라고는 찾아볼 수 없고 어설픈 교육이 이루어질 수밖에 없다.

분명 바울은 "육신"의 영역에 씨를 뿌리고 거두는 것에 해당하는 원칙이 5장에서 말한 모든 "육신의 행위들"에 그대로 적용된다고 보았을 것이다. 따라서 이 절들은 하나님 나라를 유업으로 받지 못할 사람들에 대한 경고5:21의 메아리를 담고 있으며 그 경고를 구체적 내용으로 채운다. 바울은 말하기를, 그러한 사람들은 썩음*phthora*을 거둘 것이다. 반면, "성령에 씨를 뿌리는" 사람들은 '조에 아이오니오스'*zoē aiōnios*를 얻을 것이다. '조에 아이오니오스'는 대개 "영원한 생명"으로 번역되는데, 육체가 없는 불멸을 뜻하는 표현이 아니다. '조에 아이오니오스'는 바울이 갈라디아서 전반에 걸쳐 말한 "유업", 곧 하나님 나라에서의 부활한 몸으로 사는 새로운 생명(삶)을 가리킨다.

6:9-10 9절에서 바울은 농경의 은유("파종과 추수")를 이어 나가는데, 여전히 재정적인 우선 순위에 대해 생각하고 있음이 분명하다. 오늘날 종종 우리가 "결실을 맺을" 프로젝트에 투자하는 것을 "시드 펀딩"*seed funding*이라고 부르듯 말이다. 이 경우에 "추수"는 "선한 일"을 하는 것에서 온다. 앞서 언급한 대로 나의 이전 신약성경 번역NTE/KNT에서는 이를 "바르게 행동하기"로 번역했고, 분명 그것도 맞는 번역이다. 하지만 지금은 본문의 맥락과 실제 그리스어 용법을 감안하여 '토 데 칼론 포이운테스'*to de kalon poiountes*라는 문구가 더 큰 규모의 공동체에 있는 타인들을 돕기 위해 자신의 재정 자원을 사용하는 행동을 나타낸다는 점을 강조하고 싶다. 예수 추종자들은 기회가 있을 때마다("우리에게 기회가 있는 동안") 후원자(benefactor, 라틴어에서 온 단어로 직역하면 '베네'*bene*, 좋게, 선하게와 '파체레'*facere*, 행동하기의 합성어다—옮긴이)로 알려져야 한다. 바울이 강조하듯, 예수 추종자들에게는 교회 내에서 구체적인 책무가 있다. 그러나 처음부터 예수 추종자들은 "모든 사람에게 선을 행함"으로써 하나님 나라에 대한 좋은 소식을 실제 삶에서 구현하는 것을 바로 자신들에게 맡겨진 임무(선교)의 일환으로 생각했다. 고대 세계에서 후원 문화는 시민 생활의 중요한 요소로서, 사회적, 재정적으로 최상위에 있는 사람들은 자기를 관대한 사람으로 부각시키기 위해 공적 후원을 베푸는 데

있어서 앞다투어 경쟁했다. 예수 추종자들은 복음의 놀라운 은혜에서 자연스럽게 흘러나오는 행동으로 기꺼이 그리고 기쁘게 재정적 후원하는 사람들로 인식되어야 할 의무가 있었다.[7]

6:11-18 마지막 경고와 예시

이 편지의 마지막 여덟 절은, 바울이 편지 전반에 걸쳐 아무리 격앙되고 화난 모습을 보였더라도 그의 수사적 설득은 감정에 휘둘리지 않고 철저히 의도한 대로 전개된 것임을 보여준다. 갈라디아서에서 그는 줄곧 체계적이고 주제별로 사고하고 있다. 6:11-18을 1:1-9과 면밀하게 비교하고, 주제를 중심으로 강력하게 전개되는 2:11-21과도 자세히 비교해 보면, 바울이 앞서 다룬 주제들을 세 가지 방식으로 다시 끌어와서 날카로운 수사적 힘을 지닌 표현으로 그 주제들을 진술하고 있음을 알 수 있다. 또한 바울은 두 가지 심화된 방식을 통해 갈라디아서의 주요 신학적 주제들, 특히 3장과 4장에서 제시한 주제들을 재차 강조한다. 다시 말해, 이 단락이 간략한 문장들을 두서없이 모아 놓은 것으로 보일 수 있지만, 실은 다른 모든 바울 서신과 마찬가지로 편지 전체의 내용을 한데 모은 온전한 "결말" 부분이다.

바울이 앞서 다룬 주제들을 다시 끌어와 증폭시키는 세 가지 방식에 대한 논의로 시작하자. 우선, 그는 경쟁 교사들을 향해 경고하고 있다. 둘째로, 그는 복음이라는 메시아 사건을 통해 "장차 올 세대"(편지 서두

---

[7] "기쁜 마음으로 주는 행동"에 대해서는 롬 12:8과 고후 9:7(칠십인역 잠언 22:8a을 인용함)를 보라.

에서 말한 우주적 규모의 변화, 1:4)가 정말로 시작되었다고 힘주어 말한다. 셋째로, 그는 이러한 상황을 배경으로 자기 자신과 자신의 소명을 설명하면서 1장과 2장의 긴 자전적 설명을 마무리 짓는다.

첫째, 바울은 경쟁 교사들을 향해 재차 경고한다. 경쟁 교사들은, 2:3에 의하면, 예루살렘에서 어떤 사람들이 디도에게 하려고 했던 일을 갈라디아인 개종자들에게 그대로 행하려고 온힘을 다함으로써 바울을 "괴롭게 만들었다."[17절] "그들이 여러분에게 할례를 받으라고 강요한다"라는 또렷한 메아리는 5:2을 중간 지지대로 삼아 이 편지에 통일성을 부여한다. 또한 2:14에서 바울은 베드로가 이방인 신자들과 식탁교제를 하다가 물러나는 행동으로 이방인들에게 "유대인으로 살라고" 강요했다며 비난했다. 이 편지에서 할례에 대한 구체적 언급은 많지 않으나,[7] 그러한 언급이 나올 때는 명백하게 중요한 내용을 담고 있다. 할례는 아브라함과 토라와 기타 등등에 관한 모든 논의의 중심에 있는, 결정적인 문제였다.

[7] 본적으로 2:3; 5:2-3; 6:12-13

바울은 경쟁 교사들의 동기와 의도에 대해 세 가지를 말한다. 그들은 육신에 드러나는 것에서 멋있어 보이고 싶어 하고, 박해를 피하고 싶어 하며, 사실 토라 전체를 준수하는 데에 관심이 없다.

a. 첫째, 경쟁 교사들은 "육신에 드러나는 것에서 멋있어 보이고 싶어 하는 이들이다."[12a절] 이 말은 "그들은 여러분의 육신에 관하여 자랑하기를 원한다"는 13절 뒷부분과 관련 있다. 과거 주석서들은 대개 이 본문에서 말하는 할례를 단순히 "선한 행동", 곧 하나님의 은혜를 얻기 위해 행하는 "의례" 같은 것, 칭의를 굳건히 하기 위한 공로주의적 율법 준수로 이해했다. 그러한 해석에 따르면, 경쟁 교사들의 "자랑"[13절]은 다른 사람들이 도덕적 성취를 이루어 내는 데 도움을 줌으로써 경쟁 교사들 자신이 부차적으로 도덕적 성취를 했다는 주장에 있다. "바울에 관한 새

관점"[에 속하는 일부의 주장]이 선호되면서 이러한 옛 설명은 이제 거의 폐기되었다. 이 관점은 경쟁 교사들이 열심을 냈던 것은 갈라디아인들의 육신에 유대 공동체의 일원임을 나타내는 전통적인 표시를 보이게 하는 것이었고, 그 목적은 불안해하는 지역 유대 공동체를 향해 경쟁 교사들 자신들은 여전히 토라를 준수하고 있다는 점을, 디아스포라에서 유대 민족임을 나타냈던 경계선(이러한 경계선의 범위는 각기 다른 공동체마다 서로 달랐지만, 그 경계선을 넘지 않는 것은 늘 쉽지 않은 일이었다)을 벗어나지 않았다는 점을 확인시키려는 것이었다고 주장한다. 갈라디아서 곳곳에서 예루살렘의 영향력에 대한 희미한 언급이 있음을 고려하면, 갈라디아의 유대인 예수 추종자들이 예루살렘에서 토라를 준수하는 예수 공동체의 압력을 의식하여, 갈라디아인들을 할례받게 함으로써 자신들이 예루살렘의 토라를 준수하는 예수 공동체와 전적으로 같은 노선에 있음을 보이면서 "갈라디아인들의 육신에 대해 자랑"할 수 있기를 간절히 원했다는 의미도 포함시킬 수 있다.

나는 진리를 찾아 가는 과정에서 이 문제를 "바울에 관한 새 관점"으로 분석하는 것은 여전히 중요하다고 생각한다. 그러나 나는 20년 전에 내가 "신선한 관점"fresh perspective 으로 이름 붙인 접근법, 곧 내가 『바울과 하나님의 신실하심』 12장에서 상세히 제시한 정치적 해석이 옳다고 지금도 확신한다. 오늘날 "이것 아니면 저것 둘 중 하나만"either/or이라는 식의 현대적 사고 방식("정치" **아니면** "신학" **둘 중 하나만**, 곧 둘 다는 아님!)으로 볼 때 나의 해석이 어떻게 이해될런지 잘 알지만, 우리는 바울과 그의 동시대인들—이방인이든 유대인이든, 예수 추종자이든 아니든 상관없이—에게는 계몽주의 이후 정치와 신학을 구별된 영역으로 보는 사고가 낯선 것이었음을 역설해야 한다. 바울이 살던 시대에 갈라디아인들에게 가해진 궁극적인 압박은 주위의 이교도들과 당국의 관리들에게서 온 것이었다. 이 이교도들과 관리들은, 갑자기 일상의 사회문화적 생활양상, 특히 지역에서 섬기는 신들의 숭배나 "제국 의례(황제 제의)"를 거부하는(즉, 신들을 더 이상 숭배하지 않는) 사회전복적 신생 집단에 충격을 받고 경계심을 가지게 된 사람들이었다. 그러므로 갈라디아인들이 느낀 압력은 우리가 "종교적"이라고 부르는 것과 "사회적" 혹은 "정치적"이라고 부르는 것 둘 다였다. 이는 초창기 교회가 직면한 주요 문제 중 하나였다.[8] 메시아 안에서 그리고 메시아의 신실하심을 통해 계시된 유일하신 하나님에 대한 충성(그리스어로는 '피스티스', 곧 "충성"이다)은 이 공동체의 일원임을 나타내는 중요한 이름표였다. 적어도 부분적으로는, "이신칭의"의 핵심은 이러한 충성(충성은 복음을 통해 삶을 바꾸어 놓는 성령의 역사로 나타난 것이다)이 공동체를 특징짓는다는 점에 있다. 정치적 측면과 신학적/영적 측면이 통합되어 있다는 점에 대해 오늘날 대부분의 서구 교회 공동체는 자세히 궁구하거나 실천하기는커녕 거의 생각해 보지도 않는다.

나는 역사적으로 볼 때 "경쟁 교사들"의 도전적 행동이 두 가지 상황에서 기인했을 것으로 추측한다. 한편으로, 예수를 믿지 않는 예루살렘의 대다수 유대인들은 예루살렘의 예수 추종자들이 이방인들과 한통속(이는 우상숭배로 인한 부패와 제의적 불결, 그리고 유대인이 증오하는 로마 제국의 정치 권력과 친밀한 관계에 있다는 함의를 지님)일지도 모른다고 의심했고, 예루살렘에서 온 예수 추종자들은 이러한 압박 아래 있었기 때문에 이방인 출신 신자들이 할례받기를 원했을 것이다. 다른 한편으로는, 갈라디아의 유대인 출신 메시아 신자들은 예수에 대한 메시지를

---

8   L. W. Hurtado, *Destroyer of the Gods: Early Christian Distinctiveness in the Roman World* (Waco, TX: Baylor University Press, 2016)를 보라.

거부한 지역 유대인 공동체로부터 압력을 받았을 것이다. 유대인 출신 메시아 신자들이 부정한 자들(이방인—옮긴이)과 가깝게 어울렸기 때문이라기보다는(물론 이러한 이유도 포함되었지만 말이다), 디아스포라의 이교도 권력자들 및 일반 대중이 압력을 가했기 때문이었다. 갈라디아의 비유대인 주민들도 유대인들이 유일신 신앙을 유지할 수 있는 특권을 유대인이 아닌 다른 이들이 일상적 이교 제의에 참여하지 않을 수 있도록 도와준다는 의미에서 남용하고 있다는 의심의 눈초리를 보냈을 수 있다. 그러므로 경쟁 교사들의 "자랑"은 자신들이 이 특이한 유사-유대인들을 정상적 유대인으로 만들었다며 주위의 많은 유대인과 이교도에게 주장한 것이었다. 다시 말해, 경쟁 교사들은 세상이 실제로 변했다는 사실을 부인하고, 모든 것이 항상 그랬던 모습 그대로 있다고 주장했다. 14절과 15절의 새 창조에 대한 바울은 선언은 바로 경쟁 교사들의 이러한 주장을 겨냥한 것이 분명하다. 그래서 바울의 주장의 첫 번째 요지는, 경쟁 교사들이 이방인들에게 할례를 강요하는 것은 신학적 이유만 아니라 사회적, 문화적 이유로 자신들을 둘러싼 커다란 세계(적어도 함축적으로는 예루살렘에서 로마에 이르는 세계)를 향해 자신들이 썩 괜찮은 사람들인 것처럼 보이려는 의도에서 한 행동이라는 점이다.

b. 바울이 경쟁 교사들의 동기와 의도에 대해 두 번째로 말하는 바는, 경쟁 교사들의 진짜 동기는 박해를 피하려는 데에 있다는 것이다. 앞서 바울은 **경쟁 교사들이** 신자들을 박해한다고 비난했다.[4:29] 여기서는 경쟁 교사들이 위협에 놓인 상황(아마도 태고적부터 원수였던 이들과 그들이 친교 관계를 맺었다며 비난하는 동족 유대인들로부터 받은 위협)이 그들의 행동 배경이라고 지적한다(고전적인 "전이된 폭력"의 예). 바울은 이러한 위협을 피하려는 경쟁 교사들의 시도를 "십자가의 걸림

돌"⁹이라는 관점에서 이해한다. 앞서 보았듯이, 이 "걸림돌"은 3:10-14에서처럼 단지 메시아가 토라의 저주를 받았다는 주장이 주는 충격 그 이상의 것을 의미한다. 그것은 메시아의 십자가 처형이 하나님의 백성을 궁극적으로 재정의했다는, 보다 근본적인 내용을 담은 걸림돌이었다.²:¹⁹⁻²⁰ 동일한 비판이 빌립보서 3장에 메아리처럼 담겨 있다. 빌립보서 3:2-3은 바울이 갈라디아에서 본 것과 같은 류의 파괴적인 활동을 향한 일반화된 경고로 보이는 반면에, 빌립보서 3:18은 보다 구체적으로 메시아의 십자가의 원수이자 자신들의 배를 신으로 섬기고 땅의 일을 생각하는 자들에 대해 말한다. 이 두 빌립보서 본문 사이에는, 갈라디아서 2:19-20과 동일한 의미에서, 십자가를 받아들인다는 의미와 십자가로 자신이 재정의된다는 것의 의미를 바울의 자기 이해를 통해 보여주는 단락이 나온다.빌 ³:⁷⁻¹⁶ 이 갈라디아서 단락에서 이 요지는 6:14에서 요약되어 나온다.

이것이 2:19-21에 나오는 바울의 자전적 진술의 힘이다. 아마도 바울은 이를 오로지 1인칭 단수형으로만 말할 수밖에 없었을 것이기 때문이다. 2인칭(당신/여러분)으로 말하면 십자가 사건이 바울이라는 사람의 인격의 모든 측면에 영향을 끼친 것은 아니라는 인상을 줄 수 있다. "우리"라는 1인칭 복수형으로 표현하면 십자가 사건이 던진 충격을 오롯이 받는다는 뉘앙스를 약하게 만들 수도 있다. 바울의 강조점은 "나는 하나님에 대하여 살기 위하여 토라를 통해 토라에 대하여 죽었다"는 것이다. 이 말의 뜻은, 메시아의 십자가 처형이 그의 백성이 누구인지 재정의했고, 십자가 처형을 당하고 부활하신 메시아는 십자가 처형을 당하고 부활한 이스라엘을 의미한다는 것이다. 어쩌면 이처럼 강한 표

---

9   갈 6:12, 14은 갈 5:11을 반영하고, 고전 1:18-25과도 연결된다.

현을 통해서만 우리는 바울이 복음을 "유대인들에게 걸림돌"이라고 본 이유를 깨달을 수 있다. 물론 로마서라는 위대한 편지를 아는 사람들은 바울이 로마서 9-11장에서 이 말의 의미에 대해서, 그리고 어떻게 그렇게 되는지에 대해 훨씬 상세한 논의를 제공한다고 빨리 말하고 싶을 것이다. 그러나 바울의 대답은 로마서에서도 온전히 메시아의 형태를 띠고 있으며 종말론적이다. 즉, 메시아는 '텔로스 노무'*telos nomou*, 율법의 마침/목표이며, 예수를 부활하신 주님으로 믿는 믿음은 언약 갱신을 약속하는 신명기 30장의 진정한 성취라는 것이다.[10]

c. 바울이 5:3의 경고를 반향하면서 경쟁 교사들에 대해 세 번째로 말한 내용은 매우 충격적이다. 그들은 사실 토라 전체를 지키는 데에 관심이 없기 때문이다. 경쟁 교사들은 "할례는 토라가 명령하는 것이기 때문에 받아야 한다"라고 **말할 수도 있었다**. 그러나 그들이 토라를 정말 중요하게 여겼다면 토라와 관련된 다른 많은 사안에 대해서도 신경을 썼을 텐데 그런 모습이 보이지 않는다. 바울은 한때 엄격한 디아스포라 바리새인이었기 때문에 그러한 맥락에서 진지한 토라 준수가 어떤 것인지 알고 있었고, 따라서 경쟁 교사들이 피우는 연막을 뚫고 실체를 볼 수 있었다. 경쟁 교사들은 할례를 완전한 토라 준수의 의미를 담은 축약적 행위로 간주하지 않고, 잠재적인 박해자들의 눈에 거슬리지 않기 위한 일회적 행동으로 간주했다. 이 이상한 집단에 대해 궁금해하는 로마의 정치 관리들, 도시가 제대로 치리되는 모습에 신경을 쓰는 지역의 이교도 관리들, 예루살렘으로 소식을 전할 수도 있는 방랑하는 유대인 교사들, 이 모든 이들은 할례가 행해졌다는 사실만 알면 되었다. 이 방인 출신 예수 추종자들은 좋든 싫든 유대교 개종자들로 분류될 것이

---

[10] *Paul and the Faithfulness of God*, 11장을 보라.

다. 저런 방관자들은 이방인 출신 예수 추종자들이 철저하게 유월절을 지키는지(가령 부엌에 일절 누룩을 없애면서) 아닌지, 매일의 기도를 위해 성구함tefillin을 착용하는지 아닌지에는 전혀 관심이 없었다. 단지 기본적 이름표를 착용하는 것으로 충분했다. 이 사실 하나만으로도 나의 해석이 옳다는 점을 충분히 알 수 있다.

마지막 공격으로 바울은 경쟁 교사들이 주위 세상 사람들의 눈에 썩 괜찮은 존재로 보이고 싶어 한다고 말한다. 경쟁 교사들은 대중 앞에 잘 보이고 싶어 한다. 그들의 근본적인 동기는 바울이 생각할 때 십자가의 복음에 필연적으로 수반될 수밖에 없는 박해를 피하는 것이었다. 그들이 할례를 강조한 것은 공허한 속임수이자 대중을 향한 쇼show에 불과했으며, 할례가 상징하는 온전한 토라 준수를 강조하려는 의도와 거리가 멀었다.

이 모든 내용은 바울이 이 조밀하게 쓰여진 마무리 단락에서 강조하는 두 번째 요지로 이어진다. 바울은 일부 현대 학자들이 오해를 불러일으킬 수도 있는 방식으로 사용하는 "묵시"apocalyptic라는 단어의 요지—즉, **옛 세상의 끝남과 새 세상의 시작**—를 강조한다. 바울은 1:4에서 메시아가 "현재의 악한 세대에서 우리를 구출하셨다"고 선언하면서 처음부터 이 요지를 알렸다. 이러한 의미에서의 종말론적 성취는 이제 14절의 이중 "십자가 처형"(바울이 세상에 대하여 십자가에 처형을 당하고, 세상은 바울에 대하여 십자가 처형을 당함)과 15절의 "새 창조"로 표현된다. 이 절들은 갈라디아서의 마지막 수사적 절정부로 간주되어야 한다. 메시아의 십자가 처형이 어떻게 "현재의 악한 세대로부터의 구출"(이 자체가 "새로운 유월절" 주제다)에 영향을 미쳤느냐라는 문제 역시 1:4과 연결되어 있다. 바울은 1:4에서 "우리의 죄들을 위해 자신을 내어 주신 메시아"에 의해 구출이 이루어졌다고 말하는데도, 어떤 학자들은 경쟁 교사들이 먼저 그 주제를 말했고 바울은 그들의 잘못된 주장을 바로잡기 위해 그들의 말을 인용했다고 주장한다.[11] 완전히 틀린 견해다. 2:15-21에서 논증되었고 그 뒤에 5장과 6장 전체에서 다시 논증되었듯이, 오로지 메시아의 구속적 죽음이 죄를 처리함으로써 인류와 세상을 장악한 어두운 권세의 손아귀를 끊어 내었다. 십자가가 갈라디아서 전반을 관통하고 있는데, 바울은 이른바 십자가의 "묵시적"apocalyptic 의미(세상의 "권세"가 패배하고 "죽음")와 이른바 십자가의 "구속적"redemptive 의미("우리의 죄들을 위해 죽으심")를 구분하지 않는다. 이 잘못된 "이것 아니면 저것, 둘 중 하나"라는 사고는 언제나 전체적으로 하나였던 것을 조각 내려는 현대적 시도와 관련 있다. 바울이나 교부들이나 심지어 루터도 이를 나누지 않고 하나로 보았다.[12]

특히 (또 다시 모든 것의 밑바탕을 이루는 교회론과 연관된 이야기인데) 메시아의 죽음이 우주적 역사의 전환점으로서 갖는 의미는 3장과 4장에서 아브라함의 언약 이야기가 약속된 절정에 도달하는 방식과 아주 밀접한 관련이 있다. 전통적 용어지만 다소 오해의 소지가 있는 용어를 사용하자면 "우주적" 혹은 "묵시적" 의미는 "구속사적" 의미와 정확히 같다. 다니엘서와 에녹1서에서부터 에스라4서, 바룩2서 등등에 이르는 고대 유대 "묵시서들"에서 볼 수 있듯이 말이다.

물론 역사적, 우주적 사건으로서의 십자가 처형과 십자가 처형이 개별 신자에게 미치는 영향 사이에는 복잡한 관계가 있다. 바울은 2장에서 이 점을 설명한다. "나는 율법을 통하여 율법에 대하여 죽었습니다.……나는 메시아와 함께 십자가 처형을 당했습니다." 그런데 이 단락

---

11   Martyn, *Galatians*, 88-90.
12   상세한 논의를 보려면, *Paul and His Recent Interpreters*, 2장을 보라. 또한 *The Day the Revolution Began*과 *History and Eschatology*, 4장을 보라.

에서는 **세상**이 그에 대하여 십자가 처형을 당했고, 그도 세상에 대하여 십자가 처형을 당했다고 선언한다. 이 선언은, 로마서 6장과 갈라디아서 3:27에서와 같이, 세례에 관한 주제를 끌어온 것으로 볼 수 있다. 즉, 십자가에서 유례없이 성취된 것이 세례받은 자들에게도 그대로 현실이 되었다. 세례받은 이들은 새로운 세상, 새 창조와 연합했다.incorporated ("연합했다"는 표현이 정확히 무엇을 뜻하든 말이다!) 새 창조는 이제 제 기능을 상실한 옛 세상을 대신하지만, 두 세상이 [지금은] 겹쳐 있기 때문에 끊임없이 혼동이 발생하고, 바울은 이러한 혼란이 초래한 문제를 다루어야 했다. 그런데, 이 사실은 또 다른 중요한 요지로 연결된다(이 요지는 종종 주목을 받지 못했다). 이 단락은 옛것의 죽음뿐만 아니라 새것의 시작을 말하고 있다. 15절의 "새 창조"은 이미 존재하는 어떤 것, 메시아의 부활이라는 관점에서 이해되어야 하는 어떤 것을 가리키는 게 분명하다. 이는 부활이라는 맥락에서 더 명시적으로 진술된 유명한 고린도후서 5:17의 내용과 정확히 일치한다. "누구든지 메시아 안에 있으면 새로운 창조물입니다! 옛것들은 지나갔으니, 보세요, 모든 것이 새롭게 되었습니다!" 그러므로, 갈라디아서에서 부활은 명시적으로 계속 등장하는 주제로 보이지 않지만, 갈라디아서의 다른 곳에서와 마찬가지로 이 단락에서도 강하게 시사되어 있다.

이 단락에서 바울은 첫째로 편지의 주제들을 다시 다루고 마무리 짓는다. 그는 경쟁 교사들을 향해 경고한다. 그러고는 둘째로, 메시아의 죽음으로 우주적 변화가 발생하여 악한 옛 시대에서 새 창조로의 대전환이 이미 일어났음을 재천명한다. **셋째로** 바울은, **부분적으로는 자기변호**apologia로, **부분적으로는 예시**example로, 자기가 이 모든 상황 가운데 어디에 서 있는지를 설명한다. 이는 갈라디아서 1장과 2장의 내용뿐만 아니라 작지만 날카로운 단락인 4:12-20의 내용을 다시 말하는 것이다.

바울은 공격과 비방에 직면하여 자기변호apologia를 한다. 그는 편지의 맨 첫 절에서 자신의 사도직이 사람들에게서 난 것도 아니고 사람들을 통하여 난 것도 아니라고 주장했다. 이 단락에서는 고린도후서를 연상시키는 방식으로, 자기 자신이 메시아의 십자가로 형성되었다는 사실이 사도로서의 자격을 온전히 보여준다고 주장한다. 바울의 기습 발포—"나의 손으로 직접 여러분에게 쓴 큰 글자를 보십시오"—는 경쟁 교사들의 "과시"와 아이러니한 대조를 이룬다. 이 대조는 14-15절에서 바울 자신의 예를 12-13절의 경쟁 교사들에 대한 묘사와 비교할 때 더욱 두드러진다. 경쟁 교사들은 십자가를 회피하고 있는 반면, 바울 자신은 십자가에 의해 정의되기 때문이다. 이 말이 갖는 분명한 함의는, 바울은 "새로운 창조(물)"이 된다는 것의 의미를 자신을 본보기로 삼아 설명하고 있다는 것이다.

그들이 더 이상 바울을 "괴롭게 하지" 말아야 하는 이유(슬프게도, 바울이 갈라디아서 이후에 쓴 편지들을 보면 이 소원은 응답받지 못한 것으로 보인다)는 그의 몸에 예수의 자국이 있기 때문이다. 17절의 '스티그마타'stigmata는, 내가 4:13-14의 정확한 해석이라고 믿고, 아마도 3:1에도 해당하는 해석이라고 말한 것처럼, 박해의 흔적이라고 보는 것이 맞을 것 같다. 바울은 메시아 사건으로 새로 형성된 사람의 모습을 가시적으로 보여준 살아 있는 예시였고, 지금도 그렇다. 흉터가 모든 것을 말해 준다. 바울은 편지를 맺는 축원 바로 전에 이 말을 함으로써 이 점을 수사학적으로 결정적인 요지가 되도록 의도한 것이 분명하다.

그러므로 바울은 하나님의 목적—우주적 전환(세상이 바울에 대하여 십자가 처형을 당하고, 바울 자신은 세상에 대하여 십자가 처형을 당함)과 메시아가 행하신 구출 임무(십자가는 바울의 "자랑"이자 그가 안전하게 서 있는 곳) 둘 다—에 대한 전체 그림 안에 자신을 놓고 설명하고 있는 것이다.

모두 바울의 최종적 자기 변호에, 그리고 또한 경쟁 교사들과의 마지막 대조에 맞춰 조정된 진술이다. 2:15-21에서 베드로의 예를 들어 말로 표현했듯이, 여기서는 메시아 사건으로 새로 형성된 사람이란 누구인지, 그리고 메시아와 **함께** 십자가 처형을 당했다는 것의 의미와 세상**에 대해** 십자가 처형을 당했다는 것이 무슨 의미인지를 자신을 예로 들어 설명한다. 이것이 의미하는 바—이 사실을 믿기만 하는 것이 아니라 이 사실에 자신의 삶 전체의 기반을 두는 것—는 성금요일과 부활절에 일어난 사건을 통해 창조 질서 전체가 고비를 넘겨서 죽음을 뒤로한 채 놀랍고 전복적인 새로운 삶으로 솟아났다는 것이다.

이 세 가지 요점—최종 경고, 우주적 전환에 대한 재진술, 강화된 자기 변호—은 갈라디아서 전체의 주제를 한데 끌어 모아 편지 도입부에서 제시되었던 도전을 재연한다. 이 세 가지 내용은 편지 말미의 핵심에 있는 교회론적 요점(오랫동안 수많은 해석에서 논쟁 거리가 아니었으나 지금은 폭풍의 눈이 되었다)을 날카롭게 하는 데 이바지한다. 16절: "평화와 자비가 이 기준에 맞춰 사는 모든 사람 위에 있기를. 그렇습니다. 바로 하나님의 이스라엘 위에 있기를." 나는 다른 연구물에서 이 절을 길게 다루었고, 다른 학자들의 해석을 꼼꼼히 언급했다. 그것 자체만으로도 소논문이 될 것이다.[13] 그래도 개요는 간략히 설명하겠다.

첫째, 내가 제시한 번역("yes, on God's Israel", "그렇습니다. 바로 하나님의 이스라엘 위에")이 가장 자연스러운 번역이라는 데에는 많은 이가 동의한다. 최근에 제기된 질문은 마지막 문구의 '카이'^{kai}를 추가적 용법(한 집단을 위해 평화를 기원하고, **거기에 더해서 또한** 다른 집단을 위해 평화를 기원함)으로 보아야 하는지, 아니면 강조(한 집단을 위해, 곧 "하나님의 이

---

13   *Paul and the Faithfulness of God*, 1142-51.

스라엘"을 위해 평화를 기원)로 보아야 하는지에 관심을 둔다. 나는 '카이'를 강조의 의미로 받아들인다. "그렇습니다. **바로** 하나님의 이스라엘 위에 있기를." 다시 말해, "하나님의 이스라엘"은 다른 어떤 집단을 가리키는 게 아니라 "이 기준에 맞춰 사는 모든 사람"을 뜻한다. 그리스어를 처음 배우는 학생들은 모두 '카이'를 "그리고"and라는 뜻의 단어라고 배우지만, 이 단어는 그렇게 단순하지 않다. 나는 현재 그리스어 사전의 표준으로 사용되는 BDAG에 나오는 "'카이'의 생동감 넘치는 융통성"이라는 멋진 표현과, '카이'를 "그리고"라고 기계적으로 번역하다가는 '카이'가 지닌 섬세하고 다양한 의미가 "쉽사리 둔탁해진다"는 경고를 언급해 두겠다.[14]

최근에는 '카이'를 추가적 의미로 받아들여서 16절이 별개의 두 집단을 가리킨다고 해석하는 경향이 있다. 즉, "이 기준에 맞춰 사는 사람들"과 그와 달리 "하나님의 이스라엘"로 지칭되는, 아마도 그 기준에 맞춰 살지 않는 집단으로 구분할 수 있다는 것이다.[15] 그렇다면 이 두 집단의 정체는 무엇이었을까?

이 절에서 바울이 언급한 첫 번째 집단인 "그 기준에 맞춰 사는 모든 사람"은 14-15절에서 말하는 원리를 기준^{kanōn}으로 삼아 그 기준에 일렬로 맞추어 걸어가는^{stoichēsousin} 사람들을 가리키는 것이 분명하다. 14-15절에서 말하는 원리란, 세상이 나에 대하여 십자가 처형을 당하

---

14 BDAG 494.
15 이러한 해석의 대표자는 다음의 학자들을 들 수 있다. Eastman, *Recovering Paul's Mother Tongue*; M. Bachmann, "Bemerkungen zur Auslegung zweier Genetivverbindungen des Galaterbriefs: 'Werke des Gesetzes' (Gal 2,16 u.ö.) und 'Israel Gottes' (Gal 6,16)," in *Umstrittener Galaterbrief: Studien zur Situierung der Theologie des Paulus-Schreibens*, ed. M. Bachmann and B. Kollmann (Neukirchen-Vluyn: Neukirchener Theologie, 2010); de Boer, *Galatians: A Commentary*, 405-8.

고 내가 세상에 대하여 십자가 처형을 당하는 것과 할례와 무할례를 초월하여 둘 다를 무의미하게 만드는 새로운 창조를 가리킨다. 바울은 당연히 이 원리를 받아들였고, 갈라디아서의 첫 절에서 이 원리를 힘주어 강조했다. 우리는 16절의 '호소이'*hosoi*와 그보다 앞서 나온 12절의 '호소이'*hosoi* 사이에 암묵적인 대조가 있음을 주목해야 한다. 12절의 "육신에 드러나는 것에서 멋있어 보이기를 원하는 사람들"은 16절의 "그 기준에 맞춰 사는 모든 이"와 대조된다.

최근 (일부 지역에서) 유행하는 견해는 "하나님의 이스라엘"을 첫 번째와는 다른 집단, 곧 온 유대 민족 혹은 유대 민족에 속한 (아마도 경쟁 교사들을 포함한) 어떤 하위 집단으로 본다. 이 견해에 따르면, 16절은 바울이 편지 전체에 걸쳐 주장한 요지를 지금으로서는 이해하지도 못하고 받아들이지도 않는 사람들에게도 하나님의 "평화와 자비"가 임하기를 바라는 소망의 표현이다. 이러한 견해는 로마서 11:26("모든 이스라엘이 구원받을 것이다")에 대한 인기 있는 해석 중 하나와 잘 들어맞는다. 로마서 11:26을 모든 유대인이 (그리고 일부 해석자에 따르면 모든 사람이) 미래에 구원을 받으리라고 말하는 것으로 보는 이 해석은 내가 보기에는 틀린 견해지만 세대주의자와 고전적 자유주의자 모두에게 인기 있다.[16] 당연한 말이지만, 로마서 11장은 너무 큰 별개의 문제이기 때문에 본 주석의 지면 한계상 다루기는 어렵다. 하지만 내가 보기에는 로마서에 관한 논의에 존재하는 문화적, 신학적 압력과 유사한 압력이 갈라디아서 6:16의 '카이'를 부가적 의미로 해석하려는 시도를 추동하면서 "하나님의 이스라엘"을 별개의 집단으로 보게 한 것 같다.

---

16   개인적인 서신 교환에서 드 부어M. de Boer는 나에게 16절을 바울이 1장에서 저주를 퍼부은 사람들을 위해 구원의 복을 받도록 기도하는 구절로 본다고 말했다.

전통적 해석—"하나님의 이스라엘"은 3장에서 정의된, 구체적으로는 메시아를 통해 구별지어진 아브라함의 단일한 가족 전체를 가리킨다—을 지지하는 논증은 명백하다. 2:11-21에서 처음으로 나오는 바울의 핵심 논증은, 메시아의 죽음과 부활을 통해 하나님의 백성이 '피스티스'^{pistis}로 특징지어진, 여러 민족을 아우르는 단일한 가족으로 재구성된다는 것이다. 갈라디아서 3장은 하나님이 줄곧 의도하셨던 약속된 아브라함 가족이란 이제 메시아를 통해 시작된 단일한 믿음의 가족이라는 긴 주장을 담고 있다. 중심 단락인 4:1-11은 이러한 주장을 "하나님"에 대한 최초의 그리스도교적 재정의로 강력하게 뒷받침한다. 즉, 아들을 보내셨고 이제 아들의 영을 보내시는 하나님, 그로써 모든 우상과 구별되시는 하나님이다. 그 단락의 요지는 갈라디아인들이 할례를 받으면 그들이 떠난 세상, 곧 '스토이케이아'^{stoicheia}가 지배하는 옛 창조의 세상으로 돌아가게 될 것이라는 주장이다. 아브라함, 사라, 하갈, 이삭, 이스마엘에 관한 절정부 단락4:21-5:1은 이 요점을 더욱 날카롭게 강화한다. 영에 따른$^{kata\ pneuma}$ 아브라함의 가족은 육신에 따른$^{kata\ sarka}$ 그의 가족과 완전히 구별된다. 로마서 4:12에서와 같이, "육신을 따른" 유대인이 "할례자"에 그치지 않고 "아브라함의 무할례시에 가졌던 믿음의 자취를 따르는" 사람이기도 하다면, 그들도 아브라함 가족을 이루는 핵심 구성원이다.

이 모든 점을 고찰하면 다음의 결론으로 귀결된다. 만일 바울이 6:16에서 결국 "하나님의 이스라엘"이라는 표현으로 "육신에 따른$^{kata\ sarka}$— 즉, '피스티스'^{pistis}와 '프뉴마'^{pneuma} 메시아에 대한 충성과는 상관없는—아브라함의 가족"을 가리키려 한 것이라면, 그리고 **메시아를 중심으로 재정의된 아브라함 가족과는 별개인** 그 집단에게 평화와 자비가 내리길 기원했다면, 그는 자신이 갈라디아서 1장부터 5장까지 했던 모든 말을 부인하는 꼴이 된다. 그랬다면 혼란스러워하는 갈라디아인들은 이렇게 말했을 것이다. "그렇다면 우리는 어쨌든 할례를 받고 그 집단에 들어가는 게 좋지 않겠는가?"

주류를 이루는 해석(나는 이를 옹호하고 있다)은 바울이 의식적으로 "이스라엘"이라는 단어를 [상대방을] 논박하는 방식으로 재정의하여 사용하고 있다고 본다. 갈라디아서 전체에 근거하여 바울의 논증과 반어법을 고찰해 보면, 이는 완벽하게 납득할 수 있을 뿐만 아니라 거의 예상된 내용이라고 할 수 있다. 이 해석은 내가 늘 주장해 온 로마서 11:26의 해석에도 잘 들어맞는다.[17] 또한 바울이 혼란에 빠진 고린도 공동체에게 "유대인과 헬라인과 **하나님의 교회** 앞에 흠 없이 되라"고 말하는 괄목할 만한 공식 문구[고전 10:32]의 내용에도 잘 들어맞는다. 이 공식 문구는 교회가 유대인이나 헬라인에 속한 하위 집단이 아닌, 새로운 종류의 실체임을 시사한다. 이 모든 내용과 유사한 주장을 담은 바울의 다른 글 중에는 종종 논의의 대상이 되지 못한 본문들이 있다. 가령 로마서 2:25-29이 그러한 예다. 로마서 2:25-29에서 바울은 "유대인"[ho Ioudaios]과 또한 "할례"를 논박하는 방식으로 새롭게 정의하여 이방인 신자들을 그 안("유대인"과 "할례")에 포함시킨다. 빌립보서 3:3에서도 이런 식으로 "할례"를 재정의한다.[18] 초기 예수 추종자들이 자신들을 지칭하는데 어떤 특정한 단어를 사용하지 않았으나, 점차적으로 "그 길"[the Way]과 같은 표현을 개발했고 "하나님의 나라"라는 표현을 이와 동일한 의미로 재사용했듯이, 바울은 이 제3의 실체(새로운 가족)에 대해 정해진

---

17 기쁘게도, 헤이스R. Hays는 이러한 입장으로 돌아왔다. R. Hays, "Hope for What We Do Not Yet See: The Salvation of All Israel in Romans 11,25-27," in *One God, One People, One Future: Essays in Honour of N. T. Wright*, ed. J. A. Dunne and E. Lewellen (London: SPCK; Minneapolis: Fortress, 2018), 545-72.

18 특히 *Paul and the Faithfulness of God*, 15장을 보라.

단일한 용어를 사용하지 않았지만, 이 제3의 실체를 언급할 때마다 근본적인 요점은 늘 같았다. 본 단락에서 바울이 이 공동체를 "**하나님의 이스라엘**"the Israel of God이라고 부르는 이유는 무엇일까? 여기서 "하나님의"of God라는 표현은 고린도전서 10:32의 한 단락에서 반향되어 나오는 표현으로서, 아마도 로마서 3:30에서와 같이 갈라디아서 3:20의 "유일하신 하나님"이라는 의미를 강조하는 것임과 동시에, 갈라디아서 4:1-11에서 나온 하나님에 대한 놀라운 재정의를 강조하는 것이라고 보면 잘 이해된다. 다시 한번 2:19과 비교하는 것도 좋을 것이다. "나는 율법을 통하여 율법에 대하여 죽었습니다. **이는 내가 '하나님에 대하여' 살기 위해서입니다.**"

또 다른 중요한 단락은 로마서 9:6b-8이다.

알다시피 이스라엘에게서 난 사람들이 모두 실제로 이스라엘이 아닙니다. 마찬가지로, 모든 자녀가 다 "아브라함의 씨"로 여겨지는 것은 아닙니다. 절대로! "오직 이삭에게서 난 이가 네 씨라 불릴 것이다." 이는 곧 하나님의 자녀는 육신의 자녀가 하나님의 자녀가 아니고, 오직 약속의 자녀가 "씨"로 여겨질 것이라는 의미입니다.

이 단락은 갈라디아서의 많은 주제와 밀접한 내용을 담고 있다. 동일한 요점을 나중에 다시 진술한 것처럼 보인다. 로마서 9-11장의 긴 논증은 갈라디아서의 아주 수수께끼 같고 간략한 표현에 대한 우리의 이해를 더 풍요롭고 균형 있게 해준다. 로마서 9-11장에서 바울은 이 말이 새로운 가족에서 유대 민족이 제외되었다는 의미가 아니며(즉, 예수 추종자들의 무리가 이제는 이방인들로만 구성된 공동체가 되었다는 의미가 아니라는 말; 하지만 오늘날 어떤 이들은 이러한 해석을 옹호한다), 유대인이 더는 가족의 일원으로 추가될 수 없다는 의미도 아니라는 점을 공들여 설명한다. 오히려 "만일 그들이 계속 불신앙에 머물러 있지 않는다면", 곧 로마서 10:6-13에서와 같이 예수를 부활하신 주님으로 받아들이기를 거부하지 않는다면, 그들은 "다시 접붙임을 받을 것이다."11:23

그래서 나는 『바울과 하나님의 신실하심』에서 이렇게 주장했다.

> 만약 바울이 갑자기 [갈라디아서의] 말미 부분에서 "하나님의 이스라엘"이라는 표현으로 다른 것을 의미했다면(가령, 모든 유대인, 혹은 모든 그리스도인 유대인, 혹은 현재 또는 미래의 사람들 중 일부 하위 집단을 가리켰다면), 그렇게 함으로써 갈라디아서 전체의 논증을 그냥 단숨에 헛소리로 만들어 버렸을 것이다. 어차피 그렇게 될 바에 굳이 갈라디아서 3장과 4장을 쓸 이유가 있었을까? 한 가족이 아니라 두 가족, 두 "유업"이라고 하면 될 것을? 왜 모세 율법을 따르고자 하는 사람에게 그렇게 하라고 하고, 모세 율법 없이 아브라함을 따르고자 하는 사람에게 그렇게 하라고 하면 되는 것 아닌가? 요컨대, 메시아의 십자가 처형이 일어나지 않은 것처럼 살아도 되지 않겠는가? "하나님의 이스라엘"을 저런 식으로 해석하는 것은 이러한 입장을 취하는 것과 같다. 원서 1151쪽

그러니 바울의 끝맺는 기도는 유대인과 이방인 모두를 아우르는 메시아의 백성에게 "평화와 자비"를 기원하는 것이다. 그들에게는 하나님의 평화와 자비가 필요하다. 자비와 평화에 대한 구약의 약속은 이사야 54:5(바울이 영에 따른 *kata pneuma* 아브라함의 자손을 언급하며 4:27에서 인용한 구절과 유사)과 같은 본문부터 여러 시편과 구약 이후의 유대 문헌에 이르기까지 두루 등장한다. "하나님의 이스라엘"을 갈라디아서 본문에서 아직까지 언급되지 않은 새로운 집단이 아니라 바울이 이제껏 줄곧

기술했던 바로 그 사람들에 대한 언급으로 보는 것이 훨씬 합리적이다. 다시 말하지만, 바울이 갈라디아서를 수사학적으로 주의 깊게 마무리 했다는 사실은 "하나님의 이스라엘"에 대한 주류적 해석을 뒷받침하는 가장 강력한 논거다.

6:11 대개 이 구절에서 바울이 대필자로부터 펜을 넘겨 받아 자필로 서명한 것으로 본다. 이는 당시 흔한 관습으로 다른 본문들에서도 나타난다.[19] 하지만 이 절은 바울이 그의 필적의 크기를 언급하는 유일한 본문이다. 어떤 사람들은 이 글자 크기에 대한 언급을 바울에게 눈의 문제가 있었을 거라는 추측과 관련짓기도 했지만, 이는 4:15을 문자적으로 해석하는 것만큼이나 추측에 불과하다. 그보다는 오히려 마지막 단락을 시작하면서 가벼운 농담을 던지는 것으로 보는 게 더 정확할 듯하다. 경쟁 교사들은 "육신의 표시로 과시"하고 싶어 하는 것 같다. 그렇다면 나는 내 손글씨를 "과시"하겠다.

6:12 이 절의 그리스어 본문 앞 부분 hosoi thelousin, "누구든지 원하는 사람들은"은 이와 유사한 16절의 그리스어 본문 앞 부분 hosoi……stoichēsousin, "누구든지 [기준에] 맞춰 걸어가는 사람들"과 균형을 이룬다. 편지 전체에 걸쳐서 바울은 경쟁 교사들과 그들의 의제(여기서는 "멋지게 보이려는 사람들")를, 할례나 무할례가 아니라 복음 사건으로 시작된 새로운 세상으로 특징지어진 공동체와 대조한다. 바울이 이 본문에서 가리키는 사람들은 이전 단락들의 메아리를 통해 분명히 알 수 있듯이 그가 갈라디아서 처음부터 계속 염두에 둔 바로 그 사람들이다. 여기서 바울은 지금까지의 갈라디아서 논증에서 줄곧 전제되었다가 5:2-6에서 갑자기 명시적으로 밝힌 그 내용을 마침내 공개적으로 말한다. 바로 갈라디아의 이방인 출신 남성 예수

---

19   예를 들어 고전 16:21, 골 4:18, 살후 3:17, 몬 19.

추종자들이 할례를 받으라는 압력을 심하게 받고 있다는 것이다. "그들은 여러분에게 할례를 받으라고 강요하려고 하고 있습니다." 바로 예루살렘에서 몰래 들어온 사람들이 디도에게 하려고 했던 대로,2:3 베드로가 안디옥의 할례받지 않은 신자들에게 사실상 행동을 통해 의도한 것2:14과 마찬가지로 말이다. 바울은 경쟁 교사들이 그런 행동을 하는 데에는 오직 하나의 동기monon가 있다고 말한다. 저들은 박해를 피하겠다는 "오로지 그 목적만을 위하여" 그런 행동을 한다.

여기서 바울은 자신의 주장을 모두 집약한다. 그가 말하는 핵심은 "경쟁 교사들이 메시아의 십자가를 위한 박해를 피하려고 한다"는 것이다. 이 주장의 의미는 편지의 나머지 부분에서 네 가지로 설명된다.

a. 그들은 주류 유대인 공동체나 도시 관리들, 혹은 이 둘 다에 의한 박해를 피하고 싶어 한다.
b. 할례받지 않은 이방인과 가까이 교제하는 것은 일반적으로는 사회 질서를 어지럽히고 구체적으로는 유대인 공동체의 취약한 안전 상황을 위험에 빠뜨린다고 생각하는 사람들이 박해를 행한다. 또한 십자가 처형을 당한 예수에 충성을 바치는 신성모독적인 행위가 진정한 구속을 지연시킨다고 믿는, 열심을 내는 유대인들에 의해서도 박해를 받을 수 있다.
c. 이는 실제로 복음의 내적 의미의 일부다. 하나님의 구원 계획의 절정을 이루는 사건으로서 이스라엘의 메시아가 십자가에 처형되었으므로, 이교도들을 포로로 잡은 우상들은 패퇴했고, 우상숭배가 낳은 죄들이 처리되었으며, "장차 올 시대"가 이미 시작된 것인데, 메시아 신자들의 공동체는 그 새 창조의 현실을 구체화하며 오직 '피스티스'로 구별되는 사람들이다. 그러므로 "메시아의 십자가"라는 문구는 이러한 사고 흐름 전체와 그로 생겨난 새로운 사회적 실체를 축약해 나타낼 수 있다.

d. 또한 "메시아의 십자가"는 박해와 고난, 그리고 그로 인한 상처와 흉터를 가리키는 표현이기도 하다. 그렇기 때문에 경쟁 교사들은 "메시아의 십자가로 인한 박해를 피하"려고 한다.

6:13 경쟁 교사들이 "믿음"에다가 "선한 도덕적 행위"를 추가해야 한다고 주장했다는 견해에 대해 13절은 틀렸다고 말한다. 바울은 그러한 견해를 향해 "틀렸다"라고 단언한다. 사실 경쟁 교사들은 토라의 세부적인 조항 하나하나를 다 중요하게 여기지 않았다. 진지한 토라 준수가 무엇을 의미하는지 아는 바울은 경쟁 교사들이 진정한 토라 준수에 관심이 없음을 알아볼 수 있었다. 이 절은 할례받는 게 의미 있으려면 토라 전체를 준수해야 한다고 경고하는 5:3과 관련이 있다. 경쟁 교사들은 바울이 복음 메시지의 일부를 빠뜨리고 선포했다며 비난했고, 바울은 그 비난에 맞대응한다. 어떤 학자들은 이 절의 "할례를 받은 사람들"*hoi peritemnomenoi*라는 표현이 최근 개종한 사람들("[요즘] 할례를 받은 사람들") 혹은 주기적으로 [제의에서] 할례 의식을 거행하는 사람들을 가리킨다고 생각하지만, 이러한 추측은 불필요하고 사실에 부합할 가능성도 낮다.[20] 그들*hoi peritemnomenoi*은 그저 "유대적" 공동체로 보이길 원했던 사람들이다. "이는 그들이 여러분의 육신을 내세워 자랑하기 위해서입니다." 다시 말해, 그들은 의심의 눈초리를 보내는 유대 지도자들과

---

20   많은 사본에서 발견되는 이문인 '호이 페리테트메메노이'*hoi peritetmēmenoi*, 이미 할례받은 사람들은 이 문제를 다루는 데 거의 영향을 끼치지 않는다. 이 이문이 원문이 아님을 전제하면, 이는 필사가가 '페리템노메노이'*peritemnomenoi*를 중간태("할례 의식을 치르는 사람들",those who are circumcising ones 이렇게 보는 학자의 예로는 de Boer, *Galatians: A Commentary*, 397 또는 "스스로 할례받은 사람",those who are circumcising ones BDAG [807])가 아니라, 수동태("할례받은 사람'인 자들",those who are 'circumcised ones' 이렇게 보는 학자로는 Martyn, *Galatians*, 563)로 간주했음을 보여 준다. 또한 Moo, *Galatians*, 394과 deSilva, *The Letter to the Galatians*, 507을 보라.

도시 관리들 또는 제국의 관리들에게 예수를 따르는 이방인들이 새로운 종류의 개종자로서 큰 규모의 유대인 공동체의 일부라고 말하기 원했다. 여기서 "자랑하다"boast라는 단어는 이방인들을 할례받게 했다고 (우리가 일상적 의미로 말하는) "뽐내고" 다닌다는 의미를 꼭 뜻하는 것은 아니지만, 그러한 의미일 수도 있다. 그보다는, 불편한 상황에 직면했을 때 그들이 아무 문제가 없다는 듯이 자신들을 보이려 했다는 뜻에 더 가까울 것이다. 그들은 비정상적 상황을 이미 해결했다.

6:14 바울은 "자랑"의 문제를 자신과 관련시켜 말한다. 이 절은 약 1,650년 후 아이작 와츠Isaac Watts가 지은 찬송가 "주 달려 죽은 십자가,"When I Survey the Wondrous Cross, 새찬송가 149장의 유명한 가사로 새롭게 사용된다. "죽으신 구주 밖에는 자랑을 말게 하소서."[21] 이어지는 가사는 6:14의 내용을 계속 이어간다. "나는 온 세상에 대해 죽었고, 온 세상은 나에 대하여 죽었네"(우리말 새찬송가는 이 3절의 가사를 있는 그대로 옮기지 않았다—옮긴이). 이 찬송가의 깊은 개인적 경건은 갈라디아서 2장의 바울 자신의 경험을 반영한다("하나님의 아들이……나를 사랑하셨고, 나를 위해 자신을 내어 주셨습니다"). 바울에게 십자가는 결코 이론만이 아니었다. 십자가는 절대적인 하나님의 사랑이 쏟아져 나온 것으로써, 그에 대한 응답으로 전적인 사랑의 헌신을 불러일으켰다. 빌립보서 3장에서 바울은 이전에 그가 가졌을 법한 모든 "자랑"[3:4-6]을 쓰레기로 간주한다. 메시아를 알고,[3:8] 메시아를 얻고,[3:8] 메시아 안에서 발견되고,[3:9] 메시아와 그분의 능력을 알고,[3:10] 메시아의 고난을 함께 나누기 때문이다.[3:10] 이와 마찬가지로 갈라디아서 6:14에서 바울은 예수를 "주 예수 메시아"라는 온전한 칭호로 부르며, 자신을 오로지 메시아와 관련하여 이해한다.

---

21 Watts의 *Hymns and Spiritual Songs*는 1707년에 출간되었다.

그는 자신을 예수에게 사로잡혀 있고, 전적으로 예수를 향한 사랑에 빠졌으며, 이전에 의지했던 모든 것에서 멀어졌고, 새로운 정체성을 얻은 (곧 십자가를 닮은 삶을 살게 되었고) 사람이 되었다고 믿는다. 바울이 말한 이 모든 사실은 이스라엘의 소망이 궁극적으로 성취된 것인 동시에 그가 예전에 지녔던 기대와 민족적 대망이 철저하게 파괴되고 뒤집어진 것이다. 바울 자신에 대하여 "세상이 십자가 처형을 당했다"는 독특한 표현은 바로 이러한 뜻을 나타낸다. 예수의 십자가는 하나님과 함께한 이스라엘의 이야기와 이스라엘과 함께한 하나님 자신의 이야기가 극도로 예리한 초점으로 집중된 장소로서, 필연적으로 개인에게 끼친 결과를 비롯한 우주적 차원의 중요성을 지녔다.

6:15 이로부터 바울은 편지 전체의 주제에 대한 최고의 문장을 쓴다. 편지의 말미에서야 현 상황의 문제점(경쟁 교사들은 갈라디아인들을 할례 받으라고 강요하려는 이들이다, 6:12)을 명시적으로 언급한 것처럼, 이 절에서 바울은 편지 전체에 걸쳐 논증해 보이려 했던 주제를 마침내 명시적으로 말한다. 1:4에서 그는 하나님이 약속하신 "장차 올 세대"가 지금 시작되었다는 의미로 메시아의 구속적 죽음이 "현재의 악한 세대에서 우리를 구조"했다고 말했다. 6:15에 이르러 마침내 바울은 "새로운 창조"가 도래했다고 선언한다. 할례나 무할례가 아니라[5:6 참조] '피스티스'(사랑의 역동성을 통해 활성화되고 역사하는 신실함과 충성심)로 특징지어진 새로운 공동체의 모습으로 말이다. 15절은 형식과 내용에 있어서 고린도전서 10:32과 거의 일치한다. 고린도전서의 "유대인, 헬라인, 그리고 하나님의 교회"라는 표현은 각각 15절의 "할례, 무할례, 그리고 새로운 창조"에 상응하는 것이다. 바울은 이 "새로운 창조"로서의 가족을 갈라디아서에서는 "아브라함의 자손",[3:7] "아브라함의 씨",[3:29] "아들들과 상속자들",[4:7] "약속의 자녀"[4:28]라고 불렀다. 다른 서신에서는 "그 유대

인"과 "[참된] 할례",롬 2:28-29 "아브라함의 자손",9:7-8 "주의 이름을 부르는 모든 이",10:13 "온 이스라엘",11:26 "그 할례"빌 3:3라고 불렀다. 그러니 다음 절을 보고 놀랄 필요가 있겠는가?

6:16 앞서 주장했듯이 16절의 "이 기준에 맞춰 사는 모든 이"*hosoi tō kanoni toutō stoichēsousin*는 12절의 "육신에 드러나는 것에서 멋있게 보이려는 사람들"과 대조되며 균형을 이룬다. 여기서 말하는 "기준"이란 분명히 민족적 구분과 육신으로 나타난 표시를 초월하는 "새롭게 창조된" 삶의 양상the "new creation" pattern을 뜻한다. 마찬가지로 여기서 사용된 동사 '스토이케우신'*stoichēsousin*은 4:1-11의 '스토이케이아'*stoicheia*에 관한 주제를 반향하는 것일 가능성이 있다. 이 단일한 공동체의 존재 자체와 유지가 교회는 물론 개인의 삶 속에서 균형이 깨진 "기초 요소"들을 바르게 정렬하게 만들기 때문이다.

바울은 이 백성을 위해 전형적인 유대적 복 기원을 한다. "자비와 평화"는 민수기 6:25의 고전적인 축복을 그리스어로 번역한 칠십인역에서 한 쌍으로 기능한다. "평화"에 대한 기원은 여러 시편가령, 시125:5과 126:6에서 볼 수 있고, "자비"에 대한 기원은 제2성전기의 여러 본문에 나온다.[22] 여기서 바울은 자신과 바나바가 첫 번째 방문에서 설립한, 지금은 위협적 상황에 놓인 예수를 믿는 작은 공동체들을 생각하고 있다. 바울은 최근 그들의 교제와 증언을 심하게 손상시킨 적개심이 사라지기를, 곧 평화가 임하기를 갈망한다.5:15, 26 바울은 그들을 "휘저어 놓은" 사람들로 인해 "괴로운" 상태와 반대되는 평화가 그들에게 임하기를 간절히 바란다.1:7; 5:10 바울은 파벌로 나뉘어 싸우는 상태가 그치길, 친구이어야

---

[22] 예를 들어, 솔로몬의 시편 4:25; 11:9. 더 자세한 정보는 Keener, *Galatians: A Commentary*, 576-77를 보라.

할 사람들에게서 느껴지는 적개심이 멈추길, 곧 평화가 임하기를 갈망한다.[4:12-20] 또한 바울은 자비가 임하기를 갈망하며 기도한다. 하나님의 치유와 용서가 갈라디아 교회들 위에, 안디옥 교회 위에, 예루살렘 교회 위에 부어지기를 갈망하고 기도한다. "모두가 메시아 예수 안에서 하나다"라는 사실을 이론으로만 아니라 실제 상황에서도 알아야 하는 큰 무리 위에 부어지길.

앞서 주장했듯이, 이 절의 "하나님의 이스라엘"이라는 표현이 유대인 예수 추종자와 이방인 예수 추종자를 아우르는, 오직 피스티스(메시아의 신실함, 그리고 그분의 신실함에 응답하는 믿음으로 나타내는 충성심)로만 특징지어진 메시아 공동체를 언급하는 것이라는 해석을 지지하는 엄청나게 많은 논증들이 있다. 그러므로, 마지막 문구 앞에 나오는 단어 '카이'*kai*는 덧붙이는 의미(즉, [a] 15절의 기준에 맞춰 사는 모든 사람에게 평화와 자비가 임하길 기원하고, 거기에 덧붙여 [a]와는 다른 집단인 "하나님의 이스라엘"에게도 평화와 자비가 임하길 기원함)로 사용된 것이 아니라 강조의 의미로 사용된 것으로 보아야 한다. "새 창조"의 백성, 바로 하나님의 이스라엘에게 평화와 자비가 있기를! 갈라디아서의 바로 이 지점에 세상을 정의하는 이 강한 문구를 배치한 데에서 오는 수사학적 무게가 얼마나 큰지는 아무리 강조해도 오롯이 표현할 수가 없다. 바울은 자기가 무슨 일을 하는지 정확히 알고 있다. 편지 전체의 메시지를 강조하고 있는 것이다. "하나님의 이스라엘"이라는 표현을 이와 다르게 받아들이는 것은 갈라디아서 전체의 메시지를 훼손하는 것과 같다.

6:17 마지막 경고이자 마지막 자전적 언급이다. 17절 전까지는 바울은 오로지 갈라디아 교회들을 위한 말만 했지, **바울 자신을** 힘들게 하는 사람들에 대해서 말을 한 적이 없다. 하지만 갈라디아서는 현존하는 1세기의 문서(저자와 문화권을 막론하고) 가운데 가장 생생한 글 중 하

나로서, 큰 어려움으로 인한 개인적 동요動搖의 산물임이 분명하다. 바울은 이제 이 어려움이 멈춰져야 한다고 말한다. 지금까지 바울은 "해야 할 말"을 한 반면, 17절에서는 자기 자신과 자기의 권위를 깎아내리려는 모든 시도를 그만두라고 힘주어 말한다. 그는 자신의 사도 자격에 의구심을 표하는 이들을 겨냥하여 1장과 2장의 자전적 이야기에 더해 자신의 몸에 있는 고난의 흔적들에 대해 말한다.[23] 할례 자국으로 아브라함의 가족의 경계를 정하려는 이들을 향해서 바울은 마지막으로 반어적 표현을 사용하여 유일하게 중요한 자국6:12, 14의 표현처럼은 십자가로 인해 생긴 자국들이라고 주장한다. "나는 내 몸에 예수의 자국들을 지니고 다닙니다." "**예수의** 자국들"이라는 표현에 주목해야 한다. "메시아의 자국들"이 아니고 "주 예수의 자국들"도 아니다. 비록 초기 필사자들 일부는 여기서 "예수"라는 호칭만으로는 충분하지 않다고 생각해서 "메시아"와 "주"라는 단어를 모두 추가했지만 말이다. 아니다! 바울은 십자가에서 고난을 당하고 죽으신 인간 예수를 말하는 것이다. 인간 예수가 받았던 고난이 이제 그분이 택하신 사도를 나타내는 표시가 되었다.

바울이 자신의 몸에 있는 고난의 흔적들을 언급하는 방식은 중첩되는 다양한 의미를 표현할 수 있다. 여기서 사용한 단어 '스티그마타'stigmata(이 단어는 라틴어로 차용되었고, 성 프란치스코의 몸에 신비하게 나타난 못 자국과 관련하여 사용되었다)는 바울의 시대에 노예 주인이 자신의 노예임을 나타내기 위해 표시한 "낙인"을 뜻하기도 했다. 바울은 이 "낙인"이라는 의미도 수긍했을 것이다. 바울과 거의 동시대에 살았던 플루타르코스의 글을 보면, '스티그마타'는 구체적으로 신의 징계로 인

---

23 3:1과 4:12-15을 보라. 하지만 이 구절들은 상당히 모호하므로 온전한 설명을 제공한다고 볼 수 없다.

해 생긴 자국을 가리킬 수도 있었다. 바울은 이러한 의미도 수긍했을 것이다. 이 절에서 "지고 다니다"에 해당하는 단어 bastazō는 6:2, 5에서 남의 짐을 짊어지는 것과 자신의 짐을 지는 것을 표현할 때 사용한 단어와 동일하다. 이러한 뜻으로 사용되었을 수도 있다. 마지막으로, 바울이 상처 자국들을 지고 다닌 "장소"와 "수단"은 그의 "육신"flesh 곧 할례의 장소인 '사륵스'sarx가 아니라, 그의 "몸"body이었다. 육체적인 몸 말이다. 몸은 주님께 속한 것으로서 주님을 섬기는 데 사용되었고, 마지막 날에 주님에 의해 일으켜질 것이다. 그리고 바로 그때 상처 자국들은 영광의 이름표가 될 것이다.[24]

6:18 이 편지의 마지막 절은 공식 문구이면서도 강력한 힘을 지녔다. **은혜**가 여러분의 **영**과 함께 있기를. 여기서 영은 아마도 육신에 받은 할례의 반대말일 것이다. 그리고 갈라디아 교회는 여전히 바울에게 **가족**이다. 이 표현 역시 교회론적으로 강력한 함의를 지녔다. 살과 피를 나눈 "가족"을 세상에서 가장 중요한 상징이자 재정적, 정서적 지원을 해 주는 편안한 집으로 여겼던, 예전에 바리새인이었던 사람의 입에서 나온 말이기 때문이다.

바울은 예수 추종자들 사이에서 이미 공식적 인사말로 자리를 잡아가던 "우리 주 예수 메시아의 은혜"를 간구하는 말로 끝을 맺는다. 18절은 마지막 단어인 "나의 사랑하는 가족"(문자적으로는 "형제들"을 뜻하는 '아델포이'adelphoi를 확장해서 번역한 것이다)만 제외하면 빌립보서의 마지막 인사말[4:23]과 완전히 같다. 은혜를 구하는 기도는 그저 팔을 쭉펴서 흔들며 말하는 축도가 아니다. 고린도후서 8:9의 "우리 주 예수 메시아의 은혜"는 예수께서 "부요하시나 우리를 위하여 가난하게 되신" 사실

---

[24] 고전 6:12-20을 보라.

을 구체적으로 언급한 것이다. 다시 말해, "우리 주 예수 메시아의 은혜"에 대한 간구는 복음의 근본적 바탕을 이루는 내러티브—유일하신 하나님, 아브라함의 하나님이 사람으로 즉 아들의 인격으로 오셔서 "우리 죄들을 위하여 자기를 주셨고" 그리하여 "현재의 악한 세대에서 우리를 구조하셨다는 이야기—를 축약한 표현이다. 지금 바울은 바로 그 "은혜"가 혼란스러운 갈라디아 공동체들에 임하여 새로운 지혜와 일치를 가져다주기를 기도하고 있다. 이 은혜로 갈라디아 신자들의 공동의 "영"이 다시 빚어져야 한다("영"은 단수이고 "여러분의"는 복수라는 점이 주목할만하다). 그들은 단일한 실체로서 아브라함의 자손, 하나님의 자녀, 약속의 상속자들이므로 바울의 "가족"이다.

결론

바울 자신이 편지를 요약한 이 단락을 요약하면서 우리 시대에 적용할 수 있는 여러 지점들을 말하려 한다. 처음에 제기했던 질문으로 돌아가 보자. 정치적이거나 신학적인 이유에서 할례를 비롯한 유대 가족 구성원을 나타내는 표시를 받아들이라는 압력을 받고 있는 교회가 없는 이 시대에, 그 주제에 관해 쓰여진 편지인 갈라디아서가 21세기의 교회 빚어감과 예수 추종자 개인의 빚어감에 무슨 관련이 있을까?

물론 개신교 전통들은 이러한 질문에 대해 일반적으로 다음과 같은 대답을 제시한다. 갈라디아서는 "행위와 상관없는, 믿음에 의한 칭의"를 가르친다. 그리고 "행위와 상관없는, 믿음에 의한 칭의"는 모든 세대에서 강조되어야 한다. 그렇지 않으면 사람들이 다양한 형태의 펠라기우스주의로 되돌아가고, "천국에 가기 위해" 혹은 적어도 그 천국에 갈 것이라는 확신이라도 얻기 위해 도덕적 선행에 의존하기 시작할 것이다. 하지만 우리가 이미 보았듯이 갈라디아서에는 4장에 "위에 있는 예루살렘"이라는 표현을 제외하고는 "천국"이 언급되지 않는다. 나는 이 책에서 그리고 다른 저작들에서 "천국 가기"에 대한 서양의 전통이 기본적으로 신약의 "새 창조"에 대한 가르침과 관련 없다고 주장했다. 바울이 "하나님의 나라를 상속받음"에 대해 말할 때의 "하나님 나라"는, 예수께서 우리에게 "하늘에서와 같이 땅에서도" 임하기를 기도하라고 가르치신 바로 그 "하나님 나라"다. 땅과 분리된 "하늘 나라"가 아니다. 바울은 다른 편지들에서 몸의 죽음과 몸의 부활 사이에 있는 기이하면서도 아름다운 구간에 대해 말하기도 했는데,^{가령, 고후 5:8-9와 빌 1:21-23} 플라톤적 의미의 "천국"(서구인들이 너무나도 상상하기 좋아하는 대상)을 말한 것이 아니라 "주님과 함께" 또는 "메시아와 함께" 있는 상태를 말했다.

바로 여기가 이른바 옛 관점에 대한 나의 반대가 소위 말하는 샌더스^{E. P. Sanders}의 "새 관점", 그리고 어느 정도는 던^{Jimmy Dunn}의 "새 관점"과 섬세하게 달라지는 부분이다.[25] 샌더스의 "새 관점"은 바울을 현대인들이 가장 중요한 의무라고 여기는 "관용(차이를 기꺼이 용납하는 것)"을 선포하는 선지자로 그린다. 즉, 유대 율법의 엄격한 구분선은 사람들을 갈라놓지만, 바울은 이를 완화해서 단순히 믿음에만 기반하는 포용성을 허용하려 했다는 것이다. 물론 여기서 "단순히"^{simply}라는 단어는 잘못되었다. 바울이 말하는 믿음은 하나님이 십자가 처형을 당한 예수를 죽은 자들 가운데서 일으키셔서 예수를 메시아로 선언하셨음을 믿는 것이기 때문이다. 바울은 **메시아 사건으로 형성된 가족**을 중심으로 한 **메시아적**

---

25 이러한 차이점들과 그 차이점들이 지닌 중요성에 대해서는 *Paul and His Recent Interpreters*, 3장과 4장을 보라.

종말론을 주장한다. 바울의 이러한 주장은 고대 유대인의 세계에는 걸림돌이었고 고대 이방인의 세계에는 위험한 어리석음이었다. 내가 보기에 샌더스는 이 두 사실 중 어느 것도 인정하지 않는 것 같다. 샌더스와 그를 따르는 사람들 일부는 바울에게서 메시아주의messianism가 없는 관용을 원했다. 그대로 두면 이 의제는 결국 많은 다른 "가족들"을 낳을 것인데, 실제로 평범한 관찰자의 눈에 보이는 현대 교회의 모습이 그런 상태이다.

그와 달리 나의 "새 관점"은 아주 다른 점들을 강조한다. 바울의 논박을 "관용"을 설파하기 위한 논증으로 일반화해서는 안 된다. 내 생각에 오늘날 우리 문화에서 "관용"은 계몽주의 이후 "사랑" 개념의 저급한 변형으로 이해되고 있으며, 현실이 그렇다. "관용"을 외치는 사람들이 자신들과 다른 세계관에 줄곧 비관용적 태도를 취하고, "포용"을 옹호하는 사람이 자신들과 다른 모든 세계관에 대해 더 한층 비포용적으로 된다는 말을 자주 듣는다. 너무나 빈번하게 주해적 논쟁의 이면에 이러한 문화 전쟁이 벌어지고 있다. 바울을 단순히 우리가 하고 싶은 말을 대변하는 목소리로 만들지 않으려면 이 점을 인식할 필요가 있다.

그렇다면 우리 시대를 위한 더 참된 성경 해석은 어떤 것이어야 하는가? 나는 우선 이른바 바울의 묵시적 메시지—메시아의 죽음과 부활이 역사(세계의 역사와 우주적 차원의 역사)의 유일하며 거대한 전환점을 구성했다—가 지닌 강력한 힘을 다시 강조해야 한다고 생각한다. 역사의 전환점이라고 자처한 여러 시도가 있었다. 좋은 예로는, 18세기 계몽주의 시절 프랑스인들이 달력을 다시 만든 것(프랑스 혁명력革命曆 혹은 프랑스 공화력이라고 부른다—옮긴이)과 미국인들이 1 달러 지폐에 "Novus Ordo Seclorum"시대의 새 질서이라는 문구를 넣은 것을 들 수 있다. 이른바 "(근)현대 세계"에서 사람들은 마치 18세기에 온 세상을 바꾼 결정적인 일이 일어난 것처럼 자신들의 삶을 형성하려고 했고 자신들과 다른 나머지 세계를 바라보았다. 이 "멋진 신세계"에서는 여전히 예수를 받아들이기 원하는 사람들조차도 종종 예수가 만든 배가 아니라 자기들이 만든 배에 예수를 탑승시키려고 하면서, 인간 계몽 기획(그 안에 내재된 약점이 더 한층 명백해지고 있다)에 "종교적" 사제와 타당성을 제공했다. 이런 행동들에 저항한다는 면에서는 "묵시적" 바울 해석(마틴 J. L. Martyn과 그를 따르는 학자들)이 옳다. 비록 이 같은 "묵시적" 바울 이해의 다른 논지들이 틀렸다는 점이 종종 밝혀져도 말이다(예를 들어, 역사 속에 하나님의 목적이 드러났다는 개념과 메시아가 "우리 죄들을 위해 자신을 내어 주심"으로써 위대한 해방이 성취되었다는 바울의 강조점을 받아들이지 않음). 나는 하나님이 예수 안에서 단번에 구조를 행하셨다는 바울의 선언을 제대로 강조했음에도 불구하고 다음 두 가지 사조와 뒤죽박죽이 되면서 이러한 결과가 생겼다고 본다. 즉, 헤겔주의적 역사 진보 사상에 대한 20세기의 저항(그 결과 "구원사/구속사"를 제거함)과 근본주의에 대한 주류 미국 기독교의 저항(그 결과 "예수가 우리 죄들을 위하여 자기를 주셨다"는 복음의 핵심 요소를 거부함)이 그것이다. 이 두 사조를 결합해서 바울의 적대자들의 모습으로 돌리는 것은 이상한 일인데, 역사에 근거하지 않은 이러한 주장이 특정 진영에 있는 이들에게 열광적으로 받아들여졌다는 사실은 사람들이 한편으로는 헤겔적 의미의 "진보"에 대해, 다른 한편으로는 근본주의자들의 주장에 대해 얼마나 염려했는지를 보여준다.

오늘날의 그리스도인들에게 하나님이 역사 속에서 단회적으로 행동하셨다는 메시지를 이해시키는 일은 쉽지 않다. 이는 생활 방식의 근본적 변화를 요한다. 그리스도인으로 빚어감은 피상적 변화 그 이상의 것을 요구한다. 그리스도인으로 빚어감에는, 이스라엘의 메시아의 죽음과 부활로 인해 세상이 완전히 다른 곳이 되었다는 사실을, 그리고 예수 추종자들에게 성령의 능력으로 인간의 삶과 사회 속에서 그 차이를 현실로 만들어야 할 책임이 있다는 사실을 끊임없이 인식하고 탐구하는 작업이 수반된다.

내가 판단하기에, 가장 큰 난관은 교회론에 대한 양면적인 접근에 있다. 우리 현대인에게 십자가의 걸림돌은 역사의 한가운데서 모든 것을 다시 정의하는 충격적 사건이 발생했다는 개념이다. 이 개념은 많은 현대인에게 저주$_{anathema}$와 같다. 갈라디아서 1장에서 "저주"를 퍼붓는 바울을 향해 "그런 행동은 잘못되었습니다"라고 지적하는 "관용"이 진정한 바울 신학을 대면했을 때 "그건 잘못된 신학입니다"라고 곧장 지적할 부분이 어디인지 보는 것도 흥미로운 일이다. 대부분의 현대 그리스도인들은 자신들을 그 어떤 의미로든 아브라함의 자녀로 생각하지 않는다. 아브라함은 단지 어린이 성경에 나오는 옛날에 살았던 영웅 같은 사람 정도로 이해될 뿐이다. 내가 마지막으로 성금요일과 부활절 기간에 (런던의 큰 교회에서) 설교했을 때, 나는 우리가 초점을 맞추고 있는 놀라운 사건들(예수의 죽음과 부활)을 이해하기 위한 틀을 설명하기 위해 자연스럽게 구약성경의 내용을 다루었다. 설교를 마친 뒤 어떤 사람이 내게 말하길, "성경적"이라고 자처하는 교회에서도 이런 설교는 매우 드물다고 했다. 많은 그리스도인들이 사실상의 마르키온주의자가 되었다. 구약성경을 거의 보지 않은 채 신약성경에 따라서만 살려 하기 때문이다. 자신들이 그렇게 하고 있다는 사실조차 깨닫지 못한 채 말이다. 이 문제는 철저히 고쳐져야 한다. 바울이 그토록 자유롭고 생생하게 제시한 구약의 이야기를 이해하지 못하면, 예수를 모든 면에서 잘못 이해하게 된다. 이 같은 마르키온주의로부터 사람들이 싫어하는 단어(이자 개념)인 "대체"(supersession, 그리스도교가 유대교를 "대체"했고, 따라서 유대교는 의미 없는 종교라는 견해—옮긴이)가 나오게 되었다. 이 "대체"라는 용어는 요즘 들어 꽤 여기저기에서 언급된다. 물론 이 용어는 두 세대 전에 유대 민족을 완전히 말살하려 했던 시도를 은밀하게 지지한 견해라는 경멸의 의미를 담고 있다.

그러므로 또 다른 문제(앞서 교회론에 대한 양면적 접근이라고 말했다!)는 오늘날 이 암묵적인 마르키온주의를 목도한 일부 그리스도인들이 정반대 방향으로 나아가 일부 메시아적 유대 운동messianic Jewish movement과 힘을 합쳤다는 데에 있다(모든 메시아적 유대 운동에 동조했다는 말은 아니다). 다양한 결과를 낳았지만, 역사를 위한 하나님의 섭리적 계획 가운데 유대 민족이 특별한 역할을 계속 맡고 있다는 세대주의적 해석에 기반하여 현 이스라엘 국가를 강력한 지지하는 경우가 적지 않다. (세대주의와 상관없이도 "특별한 역할"을 주장하는 경우가 있지만 이를 다루는 일은 우리의 관심사를 벗어난다.)[26] 이와는 달리, "두 갈래 구원론"two-track soteriology을 받아들이는 사람들이 여전히 많다. 이들의 견해에 따르면, 유대인들은 여전히 토라를 따라야 하고(어떤 의미에서 그렇다는 말이다. 유대인들은 "토라를 따른다는 것"이 정확히 무엇을 의미하는지에 대해 계속해서 격렬하게 논쟁하고 있다), 그리스도교는 유대인이 아닌 사람들에게만 유일한 구원의 길(또는 최소한 [여러] 구원의 길 중 하나?)이다. 내가 보기에 이러한 견해는 극단적으로 비유대적인 주장이다. 그리스도교가 구원의 길인 것은 오로지 나사렛 예수가 시편과 예언서에 개략적으로 기록된 하나님의 계획—이스라엘을 **위한** 계획만이 아니라 이스라엘을 **통한** 세상을 위한 계획—을 성취한 이스라엘의 참된 메시아였기 때문이다. 많은

---

26 최근의 저작으로는 G. R. McDermott, *The New Christian Zionism: Fresh Perspectives on Israel and the Land* (Downers Grove, IL: IVP Academic, 2016)을 보라.

그리스도인들이 "구원"과 구원에 이르는 "길"을 비성경적이고 비유대적인 용어를 사용해 설명—이는 사람들의 영혼을 천국에 가게 하는 "그리스도교의 메시아"와 세상에 정의를 가져올 "유대교의 메시아"를 극단적으로 구분해 생각하는 유대인들의 인식을 발생시켰다!—하려고 했기 때문에 이러한 반사적 반응이 생겨났다는 설명은 말도 안 되는 핑계다. 바울이 "두 갈래 구원론" 같은 것을 조금이라도 믿었다면, 그는 갈라디아서를 단 한 줄도 쓸 수 없었을 것이다.

그러므로 갈라디아서 읽기를 통해 "빚어지기를" 추구하는 교회가 당면한 과제는 특정한 성격을 지닌 교회론을 본보기로 보여주는 것이다. 교회에 대한 이러한 비전은 구약성경에 뿌리를 둔다. 하지만 이스라엘의 메시아의 죽음과 부활을 구약성경의 경이로운 성취로 받아들이고 철저하게 이스라엘의 메시아의 죽음과 부활에 초점을 맞추므로, 구약성경의 이스라엘로부터 신약의 교회에 대한 비전의 전환은 마르키온주의나 대체주의와 전혀 상관없이 매끄럽게 이해될 수 있다. 오히려, 이 전환은 이스라엘 백성의 "확장"이라고 부를 수 있는 사안이라고 할 수 있다. 이사야 49장과 다른 여러 본문들 특히 시편에서 분명히 나오듯이, 이 확장에는 놀라운 규모의 이방인들이 놀라운 규모의 유대인들과 더불어 단일한 가족이 되는 것이 포함된다. 여기서 "놀라움"이란 당연히 하나님의 아들들의 죽음을 통해 부어진 하나님의 사랑에서 나온 엄청나고 풍요로운 능력으로서 설교자와 회중을 가족 관계로 묶고, 다양한 문화를 아우르며, 서로를 온전히 환영하는 공동체에서 성령의 첫 열매로 생겨난다. 교회가 이 메시지를 이해하고 이 메시지에 따라 살아갈 수 있다면, 많은 교회 내에서 은근히 숨겨진 채 지속되는 인종 차별의 문제가 마침내 해결될 것이다.

내가 갈라디아서가 던지는 주요 도전으로 간주하는 것 중 하나가 이로부터 나온다. 즉, 교회 일치에 대한 촉구이다. 갈라디아서 2장에서 바울이 주장하는 바에 따르면, 메시아 예수를 믿는 모든 사람은 배경에 관계없이 같은 식탁에서 식사할 수 있다. 오늘날 많은 그리스도인들은 이 점을 믿기는 하지만, 실천하는 데에는 어려움을 겪는다. 지난 500년 동안 서구 그리스도교가 보인 아이러니는 바로 이것이다. 바울은 이 메시아에 대한 믿음(메시아 자신의 신실함을 반향하고 그로 인해 발생하는 믿음)을 공유하는 모든 사람들이 이신칭의 교리에 따라 하나의 공동체를 이룬다고 말하는데, 서구 그리스도교에서 그동안 이신칭의 교리는 예수를 믿는 다양한 공동체를 분리시키는 도구로 사용되어 왔다. 나는 교회 일치가 얼마나 어려운 것인지, 특히 특정 교회들과 교회 전통들에서는 얼마나 어려운 일인지 너무나 잘 알고 있다. 또한 일단 교회 일치를 이루려고 시도하면 교회 치리적으로 수많은 문제가 발생한다는 점을 안다. 하지만 교회 일치에 실패하는 것은 바울을 잊는 것이다.

마지막으로, 갈라디아서 5장과 6장은 거룩함을 강력하게 촉구한다. 바울의 구체적인 비전에는 교회 내의 적절한 재정 공급, 파벌로 나뉘어 싸우지 않는 것, 적절한 목회적 돌봄과 권면이 포함되어 있다. 이는 교회 지도자가 일반 구성원들에게 일방적으로 행하는 것이 아니라, 갈라디아서 6:1-5에서 말하는 대로 평범한 구성원들 간에도 서로를 향해 같은 일을 행할 수 있어야 한다. 이것들은 모두 메시아 예수 안에 있는 공동체는 어떤 공동체여야 하는지에 대해 바울의 제시한 그림의 일부다. 바울이 제시한 신자들의 공동체의 모습은 그 어느 때보다 오늘날 더 많이 강조될 필요가 있다.

그러나 마지막은 아무래도 바울이 선포했던 그분에 대한 말로 마무리하는 것이 좋겠다. 갈라디아서에는 예수 그분의 임재와 복음이 깊숙이 스며들어 있다. 애초에 바울을 부르신 분이 바로 예수다. 예수의 십자가는 바울 자신과 그가 선포하고 살아 낸 급진적인 복음을 정의했다. 메시아 예수는 아브라함에게 약속된 유일한 씨였으며 지금도 그러하다. 예수는 하나님의 아들로서, 그분의 보내심은 "하나님"이라는 단어가 실제로 의미하는 바를 사역 중에 재정의했다. 하나님은 자기 백성을 자유케 하시는 분이며, 그분의 성령은 그분의 백성이 갱신된 인간으로 살 수 있도록 하신다. 예수는 자신의 죽음과 부활로 옛 세상이 종말을 맞이하고 새 세상이 탄생하도록 하셨다. 예수는 "나를 사랑하셨고 나를 위하여 자신을 내어 주신" 분이다. 갈라디아서를 읽음으로써 빚어지는 교회는 예수를 중심으로 둔 교회―사랑으로 부르심을 받고, 사랑으로 빚어지고, 사랑으로 살기를 힘쓰는 교회―가 될 것이다.

이러한 말은 너무나도 뻔하고 진부한 경건주의 문구처럼 들릴 수도 있다. 바울의 예수가 정말 누구인지, 그리고 1세기에 그분을 따른다는 것이 얼마나 위험한 일이었는지 깨닫기 전까지는 말이다! 예수를 따른다는 것이 다시금 위험한 일이 되는 이 상황에서(이 점은 심도 있게 탐구할 가치가 있는 완전히 다른 주제이다), 어쩌면 갈라디아서가 교회가 맞이한 새로우면서도 우려스러운 시대에 우리 안내자가 될 수 있을 것이다.

참고 문헌

1차 자료

The Apocryphal Old Testament. Edited by H. F. D. Sparks. Oxford: Clarendon, 1984.

Biblia Hebraica Stuttgartensia. Edited by K. Elliger and W. Rudolph. 5th ed. Stuttgart: Deutsche Bibelgesellschaft, 1997. Original 1967.

The Dead Sea Scrolls in English. Translated by G. Vermes. 4th ed. London: Penguin, 1927-1969. Original 1962.

The Dead Sea Scrolls Study Edition. Edited by F. García Martínez and E. J. C. Tigchelaar. 2 vols. Leiden: Brill, 1994.

A Greek-English Lexicon of the New Testament and Other Early Christian Literature. 3rd ed. rev. and ed. by F. W. Danker, based on W. Bauer's *Griechisch-Deutsch Wörterbuch*, 6th ed., and on previous English editions, by W. F. Arndt, F. W. Gingrich, and F. W. Danker. Chicago: University of Chicago Press, 2000. Original 1957.

The Holy Bible, Containing the Old and New Testaments with the Apocryphal/Deuterocanonical Books: New Revised Standard Version. New York and Oxford: Oxford University Press, 1989.

Josephus. *Works*. Edited by H. St. J. Thackeray, R. Marcus, A. Wikgren, and L. H. Feldman. 9 vols. Loeb Classical Library. Cambridge, MA: Harvard University Press, 1929-1965.

The Lexham English Septuagint. Bellingham, WA: Lexham, 2019.

A New English Translation of the Septuagint and the Other Greek Translations Traditionally Included under That Title. Edited by A. Pietersma and B. C. Wright. Oxford: Oxford University Press, 2007.

The New Testament for Everyone. Translated by N. T. Wright. London: SPCK; San Francisco: HarperOne, 2011. US title: *The Kingdom New Testament*. (『모든 사람을 위한 하나님 나라 신약성경』 IVP)

The New Testament: Freshly Translated by Nicholas King. Stowmarket, UK: Kevin

Mayhew, 2014.

Novum Testamentum Graece. Edited by B. Aland, K. Aland, J. Karavidopoulos, C. M. Martini, and B. M. Metzger. 27th ed., rev. Stuttgart: Deutsche Bibelgesellschaft, 1993. Original 1898.

The Old Testament Pseudepigrapha. Edited by J. H. Charlesworth. 2 vols. Garden City, NY: Doubleday, 1983, 1985.

Philo. *Works*. Edited by F. H. Colson, G. H. Whitaker, J. W. Earp, and R. Marcus. 12 vols. Loeb Classical Library. Cambridge, MA: Harvard University Press, 1929-1953.

Plutarch. *Moralia*. Translated by F. C. Babbit et al. 16 vols. Loeb Classical Library. Cambridge, MA: Harvard University Press, 1927-1965. (『모랄리아』 한길사)

Septuaginta: Id est Vetus Testamentum Graece iuxta LXX interpres. Edited by A. Rahlfs. 2 vols in 1. Stuttgart: Deutsche Bibelgesellschaft, 1979. Original 1935.

주석

Betz, H.-D. *Galatians: A Commentary on Paul's Letter to the Churches in Galatia*. Hermeneia. Philadelphia: Fortress, 1979.

Bruce, F. F. *The Epistle to the Galatians: A Commentary on the Greek Text*. Grand Rapids: Eerdmans, 1982.

Burton, E. de W. *A Critical and Exegetical Commentary on the Epistle to the Galatians*. Edinburgh: T&T Clark, 1921.

De Boer, M. C. *Galatians: A Commentary*. New Testament Library. Louisville: Westminister John Knox, 2011.

DeSilva, D. A. *The Letter to the Galatians*. Grand Rapids: Eerdmans, 2018. (『갈라디아서: NICNT 신약 주석 시리즈』 부흥과개혁사)

Dunn, J. D. G. *A Commentary on the Epistle to the Galatians*. London: Black, 1993.

Esler, P. F. *Galatians*. London: Routledge, 1998.

Hays, R. *The Letter to the Galatians: Introduction, Commentary, and Reflections*. Pages 181-348 in vol. 11 of *New Interpreter's Bible*. Edited by L. E. Keck et al. Nashville: Abingdon, 2000. (『갈라디아서』 그리심)

Keener, C. S. *Galatians*. New Cambridge Bible Commentary. Cambridge: Cambridge University Press, 2018.

―――. *Galatians: A Commentary*. Grand Rapids: Baker Academic, 2019.

Keller, T. *Galatians for You*. Epsom, UK: Good Book Co., 2013. (『당신을 위한 갈라디아서』 두

라노)

Lightfoot, J. B. *St. Paul's Epistle to the Galatians: A Revised Text with Introduction, Notes, and Dissertations*. London: Macmillan, 1884.

Longenecker, R. N. *Galatians*. Dallas: Word, 1990.

Martyn, J. L. *Galatians: A New Translation with Introduction and Commentary*. New York: Doubleday, 1997. (『앵커바이블: 갈라디아서』 CLC)

Moo, D. J. *Galatians*. Baker Exegetical Commentary on the New Testament. Grand Rapids: Baker Academic, 2013. (『갈라디아서: 베이커 신약 성경 주석』 부흥과개혁사)

Oakes, P. *Galatians*. Paideia Commentaries. Grand Rapids: Baker Academic, 2015.

Riches, J. K. *Galatians through the Centuries*. Chichester: Wiley-Blackwell, 2013. Original 2008.

Schreiner, T. R. *Galatians*. Zondervan Exegetical Commentary on the New Testament. Grand Rapids: Zondervan, 2010. (『강해로 푸는 갈라디아서』 디모데)

Williams, S. K. *Galatians*. Abingdon New Testament Commentaries. Nashville: Abingdon, 1997.

Witherington, B., III. *Grace in Galatia: A Commentary on St. Paul's Letter to the Galatians*. Edinburgh: T&T Clark, 1998.

그 외 자료

Atkinson, K. "Psalms of Solomon." Pages 1138-40 in *The Eerdmans Dictionary of Early Judaism*. Edited by J. J. Collins and D. Harlow. Grand Rapids: Eerdmans, 2010.

Bachmann, M. "Bemerkungen zur Auslegung zweier Genetivverbindungen des Galaterbriefs: 'Werke des Gesetzes' (Gal 2,16 u.ö.) und 'Israel Gottes' (Gal 6,16)." In *Umstrittener Galaterbrief: Studien zur Situierung der Theologie des Paulus-Schreibens*. Edited by M. Bachmann and B. Kollmann. Neukirchen-Vluyn: Neukirchener Theologie, 2010.

Barclay, J. M. G. "Grace and the Countercultural Reckoning of Worth: Community Construction in Galatians 5-6." Pages 306-17 in *Galatians and Christian Theology: Justification, the Gospel, and Ethics in Paul's Letter*. Edited by M. W. Elliott, S. J. Hafemann, N. T. Wright, and J. Fredrick. Grand Rapids: Baker Academic, 2014.

―――. *Paul and the Gift*. Grand Rapids: Eerdmans, 2015. (『바울과 선물』 새물결플러스)

―――. *Pauline Churches and Diaspora Jews*. Tübingen: Mohr Siebeck, 2011.

Barrett, C. K. "The Allegory of Abraham, Sarah and Hagar in the Argument of Galatians." In *Rechtfertigung: Festschrift für Ernst Käsemann zum 70. Geburtstag*. Edited by J. Friedrich, W. Pöhlmann, and P. Stuhlmacher. Tübingen: Mohr, 1976.

Barth, K. *Church Dogmatics*. 13 vols. Edinburgh: T&T Clark, 1936-1969. (『교회교의학』 대한기독교서회)

Bauckham, R. "Barnabas in Galatians." *Journal for the Study of the New Testament* 2 (1979): 61-72.

Bird, M. F. *Crossing over Sea and Land: Jewish Missionary Activity in the Second Temple Period*. Peabody, MA: Hendrickson, 2010.

Bird, M. F., and P. M. Sprinkle, eds. *The Faith of Jesus Christ: Exegetical, Biblical, and Theological Studies*. Milton Keynes, UK: Paternoster, 2009.

Bockmuehl, M. *The Epistle to the Philippians*. London: Black, 1998.

Bons, E., and P. Pouchelle, eds. *The Psalms of Solomon: Language, History, Theology*. Atlanta: SBL Press, 2015.

Breytenbach, C., and C. Zimmerman. *Early Christianity in Lycaonia and Adjacent Areas: From Paul to Amphilochius of Iconium*. Leiden: Brill, 2018.

Brock, S. "The Psalms of Solomon." Pages 649-82 in *The Apocryphal Old Testament*. Edited by H. F. D. Sparks. Oxford: Clarendon, 1984.

Callaway, M. *Sing, O Barren One: A Study in Comparative Midrash*. Atlanta: Scholars Press, 1980.

Campbell, D. A. "Galatians 5.11: Evidence of an Early Law-Observant Mission by Paul?" *New Testament Studies* 57, no. 3 (2011): 325-47.

Ciampa, R. E. *The Presence and Function of Scripture in Galatians 1 and 2*. Tübingen: Mohr, 1998.

Clark, E. P. "Enslaved under the Elements of the Cosmos." PhD diss., University of St. Andrews, 2018. http://hdl.handle.net/10023/13123.

Cummins, S. A. *Paul and the Crucified Christ in Antioch: Maccabean Martyrdom and Galatians 1 and 2*. Cambridge: Cambridge University Press, 2001.

Davies, J. P. *Paul among the Apocalypses: An Evaluation of the "Apocalyptic Paul" in the Context of Jewish and Christian Apocalyptic Literature*. London: T&T Clark, 2016.

———. "What to Expect When You're Expecting: Maternity, Salvation History, and the 'Apocalyptic Paul.'" *Journal for the Study of the New Testament* 38.3 (2016): 301-15.

De Boer, M. "Paul, Theologian of God's Apocalypse." *Interpretation* 56.1 (2002): 22-33.

Dodd, C. H. *The Epistle of Paul to the Romans*. London: Collins/Fontana, 1959. Original 1932.

Dunn, J. D. G. *Christology in the Making: A New Testament Inquiry into the Origins of the Doctrine of the Incarnation*. London: SCM, 1980. (『예수와 기독교의 기원(상), (하)』 새물결플러스)

Dunne, J. A. *Persecution and Participation in Galatians*. Tübingen: Mohr Siebeck, 2017.

Eastman, S. "'Cast Out the Slave Woman and Her Son': The Dynamics of Exclusion and Inclusion in Galatians 4.30." *Journal for the Study of the New Testament* 28.3 (2006): 309-36.

———. *Recovering Paul's Mother Tongue: Language and Theology in Galatians*. Grand Rapids: Eerdmans, 2007.

Elliott, M. W., S. J. Hafemann, N. T. Wright, and J. Fredrick, eds. *Galatians and Christian Theology: Justification, the Gospel, and Ethics in Paul's Letter*. Grand Rapids: Baker Academic, 2014.

Foskett, M. "Adoption." Pages 54-56 in *The New Interpreter's Dictionary of the Bible*. Edited by K. D. Sakenfeld et al. Nashville: Abingdon, 2006.

Fredriksen, P. *Paul: The Pagan's Apostle*. New Haven: Yale University Press, 2017. (『바울, 이 교도의 사도』 도서출판 학영)

Gaventa, B. R. *Our Mother Saint Paul*. Louisville: Westminster John Knox, 2007.

Gazda, E. K., and D. Y. Ng. *Building a New Rome: The Imperial Colony of Pisidian Antioch (25 BC-AD 700)*. Ann Arbor, MI: Kelsey Museum Publications, 2011.

Gignilliat, M. S. *Paul and Isaiah's Servants: Paul's Theological Reading of Isaiah 40-66 in 2 Corinthians 5:14-6:10*. London: T&T Clark, 2007.

Ginzberg, L. *The Legends of the Jews*. 7 vols. Baltimore: Johns Hopkins University Press, 1998 [1909].

Goddard, A. J., and S. A. Cummins. "Ill or Ill-Treated? Conflict and Persecution as the Context of Paul's Original Ministry in Galatia (Galatians 4.12-20)." *Journal for the Study of the New Testament* 52 (1993): 93-126.

Gorman, M. J. *Becoming the Gospel: Paul, Participation, and Mission*. Grand Rapids: Eerdmans, 2015. (『삶으로 담아내는 복음』 새물결플러스)

———. *Inhabiting the Cruciform God: Kenosis, Justification, and Theosis in Paul's Narrative Soteriology*. Grand Rapids: Eerdmans, 2009.

Greenblatt, S. *Hamlet in Purgatory*. Princeton: Princeton University Press, 2001.

Griffiths, P. J. "Purgatory." Pages 427-46 in *The Oxford Handbook of Eschatology*. Edited by J. L. Walls. Oxford: Oxford University Press, 2008.

Hardin, J. K. *Galatians and the Imperial Cult*. Tübingen: Mohr Siebeck, 2008.

Harmon, M. S. *She Must and Shall Go Free: Paul's Isaianic Gospel in Galatians*. Berlin: de Gruyter, 2010.

Hawthorne, G. F. *Philippians*. Waco, TX: Word, 1983.

Hays, R. B. *Echoes of Scripture in the Letters of Paul*. New Haven: Yale University Press, 1989. (『바울서신에 나타난 구약의 반향』, 여수룬)

―――. *The Faith of Jesus Christ: The Narrative Substructure of Galatians 3:1-4:11*. 2nd ed. Grand Rapids: Eerdmans, 2002. Original 1983. (『예수 그리스도의 믿음: 갈라디아서 3:1-4:11의 내러티브 하부구조』, 에클레시아북스)

―――. "Hope for What We Do Not Yet See: The Salvation of All Israel in Romans 11.25-27." Pages 545-72 in *One God, One People, One Future: Essays in Honour of N. T. Wright*. Edited by J. A. Dunne and E. Lewellen. London: SPCK; Minneapolis: Fortress, 2018.

―――. "What Is 'Real Participation in Christ'? A Dialogue with E. P. Sanders on Pauline Soteriology." Pages 336-51 in *Redefining First-Century Jewish and Christian Identities: Essays in Honor of Ed Parish Sanders*. Edited by F. E. Udoh et al. Notre Dame: University of Notre Dame Press, 2008.

Hengel, M. *The Zealots: Investigations into the Jewish Freedom Movements in the Period from Herod until 70 A. D*. Edinburgh: T&T Clark, 1989. Original 1961.

Holland, T. *Dominion: The Making of the Western World*. London: Little, Brown, 2019.

Hooker, M. D. *The Letter to the Philippians: Introduction, Commentary, and Reflections*. In vol. 11 of *New Interpreter's Bible*. Edited by L. E. Keck et al. Nashville: Abingdon, 2000.

Hurtado, L. W. *Destroyer of the Gods: Early Christian Distinctiveness in the Roman World*. Waco, TX: Baylor University Press, 2016. (『처음으로 기독교인이라 불렸던 사람들』, 이와우)

Jewett, R. "The Agitators and the Galatian Congregation." *New Testament Studies* 17 (1971): 198-212.

Jobes, K. H. "Jerusalem, Our Mother: Metalepsis and Intertextuality in Galatians 4:21-31." *Westminster Theological Journal* 55 (1993): 299-320.

Kahl, B. *Galatians Re-Imagined: Reading with the Eyes of the Vanquished*. Minneapolis: Fortress, 2010.

Keener, C. S. *Acts: An Exegetical Commentary*. 4 vols. Grand Rapids: Baker Academic, 2013.

Kim, S. "Paul as Missionary Herald." Pages 9-24 in *Paul as Missionary: Identity, Activity,*

Theology, and Practice. Edited by T. J. Burke and B. S. Rosner. London: T&T Clark, 2011.

Kirk, J. D. *A Man Attested by God: The Human Jesus of the Synoptic Gospels*. Grand Rapids: Eerdmans, 2016.

Le Goff, J. *The Birth of Purgatory*. Chicago: University of Chicago Press, 1984. Original 1981.

Levenson, J. D. *The Death and Resurrection of the Beloved Son: The Transformation of Child Sacrifice in Judaism and Christianity*. New Haven: Yale University Press, 1993.

Levison, J. R. "The Spirit in Its Second Temple Context: An Exegetical Analysis of the Pneumatology of N. T. Wright." Pages 439-62 in *God and the Faithfulness of Paul*. Edited by C. Heilig, J. T. Hewitt, and M. F. Bird. Tübingen: Mohr Siebeck, 2016.

Lloyd Jones, M. *Romans: The Law, Chapter 7:1 to 8:4*. Grand Rapids: Zondervan, 1974. (『로마서 강해 4』 CLC)

Longenecker, B. W., ed. *Remember the Poor: Paul, Poverty, and the Greco-Roman World*. Grand Rapids: Eerdmans, 2010.

Lucas, J. R. *Freedom and Grace*. London: SPCK, 1976.

Martin, N. *Regression in Galatians: Paul and the Gentile Response to Jewish Law*. Tübingen: Mohr, 2020.

Mason, S. "Jews, Judaeans, Judaizing, Judaism: Problems of Categorization in Ancient History." *Journal for the Study of Judaism* 38 (2007): 457-512.

McCaulley, E. *Sharing in the Son's Inheritance: Davidic Messianism and Paul's Worldwide Interpretation of the Abrahamic Land Promise in Galatians*. London: T&T Clark, 2019.

McDermott, G. R. *The New Christian Zionism: Fresh Perspectives on Israel and the Land*. Downers Grove, IL: IVP Academic, 2016.

McGrath, A. E. *Iustitia Dei: A History of the Doctrine of Justification*. 4th ed. Cambridge: Cambridge University Press, 2020. Original 1986.

McGrath, J. F. *The Only True God: Early Christian Monotheism in Its Jewish Context*. Urbana: University of Illinois Press, 2009.

Mitchell, S. *Anatolia: Land, Men, and Gods in Asia Minor*. Oxford: Oxford University Press, 1993.

Morales, R. J. *The Spirit and the Restoration of Israel*. Tübingen: Mohr Siebeck, 2010.

Morgan, T. *Roman Faith and Christian Faith: Pistis and Fides in the Early Roman Empire and Early Churches*. Oxford: Oxford University Press, 2015.

Moule, C. F. D. *The Origin of Christology*. Cambridge: Cambridge University Press, 1977.

Nongbri, B. *Before Religion: A History of a Modern Concept*. New Haven: Yale University Press, 2013.

Novenson, M. *Christ among the Messiahs: Christ Language in Paul and Messiah Language in Ancient Judaism*. New York: Oxford University Press, 2012.

———. *The Grammar of Messianism: An Ancient Jewish Political Idiom and Its Uses*. New York: Oxford University Press, 2017.

———. "Paul's Former Occupation in *Ioudaismos*." Pages 24-39 in *Galatians and Christian Theology: Justification, the Gospel, and Ethics in Paul's Letter*. Edited by M. W. Elliott, S. J. Hafemann, N. T. Wright, and J. Fredrick. Grand Rapids: Baker Academic, 2014.

Oz, A. *Judas*. London: Chatto & Windus, 2016.

Pomykala, K. E. "Messianism." Pages 938-42 in *The Eerdmans Dictionary of Early Judaism*. Edited by J. J. Collins and D. Harlow. Grand Rapids: Eerdmans, 2010.

Ropes, J. H. *The Singular Problem of the Epistle to the Galatians*. Cambridge, MA: Harvard University Press, 1929.

Sanday, W., and A. C. Headlam. *A Critical and Exegetical Commentary on the Epistle to the Romans*. Edinburgh: T&T Clark, 1902. Original 1895.

Sanders, E. P. *Paul, the Law, and the Jewish People*. Philadelphia: Fortress, 1983. (『바울, 율법, 그리고 유대인』 감은사)

———. *Paul and Palestinian Judaism*. London: SCM, 1977. (『바울과 팔레스타인 유대교』 알맹e)

Scott, J. M. *Adoption as Sons of God: An Exegetical Investigation into the Background of Huiothesia in the Pauline Corpus*. Tübingen: Mohr Siebeck, 1992.

———, ed. *Exile: A Conversation with N. T. Wright*. Downers Grove, IL: IVP Academic, 2017.

Still, T. D. "'In the Fullness of Time' (Gal. 4:4): Chronology and Theology in Galatians." Pages 239-48 in *Galatians and Christian Theology: Justification, the Gospel, and Ethics in Paul's Letter*. Edited by M. W. Elliott, S. J. Hafemann, N. T. Wright, and J. Fredrick. Grand Rapids: Baker Academic, 2014.

Stowers, S. K. "What Is 'Pauline Participation in Christ'?" Pages 352-71 in *Redefining First-Century Jewish and Christian Identities: Essays in Honor of Ed Parish Sanders*. Edited by F. E. Udoh. Notre Dame: University of Notre Dame Press, 2008.

Thomas, M. J. *Paul's "Works of the Law" in the Perspective of Second Century Reception*. Tübingen: Mohr Siebeck, 2018.

Watson, F. B. *Paul and the Hermeneutics of Faith*. 2nd ed. London: T&T Clark, 2016. Original 2004.

Westerholm, S. *Perspectives Old and New on Paul: The Lutheran Paul and His Critics*. Grand Rapids: Eerdmans, 2004.

Winter, B. W. *After Paul Left Corinth: The Influence of Secular Ethics and Social Change*. Grand Rapids: Eerdmans, 2001.

―――. "The Imperial Cult and Early Christians in Pisidian Antioch (Acts XIII 13-50 and Gal VI 11-18)." Pages 67-75 in *Actes du 1er Congres International sur Antioche de Pisidie, Collection Archéologique et Histoire de l'Antiquité*. Edited by T. Drew-Bear, M. Tashalan, and C. M. Thomas. Lyon: Université Lumiere-Lyon, 2002.

Witulski, T. *Die Adressaten des Galaterbriefes: Untersuchungen zur Gemeinde von Antiochia ad Pisidiam*. Göttingen: Vandenhoeck & Ruprecht, 2000.

―――. *Kaiserkult in Kleinasien: Die Entwicklung der kultisch-religiösen Kaiserverehrung in den Römischen Provinz Asia von Augustin bis Antonius Pius*. Göttingen: Vandenhoek & Ruprecht, 2010. Original 2007.

Wright, N. T. *The Climax of the Covenant: Christ and the Law in Pauline Theology*. Edinburgh: T&T Clark, 1991; Minneapolis: Fortress, 1992.

―――. *The Day the Revolution Began: Reconsidering the Meaning of Jesus' Crucifixion*. San Francisco: HarperOne; London: SPCK, 2016. (『혁명이 시작된 날』 비아토르)

―――. *For All the Saints: Remembering the Christian Departed*. London: SPCK; Harrisburg, PA: Morehouse, 2003.

―――. *History and Eschatology: Jesus and the Promise of Natural Theology*. Gifford Lectures, 2018. Waco, TX: Baylor University Press; London: SPCK, 2019. (『역사와 종말론』 IVP)

―――. *Interpreting Jesus: Essays on the Gospels*. London: SPCK; Grand Rapids: Zondervan, 2020.

―――. *Interpreting Paul: Essays on the Apostle and His Letters*. London: SPCK; Grand Rapids: Zondervan, 2020.

―――. *Interpreting Scripture: Essays on the Bible and Hermeneutics*. London: SPCK; Grand Rapids: Zondervan, 2020.

―――. *Justification: God's Plan and Paul's Vision*. 2nd ed. with new introduction. Downers Grove, IL: InterVarsity; London: SPCK, 2016. Original 2009. (『톰 라이트, 칭의를 말하다』 에클레시아북스)

―――. *The New Testament and the People of God*. London: SPCK; Minneapolis: Fortress, 1992. (『신약성서와 하나님의 백성』 CH북스)

―――. *Paul: A Biography*. San Francisco: HarperOne; London: SPCK, 2018. (『바울 평전』 비아토르)

―――. *Paul: Fresh Perspectives*. London: SPCK; Minneapolis: Fortress, 2005. US title: Paul in Fresh Perspective. (『톰 라이트의 바울: 내러티브 관점에서 본 바울 신학』 죠이선교회)

―――. *Paul and His Recent Interpreters*. London: SPCK; Minneapolis: Fortress, 2015. (『바울과 그 해석자들』 IVP)

―――. *Paul and the Faithfulness of God*. Vol. 4 of Christian Origins and the Question of God. London: SPCK; Minneapolis: Fortress, 2013. (『바울과 하나님의 신실하심』 CH북스)

―――. *The Paul Debate*. Waco, TX: Baylor University Press; London: SPCK, 2015.

―――. *Paul for Everyone: Galatians and Thessalonians*. London: SPCK; Louisville: Westminster John Knox, 2002. (『모든 사람을 위한 갈라디아서 데살로니가전후서』 IVP)

―――. *Pauline Perspectives*. London: SPCK; Minneapolis: Fortress, 2013. Collected essays, 1978-2013.

―――. *The Resurrection of the Son of God*. London: SPCK; Minneapolis: Fortress, 2003. (『하나님의 아들의 부활』 CH북스)

―――. *Romans*. Pages 393-770 in vol. 10 in *New Interpreter's Bible*. Nashville: Abingdon, 2002. (『로마서: NIB 주석』 에클레시아북스)

―――. *Scripture and the Authority of God: How to Read the Bible Today*. 2nd ed. London: SPCK; San Francisco: HarperOne, 2011. Original 2005. (『성경과 하나님의 권위』 새물결플러스)

―――. *Surprised by Hope: Rethinking Heaven, Resurrection, and the Mission of the Church*. London: SPCK; San Francisco: HarperOne, 2007. (『마침내 드러난 하나님 나라』 IVP)

―――. *Virtue Reborn*. London: SPCK; San Francisco: HarperOne, 2009. US title: After You Believe. (『그리스도인의 미덕』 포이에마)

―――. *What St. Paul Really Said*. Oxford: Lion; Grand Rapids: Eerdmans, 1997. (『톰 라이트 바울의 복음을 말하다』 에클레시아북스)

Wright, R. B. "Psalms of Solomon: A New Translation and Introduction." Pages 639-70 in vol. 2 of *The Old Testament Pseudepigrapha*. Edited by J. H. Charlesworth. 2 vols. Garden City, NY: Doubleday, 1985.

Yarbro Collins, A. "The Dream of a New Jerusalem at Qumran." Pages 231-54 in *The Bible* and the *Dead Sea Scrolls*, vol. 3, *The Scrolls and Christian Origins*. Edited by J. H. Charlesworth. Waco, TX: Baylor University Press, 2006.

주제 색인

ㄱ

가훈표(household codes) 256
갈라디아서
  갈라디아서 연대표 150-151
  갈라디아서 저작 시기 51-52, 97-98, 184
  에큐메니컬적인 문서로서의 갈라디아서 272-273
  지리적 위치 150-151
  남부 갈라디아의 역사적 배경과 사회문화적 상황 50-81, 150-151, 201-202, 289-292, 470-71, 497-98, 503-508, 532-33
갈리오(총독이자 세네카의 형제) 56
감리교 부흥 운동 37
개시된 종말론 69, 514-515
거울 읽기(mirror-reading) 86, 93, 116, 510
가짜 가족 구성원 164-65, 170
겸손(humility) 545
계몽주의(Enlightenment) 65-67, 82, 610-611
고넬료 161, 178, 186, 189, 192, 233, 308
공동체의 책무(community obligations) 575-77
관용(tolerance) 609, 610
광야의 성막(wilderness tabernacle) 38, 301-302, 306, 428, 443, 540
교회 공동체의 일치(unity of the church community) 26-27, 162, 272-73, 402-403, 507-509, 529, 542, 546-47, 560-65, 615
교회의 교사

교회 교사의 필요성 578-79
교회 교사에 대한 적절한 보상 지급 578-81
구속(redemption) 343, 346-48, 406-407, 416, 432, 438-40
구속사/구원사(salvation history) 103, 295, 382, 387, 450, 589, 611
구원론(soteriology) 63, 196, 202, 214, 422, 434, 440, 502, 613
  플라톤적 구원론 272
그리스-로마 시대의 공적 종교(Greco-Roman civic religion)
  헬레니즘적 덕/이교적 덕 480, 545, 554
  유대인들이 공적 종교 참여 의무를 면제받음 53-62, 70, 73-75, 117-119, 194, 359-361
  이방 종교(paganism) 81, 113, 98, 168-169, 329-30, 505, 522-23, 528, 548
  신체 일부를 자르는 제의(rituals of body marking and flesh cutting) 522-23
  우상숭배 항목도 보라.
그리스도 신비주의(Christ mysticism) 255
그리스도의 부활(resurrection of Christ) 72-73, 140, 231, 238, 590
  그리스도의 부활과 "장차 올 세대" 64
  성령의 은사 168, 277, 290, 433
  그리스도의 부활과 바울의 사도로서의 권위 180
그리스도인으로 빚어감 17-8, 23-7, 29, 64-79, 272-283, 434

그리스도인으로 빚어감과 성경 23
그리스도인으로 빚어감과 성경 교사 578
그리스도인으로 빚어감과 주석 17-18, 23-7, 64
그리스도인으로 빚어감에 대한 정의 23, 27, 64, 76
1세기 갈라디아와 21세기 글로벌 그리스도교에서 그리스도인으로 빚어감 17, 65, 147, 272, 283, 361, 559-65
갈라디아서 5장의 가르침과 그리스도인으로 빚어감 559-565
근본주의(fundamentalism) 44, 611
기근 구호를 위한 방문 150, 159-179

ㄴ

남부 갈라디아 50-81, 150-152, 178, 522
노모스(nomos) 74, 420-22, 441
노예(slavery) 164, 256, 299-303, 416-20, 443-452, 475
　토라 아래서 노예살이 414-20, 443-452, 453-99
　신명기의 경고 326-27, 345-47, 412-413
　노예와 자유 170, 303, 443, 451
　노예와 우상숭배 443-452
　새로운 출애굽과 노예 상태에서 구출됨 305, 343, 412-16
　메시아의 노예로서의 바울 124-29
　사라와 하갈 이야기 471-497
　노예의 멍에 444, 491
누룩 80, 518, 524-27

ㄷ

다소 99, 154, 190

단테 알리기에리(Dante Alighieri) 33
대체주의(supersessionism) 243-44, 270-72, 472, 614
덕(virtues)
　그리스도교의 덕 544, 554
　헬레니즘적 덕/이교적 덕 480, 545, 554
던, 제임스 D. G. (Dunn, James D. G.) 609
돈 575-577
　기근 구호를 위한 방문 150, 162
동방정교회(Eastern Orthodox churches) 398, 507
드 부어, 마르뛰니스(De Boer, Martinus) 506
디도 150, 161-170, 174, 177, 184, 192, 194, 201, 466, 510, 523, 582, 600
　할례를 강요받음 164-68, 170, 184-85, 254, 319, 582
　바울의 두 번째 예루살렘 방문과 디도 (기근 구호를 위한 방문) 150-51, 158-63
디아스포라(diaspora) 41, 45, 61, 63, 70, 90, 118, 134, 559, 583-85
디아테케(diathēkē) 296, 364-66, 479, 492
디카이오쉬네(dikaiosyne) 35, 207-211, 223, 226, 265, 268, 273, 293, 315-16
디카이오이(dikaioi) 213, 220, 222-26, 228, 230, 232, 246, 264-69, 292, 332, 343, 362, 390, 395, 489

ㄹ

랍비 아키바(Akiba, Rabbi) 75, 347
레위기 300, 334-342, 352, 532
로마 가톨릭(Roman Catholic) 25-26, 40, 46, 67, 199, 507
로마서에 따른 구원의 길(Romans road) 199
로이드 가스톤(Gaston, Lloyd) 472
루키아노스(시인) 56

루터, 마르틴(Luther, Martin) 25-26, 33-35, 37, 39, 42-47, 72, 147, 194, 240, 290, 546
루터파(Lutheranism) 221, 295

■

마르키온주의(Marcionism) 242, 244, 270, 284, 383, 452, 612-14
마카비 항쟁(Maccabean rebellion) 131, 329
맛다디아의 항쟁(Mattathias, rebellion of) 131
메시아(Messiah) 215-216, 230-232, 237-266
  메시아와 율법의 저주 101, 320-354
  다윗계 메시아 75-6, 215, 218, 296, 300, 343, 369, 372, 401
  메시아의 신실하심 217, 362
  메시아와 연합(합체) 190, 220, 231, 273, 392
  메시아 안에/내 안의 메시아 255-258, 263, 319
  메시아의 사랑 255-260, 515-17
  메시아-믿음(pistis Christou, Messiah-faith) 197, 241, 262, 303
  바울이 크리스토스(Christos)라는 단어를 사용한 용법 28, 215, 364, 368, 370-71, 391
  메시아와 아브라함의 단일한 가족 391-402
  메시아의 십자가 처형 항목도 보라.
메시아-백성(Messiah-people) 29, 74, 77, 156, 170, 190, 196, 235, 292, 390, 402, 416, 490, 507-509, 513, 531, 542, 559
메시아의 십자가 처형 72-77, 237-64, 306-307
  메시아와 함께 십자가 처형당함 73, 127, 241-250, 288-89, 460-61, 546-47, 556-557, 564
  십자가 처형과 저주받은 메시아 348-51
  하나님의 계획의 성취인 메시아의 십자가 처형 72-77, 237-64
  메시아와 함께 십자가 처형된 바울 245-64
  율법의 저주 101, 320-54
메시아적 종말론(messianic eschatology) 67-78, 244, 372
  메시아적 종말론과 하나님의 목표의 실현으로서의 십자가 처형 72-78, 237-64
  메시아적 종말론과 하나님의 "새 창조"의 개시 68-74, 119, 140, 161-63, 177, 188, 360, 504
메타렙시스(metalepsis) 229, 488, 493
멜란히톤(Melanchthon) 37
모성(motherhood) 467
모세오경(Pentateuch) 74, 283, 346
무신론(atheism) 37, 134, 198
미쉬나(Mishnah) 271
믿음(faith)
  메시아 예수의 믿음 197, 226, 268
  메시아-믿음(pistis Christou) 197, 241, 262, 303
믿음과 영 303-312
믿음의 쌍방향적 관계 210
  이신칭의, 피스티스(믿음/신실함) 항목도 보라.

ㅂ

바나바 27, 62, 98-99, 113, 150-51, 91-105, 160-61
바르 코크바 항쟁 74, 270, 347, 494
바리새인 88-93, 166
  과거에 바리새인이었던 바울 88, 93, 96-97, 130, 240, 286, 512, 587
  토라 준수 74

천국과 부활에 관한 바리새인의 관점 40
솔로몬의 시편 항목도 보라.
바벨론 포로기(유배) 169, 299-300, 327
바알 선지자 132, 141
바우어(Baur, F. C.) 14, 151, 266
바울
   선지서 본문 암시 78, 112, 77-78, 81, 90-91, 94
   자전적 이야기 52, 71, 136-37, 184, 240-41, 258, 263, 486, 581, 586
   사도 권위 주장 78, 86, 97-112, 127-28, 134-38, 148, 165-66, 180, 591, 605-606
   다메섹에서의 체험 134-43, 519-21
   토라에 대하여 죽음("율법을 통하여 율법에 대하여 죽었습니다") 74, 127, 170, 242-47, 252, 276, 354, 436-37, 499, 513, 589, 597
   제1차 선교 여행(47/48년) 51, 150, 178
   과거에 바리새인이었던 바울 88, 93, 96-97, 130, 240, 286, 512, 587
   바울이 손으로 직접 쓴 글자 591
   박해와 고통받은 흔적 451, 462, 520, 527, 591, 606
   바울의 자기변호(apologia) 87-97, 519, 590-91
   제2차 선교 여행 151-152
   예루살렘 사도들과의 만남에 대한 요약 설명 145-182
   바울의 열심 130, 141-42, 168, 465-66, 512, 526
『바울과 그 해석자들』(라이트의 저서) 13-14, 19, 404
『바울과 하나님의 신실하심』(라이트의 저서) 14, 17, 583, 598
바울에 관한 "새 관점"("new perspective" on Paul) 14, 48-47, 58, 195-96, 234, 240, 404, 472, 504, 583, 609
   샌더스와 "새 관점" 49, 609-10
   "새 관점"과 이른바 "급진적 새 관점" 14
바울에 관한 "신선한 관점"("fresh perspective" on Paul) 48, 58, 583
바울에 관한 "옛 관점"("old perspective" on Paul) 48, 195-96, 502, 609
바울의 묵시적 메시지 58, 103-104, 295, 355, 387, 425, 450, 468, 492, 538, 542
바울의 박해 307, 451, 462, 520, 527, 591, 606
『바울 평전』(라이트의 저서) 17
반셈족주의(anti-Semitism) 46
반유대주의(anti-Judaism) 46, 61, 254
   마르키온주의와 대체주의 항목도 보라.
반사회적 행동 201, 288, 527, 543, 545
반율법주의(antinomianism) 276, 504-505, 548
방탕함 548
베드로(게바) 51-52, 73, 99, 178, 185-197, 246-47
   유대인 예수 추종자들의 사도인 베드로 173, 178
   이방인 출신 예수 추종자들에게 "유대인처럼 살기"를 강요 185-195, 465-66, 581-82
   안디옥에서 바울과 충돌함 97-99, 150-151, 185-197, 251, 266
   이방인과의 식사 교제에서 물러남 186-88, 582
   복음의 진리 139, 149, 161-62, 164-66, 168, 171, 191, 194, 196, 266, 268, 317, 391, 463, 475, 503, 523-26
복음에 대한 사중 선언(fourfold statement of good news) 100-112
북미의 묵시학파 295, 542
북아프리카에서 일어난 도나투스파의 분파주의 507, 543

불경건한(ungodly) 90, 318-319
불교 198
비느하스 131-32, 141, 298, 315, 464
비시디아 안디옥 56, 99, 151
　남부 갈라디아 항목도 보라.
비혈연 친족관계 그룹(fictive kinship group) 98
빌레몬 399, 468-69

ㅅ

사도권 계승(apostolic succession) 180
사도 규례(apostolic decree) 120, 159
사도적 권위 78, 86, 97-112, 127-28, 134-38, 148, 165-66, 180, 591, 605-606
사두개인 90, 102, 253, 271
사라와 하갈 이야기 281-82, 290-306 457-458, 471-497
사람들의 비위를 맞춤(anthrōpareskos) 87-97, 124-127, 149, 157, 181-82, 186, 203, 206, 213, 269, 521
사악한 눈(evil eye) 307, 462
사회적 다윈주의(social Darwinism) 46
사회학적 바울 해석 14, 63, 169, 210, 291
삼위일체 신학(Trinitarian theology) 381, 422, 434, 439, 447, 451
새 성전(new temple) 174, 176, 306, 356
새 예루살렘 38, 486-87, 493-96
새 창조 32-35, 53, 79, 348, 366-67, 376, 379 68-74, 119, 140, 504, 590-91, 604, 609
새 출애굽 100, 107, 164, 169, 299-302, 345, 395, 406-443, 497
샌더스, E. P.(Sanders, E. P.) 281, 609-610
샴마이 271
　선지서 본문 암시 78, 112, 77-78, 81, 90-91,

94
"성경의 권위" 교리 79
성령의 열매 50, 79, 304, 310-11, 507-509, 533-34, 538, 540, 543, 547
　성령의 열매로서의 기쁨, 평화, 자기 절제 553-555
성막
　토라와 성막 430-433
　광야 38, 110, 141, 298, 302, 306, 338, 369, 428, 431, 443, 540,
성별(gender) 161, 399, 401, 404, 436
성서 해석학(biblical hermeneutics) 95
성적 부도덕 524, 554, 561
성전 신학(temple theology) 443
세대주의(dispensationalism) 594, 613
세례 23, 77, 109, 190, 231, 234, 241, 245-246, 251-255, 266, 268, 276, 319, 468, 499, 503, 509, 513- 514, 535-537, 556-557, 578, 590
세례 요한 246, 437
소명(vocation)
　교회의 소명 562
　인간의 소명 269, 363, 373
　이스라엘의 소명 259, 270, 322 155, 156, 162, 195
　예수 추종자들의 소명 269
　바울계 예수 추종자들의 소명 78, 124, 136-138, 157, 176, 269, 443
소조(sōzō, 구원하다) 30
소테리아(sōtēria, 구원) 30
속죄 신학(atonement theologies) 106, 325
솔로몬의 시편 88-95, 135, 181-182, 185, 203-206, 211, 213, 217, 220, 222, 225, 232, 284-286, 296, 329, 340-343, 347, 371, 395, 401, 411, 521, 604
　메시아의 오심과 시편의 성취 285, 296

디카이오이(*dikaioi*)와 하마르톨로이
(*hamartōloi*)에 대하여 213, 222-26, 232,
264
   아브라함의 가족에 속한 구성원에 대하여
284
솔로몬의 지혜서 39, 409, 411, 413, 421-431,
443
슈바이처, 알베르트(Schweitzer, Albert) 221, 255
스데반 61
스토이케이아(*stoicheia*) 408-409, 413, 415-
416, 418-421, 424, 441, 448, 451, 492, 496,
558, 595, 604
스티그마타(*stigmata*) 591, 606
시내산 언약 456, 472, 475-476
시내산 276, 364, 456, 480, 492
시몬 바르 기오라(Simon bar Giora) 239
시므온 벤 코시바(Simeon ben Kosiba) 75, 239,
270
식탁교제 42, 73-74, 79, 168, 186-187, 192,
212, 222-223, 232-233, 238, 582
신명기 저주 331-332, 532
신명기의 경고 92, 188, 326, 412
신이 아닌 것들 415-416, 419, 423, 444
십자가라는 걸림돌 216, 246, 325, 520, 522,
527-28, 543, 612

ㅇ

아가보의 예언 160
아나테마(*anathema*) 74, 120-124, 457, 474, 528
아담의 죄 324
아라비아
   하갈의 땅으로서의 아라비아 482-83, 493
   바울의 아라비아 여행 140-42
아리스토텔레스가 말하는 덕 544

"아버지"로서의 하나님 434
   "압바" 항목도 보라.
아브라함 281-302, 312-320, 364-404
   아브라함의 (축)복 106, 283, 319, 353, 378
   아브라함을 부르심 270, 282-83, 355
   아브라함과 다윗 71, 231, 283, 300-301
   아브라함의 가족 71, 78, 106, 118, 182, 188,
216, 230, 238, 262, 284, 290-91, 299, 305,
309, 314, 319, 322-23, 325, 344-46, 353,
355, 359, 378, 384, 386, 390, 391-95, 400-
401, 418, 603
   아브라함과 성령의 은사 78, 301-302, 356
   아브라함과 하나님이 맺은 언약 39, 43, 68,
71, 80, 206, 283, 285, 294-95, 312-20, 324-
25, 328, 370, 401, 496
   아브라함과 모세 364-67, 380, 422-24, 597
   아브라함의 피스티스 283, 290-91, 297, 312
   아브라함이 약속받은 유업 41, 55, 71, 78,
206, 286-87, 296, 305, 353, 364
   바울이 아브라함을 강조하는 이유 281-99
   아브라함의 의(로움) 199, 297, 302, 315
   사라와 하갈의 이야기와 아브라함의 두
가족 473-497
   아브라함의 씨 71, 206, 286, 299, 349, 364-
367, 378, 391-95, 400, 417
   아들(자녀)들로 입양됨 315, 422-24, 425-27
   아브라함의 자녀 71, 78, 106, 182, 188, 290,
315-20, 349
   사라와 하갈 이야기 457-458, 471-497
   아브라함 가족의 아들 됨 315-320, 436-43
아우구스투스 카이사르(Augustus Caesar) 65
아코에(*akoē*, 들음, 소식) 308-309
안디옥 사건 52, 99, 178, 184, 202, 223, 266,
289, 461, 470, 484
안셀무스(Anselm) 34, 39, 194

안식일 준수 59, 73, 94,
안티오코스 에피파네스 131
압바(Abba) 77, 305, 440,
야고보(예수의 형제) 61, 142, 153-54
약속의 자녀 489, 495, 597, 603,
언약
　아브라함과의 언약 39, 43, 68, 71, 80, 283, 312-20, 324-25, 328, 370, 401, 496
　언약과 출애굽(유배) 299
　비느하스와 언약 198, 315
　언약의 갱신 300, 326, 329, 336, 339, 341, 350, 356, 479, 489, 494, 532, 587
　시내산 언약 364, 456, 471-497
　언약 신학 295, 299, 479
에세네파 186
에피쿠로스학파 37, 65, 139
엘리야 78, 112, 113, 132
역사비평 방법(historical-critical method) 201
역사
　역사비평과 성경 주석 12, 25, 29, 45, 82
　역사적 주해 201-11
　역사비평과 공감적 상상력 17, 82
연합(합체)(incorporation) 319
　연합과 칭의 220, 231
　메시아와의 연합 349-350, 390
열심(zeal) 93, 109, 117, 130-32, 141-42, 459-60
　열심과 열망 464-66
　시기(zelos) 550
　바울의 열심 93, 109, 117, 153-54, 165, 275-76, 459-60
　경쟁 교사들의 열심 75, 459, 463-67
열심당 132, 465
영
　아브라함과 영이라는 선물 77, 301-302, 356

영과 믿음 303-312
영과 육체 310-12, 506, 533-540
영의 열매 50, 79, 310-11, 533, 540, 543, 547, 554
그의 아들의 영 416, 438, 547
상속을 보증하는 영 304-305, 353, 356
영에 일렬로 맞추어 살기 546, 557-58
영에 따라 살기 441, 538, 563
부활과 성령의 은사 168, 184-85, 167, 277-78
영의 의로움 563
영에 씨를 뿌리고 수확하기 575-580
영의 밭에 씨를 뿌림 575-580
예레미야 78, 112, 136-37
예루살렘 공의회 51-52, 151, 158-159, 266
예루살렘 성전 38, 59, 131, 193, 235, 263, 306
예루살렘 성전의 이방인의 뜰 193, 235
예루살렘
　유대인 예수 추종자들(열심을 내고 율법을 준수) 53, 61-62, 69-70, 74, 98, 103-104, 155, 581-83
　"새 예루살렘" 486-487, 494-496
　바울의 첫 번째 예루살렘 방문 150, 151-154
　바나바와 디도를 동행한 바울의 두 번째 예루살렘 방문(기근 구호를 위한 방문) 150-51, 158-63
　예루살렘의 "기둥"으로 간주된 사도들 173-76, 394, 524
　폼페이우스의 예루살렘 함락 91, 93
　두 개의 "예루살렘" 477, 484-88
예수의 탄생 434
오순절 277, 431, 543,
요세푸스(Jesephus) 132, 167, 186, 288, 294, 299, 326, 495
요시야 329

우상숭배 77, 90, 97, 107-109, 164, 187-188, 192, 230, 233, 236, 275-276, 327, 337, 345, 411, 447, 451, 541, 549, 554, 584, 600

우정 457-466, 554

우쭐댐 558

유업(inheritance) 304-316, 401, 496

    하나님과 아브라함 사이의 언약 39-41, 68, 70-71, 79-80, 271, 281-302, 312-20, 344, 372-73, 442, 487

    유업과 하마르톨로이 205-206

    하나님 나라의 상속 42, 79, 214, 287, 316, 421, 539, 542, 564

    상속을 보증하는 영 304-305, 353, 356

외경(Pseudepigrapha) 88

원수들 369, 476, 486-487

위령의 날(All Souls' Day) 40

유다이스모스(Ioudaïsmos) 130, 134, 521

유대 지방

    유대 지방의 에클레시아 155

    로마의 유대 지역 침략(주전 63년) 203

유대교(Judaism) 14, 41, 49, 66-67, 102-103, 118, 129-130, 134, 168, 186-187, 215, 231, 243, 254, 269, 272, 303, 310, 347, 368, 372, 417, 420, 429, 431, 472, 496, 503, 510, 521, 527, 551, 587, 612, 614

    태생적 유대인 60

    유대적 유일신 신앙 54-55, 109, 302, 449, 585

    유대인 예수 추종자 189, 193, 212, 247, 261, 583, 605

    예루살렘의 "기둥"으로 간주된 사도들 173-76, 394, 524

    유대인의 공공 종교 의례 참여 면제권 54-59, 70, 117, 119, 194, 201, 274, 288, 290, 359, 448

    유대인 기독교 52, 151

유스티티아(iustitia) 34-35, 42, 207, 209

    디카이오쉬네 항목도 보라.

유월절 80, 102, 246, 303, 343, 348, 406, 431, 480, 524, 588

유일신론(monotheism)

    유대적 유일신론 55, 109

    바울의 삼위일체 신학 422, 451,

유형론(typology) 433

육신(sarx) 229, 490, 505, 607

육신의 행위(works of the flesh) 79, 230, 506-509, 533, 538, 540, 543, 547-559, 579

    성적인 죄 531, 541

율법

    율법의 저주 101, 291, 320, 325-326, 329, 349, 351-353

    율법을 행함 336

    토라에 대하여 죽음("나는 율법으로 말미암아 율법에 대하여 죽었다") 170, 241-242, 244, 247, 354, 586

    율법과 유대인 46

    "그렇다면 율법의 의의는?"(토라) 375-86

율법주의 43, 46, 91, 223, 326, 335, 502-503

의/의로움 34-39, 194, 199, 206, 214, 265, 485, 489

    아브라함의 의 282, 296

    의와 육신 229-230

    의로움을 소망함 515

    의로움과 영 563

이교도의 신앙과 관습(paganism) 58, 363, 577

    이교도의 신앙과 관습, 그리고 할례에 대한 바울의 경고 521-523, 527

    신체 일부를 자르거나 상처를 내는 의례 521-523, 527

    이교적 덕 480, 545, 554

이단 550

이방인들이 주축인 그리스도교 52
"유대화하려는 사람들"("Judaizers") 168, 192, 193
이사야
  좋은 소식 120
  이사야서의 "종" 78, 112, 136-37, 141, 157
  종의 노래 157, 458
이신론(deism) 37
이신칭의(justification by faith) 35, 45, 47-48, 51, 77, 79, 110, 146-147, 261, 273, 302, 362, 529, 560, 562, 584, 615
  종말론적 이신칭의 514
  이신칭의와 연합 220, 231
  개신교의 오직 믿음으로 말미암는 칭의론 25, 37, 115

메시아적 종말론 67, 72, 76, 78, 244, 372,
  종말론과 "새 창조" 68-70
  종말론과 쿰란 공동체 69
주술 307-308, 541, 549, 554
주술로 홀림 307
주해(exegesis) 11-12, 60, 74, 105
  비유적(figural) 해석 433
  역사학적 주해 315
  유대적 주해 493
  전통적 개신교의 주해 375
"중개자"(mediator) 291, 377-379
중세 시대의 연옥 교리(purgatory, medieval doctrine of) 36
질투(jealousy) 517, 548, 550, 559
  질투와 열심 550

ㅈ

자기 기만(self-deception) 570
자랑(boasting) 355-56, 357, 375
  할례를 자랑함 355, 362-63, 364-66, 374-75
  우쭐댐(conceit) 558
자유(freedom) 144, 162, 307
  자유와 사랑 329-31
  자유와 노예살이 99, 183, 273, 303-6

ㅊ

철학적 관념론(idealism, philosophical) 67
출애굽 내러티브(Exodus narrative) 305-306
  출애굽 내러티브와 아브라함과의 언약 333, 342
  새 출애굽 100, 107, 164, 169, 299-302, 345, 395, 406-443, 497
  출애굽 내러티브와 토라와 성막 430-433, 443-444

ㅈ

조직신학 15, 423
"종교 체험" 198, 302
종말론
  종말론과 "장차 올 세대" 69, 102-106, 112, 128, 143, 433-434
  종말론적 칭의 514, 563
  이미 개시된 종말론 69, 514

ㅋ

카토스(kathōs) 312-313
칸트, 임마누엘(Kant, Immanuel) 67
칼뱅, 장(Calvin, John) 47, 147, 194
칼뱅주의 221, 295
코로나 바이러스 팬데믹 188
코셔 음식 규례 26-27, 36, 51, 113, 316, 345

쿰란 공동체 41, 69, 270, 323, 328, 339, 341, 347, 371
   다마스커스 문서 339
   개시된 종말론 69, 514
   칭의 문제 371
   쿰란 공동체와 "하나님의 아들"이라는 표현 371
   쿰란 공동체와 대체주의 270
클라우스너, 조셉(Klausner, Joseph) 46
키벨레(여신) 522, 528

ㅌ

"태생적 유대인" 60
테오시스(theosis, 신성화) 257, 306
토라 준수 41, 74, 92, 241, 313, 346, 360, 464, 512
트렌트 공의회 40

ㅍ

파라바테스(parabates) 235-236, 268
파이다고고스(paidagōgos) 386, 389-390, 415, 437
펠라기우스주의 52, 608
폼페이우스 91, 203-204
프뉴마티코스(pneumatikos) 570
성 프란치스코 606
프로테스탄트 종교개혁 79, 199
   개신교의 오직 믿음에 의한 칭의 교리 35, 47, 51, 110, 149
   이교도의 신앙 및 관습과 중세 시대 연옥 교리 32-36
   종교개혁에서 사도 승계를 보는 관점 180
프로테스탄트주의(Protestantism)
   개신교 교파와 분열 47
   자유주의 개신교 45
   개신교의 전통적 주해 375
프리스, 존(Frith, John) 44
플루타르코스(Plutarch) 478, 606
피데스(fides) 207-210
피스티스(pistis) 156, 202, 207-210, 215, 238, 262
   피스티스와 아코에(akoē) 309
   피스티스와 아브라함의 가족 230, 238, 262, 290-291, 296
   메시아-믿음(pistis Christou)과 공동체 218, 220, 262, 515-517
   피스티스의 도래 이전의 유대인의 처지 388
필론(Philo) 39, 112, 132, 478, 492

ㅎ

하갈 457-458, 471-497
   하갈의 땅 483, 484
하나님(의) 사랑 33, 37, 50, 285, 525, 602, 614
   아가페(agapē) 515-517
   자유와 하나님 사랑 101
   성령의 열매인 하나님 사랑 50, 554, 557
   하나님 사랑과 사랑 계명 532, 569
   하나님 사랑과 메시아의 사랑 55, 251, 509, 515-517
"하나님의 아들"(Son of God) 392, 394
"하나님의 아들들"(sons of God) 296, 358, 436-443
하나님을 앎(knowing God) 446
하나님의 목적(divine purpose) 72, 267, 611
하나님의 이스라엘(God's Israel) 567, 591
하마르톨로이(hamartōloi) 213, 216, 232, 264, 269

하마르티아(hamartia) 30, 351, 377, 385

하박국 331-334

하스모니아 왕조 75, 205

할라카 538

할리카르나소스의 디오니시오스 209

헤이스, 리처드(Hays, Richard) 286

헤겔주의 611

헤롯당 205

『혁명이 시작된 날』(N. T. 라이트의 저서) 362

"현재의 악한 세대" 38, 40, 57, 68, 74, 122, 432-433

홀로코스트(Holocaust) 269

회심(개종) 37, 223, 521

히스토레사이(historēsai) 152

힌두교 198

힐렐 271

19세기 독일 성서학 51-52

인명 색인

ㄱ

가벤타, B. R.(Gaventa, B. R.) 128, 467
가스톤, 로이드(Gaston, Lloyd) 472
가즈다, E. K.(Gazda, E. K.) 57
게이저, 존(Gager, John) 472
고다드, A. J.(Goddard, A. J.) 462
고먼, M.(Gorman, M.) 306
그리피스, P. J.(Griffiths, P. J.) 40
그린블랏, S.(Greenblatt, S.) 32
긱닐리어트, M. S.(Gignilliat, M. S.) 136
긴즈버그, L.(Ginzberg, L.) 490, 495
김세윤(Kim, S.) 142

ㄴ

노벤슨, M.(Novenson, M.) 75, 130, 218
농브리, B.(Nongbri, B.) 66, 129
다드, C. H.(Dodd, C. H.) 335
단테 알리기에리(Dante Alighieri) 33

ㄷ

던, J. A.(Dunne, J. A.) 307, 596
던, J. D. G.(Dunn, J. D. G.) 138, 172, 303, 429, 510, 609
데이비스, J. P.(Davies, J. P.) 69, 425, 426
드 부어, M. C.(De Boer, M. C.) 14, 31, 51, 125, 128, 440, 466, 506, 542, 593
드류베어, T.(Drew-Bear, T.) 53
드실바, D. A.(DeSilva, D. A.) 16, 153, 162, 266, 282, 313, 316, 381, 462, 601
디오게네스 라에르티오스(Diogenes Laertius) 400

ㄹ

라이트, N. T.(Wright, N. T.) 51, 67, 133, 169, 203, 204, 206, 301, 372, 596
라이트, R. B.(Wright, R. B.) 372
라이트푸트, J. B.(Lightfoot, J. B.) 140, 141, 249, 483
레벤슨, J. D.(Levenson, J. D.) 271
레빈슨, J. R.(Levison, J. R.) 301, 347
로프스, J. H.(Ropes, J. H.) 503
롱네커, B. W.(Longenecker, B. W.) 177, 400
루카스, 존 R.(Lucas, John R.) 56
루터, 마르틴(Luther, Martin) 25-26, 33-39, 42-47, 72, 147, 194, 240, 290, 292, 376, 546, 589
류웰렌, E.(Lewellen, E.) 596
르 고프, J.(Le Goff, J.) 32
리델, 헨리 조지(Liddell, Henry George) 410
리치스, J. K.(Riches, J. K.) 25

ㅁ

마틴, J. L.(Martyn, J. L.) 14, 103, 105, 372, 382, 425, 611

마틴, N.(Martin, N.) 449

맥그래스, A. E.(McGrath, A. E.) 34

맥그래스, J. F.(McGrath, J. F.) 429

맥더못, G. R.(McDermott, G. R.) 613

맥컬리, E.(McCaulley, E.) 19, 286, 367, 409, 412

메이슨, S.(Mason, S.) 130

멜란히톤, 필립(Melanchthon, Philip) 37

모건, T.(Morgan, T.) 207, 208, 219, 268, 293, 294, 295, 333

모랄레스, R. J.(Morales, R. J.) 305

모울, C. F. D.(Moule, C. F. D.) 487

무, D. J.(Moo, D. J.) 16, 100, 128, 130, 142, 169, 172, 411, 462, 601

미첼, S.(Mitchell, S.) 51, 152

ㅂ

바렛, C. K.(Barrett, C. K.) 457

바르트, 칼(Barth, Karl) 26

바우어, F. C.(Baur, F. C.) 14, 151, 266

바크만, M.(Bachmann, M.) 593

바클레이, J. M. G.(Barclay, J. M. G.) 16, 57, 172, 504, 505

밴 알스틴, 프랜시스 J.(Van Alstyne, Frances J.) 36

버드, M. F.(Bird, M. F.) 219, 220, 301, 521

버튼, E. de W.(Burton, E. de W.) 249, 457, 484

베츠, H.-D.(Betz, H.-D.) 288, 400

보캄, R.(Bauckham, R.) 99

복뮐, M.(Bockmuehl, M.) 476

본스, E.(Bons, E.) 88, 203

브라이텐바흐, C.(Breytenbach, C.) 51, 152

브록, S.(Brock, S.) 203, 204

브루스, F. F.(Bruce, F. F.) 487

ㅅ

사켄펠트, K. D.(Sakenfeld, K. D.) 437

샌더스, E. P.(Sanders, E. P.) 49, 281, 398, 609

샌데이, W.(Sanday, W.) 335, 380

슈라이너, T. R.(Schreiner, T. R.) 103, 140, 461, 474, 512

슈바이처, 알베르트(Schweitzer, Albert) 221

슈툴마허, P.(Stuhlmacher, P.) 457

스콧, J. M.(Scott, J. M.) 169, 327, 412, 437

스콧, 로버트(Scott, Robert) 410

스키너, C. W.(Skinner, C. W.) 485

스토워스, S. K.(Stowers, S. K.) 398

스틸, T. D.(Still, T. D.) 425

스파크, H. F. D.(Sparks, H. F. D.) 203, 371

스프링클, P. M.(Sprinkle, P. M.) 219, 220

ㅇ

아우구스티누스(Augustine) 53, 57

알렉산드리아의 필론(Philo of Alexandria) 112, 132, 288, 294, 411, 413

앳킨슨, K.(Atkinson, K.) 203

야르브로 콜린스, A.(Yarbro Collins, A.) 485

에슬러, P. F.(Esler, P. F.) 161

엘리어트, M. W.(Elliott, M. W.) 19, 130, 425, 505

오즈, 아모스(Oz, Amos) 46

오크스, P.(Oakes, P.) 250, 381, 468

인명 색인

와츠, 아이작(Watts, Isaac) 602
왓슨, F. B.(Watson, F. B.) 298
우도, F. E.(Udoh, F. E.) 398
월스, J. L.(Walls, J. L.) 40
웨스터홀름, S.(Westerholm, S.) 292
위더링턴, B., III(Witherington, B., III) 68, 99, 130, 140, 400
위털스키, T.(Witulski, T.) 53, 59
윈터, B. W.(Winter, B. W.) 53, 159, 503
윌리엄스, S. K.(Williams, S. K.) 51, 123
응, D. Y.(Ng, D. Y.) 57
이스트만, S.(Eastman, S.) 307, 596

ㅈ

존스, 마틴 로이드(Jones, Martyn Lloyd) 537
존스, 헨리 스튜어트(Jones, Henry Stuart) 410
좁스, K. H.(Jobes, K. H.) 471
쥬웻, R.(Jewett, R.) 503

ㅊ

찰스워스, J. H.(Charlesworth, J. H.) 203, 485
치머만, C.(Zimmerman, C.) 51, 152
치암파, R. E.(Ciampa, R. E.) 136, 142

ㅋ

칼, B.(Kahl, B.) 53
캘러웨이, M.(Callaway, M.) 474, 488
캠벨, D. A.(Campbell, D. A.) 521
커민스, S. A.(Cummins, S. A.) 348, 462
커크, J. D.(Kirk, J. D.) 429
켁, L. E.(Keck, L. E.) 125
켈러, T.(Keller, T.) 230, 344

콜린스, J. J.(Collins, J. J.) 203, 218
콜만, B.(Kollmann, B.) 593
클라크, 어니스트 P.(Clark, Ernest P.) 409, 419
키너, 크레이그 S.(Keener, Craig S.) 133, 140, 159, 270, 304, 367, 380, 400, 401
키케로(Cicero) 209

ㅌ

타샬란, M.(Tashalan, M.) 53
테르툴리아누스(Tertullian) 411
토마스 아퀴나스(Thomas Aquinas) 25
토마스, C. M.(Thomas, C. M.) 46, 53
토마스, M. J.(Thomas, M. J.) 130, 223
토플라디, A. M.(Toplady, A. M.) 35

ㅍ

포미칼라, K. E.(Pomykala, K. E.) 218
포스켓, M.(Foskett, M.) 436
푈만, W.(Pöhlmann, W.) 457
푸켈레, P.(Pouchelle, P.) 88, 203
프레드리히, J.(Friedrich, J.) 457
프레드릭슨, P.(Fredriksen, P.) 77, 131
플루타르코스(Plutarch) 478, 606

ㅎ

하딘, J. K.(Hardin, J. K.) 53, 59, 449
하몬, M. S.(Harmon, M. S.) 136
할로우, D.(Harlow, D.) 203, 218
할리카르나수스의 디오니시오스(Dionysius of Halicarnassus) 209
허타도, L. W.(Hurtado, L. W.) 584
헤들람, A. C.(Headlam, A. C.) 335, 380

헤이스, 리처드 B.(Hays, Richard B.) 18, 51, 125, 140, 161, 170, 219, 380, 424, 596

헤일리그, C.(Heilig, C.) 301

헹엘, M.(Hengel, M.) 131

호손, G. F.(Hawthorne, G. F.) 476

홀랜드, T.(Holland, T.) 57, 59

화이트, 애런(White, Aaron) 112

후커, M. D.(Hooker, M. D.) 476

휴윗, J. T.(Hewitt, J. T.) 301

성구 및 고전 문헌 색인

창세기

12장 321, 346
12:3 301, 317, 318, 371
15장 287, 293, 296, 313, 321, 323, 346
15:6 281, 294, 302, 314, 317
15:13 165
15:13-16 299
15:18-20 301, 432
15:18-21 369
17장 282
17:5 292
18:8 301
18:18 317, 371
18:19 447
21장 123

출애굽기

3:8 432
3:13-15 422
4:22-23 395
6:2-4 422
12:40 365
13:21-22 306
14:19-20 306
15:17-18 371

31:3 430
40:34 306

레위기

18장 330
18:5 334, 384

민수기

6:25 604
11:17 301
25:6-15 132

신명기

1:33 306
4:27-29 412
13장 120
17:7 474
21:23 326
23:2-4 133
24:1-3 382
25:12-13 298
27-29장 170, 326
27:26 328
28:15-29:29 337
28:36-37 413

28:64 413
30장 326, 329, 336
30:11-14 335
30:14 336
30:15-20 242
31:30 133
33:2 379

사무엘하

7:11 371
7:12-14 371
7:14 259, 395

열왕기상

3:3-15 427
8:27 302
18장 132
19장 141
19:15 141

느헤미야

9:20 301, 431
9:29 338
13:1 133

시편

2편 205, 220, 285, 287, 296, 347
2:1 371
2:1-11 370
2:7 259, 392, 395
2:8 300
2:8-9 369
2:9 285
2:10 285
2:15 285
2:18 285
2:30-32 285
4편 90-91
5:1 285
8:3-9 370
8:7 285
8:23 285
8:26 285
9:2 285
9:4 285
10:5 285
12:6 205
14:10 340
14:1-3 340
14:1-5 340
14:6-9 340
17편 135, 182, 205, 220
17:23 285
17:27 395
18:3 371
18:43-45 370
18:49-50 370
18:5 371
18편 205
22:9 136
45:16 370
52:6 89
71:6 136
72편 176, 205, 220
72:8-11 370
72:18-19 370
85:2 414
89:23 371
89:25-27 370
106:31 298
110편 347
126:1 414
143:2 228, 332

이사야

1:2 432
8:11 371
32:15 302
40장 190
40-55장 259
40-55장 329
40:9 155, 285
43:1 136
44장 137
44:2 136
44:3 302
44:21 136
44:24 136
49:1 136
49:3 136, 157
49:4 136, 577
49:5 136
49:6 136, 137
49:8 136
52장 190
52:7 285
52:10 129, 447
52:13 115
53장 137
53장 350
53:4 350
53:12 115
54:1 488
54:5 598
59:2 302
63:11 301, 431
63:14 431

예레미야

1:5 136, 447
31:9 432

에스겔

20:11 337
20:13 337
20:21 337
36:29 302
37:14 302
39:29 302
44:10 371

다니엘

5:10 414
5:13 414

6:13 414
9장 300, 327

호세아

5:3 447
11:1 395, 432

요엘

2:28-29 302

아모스

3:2 447
9:11 371

하박국

2:3 333
2:4 281, 332, 333

학개

2:5 301, 431

마태복음

3:9-10 437
16:17 139

마가복음

1:11 392
1:15

3:9-10 246
10:2-9 382
10:38-39 246
13:32 227

누가복음

3:8 246
3:8-9 437

요한복음

1:12-13 395
1:14 38
3:2-8 437
8:33 329
12:31-32 109
13:26 11
16:13 11
20:17 395

사도행전

7:38 379
7:53 379
8:3 154
9장 154
9:1 134
9:2 155
9:26-30 153, 175
10:1-11:18 192
11장 178, 308
11:22-24 190
11:23 158
11:25-26 191

11:27-30 150
11:28 152
13:10 155
13:20 365
13:33 392
15장 150, 158
15:23-29 120
15:36-41 150
16:17 155
16:20-21 55
19:23 155
19:34 55
22:4 155
22:4-5 134
24:4 523
24:14 155
24:22 155

로마서

1:18 276
1:3-4 348, 392
1:4 218
1:5 176, 309
1:16 174, 176
1:17 333
2:17-24 322
2:21-24 324
2:25-29 323, 596
3:3 323
3:20 229
3:27-31 323
3:30 170, 382, 383, 597, 597
4장 294, 318, 323
4:10-12 282

4:12 595	11:11-32 272	10:32 133, 597
4:13 71, 196, 286	11:26 594, 596	12:3 310
4:15 236	12장 318	12:6 171
4:24-25 262, 396	12:3 176, 573	12:12 28, 256, 368
5:20 236	12:9-21 577	15장 106
6장 256, 319, 590	13:8-10 531	15:2 449
6-8장 255	14장 324	15:3 350
6:1-14 253	14:1-15:13 122	15:3-11 396
6:7 34	14:14 525	15:8 138
6:9 250	15장 324	15:10 171, 173
6:10 245	15:7-13 110	15:17 348
7장 244	15:12 523	15:27 331
7:10 243, 385	15:14 525	15:28 443
7:1-6 251	15:15 176	15:58 449, 491
8장 106	16:26 309	16:22 123
8:3 260		
8:3-4 71, 243, 392, 429	**고린도전서**	**고린도후서**
8:9-11 251		
8:11 243	1:13 28, 256, 368	4:7 173
8:18-30 287	1:18 173	4:10-11 307
8:23 304	1:22 302, 304	5:16 250
8:29 392	1:23 70, 246, 326	5:17 70
9-11장 334, 597	2:5 173	5:21 34
9:1 153	3:10 176	5:5 302, 304
9:6b-8 597	3:13 368	6:1 173
10장 330, 335	3:16 174	6:2 136
10:1-11 227	4:6 573	6:4-5 307
10:5 330	5:6 80	6:18 395
10:5-8 335	5:13 474	8:9a 198
10:5-9 335	7:19 531	11:23-28 307
10:6-13 598	8-10장 122	11:24 174
10:9 396	8:2-3 423, 446	12:19-13:4 470
10:9-10 262	9장 126	13:10 470
10:16 309	9:1 138, 181	
11장 255, 594	10:25-27 192	

성구 및 고전 문헌 색인   647

갈라디아서

1장 612
1-5장 575
1:3-5 68
1:8-9 72
1:1-2:14 201, 210
1:4 49, 169
1:4a 70
1:10 93, 96, 203
1:13-14 240
1:13-17 117
1:16 372
1:16 49
1:18-2:10 148
1:22 154
1:24 136
2장 602, 615
2:1-10 149, 158
2:1-11 52
2:2 449
2:6 332
2:11-14 148
2:11-14 150
2:12 119, 150
2:12-14 52
2:14 167
2:14-21 72, 126
2:15 203
2:15-21 148, 194, 207
2:16 309
2:18 72
2:19-20 68, 70, 586
2:19-21 97, 139
2:20 49, 70, 392
2:21 71, 112

3장 70, 294, 302, 314
3:4 449
3:6-9 323
3:8 301
3:10-14 321, 324
3:10b 329
3:12 330
3:13 34, 199, 348
3:16 28, 256
3:18 250
3:19 121
3:20 597
3:21 71
3:22 237
3:25 250
3:26 392
3:26-29 255
3:27 246, 392
3:27-29 77
3:28 256
3:28-29 68
3:29 28
3:29 299
4장 609
4:1-7 50, 68, 81
4:1-11 597
4:4 392
4:6-7 302, 431
4:7 250
4:7-11 81
4:12-20 50
4:16 392
4:19 28, 143
4:21-5:1 50, 68, 123
4:25 141

4:30 72
5장 310
5:3 359
5:9 80
5:11 246, 326
5:11b 70
5:21 79, 287
5:22-23 304
6:1 359
6:1-5 615
6:1-10 50
6:2 607
6:5 607
6:9 95
6:12 167
6:14 602
6:14-16 68
6:15 109
6:16 131, 594

에베소서

1:14 304
2:6 252
2:11-22 168
2:12b 445
2:19 250
2:19-22 174
3:2 176
3:7-8 176
4:13 468

빌립보서

1:21-23 609

2:1-5 525
2:1-18 278
2:13 171
2:16 449
2:24 525
3장 602
3:2-3 586
3:2-11 255
3:2-14 126
3:3 596
3:4-11 574
3:4-6 240
3:9 256
3:18 586
3:19-21 287
4:1 491
4:13 173

골로새서

1:23 181
1:25 176
1:27-28 468
1:29 171, 173
2:8 408
2:12 252
2:20-3:4 250
3:1 252

데살로니가전서

1:9 53
3:5 449
3:6 156
5:4-10 70

데살로니가후서

3:4 525

디모데전서

2:7 153
6:5 575

디모데후서

2:5 226

히브리서

2:2 379

요한계시록

21:3 38
21:7 395
21:27 228

외경

지혜서

2:13 428
7장 251
7:7-22 427
7:17-19 251
9장 427
9:1-18 427
9:7-13 428

10-19장 252
13장 253
13:1-3 251

집회서

45:23 132
45:24 298

바룩서

4장 485
5장 485

마카비1서

1-2장 74
2:42-48 132
2:49-68 131
2:54 298
3:5 132

마카비2서

2:21 130
7:24 113
8:1 130
14:38 130

에스드라2서

23:1 133

마카비4서

4:23 132
4:26 130
11:4 132
18:12 132

위경

바룩2서

4장 589
15:8 102

에녹1서

46:5-6 102

에스라4서

4:27 102
6:55-59 418
6:59 418
7:21 338
9:38-10:59 485
11-12장 343

솔로몬의 시편

1편 90
1:1-3 121
2편 90
2:10 285
2:15 285
2:16 121
2:18 285
2:26-29 204
2:30-32 285
2:32-35 121
3:1-8 204
3:9-12 204
4편 89
4:1 48
4:2-7 48
4:7 48
4:8 48
4:19 48
4:23 48
4:24 48
4:25 604
5:1 285
8편 93
8:7 285
8:28 172
9편 296
9:8-11 122, 171
9:9 401
11:9 604
12:6 205
13:5-12 122
14편 340
14:1-3 340
14:1-5 340
14:3-10 122
14:3b 207
14:6-9 340
15:4-5 122
15:6 122
15:8-13 122
15:13 122
17편 135, 182, 220
17:4-15 122
17:10 172
17:21 122
17:23 206, 285
17:27 395
17:28-29 172, 285
17:29 123
17:31-32 123
17:37 123
18:3 371
18:5 371
18:7-8 123

그 외 유대 문헌

사해 문서

1QM 14:4-7 102
1QpHab 2:2-3 334
4Q Florilegium(4Q174) 371
4QMMT 41, 224, 326,
CD(Damascus Document) 3
102, 339-340

요세푸스

『유대 고대사』 132, 326
『유대 전쟁사』 186
『자서전』 167

필론

『관상하는 삶에 대하여』 3 411
Confusion 57 132
On the Life of Moses 1.301-304 132
On the Special Laws 1.54-57 132, 467

랍비 문헌

t. Berakhot 7.18 400
y. Berakhot 13b 400

초기 기독교 문헌

마그네시아인들에게 보낸 편지 8.1 130
이그나시오스 130
테르툴리아누스, *Idolatry* 411
필라델피아인들에게 보낸 편지 6.1 130

그리스-로마 문헌

디오게네스 라에르티오스, *Lives* 1.33 400
플루타르코스, *Moralia* 7("On Exile") 478